天台円頓戒思想の成立と展開

寺井良宣 著

法藏館

はしがき

本書は、「天台円頓戒思想の成立と展開」と題して、二〇一二（平成二十四）年に、龍谷大学に学位請求論文として提出し、翌年の十一月に博士（文学）が認められたものを内容としている。すなわち、学位論文の全文に若干の手を加えたものである。

本書では、日本の鎌倉時代以降に、天台比叡山で黒谷《くろだに》を拠点に戒律復興を志してこれを成就した学僧たちの事蹟と、そこに成立した円頓戒《えんどんかい》思想の特色を解明することを第一の課題とする。そして、その後にも比叡山天台には幾度か戒学が振興し、さらに念仏思想が結びつき持戒念仏《じかいねんぶつ》が興るそれらの展開をあとづける。時代的には、鎌倉と室町時代を中心とする中古天台《ちゅうこてんだい》期と、また江戸時代の近世を含み、思想的には天台系統の大乗戒（円頓戒）と念仏の発展形態を探究する。天台仏教では鎌倉時代に、念仏・禅・法華等の新仏教が輩出したことはよく知られており、本研究ではそれらとの関連にも触れながら、天台が教観二門によって観門（止観修行）に特色をもつごとく、「戒律と修行」を重んずる側面に比叡山仏教の展開をあとづけようとしたものである。

本書は三部によって構成される。第一部では、中世期（中古天台期）の比叡山で、戒律復興に従事して、その過程で天台の「円頓戒」法を成立させ、法儀としては「重授戒灌頂《じゅうじゅかいかんじょう》」儀を案出し確立したその事実と思想の特色を究明したい。中心となる人物（学僧）は、黒谷流を形成した恵尋《えじん》（?—一二八九）と、そのあとの興円《こうえん》（一二六三—一三一七）および恵鎮《えちん》（一二八一—一三五六）らである。これら学僧の伝記書と円頓戒関係著作は、『続天台宗全書』の刊行によって多くが知られることとなり（『円戒1』『円戒2』『史伝2』などに収録）、それらによって新たな知見が開けたのである。

比叡山にはその初め、最澄（七六七—八二二）によって大乗戒壇と独自の修行形態（十二年籠山行）が確立されたが、やがて衰えたのを、鎌倉期以後に黒谷に集う学僧たちが復興した。最澄時代には円戒と呼ばれていた天台の大乗戒（梵網戒）は、中古天台期には円頓戒と称され、また大乗円頓戒の主要な特色は「一得永不失《いっとくようふしつ》」であると言われるに至る。そして、興円らが戒法と修行の再興過程で確立した重授戒灌頂では、「事相事持《じそうじじ》」の円頓戒法が主張され、さらに「受戒即身成仏《じゅかいそくしんじょうぶつ》」という独特の考え方を生む。それら、中古天台期に成立し発展した円頓戒とその思想を第一部では解明したい。

なかでも、「一得永不失」義については、天台系統の大乗戒疏では共通に重視されてゆく。それはまた、戒律の「理と事」の問題としても議論される。天台の黒谷流のほかにも、戒学を興した了慧《りょうえ》（浄土宗鎮西流、一二五一—一三三〇）と、仁空《にんくう》（盧山寺流、一三〇九—八八）の戒疏にそれの意義を尋ねて、学系を異にする解釈上の相違をみ、それによって戒学の違いにも論及したい。さらにまた、叡山での戒観念の変容の側面にも触れ、念仏を選択《せんじゃく》して天台から独立した源空法然《げんくうほうねん》（一一三三—一二一二）の立場と、その下に念仏門によって無戒の仏道を確立した親鸞《しんらん》（一一七三—一二六二）の戒律観にも論を進めたい。

第二部では、『梵網経』の「十重四十八軽戒」の戒相を理解するための解釈研究を行う。叡山での戒律復興と戒学の振興は、修行のために梵網戒の事相を重視するので、梵網の戒相を天台ではどのように理解し学ぶかをみたい。天台系統の戒学では、天台智顗《ちぎ》撰とされる『菩薩戒義疏』（または同『義記』）が尊重されたことは言うまでもなく、勝れた末註も造られた。天台『義疏』の論文《ろんもん》は、簡潔にして難解さを含むので、詳細で勝れた戒疏として定評のある実導仁空《じつどうにんくう》の『菩薩戒義記聞書《ききがき》』と、江戸時代・安楽律の霊空光謙《れいくうこうけん》（一六五二—一七三九）『菩薩戒経会疏集註《えしょしゅっちゅう》』を参照して、論文解読を行い解釈上の特色を論ずる。また、黒谷流の興円には『十重四十八行儀鈔《ぎょうぎしょう》』という、梵網戒相を天台『義疏』の下に実践的に学ぼうとする著述が残されている。これは、翻刻して和訳と研究注記を加えて本書の巻末に収録したい。

第三部では、叡山黒谷の戒系に属して、室町時代に『往生要集』をもとに持戒念仏を興した真盛《しんせい》（一四四三—九五）と、その後に続く持戒と念仏の思想問題を追究する。真盛には、近年に検出された新資料があり、それをもとに『往生要集』観と、持戒念仏法にみる特色を新しい視角を加えて論じてみたい。真盛以来、天台では戒と念仏が重要な潮流を形づくり、江戸時代に入って初期には真迢《しんちょう》（一五九六—一六五九）の、また後期には法道《ほうどう》（一七八七—一八三九）の真盛を追う持戒念仏の展開がある。或いは、江戸中期に安楽律の霊空光謙が即心念仏を興したのは、持戒念仏の別の潮流である。天台の念仏思想は、源信（九四二―一〇一七）の『往生要集』以来、事観法か理観法かの行法をめぐる時代的な展開がある。本書では、叡山仏教における戒律の「理と事」の問題が、念仏でも同様の課題で展開する天台仏教の特色をあとづけたい。

学位論文の審査には、龍谷大学文学部の淺田正博教授（当時、現名誉教授）、林智康教授（同）、楠淳證教授にお世話になり、心より感謝申し上げる。また、筆者は龍谷大学ではかつて渡邊隆生先生（名誉教授）の中国仏教または唯識学研究室に学んでいたことから、先生に暖かく支えていただいたことにも深く敬意を表する。そして、本書の出版については、法藏館の戸城三千代編集長はじめスタッフの方々、とくに直接の担当者である秋月俊也氏に厚く御礼申し上げたい。

二〇一六（平成二十八）年二月十五日

寺井　良宣

天台円頓戒思想の成立と展開　＊目次

《凡例　文献略称》

※本書では、典拠を示すとき、次のような略称を用いている。
『大正新脩大蔵経』↓『大正蔵経』または『大正』
『卍続蔵経』↓『卍続蔵』または『続蔵』
『大日本仏教全書』↓『仏全』または旧版『仏全』
鈴木財団編『大日本仏教全書』↓鈴木『仏全』
『日本大蔵経』↓『日蔵』または旧版『日蔵』
鈴木財団編『日本大蔵経』↓鈴木『日蔵』
『天台宗全書』↓『天全』
『続天台宗全書』↓『続天全』
『伝教大師全集』↓『伝全』
『恵心僧都全集』↓『恵全』
※注記は各章ごとにその末尾に付す。ただし、第一部の第一章（総説）のみはつぎの第二章の末に合わせて記す。

天台円頓戒思想の成立と展開

第一部

中世期の天台比叡山における戒律復興と重授戒灌頂の思想

第一章　総　説――比叡山黒谷における戒律復興とその意義――

一　中世期比叡山の戒律復興と研究の意義

鎌倉時代に、比叡山天台宗から念仏・禅・法華などの新仏教勢力が独立したことは周知のことであるが、同時に旧仏教の枠内でも戒律の復興を主要な課題として、思想や教学の面にもわたって仏教の刷新がはかられたことは重要な事実である。とくに戒律では、唐招提寺覚盛《かくじょう》や西大寺叡尊《えいそん》らの南都律《なんとりつ》、また京都での泉涌寺俊芿《しゅんじょう》の北京律《ほっきょうりつ》が知られる一方で、北嶺天台《ほくれいてんだい》の比叡山において、かつての最澄《さいちょう》が創始した大乗戒（円戒）を復興する運動が展開したこともまた注目されてよい。叡山天台宗では、平安時代末期にすでに西塔黒谷《さいとうくろだに》の叡空《えいくう》（?―一一七九）によって、円戒復興運動が始まっている。ただし、それが十二年籠山行《ろうざんぎょう》の実践をともなって結実するのは、かなり遅れて鎌倉時代から南北朝期にかけての頃であった。そして、それを実らせた学僧たちの戒系は黒谷流《くろだにりゅう》とよばれ、黒谷流において復興をみた円戒《えんかい》（円頓戒《えんどんかい》）は、のちに天台宗内に法勝寺流《ほっしょうじりゅう》と元応寺流《げんのうじりゅう》とに受け継がれて進展していく。ことに、この黒谷戒系による叡山の戒法再興では、最澄以来の大乗戒をたんに復活したのみでなく、この時代までに醸成された日本天台の特徴的思想を背景に、最澄時代にはなかった新たな円頓戒思想と、「重授戒灌頂《じゅうじゅかいかんじょう》」という独自の授戒儀則を開発したことが、とくに注目されねばならない。

ところで、このような中世期における叡山の戒法復興運動と、また黒谷・法勝寺流の重授戒灌頂（戒《かい》灌頂《かんじょう》ともいう）について、日本印度学仏教学会などの学術学会ではかつて恵谷《えたに》隆戒博士や色井《しきい》秀譲教授らによって発表されたことがある。(1)けれども、かつての研究はかなりの資料的な制約のもとにあった。というのは、資料が諸所に散在していて同本異名の文献写本が十分に対校されなかったり、またとくに戒灌頂儀則《ぎそく》が秘密法門のゆえに門外不出とされ、一般には披見できない文献がいくつかあったからである。そののち、『続《ぞく》天台宗全書』の刊行により、古来の秘蔵文献がようやく公開されるとともに、史資料の組織的収集と対校作業および翻刻をみて、研究が一段と進捗する条件が整った。(2)

そこで本研究では、鎌倉時代前後のいわゆる中古天台期《ちゅうこてんだい》に、叡山の戒律復興に従事した黒谷戒系の主な事蹟と思想を新たな資料段階の上に再評価し、これまでの研究では、十分に注意されなかったことがらを中心に、それらの問題点と特色を明確にしてみたい。

二　黒谷戒系とその文献

叡空《えいくう》に始まり、主として比叡山の黒谷を拠点として大乗戒（円頓戒《えんどんかい》）の復興に努力してそれを成功させ、のち法勝寺と元応寺に移る黒谷戒系は、つぎのようになっている。

〈黒谷流〉叡空――源空――信空――湛空――恵尋――恵顗――興円――恵鎮┬惟賢〈法勝寺流〉
　　　　　　　　　　　　　　　　　　　　　　　　　　　　　　　　　└光宗〈元応寺流〉

このなかで、現存の史資料からみて、叡山に戒律と修行の復活を実現させ、また新たな円戒（円頓戒）思想のもとに戒灌頂儀《かいかんじょうぎ》を確立したのは、伝信和尚興円《でんしんわじょうこうえん》（一二六二―一三一七）と慈威和尚恵鎮《じいわじょうえちん》（一二八一―一三五六）のときである。これら両学僧の少し前の求道房恵尋《ぐどうぼうえじん》（？―一二八九）もまた、興円らに重要な影響を与える先駆的な役割を担った。ただ、ここで注意を要するのは、叡空の次の源空《げんくう》（法然）が専修念仏《せんじゅねんぶつ》の創始者として著名であり、黒谷が浄土宗発生の地でもあって、浄土宗の祖師たちが多く黒谷と関係をもっていたことである。事実、右の戒脈の恵顗《えぎ》までは浄土宗の祖師に数えられている。つまり、叡空をもといとして源空から恵顗まで、京都の新黒谷・金戒光明寺《こんかいこうみょうじ》（浄土宗）の初期歴代に列せられている。ところが、興円になると浄土念仏との関係がまったくなくなって、このとき叡山での戒法再興が結実したのである。

興円には『伝信和尚伝《でんしんわじょうでん》』という、門弟（或いは光宗《こうしゅう》）によって作られたとみられる伝記が存し、また恵鎮には自叙伝と目される『閻浮受生大幸記《えんぶじゅしょうだいこうき》』（慈威和尚伝《じいわじょうでん》）がある[3]。これらによるとき、叡山での戒法と修行の再興がいかなる足跡の上に果たされたかを知りうるが、なかに興円が二十六歳のときに東山《ひがしやま》金戒院（金戒光明寺）で恵顗より円教菩薩戒を受けたことが記されているほかには、興円ついで恵鎮にも浄土念仏との交わりをうかがわせる事蹟は見出されない。それのみでなく、興円およびそれ以後の諸師の著作には、浄土念仏の要素はまったくみられないといってよい。

興円《こうえん》の著作では、『戒壇院本尊印相鈔《いんぞうしょう》』『一向大乗寺興隆篇目集《こうりゅうへんもくしゅう》』『即身《そくしん》成仏抄』『興円起請文《きしょうもん》』『円戒十六帖』などが翻刻公刊されている（『続天全・円戒1』）。ほかに、『菩薩戒義記知《ち》見別紙《けんべっし》抄《しょう》』は興円の円頓戒思想を知る上に重要であり（三巻、『続天全・円戒2』に翻刻公刊）、また『円頓《えんどん》菩薩戒十重四十八行儀鈔《ぎょうぎしょう》』というのもある（西教寺正教蔵《しょうきょうぞう》）。これらのなかには、興円の述作に弟子の恵《え》鎮《ちん》が加筆したものもあり、恵鎮固有の著述では『直往《じきおう》菩薩戒勘文《かんもん》』が公刊をみている。現存する円頓戒関係の著作の多さからみても、興円こそが戒法復興の思想的な指導者であったことがわかる。

右に示した黒谷戒系のなかで、興円の前では恵《え》尋《じん》に円頓戒関係の著作が残されており、『円頓戒聞《えんどんかいきき》書《がき》』（上巻のみ存）と『一心妙戒鈔《いっしんみょうかいしょう》』三巻が翻刻をみている。興円はその伝記によると、恵尋の戒学に師事するために故郷地の奥州を出て黒谷に登ったのであるから、恵尋から大きな影響をうけた。ただ、その影響力の点では『一心妙戒鈔』の方が重要である。というのは、興円が引用する恵尋の思想はもっぱらその書のなかに的文を見出し、しかも同書には浄土教的要素はほとんど認められない。それに対して、『円頓戒聞書』には恵尋の浄戒双修の性格が色濃く出ている。

ところで、興円や恵鎮らは自らを「戒家《かいけ》」と称している。これは恵尋（『一心妙戒鈔』）以後にさかんに用いられた呼称のようである（『円頓戒聞書』にはその呼称はみられない）。そして、当時の日本天台では「記家《きけ》」の活躍も知られており、戒家と記家とはまた密接な関係にあった。すなわち、戒家が用いた結界式《けっかいしき》や授戒道場図などは、記家の代表的文献である『山家要略記《さんげようりゃくき》』に同類のものを見出し、あるいは興円らの文献の奥書等には記家との交流が記されているのをみる。さらに、興円と恵鎮より後の惟賢《ゆいけん》や光宗《こうしゅう》などは、記家にも属したと考えられ、光宗が著した『渓嵐拾葉集《けいらんしゅうようしゅう》』は記家の集大成と言われるほどで、そのなかに収録の光宗による『普通広釈見聞《けんもん》』（『大正蔵経』七六）は、戒家の重要な文献でもある。記家は、当時の比叡山の故実を記録する専門職であったとされるが、本覚思想《ほんがくしそう》にもとづく秘儀を口伝相承することにも特色をもつ。そうした本覚的思想と口伝による方法は、戒家にも共有された特色である。ただ、記家の実体や内容の多くが不明であるのは、その残した文献の著者や成立年時がほとんど明確でないことによる。それに比べて戒家では、成立の不詳な文献（たとえば『円頓戒法秘決要集《ひけつようしゅう》』など）はいくつかあるとしても、興円や恵鎮らの著述には年時を付した奥書があるなど、その事蹟と思想の多くの部分を明らかにすることができる。

三　興円と恵鎮らによる戒法復興の事蹟

さて、黒谷に集う学僧たちがめざした叡山戒法復興運動とは、日本天台開創期に最澄（七六七―八二二）が定めた祖式《そしき》（『山家学生式《さんげがくしょうしき》』）の復活実践にほかならない。具体的には、十二年間の籠山による修学と、『梵網経《ぼんもうきょう》』の十重四十八軽戒《じゅうじゅうしじゅうはちきょうかい》の受持実践である。興円らによる事業達成の第一次的意義は、これらの点にある。興円の前には祖式の復興は実らなかったようである。すなわち、恵尋はそれを試みて、建長三年（一二五一）以後に黒谷の慈眼房《じげんぼう》の祖跡（もと叡空が住して円戒復興を提唱した処）で、祖式にもとづく十二年の籠山行を始めた。けれども、なぜか途中で挫折して終わった。恵尋の略伝は『新撰往生伝《おうじょうでん》』巻三にみるが、『三通口決《くけつ》』など戒家伝承の記事によるとき没年など必ずしも正確を欠き、また行業《ぎょうごう》は断片的に知られるのみで不明の部分が多い(4)。すでにふれたように、恵尋は浄土宗本山の金戒光明寺（新黒谷《しんくろだに》）第四世に列せられており、その著作をみても興円に影響を及ぼした天台学僧としての一面と、浄土念仏を修めた側面とが分かれる。その間の事情はのちにもみることにするが、恵尋では浄土宗を兼ねた一面が比叡山での活動を制約したことが予想される。

それに対して、興円では恵尋の戒学を承けて、恵鎮や光宗ら後輩の同志をえて祖式復興の悲願を成就した。すなわち、興円は嘉元《かげん》二年（一三〇四）に叡山の戒法再興を発起してより、翌年四十三歳の十月から黒谷の願不退房《がんふたいぼう》において十二年を期す籠山行《ろうざんぎょう》を始めた。恵鎮は当初、弟子として興円に随身したのが、その翌年八月に自らも籠山行に入った。延慶《えんぎょう》元年（一三〇八）に恵鎮は、修行の居を黒谷（西塔別所《べっしょ》）から神蔵寺《じんぞうじ》（東塔《とうとう》別所）に移した少し後に、光宗が籠山行に加わった。のち興円も延慶三年四月に神蔵寺に移り、ここで夏安居《げあんご》を再興した。このとき結夏安居《けちげあんご》の「敬白《きょうびゃく》」を記したのが、前掲の『興円起請文』である。そして、その間にはさらに幾人かの同志が加わり、これらの籠山学僧たちは興円を中心に戒学を修め、安居を結び布薩《ふさつ》を行ってともに修行を続けたのである。興円は正和《しょうわ》五年（一三一六）正月に籠山を結願《けちがん》し、恵鎮はその翌年に満行を迎えることになる。

興円は、籠山五年目の延慶二年（一三〇九）に、『一向大乗寺興隆篇目集《いっこうだいじょうじ》』を著している(5)。この書の構成は、最澄の「四条式」をもとに『顕戒論』に準拠した体裁をもつが、内容には興円らが籠山中に修めた僧制《そうせい》や法式《ほっしき》、行法《ぎょうぼう》が記述されている。すなわち、そのなかの「第三菩薩大僧戒《だいそうかい》篇」では、梵網戒にもとづいて「三斎月六斎日《さんさいがつろくさいにち》」の長斎《ちょうさい》を勧め、また修行中の「常用道具」に至るまでが細かく規制されている。そして、「第五置行学二道篇」では、「毎日の行学《ぎょうがく》」「毎月の勤事《ごんじ》」「毎年の仏事《ぶつじ》」が定められ、あるいは梵網戒による夏・冬各三ヶ月の安居《あんご》と布薩《ふさつ》のことが決められている。これらはみな、最澄の祖式をもとに、興円らが復興して修めた比叡山の修行形態と内容であるのに相違ない。

　興円らによる籠山中の行法は、さらに『即身成仏抄《そくしんじょうぶつしょう》』によって詳かに知ることができる。[6] この書の内題は「一日一夜行事次第《ぎょうじしだい》」といい、これは毎日修める行学の日課を記述したものである。すなわち、毎日の修行では、後夜《ごや》の食堂での坐禅に始まり、夜明けに引粥作法《いんしゅくさほう》、午前には懺法《せんぼう》を修めたのちに顕《けん》・密《みつ》を行学する。昼には日中勤行のあと斎食《さいじき》作法、午後には講堂での大談義ののち寮舎で義理の憶念と要文の暗誦、坐禅思惟《しゆい》をなし、夕勤《ゆうごん》には例時作法《れいじさほう》と光明真言《こうみょうしんごん》を誦《じゅ》し、のち初夜《しょや》の坐禅に入るなど、夜中に寝るまでの間に一日の行法は「三時の勤行《ごんぎょう》と二時の坐禅《ざぜん》」を軸として「顕密の修練」に従事することが定められ、なかでもとくに坐禅と食事の作法が詳しく記されている。さらに、加えて「上厠《じょうし》作法」と「後架《こうか》作法」も細かく規定されているのをみる。

　それで、このような興円らの修行形態をみると、そこでは坐禅（止観《しかん》）と顕・密の行学《ぎょうがく》が重視されており、なかに夕勤のとき『阿弥陀経《あみだきょう》』は読誦されるものの、念仏の修法をとくに重んずることはない。また、右に籠山中の経過において、興円らが途中で黒谷から神蔵寺に拠所《きょしょ》を移していることはどのように理解すべきであろうか。それは、興円らの祖式《そしき》復興の活動が黒谷の辺地を出て広く叡山天台宗内に支持されていく過程とみることができると同時に、当時黒谷が深く関わっていた新勢力の浄土念仏を離れていく過程であるとも解釈できる。事実、興円や恵鎮ら戒家による事業は広く認められて、その戒法は天台の円頓戒法として伝播する。興円は籠山行を終えて間もなく没したので、そのあとを承けて恵鎮は、その頃建武《けんむ》の新政を敷いた後醍醐《ごだいご》天皇の信任もえて、伝戒弘通《ぐずう》に活躍した。すなわち、京都の法勝寺を復興し、これに元応寺を加えて伝戒の二大拠点となし、また比叡山周辺には神蔵寺と並べて帝釈寺《たいしゃくじ》や西教寺《さいきょうじ》を中興してこれらを山門《さんもん》中の律院とするばかりでなく、遠国《おんごく》には鎌倉・宝戒寺《ほうかいじ》ほかの四箇《しか》戒場《かいじょう》を興して円頓戒法を普及した。

このように、もとは浄土宗発祥の黒谷に拠り、浄土念仏の祖師たちとの関わりを経て進んだ叡山の戒法復興は、興円・恵鎮らの戒家によって固有に天台宗のものとして成就したといえる。それと同時に、戒家が提唱した新しい戒律思想と戒灌頂はまた、中古天台期の思想的特徴を反映している。

四　「重授戒灌頂」の創始と「授戒即身成仏」の考え方

日本天台の宗風は、円・密・禅・戒の四宗兼学を開創（最澄）以来の特色とする。戒家《かいけ》では、これら四宗を兼学兼修することの上に、戒学を根幹にすえた四宗融合の円頓戒思想を構想したところに独自の発想がみられる。「重授戒灌頂《じゅうじゅかいかんじょう》」は、そのことを授戒儀則のなかに組織づけたものである。ことに戒家では、その時代に深く意識された末法の時機観《じきかん》に立って、円頓戒を成仏への直道法《じきどうほう》と位置づけて、単刀直入の仏道を志して、「授戒即身成仏」義を戒灌頂儀のなかに表現した。

重授戒灌頂（戒灌頂《かいかんじょう》または戒灌《かいかん》ともいう）は、戒家においてどのような経過をへて、いつの時点で成立したかは明確にはなしえない。戒家が残した文献のなかで、戒灌頂の成立に直接言及する記事はあまりないからである。その原初は恵尋にさかのぼるとみる見方もあるが、恵尋の書には戒灌頂の特色となる要素はそれなりにうかがえるものの、戒灌頂そのものを言及する部分はない。少なくとも、興円には晩年に近い頃に記述した『円戒十六帖』という、戒灌頂の奥義《おくぎ》を十六帖にわたって述べる一書があるから、興円のときにほぼ十分な形態をととのえたといえる。

戒灌頂は、今日では法勝寺《ほっしょうじ》流末の西教寺《さいきょうじ》（天台真盛《しんせい》宗本山）にのみ伝承が続き、執行されている。それは「唯授一人」とされて秘密の修法に属するゆえ、戒儀書は関連の諸文献とともに公開されることはなかった。もっとも、西教寺以外に伝わったもの、たとえば元応寺《げんのうじ》流を伝えてきた聖衆来迎寺《しょうじゅらいごうじ》（大津市坂本）や、惟賢以来の宝戒寺（神奈川県鎌倉市）に蔵されたいくつかは知られていたわけであるが、[7]今日ではすでに組織的な調査の上に比較的古い戒儀書が前掲の『続《ぞく》天台宗全書』に収録をみ、その時点で西教寺に現在行われているものも解説を付して公開されている。[8]それで、現在に伝承の形態をみると、戒灌頂は初授戒《しょじゅかい》（得度《とくど》）後に十二年の修学を積んだ者がこれを受け、重ねて授戒壇に登るから重授とよばれる。したがって、これを興円にさかのぼって考えると、戒灌頂の成立は祖式の復興実践と深く結びついているといえる。つまり、十二年籠山修行の完遂を前提として、初めて充全な意義をもつ授戒儀則であると考えてよい。

戒灌頂儀則の内容は、おおむね「伝授壇《でんじゅだん》」と「正覚壇《しょうがくだん》」とからなる。伝授壇では、「十二門戒儀」が行われるのを基本とし、そのなかに「五瓶灌頂《ごびょうかんじょう》」が組み込まれていることに主要な特色がある。灌頂は元来密教に由来する作法であり、それが戒灌頂で行われるとき、「得入無上道《とくにゅうむじょうどう》　速成就仏身《そくじょうじゅぶっしん》」など、主として『法華経』の要文を合掌誦文《じゅもん》する。それの意義は受者に仏位を継承する菩薩であることを実感させることにある。つぎに、正覚壇では、伝戒師と受者との二人だけが道場に入り、壇上において合掌印（十指合掌《じゅっしがっしょう》）を結んで、師と資との間で「四重合掌《しじゅうがっしょう》」の秘儀が交換されて、それによって「即身成仏」義が体得されるとする。つまり、そこでは天台教学の「六即位《ろくそくい》」により、段階を追って証果が深まってゆく過程が受者に伝えられる。それに加えて、明鏡《みょうきょう》ほかのいくつかの道具が用いられ、それらのひとつひとつに仏徳を表す幽玄な意義が付与され、それぞれ受者に贈られる。したがって、正覚壇では合掌印や諸道具などの、密教で用いられる象徴的表現法（事相《じそう》）を駆使して仏道の奥義が伝授されるのである。

このような内容をかいまみるとき、戒灌頂では即身成仏義などの教理的側面も含めて、密教儀が戒法に融合し、同時に天台の法華教学が全体を主導していることがうかがわれる。戒家の戒法が法華教学を重んずることは、「正依法華《しょうえほっけ》傍依梵網《ぼうえぼんもう》」の戒観によって表明され、このことは戒灌頂儀のなかでもとくに力説されている。戒灌頂のこうした円（法華）・密・戒の融合的特色は、戒家の時代までにすでに平安時代を通じて天台密教が隆盛し、また鎌倉期の中古天台期を迎える頃に『法華経』の教理的深化が進められた傾向が反映している。ことに戒灌頂が秘密に修せられるのは、中古天台期特有の本覚思想を教理の中心にもっているからであろう。

しかし、平安末期から鎌倉にかけての日本天台では、密教や法華円教の教理的深化がはかられるにつれて、禅（止観）と戒の実践面が後退し、戒律は理戒《りかい》を優位にして事戒《じかい》（『梵網経』）の戒相の具体的受持）がおろそかにされた。このような実情を興円は、『一向大乗寺興隆篇目集』の初めに、「止観は教のみを残し、行証已《すで》に亡《もう》じ、円戒は受のみ有りて、持相《じそう》は全く欠けたり」と嘆き、そのゆえに祖式を復興しこれを実践するために同書を著した旨を述べている。そして、興円の信条では、「円宗の三学は、末法に入って盛んなるべし。衆生成仏の直道にして、時機相応の法門なり。」と述べ、また「純円三学の威力にあらざれば、何ぞ末法五濁の衆生は、塵劫を歴《へ》ずに即身成仏せん。」としている。[9]ここには、末法時代では純円の三学による直道の即身成仏こそが、時機にかなった法であると確信されている。そこに、純円の三学とは、戒法では当時における南都律や北京律のような四分律による二百五十戒を用いることは歴劫《りゃくこう》の修行法であるとしてそれらを退け、最澄の興した純大乗の戒（梵網円戒）が末法時の直道《じきどう》法としてすぐれているとの意味をもっている。興円にとっては、当時の天台宗内に廃れていたその戒法の「持相《じそう》」（興円らは戒法の「事相事持《じそうじじ》」または「事相事儀《じそうじぎ》」を強調する）を緊要の課題としたのである。それと同時に他方で、興円らは末法の時機観に立つとも、当時すでに独立した念仏・禅・法華などのような一行《いちぎょう》専修の方法はとらなかった。先にもみたように、興円戒家では梵網戒による修行の諸法規を定め、毎日の行法では坐禅（止観）を修め、顕・密の行学をこととした。

そこには天台学僧としての面目を堅持した信念がうかがわれる。

ところで、戒家の文献のなかに戒家と称したゆえんの特色を探ると、恵尋ではその戒法を「一心《いっしん》戒《かい》」の名で提唱し（『一心妙戒鈔』）、興円ではそれを承けて「一心戒蔵《いっしんかいぞう》」の概念を教学の根幹にすえているのをみる（『菩薩戒義記知見別紙抄』）。恵尋の一心戒と興円の一心戒蔵は、ともに最澄の弟子である光定（七七九―八五八）の『伝述一心戒文』に由来する語である。光定との関係については、改めてのちの章でふれることにするが、恵尋では一心戒は、戒体（これを恵尋は「一心の惣体」とよぶ）を土台に仏道の全体（戒《かい》・定《じょう》・慧《え》の三学）を把握する意図をもつ。つまり、仏道の基礎は戒学（円頓戒）であり、その上に定学と慧学が車の両輪または鳥の二翼のごとく成り立つとする。そのため、恵尋の一心戒思想では戒体理論が重要な内容を構成して、天台『菩薩戒義記』の「性無作仮色《しょうむさけしき》」戒体義を、「本《ほん》・迹《しゃく》二門」の天台法華教学を用いて種々に論じ、その要としては随縁真如《ずいえんしんにょ》または第九識《くしき》を戒体としている[10]。

また興円では、釈尊の教法を十二重にみて、その根源となる最後の重を一心戒蔵とする。すなわち、これも天台の法華教学から教法の全体を「当分《とうぶん》・跨節《かせつ》」の二義に分け、当分義には化儀《けぎ》四教と化法《けほう》四教との八教（八重）を、そして跨節義には「迹門・本門・観心・一心戒蔵」の四重《しじゅう》を配当し、そのなかの最終の重である一心戒蔵が他のあらゆる教法を開出する根源（能開《のうかい》の本源）であると主張する。ここに一心戒蔵とは、興円では「本法の仮諦《けたい》」とも言い換えられ、それは戒体のことであり、恵尋が仮色《けしき》戒体義を随縁真如（真如の理体が随縁して事相に現れ出るもの）で理解したのを、「戒蔵」と表現したのにほかならない。そして、『戒壇院本尊印相鈔』では興円は、比叡山の授戒場である戒壇院を「心性《しんしょう》中台の常寂光土《じょうじゃっこうど》」（真如）と呼び、それはまた「衆生の本源心性」（仏性）を指すと述べて、一心戒蔵に相当するものを戒壇院によって説明している。(11) さらに、興円のあとに恵鎮は『直往菩薩戒勘文《かんもん》』において「吾山所立の戒法は権実未《ごんじつみ》分《ぶん》、生仏一如《しょうぶついちにょ》の一心戒蔵に於いて、直往《じきおうぼ》菩薩戒《さつかい》となす」と規定し、一心戒蔵を直道の戒法のキータームにすえて、それを鼓吹しているのをみる。(12)

このような恵尋や興円らの主張は、授戒のときに発得《ほっとく》される戒体が仏道修行の根源となるものであるから、戒学がすべての教法の基礎に重視されねばならないとの信条のもと、中古天台期の本覚的な仏性・真如論によって、戒学を根底にすえた四宗（円・密・禅・戒）融合の円頓戒思想を構想したものといえよう。

第二章　求道房恵尋の先駆的役割と「円頓戒」思想

第一節　求道房恵尋の「一心妙戒」の思想

一　黒谷流における恵尋の位置

比叡山天台宗の中世（鎌倉時代から南北朝期にかけて）における円戒の復興が、黒谷《くろだに》流によって実現されたことは、中古天台期のひとつの偉業として注目されてよい。黒谷流円戒はその戒脈を、叡空―源空―信空―湛空―恵尋―恵顗―興円―恵鎮という次第によって知られるが（恵鎮《えちん》の後には惟賢《ゆいけん》の法勝《ほっしょ》寺《うじ》流と光宗《こうしゅう》の元応寺《げんのうじ》流とに分かれる）、そのなかで求道房恵尋《ぐどうぼうえじん》（?―一二八九）の担った役割と功績は、かなり重要なものがある。

黒谷流とは、比叡山西塔の黒谷に拠って活動した学僧たちの一流をいい、その黒谷流による円戒（円頓戒）復興の意義は、そのもと伝教大師最澄（七六七―八二二）が定めた『梵網経』の戒律と十二年籠山行の制を、中古天台期の叡山に復活実践したことであり、その過程で「重授戒灌頂」という新しい法門を創案し、またそれにともなって特有の円頓戒思想を樹立したことにある。これらの事業の大成者は伝信和尚《でんしんわじょう》興円（一二六三―一三一七）であり、つぎの慈威和尚《じいわじょう》恵鎮（一二八一―一三五六）も興円につぐ大きな貢献をなしたが、その先駆者として興円らの活動と思想の確立に、重要な影響力をもったのが恵尋である。

興円《こうえん》の伝記（『伝信和尚伝』）によると、弘安十年（一二八七）の頃、恵尋は「叡山黒谷の明師、円戒の和尚」として名を馳せており、興円は恵尋に師事するために、出家後の故郷（奥州）を出て京洛にのぼり、やがて円頓戒学の振興に邁進することになる。(13) また、興円の主な著作（『菩薩戒義記知見別紙抄』や『円戒十六帖』など）をみると、興円は恵尋を「祖師《そし》上人」とよんで、その所説を多く引用し、それらによく学んでいることを知る。

そこで、本節では、黒谷流のなかで先駆的な役割を果たした、求道房恵尋のおもな事績をみ、その上で主著である『一心妙戒鈔』三巻をもとに、その円頓戒（一心妙戒）思想の特色を知ることにしたい。

二　恵尋の戒律復興をめぐる事蹟

恵尋《えじん》の伝記はあまり詳かではない。『新撰往生伝』巻三に略伝を載せるほかには、『三通口決』や『伝信和尚伝』などによって、その行業を断片的に知りうるにすぎない。

いまそれらの記事によってみると、恵尋はもと叡山東塔北谷八部尾の恵光院を本房にした学僧で、建長三年（一二五一）の頃に嵯峨法輪寺に参籠《さんろう》したとき夢告をえて、円頓戒の復興を志したという。すなわち、二尊院の正信上人（湛空《たんくう》）から円頓戒の付法を受け、まもなく叡山黒谷の慈眼房の祖跡（もと叡空が住して円戒復興を提唱した処）に拠って、旧式（最澄の『山家学生式』）に任じて十二年の籠山行を始めた。そして、正嘉《しょうか》元年（一二五七）の籠山六年のとき、妙法院尊恵《そんね》に円頓戒を授け、同時に尊恵からは恵光院唯授一人（檀那流）の一心三観の法を受けたとする。しかるに、後年には叡山を出て、京都東山にある新黒谷の金戒光明寺第四世となり、晩年にはただ念仏のみを行じたとされ、かくて正応二年（一二八九）に臨終を迎えたとみられる。(14)

さて、このような略歴のなかにひとつ注目されるのは、恵尋による十二年籠山行の試みとその帰趨である。『一心妙戒鈔』巻上の末尾には、恵尋自署と思われる「奥書」があり、そこには「文永丙寅《ひのえとら》の歳（一二六六）天台黒谷慈眼房の祖跡にて記す」とした上で、「去る九月のころより宿願によって籠山を企てた」と記している。(15)とすれば、先にみた建長の頃（『三通口決』）とは年次の隔たりがあるゆえ、恵尋は籠山行を二度試みたのであろうか。これの解釈は少しく推考を要するとしても、恵尋は結果的には十二年籠山行を完遂できなかったようである。というのは、『伝信和尚伝』によると、恵尋は「伝教大師の式文に随って十二年籠山を始め、円頓戒法を興行したけれども、機縁熟さず時剋至らず、事持の軌則に及ばず、歎き罷《や》め給うた」と記しているからである。(16)

また、そのことと関連して恵尋が履歴の上にもうひとつ注意したいのは、この学僧が叡山天台宗

（黒谷慈眼房）に拠る一方で、浄土宗（新黒谷）を兼ねていることである。このことはひとり恵尋のみにかぎらず、先に示した黒谷流の戒脈をみると、源空（法然房、一一三三―一二一二）が浄土宗独立の著名な祖師であるとともに、源空から恵顗に至るまでの五代は、今日では浄土宗の大本山である金戒光明寺（新黒谷）の初期の歴代であり、恵尋はその第四代にあたる。[17]しかるに、興円になるとその足跡には新黒谷との関係はほとんどなく、また興円や恵鎮の著作にも浄土宗的要素はまったくみられない。それで、『素絹記《そけんき》』によると、「黒谷の求道上人は慈恵大師（良源）の定めた素絹を著せず、律衣を着たので叡山を追われ新黒谷に移った」との記事をみる。[18]しかし、この点をまた興円にみると、興円らも籠山修行では素絹を用いず、墨衣を着たと考えられるから、[19]恵尋が籠山行を挫折して叡山での志を完遂できなかったのは、当時の天台の律制に従わなかったからであるよりもむしろ、浄土宗を兼ねていたことに主要な理由をみてよい。つまり、黒谷における十二年籠山行による叡山戒法の再興事業は、浄土宗との交わりを払拭した興円と恵鎮のときに、固有に天台宗のものとして名実とも成就されるわけである。興円のときの黒谷流が浄土宗と断絶した経緯は、解明を要する課題ではあるが、興円と恵尋とを比較してみるとき、恵尋によるその事業の未完成は、天台と浄土とを兼ねた二面性に深く関係していると考えられる。そのことはまた、恵尋の著作のなかにもあらわれている。

三　恵尋の著作

恵尋の著作の現存のものは、いずれも円戒関係に属する。『円頓戒聞書《えんどんかいききがき》』（上巻のみ存、以下『聞書』）と、『一心妙戒鈔《いっしんみょうかいしょう》』（三巻、以下『妙戒鈔』ともいう）との主要二著のほかに、『天台菩薩戒真俗一《しんぞくいっ》貫鈔《かんしょう》』（以下『一貫鈔』）もまた恵尋のものとみなされている(20)。

これらのなか、黒谷流特有の思想確立の上に、もっとも重要視されねばならないのは『一心妙戒鈔』である。というのは、のちの興円や惟賢（一二八九—一三七八）らが、恵尋から受けたと記録する黒谷流の思想の多くは、同書のなかに見出されるからである。すなわち、興円の『菩薩戒義記知見別紙抄』（三巻、『続天全・円戒2』）では、天台智顗《ちぎ》『菩薩戒義記』（以下『義記』）の「戒体」論をとくに詳しくするなか、「本迹二門戒体」義を主軸とする恵尋からのいくつもの引用文は、恵尋の『聞書』にではなく『妙戒鈔』の方に的文をみる。また、惟賢の『天台菩薩戒義記補接鈔』（三巻）では、恵尋が「戒妙観」説や「本迹二門戒体」説を提唱したことを記しており、これらの的文もまた『妙戒鈔』のなかに認めることができる(21)。

そこで、『一心妙戒鈔』によると、恵尋は自己の黒谷流円戒を「一心（妙）戒」の名で特色づけたことを知る。しかるに、この「一心戒」の語は、『聞書』には見出されないといってよい。と同時に両書にはほかにも顕著な相違がある。そのひとつに、黒谷流では興円らは「戒家《かいけ》」と自称するが、この呼称は『妙戒鈔』にみられるのに対して、『聞書』には認められない。またひとつに、『聞書』では浄土教思想をみるのに、『妙戒鈔』ではほとんどそれをみない。ただし、もっとも遅い撰述年号をもつ『一貫鈔』では、一心戒の語も、浄土教的表現もともに出てくる。(22)少なくとも、『妙戒鈔』は、そこに戒家と自称し、また浄土教思想を含まない点でも、のちに黒谷流を大成した興円らの著作ときわめて親しい関係にあるといえる。よって、そこに鼓吹される一心戒思想は、浄土宗的要素が影をひそめた、天台宗固有の教学に従うものとなっている。

そして、その一心戒の語を、のちの黒谷流文献のなかにゆくえをみると、興円（前掲の『菩薩戒義記知見別紙抄』）では、恵尋の一心戒をもとに「一心戒蔵」という新たな思想概念を擁立する。またそのあと、恵鎮（『直往菩薩戒勘文』）や惟賢らでは、一心戒蔵を重要概念に用いるなか、一心戒を強調することはほとんどない。とすれば、一心戒は黒谷流恵尋を特色づける円戒要語であるといってよい。

四　「一心妙戒」の考え方

では、恵尋の一心戒（一心妙戒）は、いかなる思想を内容にもつのであろうか。これをまず、『一心妙戒鈔』巻上の奥書によってみると、恵尋は円頓妙戒を「一心をもって最要とする」と述べている。(23)そのゆえ、同書では一心または一心戒が強調されるわけであるが、天台教学ではふつう「一心」とは、一心三観という要語のごとく、諸法および仏道の全体を唯心の観法に包摂する意味をもつ。恵尋においても一心は、のちにもみるように一心三観の一心と同類の概念としてよい。ただし、一心を戒と直結させて一心戒とよぶ恵尋の意図は、円頓戒が仏道体系の枢要に位置するとの確信による。そのことは、『妙戒鈔』巻中に、「三学の中には戒を本となす」という、つぎのような主張によく表明されている。すなわち、

　天台御釈云。「経云。仏自住大乗、如其所得法、定慧力荘厳、以此度衆生。当レ知（此）之二法如二車之二輪鳥之二翼一。」定慧力荘厳《トハ》一心《ノ》上《ノ》定恵二法也。仏自住大乗《トハ》一心之惣体即是戒体之大地也。（『続天全・円戒1』二九四頁下）[24]

とある。ここに、「天台御釈」とは天台『小止観』を指し、また「経」とは『法華経』方便品の偈文である。これによれば、経文の「仏自住大乗」は戒・定・慧の三学のなかの戒学を意味し、その戒学（円頓戒法）こそは「一心の惣体」であって、定・慧の二法は戒体を大地（土台）に成り立っているとする。つまり、一心戒とは、これによって円頓戒が仏道全体の根幹（一心の惣体）であることを表そうとするものといえよう。したがって、恵尋は右の文につづいて『摩訶止観』巻四を引用して、止観法もまた円頓戒に基礎づけられねばならないことを主張する。すなわち、

　止観四云。「……（中略）……当レ知。中道妙観戒之正体《ナリ》。上品清浄究竟持戒《ナリ》」文如レ此釈者仏自住大乗《ハ》大戒也。戒之正体也。中道妙観者能持能領之双非之止観也。（『続天全・円戒1』二九四頁下）[25]

という。ここで恵尋は、同じく天台智顗の説を用いて、戒（円頓戒）を「正体」とした「中道妙観」がもっともすぐれた止観であることを示そうとするわけである。

つぎに、恵尋の一心戒思想のなかで、とくに重要な内容を構成していると思われるものに「戒体」理論がある。それはすでにふれたように、興円や惟賢らが恵尋の要義として伝えるところで、そのことは『妙戒鈔』巻上のつぎのような主張のなかにみることができる。

問曰。以二何物一為二円頓戒体ノ一耶。答。本迹戒体異。迹門ハ「随縁不変故名為性」ニテ不変真如ノ理ヲ以為レ体也。本門ニハ「不変随縁故名為心」ノ心法ヲ以為レ体也。……（中略）……梵網義記云。「不レ起而已、起即性無作仮色」文此文即法花ノ戒ニテ依梵網ヲ釈スト見タル也。故ハ如何。「不起而已」ハ爾前迹門不変真如ノ戒体也。「起即性無作仮色」トハ本門随縁真如ノ戒体也。「性無作仮色」トハイカニト云事ソト云ヘハ性無作ノ真如カ事相ノ仮色トナリクタリタル時ニカク真如カ事相ニナリクタル物ハ何物ソト云ヘハ第九識也。サレバ以二第九識一為二戒体一也。

（『続天全・円戒1』二五九頁上―下）(26)

これは、天台『義記』の戒体義である「性無作仮色」を、湛然《たんねん》（七一一―七八二）の『止観大意』の文に基礎づけ、それをまた天台の法華教学である「迹門・本門」に位置づけて、円頓戒の戒体を本門位の「随縁真如」と解釈するのである。そして、戒体（性無作仮色）は、第九識（真如）が随縁して事相に現れ出るものをいうと明白に示している。つまり、一心戒（円頓戒）の根源は真如（第九識）であり、これを天台の法華教学でいえば、迹門位では不変真如（性＝無為＝理）を戒体とみるのに対し、本門位ではそれを事相にみて、随縁真如の心法が有為に働くものをいうとするのであるから、一心とは事相に随縁した真如のはたらきであるとしてよい。そのことは、右にみたのとは別の箇所で、恵尋が同じく『止観大意』の文によって「不変・随縁」義を論じたあと、つぎのように述べているこ

とからもわかる。すなわち、『妙戒鈔』巻中に、

円ノ意ハ万法雖レ広不レ過二三千一。三千雖レ広ツツムレハ十界、ツツムレハ三観也。三観ツツムレハ色心二法也。色心ヲツツムレハ心ノ一法也。此ノ心ノ一法ハ随縁真如ノ一念也。（『続天全・円戒1』二八四頁下）

という。これによれば、三千の諸法も、空・仮・中の三観もみな「心の一法」つまり一心に帰納され、それは「随縁真如の一念」にほかならないとする。そして、恵尋の意では、一心は戒（円頓戒）を土台とするゆえに一心戒とよばれ、またそれが随縁真如であるとは、修行者が作法受得して戒相を具体的に持った姿のなかに、[27] 真如（仏性）が事相として顕現するのをみ、もってすべての仏道の基盤がそれにあることをいうのであろう。

そのために恵尋では、天台観法の要目である一心三観を、一心戒にもとづく「妙観」として捉えなおす。それは惟賢が恵尋の要義として伝えるもので、『妙戒鈔』では巻中の「正観妙観事」の一節にそれをみることができる。[28] そこに「正観・妙観」とは、智顗偽撰の『観心十二部経義』を用いたもので、内容をみると「正観」では止観の意義を説明し、また「妙観」では空・仮・中の三観を明かそうとしている。そして、恵尋はそれらを法華教学の「住本顕本、住迹顕本」の義で解釈し、正観は住迹の意で、迹門位の仏性をもって解釈され、他方の妙観は顕本の意で、本門意の一心法であると解釈されている。すなわち、先にもみたように、『摩訶止観』に「中道妙観戒之正体」とあるのをもとに、円頓戒を基礎にした一心の法（一心戒）によるとき、止観は妙観というもっともすぐれた観法になることを恵尋は主張しているとみてよい。

五　一心戒思想の背景と課題

さて、恵尋が一心戒とよぶものは、円頓戒（事相）を真如（理）に直結させ（真如随縁義による理と事との相即）、天台の教学と観法の、いわゆる唯心（一心）の体系を円頓戒を枢軸に捉えなおそうとする、独特の発想にもとづくことをみた。それで、恵尋の用いる一心戒の語は、その由来としては光定（七七九―八五八）の『伝述一心戒文』にある。(29)『妙戒鈔』で恵尋が、光定の同書を引用していることからもそのことは明白である。そして、光定における一心戒では、明曠の『天台菩薩戒（刪補）疏』（以下明曠『疏』）と一行の『大日経疏』によって説明されているから、円戒と密教との融合の思想が認められる。他方で恵尋の『妙戒鈔』ではまた、密教思想をみるから、恵尋の一心戒思想の内容に密教も含まれることは看過されてはならない。たとえば、『妙戒鈔』で恵尋は、第九識を論じて「境智冥合」といい、(30)この語は同書の所々に力説されている。これは明曠『疏』の、「境智倶心、能所冥一、一而不二」との説に負うとみられるが、(31)恵尋の意味では密教思想とも関係が深いと考えられる。

光定から黒谷流恵尋に至る思想系譜や、恵尋の密教思想については、いっそう明らかにされることが望ましい。また『妙戒鈔』には、右に述べたことなどに加えて、黒谷流特有の表現と思われる諸要素がいくつか散見される。恵尋の一心戒は、それらを含めてさらに論じられる必要があるけれども、要するところは、仏道の体系を円頓戒（一心戒）をもといとして捉えなおし、そのもとに天台のあらゆる法門を位置づけようとするものである。

ともかく、恵尋の『一心妙戒鈔』は、その構成と叙述が雑然としていて、体系的な体裁をもつとはいえない。恵尋が叡山での円頓戒再興のために志向した実践と思想は、もう少しのちの興円のときに完成され、体系化されるのである。

第二節　恵尋の『円頓戒聞書』にみる思想的特質

一　円頓戒法の「正依法華」義

求道房恵尋《えじん》（?—一二八九）は、中古天台期の比叡山に戒律（円頓戒）を復興するのに、先駆的な役割を担った学僧である。恵尋には、今日知られている円頓戒関係の主要な著作に、『円頓戒聞書《ききがき》』（巻上）と『一心妙戒鈔』（三巻）がある。これら二書は、『続天台宗全書・円戒1〈重授戒灌頂典籍〉』のなかに収録されている。両書のうち、『一心妙戒鈔』にみる主要な特色については、恵尋の伝記上に関する事柄とともに、前節にすでに論じた。つぎに本節では、『円頓戒聞書』に表れている思想的な特質を摘出してみたい。

ここでは、黒谷に復興の天台の戒法を、「円頓戒《えんどんかい》」とよぶ要語にまずもって注目したい。天台では、法華円教の立場からその戒法を、最澄時代には主として円戒と呼んでいたのが、いつの頃からか円頓戒と呼称し、今日では併用されている。少なくとも、比叡山黒谷で戒律復興の当初、恵尋において明白に円頓戒の語を用いて、その戒法の特色を論じていることを知る。したがって、とくに恵尋が円頓戒と呼ぶ戒法の性格を、黒谷戒系の後世に与えた影響の観点からみることにしたい(32)。

それで、恵尋の『円頓戒聞書』(以下『聞書』)は、安然《あんねん》(八四一―?)の『普通授菩薩戒広釈』(『普通広釈』または単に『広釈』ともいう)を台本に円頓戒を講義する。安然の『広釈』は、「(1)開導、(2)三帰、(3)請師、(4)懺悔、(5)発心、(6)問遮、(7)授戒、(8)証明、(9)瑞相、(10)戒相、(11)受持、(12)広願」の順に、湛然(唐)の「十二門戒儀」を広釈するもので、なかで第一門の「開導」にとくに詳しい特色をもつ。恵尋の『聞書』では、それが巻上のゆえか、『広釈』の「開導」の文を用いるのにほぼ終始している。なかに「(11)受持」「(9)瑞相」「(3)請師」からも各一文をみるけれども、これらは関連して引かれているとみてよい。また、『聞書』では「開導」の文を順序を追って注釈するという体裁ではなく、少し戻って引用されたり、あるいは「即身成仏」や「一得永不失」に関わる文言などは重複して出てくる。そして、叙述の構成内容は秩序よくまとまっている形態とはいいがたい。それは講義の「聞書」が断片的に記録されたのを、のちに勤運《ごんうん》という学僧が編集して録述した苦心を物語るかもしれない(33)。

ともかく、恵尋のこの書は、安然の『広釈』を基盤に「円頓戒」を顕揚する。その場合、安然では

「円密一致」の上に密教の素養を戒法に持ち込む特色をみるのに対して、恵尋ではおもに法華円教観のもとに安然に萌芽した思想を円頓戒の内容に確立せんとする努力がみられる。そのために、恵尋では初めに円頓戒は「法華戒」であるという基本的性格を論ずる。これは、いわゆる「正依法華・傍依梵網」義の主張であり、その根拠は『学生式問答《がくしょうしきもんどう》』（伝最澄）による。(34)『学生式問答』は、今日ではすでに最澄よりずっと後に成立した偽撰書とみられているなか、法然源空の時代には存していたのみでなく、源空自身も所持していたごとくである。(35)この書のもとに恵尋が主張する「正依法華《しょうえほっけ》」義は、黒谷流の主要な特色となる。(36)

伝教大師最澄（七六七―八二二）では、『山家学生式』と『顕戒論』によって、『梵網経』の「十重四十八軽戒」を天台の「大僧戒」と定めたけれども、ことさら「正依法華」を論じた形跡はない。のちに密教の隆盛のなか「顕密（円密）一致」の立場で、「口伝法門」や「本覚思想」を伴った中古天台期に特有の法華教学が進展し、いわゆる「恵・檀両流」（恵心流と檀那流）の、「爾前・迹門・本門・観心（止観）」を分別し、それらの興廃までをも論ずる中古期の天台教学が、恵尋の主張の背景にある。この「正依法華」義は、源空門下の他の戒系とは異なって、黒谷流が比叡山天台宗のなかで展開したゆえんを物語る。

恵尋の所述によれば、「法華には浄戒を明かすとも別に戒品を立てない」ので、戒相は「正しく戒品を立てる」梵網等に依るという意味で、円頓戒は「正しくは法花に依り、傍には梵網・瓔珞等に依る」とする（『続天全・円戒1』二〇五頁上）。これは、『梵網経』が華厳部（別教）に属する「帯権（方便）の戒」であるのに対して、「純円一実」の妙法（一乗真実）を説く『法華経』がもっとも勝れた教え（円教）であるので、法華円教の下に梵網戒を位置づけようとする勝れて天台的な表明である。ただ、恵尋では法華戒の名で、当時の天台に醸成された教理を用いて、自ら復興に従事した戒法（円頓戒）を理論づけることに特色をもつ。

この法華戒の意義では、恵尋はまず菩薩戒（法華戒）と仏戒（梵網戒）のちがいによって優劣を論じ、その上に立って授戒と「戒体発得」を重んじ、持戒を導こうとする。すなわち、つぎのように論ずる。

梵網《ぼんもう》の戒は仏果功徳を説き初後不二を云わず、仏果位ばかりに偏る故に仏戒と説く。法花《ほっけ》の意は初後不二《しょごふに》を談ずる故に仏果功徳を因位にも具する也。此の義辺に約して法花戒を菩薩戒と云い、梵網戒よりも勝れる也。（『続天全・円戒1』二〇七頁下）

梵網は帯権《たいごん》の説にて相即を談ぜず、故に果の功徳を因に具すと云わず、之に依り仏戒と名く也。……（中略）……今の法花は相即互融《そうそくごにゅう》を談じ、因位にして果の功徳を具すと云う。所以に六即階級は異なると雖も、相即融通の意によって我等理即名字《みょうじ》の浅位なれども、分真究竟《くきょう》の功徳をも自ら具する者なり。（同前二〇八頁上―下）

此の一乗戒は、戒は同じく仏果の功徳なれども、初後不二と談じ因果不二《いんがふに》と許せば、此の戒を作《さ》法受得《ほうじゅとく》するに依って、我等理即の身の中に仏果九識《くしき》の戒体忽ちに来入す。故に因位にして果位功徳を得、下位に有りて上位功徳を得ると談ずる也。爰を以て此の戒（法花戒）をば因分に名けて

菩薩戒と立て、彼の戒（梵網戒）をば果位に名け仏戒と云う也。（同前二〇九頁上）

ここで、法華戒は一乗戒ともよばれ、初後不二（因果不二）・相即互融（相即融通）というのが、法華の勝れることを特色づける教理である。つまり、菩薩戒（法華戒）を受ける者は衆生（因位）の段階にあって仏果の功徳（果位）を具えることを不二または相即の意味とし、梵網戒が仏戒とよばれるのにはそのような意味がない故に劣るという。ここには、不二・相即の意味のなかに、本覚的な思考を加えている。本覚思想は、衆生（凡夫）が本来的に仏の覚りを具えているという意味で、凡夫を仏果に直結させる考え方である。右の文中には、因（衆生または菩薩）と果（仏）の相対を、初と後、あるいは「我等理即名字の浅位」と「分真究竟の功徳」、および「我等理即の身」と「仏果九識」、さらに下位と上位の関係で述べる。もっとも、凡夫と仏を結ぶ契機は授戒作法であり、授戒によって得る戒体を仏果九識などとして、右にはそのことを「作法受得」とよんでいる。つまり、それは戒体発得のことであり、ここで「九識」とは凡夫が本覚としてもつ純真無垢な仏性（真如）にほかならない。

このことから、恵尋の円頓戒では授戒とそこでの戒体発得《かいたいほっとく》（作法受得）が重視され、その上で「仏家は戒を本と為す」（『続天全』二一〇頁上）とし、また「戒は一切功徳《くどく》蔵の根本である」（同前二一九頁下）と主張し、ついで「一分《いちぶん》受菩薩」と称して一戒でも持つこと（持戒）を勧める。その場合に、一戒をも疎《おろそ》かにしないで持つ意義を、恵尋は「円教意では一戒に十戒を具《そな》える故に」といい（同前二一六頁上）、あるいは「円の妙戒は相即互具《ごぐ》すれば一戒の中に余の九戒を具える故に一戒を持てば余戒自ら互具す」と主張し（同前二一八頁下）、ここでも相即互融（互具）の論理をもって、さらに安然の『広釈』でも『菩薩瓔珞本業経』（以下『瓔珞経』）にもとづいて「一分の戒を受ければ一分の菩薩である」ことを説くとして、その文を示している。(37)

二　戒法の「即身成仏」義

恵尋の『聞書』では、「円頓戒」法としてとくに繰り返し論じられるのは、「授戒即身成仏」と「一得永不失」の考え方である。これらは、円頓戒が法華戒であるとの意義から教理的に説明される。

まず、即身成仏《そくしんじょうぶつ》について、これを授戒儀に述べるのは安然の『広釈』にみられる。すなわち、『広釈』に「若欲ニ即身成仏一者我当レ授レ戒」といい、また「円乗戒証受戒之日即身六即成仏」などと述べるのを、恵尋は引用して円頓戒の「即身成仏」義をさかんに論ずる。(38)

恵尋では、即身成仏は爾前《にぜん》教（蔵・通・別・円の四教のうち法華円教よりも前の三教を指す）には明かされず、顕教では「龍女の現成を明証」として『法華経』に説かれるという（『続天全・円戒1』二一二頁上）。『梵網経』は別教に属し、円教に近く高い教えではあるが、やはりこれにも説かれないとする。しかるに、この経に「一切有心者　皆応摂仏戒　衆生受仏戒《しゅじょうじゅぶっかい》　即入諸仏位　位同大覚已《いどうだいかくい》　真是諸仏子」と説かれるのは、安然の『広釈』では即身成仏の文証に挙げられる（『大正』七四・七五八c）。

恵尋ではこれを解釈してつぎのように論ずる。

　我等は理性《りしょう》戒体を具すと雖も未だ事相《じそう》を顕さず。而るに我等は多宝塔中釈迦《たっちゅうしゃか》如来所顕の戒体を

> 師資相承して納得したり。是を納得しつれば我身が依身《えしん》ながら妙覚果満《みょうかくかまん》の功徳を具す。故に位同大覚已を釈せば果位の功徳を今納得しつれば大覚の位に同じと釈するなり。
> （『続天全・円戒1』二一二頁上）

ここで、「多宝塔中釈迦」とは『法華経』の所説であり、今は正依法華の立場で梵網戒を受けることを指し、そこに発得された戒体が妙覚果満の功徳をもって受者（我等）に具わるとなし、その故に「大覚の位に同じ」と説かれるという。また、「我身が依身ながら」とは、先にもみたように凡夫のままに授戒時の戒体に妙覚果を具《そな》えることをいう。そして、戒体に「理性と事相」を分けるのは、恵尋では仏性真如の理性が発得の戒体には事相に顕れ出る意味をいい、これは授戒で伝戒師より得るので、そのことを「師資相承して納得す」と述べる。ここでいう「事相戒体」義は黒谷流の特色となるもので、恵尋では『法華経』の「迹門と本門」、および「随縁真如」の考え方と結びつけて論じられていく。すなわち、『聞書』で恵尋は即身成仏について、つぎのように主張している。

> 我等は具縛《ぐばく》依身に釈尊所顕の事相戒を納得す。故に已聞大覚して既に妙覚の功徳をば得たり。……（中略）……然れば則ち授戒の一時に六即の功徳をば具縛依身に納得する也。今六即《ろくそく》即身成仏と云うは断惑《だんわく》証理して唱うるには非ず。
> （『続天全・円戒1』二三五頁上）
>
> 迹門の心は理《り》の即身成仏を明す。本門《ほんもん》の意は本より事相《じそう》の依身即ち仏なりと談ず。故に理事不二の即身成仏を我宗には明す也。
> （同前二三六頁上）
>
> 発心《ほっしん》しぬれば即ち妙覚仏と異なること無き也。是れと云うも釈尊所顕の事相戒体を師資相承して、

今伝授する貴さと云う一念に信心を起せば、信心即《しんじん》戒体にて理性戒体が事相の戒体と顕れて、今妙覚果満の戒体を一毫の惑《わく》も断ぜず我れに納得するが故に、成仏に於いては疑い無く思う也。是れ則ち理即《りそく》の即身成仏也。

（同前二三七頁下）

これらの文で、「具縛依身」とは煩悩（縛）をもったままの凡夫身をいう。また、「六即」とは「理即・名字即・観行即・相似即・分真即・究竟即」の六位であり、天台では周知の、修行によって登る仏果（覚り）への階梯を指す。なかに、理即と名字即は凡夫の段階なのであるが、授戒時の戒体には妙覚果満（究竟位）を具えると右にはいい、もはや理即の段階で即身成仏（究竟位までを含む）をみようとしている。そして、「本迹二門」の関係では、迹門《しゃくもん》には理念（理性）のみであるが、本門《ほんもん》の意では「事理不二」の上に事相をもって即身成仏をみるとする。これは、『法華経』所説の迹門（前半）よりも本門（後半）を高く深いとみる立場であり、中古天台期の「本門本覚」を高い観解《かんげ》とする考え方に沿った主張といえる。

さらに、恵尋では「事相の戒体」は、「随縁真如」の理論でこれを説明し、しかも相即互具の論法で発得の戒体には理即（凡夫）の段階に六即が皆な具足すると論じ、次のように述べる。

我等、師資相承の戒を受ける時、随縁真如《ずいえんしんにょ》の戒体が我が全体に来入す。未だ一毫の惑を断ぜずとも、仏果の戒体が来入する方は究竟即《くきょうそく》の即身成仏也。迷いの凡夫なる方は理即也。我等無始無終の仏なりと聞く方は名字即也。而るに円教は如神通人既無理数にて理即即身成仏を唱うる時は観行・相似・分真即の功徳をば皆な一時に具足する也。

（『続天全・円戒1』二四二頁上）

爾れば此の理即《りそく》の身に受戒しつれば、則ち究竟《くきょう》の仏の悟りを顕わし給える戒体を納得す。現に理即の凡夫《ぼんぷ》が究竟の仏と同じ功徳を具す。是れ即ち理即にして即身成仏する也。（同前二四九頁上）

ここで、「随縁真如」とは一切法（事象）が真如（真理）から生起するという考え方で、もとは華厳宗で使われた理論が天台（湛然）に採用され、日本では中古天台にさかんに用いられた。恵尋では、「事相の戒体」を説明するとき、この考え方による。すなわち、つぎのように述べるのをみる。

受戒の時は随縁《ずいえん》真如の戒体が我等の身内に来入す。戒を受けざる時は只だ不変《ふへん》真如の分斉なり。仍て木頭にも不変真如は具する也。故に不受戒の時は我等は木頭と異ならずと云う也。

（『続天全・円戒1』二一四頁上）

本門の意は此の戒は随縁真如の戒也。……（中略）……法然《ほうねん》上人の戒儀には権戒《ごんかい》は不変真如にて随縁真如に非ず。今の戒は随縁真如にして不変真如に非ずと釈せり。（同前二三四頁上）

このなかに、不変真如とは真如（仏性）が事物に普遍的に内在するさまをいい、随縁真如は真如が事象に現れ出ることを指す。したがって、受戒しない間の衆生は単なる樹木（木頭）と同じで、仏性真如は不変のまま理念（理性）に止まるのに対し、円頓戒を受けるときには真如が事象（事相）に随縁して仏道を導くという意味を右には述べている。そして、権戒（正依法華でない戒法）に対して、円頓戒（今の戒）は「本門意の随縁真如の戒」であると、その勝れた高い立場を主張するとともに、このような解釈を恵尋では法然源空に帰していることは少しく注目してよい。

この随縁真如の戒体は、つぎに述べる円頓戒の「一得永不失」義でも主要な論拠となる。なお、戒法の即身成仏義は、のちに興円らによって十二年籠山《ろうざん》の修行を媒介に、戒灌頂（重授《じゅうじゅ》戒灌頂）という授戒儀則のなかに確立される。

三　「一得永不失」の戒法

つぎに、円頓戒が「一得永不《いっとくようふ》失《しつ》」であることを論ずるに、恵尋では安然『普通広釈』にみる『瓔珞経』等にもとづくつぎのような文を用いる。すなわち、

菩薩戒有㆓受法㆒而無㆓捨法㆒、有㆑犯不㆑失尽㆓未来際㆒。

（菩薩戒は受法有りて、しかも捨法無く、犯ずること有れども失せず、未来際を尽くす。）

円乗戒法但有㆓受法㆒終無㆓破法㆒故名㆓虚空不動金剛宝戒㆒。

（円乗の戒法は但だ受法のみ有りて、終《つい》に破法無く、故に虚空不動の金剛宝戒と名づく。）

如来宝戒一受永固終不㆓犯失㆒而有㆓大用㆒、譬如㆘金剛一成㆓利宝㆒更不㆗破壊㆖。

（如来の宝戒は一たび受くれば、永く固く終に犯失せず、しかも大用有ること、譬えば金剛の一たび利宝と成れば更に破壊せざるが如し。）


と説かれる(39)。

それで、恵尋では「不失」義をまずつぎのように述べるのをみる。

今戒師に対して是れを受ける時、此の受く所の戒は釈尊所悟の戒体を師資《しし》相承《そうしょう》して、今授けられ

る事の宿習の有り難さを思えば信心《しんじん》は堅固也。此の信心を尋ぬれば我等所具の理性《りしょう》戒体が伝戒時には事相《じそう》戒体と顕る也。然して後に始覚《しかく》は本覚《ほんかく》に冥し、性徳は修徳《しゅとく》に帰して戒体納得しつれば永《よう》不失《ふしつ》也。

（『続天全・円戒1』二一八頁上）

ここで、信心とは授戒時の受者についていい、恵尋はこれを発心または発心受戒などともいい（『続天全・円戒1』二〇九下ほか）、あるいは前項にみた文に「信心即戒体」の語もあったように、戒体発得が受者の発心にもとづく堅固なものであることを意味する。また、「始覚と本覚」および「性徳と修徳」は、始覚が修行によって得る覚りとの意味で修徳に同じく、対して性徳《しょうとく》は受者（衆生）が本来にもつ徳（理性）にて本覚と同じことを指す。授戒では戒体発得は修徳《しゅとく》（始覚）であり、これが性徳（本覚）より現れ出て、事相の戒体として身に付いたさまを、右には「戒体納得」と表現する。その場合、授戒での戒体発得が修徳としての重要な役割をもち、始覚（修行により六即の階梯を登り妙覚に至ること）が本覚（理即位）に冥合し、性徳（本覚）は修徳（始覚）に帰結する、というのが本覚思想にもとづく注意すべき主張である。このような「性徳と修徳」の関係は、恵尋では度々述べられ、たとえばつぎのようにも論ずる。

理性に具す所の仏界等は、今の作法受得に依って必ず上に云うが如く内薫密益《ないくんみつやく》し給う也。其の故は戒と云うは即ち事《じ》なり。十指合掌し現前和尚に対告して此の戒を受く也。此の時に修得は性得に帰し、始覚《しかく》は本覚《ほんがく》に冥して、現に身中が戒場と成り、仏性の蓮は花を開く也。事理不二なれば、此の事の戒を受れば彼の理仏性は冥合して顕る也。

（『続天全・円戒1』二二六頁上―下）

これは、授戒時には受者の「身中が戒場」であるとの「内道場」義を解釈するのであるが（これも安然『広釈』にもとづく）、これには作法受得された戒体（事相）が真如仏性（理性）より身内に絶えず影響され密かに増益して（内薫密益）、仏道が進む（蓮が花を開く）さまを述べると理解してよい。なお、ここで「修得と性得」は先にみた「修徳と性徳」に同じ意味である。

そして、このような思考は随縁真如の考え方（真如理性が随縁して事相の戒体と成る）と、密接に結びついている。いまは、それについての問題点をも含めて、恵尋の述べる所をみてみたい。

本門意《ほんもんい》では一切は悉く随縁真如の法也。能犯も随縁真如、所犯も随縁真如也。善き随縁真如は戒也。悪き随縁法をば皆な真如と称する也。故に一得永不失《いっとくようふしつ》戒と云う也。

（『続天全・円戒1』二三九頁下）

悪法も則ち随縁真如と知る処也。而に戒門にて云う様は明医は是れ戒法也。三途《さんず》苦難には戒を以て舎宅と為し、迷病の処では戒を以て良薬とする故也。而るに悪き随縁法も皆な随縁真如の法なれば、戒の方より対治《たいじ》する也。

（同前二四〇頁上）

この主張は、恵尋では安然『広釈』のもとに、鴦堀魔羅《おうくつまら》（殺人）・阿闍世王《あじゃせおう》（殺害父母）・末利婦人《まりぶにん》（飲酒）ら「深位《じんい》の菩薩」の破戒が利益衆生の故に許されることを論じたのちに、述べられる。ここでは、随縁真如の故に一得永不失戒とするが、しかし随縁真如といえば一切の事象はみな随縁といえるので、犯戒したときには悪法も随縁となる問題がおこる。これについて、右には「善の随縁」を戒とし、「悪随縁」を戒によって対治するという。したがって恵尋では、この故に受戒の後には、持戒を勧めるのであろう。

また、戒体または戒法を「事と理」に分別するときには、理性ではそれが事象に内在する普遍原理なので不失といえても、事相では犯戒のときにも不失といえるかが問題である。恵尋では、事相でも不失であることを明説して、つぎのように論ずる。

此の戒は事・理共に永く不失なり。理性《りしょう》の義は先の如し。若し其の事《じ》の不失を云はば、夫れ此の戒を師に対合して作法受得するは是れ善心也。此の意は即ち中道法性也。永く失すべからず。此の戒を犯ずるは即ち悪心也。此の心は是れ無明煩悩《むみょうぼんのう》也。全く同じ心が先には持《たも》つと成し、後には犯《ほん》を成すというには非ず。持つ心は中道実相の心なれば、永劫を経るとも更に失すべからず。犯ずるのは又た別の虚無妄想の無明也。譬えば鏡の体は是れ中道也。一分の明を顕すは受戒也。此の鏡を陰れしむるは是れ犯戒《ほんかい》也。犯は違の法なれば彼の明の体と一物には非ず。明と昧の体は已に各別の物也。持《じ》と犯《ほん》も然るべし。此等に准じて心得るに、円乗の戒法は一得永不失戒と云う事《こと》顕然なる物也。

（『続天全・円戒1』二四五頁下）

ここには、善心（中道実相心）と悪心（無明煩悩）を分け、両者の体は各別とみて、中道実相の立場から事相にも戒体は不失と主張し、これを鏡の譬えで巧みに示す。これは、法華円教観（本門意）による高い観解の立場で、不失義を述べるものといえよう。したがって、恵尋では「随縁真如の故に一切は皆な仏法なので犯戒など無い」と強弁するものではない。すなわち、恵尋がつぎのように論ずることは、とくに注意を要する。

邪見の人の云く、今言うが如く一切皆《みな》仏法なれば仏法の中には犯戒無く、若し爾れば此の戒を受ける者は婬盗殺妄《いんとうせつもう》等を恣《ほしいまま》に犯すとも何の事かあらんやと。此の事《こと》甚だ以て不便也。此の戒は尤《もっと》も能く持つ可き也。所以に三千森羅の法は皆仏界の変作なれども、悪報《あくほう》と随縁するをば捨つ可し。善業《ぜんごう》と随縁せるをば取る可き者也。故に此の戒をば随縁真如の戒と云う也。戒はいましめとよむ也。……（中略）……随縁真如の日、本来仏界なればとて悪を恣に得ること尤も禁ず可し。

（『続天全・円戒1』二四六頁上―下）

ここには、「随縁真如の戒」の上に、厳しく持戒を求めている。恵尋の「一得永不失」義を理解するのには、さらにつぎのような主張もみておく必要がある。

戒に於いて三種有り。謂う所の性得戒、相伝戒、発得戒也。先ず性得戒と云うは我等が身内に所具する本有《ほんぬ》の仏性也。是れ則ち其の体《たい》堅固なること金剛の如く、而も師師相伝の戒を受くるに依って戒体を発得《ほっとく》す。能く持つと云う一念に、本有の金剛宝戒は、始覚が本覚《ほんがく》に冥し、修得《しゅとく》が性得に帰する間、仏性堅固《けんご》の戒に合するが故に、一得永不失と云う也。

（『続天全・円戒1』二五〇頁上）

性得戒の時は無始の無明に覆われ戒光已に失す。只だ理性《りしょう》に戒法を備《そな》えたる計り也。師師相承して戒法を受ける時、相伝《そうでん》戒に依って戒体発得して始覚が本覚に冥しつる後は、事相《じそう》に仏の功徳と等しく成る也。戒光は果位に同じ。然るを犯戒《ほんかい》の時はたとい一月《ひとつき》は高く晴れて其の光は失せずも、群雲が上に覆《おお》い少しき明了を蔵《かく》すが如し。発得《ほっとく》の戒体《かいたい》は損せず。戒光は陰れずとも、犯戒の雲は且《しばら》く其の光を覆う計り也。之に依って縦《たと》い犯戒の年深くとも、本《もと》の如く持戒《じかい》の意を一念に発せば、戒光は忽ちに照して戒体は本の如く明了なる可き也。例せば百年の暗室に一燭《いっそく》を入れるが如し。

（同前二五二頁上）

ここで、「性得《しょうとく》・相伝《そうでん》・発得《ほっとく》」の三種戒は、安然の『広釈』にみる著名な所論で、戒法（戒体）を三つの側面から説明する。いま恵尋ではそれを用いて、戒体の不失義を述べる。そして、事相の戒体が「永不失」であるのを、犯戒時にはどのように理解すべきかを、右には月（戒光）とそれを隠す雲（犯戒）の譬えで説明するのは、とくに注目してよい。

恵尋が本書に強調した「一得永不失」義は、事相にも戒体は不失であると主張し、そのことが持戒に結びつくことに特色がある。(40)

四　恵尋にみる浄戒双修

恵尋の『円頓戒聞書』に表れている特色には、弥陀念仏の思想をみる。ただ、その所説は随所にみるとはいえ、円頓戒と必須の関係というのではなく、恵尋の信仰の上に関説される程度とみてよい。いまは目立つ所だけをみておきたい。

又我等三聚浄戒を持て感ずる所の果は阿弥陀仏なり。其の故は念仏を唱うれば遠離穢《ママ》土・欣求浄土の思いに住するなり。遠離とは悪行を離れ、此の方は摂律儀戒なり。欣求浄土の方は摂善法戒なり。衆生を利せんと思う方は饒益有情戒なり。此の如く感ずる所の果は是れ阿弥陀仏なり。

（『続天全・円戒1』二一一頁下―二一二頁上）

念仏宗などにも重重十悪の者なりと云えども、一念阿弥陀仏と唱うれば則ち安養世界に生ずるなり。是れと云うも一音の念仏は少なしと雖も、其の功徳は莫大にして則ち安養に生ずるなり。重重十悪は多しと雖も其の性は虚無にして失せ易し。此の定に九九八十一品の煩悩は多しと雖も其の性は弱くして、一の戒光に消除されるなり。故に十戒の中にても持ち易からん戒を一品持ちたらば、其の光に依って何ぞ菩提彼岸に至らざらんや。

（同前二一六頁下）

又浄土の一門を立て弥陀を称えるも是れ又た戒なり。此の身は常没の凡夫と嫌い、此の土は苦悩の娑婆と厭うて不退の身を受け無為の境に入らんと談ずる、皆な是れ成仏の要は戒の一門に無きに非ず。

（同前二一九頁下）

これらのうち、初め文は一切の善根（仏法）は三聚浄戒に収まるという意義を、阿弥陀仏について述べている。また、つぎのは一戒でも持つ意義を、一念弥陀の功徳と同じであるとして持戒を勧める。そして、後の文は一切功徳蔵の根本が戒であることを弥陀念仏によって述べるのである。

このようななか、つぎの所説は少しく注目してよい。

又西方極楽へ行く事は信心《しんじん》に依るなり。之に依って双観経に至心信楽欲生我国と説いて、極楽に生ずる事は信に依ると見たり。而《しか》るに極楽と云うは寂光極楽を一分同居土に顕《あらわ》して、娑婆の衆生を引導せしむなり。是れ則ち寂光土へ生ずる修因は中道観《かん》に依るなり。能観・所観は斉等なりと定むる故なり。而に安養世界には弥陀如来は依報正報を構えて衆生を引導し給うと云うを聞いて至心信楽欲生我国する信は中道の信《しん》なり。故に中道の信起りて一分寂光理顕する安養世界に生ずるなり。

（『続天全・円戒1』二二八頁上）

これは、信心堅固に受戒するとき、発得の戒体は「永不失」であると主張する後に述べる文章である。弥陀の「第十八願」文を用いて念仏でも信心が大切であるとする上に、往生の浄土観に言及する。ここでは、「中道の信」と「中道観」を述べるので、法華円教の実相中道観に立って弥陀念仏法をみているといえよう。

恵尋は、黒谷流の戒脈（叡空―源空―信空―湛空―恵尋―恵顗―興円―恵鎮）では、源空から恵顗までの五代が、今日には浄土宗に属する京都の新黒谷・金戒光明寺の初期歴代に数えられるそのなかに位置する。ここにみる浄土思想は、そのことを反映している。のちに興円のときには新黒谷との関係は断たれ、浄土念仏の志向もみないようになる。

五　恵尋の発揮した思想特質

本節では、恵尋の『円頓戒聞書』にみる思想の特質を、主に戒法の「即身成仏」義と「一得永不失」義によってあとづけた。それで最後に、「円頓戒」と「一得永不失」という要語について、これらは今日では天台系統の大乗戒にはよく用いられるが、もと最澄の時代には認められない。円頓戒の語は、中古天台期に成立したことがすでに注意されている。(41) 一得永不失の語も同様であり、本節で「正依法華」義をみた『学生式問答』にも出ない。遡って年代を明確にでき、これらの要語を確立している文献では、恵尋の本書がまず注目されてよい。

円頓戒は恵尋では、安然の『広釈』をもとに「即身成仏」義を特色としたように、本覚的思考の法華円教観によって、単刀直入（頓速）の仏道を戒法のなかに求める呼び名と理解できる。つまり、円頓戒とは恵尋では、円教の中道実相《ちゅうどうじっそう》観によって頓速《とんそく》の成仏を志向する戒法といえる。ついで、一得永不失とは授戒で戒体を発得する中道実相心についていい、そこに発得の戒体は真如より随縁する事法（色法《しきほう》）と位置づけられ、これらは成仏に至るまで失われないという意味で不失である。このような実相心と戒体は、恵尋では明鏡に譬えられ、凡夫では無明煩悩（違性）によって曇らされることはあるが、雲のなかの月のごとく不失であり、持戒《じかい》（順性）によって戒光を現すことで持続され、これが仏道を成就する根幹であるとみられる。したがって、恵尋では授戒の上に持戒を必須とするのである。(42)

このような恵尋から承けた思想をもとに、のちに興円では末法観を明確に自覚して円頓戒を論じ、戒灌頂儀則のなかに戒法の即身成仏（戒法による頓速の成仏法）を確立せしめるのである。

註

（1）恵谷隆戒「叡山戒法復興運動の諸問題」（『印度学仏教学研究』九―一、一九六一年）。色井秀譲「黒谷法勝寺流戒灌頂について」（『印度学仏教学研究』一七―一、一九六八年）。

(2)『続天台宗全書・円戒1〈重授戒灌頂典籍〉』(一九八九年、春秋社、以下『続天全・円戒1』)。
(3)『続天台宗全書・史伝2』(以下『続天全・史伝2』)
(4)『新撰往生伝』(『浄土宗全書』巻一七・五四一頁)。『三通口決』(『続天全・円戒1』三七〇頁)。
(5)『続天全・円戒1』一六七頁。
(6)『続天全・円戒1』一九一頁。
(7)上杉文秀『日本天台史』と『別冊』(一九三五年)、および恵谷隆戒のいくつかの論文が用いる資料。
(8)色井秀譲『戒灌頂の入門的研究』(一九八九年、東方出版)。
(9)『続天全・円戒1』一六七頁、一六八頁。
(10)『続天全・円戒1』二五九頁、二九四頁ほか。
(11)『続天全・円戒1』一一七頁。
(12)『続天全・円戒1』三七七頁。
(13)『続天全・史伝2』四一〇頁下。
(14)『三通口決』(『続天全・円戒1』三七〇頁)、『伝信和尚伝』(『続天全・史伝2』四一一頁上)、『新撰往生伝』(『浄土宗全書』巻一七・五四一頁上)。なお、『新撰往生伝』には、恵尋の没年を弘安元年(一二七八)と記すが、いまは『三通口決』の記事によってその臨終を正応二年(一二八九)とみることにする。
(15)『続天全・円戒1』二七六頁下―七頁上。
(16)『続天全・史伝2』四一一頁下。また同書では、「恵尋上人は恒に円頓戒の廃絶を愍《かな》しみ、法門の由致を興したが、その行儀を調えず、空しく覚城の円寂に帰した」とも記している(同四一六頁下)。
(17)藤堂恭俊『法蓮房信空上人』(『黒谷文庫』七、一九八九年)八頁などにもそれを記す。
(18)『続群書類従』二八下・四五七頁上。石田瑞麿「円戒の復興と戒灌頂」(同『日本仏教思想研究(第2巻)戒律の研究・下』(一九八六年、法藏館)四〇二頁。

(19) 興円が自らの籠山修行の規準を記した『一向大乗寺興隆篇目集』によると、「絹類を用うべからず」「墨衣の僧には法服・純色は不相応なり」などと示している（『続天全・円戒1』一八〇頁下）。

(20) 窪田哲正「『天台菩薩戒真俗一貫鈔』について」（『印度学仏教学研究』二九―一、一九八〇年）。

(21) 興円の『別紙抄』については、のちの第三章第三節に詳しく述べる。また、惟賢の『天台菩薩戒義記補接鈔』では、巻上に「求道上人《ハ》戒《ノ》妙観、止観正観《ト》云《ヲ》事《ニ》常被レ談」（『仏全』七一・三三三頁上）と記し、巻中には「求道上人《ハ》性《ハ》迹門《ノ》不変、無作仮色《ハ》本門《ノ》随縁《トタリ》被レ仰」（同前三七六頁下）と記している。

(22) 『円頓戒聞書』（『続天全・円戒1』所収）は、弘長三年（一二六三）の講義録であり、また『一心妙戒鈔』は、上巻奥書によって文永三年（一二六六）の撰とみれば、その間の隔たりはわずか三年にすぎない。そして、『天台菩薩戒真俗一貫鈔』（叡山文庫蔵）は弘安七年（一二八四）の年号をもつが、ただし撰者については明確な記述をみない。なお、「戒家」の語が、『聞書』にはでないことを最初に注意されたのは、大久保良順氏である（「重授戒灌頂の興起」『天台学報』二二号、一九八〇年、九頁）。

(23) 『続天全・円戒1』二七六頁下。

(24) 引文中の「　」は引用者による。ここで、「天台御釈」とは天台『小止観』を指す（『大正』四六・四六二b）。また、「経」は『法華経』方便品の文である（『大正』九・八a）。また、恵尋のこの文は、最澄偽撰の『三宝住持集』にあるものとほぼ同じである（『伝全』五・三八八頁）。惟賢の『菩薩円頓授戒灌頂記』では、その裏書に『三宝住持集（山家釈）』として、この文を引く（『続天全・円戒1』一四一頁下）。

(25) 文中の「止観四」とは、天台『摩訶止観』巻四（『大正』四六・三b）を指す。

(26) 引文中の「　」は引用者。湛然『止観大意』（『大正』四六・四六〇b）と、天台『菩薩戒義記』（『大正』四〇・五六五c―六a）の文を指す。

(27) 恵尋は、「作法受得《シテ》能持《ト》云時、一心《ノ》戒自二十方一来《リ》入二我等身内一《ニ》」（『妙戒鈔』巻上、『続天全・円戒1』二七三頁下）と述べている。

(28)『続天全・円戒1』二八七頁上―八頁上。『観心十二部経義』(『続天全・円戒1』三五六頁)。なお、恵尋の思想としてこの一節に注目したものに、窪田哲正「中古天台における戒勝止観の法門」(『大崎学報』一三九号、一九八五年、五〇頁)がある。ただし、本稿では窪田氏とは異なった観点からこの一節をとりあげる。

(29)『伝述一心戒文』巻下(『伝教大師全集』一・六二九―六三六頁)。

(30)『続天全・円戒1』二六〇頁上。

(31)『続天全・円戒1』二六九頁下、二七一頁下。光定『伝述一心戒文』巻下(『伝全』一・六三二頁)。明曠『天台菩薩戒刪補疏』巻上(『大正』四〇・五八一a)。

(32)すでに、恵尋の『円頓戒聞書』に言及した論考には、次のものがある。窪田哲正「求道恵尋の『円頓戒聞書』について」(『印度学仏教学研究』二八―一、一九七九年)、Paul Groner, Can the Precepts Be Lost? Can the Precepts Be Violated? The Role the PUSAJIE YIJI 菩薩戒義記 in Medieval Tendai Discussions of the Precepts, Oct. 2007.(『天台学報』特別号〈国際天台学会論集〉二〇〇七年)。本稿ではこれらをふまえて、恵尋段階での黒谷流の思想的特質をいま少し詳しく論じてみたい。

(33)恵尋の『円頓戒聞書』は、弘長三年(一二六三)正月二十三日から恵尋が比叡山の黒谷で始めた「円頓戒」の講義を、成運が「聞書二帖」として伝えたのを、のちに西塔北谷の学窓(寿泉房)で勤運が永徳二年(一三八二)に、恵尋に由来する別の一帖を加えて編纂し録述したものである。勤運は私に上下二巻に造ったと記すけれども、今日には巻上が伝えられている。また、勤運の系譜は、前掲の窪田論稿に調査されているとおりで、静明(恵心流)門下の成運―栄運―能運―勤運と次第する正観院(西塔)の一流であるという。勤運では、この『聞書』を「一流の軌範」にして「円頓の玄旨、妙戒の奥蔵」と讃える(本書末尾の奥書)。恵尋とのちの戒灌頂家(興円ら)は、中古天台の恵・檀両流では檀那流に親しいとみられるなか、恵尋の「円頓戒」理論は恵心流のなかにもこれを尊重した傾向のあることは注意されてよい。勤運の「曽祖師」に当たる成運が恵尋に学んだことは惟賢の『天台菩薩戒義記補接鈔』巻上にもその記述をみる（鈴木『仏全』一六・一三六ａ）。

(34) 恵尋『円頓戒聞書』（『続天全・円戒1』二〇五頁上）、『天台法華宗学生式《がくしょうしき》問答』巻四（『伝全』一・三六三頁）。なお、恵尋『円頓戒聞書』の文章はときにカタカナを混えた漢文で、特有の言い回しと送りがなによるので、本稿の以下には文と文字は多くそのままを尊重しながら、若干の意訳を加えてひらがなを用いて意味が明瞭に取れるように引用したい。

(35) 玉山成元「『天台法華宗学生式問答』（東寺本）の史的価値」（『伝教大師研究』一九七三年）。

(36) 法然源空のもとに発展する他の戒系では、たとえば湛空を承けたことでは恵尋と同門になる覚空の戒学を筆録した了慧《りょうえ》（一二五一―一三三〇）の『天台菩薩戒義疏見聞』七巻（鈴木『仏全』一六）や、源空門下の証空（西山）系統で盧山寺流を興した実導仁空《にんくう》（一三〇九―八八）の戒学（『天全』一五所収の『菩薩戒義記聞書』一三巻ほか）などでは、とくに「正依法華」を主張することはない。

(37) 恵尋『聞書』（『続天全』二一八頁下）。安然『普通広釈』（『大正』七四・七七七ｂ）。『菩薩本業瓔珞《ようらく》経』巻下（『大正』二四・一〇二一ｂ）。

(38) 恵尋『聞書』は『続天全・円戒1』二一二上、二三四下、二四九上に、安然『広釈』は『大正』七四・七五八ｃ、七六四ｂにみる。

(39) 恵尋『聞書』（『続天全・円戒1』二一四下、二三九下、二四〇上、二四五上）。安然『広釈』（『大正』七四・七五九ａ、七六六ａ）。

(40) 了慧の『天台菩薩戒義疏見聞《ぎしょけんもん》』によると、師の覚空がその前の湛空から受けた法然源空の「常の御詞」に、「天台の戒には事・理の二戒が有り、事戒には持・犯が有るけれども、理戒には唯だ持のみ有って犯が無く一得永不失である」という（鈴木『仏全』一六・六六ａ）。つまり、源空では事・理のうち理戒《りかい》は不失だが事戒には不失義はないとした意味を伝える。それをいま恵尋では、事戒《じかい》でも不失であることに考え方を進めたのである。そして、恵尋の『聞書』には、湛空の弟子としては同門となる覚空（十地房）との間で、恵尋は「一得永不失」義で意見を異にしたことが記されていて興味深い（『続天全・円戒1』二一四頁下）。覚空では、円頓戒は随縁真如《ずいえんしんにょ》の戒であり、中道実相心を起こして受戒すれば事理不二の故に事相の威儀もまったく失せず、戒体は事・理ともに不失であるという。しかるに、恵尋ではこれを難じて、事戒には破戒があるのだから、事理不二の故に理性に同じく事相も不失というなら、破戒のとき事相を失えば理性も不失でなくなるではないか、と迫ったところ十地房は「閉口」したと記す。このあと『聞書』では、恵尋の考え方を記す。すなわち、確かに善心を起して戒を受け、これを持とうとする心は中道実相《ちゅうどうじっそう》心なのであるが、これは明鏡《みょうきょう》の如きもので、その心性の鏡には違・順の二があり、違性（無明煩悩）が起これば戒を犯す、けれども本体の中道心は戒を破ることは無く、犯戒ののちに改悔心（善心）を起こして浅ましきことかなと思うとき、違性は晴れて中道心性の鏡（順性の善心）は本のごとく明了になる、故に一得永不失であるという。つまり、単純に事理不二だから事戒も不失というのでは、犯戒すれば事相の威儀が欠けること、および持戒《じかい》（事相の戒を持つこと）がぜひとも必要であることの意義がはっきりしない、と恵尋ではみるのであろう。ここで、中道実相心とは法華円教観にもとづいて一心三観を修めて得る観解《かんげ》の高い位をいうので、犯戒はこの心性（善心）に帰せられるはずはなく、違性が戒を犯すとみる。恵尋でも覚空に同じく、戒は事・理ともに不失と考えるけれども、円頓戒の戒体（真如随縁の事相戒体）は中道実相心を拠り所とするため、違性（無明煩悩）が事相を隠すときがあるので、実相心（明鏡）の順性（明）を守るために持戒が強く求められることになる。つまり、「一得永不失」義は恵尋では、これを事相の戒体にみるとき、事戒《じかい》を持《たも》つこと（持戒）と不可分の関係に理解されているといえよう。

（41）田村芳朗「本覚思想と本門思想」（『印度学仏教学研究』二六―二、一九七八年）。

（42）P・グローナー教授は、安然の『普通広釈』の後に天台の戒観念が大きく変容することをあとづけるとともに、専ら安然の『広釈』に依拠して本覚思想によって中古天台期に持戒を衰退させた潮流を、叡山天台宗の崇要な地位（座主）にあった良助法親王（一二六八―一三一八）に帰せられる『円頓戒脈譜口決』によってあとづけている（註（32）所掲の同氏英文の論文）。しかるに、同じく安然の『広釈』にもとづき、本覚思想をもちながら、恵尋では持戒を志し、またその残した『円頓戒聞書』には「一得永不失」を特色にみることを指摘している。本稿では、恵尋の持戒志向と「一得永不失」義が、その円頓戒思想のなかで密接な関係にあることを、より明確につまびらかに追究しえたと考える。

第三章　叡山黒谷流興円の戒法復興事業と思想の確立

第一節　興円の『一向大乗寺興隆篇目集』にみる戒法の復興と修行の確立

一　興円の円戒復興事業と『一向大乗寺興隆篇目集』の作成

日本の天台宗における中世期の戒律復興事業は、鎌倉時代から南北朝期にかけて、比叡山西塔の黒谷を拠点とする「黒谷流」によって遂行された。それは、鎌倉時代に南都で覚盛《かくじょう》（唐招提寺一一九四―一二四九）や叡尊《えいそん》（西大寺一二〇一―一二九〇）らが律宗を復活させ、また京都で俊芿《しゅんじょう》（泉涌寺一一六六―一二二七）が北京律《ほっきょうりつ》を興したのに呼応、または対抗したものである。周知のように、その時代には叡山天台宗から念仏・禅・法華などの新仏教宗派が次々に独立していったが、大乗戒（梵網戒）を円戒または円頓戒と性格づけて勝れた戒法と自負する天台では、これの復興を実現することは叡山仏教自体の宗教的蘇生をはかるものといえよう。

叡山での戒律復興は、西塔《さいとう》の別所黒谷《くろだに》に住した叡空（?—一一七九）に始まる。それより戒脈は、叡空—源空—信空—湛空—恵尋—恵顗—興円—恵鎮と次第し、恵鎮の後は光宗《こうしゅう》が元応寺《げんのうじ》流を、また惟賢《ゆいけん》が法勝寺《ほっしょうじ》流を継いで発展する。戒法再興のなかで、京洛では興円は元応寺を、また恵鎮は法勝寺を教化活動の主な道場としたことによる[1]。

黒谷流の円戒再興の努力は、伝信和尚興円《でんしんわじょうこうえん》（一二六三—一三一七）と慈威《じい》和尚恵鎮《わじょうえちん》（一二八一—一三五六）のときに結実し大成された。なかでも、思想の確立者は興円であり、その弟子の恵鎮は興円と事業をともにしてのち、復興の戒法を世に広く宣布したことに大きな功績がある。

それで、興円ら黒谷流の学僧たちが、叡山仏教を蘇生させるためにめざしたものは、伝教大師最澄（七六七—八二二）が定めた祖式（『山家学生式』）の復興である。それは、「十二年籠山行」と『梵網経』の「十重四十八軽戒」の復活実践にほかならない。興円らはその求道の過程で、中古天台期特有の円戒思想を確立し、戒灌頂《かいかんじょう》という固有の法門をも完成させた。そして、このような新しく樹立した法門や思想の基礎は、祖式の復興実践のなかにこそある。

興円は、嘉元二年（一三〇四）の四十二歳のときに山門の戒法再興を発起して、翌年の十月より黒谷の願不退房において十二年の籠山行を始めた。ついで、弟子の恵鎮は嘉元四年（一三〇六）の八月、二十六歳のときに籠山行に入り、興円に従って戒学を修めた。そして、延慶元年（一三〇八）に恵鎮が黒谷から神蔵寺（東塔の別所）に修行の居を移したとき、光宗（一二七六—一三五〇）がそれに加わって十二年籠山行を始めた。のち延慶三年四月に興円も黒谷から神蔵寺に移ると、順観や通円ら数名の学僧たちがさらに加わり、これらの同志たちは興円を中心に夏安居を結び、また布薩を行って修行を続けたという。かくて、興円は、正和五年（一三一六）正月に籠山の結願を迎え、恵鎮もまたその翌年に籠山行を満了する。興円は、文保元年（一三一七）四月二十六日に五十五歳で没したので、再興の円頓戒は以後には恵鎮らによって興行・弘通されていくわけである。(2)

興円は、籠山中に重授戒灌頂に関する重要書（『十六帖口決』）をも含めて、いくつもの著作を撰述している。それらのなかで、黒谷流の修行の規範となったのは、『一向大乗寺興隆篇目集』（以下『篇目集』ともいう）である。この書は延慶二年（一三〇九）二月、興円が籠山を始めて五年目のときに著わされ、最澄の『山家学生式』（四条式）にもとづいて、籠山修行の指針を記述しているから、黒谷流の学僧たちの求道と修行の内容を知る上にもっとも重要な書である。興円の伝記『伝信和尚伝』にも、興円らの円頓戒復興の事蹟が記されるなかに、この『篇目集』が引用せられているのをみる。すなわち、そこでは興円の『篇目集』の目次大綱が掲げられてのち、「今沙門興円ハ応㆑建㆓立ス大乗寺ヲ㆒、住シテ㆓旧規ニ㆒兮定メ㆓菩薩僧之方法ヲ㆒弘㆓通ス円戒ヲ㆒」と記され、あるいはまた、「伝信和尚ハ為ニ㆓鎮護国家ノ㆒毎日行ジ㆓三部長講ヲ㆒、為ニ㆑利㆓益センガ群生ヲ㆒恆時ニ修セリ㆓四種三昧ヲ㆒」と記して、同書を引用している。(3) これによってみても、興円らが最澄の旧規（『学生式』）を復して天台の行法に精進を重ねたことがうかがわれ、その目的のために自らの時代に即応した戒法と修業の規準を定めたのが『一向大乗寺興隆篇目集』であることがわかる。

そこで本節では、黒谷・法勝寺流を通じてその円戒の特色となっていく戒灌頂については後節にゆずり、その法門確立の重要な基礎となり、黒谷流の学僧たちが使命をかけた叡山戒法復興の内実とその思想を、興円の『篇目集』によってみることにしたい。

二　『一向大乗寺興隆篇目集』の構成

『一向大乗寺興隆篇目集』は、その現存のものは「興円集注、恵鎮潤色」による。それは、興円のものに恵鎮が手を加えているのであるが、基本的な内容は興円が諸文を集めて編述したものである。その序文には、つぎのように記されている。

三学之道已《ニ》廃《レ》、止観《ハ》残レ教《ノミ》行証已《ニ》亡《シ》、円戒《ハ》有《テ》レ受《ノミ》持相全《ク》欠《タリ》。嗚呼円宗《ノ》夷滅盡《ソ》二悲歎《セ》一耶。爰《ヲ》以《テ》為二興《シ》レ廃《ヲ》継《カン》レ絶《ヲ》、為《ニ》下護《リ》二国家《ヲ》一利《セン》中黎元《ヲ》上、移《シ》二叡山《ノ》旧儀《ヲ》一任《セ》二山家《ノ》四式《ニ》一、集《テ》二三学《ノ》要文《ヲ》一立《テ》二条々之篇目《ヲ》一、加《ヘテ》二随機《ノ》僧制《ヲ》一定《ル》二重々之法式《ヲ》一而已。

（『続天台宗全書・円戒1』一六七頁上）

これによると、興円の時代までの叡山天台宗では、すでに止観の修行も円戒の持相もまったくないがしろにされていた実情を興円はなげくとともに、かって伝教大師最澄（山家）が『山家学生式』（四条式）に定めた十二年籠山制（旧儀）にもとづく天台独自の修行を復活するために、この『篇目集』を作成して僧制と法式を録述したことがわかる。

最澄の『学生式』には、「六条式」「八条式」「四条式」の三種が存するけれども、いま興円の『篇目集』では、最澄が最後に撰上した「四条式」を基本的に用いる。ただし、ときに「六条式」が引用されることもある。最澄にはまた、「四条式」をくわしく論述した『顕戒論』三巻がある。興円の『篇目集』も「四条式」を解説するという形をとるので、その章篇の立て方は『顕戒論』を踏襲している。内容的にも『顕戒論』の文が、依用されることもある。しかし、『篇目集』には『顕戒論』とは異なる論調や内容が多く認められ、全体としてはけっして『顕戒論』の要文を集めて祖述しようとする性格のものではない。

そこで、『篇目集』はつぎの七篇から成っている。

第一　一向大乗寺篇
第二　文殊置上座篇
第三　菩薩大僧戒篇
第四　授菩薩大僧戒篇
第五　置行学二道篇
第六　定置司人篇
第七　造寺安置本尊篇

これらのうち、第四篇までは「四条式」の各条にそれぞれもとづくので、それらの篇名と順序は『顕戒論』に対応するものを見出す。そして、初めの二つの篇では、『顕戒論』からの引用、または孫引きと思われる文が多くみられる。しかし、第三篇以後になるとその依用はほとんど影をうすめ、内容も対応しなくなる。『顕戒論』では、『篇目集』の第四篇に相当する「授大乗戒」篇がもっとも長篇となっているのに対し、『篇目集』のその篇は逆にもっとも簡略である。『篇目集』でもっともくわしく長いのは第三の「菩薩大僧戒」篇である。その第三篇では、『顕戒論』の依用はごく少なく、『梵網経』の戒品にもとづいて修行の行儀に関することがらが詳細に記述されているのをみる。

『顕戒論』と『篇目集』とは、ともに「四条式」にもとづき、それを論述する書であるとはいえ、それぞれの担う使命が異なっているといえる。つまり、最澄（『顕戒論』）では大乗戒壇の南都からの独立をめざしていたから、叡山で大乗戒を独自に授ける意義とその論証をくわしくする必要のために、「授大乗戒」篇がもっとも長篇となっている。それに対し興円（『篇目集』）のときには、叡山で授戒することはもはや確立しているから、その篇（第四篇）はきわめて簡略なのであり、興円らにとっては大乗戒（梵網戒）を実際に厳しく守り持つことと、天台の修行を具体的に復活実践することを緊要の課題としたために、第三「大僧戒」篇がとくにくわしくなっているわけである。そのことはまた、『顕戒論』などにはない、第五篇以下の三つの篇が『篇目集』に加えられている理由でもある。

第三編が梵網戒品による僧制をおもに記述するのに比べて、第五篇からあとは興円らの修めた行学の内容や法式、あるいは儀軌・規則の類が示されている。ことに第七篇には、法勝寺の伽藍配置図も載せられている。法勝寺を修造して、そこに戒場を敷設したのは恵鎮によるとみられるので、この第七篇などはとくに恵鎮の補筆にかかる部分が多いとみてよいであろう。

このように、興円の『篇目集』は最澄の「四条式」にもとづいて戒法と修行の「篇目」が叙述されるから、その構成と内容は部分的には『顕戒論』を依用する一面をもつ。しかし、内容の多くは興円らの復興を志す叡山の戒法がどのような思想的特色をもつのかを論述しつつ、籠山中の具体的な修行とその規律を定めているから、きわめて実践的な書であるといえる。したがって、以下では最澄時代とは異なる興円らの固有の思想に着目して、『篇目集』の内容をみていきたいと思う。

三　末法の時機観と頓円の三学

『篇目集』の第一篇は「一向大乗寺篇」である。これは「四条式」の第一条による。一向大乗寺とは、叡山で小乗儀を混えない純大乗の戒律にもとづいて修行する寺という意味である。興円は、そのことをくわしく論述する『顕戒論』を指示したのちに、叡山が「直往菩薩戒を授く純菩薩の浄土」であると規定し、また「今末法に入って一向大乗寺を興隆するに多種の義あり」と述べて、つぎのような条目を立てて、それらを論ずる。

㈠　一向大乗寺末法相応事
㈡　大日本国可レ立二一向大乗寺一事
㈢　建二立一向大乗寺一尽未来際可レ護二円宗法一事
㈣　得業以後仮不レ可下受二小律儀一住中兼行寺上事
㈤　設求二小乗戒一強可レ授二大乗戒一事

これらのなかで、最澄時代の思想といささか異なるのは、㈠の「末法」の時機観と、㈣の「仮受小戒」の全否定にみるような小乗儀をまったく排斥する態度である。すなわち、最澄では明白な末法観は認められず、また南都との調和をはかるために得業以後の「仮受小戒」を許していたのである。

従来の最澄研究では、『末法灯明記』が最澄偽撰の書ともみられているように、最澄に末法意識のあったことは確認されていない。むしろ、最澄では「像法末期」の時機観と、「円機已熟」の思想のあったことが注意せられている。(4) 少なくとも像法末期または末法に近いとの危機感が最澄にはあり、そのことが小乗の二百五十戒を棄捨して純大乗の梵網戒を叡山に樹立しようとの主張に結びついたと考えられる。そして、そののち永承七年（一〇五二）に日本では末法時代に入ったことが広く信ぜられた。鎌倉期に興った法然・親鸞の浄土教や、日蓮の法華信仰などは末法意識を基礎にもっている。それと同様に、興円も末法の世にこそ円戒の復興が緊要であることを力説するのである。右に示した条目の㈠のなかで興円はつぎのように主張している。すなわち、

円宗《ノ》三学入《ハテ》㆓末法《ニ》㆒可㆑盛《ナル》、衆生成仏《ノ》直道《ニシテ》時機相応之法門也。……（中略）……非㆓純円三学之威力㆒者何《ソ》末法五濁之衆生《ハ》不㆑歴㆓塵劫《ヲ》㆒即身成仏《セン》。

（『続天全・円戒1』一六七頁下―八頁上）

という。ここには、末法時代では純円の三学による直道の即身成仏こそが時機にかなった法であると主張せられている。

また、条目の㈡では、その末法観とあいまって、日本国は「円機純熟」の処であると述べられる。すでに「円機已熟」の思想は、最澄では『依憑天台宗』に認められるけれども、興円はそのことは最澄からではなく、源信（九四二―一〇一七）の『一乗要決』から引用している。(5) わが国は円機が純熟し

ているから、小乗ではなく一向大乗寺がもっとも得道にふさわしいと主張するのである。そして、条目の㈢ではそれを承けてまた、つぎのように述べられる。すなわち、

小乗権乗之法入ハテ二末法一不レ可レ有二利益一。大乗之法ハ常住不滅故立ニ二大乗寺ヲ一尽テ二未来際ヲ一可レ護キル二円宗之法ヲ一者也。（同前一六八頁下）

という。ここでは、末法には小乗法は何の役にも立たず、大乗法を未来永劫に守るべき必然性を力説する。大乗法とは円戒（梵網戒）による天台の修行を指すことはいうまでもない。

このような末法の時機観と小乗儀の否定は、つぎの条目㈣の「仮受小戒」の全否定へと進む。最澄の「四条式」では、十二年籠山を終えた得業以後、利他のために「仮受ニケ二小律儀ヲ一許スレ住ニ二兼行寺スヲ一」としている。興円ではこれを引用したのち、いま（興円）の時代には最澄のときのような久修業《くしゅごう》（長期間修行する）の菩薩はありえないから、小乗と大乗とを兼行することは許されないとして、「仮受小戒」を明確に退けている。その理由を興円は、つぎの五義（四義）に示している。[6] すなわち、(1)一向大乗寺は直往であれ廻心向大であれ菩薩のための道場であるから、小乗を利益する意義はもたない、(2)『法華経』の安楽行品には、声聞に近づくと「十悩乱」の害があると説かれ、また『梵網経』では小乗儀を学ぶと軽垢罪を犯すと説かれている、[7] (3)三学を修めた明師が小乗戒を受けると、先に受戒した小乗沙弥の末座になるため、小乗の者が声聞戒を菩薩よりも勝れているとの高慢心をもつ、(4)末代鈍根の菩薩は円頓の三学を一期には究めがたいので、小乗の行を学ぶいとまはない、と興円は述べている。

このように、まったく小乗儀を排斥するのは、興円らのときには南都との調和を顧みる必要のないほどに叡山天台宗が成長発展をとげていたからであると同時に、純大乗の天台による修行が末法期の得道にもっとも適しているとの確信にもとづくものである。もっとも、「仮受小戒」の廃棄は、すでに円珍《えんちん》（八一四―八九一）のとき表明されており、興円は円珍の『授決集』の文を引用して、自己の主張の根拠としている。[8] そして、最後の条目㈤に至っても、たとえ小乗法を求める者がいても、あえて大乗戒を授けて、一向大乗寺（叡山）の行法を勧めるべきことを、興円は強調している。

さてつぎに、『篇目集』の第二篇は「文殊置上座篇」である。これは「四条式」の第二条にもとづく。この篇は、『顕戒論』の文とその孫引きによってほぼ埋められているので、興円独自の主張はほとんど認められないといってよい。『顕戒論』によれば、文殊菩薩を食堂に安置する制度を定めており、興円もそれを引用している。文殊は大乗の菩薩衆の上首であるゆえ、その像を置くことによって一向大乗寺のシンボルとするのである。

食堂は斎堂（食事をする所）とも言われるが、それは坐禅を修める道場でもあり、かつては金堂や講堂とともに寺院の主要な施設であった。『篇目集』の第七篇をみると、「食堂を常坐三昧道場とする」と規定しているので、興円らも食堂で坐禅（止観）を修行したことがわかる。[9] ただ、第二篇では「比丘形文殊事」という条目が設けられて、安置の文殊像は比丘形でなければならないことが注意されている。[10] これは出家を表現するもので、文殊菩薩は興円ら天台の出家菩薩僧の上首として仰がれることを意味しているといえよう。

四　円戒復興の僧制――大乗戒篇目――

『篇目集』の第三篇は「菩薩大僧戒篇」である。これは「四条式」の第三条に、叡山で受持する大乗戒は『梵網経』の「十重四十八軽戒」であると定められることにもとづく。『篇目集』ではこの篇がもっとも長く、同書の約半分を占める。ここでは「六条式」もまた用いられるのをみる半面で、『顕戒論』はほとんど依用されなくなる。その点で最澄時代とは異なる、興円ら独自の菩薩僧の僧制を記述していると考えてよい。たとえば、叡山の大僧戒を梵網戒だけではなく、これに法華戒を加えた、いわゆる「正依法華傍依梵網」の意味に規定していることなどは、最澄にはみられない黒谷流の円頓戒思想の特色である。

第三篇のはじめに興円は、十重四十八軽戒を直往菩薩戒とし、これを円頓戒と規定した上で、円頓戒には「受戒以後には直ちに如来となる」意義があると述べる。これは、黒谷流で創案された「重授戒灌頂」の理念でもある「受戒即身成仏」の意に通じるものと考えられる(11)。

そののち、つぎのような条目が立てられて、第三篇の内容を構成する。

㈠　大小両戒差別勝劣事　㈡　大乗菩薩沙弥戒事　㈢　菩薩大比丘僧事
㈣　菩薩大僧臘次事　㈤　菩薩大僧長斎事　㈥　菩薩大僧常用道具事
㈦　菩薩大僧三衣事　㈧　鉢多羅事　㈨　所著衣事

(一〇)　祇支覆肩事　　(一一)　褊衫事　　(一二)　充衣品事
(一三)　袈裟衣色事　　(一四)　尼師壇事　　(一五)　水瓶事
(一六)　水漉《ママ》嚢事　　(一七)　澡豆事　　(一八)　手巾事
(一九)　入寺心持事　　(二〇)　無伴不可出寺中事　　(二一)　尼女寺中来入事

これらは、大乗戒の意義や、それにもとづく僧制を記述するものである。なかでもとくに(六)以下では、興円ら天台僧の著衣や常用具を梵網戒をもとに細かく定めている。

そこで、条目の(一)では小乗戒よりも梵網の大乗戒が雲泥のごとく勝れており、天台宗で二百五十戒をまったく顧みないゆえんを力説する。これは円仁《えんにん》（七九四―八六四）の『顕揚大戒論』の所説にもとづいている(12)。

(二)では、「六条式」により沙弥《しゃみ》（未青年僧）の戒律を規定する。小乗の沙弥戒は一定しているが、大乗の沙弥戒は経論に違いがあることを興円は述べ、「六条式」には「円の十善戒」と規定していることから、それはいわゆる大乗一般の「十善業道戒」のことであるとする(13)。ただし、そこには裏書が付されており、

大乗意《ノ》者以《二》直達円頓《ヲ》一為《レ》本故全《ニ》不《ク》レ可《レ》経《二》沙弥位《ヲ》一。仍当時再興之儀不《レ》可《レ》行《レ》之《ヲ》。
（『続天全・円戒1』一七四頁下）

とある。これによれば、黒谷流の直往《じきおう》の円頓戒では沙弥の位を経ないから、ことさら沙弥戒としてはこれを用いないという。つまり、出家の授戒後は当初から梵網の十重四十八軽戒を学び持つとするの

であろう。
㈢では、天台宗の出家僧の戒を定める。これもまた「六条式」により、最澄が「仏子《ぶっし》戒《かい》」とよんだところの戒律を、興円は「如来一乗戒・室衣座戒・四安楽行戒・三聚浄戒・十重四十八軽戒」であると示している。(14)これは「四条式」の第三条に最澄が大僧戒を「十重四十八軽戒」と明確に指示しているのを、それの上位に『法華経』の思想を加えて、「正依法華傍依梵網」の戒律を天台僧は持たねばならないとする、黒谷流の戒観念を表している。また、それと同時に興円は、南都では梵網の十重四十八軽戒を沙弥戒または在家菩薩の戒と解釈するのを批判して、出家僧の戒であることを主張している。

つぎに、㈣の「臘次事《ろうじのこと》」とは、法臘《ほうろう》（受戒後の年数）と座次《ざじ》（身分の上下）の関係である。この一節はややくわしく論述されているが、要の原則は『梵網経』の第三十八軽戒に、「先受レ戒者在二前坐一後受レ戒者次第而坐」とあることにもとづく。(15)ただその場合に、天台の菩薩僧にも二種があることが注意せられる。すなわち、ひとつに直往の僧（出家の最初から叡山に住する僧）では、受戒の後に十重四十八軽戒を護持しない者は叡山に止住できず、また犯戒の者も持戒僧と同席することはできない、と厳しく制裁され、そしてそれらの者が重ねて受戒して威儀を具足すれば、昔の登壇受戒の日からの法臘によって座次に加えられるという。また、ふたつに廻心向大菩薩（南都の小乗戒で出家してのち叡山僧となる者）では、いかに長老の僧でも叡山で受戒しないかぎりは若輩の菩薩僧の下座になり、もし叡山で受戒すれば南都で受戒した日からの法臘によって座次が決められるとする。この処置は、『法華経』の開会思想にもとづくもので、興円は義寂の梵網戒疏である『菩薩戒本疏』によってその根拠を示している。[16]

ついで、叡山僧（菩薩僧）と南都僧（声聞僧）とが同席する問題がとりあげられ、たとえば最澄の時代に光定《こうじょう》（七七九―八五八）の伝える「恵暁・徳善の諍論」のことなどが論じられる。[17] 興円では、最澄の時とは異なってすでに日本一州はみな大乗を信じて、大乗と小乗との浅深・優劣は歴然としているから、いかなるときも菩薩僧が声聞僧よりも上座になる、と主張している。

㈤の「長斎事《ちょうさいのこと》」とは、『梵網経』にもとづいて持斎《じさい》を定める。第三十軽戒の「不教好時《ママ》戒」には、「於二六斎日年三長斎月一作二殺生劫盗破斎犯戒一者犯二軽垢罪一」とある。[18] ここに「六斎日《ろくさいにち》」とは、毎月八・十四・十五・二十三・二十九・三十日の六カ日に八斎戒を守ることで、また「年三長斎月《じょうさいがつ》」とは一・五・九月の前半十五日間持斎すること、そして「破斎」とは八斎戒のなかの「離非時食戒」（正午をすぎた後には食事をしない）を破ることをいう。これらは元来は在家菩薩のことであるが、興円では天台『菩薩戒義記』（以下『義記』）などを用いて、出家の持斎とする。ただ、出家菩薩は六斎日や三斎月にとどまらず、尽寿《じんじゅ》（一生涯）に持斎すること、つまりできるだけ長斎であるべきことを述べ、つぎのような長斎の功徳を列挙している。すなわち、①身心軽利、②遠離睡眠、③寿命長遠、④遠離婬事、⑤得生人天、⑥成仏得道である。

さてつぎに、㈥の「常用道具事」では梵網戒によって天台僧の持つ諸具を規制し、これ以下の条目ではそれら道具の一々を細かく記述する。第三十七軽戒には、菩薩の携帯する「十八物《もつ》」を定めている。それらは、①揚枝《ようじ》、②澡豆《そうず》、③三衣《さんね》、④瓶《びょう》、⑤鉢《はち》、⑥坐具《ざぐ》、⑦錫杖《しゃくじょう》、⑧香炉《こうろ》、⑨漉水嚢《ろくすいのう》、⑩手《しゅ》巾《きん》、⑪刀子《とうず》、⑫火燧《かすい》、⑬鑷子《にょうし》、⑭縄床《じょうしょう》、⑮経、⑯律、⑰仏像、⑱菩薩像、である。ただし、この戒は「冒難遊行戒《ぼうなんゆぎょう》」（天台『義記』）または「故入難処戒」（明曠『疏』）と名づけられるように、難処に近づかないことを制するのが目的であるゆえ、十八物すべてを常用せねばならないわけではないとして、興円は勝荘『疏』を依用して、天台僧の常用物をつぎの七つに示している。(19)すなわち、三衣・鉢・坐具・漉水嚢・瓶・澡豆・手巾の諸具である。よって、(七)〜(一六)の条目ではこれら道具の一々を解説する。

そこで、(七)「三衣」とは僧が着る衣服または袈裟《けさ》のことで、九条・七条・五条の三種である。興円はこれを『顕戒論』によって示し、また道具のことは律（四分律）にくわしい規定があるので、道宣『四分律行事鈔』、法進『沙弥経疏』および元照『行事鈔資持記』などを用いて、三衣についての規制を記している。(20)

(八)「鉢」では、また道宣の『四分律行事鈔』などを用いて、興円は鉢には泥瓦・鉄・木鉢など多種があるという。(21)これらのうち貧僧には「求め易く持ち易い」木鉢《もくはち》がよいとしている。

(九)「所著衣」は、僧の着る衣のことである。これには、祇支《ぎし》覆肩《ふけん》・褊衫《へんざん》・法服《ほうぶく》・鈍色《どんじき》・直綴《じきとつ》・白小衣などの種類があるが、それらのうち叡山僧の所著衣を定めるため、興円はつぎの(一〇)以下の条目で一々の衣について規制を加えている。

すなわち、(一〇)「祇支覆肩《ぎしふけん》」では、僧祇支《そうぎし》と覆肩衣《ふけんね》の二種は、元来尼僧が袈裟の下に肩をおおう着衣であるが、多寒の国には男僧にも許される、と興円は記している。また（十一）「褊衫《へんざん》」は、祇支と覆肩とを縫い合わせた、袖《そで》のない著衣であり、これは中国でできた僧制であるけれども、天台僧には許されるとする。

（十二）「充衣品《じゅうえほん》事」では、法服と鈍色、また小衣と直綴のことが述べられ、これらのものは絹を用いたり、あるいはあざやかな色のついた法衣であるから、質素な墨衣の僧はいずれも着るべきではない、と興円は戒めている。そして、（十三）「袈《け》裟《さ》衣《え》色《しき》事」では、梵網第四十軽戒と天台『義記』によって、「五不正色《ふしょうじき》の壊色《えじき》」を用いることを定める。(22) 壊色とは、青・黄・赤・白・黒（五正色）などのあざやかな原色ではない、粗末な濁った色のことである。

つぎに、（十四）「尼師壇《にしだん》」は「離欲清浄法坐」の坐具のことであり、その色《いろ》は袈裟に準ずるとされる。（十五）「水瓶」は洗浄に用いる浄水を入れる器で、浄水とは虫のない水であるとする。（十六）「漉水嚢《ろくすいのう》」は水を漉《こ》して虫を除く布袋であり、これは虫類を飲まないとの慈悲心にもとづく。（十七）「澡豆《そうず》」は、豆を粉にして、手・口・身体を澡《あら》いきよめるものである。そして、（十八）「手巾」は、経巻を執るとき手を拭いて清浄にするための手拭きのことである。このような、（十四）の坐具以下の常用具については、興円は太賢や与咸《よかん》の梵網『疏』のなかの第三十七軽戒釈の諸文、あるいは元照の『六物図』などを引用して、用具における制約を記述している。(23)

さらに、（十九）「入寺心持事」では、叡山に入寺するときは、万事を捨て世間の望みを断たねばならないと戒める。（二〇）「無レ伴不レ可レ出二寺中一事」では、外出するときは僧が互いに伴《とも》をすべきことを定める。そして、㈢「尼女寺中来入事」では、衆僧の隔室に尼女を入れてはならず、面会は公所で威儀を正しくしてなすべきことを規制している。

五　行学二道――毎日毎月毎年の行法――

『篇目集』の第四「授菩薩大僧戒篇」は、この書のなかもっとも簡略である。ここでは、「四条式」の第四条に大乗戒の授戒法を定めるのを引用したあと、授戒作法は「十二門戒儀」によるとだけ示されて終わっている。十二門戒儀は中国の湛然（七一一―八二）に始まり、また最澄の『授菩薩戒儀』も十二門によるから、興円は天台宗ですでに確立しているこれらの戒儀を指示しているとみえる。

つぎに、第五「置行学二道《ぎょうがくにどう》篇」になると、これよりあとの三篇は「四条式」によるものではないから、もとより『顕戒論』にも対応する篇目はない。それで第五篇では、「六条式」に定める天台独自の止観業・遮那業の修行法が引用され、そののち興円ら黒谷流の学僧たちが籠山中に修めたと思われる「顕・密二道」の行学の日課および仏事が列記されている。それらの前半には、「一毎日行学等事」「二毎月勤事」「三毎年仏事」の三項目に箇条書きに記される。これらによって興円らの修行法が具体的にわかるゆえ、この篇は先にみた第三篇とともにとくに注目されてよい。ただ他方で、黒谷流の資料のなかには、「興円記・恵鎮注」とされる『一日一夜行事次第（即身成仏抄）』が残されていて、それには一日の行法がいっそうくわしく記録されているのをみる。(24)よって、いまそれらについての詳細は、次節にゆずることにしたい。

また、第五篇の後半には「結夏安居《けちげあんご》」の行法と、「毎年仏事」の続きとが記される。興円の伝記にも、興円らが籠山中に布薩や夏安居を修めたことがみられるが、いまここでは『梵網経』の第三十七軽戒に、「冬夏坐禅結夏安居」などとあることにもとづく。興円はこれを明曠『疏』によって、夏安居は四月十六日から七月十五日までの三カ月、また冬時安居は十月十六日から正月十五日までと定める(25)。そして、安居中の六月四日報恩講（伝教大師忌）、七月本願会、十一月天台大師講など、さらに結夏安居の終わる翌十六日の自恣《じし》（安居の終わるときに自己の犯した罪を告白し懺悔する）のことなども示している。

つぎに、『篇目集』の第六「定置司人篇」に移ると、ここでは仏事や寺中の処務を執行する役者（司人）を規定する(26)。司人は「長老一・侍者二・出世方七・知事方七」の十七人である。このなか「長老・侍者」は「世間と出世を主《つかさど》り、寺中を管領して衆僧の学道を助ける」というもっとも重要な役職である。

また、「出世方」はつぎのような七人である。

(1)　権長老（長老の命をうけて寺中の仏事を執行するなど）
(2)　大学頭（年中の仏事や毎月の講説等を執行し、論議等を記録するなど）
(3)　小学頭（毎日の談義を執行したり、天台と真言の章疏を書写するなど）
(4)　蔵司《ぞうす》（法蔵の聖教を奉行《ぶぎょう》する）

(5) 維《い》那《な》（布薩や勤等の事を執行する）
(6) 知《し》客《か》（客僧の去来や住僧の出入を奉行する）
(7) 殿《でん》主《す》（金堂・講堂等の仏前を荘厳し、焼香・供養等を奉行する）

そして、「知事方《ちじかた》」（世間）はつぎの七人である。

(1)(2) 知　事（寺領年貢や檀那の寄進物等を寺の浄地に納め、用に随って下行《げぎょう》する）
(3) 典　座（食事など毎日時漸《じぜん》の沙汰を奉行する）
(4) 営造司（造寺や寺中の掃地《そうち》等を奉行する）
(5) 浴　主（僧坊の浴室の事を奉行する）
(6) 知　水（毎日水を漉《こ》して虫の有無を見る）
(7) 浄　頭（僧の厠《かわや》の沙汰を致す）

なおまた、これらの司人の他に「承仕《じょうじ》」がある。この者たちはおのおの司人に召使われるものとされる。

さて、『篇目集』の最後の第七「造寺安置本尊篇」では、寺の造営のことと、諸堂に安置する本尊のことが定められている。[27] まず「造寺」では、これに二種があるとされる。ひとつには、地形に従って造営されるもので、地形が異なれば寺形もそれに従う。叡山の三塔九院などがそれである。もうひとつは、地形に便のある都街での造寺で、法勝寺や法成寺などがそれにあたる。このケースでは、金堂・講堂・鐘楼・経蔵・四門・四面築垣などが甍を並べる。そして、法勝寺と思われる諸堂の配置図がそこに記載されている。

つぎに「安置本尊事」では、諸堂における本尊が、つぎのごとく列記される。

(1)　本堂（薬師・釈迦・観音）
(2)　塔（釈迦・多宝）
(3)　講堂（釈迦・文殊・弥勒・舎利弗・阿難）
(4)　戒壇院（釈迦・文殊・弥勒）
(5)　灌頂堂（下葉《たは》裏《うら》の天井に両界種子曼陀羅を図絵する）
(6)　鎮守勧請（山王七社と天満天神を鎮守とする）
(7)　食堂（比丘形の文殊菩薩）
(8)　光明真言院（宝冠の弥陀と観音・勢至）
(9)　祖師堂（南岳・天台・伝教・慈覚）
(10)　政所（摩訶迦羅天神）
(11)　四種三昧院（別に道場を作って本尊を置くことをしない）

これらのなか、すでにふれたように(7)の文殊が比丘形であるとともに、(3)と(4)の文殊・弥勒もまた比丘形とされる。また、(1)の本堂の三尊は叡山三塔の本尊を一寺に安置したもので、しかもそれは「一心三聚浄戒一身即三身如来」であると解説される。[28]これは黒谷流の特徴的な解釈であるといってよい。さらに、(4)の戒壇院の本尊では、そこの箇所にも指示されているごとく、興円に『戒壇院本尊印相鈔』という別著がある。[29] その書にはまた本尊に関する特色ある思想がみられるので、くわしくは後節（第四節）に譲りたい。

このような本尊のことのあと、第七篇の最後に二項がある。[30] ひとつは「療病院」で、これは「寺外に療病院を作って病僧を看病する」という。もうひとつは「制禁」のいくつかが示される。それによると、「衣裳は寒風を除くを功とし美服を著すなかれ」とか、「檀越を貪り分を超えて坊舎を造る」ことを禁ずるなど、質素にして戒行を備え、学道に専念して利他にはげむことが強調されている。

六　興円らの修行と本覚思想の問題

さて、本節では、興円の『一向大乗寺興隆篇目集』によって、黒谷流による叡山戒法復興の具体的内容を、思想的な特色に着目しながら少しくあとづけた。すでにみたような同書の内容は、興円らが籠山修行中に実践した事実であるに相違ない。この書の後文においては、興円はまたつぎのように記している。

惣《シテ》一十二年《ノ》籠山乃至毫末《ノ》微善《マテ》併利他《ノ》戒行全《ク》非レ為《ニ》二自利《ノ》一偏益《ニス》二衆生《ヲ》一。倩案《ニ》二籠山《ノ》累徳《ヲ》一忘《テ》二於疲羸《ヲ》一楽《ヒ》二深山之閑室《ヲ》一忍《テ》二於寒風《ヲ》一住《シ》二幽谷之禅坊《ニ》一以《テ》二一十二年《ノ》精進多年九旬練行《ヲ》一偏資《ニ》二仏法興隆伽藍建立之願《ニ》一。諸仏誓願虚妄《ナラハ》者我願《ハ》不レ成。諸仏《ノ》誓願真実者我願盍《ソ》二成就一耶。

（『続天全・円戒1』一八八頁上）

これによっても、利他を旨とする叡山の戒法を再興し、十二年籠山行の復活実践をもって仏法興隆にかけた、興円ら黒谷流の学僧たちの厳しい求道の志をみることができる。

ところで、はじめにもふれたように、黒谷・法勝寺流円戒では重授戒灌頂を特色の法門とする。それは黒谷流で創案され、興円らが円戒復興事業のなかで確立したものである。その戒灌頂の思想は、後節にも述べるように、中古天台期の本覚思想を中核にもっている。本覚思想はしかし、観心を偏重し、哲理を重んずるばかりに、戒律と修行をないがしろにする仏道実践の後退であると、一般に評価せられる向きがある。確かに、中古天台期の叡山天台宗では、そのように評価しうる一流が勢力を増したことも事実であり、また黒谷・法勝寺流の末裔においても本覚思想のみをこととして、戒律と行法の実践を後退させた一部の傾向がなかったともいえない。しかしながら、本覚思想は大乗仏教の真如論、および「煩悩即菩提」の天台思想を究極にまで進めたすぐれた哲理ではあっても（すでに恵尋の所でみたように一心三観による中道実相観という高い観解のなかで見出されたものであり）、けっして修行の実践を軽視することと不可分のものではない。本節でみたような、興円らによる円頓戒復興の実績がそれを物語っている。

黒谷流の学僧たちは、当時の日本天台の本覚法門を学んで、それを自らの思想の基礎としながら、叡山に戒律と籠山修行の復活を実現したのである。今日に伝わる法勝寺流の戒灌頂には、黒谷流による円頓戒復興の真摯な実践が、その基礎に含まれていたことはけっして忘れられてはならない。

第二節　中古天台期の比叡山黒谷における籠山修行

一　叡山黒谷における籠山行の復活

鎌倉時代から南北朝期にかけての、いわゆる中古天台期に、比叡山での十二年籠山行を復活させ実践したのは、黒谷（西塔の別所）に集う学僧たちであった。その主導者は伝信和尚興円（一二六三―一三一七）であり、恵鎮（円観、一二八一―一三五六）や、光宗（導崇和尚道光、一二七六―一三五〇）らが、その行業をともにした。

十二年籠山行は、もと伝教大師最澄（七六七―八二二）が『山家学生式』に、初修行者のために定めた修行制度である。すなわち、その「六条式」に、菩薩僧（天台宗の僧）は「受ケ二大戒ヲ一已ラハ令メレ住セ二叡山ニ一十二年不レ出テ二山門ヲ一修二学セシム両業ヲ一」とする（『伝全』一・一二頁）。ここに「大戒」とは『梵網経』の十重四十八軽戒を指し、また「両業《りょうごう》」とは止観業と遮那業とをいう。つまり、出家して比叡山に登った者は、得度受戒ののち梵網戒を持《たも》って十二年のあいだ山に籠り、止観と遮那の両業を専心に修学するものとせられた。

このような祖式にもとづく修行形態は、鎌倉時代には衰退に瀕していたのを、興円らが円戒（『梵網経』の戒律）を復興させる運動のなかで叡山に甦らせた。すなわち、興円は嘉元二年（一三〇四）に叡山の戒法再興を起誓して、翌年の十月から黒谷の願不退房で十二年を契る籠山行を始めた。ついで弟子の恵鎮は、その翌年の八月に興円に随って籠山行に入った。恵鎮は延慶元年（一三〇八）に修行の居を黒谷から神蔵寺（東塔の別所）に移すが、このとき光宗が籠山行に加わっている。のち興円も神蔵寺に移ったとき、さらに幾人かの同志が加わり、これら籠山の学僧たちは興円を中心に戒学を修め、安居を結び修行をともにした。興円は正和五年（一三一六）正月に籠山を結願し、また恵鎮は翌年にそれの満了を迎える。このように、黒谷や神蔵寺を舞台として、十二年籠山行は名実ともに復活をみた。そして、その過程で興円らは新たに黒谷流の円戒思想を確立させたのである。

興円は、籠山中の延慶二年（一三〇九）に、『一向大乗寺興隆篇目集』を著している。この書は、のちに恵鎮が手を加えたものを今日に伝えており、そこには籠山修行での僧制や行法を記している。同書に叙述する円戒復興の意義と、『梵網経』にもとづく僧制については、前節に論じたので、本節ではとくに、籠山中の具体的な修行法をみることにしたい。

また、興円や恵鎮が残した書に、『一日一夜行事次第《ぎょうじしだい》（即身成仏抄）』がある。この書には、興円らが修めた行法の日課がとくにくわしく記されている。そのため、それは先の『一向大乗寺興隆篇目集』の姉妹篇ともいうべき書であるから、両書を合わせみることによって、興円らの実践した修行内容をいっそう詳かにできる。

ところで、信長による元亀《げんき》の焼打ち（一五七一年）以前の、比叡山での天台僧の修行の形態は、資料の欠乏によって今日では詳細が知られない。それで、本節にみる興円らの修行法は、鎌倉期前後の叡山での仏事や行法を知る上にも意味がある。興円らの修行は、籠山行のために興円らが考案したものというよりもむしろ、当時に叡山で修められていた形態を反映していると考えられる。その意味で、中古天台期の比叡山における行法の内実を、黒谷の学僧たちが修行した籠山行をひとつの典型として知ることができると考える。

二　籠山中の修行法とその日課

興円の『一向大乗寺興隆篇目集』（以下『篇目集』）は、七篇から構成されるなか、第五に「置行学二道篇」がある。ここでの叙述は、興円らが籠山中に修めた行法であるのに相違ない。そこでは始めに、最澄の「六条式」が引用されている。すなわち、

凡ツ止観業者年年毎日長㆓転長㆓講法華・金光明・仁王・守護諸大乗等ノ護国ノ衆経ヲ㆒。凡ツ遮那業者歳歳毎日長㆓念遮那・孔雀・不空・仏頂諸真言等護国真言㆒。（『続天全・円戒1』一八二頁下）[31]。

という規定である。これは、籠山の初修業者が行ずる止観と遮那の両業を、最澄が具体的に示したものである。興円はこれを引用した上で、行者の機根には幾多の不同があるゆえに、それぞれの「信・法相資の根性」にしたがって「行学の二道」を定め、もって「止観と遮那の両業」または「顕・密の二道」を学ぶべきであると述べている。そしてつぎに、㈠毎日行学等事、㈡毎月勤事、㈢毎年仏事、

の三項目に具体的な行法を定めている(32)。

そこでまず、(一)の「毎日行学等事」とは、興円らによる毎日の修行日課をいう。ここでは初めに、「毎日不断於《ニ》二本堂内陣《ノ》一行《ニ》二三部長講真言秘法《ノ》一鎮護《ニラン》二国家《ヲ》一」とする。この文に、「三部長講」と「真言秘法」というのが、「六条式」にもとづく止観・遮那の両業、または顕教と密教の二道を指すわけで、毎日の行学の基本的な範囲を述べたものである。そして、これにつづいて、明け方から夜までの行法の次第を興円は示している。

先にも述べたように、「興円記、恵鎮注」による『一日一夜行事次第』は、いまの『篇目集』に記す「毎日行学」の内容とよく一致し、これを詳しくしたものであることがわかる(33)。それで、両書を合わせて一日の行法の次第をみると、つぎのようになっている。

○卯時または後夜（夜明け近く）に、食堂にて坐禅（後夜の坐禅）。「坐禅儀」による。
○明相現東（夜明け）に粥を食す。引粥作法による。
○引粥後に懺法を修む。懺法後には寮舎にて顕密を行学す。
○午時（正午）に至る頃に日中勤行。法華経読誦と千手陀羅尼三返による。そののち飯を食す。食飯作法による。
○未時（昼すぎ）に講堂にて大談義。これは観音経読誦後に書を開いて聴法し、そして談義をするのによる。のち寮舎にて義理・要文を憶念し、文籍を調べ、あるいは坐禅思惟する。
○酉時（夕方）に例時を修む。阿弥陀経は短声にて行道し、および光明真言四十九返による。

○戌時（夜の初め）に、食堂にて坐禅（初夜の坐禅）。終わって長老退出後も坐禅を続けるか、または寮舎にて顕密を修練す。
○子時（夜中）に、僧堂にて夜宿。丑時に半夜の巡堂がある。これ以前には必ず僧堂に入って夜宿する。

おおよそこのような日課を営むとした上で、毎日の行法には「光明真言院勤事」がさらに加えられている。これによれば、「不断に光明真言を唱え、三昧行供養法を修して土沙を加持し、四恩法界に謝すべし」、と定めている。

つぎに、㈡の「毎月勤事」では、毎月の行法をつぎのように記している。

○半月半月に布薩説戒。布薩作法による。
○上旬に本尊講。一座三問の番論義一双による。
○中旬に山王講。一座三問の番論義一双による。
○下旬に祖師講。一座三問の番論義一双による。

これによると、一カ月の勤事としては、まず半月ごとに布薩説戒が行ぜられる。これには「作法は別にあり」と注記されているので、興円らは梵網戒や明曠『天台菩薩戒疏』にもとづくと考えられる「布薩作法」をもち、また布薩のときには『梵網経』の具体的な戒相によって「説戒」が行われたと考えられる。(34)

このような布薩法についで、一カ月の初・中・後の三旬にそれぞれ、本尊講・山王講・祖師講が順次営まれ、それらの講では論義をおもな内容としている。論義は、講師と問者が各一人一双となって問答する「番（つがえ）論義」により、一座に三問が論義される形態をとったことがわかる。またそこにいう「山王」とは鎮守の山王七社の諸尊をいい、「祖師」とは南岳・天台・伝教・慈覚の諸師を指すとみてよい(35)。

そして、㈢の「毎年仏事」は、つぎのように記されている。

○正月八日、大仁王会。百高座百法師による。
○同月十四日、曼荼羅供（慈覚大師御忌日）。夜に入って立《ママ》（竪）義、山門の探題明匠を請して題者とする。
○二月十五日、涅槃会。
○四月八日、仏生会。
○同月十六日、結夏安居。七月十五日まで。
○六月四日、報恩講（伝教大師御忌日）。一座五問の番論義二双による。夜に入って曼陀羅供。
○七月八日、本願会。八日より七日七夜に高声不断の光明真言。十四日に一座五問の講、番論義二双による。夜に入って施餓鬼。十五日に結縁灌頂と開夏布薩をなす。
○十月十六日、冬時安居。正月十五日まで。
○十一月、天台大師講。四日八講による。

このような年間の行法のなか、正月の仁王会が百の高座にて百の法師に『仁王経』を講ぜしめるのは、最澄の「四条式」にもとづく(36)。また、安居については解説が加えられ、梵網の第三十七軽戒と明曠『疏』によって、夏期（四月十六日から三カ月）の安居と、冬時（十月十六日から三カ月）のそれとが定められている(37)。そして、安居が終わった翌日の十六日には自恣《じし》を行うとする。これは安居期間に自己の犯した戒律や罪を告白し懺悔するのである。

七月の本願会では、これにも説明が付され、

凡斯会者当寺開山長老《ノ》根本発願以後、建立以前《ニ》同心発願《シテ》加《ル》㆓署判《ヲ》㆒在家出家《ノ》菩薩衆、先亡後滅之幽魂《ヲ》為㆑導㆓宝所《ニ》㆒云々。（『続天全・円戒1』一八四頁上）

という。それで、この会の修法では、安居の終わる頃の七月八日より七日七夜に光明真言を不断に唱え、満願の七月十四日夜には施餓鬼を行うとするから、いまの説明と合わせみるとき、これは梵網の第三十九軽戒（父母兄弟等の亡滅の日などに大乗の経律を読誦する）と、盂蘭盆会に関係した仏事であると考えられる(38)。そして、本願会の終わる翌日の七月十五日には結縁灌頂がなされ、夏安居が解かれる（開夏）とともに、半月ごとの布薩がまた修められることになる。

また、十一月の天台大師講を「四日八講」とするのは、『法華経』八巻を八座に講じ（八講）、これを朝夕の二座に分けて四日間に修することをいう。

さて、右にみたような毎月と毎年の諸仏事は、必ずしも興円らが籠山中の行法として始めたというのではなく、すでにそれまでの叡山に執行されていた行事であるとみてよい。ただ、興円らはそれらをみな如法に厳しく修めたわけである。もっとも、『伝信和尚伝』には、「延慶三年（一三一〇）四月

十六日、於《テ》二神蔵寺一《ニ》初《メテ》夏安居、……（中略）……同三十日布薩始《メテ》行レ之」と記しているから[39]、少なくとも年二回の安居と、半月ごとの布薩については、長らく叡山に廃れていたのを、興円らが梵網戒の再興実践のために、籠山中の主な修法に組み入れたと考えてよい。

三　食堂での坐禅（止観）と引粥作法

すでに前項では、籠山中の興円らによる日課行法の概略をみた。先にも述べたように、『一日一夜行事次第』にはそれがもっとくわしく記述されている。ことにその『次第』では、後夜《ごや》の「坐禅」から夜明けの「引粥作法」にかけてを詳述している。ただし、後夜と初夜の坐禅、および朝（粥）と昼（飯）の食作法には、別に『坐禅儀』と『食作法次第』があったことを注記によって知るが、いまは現存の『一日一夜行事次第』によって、坐禅と引粥との次第を少しく詳かにしてみたい。

この書では初めに、「一日一夜の行事次第は後夜（夜明け前）の坐禅より始める」と述べ、つぎのような「後夜坐禅」の次第を記している。原文は漢文であるが、いまは平易な和訳によってみることにしたい。

先ず、卯剋《うこく》の始めに太鼓二返が鳴り、座禅の作相《さそう》（準備合図）を聞く。大小の所用（用便）があれば準備の間にすませる。準備時間中に必ず自分の座に帰着せねばならない。準備終れば長老が入堂し、ついで巡堂がある。それまでに必ず帰座し、たいした用のない者は座を出てはいけない。

次に七条袈裟を懸け、箱の上の鉢《はち》を取り、自分の座の後《うし》ろ上方に置く。次に床《とこ》前に向って座る。寒い日ならば被衣を用いるのは随意である。被衣を用いる動作は、左右の隣座の者を煩わせてはいけない。床の登り下りや、履《はきもの》の音は毎事《ことごと》に注意深くし、満堂の衆僧を乱してはいけない。次に、入定《にゅうじょう》の体位をとることは『坐禅用心』の如くにする。長老の巡堂する時剋に入定が調わなければ、先に入禅の体位をとる。入定の間は三業を納め他事をしない。観法の体位は『用心』にある。もし、隣座の者が入定中に睡昏の音を出し、他の入禅を妨げるほどならば、密《ひそ》かに驚覚させてよいが、もし長老がそれをするために床を下りてきたならば、私に驚かすべきでない。無益なことはせぬように、よくよく用心すべきである。もし自分が昏睡低頭したならば、それに気づいたとき突然に頭を挙げないで、ゆっくり動作するのがよい。委細は『別抄』をみよ。次に、平朝の鐘三下を聞いたなら、ゆっくり出定する。鐘三返にて仕舞いじたくにかかり、もし用便があれば密かに出てそれをする。その仕方は前と同じで、毎事《ことごと》に注意深くする。仕度がおわれば大衆は同時に被衣を襞《たた》み、後方の壁の際に置き、巾を懸ける。被衣を襞む作法も音を出さず、左右の隣座に無作法にならないようにする。襞《たた》みおわって巾を懸けたなら、大衆は同時にもとのように床の前に向かう。遅い人があればそれを待ち、けっして独り先に床前に向かうことをしない。諸衆を待ち、動作は同時に、座法は必ず一様でなければならない。座の出入がなくなり、内衣は外に出さないなどの威儀が調えば、呪願《じゅがん》（食事の祈願）の鐘を待つ。

（丸かっこ内は引用者で補ったもの。『続天全・円戒1』一九一頁上―下）

このような「後夜坐禅」を終えたのち、つづいて夜明け頃の「引粥作法《いんしゅくさほう》」に移る。それはつぎのごとくである。

先ず、維那《いな》（寺務を司る役者）が打つ初鐘一つを聞き、左右に並んで座を向かい合い、問訊《もんじん》を合わす（互いに合掌して敬礼の意を唱える）。次に後ろを向いて両手で鉢を取り、床《とこ》の楞《すみ》に置く。これも大衆同時に、けっして前後あることのないようにする。後ろを向くときも鉢を大切に扱い、床前に置くにも危うくしないよう注意する。鉢を置いたらもとのように合掌する。維那が仏号を唱えたら、心中に密かにそれを唱え、ついで微音に般若心経一巻を誦す。心経ののち維那の鐘一打で、大衆は同時に鉢を開く。その次第は、先ず鉢の裹《つつみ》を解き、これを襞《たた》んで左の方へ置く。次に浄巾を取り膝の上に懸ける。袈裟や衣が汚れないようにするためである。次に鉢を取り左の方へ置く。次に坦《たん》（平らな飯台）を開いて、床の楞《すみ》の上に敷く。坦の三分のうち、一分を下に向け、二分を上に向ける。次に箸袋を取り、左の方へしばらく置く。次に鉢子の大小二つを取り出し、虫払いを用い、坦上にならべおく。次に箸袋を開いて、箸《はし》・匙《さじ》を取り出し、鉢子の二つの間に置く。箸匙は外に向ける。次に刷《はけ》を取り、坦の右端の上に置く。鉢巾《はちきん》と箸袋は鉢裹《はちづつみ》の辺にしばらく置く。このように準備がおわれば、威儀を直して坐る。毎事《ことごと》に観念に住し、食物の遅速や麁細を思わない。

次に引粥《いんしゅく》の次第では、先ず如法に問訊《もんじん》し合掌する。次に右手で鉢子の大を取り、左手で衣《ころも》の袖《そで》をたくし上げ、粥《かゆ》を受く。受けおわればもとのように坦上に置く。汁を受ける次第も同じ。そののち呪願《じゅがん》（食事前に施主のために祈願し呪文を唱える）を待つ。維那《いな》は鐘を鳴らして呪願を唱える。呪願文は前と同じで、密かにそれを唱える。呪願の間は深く観法に住し、放逸しない。次に呪願をおわれば鐘一つ打つ。その鐘を聞いたら、左右を見合ってともに床に向かい、同時に匙を粥器に入れ、箸を汁器に入れる。次に衆僧は同時に左右の手で粥器を持ち左手にのせ、匙でまず三口にこれを食す。このとき「断悪修善度生」の思いを生じ、懈怠《けたい》してはいけない。汁もまた同じにする。食中には口音をさせない。作法はよく本文を守るべきである。次に再進（おかわり）をする者は必要なだけこれを受ける。受け方は前と同じである。粥と汁とは己が分量をわきまえ、多く受けすぎて残してはいけない。匙で粥の終いまで食べ、鉢子の中に残さないようにする。禅院では刷《はけ》を用い、律院ではそれを用いないが、分に応じて注意深くすべきである。

次に食べおわれば、鉢に湯を受く。先のように問訊合掌する。粥器にこれを受け、坦上に置き、まず箸匙を洗う。洗いおわれば箸匙を坦上に置く。次に汁器を洗い、次に湯を汁器より移し、粥器を洗う。以上には刷《はけ》を用いる。次に雑水桶を使い、問訊して穢水を入れる。次に重ねて湯を受く。次第は前に同じで、受けたら坦上に置く。まず汁器を洗い、次に前の如く、湯を汁器より移し、粥器を洗う。次に箸・匙を洗い、刷は汁器の中に置く。次に鉢の巾を取り、まず匙・箸・刷を拭い、裹《つつみ》に入れ、もとのように左方に置く。次に粥器を拭い鉢の中に入れる。次に汁器を重ねるのは上に同じ。次に箸袋を鉢の中に入れる。次に鉢の巾で坦を拭い、乾かして坦を襞む。浄巾も襞んでもとのように坦に収め、しばらく傍におく。次に鉢の裹《つつみ》を取り、開いて座の前に置き、鉢をその上に置いて裹む。その仕方は、裹《つつみ》の外側の角《かど》で鉢を覆い、ついで前方の角を懸け、浄巾を取って裹んでこれを加える。次に両方の角を合わせて鉢の上を覆い、これを右結びにする。次に鉢巾を襞《たた》み、鉢の上に置く。このように調え終れば、威儀を取り直して坐る。食を用い、鉢を調える作法は遅からず早からず、大衆が同時にそろって作すのが軌則である。

（『続天全・円戒1』一九一頁下―九三頁上）

このようにして「引粥作法」が終わると、いましばらく食後のことがつづく、すなわち、「引粥後の作法」はつぎのように記されている。

次に、呪願《じゅがん》を聞き、大衆は同時に問訊を合わす。もとのように両手で鉢を取り、後ろを向いて自分の座の上方におく。必ず満堂の者が同時に行ない、前後乱れてはいけない。この間に行者は履《はきもの》をそろえ直す。次に床前に向き、諸衆は同時に問訊を合わす。まず両足をそろえ、下座に向かって床を下り、床前に立つ。また同時に問訊を合わす。始め長老より次第に出堂する。必ず上座の宝前に問訊し、合掌し低頭する。自分の座の方に傍《そ》って脚を出すのは例の如くである。次に廊下に出て容《かたち》を斂《ひきし》め、廊辺に傍《そ》って雁《かり》の行く如く上下に乱さず、また象や牛の如くに妄《みだ》さずに進む。もし年長者に遇えば、如法に問訊合掌し、礼敬の想を作す。但し、小衣の時は如法の問訊を用いず、また両者ともに小衣、あるいは一方が小衣の時には、ただ俗礼を用いる。子細を知らない者で一方が小衣のとき、如法に問訊をしたとしても、ただ俗礼だけを用い、如法の問訊を合わす必要はない。もし初心者ならば、子細を教授するのがよい。

（『続天全・円戒1』一九三頁上）

さて、以上では「後夜坐禅」と「引粥作法」との、明け方前後の行法の始終をみたわけであるが、これらはいずれも食堂での作法である。『一日一夜行事次第』では、このあと粥後の「懺法の次第」に進み、いわゆる「三時の勤行、二時の坐禅および夜宿等」の、一日の修法の終わりまでを記述している（『続天全・円戒1』一九五頁下）。なかでもとくに詳しいのが、いまみた坐禅と食時作法である。坐禅はもう一回、「初夜坐禅」があり、また食時には昼の「食飯作法」がある。ことに食作法では、粥を口にするとき「断悪修善度生」の念を生ずべきことを強調しているように、このことは昼の食飯でも同様である。それは、施食に感謝し、また生類を愍れむ利他の精神にもとづくものといえる。なぜなら、食事は殺生戒にも関わることであり、ために食作法はとくにくわしく厳しい内容となっている。そして、「離非時食戒」により、正午より後の食事はなされないのは言うまでもない。

また、興円の『篇目集』では、その「第三菩薩大僧戒篇」において、『梵網経』の第三十七軽戒にもとづき、天台僧のもつ「常用具」を厳しく規制していることは、前節にみたとおりである。右のような坐禅と引粥の作法次第を読むとき、興円らの携帯した日常用具の数々が、具体的にどのように使われていたかも知ることができる。

このように、『一向大乗寺興隆篇目集』の「第五置行学二道篇」における「毎日行学等事」は、『一日一夜行事次第』を合わせてみることにより、黒谷や神蔵寺での興円らの籠山修行の内容がくわしく知られるのである。

四　上厠と後架における作法

『一日一夜行事次第』には、一日の行法が終わるまでを記述したのち、「上厠作法《じょうしさほう》」と、「後架作法《こうかさほう》」とをまた載せている。ここに、上厠とは厠《かわや》（便所）を用いることであり、後架とは洗面所のことである。これらは、不浄を除き、また水を使うときに虫類を殺さないとの慈悲心により、行法の重要な一環とされる。

それでまず、「上厠作法」を平易な現代文に訳すと、つぎのごとくである。

厠は禅院や北京律《ほくきょうりつ》では東司《とうす》というが、天台の門流や南都では僧厠《そうし》というのが本文にかなう。作法の委細は「護律儀第十四上厠法二十条」によれ。但し、なお尽くさない事等があるので、その本文の外にいささか愚意を加えることにする。

その次第は、用便には五条袈裟を懸け、左手に手巾を懸け、水瓶を持って赴く。水瓶はなければこれを略してよい。雑紙を少し身につけておくことを忘れず、急がない程度に赴く。次に僧厠に到れば、自分の座の上下の分限を計り、竿の辺にいく。まず袈裟を脱ぎ、これを襞《たた》み、上の浄竿《かん》に懸ける。次に褊衫《へんざん》の紐を解き、次に裳《もすそ》を脱ぎ、下の触竿に懸ける。次に衣を脱ぎ、裳の上に懸け、手巾で他人の衣等を乱さないように結ぶ。もし手巾がなければ裳の帯で結ぶ。次に袂《たもと》を取り、両脇に懸け、水船の辺に寄り、触桶《そくつう》を取り水を入れ左手にこれを持ち、厠門に臨んで右手で弾指をすることは本文のとおりである。次に戸を開いて内に入り、まず水で孔の中に流し入れる。これは虫類等を護るためであり、また不浄を流れ易くするためである。次に用便がおわれば、巾紙を用いて洗浄するのは本文の如くである。但し、真言行では密宗の観法がある。すなわち、覧《らん》字を頂の上に観ずる。これは不浄を除く意味である。次に触穢金剛《そくえこんごう》、つまり烏瑟沙摩《うしつしゃま》（不浄を転じて清浄にならしむ）の三摩地に住する種子は含《うん》字である。彼の金剛にはその誓願があるからである。いまは粗註するにとどめ、これの委細は別に尋ねよ。次に、水で不浄を流すには籌《へら》を用いるのは本文のとおりである。次に外に出る時は右手で触桶《そくつう》を取る。戸を開くのも同じ右手でする。左手は洗浄のために穢に触れるので、戸を開けるのには用いず、また内衣にも触れないようにする。次に手水所に到り、もとの如く触桶を置き、右手で澡豆《そうず》を、つまり灰等を取り、杓で水を手に懸け、先に左手を洗い、次に右手を洗う。次に口を嗽《すす》いだら手巾で手を拭いて乾かす。次に竿の辺に到り、先ず手巾を解いて次に裳を著し、次に衣を著て袈裟を懸ける。次にもとの如く、左手に手巾を懸け退出する。委しくは本文の規定を守るべきである。

（『続天全・円戒1』一九五頁下―九六頁下）

このような上厠作法について、このあと問答が二つ加えられている。ひとつは、右の文中に指示されている『護律儀』の規定に関して、それには袈裟や褊衫を脱ぐとの条文がなく、また他門では褊衫を着たまま厠内に入るのを許していることを問う。これには、本文に委細はなくとも、褊衫などの衣を脱がずに厠に入ってはいけないと戒めている。

またふたつに、インドでは男僧は内衣を用いないから、用便の時に裳などの衣を脱ぐと裸形になるゆえ、厠には裸形で入るのが適当ではないかとの問いである。これにはそれを否定して、中国・日本の風習では内衣を用いるゆえ、上衣を脱いでも内衣を著たままに用を足すべきであるとしている。(40)

さてつぎに、後架とは僧堂の後方に小用や洗面をする所であり、ときに針仕事などもそれに含まれる。「後架《こうか》作法」はつぎのように記されている。

後架は禅院や北京律でもこの語を用い、南都で小便所というのは正しくない。それの作法は「護律儀」にはない。すなわち、用足しを覚えたら五条袈裟を懸けて、その場所へゆく。まず竿の辺に到り五条を脱ぎ、上の浄竿に懸け、次に褊衫を脱いで下の触竿に懸ける。北京では衣を脱がないのは不審であり、また南都では衣・裳ともに脱ぐのはこれも正しくない。次に孔《あな》に向ってゆっくり用を足す。急ぐと威儀を乱すので、急迫しないうちに赴くのがよい。用を足せば小杓《しようしやく》で触桶の水を酌み、二、三返に洗浄する。次に手水の辺に至り、手を洗い口を嗽《すす》ぎ、手巾を使う。次にもとのように衣を著て、袈裟を懸けて退出する。もし後架の辺りに不浄があれば、必ずこれを掃治する。努めて怠ってはいけない。小用の間に観法をするべきかは調べてみる必要がある。

（『続天全・円戒1』一九七頁上）

すでにみたような、上厠法と後架法とでは、南都律や北京律とのちがいに言及していることが注意される。当時の叡山には、『護律儀』が存したと同時に、興円らは天台僧に独自の律法をもち、それに従ったことが知られる。

五　籠山修行と即身成仏義

本節では、中古天台期の叡山に、梵網円戒と十二年籠山行を復活させた黒谷流の学僧たちの、如法な修行の内容をみた。それらは、興円や恵鎮らが籠山行として実践した事実であるのに相違ない。それで、最後に注意しておきたいのは、『一日一夜行事次第』が「即身成仏抄」との別名をもつことである。恵鎮はこの書の後文を記して、つぎのように述べている。すなわち、

一日一夜儀則大都如レ斯。……（中略）……抑又直是即身成仏儀則也。凡衆生者皆是無作三身全体、而更非二流転迷惑之凡夫一。然而二六時中之間、被レ侵二三毒五欲之忘（妄）法一、徒忘二己心清浄本分一了。而今幸遇二一支一戒一、無レ非二法界之宗致一、忽成二一日一夜止悪修善之行業一、既是一生不退之修行也。豈非二三昧成就之因縁一哉。是又一行一切行恆修二四三昧一、一色一切色常勤二三聚戒一也。三身一身之妙行也。一念三千之捉足也。謂事相事儀努努不レ可レ軽レ之哉。

（『続天全・円戒1』一九七頁上—下）

という。これによると、衆生とは「無作三身の全体」であり、「流転迷惑の凡夫」ではない、と規定される一方で、つねに「三毒五欲の妄法」に侵され、「己心清浄の本分」を忘れる存在であるとされる。ここには本覚的な思想を基盤とするのをみてとってよいが、ただし恵鎮らでは、一戒をも持って「一日一夜の止悪修善の行業」を成ずることを肝要とし、しかもその行業は、たとえ一日一夜のもの

であっても、「一生不退の修行」であると位置づけられる。つまり、一行のなかに一切行を含める意味で、つねに「四種三昧」を修めるものとせられる。したがって、戒律も修行も「事相事儀」につとめて、具体的実践を重んずべきことを主張している。要するに、一日の如法な修行をなす姿のなかに即身成仏をみる、というのが黒谷流の思想的な特色であるといってよい。

第三節　伝信和尚興円（戒家）の円頓戒思想
――『菩薩戒義記知見別紙抄』を中心として――

一　叡山黒谷流円頓戒のなかの興円の位置

中古天台期の比叡山における戒律復興運動は、鎌倉時代に叡山仏教から念仏・禅・法華などの新仏教が輩出し、他方で南都ほかの旧仏教の勢力内で戒律復興を中心として、思想・教学的な革新運動が展開した脈絡のなかで捉えられねばならない。すなわち、叡山仏教の内部で真摯な求道のもと、大乗円戒の復興を志してその実をあげ、日本天台宗の宗教的蘇生と革新をはかる試みとして忘れられてはならない。いま、戒律復興という点を中心に述べると、南都では貞慶・良遍・覚盛・叡尊・凝然らの活躍があり、京都では泉涌寺に俊芿、建仁寺に円琳が出て、また臨済宗の栄西や弁円（円爾）らも戒律の堅持を主張して、それぞれ戒学の振興に力を注いだ[41]。そして、そうした動きに呼応するかのように叡山でもまた、伝教大師最澄以来の伝統的な大乗円戒の復興とその堅持が主張せられたのであり、叡山におけるそれは西塔の黒谷にあった叡空（?—一一七九）に始まる。

比叡山天台宗では、そのはじめ最澄（七六七—八二二）が『山家学生式』や『顕戒論』によって、『梵網経』にもとづく大乗戒を唱導して修学のもといとなしたが、安然（八四一—?）の『普通授菩薩戒広釈』（以下『広釈』）が出てのちには、その戒律に対する解釈は理戒中心となり、事実上の戒律の受持実践は軽視されるようになった。というのも、平安期の密教隆盛にともない、僧侶たちは貴族の要請による加持祈禱の手法の技巧に意を凝らし、とりわけ院政期以後の恵檀両流の時代には口伝法門による本覚思想が台頭して、戒律については乗戒一体思想にもとづいて、一心三観を学び、『法華経』を受持して一乗に帰する信念のみあれば、おのずとそこに戒律は具備されているとして、戒律は形式的伝授のみに終わるという風潮さえ招いたからである[42]。そして、そのことがやがて教団内の僧風の退廃をもたらし、時代の進展とともに何らかの宗教的覚醒がはかられねばならないことは必然の趨勢でもあった。

そこで、大乗戒の具体的な実行と、戒学の復活を唱導したのは黒谷の叡空である。以後その志を受け継いで、叡山の戒法復興運動が進展し、いわゆる黒谷流が形成される。いま改めて、その戒系とそれらの人たちの年代を示すとつぎのごとくである[43]。

叡空―源空―信空―湛空―恵尋―恵顗―興円―恵鎮┬惟賢
　　　　　　　　　　　　　　　　　　　　　　└光宗

叡空（?―一一七九）、源空（一一三三―一二一二）、信空（一一四六―一二二八）、湛空（一一七六―一二五三）、恵尋（?―一二八九）、恵顗（生没不詳）、興円（一二六三―一三一七）、恵鎮（一二八一―一三五六）、光宗（一二七六―一三五〇）、惟賢（一二八九―一三七八）

右の戒脈のなか、今日に残された事蹟および著作等の資料からみて、叡山の大乗円戒（円頓戒）復興に実をあげ、またその固有の思想が確立されたのは、恵尋と、そしてとりわけ興円のときである。求道房恵尋には、この人のものと目される著作のいくつかが現存し(44)、また伝信和尚興円には後述のごとくいくつもの著作が残されている。ことに黒谷流では、「重授戒灌頂」とよばれる一種独特の、灌頂による円戒伝授の儀式法門が生み出され、それは今日にも伝えられているのであるが、この戒灌頂の法門と思想が確立されたのも興円のときであるといってよい。また、黒谷流に属する学僧たちは次第に自らを「戒家」と称するに至るが、この呼称およびその立場が確立するのは、恵尋の一時期以後、または興円の頃であると思われる(45)。

ところで、黒谷流を中心とする円戒復興期の典籍資料は、これまで一般には充分に知られていたとはいえない。というのは、この門流の核をなすと目される重授戒灌頂が、口伝法門による「唯授一人」という性格をもち、それに関する著作典籍は門外不出として秘匿されてきたからである(46)。ところが、近年『続天台宗全書』の刊行によって、重要資料が公表され、また関係資料も収集されて、研究に供されることになった。いま、それらのうちで『続天台宗全書・円戒2〈菩薩戒疏註釈・戒論義〉』（二〇〇六年・春秋社）に収録をみた興円の『菩薩戒義記知見別紙抄』三巻によって、黒谷流興円の円戒（円頓戒）思想の特色をみることにしたい。この書は、重授戒灌頂の秘書『十六帖口決』とともに、興円（戒家）の円戒思想の核心に迫ることのできるものといえ、興円の残した幾多の著作のなかでは、基本的主著のひとつといってよい。

二　興円の伝記と著作

興円（一二六三―一三一七）の伝記資料には、『伝信和尚伝』が存する。(47) この伝記は、応永八年（一四〇一）の奥書に、明徳元年（一三九〇）に書写したとの記事があるから、興円没後それほど遠くない時期に著されたものとみられる。あるいは、それは興円の弟子となって籠山行をともにした光宗（導崇和尚）によるともみられている。(48)

『伝信和尚伝』は、「三学倶伝章第一」「籠山行事章第二」「滅後行事章第三」からなる。第一の章が半分を少し超える分量で、生い立ちはこれを簡略に述べたあと、求道の過程で体験し実践したことがらを多くみる。第二章では、比叡山で籠山修行中にあった出来事を述べ、最後に第三章は入滅前後を記してもっとも短い。

その伝記によると、興円は弘長三年（一二六三）に奥州に生まれ、十五歳で寺に入り、十七歳のとき出家したという。そして、弘安十年（一二八七）二十五歳の夏、師の円存上人より一心三観の妙旨を受け、このとき円存より、叡山黒谷の円戒和尚求道上人（恵尋）を尋ねよと勧められ、まもなく北国を出て京都に上る。上洛してのち興円が恵尋より直接その教えをうけたかどうかは伝記には明言されてはないが、直接的には恵尋の資である恵顗（素月上人）に師事して、正応元年（一二八八）十一月二十二日に、東山金戒院（新黒谷の金戒光明寺）で恵顗より円教菩薩戒を受けている(49)。そして、嘉元二年（一三〇四）四十二歳のとき興円は山門の戒法再興を発起し、翌嘉元三年十月二十日より黒谷の願不退房において十二年を契る籠山行に入った。その黒谷の不退房で興円は徳治二年（一三〇七）六月十一日に恵顗に従って「灌頂授戒」を遂げた、と伝記にあるから、これは重授戒灌頂のことか、あるいはその原初形態のものと思われ、また興円は恵顗より恵尋上人所著の袈裟などを授かっている。籠山行には興円の資となった円観（恵鎮）も加わり、延慶三年（一三一〇）四月五日に興円が黒谷から神蔵寺にその拠を移してからは、円観のほか光宗ら数名の学僧たちも同伴の弟子となって、神蔵寺を円戒弘通の道場と定めて修学を重ねた。かくして、文保元年（一三一七）の正月に、「戒家数代の己証たる一箇の灌頂」、つまり重授戒灌頂を円観に授けて、のち同年の四月二十六日に興円は五十五歳で示寂している。興円はまた堯光房といい、その諡名を伝信和尚という。

興円は円戒弘通のみならず、護摩の行法を修し、薬師如来像や文殊像、大黒天像などを刻し造立してそれらの行法をも多く修めているから、密教などもよく学んでいるが、その修学の中心は、大乗円戒の復興と実践をめざす戒学であったといえる。その著作である『一向大乗寺興隆篇目集』をみても、この人のめざしたものが最澄の『山家学生式』にもとづく祖式の復興であり、また右の伝記資料を読んでも、最澄の定めた十二年の籠山行を厳しく実践し、その上で顕密にわたる天台の教法を専心に修学した真摯な求道の精神をうかがうことができる。

興円の著作は、伝記によれば三十五帖にのぼる「抄等の制作」があったという[50]。ただし、伝記のなかには『一向大乗寺興隆篇目集』のみが掲げられているにすぎない。そこで、今日現存している主要なものを、著作年代順に示すとつぎのごとくである。

①『菩薩戒義記知見別紙抄』三巻、徳治二年（一三〇七）正月―八月。

②『円頓菩薩戒十重四十八行儀鈔』、徳治三年（一三〇八）七月、（西教寺正教蔵）

③『戒壇院本尊印相鈔』、徳治三年（一三〇八）八月

④『一向大乗寺興隆篇目集』、延慶二年（一三〇九）二月

⑤『興円起請文』、延慶三年（一三一〇）四月

⑥『十六帖口決』、正和二年（一三一三）夏―正和五年十二月

これらの著作のうち、①は右に述べたとおりで、③④⑤⑥の四篇は『続天台宗全書・円戒1〈重授戒灌頂典籍〉』（一九八九年）に、収録公刊されている。そのなか、⑥は重授戒灌頂の秘書であり、戒灌頂ひいては黒谷流円頓戒の奥義を知るもっとも重要なものとされているが、この書は幾度も書写伝授されたゆえに異本が多く、したがって異名も多く、また異名同本のものもいくつかある[51]。『円戒十六帖』ともいうこの書は、興円のやや晩年に近い、もっとも円熟した時期の著作であり、この書のゆ

えに戒灌頂は興円のときに名実ともに確立されたと思われるのである。

右の著作のほか、『円頓戒法秘決要集』もまた興円のものとみられる場合があるが、これは叡空撰とも伝える『円頓戒法秘蔵大綱集』と異名同本であって、必ずしも興円のものとは決しがたい面がある(52)。そしてさらに、①の『菩薩戒義記知見別紙抄』によると、『妙楽十二門戒儀別紙抄』や『明曠別紙抄』という書を指示する箇所があって、①の著作以前にそれらの著述があったもののごとくにもうかがわれるが、これらは現存していないから確かめようがない。

三　『菩薩戒義記知見別紙抄』の構成とその性格

前節に示した興円の著作目録のなかの制作年時をみるとわかるように、『菩薩戒義記知見別紙抄』（以下『知見別紙抄』または『別紙抄』）三巻は、興円が叡山の戒法復興を発起し、十二年籠山を始めてから一年余りのちに書き始めた著作である。この著述の途中に興円は師の恵顗より灌頂授戒を受けている。この時四十五歳の興円は、その昔に円戒の師を求めて上洛し、二十六歳のとき恵顗より円教菩薩戒を受けて、のち十八年余にも及ぶ修学の時期を経て、いよいよ円戒の弘通に自信をもって実践を開始した直後にこの書を著したとみえる。
この書の、興円自著の奥書をみると、上巻の末には、
徳治二年正月十九日、於二黒谷願不退房北向一酉時始レ草レ之。同二十四日草レ之。正慶《ママ》元年十一月

二十二日酉時清二書之一。興二行大乗戒一普為レ報二四恩一集二記之一。　沙門興円、年四十六、臈三十歳。

（『続天全・円戒2』二七頁下）

とあり、中巻の末には、

徳治二年正月二十六日、於二西塔院黒谷願不退房一始草二案之一。同二月三日草レ之。正慶《ママ》元年十一月二十四日清二書之一。為二仏戒法一集二記之一。　沙門興円。

（同前四七頁下）

とあり、また下巻の末尾には、

徳治二年二月三日、比叡山西塔黒谷願不退房始草二案之一。同八月草レ之。延慶元年十一月二十七日清二書之一。為レ弘二菩薩戒一集二記之一。　仏子興円

（同前六六頁下）

とある。右の奥書のなか、上巻末と中巻末のものに「正慶元年」（一三三二）とあるのは、下巻末の文字から類推して、「延慶元年」（一三〇八）の誤写であろう。したがって、興円はこの書を四十五歳の徳治二年（一三〇七）の正月から八月の間に草稿を書き、翌年の延慶元年十一月下旬に三巻を順次清書したことがわかる。そして、これを著述した場所は、籠山中の黒谷願不退房であり、また、その目的は「大乗戒を興行し」（上巻奥書）、「菩薩戒を弘めん」（下巻奥書）がためである。

また、各巻とも奥書は幾重にも追加され、もっとも多く奥書を重ねる下巻末によれば、貞和二年（一三四六）に宗遍が、また永和二年（一三七六）に聖勝、応永二十八年（一四二一）に法勝寺の性通、正長二年（一四二九）に実藝、そして文明十六年（一四八四）に法勝寺前住の昌俊が、それぞれ書写を重ねて流伝してきたことがわかる。そして、各巻共通に存する寛文二年（一六六二）に書写した人

の奥書では、

右之写本殊外損乱有レ之者也。如二本書一置者也。後見之人々校合可レ有レ之者也。（同前六七頁上）

とあるから、書写を重ね流伝する間に、文字内容にかなりの損乱をきたしていることは否めず、その点は内容読解上留意されねばならない。

さてつぎに、本書の構成内容をみると、同書はもとより天台智顗（五三八―九七）の『菩薩戒義記』（以下『義記』）を注釈するものであるが[53]、上巻の前半では、黒谷流または戒家の基本的立場である「正依法華傍依梵網」の義を問答形式によってくわしく論じており、そののち『義記』の随文注釈に入っている。つまり「記云」として『義記』の文を出し、つぎに「義云」としてそれを釈するのである。この『知見別紙抄』は三巻にわたるが、上巻の半ばより中巻をへて下巻の前半までの間は『義記』の「三重玄義」の注釈に費やし、「三重玄義」よりのちの注釈は下巻の後半部分においてきわめて簡略であり、しかもそこでは『義記』の文ではなく、直接に経文（『梵網経』）を引いて注釈している。また、「三重玄義」についての注釈では、「戒体」論がもっとも詳しく、とくに『義記』の「初戒体者不レ起而已、起即性無作仮色也」という文の解釈に『別紙抄』の中巻すべてを費やしている。したがって、本書は『義記』の「三重玄義」、つまり菩薩戒についての玄義を明かし、とりわけ「戒体」義を戒家の立場から解明することにその使命をもっているといえる。

つぎに、本書にみられる引用文献をみると、それらは多岐にわたるが、その多くは中国および日本の天台の祖師、先輩たちの文である。そのなか、明曠『天台菩薩戒疏』（『刪補疏』、以下明曠『疏』）

は比較的に引用が多く、ついで安然の『普通広釈』、光定の『伝述一心戒文』、湛然の『止観弘決』および『十二門戒儀』、そして最澄の『山家学生式』『内証仏法血脈譜』などである。当時の口伝法門隆盛のさなかにあって、戒家の理論を正統天台の祖師たちの思想のなかに位置づけようとする興円の努力がうかがわれる。

ただ、本書では「委《くわしく》は口伝抄の如し」などと述べて、ほとんどの注釈において細部の意義を『口伝抄』なるものに委ねていることは注意されねばならない。ここに『口伝抄』とは、いかなる形態と内容をもったものであるかはまったく不明であるが、興円が師の恵顗から受けた口伝を書き留めたものが別に存し、そこには公にはされない戒家のさらなる奥義が秘められていて、それらの多くを興円は『口伝抄』に委ねているのかもしれない(54)。

また、すでにふれたように本書では、湛然（七一一―八二）の『十二門戒儀』を釈したと考えられる『戒儀別紙抄』というのが数回、そして明曠『疏』に関する『明曠別紙抄』というのが一回指示されているのが認められる。智顗の『義記』と湛然の『十二門戒儀』、および明曠の『疏』は、天台宗学僧のよるべき基本的な戒疏であるから、興円はそれらいずれもの『別紙抄』を、円戒興行の初期の頃に著述していることがうかがわれ、その三部作のうち『義記』の『別紙抄』のみが大切なものとして後世に流伝し残されたとみてよいかもしれない。

ともあれ、本書は興円の現存著作のうちもっとも分量の大きいものであり、内容的にも戒体論を中心としていて、興円ないしは戒家の円戒思想を知る上にきわめて重要な書であることが知られる。

料金受取人払郵便

京都中央局
承　　認

3063

差出有効期間
平成30年５月
13日まで

(切手をはらずに
お出し下さい)

郵便はがき

6 0 0 8 7 9 0

1 1 0

京都市下京区
正面通烏丸東入

法藏館 営業部 行

愛読者カード

本書をお買い上げいただきまして、まことにありがとうございました。
このハガキを、小社へのご意見またはご注文にご利用下さい。

お買上 **書名**

＊本書に関するご感想、ご意見をお聞かせ下さい。

＊出版してほしいテーマ・執筆者名をお聞かせ下さい。

お買上 **書店名**	区市町	**書店**

◆新刊情報はホームページで　http://www.hozokan.co.jp
◆ご注文、ご意見については　info@hozokan.co.jp

16.5.5000

ご氏名《ふりがな》　　年齢　　歳　男・女

〒□□□-□□□□　電話

ご住所

ご職業（ご宗派）	所属学会等

ご購読の新聞・雑誌名（ＰＲ誌を含む）

ご希望の方に「法藏館・図書目録」をお送りいたします。
送付をご希望の方は右の□の中に✓をご記入下さい。　□

注 文 書

月　日

書　名	定　価	部　数
	円	部
	円	部
	円	部
	円	部
	円	部

配本は、○印を付けた方法にして下さい。

イ. **下記書店へ配本して下さい。**
（直接書店にお渡し下さい）

（書店・取次帖合印）

書店様へ＝書店帖合印を捺印の上ご投函下さい。

ロ. **直接送本して下さい。**
代金（書籍代＋送料・手数料）は、お届けの際に現金と引換えにお支払下さい。送料・手数料は、書籍代 計5,000円 未満630円、5,000円以上840円です（いずれも税込）。

＊お急ぎのご注文には電話、ＦＡＸもご利用ください。
電話 075-343-0458
FAX 075-371-0458

（個人情報は『個人情報保護法』に基づいてお取扱い致します。）

四　祖師上人（恵尋）にもとづく円頓戒思想

『菩薩戒義記知見別紙抄』では、その冒頭に「義記の宗骨を談じ、祖師の本意を示さん」としてこの書を著述した旨が述べられている。ここに「祖師」とは、智顗をはじめ最澄ら天台の根本祖師たちを指すと考えてよいであろうが、もっとも身近には恵尋を指していると思われる。というのは、『別紙抄』では「祖師上人云く」として、恵尋のものと思われる文が引用され、それにもとづいて戒家の思想を示しているからである。本書で興円が「祖師上人」を指示し引用するのは十四回に及び、そのうち恵尋の『一心妙戒鈔』に披見できる同文が七カ所ある。そのことから、興円がよぶ「祖師上人」とはまさしく恵尋であり、興円は恵尋の教示を指南として本書を述作していることがわかる。

『知見別紙抄』にみられる、祖師上人恵尋にもとづく特徴的な戒家の思想をかいつまんでいうと、「正依法華傍依梵網」義の強調と、本迹二門による「仮色戒体」説の解明、および「信心受戒」の強調などである。このなか、とくにくわしいのは戒体についての議論であり、『別紙抄』の中巻から下巻にかけて、恵尋の『一心妙戒鈔』にみられるのと同じ長文が五回ほど引用され、それにもとづいて戒家特有の思想が展開されている。

そこでまず、「正依法華傍依梵網」の義からみていくと、それは恵尋の『円頓戒聞書』においても、『学生式問答』の文によって、伝教大師最澄にもとづく天台の円頓戒思想の基本的立場であることが強調されている。[55]しかるに、興円の『別紙抄』では、それは「祖師上人相伝の御義」であり、「戒家の己証」であると述べて、恵尋の言葉を引用し、それをふえんする形で詳しく論じられている。すなわちそこでは、正依傍依の名目は山家（最澄）の『学生式問答』に初めて出るものの、正依法華の立場はすでに天台智顗の菩薩戒思想に認められると主張し、そのことを最澄の『内証仏法血脈譜』を引用して論証せんとし、それればかりでなく南岳慧思の『受菩薩戒儀』や湛然の『十二門戒儀』、そして明曠『疏』などにも、みな正依法華の意義が存していることを論じている。したがって、天台の『義記』を釈するには正依法華の立場が堅持されなければならないとするのである。

興円によれば、『義記』には依経の傍正について三重の義があるという。初重は文・義ともに『梵網経』の意であり、これは爾前当分の義である。第二重は文は梵網により義は法華による意であって、これは元意は法華にあるも、法華は戒相の文が簡略なので梵網戒によって戒相を釈す、ゆえに『梵網経』を円頓戒の傍依経となすのであるという。そして、第三重は文・義ともに法華による意であり、これは一向に純円の菩薩戒であって、純円跨節の義である、とする。つまりここでは、菩薩戒を梵網戒によって釈するのは爾前の義であり、法華戒こそが跨節実義であるから、智顗が戒疏を作るのに『梵網経』を釈し、また最澄が大乗戒として梵網の十重四十八軽戒を示したとしても、法華の立場から梵網戒を釈するのが円戒の実義であって、よって『義記』のなかに正依法華傍依梵網の意義を正しく読み取らねばならないことを興円は主張しているわけである。智顗の『義記』に梵網の名を冠していないのは正依法華のゆえである、とさえ興円は述べている。

この梵網と法華の傍正については、当時においては智顗の『義記』や最澄創始の円戒を釈する場合につねに問題となったらしく、『義記』や最澄をもといとする戒系のなかでも、たとえば廬山寺流などは梵網正依としたようで、(56)これに対し恵尋や興円らの黒谷流または戒家では、正依法華こそが天台の正統の立場であることをとくに主張したものと思われる。そして、同時に興円の『別紙抄』では、つぎに述べるような本迹二門にもとづく戒体義を主張するための基本的前提となるゆえに、正依法華をことさら強調し論じているとも考えられる。

つぎに、「戒体」論をみると、『義記』の「性無作仮色」の戒体説を、天台の『法華経』解釈である迹門と本門との二門の意によってこれを明かす。興円の説が恵尋を受けたものであることを知るために、いま『別紙抄』の文を恵尋の『一心妙戒鈔』と対照させてみることにしたい。

興円『知見別紙抄』巻中

祖師上人御義。尋云以二何物一為二円頓戒体一耶。答。本迹戒体不同。迹門《ニハ》随縁不変故名為レ性《ニテ》以二不変真如《ノ》理一為レ体。本門《ハ》不変随縁故名為レ心《シテ》以二心法《ヲ》一為レ本《ト》也。不起而已起即性無作仮色者此文即《ハ》依《テ》二法花戒《ニ》一釈《ト》二梵網《ノ》戒一見《タリ》。不起而已者《ト》爾前迹門不変真如《ノ》戒体也。起即性無作仮色者《ト》本門随縁真如《ノ》戒体也。已上祖師御義也。

（『続天全・円戒2』二一八頁下）

恵尋『一心妙戒鈔』巻上

問曰。以二何物一為二円頓戒体《ノ》一耶。答。本迹戒体異。迹門《ニハ》随縁不変故名為性《ニテ》不変真如《ノ》理《ヲ》以為レ体也。本門《ニハ》不変随縁故名為心《ノ》心法《ヲ》以為レ体也。……（中略）……梵網義記云。不レ起而已起即性無作仮色文此文即法花《ノ》戒《ニ》依《テ》梵網《ヲ》釈《スト》見《タル》也。故《ハ》如何《ナレハト》云《ヘハ》不起而已《ハ》爾前迹門不変真如《ノ》戒体也。起則性無作仮色《トハ》本門随縁真如《ノ》戒体也。

（『続天全・円戒1』二五九頁上―下）

右の文によれば、『義記』は梵網戒を釈するものであるが、法華戒より梵網戒をみていくのが天台の戒体義であり、そのゆえに本・迹二門からこれをみて、爾前と迹門の意では不変真如の戒体が明かされ、本門の意では随縁真如の戒体が明かされ、また『義記』の文では、「不起而已」が前者を、「起即性無作仮色」というのが後者の意である、という。そして、興円は右の文のすぐ前で、「戒家意《ノハ》以二本門一為レ本」と述べているから、本・迹二門の上では本門の方を本意とする立場を取る。

また、ここで注目されるのは、『一心妙戒鈔』の方には右の文に続いてつぎの文があるにもかかわらず、興円はそれを引用していない点である。すなわち、恵尋では右の文に続いて、

性無作仮色《トハ》イカニト云事ソト云《ヘハ》性無作《ノ》真如《カ》事相《ノ》仮色《ト》ナリクタリタル時《ニ》カク真如《カ》事相《ニ》ナリクタル物《ハ》何物ソト云《ヘハ》第九識也。サレハ以二第九識一為二戒体一也。（『続天全・円戒1』二五九頁下）

という。ここでは、戒体を第九識と規定し、第九識（真如）が事相に現れたものが「性無作仮色」であると言っている。恵尋が戒体を九識説で論ずるのは、『円頓戒聞書』にもみられるところであり、(57)これに対し興円は、『別紙抄』のいずれの箇所をみても九識説を取っていない。そのかわり、のちに述べるように別の概念、つまり「一心戒蔵」という言葉によって論ずる。

さて、戒体説において、興円が祖師上人から受けたという説をもう一カ所だけ抜き出してみると（『知見別紙抄』巻中）、

祖師上人云。本門戒三諦《ノ》中《ノ》以二仮諦一為二戒体一故《ニ》非二双非一此《ハ》双照也。一念《ト》云《モ》仮諦也。非二双非中道一也。迹門以レ理為レ体《ト》云《モ》非二唯理一。作法受得《ノ》戒《ニ》被二薫発一理也。本門《ハ》自レ元一向仮諦《ヲ》為レ体《ト》也（以下略）。（『続天全・円戒2』三一頁上）

という。この文も『一心妙戒鈔』のなかに見出され[58]、興円によるその引用はこのあともっと長く続くのであるが、ここでは、戒家の本意である本門戒、およびその戒体を三諦（空・仮・中）のなかの仮諦として捉えている。すなわち、理（双非）ではなく事（双照）がよりすぐれているとみて、迹門の戒体が不変真如の理を表すとしても、それはただの理ではなく、作法受得の戒に薫発せられる理、つまり受戒作法によって事相に現れ出て来る理（真如・真理）であるとし、これに対し本門に明かされる戒体は、理から現れ出た事相（仮諦）を説くものであるから、この方がすぐれているとみるのである。そのゆえ、興円は戒家の立場をつぎのように主張している。すなわち、『知見別紙抄』の巻中に

戒家《ノ》心《ハ》迹門《ノ》上《ニ》立二本門一不変真如《ノ》上《ニ》立二随縁真如一、理《ヨリ》事《ヲ》高《ク》、体《ヨリ》用《ハ》尚深《シ》。相即《ノ》上《ニ》論二互具一不二《ヲ》上《ニ》立二而二一。三聚浄戒《ヲ》中《ニ》饒益有情戒《ヲ》為レ体《ト》、三身《ノ》中《ニハ》以二応身一為レ本、三宝《ノ》中《ニハ》以二僧宝一為レ本、以二迹門最上《ヲ》為二本門《ノ》極下一也。極理《ノ》上《ニ》立《テ》二事相事持戒《ノ》一、事相《ヲ》授《ニ》二即身成仏《ヲ》一也。（同前三三頁上）

といい、またつぎのようにも述べている。

勝劣分明也。……（中略）……迹門《ニ》最上至極《トル》思中道一性《ノ》理《ヨリモ》本門随縁仮色戒体《ハ》遥《ニ》高深《ク》也。其仮色《ト》者本法《ノ》仮諦也。此《ハ》迹門《ノ》中道一性《ノ》仮諦也。（同前三三頁下）

これらの文のなかで、不二の上に立った而二、あるいは三聚浄戒中では饒益有情戒を、三身においては応身を、三宝では僧宝を体または本となすとする戒家の立場は、いずれも理よりも事相を重視することを表し、そしてそれは『法華経』では本門の随縁真如の事相に表現され、迹門の不変真如の理よりも高く深い立場であるというのである。よって、戒家では「事相事持」の戒を重視し、理として

のみ戒を理解するのではなく、授戒作法を重視して、事相に戒を受け、具体的に戒を事相として堅持するところに即身成仏の姿をさえみる。そのゆえに、受戒の刹那に発得する戒体も「本法の仮諦」というべきものであって、それが『義記』にいう「性無作仮色」の意味である、と興円は主張しているのである。

右の「事相事持の戒」は、『知見別紙抄』で興円が強調する要語のひとつであり、また戒家が考案した重授戒灌頂の基本的な理念でもある。その意味で、それは戒家の円頓戒思想に特有の重要性をもつ実践概念であるといえ、たとえば恵心流の文献である尊舜の『二帖抄見聞』のなかでも、「黒谷相承の一義」としてつぎのように特色づけられているのをみる。すなわち、

黒谷相承《ノ》一義《ニハ》……（中略）……戒法又事相事持《ノ》威儀也。設《ヒ》雖《モ》二内証《ノ》定恵《ハ》明也《ト》一事相《ノ》威儀《ヲハ》闕不レ可二仏法正理顕《ヲス》一也。

（『天全』九・二二四頁下）

と。ここでは、戒・定・慧の三学のなか、戒を根本的ものとみて、その戒が事相事持の威儀として堅持されるところに定も慧も具体的に意味をもって、やがて仏法の正理を開覚することができるというもので、この考え方は、戒家の文献ではつねに強調されるところである。

さてつぎに、興円が述べる恵尋にもとづく戒家のいまひとつの重要なものとして、「信心受戒」または信心による「戒体発得」および「即身成仏」の義をみておきたい。興円は、「以二信心一成仏《ルコト》戒家《ノ》一大事也」と述べて（『続天全・円戒2』四五頁下）、このことを論じ、つぎのように主張するのをみる。

すなわち、同じく『別紙抄』の巻中に、

信心若起《ハ》罪滅《シテ》戒体顕《ト》可レ知者也。戒家《ノ》心《ハ》信心者妙覚《ノ》智也。疑者三惑《ノ》迷也。受戒発得者成仏得道也。

（『続天全・円戒2』四六頁上）

という。そして、続けてつぎのような祖師上人の言葉を引く。

祖師上人云。尋云、以二何心一成二戒体一耶。答、始自二釈尊一〈千仏戒准レ之〉師資相伝一代《モ》不レ絶。故《ニ》我決定可レ成二就戒体一。疑心（無《キ》）信心《ヲ》以納二得性徳《ノ》三聚浄戒一也。性徳《ト》云《ヘル》始覚冥二本覚一修徳帰二（性）徳一之時、性無作仮色戒体《ト》成也。疑レ物心《ハ》空仮二辺《ノ》心也。無二疑心一者中道善法《ノ》信也。〈已上祖師上人御義〉。

（同前四六頁上―下、〈　〉は割注）

とある。これもまた恵尋の『一心妙戒鈔』のなかに見出すことができ[59]、『別紙抄』の引文には写誤と思われる文字の損乱があるも、戒家思想の特色のひとつと目される「信心受戒」、つまり受戒において信心という意業を重視して、そこに戒体発得を意義あらしめ、受戒の威儀のなかに即身成仏をみるという思想は、すでに恵尋のなかにあり、興円はそれを戒家の思想として確立していることが知られるのである。

五　恵尋にはみられない興円独自の思想的発揮

前項では、祖師上人恵尋にもとづく興円（戒家）の円頓戒思想をみたが、『知見別紙抄』にはその一方で、恵尋にはみられない興円独自の発揮と思われる理論が展開されているのをみる。いまその主なものを要約的に述べると、第一に「当分・跨節」義の二判によって戒を土台として一代仏教をみること、第二に「跨節実義」において「迹門・本門・観心・一心戒蔵」の四重釈を提示し、そして第三に「一心戒蔵」という概念を戒家思想の眼目となすという諸点である。これら当分・跨節の二判や、一心戒蔵を根本的なものと位置づける四重釈、およびとくに一心戒蔵の主張では、「祖師上人」からの引用がみられないのみならず、今日現存の、恵尋のものとみられる『円頓戒聞書』や『一心妙戒鈔』、『天台菩薩戒真俗一貫鈔』のいずれにも認められないから、それらは興円にはじまる思想であることがわかる。

そこでまず、「当分・跨節」の二義（二判）は、すでに述べた梵網・法華の依経の傍正を論ずる「三重義」（巻上）のなかにもみられたが、『別紙抄』巻中の「戒体」を論ずる初めには、「於二今疏一有二当分跨節ノ二意一故ニ可レ料二簡二意一者也」云々と述べて（『続天全・円戒2』二八頁上）、ついで「当分」義と「跨節」義の意を順次示すなか、跨節義では、「次約二跨節一料二簡今戒体一者約二法本迹両門一釈ル二今戒体ヲ一也」として（同前）、本・迹両門による戒体義を、当分（爾前）に対する跨節の意、または権（方便）に対する実（真実）義に位置づけて展開している。そして、そののち次のように述べて、理論を発展させていく点が注目される。すなわち、『知見別紙抄』巻中に、

釈迦一代教法雖レ広不レ出二当分跨節ノ二意一。故ニ爾前当分有二八品一。化儀化法ノ四教是也。跨節ニ有二四重一。迹門・本門・観心・一心戒蔵ノ四重也。合テ十二重也。今菩薩戒疏ニ如レ此名目雖レ不二妄迷一具二当分跨

節ノ両義ヲ㆒故ニ含㆓蔵ス十二重ノ義ヲ㆒可㆑得㆑意也。是即此疏大事也。

（『続天全・円戒2』三五頁下）

という。これらのなかに認められる当分と跨節の二概念は、法華前の爾前教（権＝方便）と法華実教とを判釈する教判的意味をもつ。しかもそれは、つぎに述べる四重釈と、一心戒蔵の思想によって、戒（円頓戒）を土台として釈尊一代の仏教を判釈するものであることがわかる。

そこでつぎに、「一心戒蔵」を最終の重とする四重釈をみてみよう。右に引いた興円の文にもあるように、当分と跨節には合わせて十二重があって、そのうち前の八重は爾前当分に位置して、化儀と化法の各四教がそれであるという。この爾前の八教については、「常の如し」として『別紙抄』では省略されて詳述されていない。これに対し、跨節実義に位置する「迹門・本門・観心・一心戒蔵」の後の四重はそれぞれ順次にくわしく解説されている。口伝法門時代の日本天台では、観心を最高位とする「爾前・迹門・本門・観心」の四重釈がさかんに論じられ、とくに恵心流では四重についての「興廃」を説くことをその特色とするが、興円による戒家独自の四重釈はそれに対抗するものといってよい(60)。

興円の説く四重釈をここに要約してみると、跨節（法華超八）の第一重である迹門は開権顕実を説く能開の教であり、これに対し化儀・化法各四教の爾前八教（当分の前八教）は所開の教となるが、これを戒体義でいうと迹門には不変中道実相の理が説かれ、それはまた「衆生妙」の意である、という。つぎに、第十重（跨節の第二重）の本門では、開迹顕本によって「始成即久成」、つまり「一切衆生即本地久成釈迦如来」であることが明かされ、また万法はことごとく本地久成の体を具える微妙の法であって、万像森然の諸法はみな随縁真如の事法であるがゆえに、この重では「三千三諦」と「九体九用」が談ぜられるのであり、これを戒体義でいえば戒家の重視する事相の戒体たる「随縁仮諦の戒体」が明かされ、それは「仏法妙」の意である、という。興円はこの本門釈のなかで、「本地の真如が随縁々起して事相に顕れるのを受戒成仏という」と述べ、ここにも本門意における事相の戒体発得の意義を重視している旨が知られる。

つぎに、第十一重（跨節の第三重）の観心門では、「観心門意《ノ》本《ハ》迹両門生仏一体己心《ナレバ》是即生仏一如妙観也」と述べられる（『続天全・円戒2』三七頁下）。すなわち、戒家のめざす止観の法は、「心法妙」に位置づけられ、本・迹両門を己心に帰納しての己心観、つまりそれは生・仏一如の妙観であるとする。ただ、ここで観心門の解説は、本門釈やつぎの一心戒蔵の釈に比べると簡略であることが注意される。そのことは、いわゆる「四重興廃」の義によって観心（理観）をことさら重視する恵心流などとは対照的な、事相の法を重視する戒家の立場を表しているものといえよう。なおまた、以上の三重釈において、心・仏・衆生の三法妙を観心・本門・迹門に配しているのは、『梵網経』がその結経とされる『華厳経』の「心仏衆生、是三無差別」という文を配釈したもので、この経文の「無差別」というのが、つぎの「一心戒蔵」の重に配釈されるのである。

そこで、第十二重（跨節の第四重）の一心戒蔵の釈に移ると、その解説は四重釈のなかではもっとも懇切をきわめていて、『知見別紙抄』における興円の主張の眼目であることがわかる。いまは、要点になる部分だけをひとまずみておくことにしたい。すなわち、興円ではつぎのように主張するのをみる。

第二《ママ》（十二）重ハ一心戒蔵者本迹観心ノ重ハ心仏衆生ノ廃立也。一心戒蔵ハ心仏衆生未分処也。戒蔵トハ云非レ対二定恵一也。生仏定恵未分云二一心戒蔵一ト也。依レ之一心戒下云、天台随意普礼法云々。戒家ノ心ハ非二普通ノ天台宗ノ心一ニ。止観玄文等ノ廃立ハ爾前諸教開権顕実ルハ帰二迹門中道一性ノ理一。開迹顕本時、迹理廃シテ帰二久証ノ実相一ニ。本迹ハ帰二我等カ一心一ニ故爾前迹門観心トハ責上ル也。戒家ノハ心一心戒蔵ノ仮諦ヨリ開二三学一ヲ。於二三学中一ニ戒蔵為二能開ノ本源一ト開二出定恵一ヲ也。故自リ二戒蔵一開二止観両門一。以二普礼法文一ヲ可二料簡一也。……（中略）……如レ此一心戒蔵ノ仮諦ヨリ本迹爾前サマヘ開出ルニ故爾前迹門ニテモ所二発得一戒体ヲ本法仮諦薫カ発ルカ故ニ戒体ハ以二仮諦一為レ本者也。故諸教ニ中ノ戒家ニ心ノ仮諦ハ高談ト也。

（『続天全・円戒2』三七頁下―三八頁上）

この文中に示されているように、一心戒蔵とは、光定の『伝述一心戒文』巻下に引用されている天台の「普礼法文」によるものである(61)。しかるに、興円の主張では、それは「心・仏・衆生の未分処」であり、戒・定・恵の三学を開き、また爾前・迹門・本門・観心（止観）のあらゆる諸教を開出する「能開の本源」とされるものである。この興円による一心戒蔵という概念は、すでに述べたように恵尋の意では第九識と捉えたもの、つまり仏教一般の言葉でいえば真如または如来蔵に相当するものであろうが、興円ではそれらの既成の概念では表わせない何物かを含まして一心戒蔵という独自の表現を用いたと思われる。すなわち、それはあらゆる仏法を戒を本源としてみるという戒（円頓戒）重視の立場を表現すると同時に、「本法の仮諦」という特有の意味が付与されているからである。そのゆえに興円は、「本迹観心ノ三法住ルヲ二一心本法仮諦戒一名二一心戒蔵一ト也」といい、「一心戒蔵者妙法当体重ニシテ本迹未分処《ノ》仮法也。是則仮諦本法《ノ》一心戒蔵也」ともいい、また「一心戒蔵《ノ》妙法者《ト》本法仮諦《ノ》妙法也」などと強調するところである（『続天全・円戒2』四〇頁下—四一頁上）。一心戒蔵が「三学未分処」および「本迹未分処」の仮法であり、また「仮諦の本法」であるというのは、森羅万象の諸法に事相として現れ出るところの、あらゆる諸法を開出する能力をもった本源的な覚体（真如）を意味し、それが受戒の一刹那に事相の戒体として作法受得せられるとみるのであろう。

右のような、一心戒蔵を最高位とする戒家興円の四重釈では、「迹大教起れば爾前諸教廃す」といい、「本大教起れば迹大教廃す」と述べ、また「爾前迹門［本門］観心と責め上る」（［ ］内は引用者による挿入）などと説かれるが（同前三八頁上）、そこには恵心流のような「興廃」の義は基本的にはないとみてよい。というのは、すでにみたように戒家では本門意の事相の戒体義を重視し、したがってそれを廃して観心を重視するというものではけっしてなく、また最終の重である一心戒蔵にしても、それは「能開の本源」と規定されるように、それ以前の十一重の諸教がみなそこから開出されて妙法としての意義をもつという、いわば原理（玄理）的な教門とみられるからである[62]。ともあれ、興円の主張した「一心戒蔵」の思想は、これ以来、戒家特有の法門である重授戒灌頂を特色づける思想となると同時に、戒家の円戒思想（法華円戒論）における重要な概念となっていったと考えられる[63]。

六　事相事持の戒と事相戒体義の真意

興円の『菩薩戒義記知見別紙抄』三巻は、この人の著作中ではもっとも大部で、しかもそれは興円が恵顗に師事してのち長い修学期間を経て、いよいよ円戒興行にのり出した初期に属する述作である。それは、天台『菩薩戒義記』を注釈する形を取りながら、自らの戒学と実践のうえに、特有の考え方を述べ展開する。

興円はこの『知見別紙抄』のすぐあとに、『円頓菩薩戒十重四十八行儀鈔』（以下『行儀鈔』）を著述している。[64] この『行儀鈔』は、先の『別紙抄』が天台『義記』巻上の「三重玄義」、とりわけ「戒体」義を詳釈して、いわば玄理的解明を中心としているのに対し、それは『義記』巻下における「十重四十八軽戒」の戒相釈を重釈するものであるから、『別紙抄』と『行儀鈔』とで連続した一セットのものに興円は造作している意図がうかがわれる。そして、この『行儀鈔』によって、『別紙抄』での「戒体」義が事相の意義を強調するものであるのにともなって、梵網戒を法華の立場から理的に捉えるのではなく、具体的な戒相として、事として堅持されねばならないとする興円戒家の厳しい真摯な立場をみる。戒法の実践においては、前節にもみたように「事相事持」ということが要語となり強調されているゆえんである。

そのゆえに、『行儀鈔』の初めの序文的な問答のなかでは興円は、

三世諸仏同受㆓持戒法㆒成㆓正覚㆒……（中略）……若離㆓戒法㆒修㆓仏道㆒云者此魔《ハノ》眷属也、非㆓仏弟子㆒。

と述べて、仏道を修める上では戒を受持することが緊要であることを厳しく主張している。また、同

様に「速欲レ得二成仏一者可レ護二戒法一」と述べ、さらに「即身成仏之無レ如二持戒ニ一」とも主張して、持戒が成仏道あるいは即身成仏の直道である旨さえ強調している。したがって、ここに戒家と称する興円の真骨頂をみると同時に、『別紙抄』での事相戒体説の真意も汲み取れるのである。

ところで、重授戒灌頂の典籍を公開した際に（『続天全・円戒1』）、『戒灌頂の入門的研究』を著した色井秀譲氏が述べているように(65)、また本稿の右にみたごとく、興円の円戒（円頓戒）理論が法華本門思想に立脚し、受戒即身成仏を主張することからも察せられるように、戒家の思想は基本的に本覚法門を基盤としている。その点では、戒家といえども当時の日本天台の口伝法門の枠内にあり、本覚思想を学び、それをこととしている。しかしながら、本覚思想とは田村芳朗博士も正しく評価しているように、日本の中古天台において、仏教における真如の覚体、あるいは「煩悩即菩提」の覚性を、思想的、理論的に究極まで推し進めた精華であり、すぐれたひとつの哲理である(66)。ただし、中古天台の叡山では、ことに恵心流の諸文献に認められるような「四重興廃」の理論によって観心偏重の傾向が推し進められて、本覚法門を知的に学び取りさえすれば、事実上の戒律の受持も修行も重要ではないという風潮を生み出した。

したがって、そこにまじめな求道を志す学僧たちの間に批判的な潮流が生まれ、当時のすぐれた本覚の哲理はこれを摂取しながらも（それは本章の第一節にみたように当時の末法観にもとづく）、最澄以来の伝統的な祖式の復活と、それにもとづく大乗戒の具体的堅持と修行の重要性が主張され、持戒と修学によってこそ、本覚の覚体が具現するものと確信せられた。すなわち、興円戒家が示した事蹟と思想はそのように理解されねばならない。

第四節　叡山戒法復興期（黒谷流）における戒壇院と授戒本尊の思想

一　興円の『戒壇院本尊印相鈔』

すでに、前節にみたように、興円は籠山修行中にいくつもの著述を残し今日に伝えている。そのなかに、『戒壇院本尊印相鈔』という一巻がある。尾題に『戒壇院三師印相鈔』ともいうこの書は、興円が籠山四年目の徳治三年（一三〇八）八月二十一日に著された。内容は、円戒復興期の戒壇院の本尊、つまり授戒三尊（釈迦如来・文殊菩薩・弥勒菩薩）が、それぞれ印相をもつことを説明し、そのなかに戒家独自の思想が表明されているのを知る。そして、今日の西教寺（大津市坂本）において、法勝寺流円戒（円頓戒）の授戒会がなされ、また重授戒灌頂が行われるときに、その道場に安置される授戒本尊（三聖図）の画幅は、まさしくこの書を根拠にして描かれていることがわかる。(67)

そこで本節では、興円のその書をもとに、黒谷流によって比叡山天台宗に円戒の復興がなしとげられたとき、戒壇院と授戒本尊がいかなる思想的特色のもとに位置づけられたか、また同時にその当時に確立をみた新法門の重授戒灌頂が、どのような固有の思想のうえにあるかをみることにしたい。

二　授戒本尊と一心戒蔵の考え方

『戒壇院本尊印相鈔』（以下『本尊印相鈔』）は、戒壇院の授戒本尊である三聖の印相を説くことを目的とするが、それに先だって同書の初めの部分に、黒谷流（戒家）の戒法の基本的な特色を述べている。それは、「戒密一致」「事相事持」「一心戒蔵」「七重結界」などのことであり、これらは戒灌頂の思想的特色を彩るものである。

それでまず、「戒密一致」とは、興円では戒壇院本尊の授戒三聖が印相をもつのは、戒法（顕教）と真言（密教）との一致を表すという。それは、戒法の意が「顕密両宗の義理を含容する」ゆえであるとする。つまり、これは興円らが叡山に円頓戒を再興したときの修学の基本性格をいうもので、戒家の案出した戒灌頂がこの特性をもつ。戒灌頂は、戒法の伝授儀則に密教の灌頂（五瓶灌頂）や印相（合掌印）を取り入れた独特のものであり、これの背景には平安時代以来の天台密教の隆盛があることは疑いない。と同時に、戒家にとっては戒法の「事相事持《じそうじじ》」という主張が、密教の事相（印相）と結びつけられていることがとくに注意されねばならない。というのは、興円では戒法の印《いん》は「諸法実相印」であるとし、これが密教的な事相（印相）に結ばれる意味を、『本尊印相鈔』につぎのように主張しているからである。すなわち、

所謂実相一印者一切衆生本源、諸仏菩薩正体也。是則一切印相父母也。此実相印者常顕宗沙汰理印。事相無結之。戒法意以事相事持為本故事相結実相印也。境智冥合十指合掌是也。

（『続天全・円戒1』一一六頁上）

という。ここで、戒法における「事相事持」とは、円頓戒が伝授のみあって実践をともなわない単なる理念（理戒）ではなく、梵網十重四十八軽の戒相をよく学んで、事戒として具体的に受持実践されねばならないとの、興円らの祖式（籠山行と梵網円戒）復興の信念にもとづくもので、このような意義が密教の事相（印相）と結びつけられたのである。それで、右の文に「実相一印」とは、くわしくは諸法実相印であり、これは顕教（法華円教）意では理印ゆえに具体的な相《すがた》をとらないのを、事相に表現したのが「十指合掌」であるとする。

そこに十指合掌とは、戒灌頂で伝戒師が受者に授けるのがまさしくこれであり、それには「四種合掌」という四種の事相の意味が付与されるのをみる。[68]ともかく、右にいう諸法実相印は、戒律と密教とが『法華経』（円教）のもとに統合されている意義を表し、このことは「正依法華傍依梵網」の円戒観にもとづくとともに、戒家の戒法（および戒灌頂）が、止観（禅）を含む顕・密の一致、つまり円・密・禅・戒を融合した思想に立脚していることを知る。

つぎに、興円は戒密一致の釈義による概念として、「一心戒蔵」のことを述べている。ここに一心戒蔵とは、光定（七七九―八五八）の『伝述一心戒文』に由来して、恵尋が「一心戒」思想を鼓吹したのを承けて、興円が樹立した戒家特有の思想である。[69]そのことは、前節に述べたように、興円の別著『菩薩戒義記知見別紙抄』に詳述されており、戒灌頂でも特色ある要語となっている。それは、円頓戒を仏法の本源と位置づけこの本源的な部分を一心戒蔵とみる、そのもとに仏教および天台のあらゆる教相と観法を捉え直そうとする一種の教判的思考である。戒家の一心戒蔵は、通仏教的には仏性・真如または如来蔵とする概念を、円戒理論の中枢に取り入れたものということができ、戒灌頂では「法界一輪鏡」（法界のすべてを映し出す鏡）なる事相をもって表現されるところのものである。(70)

またつぎに、興円は戒密一致によるいまひとつの意義に、「七重結界《しちじゅうけっかい》」のことを述べる。ここに戒家の用いる七重結界とは、記家伝承の六重結界（比叡山上に設けられた結界を天台の六即位に配当して解釈したもの）に、第七重（戒壇院）を加えて、これを六即結界の中央に位置づけたものをいう。(71)その場合、興円が第七重である中央の戒壇院について、『本尊印相鈔』でつぎのように主張していることが注目される。

心性中台常寂光土者六即結界中央《ノ》所《ニ》レ築戒壇院是也。寂光者随縁不変《ノ》真如也。随縁不変真如者《ト》我等本源心性也。……（中略）……中台戒壇院者四土不二《ノ》寂光土也。寂光土者内証《ノ》理智冥合三土具足土《ナリ》。非二単《ノ》寂光土《ニ》一妙覚極果究竟《ノ》如来所居也。乍レ居二内証土《ノニ》一結《タマフ》二説戒印《ヲ》一。

（『続天全・円戒1』一一七頁上―下）

ここで、六即結界の中央に築かれる戒壇院が、「心性中台の常寂光土」であり、それは「随縁不変の真如」を意味し、かつ「我等の本源心性」と規定されるのは、先の一心戒蔵とほぼ同じ意義の消息をもつ。そして、後半の文に「四土《しど》」とは、凡聖同居・方便有余・実報無障・常寂光の、いわゆる天台四土説を指すが、ここで戒壇院が「四土不二の寂光土」とされ、また「内証理智冥合の土」であると主張されるのをみるとき、戒家の円頓戒思想が中古天台期特有の「寂光土」義と共通の基盤をもち、当時の本覚思想を背景としてそれを摂取している事情がうかがわれる。かくて、戒壇院に安置の本尊は、右の文に「妙覚極果《ごくか》究竟の如来」とよばれ、これが「説戒印を結びたまう」とされるその説戒印を事相に結び表したのが、つぎにみる「三聖の印相事」にほかならない。

三　授戒三聖の印相

さて、授戒三聖の印相事の初めは、「釈迦如来和尚師印相事」である。その印相は、つぎのように結ばれているという。

一手舒テ二五指ヲ一以二大指一捻二中指一、定手膝ノ上ニ置レ之、但水指少屈テ、恵手上テレ之掌向フレ外ニ。

（『続天全・円戒1』一一七頁下―一一八上）

ここに、定手《じょうしゅ》とは左手であり、恵手《えしゅ》とは右手である。また、定・恵は戒和尚の両手という意味で、釈迦如来（戒和尚《かいわじょう》）が戒・定・恵の三学を成就していることにも意義づけられる。そして、このような印相（事相）に関して、興円は種々の教理的説明を加えている。それによると、釈迦如来（和尚師）が両手ともに「五指を舒《の》べて大指で火指（中指）を捻ずる」のは、報身説法印を表すといい、両手にはまた仏身、三聚浄戒、仏知見、止観等の義が配釈されるとする。

そのなかにまず、仏身義では、恵手（右手）を上げるのは自受用法身《ほっしん》の智が空中にある多宝の妙境とひとつになることで、これによって和尚師が多宝塔中の釈迦如来（『法華経』所説）であることを意味する。また、定手（左手）を膝の上に置くのは、他受用報身《ほうじん》が衆生（受者）の機根によく契う意味で、これにより和尚師が『梵網経』の教主である毘盧遮那仏でもあることを表す。よって、和尚師の印相は、両手で法華・梵網の両教主を一身に具足していることを表し、自受用身（右手）では理法身と智法身とが冥合《みょうごう》し、他受用身（左手）では勝応身《しょうおうじん》と劣応身とが契合するとの意で、両手でもって「境智冥合の三身（法・報・応の三身）」が具足することである。さらに、定手の水指（薬指）を少し屈するのは、戒の法水で一切衆生を利潤すること、また恵手の掌を外に向けるのは、法身の理（境）と智が冥合したまま一切衆生に向かう意味を表す、とする。

ついで、三聚浄戒の義では、右手は悲手、大悲抜苦の意で、摂律儀戒を表し、一切の罪を作らない決意のゆえにこれを上にあげている。また、左手は慈手、大慈与楽の意で、摂善法戒を表し、一切の善を作すべきことをこの手は開示している。よって、両手で「諸悪莫作・諸（衆）善奉行」つまり「止行二善」がそろい、このような慈悲の両手が利他の意味を表し、したがって両手の印をあわせたのが摂衆生戒の義である、という。

そして、仏知見と止観の義では、和尚師は「心性中台に居す」ゆえに、その印相は仏知見の義を顕し、その場合「心性」の二字は「知見」の両字とイコールで、これらはまた「止観」の義にも通ずるという。すなわち、右手が「観」で、「仏知」を表し、「智照顕揚」の義により、「三世常住に無明を踏んで法性の山に登る」ことを意味する。また、左手は「止」で、「仏見」を表し、「寂静解脱」の義により、「三世常住に法性を踏んで九界の機に垂れる」ことを意味する、という。

つぎに、「文殊羯磨師印相事」に移ると、羯磨《かつま》師である文殊菩薩はつぎのような印相を結ぶ。

左舒テ二五指ヲ一、掌ヲ向レ上、置二膝ノ上ニ一。右手ヲ上テ大指捻テ二中指ヲ一掌ヲ向クレ外ニ。（『続天全・円戒1』一一九頁下）

これについての意味を、興円によってみると、羯磨師は釈迦如来の「智（恵）門の徳」を表すという。そのため、右手（恵手）の印相は和尚師のそれと同じに結んでおり、その義理はまた和尚師に準ずる。しかし、左手（定手）は和尚師のとは異なる。それは、「戒法の甘露門を開いて衆生に授与する」義、つまり「施甘露の義」を顕す。それと同時に、左手には「弥勒の問いに酬（こた）えて四衆の疑念を開く」義も表し、文殊が「左手を垂れ開く」（左手は大指と中指を捻《ねん》じないで五指を舒《の》べて、膝《ひざ》の上の辺りで掌を上に向けて垂《た》らす）のはその意であるとする。この「四衆疑」のことは、『法華経』序品の説相をもとにした意義づけであることは疑いない。そして、興円は羯磨文殊について、和尚釈迦如来と同じく、法・報・応の三身が両手の印相でもって具足していることを説明している。すなわち、恵手（右手）を上げるのは、和尚師の上冥法身義と同じであり、また左手を開いて垂れるのは、下契衆生の応身如来義であり、そして上冥の義において、所冥（法身義）に対する能冥が自受用報身如来を意味するという。

つぎに、第三の「弥勒《みろく》教授師事」では、教授師の弥勒菩薩はつぎのような印相を結ぶ。

右ヲ向テレ上ニ水火少屈テ、中指与二大指一相鉤ノ中一寸許リ。定手以二大指ヲ一捻シ二中指ヲ一、掌ヲ向テレ右ニ、小指ト風指ト少屈シテ、

（同前一二〇頁上）

二手ヲ乳ノ下ニ持ツレ之。

この教授師の印相の意義を、また興円によると、それは和尚師の「定門の徳」をあらわし、そのために定手（左手）は和尚師のそれと基本的に同じ印を結ぶとする。ただし、教授師では定手を恵手（右）の方に向けているのが若干異なり、これは受者に威儀等を教えて恵徳の羯磨師に向かわせる意味を表すという。この弥勒の印相は、文殊の場合と対照的に、右手が和尚師（および文殊）と異なっており、左手の若干のちがいと合わせて、それらの意味が細かく記述される。すなわち、右手（恵手）では、和尚と羯磨の右手がともに大指（空指）と中指（火指）を捻ずるのは、授戒による発得戒と性徳戒（法身理戒）とが冥合する義であるのに対して、教授師の右手が大指と中指を捻ぜずに鉤《かぎ》状に少し屈《くっ》して離すのは、戒をまだ授けない前の威儀振る舞いを教える段階を表すゆえに、冥合の義をもたないとする。

また、弥勒の左右両手ともに上げもせず垂れもせず乳《ちち》の辺に持《たも》つのは、文殊が過去の本師で、釈迦が現在の教主ゆえに、ともに究竟《くきょう》果満である（したがって釈迦・文殊はともに右手を上げている）のに対して、弥勒は当来補処《ふしょ》の菩薩ゆえにまだ因位にあるから両手とも高く挙げず、他方で部分的には等覚無垢位《むくい》に昇っている菩薩であるから、これを表して下にも垂らさないのであるという。そして、弥勒が右手の水指（薬指）を少し屈するのは、受戒の機を教授する意味であり、その右手を上に向けるのは受者を引導して果上の戒を引入する意味を表すなどと説明される。さらに、弥勒にあっても「三身即一の如来」ではあるが、両手を上げもせず垂れもしないのは、「三身相即」の義である。というのは、右手を上げないのは単なる真身なのではなく、また左手を垂れないのは単なる応身を意味しないで、それぞれ相即の義を表現する。つまり、釈迦と文殊が右手を上げ左手を垂れることによって、真身（法・報）と応身の三身を円満に具足する意味をあらわすのとは異なっているとするのである。

四　登壇即身成仏の意味

このように、興円は三師の印相を解説したあと、少しく問答を設けて結論へと向かっている。すなわち、そこの問答では、主として文殊と弥勒が比丘《びく》形（剃髪）であることと、また山王を壇上に勧請《かんじょう》する意義を論ずる[72]。そこでまず、文殊と弥勒が比丘形をとるのは、「穢土《えど》の所化」を表わすという。つまり、戒壇院での授戒儀が穢土の出家修行者に授戒する「穢土戒師の儀式」であることを意味する。とすれば、因位の比丘形（穢土の出家菩薩としての文殊と弥勒）が、すでにみたような「心性中台の戒壇」にあって、「妙覚究竟の三身如来」と位置づけられているのはいかにも矛盾である。こうした疑問に対して、興円は「四土不二」「凡聖不二」「理智冥合」の論理で答えている。というのは、四土・三身は六即結界に配釈されて、断惑の浅深によって勝劣次第をとるけれども、修行によって劣から勝へ上りつめ究竟円満すれば、究竟の寂光土は穢土の同居理土と異ならず、また妙覚究竟の如来は穢土応身の理体に一致するという道理により、真実義には四土・三身ともに不二であるというのである。

つぎに、戒壇院には外護《げご》の山王が勧請されるのであるが、これの意義もまた同様の理由で説明される。すなわち、坂本の社壇は「凡地《ぼんじ》戒体の所依」であり、そこに居す山王は最下品の凡位にある。これが、妙覚極果所居の寂光土である山上の戒壇に勧請されるのは、凡（理）と聖（智）とが不二で、理智冥合の義によるからであるとする。このように興円では、四土や三身を断惑の浅深に従う勝劣によってのみ理解するのではなく、真実義でこれをみれば「互具《ごぐ》相即・融通無礙《むげ》」であるとし、そのゆえに三身はともに同居（穢土）にも寂光にも居《ご》し、四土はそれぞれに四土を備え、よって「中台の寂光は四土即一の道場であり、能居の三師は三身即一の如来である」と主張するのである。

そして、これらの議論をへたのち、興円は「この壇に登る受戒の人は必ず決定して成仏する」といい、「登壇受戒による即身成仏」を結論とする。[73] すなわち、「寂光中台に登り、極果の三師に値《あ》い、無上の信心を発《おこ》して一仏乗戒を受ける」者は、即身に成仏することを体験するというのである。興円の述べるこうした思想は、かなりの難解さを覚えるけれども、興円自身も「不思議の法」だとするこの受戒即身成仏義は、中古天台期特有の発想にもとづく思想を背景に成立した重授戒灌頂の極意でもあると考えられる。ただ、『戒壇院本尊印相鈔』の最後に、興円が「信心を有《も》ち戒行を相承する者」にのみこの法は許される、と述べていることは注意を要する。

このことは、興円ら戒家が十二年の籠山修行と厳しい戒学の実修をへるなかで、重授戒灌頂なる新法門が確立をみた事情を顧みる必要がある。今日、西教寺で執行の戒灌頂が初授戒（得度）の後十二年をへてこれを受ける資格をもつとされるように、重授戒の壇上に登って即身成仏義が履修されるのは、そこに中古天台期の本覚的思想が背景にあるとはいえ、得度後の十二年にわたる真摯な戒行の実践こそが裏づけに要されるわけで、安易に即身成仏義だけがもてあそばれるならば危険な思想となりかねないのであろう。それゆえ、興円のこの書では、「秘すべし秘すべし」と結ばれ、また同書は従来法勝寺伝来の『細編《しょうへん》』のなかに収められ、いわゆる秘書のひとつとして安易な公開がはばかられてきたゆえんである。(74)

註

(1) 黒谷流は今日では、法勝寺流円戒が比叡山麓坂本の西教寺（天台真盛宗）に受け継がれており、また元応寺流は比叡辻の聖衆来迎寺に継承された。その特色にみるもっとも主要なものは「重授戒灌頂」という独特の授戒法門にあるが、この伝戒儀則は今は西教寺のみに行われ、来迎寺では執行されていない。この灌頂を含めて、法勝寺流（西教寺）の円戒法門や思想のほとんどは黒谷流による円戒復興事業のなかで確立されたものである。なお、黒谷流と法勝寺流の典籍資料は、重授戒灌頂に関するものを中心に、『続天台宗全書・円戒1〈重授戒灌頂典籍〉』（一九八九年、春秋社）として公刊をみている。本稿でとりあげる興円の『一向大乗寺興隆篇目集』も、それに収録されている。また、色井秀譲『戒灌頂の入門的研究』（一九八九年、東方出版）では、今日執行の重授戒灌頂を紹介している。

(2) このような興円や恵鎮ら黒谷流の円戒再興の事跡は、興円の伝記『伝信和尚伝』と、恵鎮の伝記『閻浮受生大幸記（慈威和尚伝）』によって知られる（『続天台宗全書・史伝2』所収）。

(3) 『伝信和尚伝』（『続天全・史伝2』四一六頁下—七頁上、四一九頁下。

(4) 最澄の時機観についての近年の論稿には、淺田正博「伝教大師最澄における円機已熟思想の検討」（『日本仏教学会年報』四九、一九八四年）、木内堯央「『顕戒論』にみる機と教」（『天台学報』三二、一九九〇年）ほかがある。なお、最澄の『守護国界章』上之下に、「正像稍過已《テ》末法太有《タリ》レ近《ニ》」（『伝全』二・三四九頁）とあり、また『依憑天台宗』序文には、「我日本《ノ》天下《ハ》円機已《ニ》熟《シ》円教遂《ニ》興《ル》」（『伝全』三・三四三頁）という言葉をみる。

（5）『続天全・円戒1』一六八頁上。源信『一乗要決』巻中（『恵全』二・一一〇頁）。

（6）『続天全・円戒1』一六九頁。興円は「五種義」と標示しているが、落丁のゆえか一義を欠いて四義が述べられているにとどまる。なお、最澄での「仮受小戒」の意味については、福田堯穎『天台学概論』第三巻「天台円戒概説」（一九五四年）一〇一頁などを参照。

（7）「十悩乱」は天台『法華文句』巻八下の所説である（『大正』三四・一二〇a―b）。また、ここに『梵網経』とは、第八軽戒および第十五軽戒などを指す（『大正』二四・一〇〇五c、一〇〇六a）。

（8）『続天全・円戒1』一六九頁下―一七〇頁上。円珍『授決集』巻上（『大正』七四・二九四c）

（9）『続天全・円戒1』一八六頁下―七頁上。

（10）『続天全・円戒1』一七二頁上。『顕戒論』巻中（『伝全』一・九七頁）。なお、『篇目集』の第七篇をみると、戒壇院にも比丘形の文殊像（授戒のときの羯磨阿闍梨）が安置されることを記す（『続天全・円戒1』一八六頁下）。これに対し、最澄らの時代には授戒の戒場（戒壇院）に文殊像を置くことはなかったといわれている（石田瑞磨『日本仏教思想研究（第一巻）戒律の研究・上』一九八六年、法藏館、二一〇頁）。

（11）『続天全・円戒1』一七二頁下―三頁上、なお、授戒即身成仏については、前章の恵尋の所に論じた。また、戒灌頂におけるそれについては、後の第四章第一節でみる。

（12）『続天全・円戒1』一七三頁。円仁『顕揚大戒論』巻一「大小二戒差別篇一」「小極不及大初篇二」（『大正』七四・六六一b―六七二b）。

（13）『続天全・円戒1』一七三頁下―四頁上。「十善戒」とは、①不殺生、②不偸盗、③不邪淫、④不妄語、⑤不綺語、⑥不悪口、⑦不両舌、⑧不貪欲、⑨不瞋恚、⑩不邪見をいう。これに対して、小乗の沙弥戒は、右の④まで同じだが、⑤不飲酒、⑥不香油塗身、⑦不歌舞観聴、⑧不坐高広大床、⑨不非時食、⑩不捉金銀宝の十戒である。沙弥十戒は、凝然『八宗綱要』の「律宗」のなか、および法進『沙弥十戒威儀経疏』（『日蔵』二一〈小乗律章疏一〉二四二頁—四頁）にみる。なお、「六条式」の「円の十善戒」を興円は右のような十善戒に解釈しているが、日本天台では異なった十戒に解釈されることもある（小寺文頴『天台円戒概説』一九八七年、叡山学院、一八九頁以下）。

(14)『続天全・円戒1』一七五頁上。「一乗戒」、「室衣座戒」（法師品）、「四安楽行戒」（安楽行品）はいずれも『法華経』の所説を指す。また、「三聚浄戒」は『瓔珞経』や『占察経』に説かれる（『大正』二四・一〇二〇c、『大正』一七・九〇四c）。興円が示すこのような「仏子戒」の解釈は、最澄偽撰の『学生式問答』巻四にもみられる（『伝全』一・三六三頁）。今日の最澄研究では、梵網戒の上位に法華戒を置いて大僧戒とする「正依法華」の立場は、最澄には認められていない（石田瑞麿前掲註（10）書一四四頁以下、小寺文頴前掲註（13）書二七頁以下）。

(15)『続天全・円戒1』一七五頁下。『梵網経』巻下（『大正』二四・一〇〇八b）

(16)『法華経』の「開会思想」は、『妙法蓮華経』薬草喩品に「汝等（声聞）所行是菩薩道」（『大正』九・二〇b）などと説かれるように、一乗の立場から声聞法を成仏に有効な菩薩道と位置づける（開会する）思想をいう。なお、義寂『菩薩戒本疏』巻下末（『大正』四〇・六八三c）。

(17)『続天全・円戒1』一七七頁上。光定『伝述一心戒文』巻中（『伝全』一・五九六頁以下）。「恵暁・徳善の諍論」とは、恵暁は声聞の上臘だが菩薩僧としては日が浅く、他方の徳善は声聞僧としては下臘だが菩薩僧としては経歴が古い、という場合にどちらが上座になるかとの諍いである。これには「官符」が発せられて、叡山僧は叡山での受戒日から、また他寺僧は東大寺での受戒日からそれぞれ法臘が数えられて、相互の座次が決められたという。

(18)『続天全・円戒1』一七七頁下。『梵網経』巻下（『大正』二四・一〇〇七a—b）。天台『菩薩戒義記』巻下には、この戒を「不敬好時戒」とする（『大正』四〇・五七八a）。

(19)『続天全・円戒1』一七八頁上。『梵網経』巻下（『大正』二四・一〇〇八a）。天台『義記』巻下（『大正』四〇・五七八c）。明曠『天台菩薩戒疏』巻下（『大正』四〇・五九六c）。勝荘『菩薩戒本述記』巻四（『卍続蔵』一・六〇・二・一四五右上）。

(20)『続天全・円戒1』一七八頁下。『顕戒論』巻中（『伝全』一・一一九頁）。道宣（五九六―六六七）『四分律刪繁補闕行事鈔』（一二巻）巻下一（『大正』四〇・一〇六a）。法進『沙弥十戒威儀経疏』（五巻）巻四（『日蔵』二一・三四四頁）。元照（一〇四八―一一一六）『四分律行事鈔資持記』（一六巻、『大正』四〇）。なお、元照『資持記』からの引文は、同『仏制比丘六物図』のなかに同じ所説がある（『大正』四五・八九八c）。また、律では比丘の生活必需品を、三衣に鉢・坐具・漉水嚢を加えた「六物」とする。それについては、元照『仏制比丘六物図』にくわしく（『大正』四五）、『篇目集』のなかでこのあと興円も依用している。

(21)『続天全・円戒1』一七九頁上。道宣『四分律行事鈔』巻下二（『大正』四〇・一二五a）。

(22)『続天全・円戒1』一八一頁上。『梵網経』巻下（『大正』二四・一〇〇八b）。天台『義記』巻下（『大正』四〇・五七九a）。

(23)太賢『梵網経古迹記』（三巻）巻下末（『大正』四〇・七一五b）。与咸『梵網菩薩戒経疏註（注梵網）』（八巻）巻八（『卍続蔵』一・五九・三一二右下）。元照『仏制比丘六物図』（『大正』四五・九〇一a）。

(24)『続天全・円戒1』一九一頁―八頁。

(25)『続天全・円戒1』一八四頁上。『梵網経』巻下（『大正』二四・一〇〇八a）。明曠『疏』巻下（『大正』四〇・五九六c―七a）。なお、『伝信和尚伝』の「結夏事」（『続天全・史伝2』四一八頁下）を参照。

(26)『続天全・円戒1』一八四頁下以下。

(27)『続天全・円戒1』一八五頁下以下。

(28)『続天全・円戒1』一八六頁上。なお、黒谷流には作者未詳の『円頓戒法秘蔵大綱集』（伝叡空、西教寺正教蔵）という書が残され、その書には「戒法教主」の下に、戒法と三身についての黒谷流独特の所説がある。

(29)『続天全・円戒1』所収。
(30)『続天全・円戒1』一八七頁上。
(31) 最澄『山家学生式』六条式（『伝全』一・一二頁）。
(32)『一向大乗寺興隆篇目集』（『続天全・円戒1』一八三―四頁）。
(33)『一日一夜行事次第』（『続天全・円戒1』一九一―五頁）。
(34) 梵網戒では第三十七軽戒に、「若布薩日新学菩薩半月半月布薩誦二十重四十八軽戒一」と説かれ（『大正』二四・一〇〇八a）、また明曠の『天台菩薩戒疏』巻下では、それを注釈して布薩の仕方を示していることは周知のとおりである（『大正』四〇・五九七a―c）。
(35)『篇目集』の「第七造寺安置本尊篇」での記述でそのことを知る（『続天全・円戒1』一八六頁下）。
(36)『山家学生式』四条式（『伝全』一・一九頁）。
(37)『続天全・円戒1』一八四頁上。『梵網経』巻下（『大正』二四・一〇〇八a）、明曠『天台菩薩戒疏』巻下（『大正』四〇・五九六c―七a）。
(38)『梵網経』巻下（『大正』二四・一〇〇八b）、『盂蘭盆経』（『大正』一六・七七九b―c）。
(39)『伝信和尚伝』（『続天全・史伝2』四一八頁下）。
(40)『続天全・円戒1』一九六頁下。なお、興円の『篇目集』では、「所著衣事」などにおいて、天台僧の著衣をくわしく註釈し規制しているのをみる（『続天全・円戒1』一七九頁下―八〇頁下）。
(41) 石田瑞麿『日本仏教思想史〈第一巻〉戒律の研究上』（一九八六年、法藏館）、蓑輪顕量『中世初期南都戒律復興の研究』（一九九九年、法藏館）などにそれらの研究をみる。
(42) 上杉文秀『日本天台史』（一九三五年）四六七頁以下と六四八頁以下、および恵谷隆戒『円頓戒概論』（一九七八年、大東出版社）一三一頁以下など参照。一五〇一年成立の尊舜の『二帖抄見聞』の伝えるところによると、恵心流の円戒伝授の様相を記述して、「当流ニハ一心三観ノ外ニ別ニ不レ可カラレ有ル二円戒伝授ノ義一云也。一家ノ意乗戒ハ一体ニシテ三学不二也。」「所詮円戒ノ実体トハ何物ゾ。只持ツ二法華経ヲ一云也。妙法既ニ一心三観也。妙法伝授ノ外ニ依テレ何ニ円戒相承ノ義可レ有レ之耶。……（中略）……三学倶伝ノ妙法ナル故ニ法華伝授ノ外ニ円戒ノ相伝不レ可レ有レ之云事分明也。」（『天全』九・二二五頁上）などと述べている。

(43)　黒谷戒系についての先行研究をあげておくと、恵谷隆戒前掲書一四三―一五八頁、色井秀譲他『天台真盛宗宗学汎論』（一九六一年、百華苑）一八五頁以下などを参照。なお、生没年は最近までの研究成果にもとづく。

(44)　『円頓戒聞書』、『一心妙戒鈔』三巻、『天台菩薩戒真俗一貫鈔』など。本書の第二章に、これらについて論じている。なお、それらの文献考証では、窪田哲正「求道恵尋の『円頓戒聞書』について」（『印度学仏教学研究』二八―一、一九七九年）、同「『天台菩薩戒真俗一貫鈔』について」（『印度学仏教学研究』二九―一、一九八〇年）、大久保良順「重授戒灌頂の興記」（『天台学報』二二、一九八〇年）などの研究がある。

(45)　大久保良順氏も指摘するように（前掲論文『天台学報』二二）、恵尋の著作の中では、弘長三年（一二六三）の講録とみられる『円頓戒聞書』には「戒家」の称はない。そして、文永三年（一二六六）頃の成立とみられる『一心妙戒鈔』（その上巻）には「戒家」の称が存する。恵尋の弟子の恵顗には著作は存しないが、そののちの興円では、自らのことをつねに「戒家」とよんでいる。

(46)　重授戒灌頂は、惟賢（法勝寺流）と光宗（元応寺流）以来、京都岡崎に存した法勝寺と元応寺にそれぞれ伝承され、両寺滅亡ののちは、坂本の西教寺と比叡辻の来迎寺に各々移されて今日に至っている。ただし、来迎寺の元応寺流は近年には執行されておらず、法勝寺流のみが今日にもなお、天台真盛宗の総本山である西教寺に伝承され行われている。その戒灌頂関係の典籍は「細編《しょうへん》」とよばれ、たとえば西教寺では内司課（貫首）の専属とされ、古来、貫首以外には披見できないものとなっている。なお、色井秀譲『戒灌頂の入門的研究』（一九八九年、東方出版）四八頁以下を参照。

(47)　『続天台宗全書・史伝2〈日本天台僧伝類〉Ⅰ』所収。

(48)　その奥書には、「右正本は導崇和尚（光宗）の遺跡である阿字息障院の庫蔵に在ったものを、去る明徳元応鐘初日（一三九〇年）に門流に弘めんがためにこれを写し取った」との記述があり、また、その傍註には「私に云く、この伝、作者を尋ぬべきに道崇和尚の作か」とあり（『続天全・史伝2』四二七頁下）、したがって、この伝記書は、興円と同時代の遺弟である光宗の作ともみられている。

(49)　前記の黒谷流の戒系にみるように、黒谷流円戒は、叡空よりのちの数代に浄土宗の祖師たちを経由している。事実、黒谷流ではある時期までは、叡山の黒谷とともに、今日では浄土宗に属する京都東山の新黒谷（金戒光明寺）をも拠点とし、浄戒双修の思想は恵尋の『円頓戒聞書』にもみられるところである。そして、源空（法然）以下、恵顗まではいずれも金戒光明寺の初期の歴代でもある（藤堂恭俊『法蓮房信空上人』一九八九年、『黒谷文庫』七）。いま、興円はその東山の金戒院で恵顗より円教菩薩戒を受けたのであるが、しかし、これ以後の興円の事蹟には新黒谷との関係は認められず、また、興円（およびそれ以後の黒谷流の人々）の著作には浄土教的思想はみられず、戒灌頂にも浄土教的要素はまったくない。すなわち、黒谷流では浄戒双修は恵顗までであり、興円以後の戒家では新黒谷（浄土宗）との関係は絶たれ、その円戒相承は叡山天台宗のなかでのみ発展していったといえよう。

(50)　『続天全・史伝2』四一六頁上。

(51)　『続天全・円戒1』の『解題』四頁、および色井秀譲『戒灌頂の入門的研究』一九一頁以下、色井秀譲「戒灌頂秘書『十六帖口決』について」（『天台学報』二五、一九八三年）を参照。

(52)　『秘決要集』には大正大学および龍谷大学など所蔵の刊本がある。『秘蔵大綱集』の方は西教寺正教蔵に存し、その正教蔵所蔵のものに「黒谷叡空撰」とある。異名同本であるこれらの書を興円のものであると推定するのは窪田哲正氏であるが（「『円頓戒法秘蔵大綱集』について」『印度学仏教学研究』三〇―一、一九八一年）、私見によれば、興円とは決しがたい疑問がある。というのは、ひとつには同書の奥書についての不審である。興円の現存の著作をみると、いずれにも年号等を付した興円自署の奥書があるのに対して、この書にかぎって自署の奥書がなく、『秘蔵大綱集』『秘決要集』ともに、「嘉元二年（一三〇四）七月二十八日」と記す奥書には、「伝信和尚御自筆」とあるのみで、興円の著述であることを明記しないばかりか、そこに記された年号の干支も不正確である。また、思想的内容には、窪田氏はその「信心受戒」説を根拠としているが、本稿の以下に述べるごとく、「信心受戒」説は興円に始まるものではなく、すでに恵尋にあって、興円以後の戒家では恵尋を受け継ぎ発展させたものである。そして、これも本稿の以下に明らかにするように、興円に始まる戒家特有の思想のひとつは「一心戒蔵」の説とみることができ、『秘蔵大綱集』には「一心戒蔵」説があるから、この書を興円よりさかのぼって、つまり従来のごとき叡空撰とは（恵谷前掲註（42）書一三三頁、色井前掲註（46）書四頁）とうてい認められない。と同時に、同書は戒家の思想の綱要を整理して説いているという性格から、また前述の奥書についての不審からも、あるいは興円よりもっとのちに、興円に仮託、または興円以前のものであることをにおわせて製作されたとみてよいであろう。

(53)『菩薩戒義記』二巻は（『大正』四〇所収）、今日の学術研究では智顗の親撰が問題にされることがあるが、日本の天台宗では近代まで智顗真撰が疑われることはなかった。本疏は鳩摩羅什訳の『梵網菩薩戒経』（『梵網経』盧舎那仏説菩薩心地戒品第十、『大正』二四所収）を注釈する現存最古のものであり、上・下巻からなる。この疏では、上巻にまず㈠釈名、㈡出体、㈢料簡の「三重玄義」が説かれ、ついで『梵網経』の注釈に入り、下巻では「正説段」として、「十重四十八軽戒」の戒相が順次釈される。

(54)当時の口伝法門をこととする恵心・檀那両流の日本天台宗のなか、黒谷流戒家は記家と密接な関係をもって檀那流に属するとみられる（硲慈弘『日本仏教の展開とその基調』下巻、一九五三年、三省堂、二六二頁、色井前掲註（46）書一四五頁ほか）。その場合、戒家でも口伝を重んじてはいるが、口伝には撰者名の分からない文献が多いのに対して、とくに戒家においては興円など中心的学僧の撰者名の明確な著述が多く残されていることは銘記されてよい。ただし、いまの『知見別紙抄』と、そのなかに出る『口伝抄』

のごとき、両者の間でいずれが主で、どちらが補助的な関係にあるのかは不明である。そして、このような傾向は、興円ののちの惟賢の『天台菩薩戒義記補接鈔』（三巻、『仏全』七一所収）にもみられる。すなわちそこでは、惟賢の師の恵鎮から受けたとみられる『眼智鈔』ほかの、現存しない口伝的な「抄」類に、惟賢もまた所説の多くを譲っていることが顕著である。

（55）『続天全・円戒1』二〇五頁。なお、『学生式問答』八巻（『伝全』一所収）は、今日では最澄真撰ではなく、後世の仮託書であるとみられているが、恵尋や興円ら黒谷流ではつねにこれを真撰のものとして、最澄の円戒が「正依法華」であることの典拠に用いている。

（56）仁空『菩薩戒義記聞書（永徳記）』（『天全』一五・三頁以下）、尊舜『二帖抄見聞』（『天全』九・二二七頁）など参照。

（57）『続天全・円戒1』二四八頁。

（58）恵尋『一心妙戒鈔』巻上（『続天全・円戒1』二六一頁下）。

（59）恵尋の『一心妙戒鈔』巻上にはつぎのようにある。

尋云。以二何心一成三就戒体一乎。答。始自二釈尊一〈千仏戒准レ之〉師資相伝一代《モ》不レ絶。故戒既定可レ成三就戒体《ト》一。疑心無《キ》信心《ヲ》以《テ》納三得性徳《ノ》三聚浄戒一也。性徳《トハ》云《ヘトモ》始覚冥二本覚一修徳帰二性徳一之時、性無作仮色《ノ》戒体《トハ》成《ル》也。疑物之心《ハ》空仮二辺《ノ》心也。無二疑心一者中道《ノ》善信也。（『続天全・円戒1』二七二頁下）

（60）恵心流の四重興廃義については、たとえば『二帖抄見聞』のなかの「四重興廃之事」（『天全』九、二二〇頁下段以下）などをみよ。また、田村芳朗『鎌倉新仏教思想の研究』（一九六五年、平楽寺書店）四〇三—四七四頁を参照。

（61）光定『伝述一心戒文』巻下（『伝全』一・六三三頁）。光定の引用する天台智顗の『普礼法』の文は、『国清百録』に載せられているものによると思われる（『大正』四六・七九五上—中）。けれども、文は少し異なり、『国清百録』所載には「一心戒蔵」という語はない。これ（光定の「一心戒」）についての考証は、石田瑞麿『日本仏教における戒律の研究』（同『日本仏教思想研究（第一巻）戒律の研究・上』一九八六年、法藏館）の三二六頁以下を参照。それで、この「一心戒蔵」という語は、恵尋の著作をみると、『一心妙戒鈔』には、光定の『伝述一心戒文』巻下の天台「普礼法文」を引用するなかにみられるが（『続天全・円戒1』二九五頁下、そこでは恵尋は「天台百録」をも指示している）、恵尋自体の言葉のなかには、光定を承けて「一心戒」という表現は多くみられ、また明曠『疏』にしたがって「戒蔵」という語もみられるも、「一心戒蔵」の語は、恵尋のいずれの著作のなかにも認められず、恵尋にはこれについて説くところはないといってよい。

(62) ところで、窪田哲正氏はその論文「中古天台における戒勝止観の法門」（『大崎学報』一三九、一九八五年）で、戒家の円戒思想を「戒勝止観」と特色づけている。その語自体は戒家の文献からのものではなく、日蓮系統の著述のなかに「止観勝法華」とあるのにならった氏の造語であろうが、もしその意味するところが、「止観勝法華」のごとき、「興廃」的な、あるいは「選択《せんじゃく》」的な意味であるとするならば、賛意を表することはできない。というのは、いま述べた一心戒蔵を最高位とする興円（戒家）に特有な四重釈においても、下位の重である観心（止観）を捨てて高位の戒（一心戒蔵）を取るというのが興円の意図ではなく、一心戒蔵が「能開の本源」であると規定されているように、戒を本源的な、もっとも大切なものとして堅持することによって、下位の重であるあらゆる法門（観心や本迹両門および爾前教にいたるあらゆる諸教）が妙法としての生命をもち、正覚を得るための修行としての意味をもつ、というのが戒家の本意であると思われるからである。すでに、興円の伝記にもうかがわれるように、また戒家の他の学僧たちもそうであるように、興円は円戒（円頓戒）をことさらに興行せしめることに努力しながら、他方で『法華経』を学び、密教の行法を修めるのをこととしている。これは最澄以来の天台における「四宗兼学」を基本の立場とするのによる（それに対し、鎌倉新仏教の宗派は多く専ら一宗旨を選び取る方法による）。このことは、興円らの確立した重授戒灌頂の性格をみる上にも大切なことである。すなわち、戒灌頂は戒という元来顕教に属する伝授作法に密教の灌頂を取り入れて、「即身成仏」義を師資の間で体験せしめるという、顕（戒）密双修の綜合的、融合的な法門なのである。したがって、戒家の文献のなかに、諸教門間の上下、勝劣を片言半句に述べる部分があっても、それらを興廃的な取捨選択の意味に解するのはけっして正確な捉え方ではないと思われる。興円ら戒家が示したそのような思想的傾向は、そのかなりのちに、黒谷末の門流に属して、西教寺を中興した室町期の真盛（一四四三―一四九五）の浄戒双修の仏教のなかにも認められる。真盛の場合は、「持戒堅固にして専ら念仏に勤める」という宗風であり、それは一見、法然の態度に似ているようではあっても、天台を去った法然とは基本的に相違しており、他方で興円戒家らの顕密双修（または戒密双修）とは異なってはいるものの、黒谷末の門流にあるという点も含めて、天台の学僧としての基本的思想傾向は、真盛と戒家とでは同じであるといってよい。すなわち、叡山天台を去って鎌倉新仏教を興した法然、親鸞、日蓮、道元らは、興廃的、選択的な意味でそれぞれ念仏、法華、禅のみを専修するという道を取ったのであるのに対し、のちの真盛も含めて、興円ら戒家の学僧たちは、むしろ興廃的、選択的な新仏教の進み方を本意とせず、天台という旧仏教の枠内で、伝統的な法門を復興し、そこに新しい思想を付与して真の求道のあり方を示そうとした、その基本的な性格を見落としてはならないであろう。

（63）興円『十六帖口決』（『続天全・円戒1』）、光宗『普通広釈見聞』（『大正』七六）、惟賢『天台菩薩戒義記補接鈔』（鈴木『仏全』一六）、同『菩薩円頓授戒灌頂記』（『続天全・円戒1』所収）などに、その概念による主張がみられる。

（64）西教寺正教蔵に所蔵する。この書にも興円自署の奥書が付されていて、それにはつぎのように記されている。

徳治三年（一三〇八）七月一日始草二案之一。為下興二行大乗戒一報中四恩上、於二叡山黒谷願不退坊一集二記之一。為二未受戒一不レ見レ之也。仏子興円四十六、臈三十。

なお、この書は興円らが学んだ梵網戒の実践に関するものなので、本研究において翻刻を試みたい。

(65) 色井秀譲前掲註(46)書一四五頁。

(66) 田村芳朗『天台本覚論』(岩波〈日本思想大系〉九、一九七三年)五四二頁、同前掲註(60)書四六七頁ほか参照。

(67) 『西教寺の歴史と寺宝』(一九八九年、西教寺刊)二五四頁。これと同じ画軸は、かつて法勝寺流の伝戒を行っていた名刹の、鎌倉の円頓宝戒寺や伊予(愛媛県)の等妙寺にも所蔵されている。

(68) 興円が著した戒灌頂の奥義書『円戒十六帖』に、この諸法実相印(合掌印)が詳述されている(『続天全・円戒1』一〇三頁)。また、西教寺で執行の現在の戒儀については、色井秀譲前掲註(46)書一七六頁を参照。

(69) 興円『本尊印相鈔』(『続天全・円戒1』一一六頁)。光定『伝述一心戒文』巻下(『伝全』一・六三三頁)。恵尋『一心妙戒鈔』巻中(『続天全・円戒1』二九五頁下)。詳しくは前節を参照。

(70) 法界一輪鏡のことは、興円『円戒十六帖』に出る(『続天全・円戒1』九八頁下)。なお、これについては次の章の第一節でみる。

(71) 記家伝承の結界式は、今日『大結界式』として知られるもので、戒家でもこれを用いたことは疑いない(『伝全』四所収、『続天全・円戒1』にも所収)。

(72) 『続天全・円戒1』二一一頁上―二頁上。

(73) 『続天全・円戒1』二二二頁下―三頁上。

(74) 『細編《しょう》』とは、重授戒灌頂に関する重要な諸典籍の一群を指す(『続天全・円戒1』に目録を収録する)。これについては、色井秀譲前掲註(46)書四八頁を参照。『戒壇院本尊印相鈔』は、兼法勝西教寺の『細編』に収められていた書である(『続天全・円戒1』四三〇頁)。

なお、黒谷・法勝寺流所伝の授戒本尊画幅(先の註(67)の西教寺・宝戒寺・等妙寺蔵の授戒本尊軸)には、授戒三聖の上方に「四箇の図絵」が描かれている。これについては、撰者・成立時ともに明確を欠く『円頓戒場図』のなかの、「戒本尊事」にあるつぎの記述がそのことを述べている。すなわち、

山門《ニ》常《ニ》用《ル》所《ノ》本尊《ハ》、中尊《ハ》釈迦如来也〈坐像金色、御光等《モ》金像〉。右《ハ》僧形《ノ》文殊〈羯磨師《ナリ》、着㆓納衣《ヲ》㆒〉。左《ハ》僧形《ノ》弥勒〈教授師《ナリ》、着㆓納衣《ヲ》㆒〉。左《ノ》上方《ニ》上《ニ》宝珠三ッ〈有人云、山王三聖也。或云、三聚戒也云云〉。下《ニ》月輪《アリ》、輪内《ニ》蓮座一ハカリアル也。右《ノ》上方《ニ》月輪一《アリ》。上《ハ》赤色、下《ハ》白色也云云。

（『続天全・円戒1』四五頁下、〈　〉は割注）

授戒三聖の左右上方にある「四箇の図絵」は、戒灌頂思想の主要な諸要素が象徴的な事相をもって描かれていると考えてよい。ところが、これとまったく同じ画幅図が浄土宗西山派の諸寺にも用いられているという（杉江幸彦「西山流の円頓戒本尊画像について」『西山学会年報』四、一九九四年）。元来、黒谷・法勝寺流に由来すると思われるこの本尊画幅が、いかなる経緯で西山浄土宗にも伝わることになったかは、別途調査される必要があるけれども、西山派では、寛正五年（一四六四）に記された相厳による『円頓戒口訣』なる口伝書が存するようで、いまの「四箇の図絵」のいっそうくわしい説明は、相厳の記がおおいに参考にもなる。『続天全・円戒1』所収の戒灌頂文献のなかには、「四箇図絵」の右にみる以上の説明は見出しがたいので、いまは相厳記によってみると、つぎのごとくである。すなわち、左上方（向って右上方）の宝座に乗る宝珠三つは、「空・仮・中の三諦」と「三聚浄戒」を表し、その反対側（向って左）の宝座に乗る円輪（その中の蓮座に乗る一宝珠）は「中道一実相」と「一心戒」を表す。また、それらの下にある左（向っては右）の月輪は、「白銀の真円鏡」を、反対側の月輪は「赤銅の八葉鏡」を意味するという（右の引用文の最後部に「上は赤色、下は白色」とあるのは、現図では逆で「上は白色、下は赤色」となっている）。

戒灌頂 授戒本尊図

（大津市坂本 西教寺蔵）

第四章　重授戒灌頂の思想と一得永不失の戒体義

第一節　重授戒灌頂と本覚思想

一　中古天台における戒灌頂儀の成立と本覚思想の問題

中古天台とよばれる比叡山天台宗史のなかで、叡空（?―一一七九）と源空（法然房一一三三―一二一二）に始まる黒谷流の戒脈の上に、比叡山に円戒と籠山行を復興して、その過程で「戒灌頂《かいかんじょう》」を興した一流がある。戒灌頂（重授戒灌頂《じゅうじゅかいかんじょう》）は今日、法勝寺流円戒の特色ある法門（戒法の伝授儀式）として、「戒称二門」を宗風とする天台宗の真盛門流にある比叡山麓坂本の西教寺（天台真盛宗総本山）に伝持され行われている。これは、叡山黒谷流を承けた京都の法勝寺が、「応仁の乱」などの戦禍を被り、廃絶を余儀なくされるに及んで、その末寺に位置した西教寺へ、天正十八年（一五九〇）に兼摂されたためによる。

戒灌頂は、かつて江戸時代には天台宗のいくつかの名刹や、あるいは浄土宗に属する一部の大寺院でも行われた由緒をもつが、現在は西教寺にのみ執行される貴重な法門となっている。しかるに、この戒灌頂は口伝法門によって成立しているとともに、出家僧の「唯授一人」の秘法に属し、かつ文献類も門外不出とされたので、宗外や一般にはあまり知られなかった。もっとも、天台学の研究者や一部の識者には注目されていたが、近年に『続天台宗全書』の刊行によって、関連文献の多くが公開翻刻されたので、すでに学術的な研究が一般に可能となっている。[1]

ところで今日、中古天台期の天台思想、とりわけその本覚的な思想が、それへの評価と批判をめぐって、やや活発に議論されている。[2] そこでの問題の多くは、鎌倉新仏教との間の影響と反発の関係であるが、そのなかで天台本覚思想は現実肯定に偏った思想のゆえに、戒律や修行をないがしろにする堕落的傾向をもつという見方もある。その点では、戒灌頂は中古天台期の天台宗で成立していることから、本覚思想を中核にもっている。けれども、それは天台における戒律復興のなかで案出された法門であることに注意が向けられねばならない。

天台の本覚思想については、すぐれて日本的な仏教が形成され発展するうえで、無視できないおおきな要因を占めてきたと考えられる。それに対する批判と評価をめぐっては今少し多面的な究明が必要である。[3] 戒灌頂は、鎌倉新仏教とは異なる旧仏教内で成立した、日本的な仏教の一形態であるといえる。本節では、そのことについて、中古天台期の本覚的思考のなか、どのような仏道を志して成立しているかを中心にみておきたい。

二　円戒復興事業と戒灌頂儀の確立

戒灌頂を確立した祖師たちは、叡山の黒谷流のなかにあり、戒灌頂を確立してのち、それは法勝寺流と元応寺流とに受け継がれた。これらの当初を形成した黒谷流の戒脈は、叡空―源空―信空―湛空―恵尋―恵顗―興円―恵鎮と次第した。これのあと、興円は京洛では岡崎の元応寺を、また恵鎮は法勝寺を活動の故地としたことから、興円の弟子である光宗は元応寺に拠り、恵鎮の弟子となった惟賢は法勝寺を継いで、戒脈が分かれたのである。

戒灌頂は、両寺の由緒ある法門となったが、京洛の戦禍で法勝寺は比叡山麓の西教寺へ、また元応寺は比叡辻の聖衆来迎寺へ兼摂されることになる。ほかに、恵鎮が地方の戒場に定めた鎌倉の宝戒寺や、伊予（愛媛県）の等妙寺にも、戒灌頂の授戒本尊が残されていることから、これらの寺院でも執行されていたことがわかるが、今日では西教寺だけに行われているのである。

それで、黒谷流は比叡山西塔の黒谷で、平安末頃までに衰退していた天台の円戒（円頓戒）を、復興することを志した叡空に始まる。そのもとにあった源空が、浄土念仏によって叡山から独立してのちに、その門流にあって叡空の祖跡（比叡山の黒谷）を根拠地に円戒復興を実現したのが、いわゆる戒灌頂家である。その中心的役割を果たしたのは、興円（伝信和尚、一二六二―一三一七）と、その弟子の恵鎮（慈威和尚、一二八一―一三五六）である。これら二人には、それぞれ伝記が残されている。

『伝信和尚伝』と『閻浮受生大幸記』である（『続天全・史伝2』所収）。それらによって、戒灌頂を確立した円戒復興の事蹟の多くがわかる。

右の戒脈で恵顗までは、今日浄土宗の大本山である金戒光明寺（新黒谷）の、初期の歴代に列せられている。ところが、興円では東山金戒院（金戒光明寺）で恵顗から、二十六歳のとき菩薩戒を受けてのちには、金戒院での事蹟は見出されず、またその活動は弟子の恵鎮らを含めて、浄土念仏を交えない天台宗の学僧に終始している。したがって、戒灌頂にも浄土念仏の要素をみない。その当初の目的は、祖式（伝教大師最澄の『山家学生式』）による十二年籠山行と大乗戒（円戒）の復興にあったのである。そして、その事業を完遂する過程で戒灌頂が形成されたわけである。

また、興円に先駆的な影響を及ぼしたのは、恵尋（求道房、？―一二八九）である。この人には、不完全なものではあるが著作が残されている。『円頓戒聞書』（上巻のみ存）と、『一心妙戒鈔』（三巻）であり（『続天全・円戒1』）、興円が引用する恵尋（祖師上人）の言葉は、専ら後者に見出される。それら恵尋の両書には、ある視点に立つときには著しい相違が認められる。すなわち、『聞書』には浄土念仏の思想が色濃く出ていて、恵尋が浄戒双修の学僧であったことがわかる。それに対し『一心妙戒鈔』には、浄土念仏の思想はこれをみることができない反面で、戒灌頂の要素となる考え方が多く認められる（一心戒の考え方や十指合掌など）ばかりでなく、のちに興円らが盛んに自らを「戒家」と称したその呼称がすでに用いられているのをみる[4]。このことから、戒灌頂の創始は少なくとも恵尋にさかのぼれるかも知れない。けれども、確実なことは言えないわけで、むしろ興円の伝記などによると、恵尋は十二年籠山と円戒の興行に努力したが、途中で断念したということからみて、戒灌頂も十分な形を整えなかったとみてよい。

興円は、嘉元二年（一三〇四）の四十二歳のとき、山門の戒法再興を発起し、翌年の十月より黒谷の願不退房で十二年籠山行を始めた。恵鎮は初め興円に随身したが、興円の翌年に二十六歳で籠山に加わり、また少し後に光宗ら数名の学僧が加わった。徳治二年（一三〇七）六月十一日に、興円は恵顗より願不退房で「灌頂受戒」を遂げている。そして、延慶三年（一三一〇）に修行の場所を東塔の神蔵寺に移してのち、四月十六日から興円を中心に夏安居を再興し布薩等を修めた。やがて、正和五年（一三一六）に興円は籠山行を結願し、その翌年の四月に没する少し前に、恵鎮に「戒家数代の己証」である「一箇の灌頂」、つまり戒灌頂を授けている。しかもその間に、籠山を終え恵鎮に戒灌頂を授ける直前までに、戒灌頂の奥義を記した『十六帖口決』（円戒十六帖）を書き終えている。

このように、戒灌頂は比叡山における円戒と籠山修行の実践の上に成立している。そして、この点が戒灌頂の性格と思想をみるときには大切である。興円は恵顗から承けているので、戒灌頂の原初形態は恵尋からあったとみてよいが、名実ともに確立したのは興円らによる。興円に従って修行した光宗（一二七六―一三五〇）は、興円が早く没したので、その後には恵鎮に従い、恵鎮から戒灌頂を受けている。光宗は正慶元年（一三三二）に、興円の『十六帖口決』を書写している。光宗は興円の跡である元応寺に拠ったので、光宗以後の系統はこれを元応寺流という。また、恵鎮は惟賢（一二八九―一三七八）という秀でた弟子を得て、恵鎮が復興して伝戒の拠点とした法勝寺を惟賢が継いだので、これの後を法勝寺流という。惟賢は、戒灌頂を貞和五年（一三四九）に法勝寺で恵鎮から授けられた。そのときに恵鎮から承けたことをもとに記したのが、惟賢の『菩薩円頓授戒灌頂記』である。

戒灌頂の戒儀書や重要文献は、「細編《しょうへん》」とよばれる伝戒師専属の、古文書群によって伝えられてきた。そのなかで、右の興円と惟賢の記した奥義書は、戒儀書とともにもっとも重要な部類に属する。細編《しょうへん》の主な文献と、細編には含まれないが興円や恵鎮らが残した戒疏類の主要なものは、先に掲げた恵尋のものとともにすでに公刊をみている。(5)

三　戒灌頂儀の構成と奥義書

戒灌頂は、くわしくは重授戒灌頂という。得度授戒（初受戒）の上に（十二年をへて）重ねて灌頂受戒の壇に登るので、その名があるとしてよい。あるいは、戒灌頂儀自体のなかで、「伝授壇《でんじゅだん》」の上に重ねて「正覚壇《しょうがくだん》」に登るゆえの名でもある。戒灌頂は、基本的に伝授壇（外道場）と正覚壇（内道場）の二重構成になっている。ただし、執行次第は三段の構成による。(6)

すなわち、はじめに外道場《げどうじょう》の伝授壇では、「十二門戒儀」を行うことをベースとする。十二門（1開導、2三帰、3請師、4懺悔、5発心、6問遮、7正受戒、8証明、9現相、10説相、11広願、12勧持）による授戒儀則は、戒灌頂に特有のものではなく、通常の伝法授戒である。つまり、それは最澄（七六七―八二二）の『授菩薩戒儀』を基準とした儀則次第である。しかるに、それの「第七正受戒」のときに「五瓶灌頂《ごびょう》」が行われ、また「四重合掌《しじゅう》」が授与される。これが戒灌頂に特有の狭義の伝授壇作法である（ただし、「合掌」授与は古形では後の正覚壇でのみ行われたのが、現行の戒儀では正覚壇に入る準備的なものとして行われる）。基本的にここでの灌頂作法は、受戒により受者に「戒体が発得《ほっとく》」したことを教え、仏子として仏位を継承する菩薩であることを実感させる意味をもつ。この作法ののち、十二門の第八以後を行って、伝授壇における二段構えの儀は終わる。

つぎに内道場《ないどうじょう》の正覚壇《しょうがくだん》では、伝戒師と受者だけが特設の壇上（正覚壇）に登り、「四重六即合掌《ろくそく》」の作法を行い、そののち「道具類の授与」がなされる（ただし、ここでも合掌は古形ではもっと素朴な「三種」であり、しかも合掌儀に「六即」の意味は付与されてはいたが、現行のごとき四重各々の合掌に六即位が配当されることはなかった。合掌の意義に重みを加えるために、後世ではいっそうの技巧がこらされた結果といえる）。道具類とは、三衣・鉢・坐具・明鏡《みょうきょう》・法螺《ほうら》・法瓶などである。つまり、ここでは受者に発得した戒体が成仏の直道であることを教えるとともに、受戒の座で「即身成仏」して正覚に登ることを教えて体験させ（合掌の儀）、向後には柔和・忍辱・慈悲と少欲知足をもって利他行にはげむことを教える（道具類の授与）という意味である。そして、正覚壇では師（伝戒師）と資（受者）のみの対峙によるから、「唯授一人」と言われる。

興円の『円戒十六帖』（十六帖口決）では、このような戒灌頂儀における諸作法と法具類についての、深くて重い意味を記す。惟賢の『菩薩円頓授戒灌頂記』も同様の書であるが、『十六帖口決』が一帖ごとのメモ的性格（口伝または口決《くけつ》）によるのに比べて、『授戒灌頂記』の方は秩序立てた叙述形態をもつ。

そこで、『十六帖口決』（法勝寺伝来）をみると、つぎのような順序で構成されている[7]。

1塔中相承口決事　2伝受壇口決事　3灌頂受戒事　4裏書注事
5法瓶事　6三重受戒事　7安鎮秘口決境領知　8秘法伝受時条々起請文事
9明鏡相承事　10三衣事　11鉢　事　12三種合掌
13蓋　事　14坐具事　15法螺事　16高座事

これら十六帖のなか、はじめの三帖は戒灌頂の、正覚壇（第一帖）と伝授壇（第二帖）と、および両壇にわたることがら（第三帖）の、枢要の考え方を述べ、第四帖以下は各論的性格をもつ。なかでも第九帖以後の、後半に属する各帖は、正覚壇で授与される道具類についての奥義を記す。

これに対し、惟賢の『菩薩円頓授戒灌頂記』では、初めに序説があってのち、つぎのような順序と構成になっている[8]。

1名字事　2道場荘厳事　3正覚壇事
4師弟入壇事　5伝戒詞句事　6三重血脈事

ここで、初めの三節は、先の十六帖での初め三帖（順序は逆）に対応する内容を述べる。つぎの4は、正覚壇についての各論であり、また5では、伝戒上の『梵網経』と『法華経』による要文を掲げ、なかでも『法華経』に戒灌頂を位置づける意味を述べる。そして、6は戒灌頂儀で授与される三つの血脈を解説する。つまり、惟賢の『灌頂記』は興円の『十六帖』を補完する役割をもつ書であるとみてよい。

四　戒灌頂儀のなかの本覚思想

そこでまず、十六帖の初め三帖を中心に、戒灌頂の考え方をみておきたい。いまは三帖を逆の順序でみてゆく。(9)

第三帖の「灌頂受戒事」は、戒灌頂の基本的立場と特色を述べる。初めに受戒に「灌頂」を用いるのは、にわかに密教を盗用したのではなく、伝教大師に由来する「法華と梵網の肝心であり、生死解脱の直路」であるとする。そして、これは上古以来「一人付法の口決《くけつ》」によるから「重受法」といい（ここで「重」とは重要で重いという意味である）、承ける時には三事を誓う。一には師を重《おも》んじ、二には法を重んじ、三には妄《みだ》りに人に授けないこと、である。つぎに、道場（外道場《げどうじょう》「伝授壇」）を荘厳するについては、中央に大壇を設けて「不現前の五師」を安置し（壇上に「授戒三聖」を本尊とする）、「五瓶《ごびょう》」に戒水を入れて釈迦・文殊・弥勒（三聖）の前に立て、さらに「一一正経《いちにしょうきょう》」と「両巻秘要《ひよう》」、および「五宝《ごほう》」等（五宝・五薬・五穀）を飾る。これらの荘厳物は、いずれも戒灌頂の戒壇（伝授壇）を特色づけるもので、それらの意味が記されている。

すなわち、「五宝」を安置し「五瓶」を用いるのは、五宝で「金山《こんせん》」を築き、五瓶で灌頂を行うのであり、これらは金山上で法王の位（仏位）を受けることを事相《じそう》で表現する。また、「一一正経」とは『法華経』と『梵網経』であり、これらは受ける戒法が「正依《しょうえ》法華・傍依《ぼうえ》梵網」であることを表す。「両巻秘要」は天台（智顗）の『菩薩戒義記』と『観心《かんじん》十二部経義』である。後者の書を壇上に飾るのは、戒家では「一心三観」をこの疏によって習うからであるとする。(10) さらに、本尊に安置の「授戒三聖」は和上《わじょう》・羯磨《かつま》・教授の三師であり、しかも三師は「無作《むさ》三身如来」であり、それら三師の居《ご》す戒壇上は「常寂光土」であると意味づけられる。そして最後に、これらの道場を荘厳することは「天台菩薩戒発願文《ほつがんもん》」によっており、その典拠は『全肝頓超秘要《ぜんかんとんちょうひよう》』（『頓超秘密綱要』）であるとする。(11) ここに「発願文」とは、伝授壇作法のなかで受者にこれを伝戒師が読んで聞かせ、また血脈の一つとして授与されるものであり、天台大師作とされて伝授壇と正覚壇が戒灌頂儀で築かれる根拠となっている。

つぎに、第二帖の「伝受壇口決事」は、伝授壇《でんじゅだん》のことを述べる。初めに「天台菩薩戒発願文」と、それが載る『頓超秘密綱要』についての秘伝が記される。すなわち、伝教大師が初めて比叡山に登ったとき、二人の化人《けにん》（梵天・帝釈）に遭い、一箱と八舌鎰《はちぜついつ》（箱をあける鍵）を献じられ、その箱に納められていたのがその書であるという。のちに大師は入唐して、改めて道邃から天台大師のものとして、同書を伝受したともいう。このように、伝説を用いて伝教大師および天台大師に由来することを主張するのは、「発願文」が戒灌頂にとってきわめて重要な根拠となる文書だからである。すなわち、この戒灌頂儀（正覚壇）が「塔中《たっちゅう》の儀式」であり、「寂光《じゃっこう》の中台における灌頂受戒の儀式」であるのは、この発願文にもとづく、と興円はここで述べる。

またこの帖では、「五瓶灌頂《ごびょうかんじょう》」の意義を明かす。すなわち、十二門戒儀の次第のなか、第七正授戒のとき灌頂を行うのは、十二門のここまでは「従因至果」（修行をして衆生の位から仏の位へ向かうこと）の次第により妙覚位に至ることであるという。これは、『法華経』の「本・迹二門」のうちの迹門「始覚《しかく》」の意のもとに、修行をして六即位を登る過程を意味する。そして、第七正授戒の所を正覚壇とし、第八段以降は「従果向因」（慈悲をもって仏から衆生へ向かうこと）の次第であるとする。ここで、正覚壇とは覚りの位をいい、これは迹門「始覚」に対する本門「本覚《ほんがく》」の意味をいう(12)。

ついで、ここ（伝授壇）での灌頂には、二段あるという。初めには、中瓶の水（仏の戒水）を他の四瓶に渡し入れ、四瓶の水を受者に灌頂する。つぎには四瓶の水を中瓶に集め入れて灌頂する。これら二段のなか、初めのは三身（法・報・応の仏三身）それぞれが成道していること、つまり師（伝戒師）と資（受者）が三身のいずれかをもってそれぞれに成道する意味であり、後の中瓶灌頂は三身が一身に具わっている成道を意味するという。

そのほかにこの帖では、五宝・五薬・五穀の意味（それぞれが仏徳を荘厳している）や、戒灌頂儀で唱えられる文句（『法華経』と『梵網経』）について述べる。

またつぎに、第一帖の「塔中相承口決事」は正覚壇《しょうがくだん》のことであり、ここでは戒灌頂の究極を記す。この正覚壇儀は、『法華経』宝塔品に説く空中の宝塔における、「釈迦・多宝の二仏並座《びょうざ》」に擬えた「塔中の儀式」であるという。高座（正覚壇）に師（伝戒師）と資（受者）が相対峙して座るのは、釈迦・多宝の二仏に同じ（師と資がともに仏位にあること）なのである。ここでは、即身成仏の秘儀が交わされ、その焦点は「合掌印」の授与である。十指（両手）を合わせる合掌は、「諸法実相印」といわれ、覚りの位（仏果）における四土《しど》（依報）と三身《さんじん》（正報）を、事相（合掌という具体的な形）によって表現せんとするものである。この正覚壇における成仏を、惟賢では「無作《むさ》三身本覚の心法身」とよび、またそれは「本覚無作の成仏」であり、そしてそれは「即事而真《そくじにしん》の相」であると説明している(13)。つまり、正覚壇に登る受者は本覚の仏であり、凡夫の肉体（事）のままに真理（覚り）が体現されている意味（即事而真）をいうのにほかならない。

そこで興円は、正覚壇上で師・資間に交わされる合掌印を、三種によって説明する。一には、師と資がそれぞれの両手を合わせる「各合掌」である。これは、師と資がそれぞれに三身（正報《しょうぼう》）と四土（依《え》報《ほう》）をもって成仏していることを表すという。ここで「四土」とは、天台で立てる四種の仏土（仏の三身がそれぞれに対応する国土をもつこと）であり、凡聖同居土《どうごど》（応身土）・方便有余土《うよど》・実報土（報身土）・常寂光土（法身土）のことをいう。そして、師・資間の合掌では、三身は一身に具わり（三身即一身）、四土も不二《ふに》（四土が各別ではなく互いに他の土を併せ持つこと）であって、その身・土のあり方は合掌によって「境智冥合《みょうごう》の身」であり、「理《り》智《ち》冥合の土」であることを表すという。つまり、合掌は冥合《みょうごう》を表現しており、覚りの智慧が対象（境）を完全に把握し、また覚りの智慧が真理（理）を体得しているさまをいう。ただ、ここでいう仏（覚り）とは、師と資の双方についていうのであり、それが「無作の三身」あるいは「本来不生《ほんらいふしょう》の仏」（修行によって生まれたのではなく本来的に仏であること）、また「本地《ほんじ》久成《くじょう》の如来」（修行によって今始めて仏になったのではなく久遠の昔に成《じょう》ぜられている仏）である、と述べられていることは注意を要する。つまり、それは本覚の仏をいうのに違いない。

ついで二つめの合掌は、師の左手と資の右手を合わせ、また資の左手と師の右手を合わせる、「師・資の左右互相の合掌」である。これは、釈迦・多宝の二仏が一体（一仏）となることで、師と資の覚りが同じものであることを表現する。そして第三には、また「各合掌」を結ぶとし、その形は最初のと同じである。これは、「一身即三身、三身即九身」に分かれることで、三身が三世（過去・現在・未来）に前仏から後仏へと相続されてゆく意味であるという。

それでつぎに、正覚壇では合掌の儀が終わると、師・資ともに坐禅して「入定」（禅定《ぜんじょう》に入ること）する。この瞑想は、「中道王三昧」と呼ばれ、それは「実の如く自心を知り、実の如く自心を見る」実相観を修めること（止観）である。このような止観入定を修めた後、師から資への教誡がある。それは、受者がすでに「如来の心水」を灌《そそ》がれた仏であるから、止悪修善につとめて衆生を利益してゆかねばならないという意味を述べる教誡である。それのつぎに、師は白払《びゃくほつ》（払子《ほっす》）で資の肩を払う。これは、三惑《わく》の塵《ちり》を払い、三身に成道したことを唱える意味である。しかる後に、師は資の頭頂を摩《な》でて、この戒法を流布せしめることを付属する。その際、ここで付属する法とは、「即身成仏の教えなるが故に一生一念に究竟《くきょう》円満する」戒法である、と興円は記している。

さて、以上のようにみてくると、正覚壇の儀は、一座のなかに「即身成仏」義を体得または体験せしめるところの、一種の仏道完成の法門であるといえる。その成仏の根拠は、戒体発得をきわめて重くみる点にあり、発得の戒体を受者の成仏に直結させる考え方は、まさしく「戒法の成仏」義である。そして、その思想的な根拠は、受者を本覚の仏であるとみる本覚思想にほかならない。けれども、先にも述べたように、戒灌頂儀の前提には、戒法の護持をもとにした十二年の籠山修行があることが忘れられてはならない。すなわち、持戒をもとにした籠山修行（止観業と遮那業）によって、高次の観解を養い、自らの本覚仏（仏性）を自覚せしめるという考え方に立つものといえよう。今日でも、西教寺の戒灌頂が、得度受戒後十二年をへた者に許されるのを原則とするのは、その意味を残しているからである。

五　戒灌頂における「即身成仏」義

興円は、籠山修行中にその指導者として、いくつもの著作を著している。それらのなか、『一向大乗寺興隆篇目集《へんもくしゅう》』と『即身成仏抄』（『一日一夜行事次第《ぎょうじしだい》』）では、自らの戒法と籠山修行の内容を述べ、またそれらを興円らの時代に復活させる意義を記している。これらの著述は興円が記したのに、修行をともにした恵鎮が手を加えたものを今日に残している。

『一向大乗寺興隆篇目集』では、最澄の『山家学生式』（四条式）をもとに、興円らが復興する戒法の意義を明らかにし、そして修行における諸種の僧制を、おもに梵網戒にもとづいて定めている。この書の序文で興円は、「止観は教のみを残して行証を已《すで》に亡ぼし、円戒は受けることのみ有って持相《じそう》全く欠けたり」と、当時のさまを嘆くとともに、「廃《はい》を興し絶《ぜつ》を継ぐ」ために、叡山の旧儀を移して修行の僧制と法式を定める、と述べている。ついで、「篇目」の叙述に入り、自己の志す仏法を述べる。そこでは、「円宗の三学は末法に入って盛んなるべし。衆生成仏の直道《じきどう》は時機《じき》相応の法門なり」とし、また「純円三学の威力に非ざれば、何ぞ末法五濁の衆生は塵劫を歴《へ》ずに即身成仏せん。是れ則ち如来出世の本懐《ほんかい》なり」という。(14) ここでは、「末法」という時機観が強調されており、末法時には純円の三学による単刀直入（直道）の得道（即身成仏）が有効であると確信されている。ここで「純円の三学」とは、興円らの戒法では「正依法華《ほっけ》傍依梵網《ぼんもう》」の円頓戒であり、これにもとづく修行の方法を定めたのがこの書なのである。また、「正依法華」とは梵網戒（十重四十八軽戒）を、『法華経』（円教）の理念で理解することであり、興円らの戒家ではたとえば、『法華経』提婆品の「龍女成仏」は、「戒法の即身成仏」であると理解される。(15)

つぎに、『一日一夜行事次第』では、一日の修行を克明に記している。右の『篇目集』でも、「行学二道篇」において一年・一月・一日の、行法と次第を簡潔に記しており、そのなかの毎日（一日）に行学する日課を記述したものがこの書である。そこでは、後夜《ごや》の坐禅に始まり、夜明けに引粥《いんしゅく》作法、午前には懺法《せんぼう》を修めたのちに顕・密を行学する。昼には日中勤行のあと齋食《さいじき》作法、午後には講堂での大談義ののち寮舎で義理の憶念と要文の暗誦、または坐禅思惟をする。そして、夕勤には例時作法と光明真言を誦し、のち初夜の坐禅に入るとするなど、「三時の勤行と二時の坐禅」を軸に「顕密の修練」につとめることを定めている。(16)

これらは、まさしく「一日一夜の行事次第」にほかならないが、いまはこの書が『即身成仏抄』と名づけられていることに、とくに注目しておきたい。というのは、同書の最後に恵鎮は、つぎのよう

な文を加えているからである。すなわち、

已上の一日一夜の儀則は、……（中略）……再興和尚（興円）の御記にして、……（中略）……また直ちに是れ即身成仏の儀則なり。凡《およ》そ衆生は皆な無作三身の全体にして、更に流転迷惑の凡夫には非ず。然るに二六時中の間、三毒五欲の妄法に侵され、徒らに己心《こしん》清浄の本分を忘れ了《おわ》る。しかも今幸いに一支一戒に遭うは、法界の宗致に非ざること無く、忽ちに一日一夜の止悪修善の行業を成せば、既に是れ一生不退の修行なり。豈に三昧成就の因縁に非ざるや。是れ又た一行一切行に恒に四三昧（四種三昧）を修め、一色一切色に常に三聚戒を勤むるなり。三身一身の妙行なり。一念三千の捉足なり。謂く、事相事儀に努め努めこれを軽んずべからず。

（『続天全・円戒1』一九七頁）

という。これの初めの方に、衆生を「無作三身の全体」とするのは、凡夫が本覚仏である意味をいうのにほかならないが、しかし三毒に迷う凡夫をそのまま肯定するのではない。ここでは、一支一戒をも持《たも》って止悪修善の行業《ぎょうごう》を成すことを肝要とし、しかもそれがたとえ一日一夜のものであっても、「一生不退の修行」と位置づけられる。つまり、一行のなかに一切行を含める意味において、一戒をも重んじて一日の如法な修行をなす姿の上に「即身成仏」をみるものといえる。そこに、「事相事儀」とは、戒法において理念のみではなく、具体的な形に表すこと、ここでは実践を重んずることを主張する語である。

六　「一心三観」の相承と「一心戒蔵」の考え方

戒灌頂儀には、もうひとつ重要なことがある。それは「一心三観の口決相承《くけつそうじょう》」と、「一心戒蔵」の考え方である。そのことは、興円の『十六帖口決』の第九帖「明鏡相承事《みょうきょうそうじょうじ》」に記されている。(17)一心三観は天台の止観法門の枢要であり、それを「鏡像円融《きょうぞうえんにゅう》」の義で理解することは、中古天台期の伝統となっていた。そして、それは最澄の『守護国界章』に「鏡像円融の義は口決に非ずんば解せず」というのを根拠に、師・資間の面授による奥義または秘伝とされた。(18)戒灌頂家では、それは正覚壇において相承される。そのことを述べるのが、第九帖の「明鏡相承事」なのである。

「鏡像円融」とは、空・仮・中の三諦三観《さんだいさんがん》を、明鏡《みょうきょう》の明るさ（空）と像（仮）と鏡（中）に喩えて巧みに理解する方法である。中古天台では「一心三観（即空・即仮・即中）の己証《こしょう》」を伝受するのに「明鏡の相承」をもって行った。そこで興円によれば、恵心流では一面鏡の、また檀那流では二面鏡の口決であるのに対して、戒家では円輪鏡と八葉鏡の両面を用いるのは（このこと自体は檀那流の両面鏡に類するといえるが）、余流にはないことであるという。それは、正覚壇での「塔中（並座）面授《めんじゅ》の口決」だからである。

その作法では、先ず師が円鏡の一面を取って、それに面（顔）像を浮かべ、のち資に授けて同じようにさせ、「是れは迹門《しゃくもん》の即空・即仮・即中の鏡像円融相即《えんにゅうそうそく》の一心三観なり」と告げる。つぎに、師が八葉と円輪の二鏡を取り、両鏡を向かい合わせて互いに映る面像を一致させ、のち資に二鏡を授けて師のごとくにさせ、ここでは「是れは本門の境智冥合の一心三観なり」と口決する。この場合、二鏡は境《きょう》と智であり、両面一致の鏡像は「境智冥合《みょうごう》互具」の意味とされ、これは「二尊並座《びょうざ》・生仏《しょうぶつ》並座」の口決ともいわれて、師と資が一仏に冥合し、また仏の上に師・資が互具互融《ごぐごゆう》することであるという。ここに「生仏並座」とは、受者（衆生）が仏位に登って仏と冥合する姿をいうのにほかならないから、師・資ともに仏位において冥合し互具互融するというわけである。

　このような二面鏡の意義は、先に（本節第四項）述べた「三種合掌」の趣旨と重なるものであり、したがって二面鏡にはまた戒法の考え方が付与される。すなわち、二つの鏡は、八葉《はちよう》が梵網の蓮華台で、また円鏡《えんきょう》が法華の中道実相にて、両鏡で「正依法華・傍依梵網」の戒法を意味し、戒壇院の中台が建立されるのはこの意によっているという。そして、戒灌頂儀の座においては、「六即の成道」が経歴し尽くされるとする。六即とは、天台止観のなかで、「理即・名字即・観行即・相似即・分真即・究竟即」の六つの段階を経て、成道（正覚）を完結することであり、戒家では正覚壇に登るとき、六即成道が尽くされるというのである。

　正覚壇はこのように、受者がまさしく仏位に登る儀式に擬せられる（このことは戒法の即身成仏義にもとづく）が、そこにはいまひとつ重要な基盤がある。そのことは、正覚壇の頭上にある天蓋《てんがい》のなかに設けられた「一面の鏡」によって表現される。それは、「法界一輪鏡《ほうかいいちりんきょう》」とよばれ、「一心戒蔵」という意味をもち、これをもって戒灌頂家では「止観の一心三観の上に一心戒蔵を立てる」と主張し、これこそがまた余流にはない独特のものである。これは、あたかも天蓋の一輪鏡が正覚壇で行われる所作の一部始終を映し出すように、仏道の基盤に戒法が存し、戒体（一心戒蔵）が仏道を支え成仏に導く根本であるという考え方によっている。右に、戒灌頂（正覚壇）では、一座のうちに「六即成仏」を経歴するというのも、一心戒蔵という考え方にもとづき、伝授壇で発得した戒体を即身成仏に直結させたものといえる。

「一心戒蔵」という考え方は、恵尋の一心戒思想（『一心妙戒鈔』）を承けて、興円が開拓したものである。興円の『菩薩戒義記知見《ちけん》別紙抄』（三巻、一三〇七年）は、天台『義記』の、とくにその上巻（三重玄義）を注釈する書であるが、そのなかに『義記』の「性無作仮色《しょうむさけしき》」の戒体義を中巻の始終に詳しく論釈する。そこでは、一心戒蔵の考え方を、戒体理論の中核とする。すなわち、恵尋では円頓戒法を「一心の惣体」と捉え、戒体を大地（基盤）に仏道が成り立つとしたのを、興円ではさらに一心戒蔵の概念を用いて戒体を理解する。そこではまず、戒体は『法華経』による理解で示され、迹門の意では「不変真如の理性《りしょう》」であるが、本門の意では「随縁真如の事相《じそう》（仮色《けしき》）」として捉えられるものとする。そしてつぎに、天台の「教・観二門」の体系である、法華教学（本迹二門）と止観（観《かん》心《じん》）の上に、一心戒蔵を位置づけて、戒家特有の「四重釈」を提示する。すなわち、「迹門・本門・観心・一心戒蔵」の四重位を立て、そのなかの最勝で最終の重である一心戒蔵を、「本迹未分処《ほんじゃくみぶんじょ》」「三学未分処」および「本法仮諦《ほんぽうけたい》」などと性格づけ、これを「能開の根源」と規定する。これは、戒体を戒蔵と捉え、戒蔵が一心の基盤となり、これを仏道の根源とみるのである。つまり、一心戒蔵（戒体）を基盤に「戒・定・慧の三学」を修めるとき、止観や法華（本迹両門）の教えが得道の法となりうることを主張するものである。したがって、受戒での戒体発得《かいたいほっとく》は、一心戒蔵を根源に本門意の仮色戒体が発動し、これが直ちに成仏に直結するとみるのであろう。そのため興円は同書のなかで、「受戒発得《ほっとく》は成仏得道《とくどう》なり」といい、また「戒家の心は迹門の上に本門を立て、……（中略）……事相事持の戒を立てて事相に即身成仏を授く」と述べる(19)。

そしてその場合に、もうひとつ留意を要するのは、「信心を以て成仏すること戒家の一大事なり」と述べて、「信心受戒《しんじん》」を強調することである。これは、戒体発得を成仏に直結させる仏法では「信心」がもっとも重要であることをいう。先にみたように（『十六帖口決』）、戒灌頂儀で「師を重んじ、法を重んじ、妄りに授けない」ことを強調するのは、このゆえんによっているとみてよい。

なお、右にみた興円による戒家の「四重釈」は、中古天台の恵心流で、「爾前・迹門・本門・観心」の「四重興廃《こうはい》」義が主張されたのに対応する。しかし、「興廃」義では爾前《にぜん》を廃して法華（迹門・本門）を興し、また法華よりも観心（止観）を重んじるというふうに、いわゆる観心偏重の傾向を帯びるのに対して、戒家の「四重」には「興廃」の意味はないとみられる。つまり、戒体（一心戒蔵）はきわめて重視されるけれども、その意図は戒体が基盤となるとき三学も法華も止観もみな、成仏に導く妙法となることといわんとするのである、

つぎに、興円の『戒壇院本尊印相鈔』（一三〇八年）をみると、そこでは戒灌頂儀（伝授壇）の壇上に安置する、「授戒三聖」（不現前五師のうちの釈迦・文殊・弥勒の三聖）の「印相」を解説する。その

なかで、戒壇院が「一心戒蔵」によって意味づけられ、またそれが「常寂光土《じょうじゃくこうど》」であり、しかも受者の「心性《しんしょう》」にほかならない、と述べていることは注意されてよい。すなわち、興円は「中台戒壇院は四土不二の寂光土なり」と記し、また「心性中台常寂光土とは六即結界《けっかい》の中央に築く所の戒壇院是れなり。寂光は随縁不変の真如なり。随縁不変の真如とは我等が本源の心性《しんしょう》なり」と述べる。(20) ここでは、受者の「心性」と「常寂光土」と「戒壇院」がほぼイコールに重ねられ、受者が戒壇上で発得する戒体（一心戒蔵）の意味と性格を、それらの語で表現しているわけである。

そして、この書の末尾でも、「此の壇に登る授戒の人は必ず決定成仏《けつじょうじょうぶつ》す」「寂光中台に登って極果の三師に値《あ》い、無上の信心を発《おこ》して一仏乗戒を受けるものは、豈に即身に成仏せざらんや」と主張すると同時に、そのすぐ後には「不思議の法は仰いで信ずるなり」とし、さらに重ねて「貴ぶべし、信ずべし」といい、しかるのち「信心を有《も》って戒行を相承する者には許すべし。能く能く秘すべし、秘すべし」と結んでいる。ここでは、「登壇受戒即身成仏」という単刀直入の仏法は、信心によるとき有効であり、信心のない者にはむしろ危険の法となる故に秘法とするものである。この書に限らず、『十六帖口決』をはじめ、興円らの書では随所に「口外すべからず」「秘すべし」と警告するのは、信心なき者に授けるときには本覚的思考のゆえに、堕落の法となることを警戒するのであろう。

さらにもう一書、興円を承けた恵鎮には、『直往菩薩戒勘文《かんもん》』がある。この書では、恵鎮らの主張する叡山の戒法（戒灌頂の戒法）が、鎌倉時代に興起した叡尊・覚盛らの南都戒（廻小入大戒法）や、俊芿《しゅんじょう》の北京《ほくきょう》戒（開権顕実戒法）よりも、遥かにすぐれた直往《じきおう》の菩薩戒法であることを主張する。そこでは、「吾山所立の戒法は、権実未分・生仏一如・一心戒蔵位に於いて、直往菩薩戒と為す」と記す。[21]つまり、恵鎮らの戒法は、一心戒蔵（戒体）を基盤として成仏に直結する戒法であるというのである。

七　仁空の「戒灌頂」批判と霊空の「本覚思想」批判

ところで、興円や恵鎮ら初期の戒灌頂家が活動した少しのち、南北朝期に比叡山を舞台に、実導仁《にん》空《くう》（一三〇九―一三八八）の三鈷寺《さんごじ》流または廬山寺《ろざんじ》流の戒学が振興したことは、周知のことである。西山《にしやま》の三鈷寺に住み、また廬山寺をも継いだ仁空は、法然の門下にして浄土宗の西山《せいざん》派の祖となった証空《しょうくう》（一一七七―一二四七）の、法系に属する有力な学僧である。仁空の戒学は、従来『菩薩戒義記聞書《ききがき》』（『永徳記《えいとくき》』十三巻、『天全』一五）によって知られていたが、近年に戒灌頂家である興円の『菩薩戒義記知見別紙抄』などとともに、廬山寺流（仁空）の戒疏および戒論書のいくつかが新たに翻刻公刊をみた（『続天全・円戒2』二〇〇六年）。

それらのなか、『円頓戒暁示抄《ぎょうじしょう》』（二巻、一三七一年）では、戒灌頂を批判している箇所が見出される。[22]すなわちそこでは、授戒に密教の「灌頂」が用いられ、また「唯授一人」の戒法というのは、前代未聞であり、伝教大師の祖意に背くと批判する。あるいは、戒が密室で授けられ、一人がそのなかで成仏するのは、「法華の皆成《かいじょう》にも背き」「梵網通受《つうじゅ》の本意にも順じない」という。もっとも、授戒を即身成仏儀とすることや、戒壇上に「一二正経・両巻秘要」を置くことは必ずしも反対ではない。なぜなら、即身成仏については、安然の『普通広釈』に典拠があるからである。(23) しかるに、「一二正経・両巻秘要」は仁空ではその中味を異にする。「一二正経」は、『梵網経』を正経とするなかに「一品一巻の経」と「上下両巻の経」の二意のあることをいい、また「両巻秘要」は天台の『菩薩戒義記』上下二巻のことであると、廬山寺流の立場を主張する。このような仁空の立場は、いま少し解説を要するけれども、仁空の戒学では「戒体発得」を重視し、また「戒体発得の上の戒行」を強調するのは、戒灌頂家に共通することである。ただ、仁空では少なくともその戒学においては、本覚的思考からは遠く、代わりに浄土念仏が戒行に大きく関わっていることが、その主張に反映していると考える。このことは、後の節で戒灌頂家（惟賢）の考え方と対比して、いっそう詳しく検討したい。

またさらに、江戸時代の天台に興起した霊空《れいくう》光謙（一六五二―一七三九）らの安楽律は、当時の真言律の復興や、浄土律の振興に大きな影響を及ぼした。霊空はまた、「即心念仏」を主張して、浄土宗ほかの学僧たちとおおいに論争したことでもよく知られる。この安楽律のとき、霊空らが「玄旨《げんし》帰《き》命壇《みょうだん》」の邪教性を痛烈に批判して（『闢邪編《びゃくじゃへん》』）、これを廃絶させ、これをもって天台本覚思想の高潮の時代は終焉したとも言われる。玄旨帰命壇は、戒灌頂などと並んで本覚思想と灌頂を特色とする法儀の類であるが、本覚思想の現実肯定が偏重して淫祀的志向に陥り、その堕落傾向の故についに排斥されるに至ったのである。しかし、戒灌頂は玄旨帰命壇とは異なって、今日にも続いていることは充分留意されねばならない。

戒灌頂儀は、今日の西教寺で毎年執行されている。西教寺は、比叡山横川の麓にあって、もと慈恵大師良源（九一二―九八五）の開創とみられ、のち戒灌頂の恵鎮がこれを修造して法勝寺末とし、恵鎮は法勝寺と、神蔵寺、帝釈寺、西教寺を山門の四箇律院とした。[24]そして、室町時代の真盛《しんせい》（一四四三―一四九五）は、「持戒念仏」の宗風を興して西教寺に入寺し、これを再び中興した。真盛自身は元応寺流を承けていたようであるが、法勝寺の末寺に位置する西教寺に迎えられたわけで、その西教寺ではのち法勝寺を合併してそこの戒灌頂をも受け継ぐことになった。法勝寺流と元応寺流は、もともと兄弟関係にあるから、そのこと自体には少しも矛盾はない。ただ、西教寺では真盛以来、「円戒と念仏」を宗風とし、浄・戒双修となっている。江戸時代に安楽律の霊空は、先輩の真盛を戒律護持のゆえにすこぶる讃え尊敬している。[25]もっとも、霊空は即心念仏を提唱したことで、真盛の念仏義をめぐって、園城寺の義瑞（一六六七―一七三七）と激しく論争することになる。

日本の天台では、正依経典の『法華経』にもとづくときは即身成仏義である。天台密教（台密）でも、顕密一致の考え方で即身成仏義をとる。しかるに、横川の源信（九四二―一〇一七）が『往生要集』で確立した叡山浄土教の「事観念仏」法では、往生成仏を目標とする。すでにみたように、戒灌頂は即身成仏儀であるのに対し、真盛の浄土念仏法は『往生要集』にもとづく往生成仏の教えである。浄・戒双修の真盛と西教寺では、両者の関係は教理的にはどのように結びついているであろうか。右にふれた仁空による戒灌頂批判と、霊空の本覚思想批判の問題とをあわせ、いっそう究明されてよい課題といえよう。

第二節　戒家恵鎮の「直往菩薩戒」の思想

一　叡山戒法復興における恵鎮の位置

比叡山天台宗の円頓戒（円戒）史のなかで、中古天台期の鎌倉から南北朝時代にかけての、黒谷流による円戒復興運動のなか、慈威和尚恵鎮（円観、一二八一―一三五六）の果たした役割とその功績はきわめて大きい。恵鎮は伝信和尚興円（一二六三―一三一七）の弟子で、興円とともに叡山における十二年籠山行を復活させ、黒谷流による円戒の興行を成功させ、叡山の戒法を広く世に宣布した学僧として知られている。

黒谷流の円戒（円頓戒）は、比叡山西塔の別所である黒谷に住した叡空（？―一一七九）の先鞭のもと、源空―信空―湛空―恵尋―恵顗―興円―恵鎮と次第して、戒脈を構成する。これによってみると、叡空のあとの黒谷流は浄土宗との密接な関係をもって進展したごとくであるが、恵尋（？―一二八九）の頃から、「戒家」の呼称を用いて、黒谷流特有の法門と思想が形成されるようになる。そして、興円と恵鎮の時代になると、浄土宗との関係はまったく清算されて、叡山仏教自体のなかに戒律復興が大きな成果をあげる。そのなか、まず興円は最澄の『山家学生式』にもとづく十二年籠山行を叡山において実践し、多くの著作によって戒家の円頓戒思想の確立につとめた。ことに黒谷流では、当時までの密教の隆盛を基盤として、顕（戒）密一致の思想にもとづく、新たな授戒法門である「重授戒灌頂」が創案されたが、その法門と思想が確立されたのも興円のときである。つぎに恵鎮は、興円の籠山行と円頓戒興行に加わって活動をともにしたばかりではなく、興円ののちに数々の戒場を創設して、自ら復興に成功した円頓戒を叡山の内外に広く普及して尊崇を集めた。戒家（黒谷流）の事業をほぼ完成に導いたのは、興円を承けた恵鎮の功績によるところが大きい。

黒谷流は、恵鎮のあとには法勝寺流と元応寺流とにその呼称を変える。それは、興円なきあと、恵鎮が主な戒場にして活躍した京都東山の法勝寺と元応寺を弟子の惟賢と光宗とがそれぞれ継承して、伝戒の拠点としたことによる。したがって、叡山の黒谷流の戒系はひとまず恵鎮をもって終わるが、恵鎮のときまでに確立された黒谷流戒家の思想と法門は、法勝・元応の両流の円頓戒として伝えられ、叡山天台宗の円頓戒史上での重要な潮流を形づくっていくのである。そこで、本節では叡山の円頓戒復興事業に著しい貢献をした恵鎮（戒家）の円頓戒思想の特色を、その著『直往菩薩戒勘文《じきおうぼさつかいかんもん》』によってみることにしたい。恵鎮のこの書は、戒家が提唱し宣布した円頓戒が、南都や北京など余他の戒律思想とはいかにすぐれているかを解明しようとしており、天台戒家の主張を知るのに好適の文献であるといえる。本節では、恵鎮の事蹟をいま少しくわしくみた上で、恵鎮が鼓吹した「直往菩薩戒」の思想を知ることにしたい。

二　恵鎮の伝記と戒家における役割

恵鎮には、自叙伝と目される『閻浮受生大幸記《えんぶじゅしょうだいこうき》』（慈威和尚伝《じいわじょうでん》）が存する。師の興円にも、『伝信和尚伝』があって、戒家の事蹟はこれらの伝記書によって、多くのことを知ることができる。

恵鎮の『閻浮受生大幸記』は、文明八年（一四七六）頃に法勝寺第二十八世の戒和尚に就任した昌俊（生没不詳）が、文正元年（一四六六）に鎌倉の円頓宝戒寺で書写したものを残す。昌俊は、黒谷・法勝寺流の典籍を多く書写して戦乱による紛失を補って誌し、後世に残した室町期の勝れた戒和尚として知られる。(26) そして、この伝記書の奥書のひとつには、「私に云く」として、「この記は叙述の中に、康永帝（康永年間の光明天皇のこと）を新院と称しているので、観応二年（一三五一）のころの御製であり、この年は和尚（恵鎮）は七十一歳であり、そののち延文元年（一三五六）三月朔日に七十六歳で入滅した」と記す。(27) したがって、この消息によれば、入滅五年前に造られた自叙伝と想定される。

恵鎮のこの伝記は、なかに「予は」との記述をみ、また同輩または弟子にあたる光宗を「道光上人」と呼ぶのに対して、自らを「恵鎮」と記すことから、自叙伝に相違ない。これの構成内容は、出生地を記したのち、「人間男身大幸」「不受女身大幸」「六根完具大幸」「京洛経廻大幸」の名目を列記して、弘安九年（一二八六）の六歳に上洛したと述べ、幼少期はこれだけのつまり名目だけの簡略にすませ、のち「叡岳容身大幸」とする名目から内容をやや詳しく記す。そこでまず、「大幸」の名目を挙げると、次のような順序に記される。

叡岳容身大幸　出家受戒大幸　千日入堂大幸　仏法修練大幸　専求仏道大幸
交衆学道大幸　遁世行道大幸　円戒興行大幸　能聴是法大幸　弘通広大大幸
貴種伝戒大幸　諸寺興隆大幸　円宗弘宣大幸　内証修行大幸　聖教感得大幸

これらの標題のもとに記す内容は、いずれもそれほど長くはないが、比較的詳しいのは「円戒興行大幸」であり、ついで「遁世行道大幸」と「諸寺興隆大幸」である。すなわち、「遁世行道」までは、若き時代の修学を述べ、次の「円戒興行」は興円（先師）や光宗（道光上人）らと伝教大師以来の円戒を復興し、比叡山で籠山行を修めた事業を記し、その後の「諸寺興隆」などは諸大寺を中興し修造して伝戒道場とした活躍を叙述する。

それで、恵鎮は弘安四年（一二八一）、近江国浅井郡今西の生まれで、十五歳の二月に叡山に登り、その十一月に登壇受戒して出家した。山上で修学にはげんだ恵鎮は、天台の教迹を学ぶのみならず、つねに止観に志し、二十二歳の頃には恵心流の大旨や檀那流の深致に達したという。また、その間の十八歳のときに興円に師事し、十九歳にして戒家の深旨を伝えられたとされる。そして、二十三歳の頃に遁世の願を発し、諸国を巡歴した。真如堂を訪ね、南禅寺にて禅に参じ、二十四歳の七月頃には叡山の黒谷に閑寂蟄居して修行を重ねた。二十五歳の五月に播州書写山に倶舎を学び、九月には熊野三山にも巡礼している。

そのようななかで、恵鎮は間もなく興円とともに叡山の戒律再興にその信念を固める。というのは、恵鎮自身が語っているように、当時は世間においては、道俗貴賤とも十悪をはばからず五欲を恐れないありさまが横行し、また叡山においても、十重四十八の禁戒は守られず、止観遮那の教門が学ばれずに、武芸兵法の一事にあけくれる風潮が蔓延していたからである（専求仏道大幸）。戒律の復興こそが、世の中の疲弊を救い、叡山の仏教を蘇生させると確信されたにちがいない。

周知のように、鎌倉時代には叡山から念仏・禅・法華などの新仏教宗派が独立した。その一方で、南都や京都の旧仏教勢力のなかでも戒律復興がはかられ、そのもとで教学的革新の運動が進んだ。恵鎮は、南都の戒法が西大寺（叡尊）や唐招提寺（覚盛）に再興され、また京都の泉涌寺にも俊芿によって北京律が始められて、律儀大僧が天下に興ったことを伝記に述べている（円戒興行大幸）。このような叡山内外の情勢に触発され、恵鎮らでは、叡山の戒法は伝教大師以来のすぐれた純大乗の法である故に、これを甦らせることが急務であると考えたのである。恵鎮はすでに十八歳のときに興円の門下に入っている。その興円が山門の戒法再興を発起して、嘉元三年（一三〇五）十月に黒谷慈眼房にて籠山行を始めると、恵鎮はただ一人、師に随伴してその給仕につとめたという。興円が四十三歳、恵鎮は二十五歳のときである。

恵鎮は二十六歳の八月には、自らも十二年籠山を起誓してそれを実践した。そして、二十八歳のときに黒谷（西塔の別所）から東塔の神蔵寺に修行の居を移した。すると同年の十月には道光（光宗）が登山してきて籠山行に加わった。延慶三年（一三一〇）四月五日には興円も黒谷から神蔵寺へ移ってきて、これに順観や通円らが参加して夏安居を結んだ。興円らの円戒興行の根拠地はこうして黒谷に加えて神蔵寺が中心となり、その運動に賛同する僧も年々に増加し、その事業は一山に異議なく認められるようになった。興円は籠山中にいくつもの著述をなして戒学の振興をはかり、門弟を指導した。興円は正和五年（一三一六）正月に籠山の結願を迎えた。翌正和六年の正月、恵鎮は三十七歳のとき興円から授戒灌頂を受けて興円の後継者となった。籠山行に入って十二年目、恵鎮がその行を満了する前後とみられる。興円は間もなく文保元年（一三一七）四月二十六日に五十五歳で没した。

興円のあと、恵鎮は再興の円戒を弘通することにめざましい活躍をみせた。まず、朝野の人々に授戒をし、とくに後伏見・花園・後醍醐・光厳（本院）・光明（新院）の歴代五天皇に伝戒したので、「五代国師」と尊称されることになる（貴種伝戒大幸）。つぎに、数々の諸寺を復興または開創して、それらの多くに戒場を敷設した。すなわち、法勝寺と西教寺を修造し、元応寺を開創し、あるいは鎌倉に円頓宝戒寺を建立して、それぞれ伝戒の道場とした。また、加賀の薬師寺、伊予の等妙寺、筑紫の鎮弘寺なども恵鎮の史蹟に数えられており、それらは遠国の戒場として、円頓戒の普及に大きな役割を担った。その他、叡山では大講堂をはじめ、延命院・四王院・法華堂・常行堂を修造し、さらに四天王寺と東大寺の大勧進をも勤めたことが特筆される。あるいは、日吉大社に七重塔を造立し、また良忍（一〇七三―一一三二）の聖跡である大原の来迎院は、黒谷流戒法相承の根元である（黒谷流の祖叡空の師が良忍である）ゆえに、これの護持にも尽力している。これらのことは、恵鎮らの円戒復興の実績が叡山の内外に広く認められ、多くの外護者を集めて崇敬されたゆえんを物語っている。

恵鎮は円戒の興隆に努力し、戒場で講義をして門弟を多く育てたが、著作はそれ程には残されていない。従来には、『宗要白光』九巻（『天台宗全書』一八）が恵鎮のものとして知られる。これは、天台論義の「宗要」を、檀那恵光坊流において編集するものである。これのほか、円戒関係では短編の『即身成仏抄』や「附法状」の類、および『直往菩薩戒勘文』がまとまったものとして、『続天台宗全書・円戒1』に翻刻公刊された（一九八九年）。さらに、円頓戒を講義した戒疏の類も存在したことが散見され、そのひとつ『菩薩戒疏聞書』がその後に翻刻公刊された（『続天台宗全書・円戒2』二〇〇六年）。(28)

そこで、恵鎮の『直往菩薩戒勘文』は、その奥書によると、建武四年（一三三七）の恵鎮五十七歳のときのものであり、恵鎮が活発に戒法を弘め、門弟に講義した時代のものである。ここに、「直往菩薩戒」とは自ら復興の天台宗の円頓戒をこのように性格づけたのである。その呼称は、もとは伝教大師最澄（七六七―八二二）に始まる。

ところで、黒谷流では「戒家」と自称しはじめた恵尋のときには、「一心戒」の名で円頓戒がさかんに講じられた。(29)ついで、恵尋の思想を多く学んだ興円は、「一心戒蔵」の思想を樹立している。(30)それに対して恵鎮では、興円の一心戒蔵の概念を思想表現の要目にすえながらも、その戒法を「直往菩薩戒法」の名で提唱し、弘通したごとくである。戒家のなかにも思想の形成過程とその変遷はあると考えるが、いまはそうした点も考慮に入れて、恵鎮が「直往菩薩戒法」とよんだ、戒家の戒法の思想的特色をみていきたい。

三　『直往菩薩戒勘文』の撰述意図

『直往《じきおう》菩薩戒勘文《かんもん》』（以下『勘文』ともいう）には、その冒頭に内題を述べて、

吾山所立戒法、於二権実未分、生仏一如、一心戒蔵位一為二直往菩薩戒一事。

（『続天全・円戒1』三七七頁上）

といい、一心戒蔵という特有の表現を付して、叡山（吾山）の戒法が「直往菩薩戒」であることを標示している。ここに直往菩薩戒とは、少しのちの所述によれば、最澄の『顕戒論』や円仁の『顕揚大戒論』を指示しているから、最澄と円仁に根拠をもっていることが知られる。

そこで、『顕戒論』（三巻）をみると、巻上に「開下示同二小律儀一菩薩不レ同二小律儀一菩薩明拠上五」という章がある。[31] 最澄はそのなかで、『不必定入定入印経』の「五種菩薩（羊乗行・象乗行・月日神通乗行・声聞神通乗行・如来神通乗行菩薩）」の説を詳しく引用し、経文では、羊乗と象乗の二菩薩は「仏果不必定」で、後の三菩薩が「仏果必定」と説かれるのを受けて、最澄では初の二菩薩を「蔵・通の戒」を学ぶ「無翼劣菩薩」であるとし、後の三菩薩を「別・円の戒」を学ぶ「直道菩薩」であると釈している。これは、天台宗の南都からの独立をはかった最澄が、南都の戒法は小乗儀をともにする菩薩戒であるから劣っており、これに対し天台の戒法は小乗儀をともにしない純大乗の梵網戒であるから、天台の方の菩薩戒がすぐれていることを主張したものである。また、『顕戒論』の巻下には、

「開示頓悟漸悟両種菩薩回《え》直《じき》之行明拠四十三」という章がある。(32) ここでは、「回小入大《えしょう》菩薩（漸悟《ぜんご》）の行」と「直往《じきおう》菩薩（頓悟《とんご》）の行」を区別し、南都の戒法が二乗（小乗）を学ぶ漸悟菩薩の行法であるのに対して、叡山の大乗戒は小律儀を用いない頓悟・直往の菩薩戒であるがゆえに、この方がすぐれていることを主張している。

つぎに、慈覚大師円仁（七九四―八六四）の『顕揚大戒論』（八巻）をみると、巻二に「直往菩薩戒篇三」という章がある。(33) これは明らかに、右にみた『顕戒論』巻上の所説を承けたものとわかる。円仁はそこで、『不必定入定入印経』を最澄よりもさらに詳しく引用し、また『梵網経』や『大智度論』をも援引して、直往菩薩が小乗儀を用いないことを力説している。そして、『善戒経』や『瑜伽論』を引いて、それらに説く菩薩戒は小乗の律儀によるから漸次《ぜんじ》・迂《う》廻《え》の菩薩の戒であるのに対して、『梵網経』所説の戒法が直往菩薩の純大乗戒であることを強調している。

このように、恵鎮がその根拠を示していることによってみると、直往菩薩戒は最澄や円仁が主張した戒法である。それは、叡山天台宗の戒法が純粋に大乗的な直往の法であるゆえに、南都の戒法で用いるような声聞《しょうもん》戒を棄捨して、『梵網経』の戒律を用いることを意味している。

また、ちなみに安然（八四一―？）の『普通授菩薩戒広釈』（三巻、以下『広釈』）をみると、そこにも直往菩薩の語は用いられている。すなわち『広釈』巻上の「第一開導」では、「十種の意楽《いぎょう》」が述べられ、その三の意楽に「若し直往の菩薩たらんと欲する者に我れまさに戒を授くべし」と示され、また、蔵・通・別・円の四菩薩戒を説くなかに、「或は各直往の菩薩と名づく、当分に各廻小入大の者に対するが故に」といい、あるいは「前の三（蔵・通・別）の戒行をただ歴劫修行と名づけ、円乗の戒行をまさしく大直道の行と名づく」と主張しているのがみられる(34)。これらのなかで安然は、梵網円戒を、廻小入大・歴劫《りゃくこう》修行の菩薩よりもすぐれた直往菩薩の戒として勧めていることがわかる。

これらのことから、直往菩薩戒は叡山天台宗では、最澄のときから、純大乗の梵網円戒を意味するものとして用いられてきたわけで、戒家の戒法にのみ特有の表現ではないことがわかる。戒家の場合には、その戒法のなかに「一心戒蔵」という用語をはじめ、いくつかの思想内容を盛り込んだところに、その特色があるといってよい。

四　南都戒と北京律の位置づけ

さてつぎに、恵鎮は『勘文』において、先にみた内題ののち、「釈迦一代所説の戒法には四種がある」と述べて、仏教における戒法を四種に分類して、それらの性格を論述してゆく（『続天全・円戒1』三七七頁上）。論述順を目次にしてみると、つぎのとおりである。

一、当　分　戒――(一)小乗戒、(二)大乗戒
二、廻小入大戒法（南都律）
三、開権顕実戒法（北京律）
四、直往菩薩戒法（叡山の戒法）

これらは、恵鎮らの時代までに行われていた戒法を判釈《はんじゃく》して、戒家が弘通《ぐづう》する叡山の戒法（直往菩薩戒法）がもっともすぐれたものであることを示さんとする意図をもっている。そして、これらの戒法の性格を判釈するのに、天台の『法華玄義』の所説が依用せられている。

そこで、まず初めの「当分戒」とは、当分《とうぶん》に（機根に応じて各別に）用いられる戒律という意味で、小乗と大乗とに分類される。㈠小乗戒とは、「四律五論所明の五・八・十・具戒」であると説明されているので、これはたとえば凝然《ぎょうねん》（一二四〇―一三二一）の『八宗綱要』にある「律宗」にみるような、具足戒（二百五十戒）を中心とする伝統的な声聞戒（小乗戒）を指している（四律とは十誦律・僧祇律・四分律・五分律の部派所持の律蔵を指し、五論は部派の用いる五種の代表的論書をいう）。つまり、在家の五戒、六斎日における八斎戒、沙弥の十戒、それに比丘の「二百五十戒」と比丘尼の「五百戒」などである。また、㈡大乗戒とは、「梵網・瓔珞等諸経所明の戒」であると恵鎮は示しているので、これは『梵網経』の「十重四十八軽戒」と、『瓔珞経』所説の「三聚浄戒」を指すものである。これら大小二種のうち、叡山の戒法では最澄の大乗戒壇独立運動のときに、すでに声聞戒（小乗戒）は棄捨されているとみられるから、戒家でもそれは一向に用いられず、叡山で用いられるのは梵網・瓔珞の大乗戒である。しかるに、それは恵鎮では『法華玄義』の所説にもとづいて「麁《そ》戒」（劣った戒）であると釈される。

『法華玄義』（以下『玄義』）では、「迹門《しゃくもん》の十妙」を明かすなかの第三に「行妙《ぎょうみょう》」を説く。行妙ではまた、「別の五行（別教次第行《べつぎょう》）」と「円の五行（円教不次第行《えんぎょう》）」とを明かし、前者の別教次第行のなかに「戒聖行」を説き、そのなかに「麁を開いて妙を顕わす」という一段がある。『玄義』のそこでは、梵網戒のことが述べられて、それを「待麁《だいそ》の戒」と解釈している。[35] 恵鎮は、『勘文』にそれを依用して、梵網戒は当分の菩薩戒であるゆえに麁戒であるというのである。つまり、『梵網経』は『華厳経』の結経として知られているから、それは別教に属するゆえに、梵網戒それ自体としては、円教（法華経）とは区別されて麁戒とされるのであろう。よって、直往菩薩戒は、そのような意味での麁戒でも当分の戒でもないというのが恵鎮の主張である。

つぎに、二の「廻小入大戒法」とは、これを「従権入実戒」ともいい、「先に小乗戒を受けて、後に大乗の菩提心を発して大乗戒を受ける相貌」であるとされ、そこでは南都律を指示している。[36] この戒法についての『勘文』での説明は、これのみにて実に簡単にすませている。ここに南都とは、鎌倉時代に復興された、唐招提寺覚盛（一一九四—一二四九）の律宗と、西大寺叡尊（一二〇一—九〇）の真言律宗を指すのに相違ない。さきにも述べたように、恵鎮らによる叡山の戒法再興の運動もそれらに大きな刺激を受けてのことであった。しかし、南都の戒法はすでに最澄によって、廻小入大（歴劫修行）の法として退けられているから、覚盛や叡尊らのものも基本的には同じとみて、『勘文』では多くを注釈する必要を認めなかったのであろう。

三の「開権顕実戒法」とは、「小乗の五・八・十・具の戒を会して大乗戒とする」法であると恵鎮はいい、これには北京律《ほくきょうりつ》が当てられている。[37] 北京律とは、鎌倉時代に入宋して、京都に泉涌寺を開いた俊芿《しゅんじょう》（一一六六—一二二七）の戒法である。恵鎮は俊芿の始めた北京律を「開会《かいえ》の戒」ととらえ、

『法華玄義』を用いてそれを「絶対妙戒」と釈している。開会の戒とは、『法華経』の開会思想にもとづいて、声聞戒（小乗戒）を大乗戒として用いることを意味する。また、ここで引かれる『玄義』の文は、先の当分戒で引用された「麁を開いて妙を顕わす」という一段の後半にみられるもので、「麁戒（劣った戒）のなかにも妙戒（勝れた戒）の意味がある」との釈意をもつ。つまり、法華円教の意を含むゆえに妙戒とされるわけで、基本的には別教次第行の麁戒に位置する。開会の戒は、『法華経』にもとづいてはいるが、北京律のように具足戒（小乗戒）を主軸とする戒法であるから、戒家の立場では権《ごん》大乗のものとして退けられる。

そのため恵鎮はそこで、法華の戒には二意があることを述べる。ひとつは、開会《かいえ》の戒、もうひとつは直往《じきおう》の戒である。『法華経』方便品の文でそれをいえば、「分別説三」の意が開会で、「於一仏乗」の意が直往であるという。つまり、方便によって三乗に開かれた戒法が開会の戒であり、開会以前の一仏乗位のものが直往の戒法であるというのである。

五　叡山天台の直往菩薩戒法

さて、第四の「直往菩薩戒法」は、恵鎮によれば、すでにみたような当分戒でも麁戒《そかい》でも、また開《かい》会《え》の戒でもなく、つぎのように性格づけられる戒法である。

吾山ノ戒法ハ於二一心戒蔵位一立レ之。故全非二当分戒一、非二待麁戒一、非二開会戒一也。只是権実未分、生仏一如、直往菩薩戒法也。

（『続天全・円戒1』三七七頁下）

ここで、「一心戒蔵位」「権実未分」「生仏一如」などと形容される言葉が、特有の考え方を表明している。さらに、『法華経』の「於一仏乗位」の戒法であるとも主張される。したがってここでも、恵鎮は『法華玄義』を引用する。それは、先に述べた「別の五行」のあとの「円の五行（円教不次第行）」の所説である。『玄義』では、円教不次第行を如来行に位置づけて、これを『法華経』によって解釈している。[38]そこに説かれる戒行は、天台ではもっともすぐれたものとされるから、『勘文』で恵鎮は直往菩薩戒法をそれに当てはめ、ことに『法華経』によるべきことを強調する。『玄義』を指南としながら、恵鎮は『法華経』によるいくつかの特異な解釈を引き出している。

そのひとつに、『法華経』提婆達多品の「龍女成仏」ついて、「龍女の即身成仏は戒法の成仏」であると、戒家では相伝しているとする。[39]そして、それがいえるわけは、提婆品で龍女が世尊に献じた宝珠は戒体を意味するからであるという。宝珠を戒体とみるのは、経論ではよくあることとして、『勘文』では『法華経』の、たとえば譬喩品の「持戒清潔如浄明珠」という文や、『善戒経』が引用され、その後、「成仏の下種は戒体が根本」であることを述べている。つまり、戒体が根本的な原因（種子）となって成仏することができるとみるのである。

ところで、龍女の即身成仏のことは、最澄の『守護国界章』や『法華秀句』などに多く言及されている。[40]最澄では、龍女が歴劫の機根ではなく、直往の機根のゆえに、経の力によって即身成仏するとの旨を釈しているから、戒家のいまの解釈も、直往の戒法にふさわしいものといえる。ただ、戒家恵鎮では、「宝珠戒体」説のもとに戒法の即身成仏を主張することに独自の発揮がみられる。

宝珠戒体説について、『勘文』では『法華経』五百弟子受記品の「衣裏《えり》繋珠《けいじゅ》の譬」をもとに「誓願戒体」説をも引き出している。(41) この場合には、繋珠（宝珠）を経文にしたがって菩薩の願とみるために、誓願が戒体となるわけである。

さらに、『勘文』では、「戒家では持戒を以て持経という」と述べて、持戒即持経の説を『法華経』見宝塔品の文「若暫持者是名持戒」によって主張していることが注目される。(42) ここで経とは、『法華経』のことであるから、戒を持つのにはよくよく『法華経』を学ぶべきことを力説しているものといえる。このような『法華経』をとくに重んじて持戒をすすめる戒家の立場は、「正依法華傍依梵網」と言われるが、『勘文』で恵鎮が右のような解釈を示すのも、戒家の戒法が正依法華の法華戒であることを力説したものといえる。元来、梵網戒を受持する叡山の戒法に法華戒が強調されるのは、日本天台の口伝法門時代に台頭した法華至上主義の風潮が、戒家の思想形成に影響したものと考えられる。ただし、右の「宝塔品」の文を依用するのにもみるように、たとえば日蓮では「持経即持戒」の理解によって、持経を中心として持戒をそれに埋没させるのに対し（日蓮『四信五品鈔』など）、戒家恵鎮では逆に「持戒」を前面に出して「持経」を持戒のなかで理解するという特色をもつ。

ともあれ、直往の戒法は『法華経』の思想にもとづいて戒律を受持することである。その場合、すでに述べたように、法華戒には二つあって、「於一仏乗」位の戒が直往で、「分別説三」位の開会戒はそれとは区別される。その点を『勘文』ではつぎのように述べている。

吾山用《ニ》二梵網戒《ヲ》一事者只自受用大日戒《ナル》故於《ニ》二一仏乗之位《ニ》一用レ之《ヲ》也。是為二一心戒蔵意《ト》一未レ下二分別説三《ニ》一者也。当分・待麁・開会皆《ハ》分別説三《ノ》上立レ之《ヲ》也。（『続天全・円戒1』三七七頁下—八頁上）

すなわち、『法華経』の一仏乗の意によって梵網戒を用いるのが直往の法で、声聞戒を用いる余他の戒法はみな方便（分別）によって立てられ劣ったものと決釈される。これと同様の趣旨を、『勘文』ではまたつぎのように述べる。

山家大師立二三種《ノ》法花《ヲ》一時、於一仏乗者根本法華教也云々。故於《ニ》一仏乗《ノ》重《ニテ》且《ク》ルサナ仏心地所修《ノ》戒《ヲ》可レ持云也。其故《ハ》五・八・十具《ノ》戒《ハ》分別説三《ニ》已後出現《スル》法也。（『続天全・円戒1』三八二頁下）

ここに「三種法華」とは、最澄（山家大師）に起源をもつ説ではあるが、口伝法門の時代によく用いられたことで知られる。[43] すなわち、右の文ではそれに根拠づけて、法華一仏乗の立場で梵網戒（ルサナ仏心地所修戒）を持つべきことを主張している。戒家では、戒灌頂儀の合掌印（即身成仏儀）について、興円が『十六帖口決』のなかで、「三種法華」義を用いて合掌印を解説しているのをみる。それは、つぎのような図表によってみることができる。

┌於一仏乗者　根本法華教也　堅実合掌印
分別説三者　陰密法華教也　未敷蓮華印
└唯有一乗者　顕説法華教也　開敷蓮華印

興円ではこれを、最澄ではなく「慈覚大師の口訣」によるとし、さらに「口伝」として、「堅実合掌とは諸法実相の一印なり」、また「中道とは法華の正体、諸法実相の一印なり」と述べている。[44] これによって、戒灌頂の合掌印は、一仏乗位の堅実合掌（両手の掌を合わせる十指合掌）を中心としていることがわかる。戒灌頂は、その外道場において十二門戒儀に従って梵網戒を授けたのちに、密教灌頂の作法によって合掌印を授けて、つぎに内道場正覚壇において、その合掌印をもとに「即身成仏」義を伝授する法門である。このことから、いま一仏乗位の直往法とは、その戒法が成仏に直結するとの意味を含むことがわかる。

さらに、「於一仏乗」位の戒とは、先に引用した文のなかでは、「一心戒蔵」位という語で置き換えられ、またそれは「自受用大日戒」とも表現されていたので、つぎにはこれらの点に注目してみたい。

六　戒灌頂家の戒体義とその特質

恵鎮の『勘文』では、直往菩薩戒をつぎのようにも述べている。

直往菩薩戒ノ時ハ於二生仏一如、権実未分ノ重ニ立レ之。……（中略）……伝教・慈覚御相承、起レ自二此等ノ意二不レ依二開会ノ戒ニ一。於二七重結界ノ寂光妙土ニ一立二心性中台ノ戒壇ヲ一授二大日自受用ノ戒一者也。

（『続天全・円戒1』三八〇頁下）

この文のなかでは、直往の戒法を、最澄と円仁からの相承と述べている点が留意されるとともに、とくに、「七重結界の寂光妙土に心性中台の戒壇を立てて」、梵網戒を「大日自受用戒」として授く、という表現に戒家特有の思想が含まれていると考えられる。つまり、「大日自受用戒」は密教との結びつきを示し、また「心性中台」は「一心戒蔵」と同趣旨で、これは戒家の「常寂光土」義であると思われるのである。

そこでまず、大日自受用戒について、恵鎮の『勘文』では、梵網戒がなぜ大日戒になるかを問題にしている。というのは、梵網戒の教主は盧舎那仏で、これは他受用身（報身）であるから、大日如来が自受用身（法身）であるのとは異なるからである。これに答えて、それは「承和唐決の随一」の説であると恵鎮は述べている。「承和唐決」とは円仁がもたらした「唐決」である。ところが、『勘文』に示されている説は、現存する円仁招来の『唐決』には見当たらず、むしろ光定疑問の『唐決』に的文を見出すことができる。すなわち、『勘文』では「自受用と他受用は一体の上の二名であり、外用につけば他受用といい、内証につけば自受用である」との『唐決』を根拠に、「吾山の戒法は常寂光土の儀則なる故に内証の辺をもって自受用戒を授く」のであると主張している[45]。しかし、この主張はおそらく円仁ではなく、実は光定（別当大師、七七九―八五八）から引き出したものにちがいない。なぜなら、光定の『伝述一心戒文』にも同様の主張がみられるからである。光定の同書では、他受用戒（梵網円戒）と自受用戒（大日戒）の「不二而二」を述べ、それらは「阿字門」に帰着すると主張している。また、ちなみに興円の『戒壇院本尊印相鈔』では、『伝述一心戒文』の同説を引用して「真言と戒法の一致」を釈述しているのがみられる[46]。してみれば、恵鎮が「承和唐決」によるとするのは、錯誤によるものか、または故意に円仁に結びつけたかったからである。ともあれ、大日自受用戒の主張は、戒密一致の思想に由来し、戒家ではそれにもとづいて「重授戒灌頂」を創案したわけである。戒家のこの思想は、平安時代以来の天台宗における密教の隆盛を背景にしていることはいうまでもない。

つぎに、「七重結界の寂光妙土」について、『勘文』ではこれを「日記家からの相承」によると述べている。(47) 叡山天台宗において、戒家と記家が親密な関係にあったことはすでに知られている。(48) そこで、記家の根本典籍とされる『山家要略記』から抄出されたという「大結界式」をみると、その「裏書」に「戒家は七重結界を立てた」と記し、そこに七重結界と思われるものが載せられている。(49) このことから翻って、戒家の文献をみてみると、興円の『戒壇院本尊印相鈔』と、光宗の『普通広釈見聞』のなかに、七重結界が記されているのをみる。いま、光宗によってそれをみると、つぎのように図示できる（『大正』七六・八四三b）。

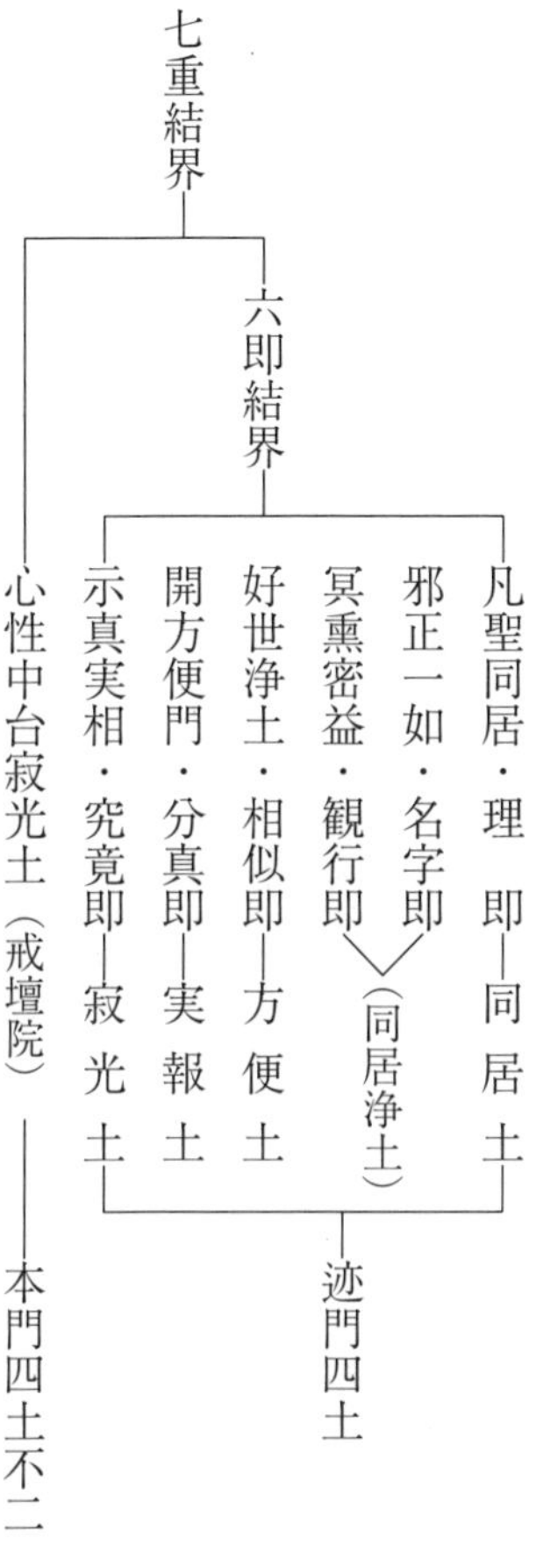

また、興円の『戒壇院本尊印相鈔』ではつぎのように述べている。
心性中台常寂光土者六即結界ノ中央所ニレ築戒壇院是也。寂光者随縁不変ノ真如也。随縁不変真如ト者我

等本源心性也。（『続天全・円戒1』一一七頁上）

六即結界は、叡山に設けられた結界を六即位に配当したものであるから、これ自体は戒家に特有のものとはいえない。しかし、それに第七重を加えたのは戒家の始めた思想にちがいない。つまり、六即の中央に戒壇院（第七重）を位置づけて、これを常寂光土（本門四土不二）とし、七重結界の中心とみたのである。しかも、寂光土に建つ戒壇院は「心性中台」とされ、それは衆生の「本源心性」なのであり、真如であるという。『勘文』のなかに幾度か出る「権実未分、生仏一如の一心戒蔵」とは、まさにそのことをいうのにほかならない。衆生の本源心性は、随縁不変の真如と説明されるから、如来蔵や仏性に同類の概念とみてよい。戒家では、それを「戒蔵」と捉えるのである。前に「戒体は成仏の下種」であると述べられていたように、戒（戒体）を本源にすえて仏道の体系をみようとするのが戒家の発想であり、そこから「戒法の即身成仏」が説かれてくるものといえよう。

ところで、「常寂光土」義は、口伝法門時代の日本天台では、本覚思想を表現するものとしてさかんに口伝された。とくに恵心流では、「四箇大事（一心三観・心境義・止観大旨・法華深義）」と「略伝三箇（円教三身・蓮華因果・常寂光土義）」の典型が確立されたことはよく知られている。それと同じ時代に天台のなかで活動した戒家の学僧たちは、恵心・檀那両流の教学を学んだことにはちがいはなく、戒家でも右にみたような独自の「常寂光土」義が確立されたわけである。

以上にみてきたように、恵鎮（戒家）の直往菩薩戒法は、それが南都や北京などの余他のものとは異なるすぐれた叡山の戒法であることを主張するために説かれ、またそれは、最澄や円仁に由来しながらも、戒家までの時代に発達した日本天台の教学、つまり法華思想、密教、および本覚的な常寂光土義を吸収した、特有の思想内容をもっていることが知られた。

ただ、最後にひとつ注意したいのは、恵鎮ではこの戒法を最澄と円仁からの相承であることを示すものの、光定には少しもふれるところがない。黒谷流（戒家）では、恵尋の頃は「一心戒」が強調され、また興円以後には「一心戒蔵」の思想が出てくる。これらはいずれもその起源は光定の『伝述一心戒文』にあることは疑いない。事実として、恵尋と興円は光定の同書を引用もしているからである。しかるに、恵鎮になると『勘文』では「一心戒」という呼称は用いられず、代わりに「直往菩薩戒」の語によってその戒法を特色づけている。すでに述べたように、「大日戒」の主張は光定に由来すると思われるのに、恵鎮は円仁招来の「承和唐決」を指示している。それは単なる恵鎮の錯誤によるものかもしれないが、恵尋や興円の著作にはみられる光定の「一心戒文」からの引用が、恵鎮の『直往菩薩戒勘文』には見出されないことは、何か意図的なものを感じさせる。黒谷流の前身は慈覚大師（円仁）流であると言われる。恵鎮もその旨を、自叙伝の『閻浮受生大幸記』に記しているのがみられる。[50]とすれば、戒家の戒法は最澄・円仁からの相承によることを意識的に主張するために、恵鎮はあえて光定を没却して、「直往菩薩戒」の名を用いたとも言えなくはない。

第三節　叡山黒谷戒系における戒体理論

——「一得永不失」の解釈を中心として——

一　「一得永不失」義の典拠と円琳の注釈

ここに黒谷戒系とは、比叡山の黒谷で叡空（？—一一七九）のもとに、天台の円戒を学んだ法然源空（一一三三—一二一二）の門下において発展した戒脈に属する学僧たちをいう（前節までの叡山黒谷流のみでなく、広く源空門下に発展する戒脈を含める）。この戒系では、鎌倉から南北朝時代にかけ、天台系統の円戒（円頓戒）を重んずる著しい戒学の振興をみた。なかでも、天台（智顗）の根本戒疏である『菩薩戒義疏（義記）』（『大正蔵経』四〇所収、以下天台『義疏』または『義記』）を講学した注釈書が著されていることは、事相（梵網戒）の戒学を志す熱意によっている。すなわち、浄土宗戒系（鎮西三条流）の了慧（一二五一—一三三〇）、法勝寺流の惟賢（一二八九—一三七八）と廬山寺流の仁空（一三〇九—八八）らによる天台『義疏』の注釈書はよく知られている（『仏全』七一、鈴木『仏全』一六、『天全』一五）。これらの学僧たちの戒脈を示すと、つぎのごとくである。

信空—湛空—恵尋—恵顗—興円—恵鎮—惟賢（法勝寺流）

叡空─源空──信空─湛空─覚空─了慧（鎮西三条流）
　　　　　「証空─栖空─承空─康空─仁空（三鈷寺・廬山寺流）

ところで、天台と黒谷の円頓戒系では、戒体の要義について天台『義疏』の「性無作仮色」義の解明を重要課題として、「一得永不《いっとくようふ》失《しつ》」の意味が重視されることは周知のとおりである。しかし、この要語が天台系統のなかでいつごろ成立したかは明白ではない。伝教大師最澄（七六七―八二二）による真撰確実の著述には、述語としては見当たらないといってよい。このことは、円頓戒という要語でも同じで、鎌倉時代前後から中古天台に定着した思想または概念であるとみてよい。たとえば、室町中期にかつての法然を慕って叡山黒谷に籠もり、法然によく似た「持戒念仏」を興した真盛（一四四三―九五）は、自らの宗旨を「所レ期一得永不失之戒、所レ憑弥陀兆載劫之願」と述べているので、この時代には天台・黒谷戒系では、円頓戒の語とともに一得永不失の意義も定着している。管見によれば、年代のもっともはっきりしている著述では、叡山での黒谷流円戒復興に主要な貢献をした恵尋（?―一二八九）の『円頓戒聞書』（『続天全・円戒1』所収）に、円頓戒という要語とともに一得永不失の熱心な論述がみられることは、本書の第二章第二節に明らかにしたとおりである。そのあと、前記の了慧・惟賢・仁空らの戒疏には、「一得永不失」義はすでに自明のごとくに要義として論述されている。

しかるに、根本戒疏の天台『義疏』には、「性無作仮色」の戒体義を論ずるなかに、明らかに「一得永不失」を否定する論述をなしている。一得永不失とは、授戒作法によって一たび受けた戒（戒体）は成仏に至るまで失われないという意味であり、対するに天台『義疏』では破戒と捨戒をめぐる「戒体の興・廃」を論じている。

次に興廃を論ずれば、初めに菩薩の律儀は方便求受すれば、其の体は則ち興る。若し菩提の願を捨てるか、若し増上の煩悩を以て十重を犯せば、其の体は則ち廃す。若し此の二縁（捨願と犯重）無ければ、仏に至って乃ち廃す。（『大正』四〇・五六六c、原文は漢文、丸カッコ内は引用者）

そこで本節では、一得永不失を自明の要義とする黒谷戒系の注釈書のなかで、これをどのように解釈するか、それをみることによって「一得永不失」義の理解を明確にし、合わせてそれらの学僧（異流）間の戒学上の特色とちがいをも明白にしてみたい。

一得永不失の考え方は、要語として熟する前にすでに経典や安然らの言説には認められる。つまり、それらがこの思想の典拠となる。

まず、『菩薩瓔珞本業経』巻下（以下『瓔珞経』）には、よく知られたつぎの文をみる（以下の引文の原文は漢文）。

菩薩戒には受法のみ有りて、而も捨法無し。犯有れども失せず、未来際を尽くす。（『大正』二四・一〇二一b）

また、安然（八四一―?）の『普通授菩薩戒広釈』巻上（以下『普通広釈』または『広釈』）には、つぎのように説く。

円乗の戒法は但だ受法のみ有りて、終に破法無し、故に虚空不動の金剛宝戒と名づく。……（中略）……如来の宝戒は一たび受ければ永く固く終に犯失せず、而も大用有り。譬えば金剛の一たび利宝を成ずれば更に破壊せざるが如し。（『大正』七四・七六六a）

そして、恵尋（?―一二八九）の『円頓戒聞書』巻上には、つぎのように「一得永不失戒」の語をみる。

一家の戒は一得永不失戒にして、一度仏戒を受くれば悪道八難に堕せず、久しからずして仏と成る。（『続天全・円戒1』、二一四頁）

これらのなか、恵尋より前の文言には「一得永不失戒」の成語こそはないが、「捨法無く」とか「永く終に犯失せず」という表現により、その考え方はみてとることができる。事実として、一得永不失戒について本節にみる諸注釈書では、その典拠にはつねに右にみる『瓔珞経』と安然『広釈』の文が用いられる[51]。

さてそこで、天台『義疏』の日本における現存最古の注釈は、鎌倉時代初期の円琳《えんりん》『菩薩戒義疏鈔』二巻（六冊、『仏全』七一、鈴木『仏全』一六、以下円琳『鈔』ともいう）である。円琳は（生没不詳）、十五歳で叡山に登り宝地房証真《しょうしん》に学んで『義疏』を受けて証真の『義疏私記』を授かり、ついで二十五歳のとき入宋帰朝の俊芿《しゅんじょう》に遇って天台の要義とともに大小の戒律を学んで、のちにいまの『義疏鈔』を著し、これを嘉禎三年（一二三七）に再治添削している（同『鈔』後序、鈴木『仏全』一六・六五b）。

円琳の『鈔』は、のち了慧や惟賢らによって天台『義疏』を注釈する基準に用いられた。それでいまは、右に引用した天台『義疏』の「戒体の興廃を論ずる」箇所に対する、円琳『鈔』の解釈を初めにみておきたい。すなわち、円琳では「諸師の異説」として、法銑・義寂・勝荘・太賢・証真・俊芿の諸説を順に挙げてのち、つぎのように述べる。

私解云。拠二理実一故云二不失一也。拠二教門一故論二興廃一也。所以今疏先出二戒体一引二二師諍一。初師意云レ無二無作色一即引二瓔珞一以レ心為レ体。次師意云レ有二無作色一即引二地持一。若無二一縁一不レ失二律儀一。亦引二梵網見相得戒一、若有二七遮一不レ名二得戒一。判二其諍一云。在レ実雖レ無、教門則有、今之所用有二無作一也。又円頓云。有之与レ無、非レ証二不了一。当レ知、今文論二興廃一者、拠二教門一時有二無作色一故、於二色法一有二得失一也。若依二瓔珞一以レ心為レ体、無二無作色一故不失也。

（鈴木『仏全』一六・一八c）

ここでは、これの少し前に出る天台『義疏』の戒体義である「性無作仮色」の理解をふまえて注釈している。『義疏』では、戒体については古来より「無作色《むさしき》が有る」（色法戒体）と「無作色は無し」（心法戒体）の二説（二師の諍論）があることを論説し、後者の心法戒体説には『瓔珞経』の「心を以て体と為す」の文を典拠に挙げ、前者の色法戒体説には『菩薩地持経』の文と『梵網経』の文を典拠に挙げるのをみる（『大正』四〇・五六六a―b）。いま、これらの典拠を『梵網経』でみると、「四十八軽戒」の「第二十三軽戒」では、自誓受戒をなすとき好相を得ることを得戒の条件にし、また「第四十一軽戒」には七逆罪を犯した者は受戒できないとする（『大正』二四・一〇〇六c、一〇〇八c）。これらは、心に決意するだけでは得戒できず、視覚行為（好相を見る）と身体行為（七逆を犯す）が得戒できるのとできないのとの要件となっており、これは仏教では身・口の行為は色法（物質的なもの）を生むとみるゆえんによっており、したがって心法戒体ではこれらの規定は成り立たないことになる。そのために、『義疏』では「実理には無作はないけれども（心法戒体）、教門（方便）では無作はあると説かれ（色法戒体）、今は無作あり（無作仮色）を用いる」と論述している（『大正』四〇・五六六b）。円琳による右の文はそのことを述べながら、「理の実（心法戒体）には戒体は不失であるが、教門（色法戒体）によって戒体の興・廃が論じられる」と言い、よっていま戒体の興廃を論ずるのは、『義疏』当面の色法戒体ならばその「得・失」があることになり、もし『瓔珞経』の心法戒体なら戒体は「不失」であるとするのである。

二　了慧の『天台菩薩戒義疏見聞』にみる「一得永不失」の解釈と浄土宗戒学の特色

（一）法然からの「理・事二戒」の相伝

浄土宗（鎮西流）の了慧《りょうえ》（一二五一―一三三〇）には、『天台菩薩戒義疏見聞《ぎしょけんもん》』七巻がある（鈴木『仏全』一一六、以下『義疏見聞』『見聞』などと略す）。了慧（望西楼・道光）は、浄土宗第三祖の良忠（一一九九―一二八七）の弟子であり、法然の遺文を集めて文永十一年（一二七四）から翌年に『黒谷上人語灯録』（漢語灯・和語灯）および同『拾遺』（『大正蔵経』八三）を編集し、また良忠が没したときその伝記である『然阿上人伝』を著したことでよく知られる。四十歳で良忠の門に下る前に、すでに十一歳で出家して叡山に登って天台を学び、戒律（天台の円戒）は先に示したような戒系の十地房覚空（一一八六）に受けている。

それで、天台『義疏』の注釈である了慧の『義疏見聞』七巻は、その成立事情を初めの「相伝縁起事」や後尾の奥書に記している。それによると、了慧は弘安三年（一二八〇）に覚空の座下に師事して、初め安然の『普通広釈』を学び、ついで天台『義疏』を講学し、のち同七年に師より円戒を受けたという。その際、覚空より見聞した所を書き留め、元徳二年（一三三〇）に至って八十歳の老眼を拭って一部七巻に清書したのがこの書であるとする。そして、「相伝縁起事」には「師示曰」として、覚空から聞いた師（覚空）の戒学の次第を記している。それによると、覚空はもと天台宗を学び、泉涌寺に住して南山律を行じてのち、法然（黒谷上人）の浄土門に帰し、偏に黒谷の遺風を仰いで円戒を弘め極楽に生まれることを願い欲し、二尊院の湛空より円頓戒の血脈を伝授したという。

そこで、覚空が湛空から聞いた法然源空の「常の御詞」として、つぎのような文言が記されていることに注意したい。

常御詞。於㆓此戒㆒有㆓事理二戒㆒。於㆓事戒㆒者有㆓持犯㆒、於㆓理戒㆒者唯有㆑持而無㆑犯、一得永不失法也。又授㆑戒開導時詞、此戒三世常住戒法、而有㆓受法㆒無㆓捨法㆒、有㆑犯不㆑失尽㆓未来際㆒。云々

（鈴木『仏全』一六・六六a）

これによると、法然では戒に「事と理」を分けるなか、理戒は一得永不失であるとする。そして、授戒の時の「開導」（「十二門戒儀」の第一「開導」）での言葉では、法然は『菩薩瓔珞本業経』にもと

づいて「心法戒体」の不失義を述べていたとされている。これは、先にみた円琳の理解に通ずるものといえよう。ただし、これのあと了慧は記して、法然は戒疏を造らなかったので、覚空は或る人から、天台比叡山の宝地房証真と泉涌寺の我禅坊俊芿に学んだ円琳のことを聞いたので、早速に円琳に謁《まみ》えて天台『義疏』を学んだところ、湛空からの相伝によく適っていることに喜悦を覚えたという。

かくて、円琳に学んだ覚空から受けた『義疏』の戒学を記録したのが了慧の『見聞』にほかならないが、なかに「私云」や「今云」として了慧独自の見解もみられるのであり、『見聞』には浄土宗学僧による円琳と同様の、持戒（梵網戒の事相）を重視する立場を読み取ることができる。

（二）円琳にもとづく解釈

このようなわけで了慧の『見聞』では、円琳の『鈔』を天台『義疏』解釈の基準に用いるのであるが、「性無作仮色の戒体」義でも円琳に依りながら、次のように主張することにまず注意したい。

業疏記云元照、又如二天台菩薩戒疏云一、戒体者不レ起而已、起即性無作仮色。全性而起、還依レ性住、経レ生不レ滅、良由二於此一文。既云二全レ性起一、当レ知不レ同二権教所談無作色一。亦云二依レ性住一可二是一得永不失一、是則約二教門一用二色体義一与二今疏一同。色雖二心為レ体、拠二身口辺一必発二無作一也弘決四意。

（鈴木『仏全』一六・九〇a）

ここには、宋の元照《がんじょう》（一〇四八―一一一六）の「四分律」疏（『業疏記』つまり『四分律删補随機羯磨疏済縁記』）を用いて、天台『義疏』にいう「性無作仮色」の戒体は、「権教の所談」の無作色（無常法）ではなく、「性」（常住の仏性真如）を拠り所とする故に「生を経ても不滅」であり、したがって「一得永不失」であるとする。というのも、先に円琳によってみたごとく、『義疏』の「色法戒体」義は実理ではなく教門（方便）によってこれを用いるからであり、そのことは湛然の『止観弘決』にも「色（物質）は心を本質（体）とするが、色法（無作色）は身体と言葉の行為によっておこる」と説くの（教門）によってわかるというのである。[52]ここで、「身体と言葉の行為（身口の辺）に拠る」とは、戒体義では授戒儀における作法を指し、「能く護る」との誓いを三度唱えること（羯磨《かつま》）によって生ずる（作法受得される）物質的な戒体（無作色）についていう。このような色法戒体を、「性（仏性真如）にして起こ」り、「性に依って住す」という大乗義によって理解すべきことを、元照によって右には示しているわけである。

右の文のあと、『見聞』では円琳『鈔』を引用して、[53]『義疏』に説く色法戒体（無作色）は、小乗有部の色法戒体（無表色）とは異なって、真理（性）より起こる「真諦真善の妙色」であり、その勝れた意味によって一得永不失であることを示している。つまり、小乗義における無常の色法が戒体ならば、不失とはいえないが、大乗では心性を本質とした常住の色法義なので、不失であるというのであろう。これは、円琳をもとにしながらも、天台の円教観にもとづく理解といえよう。

つぎに、天台『義疏』に「戒体の興廃を論ずる」のを、了慧の『見聞』にはどのように理解するか。そこでは、円琳『鈔』の意を汲んで、「理の実に依って心を以て戒体と為す時、戒は不失である」ことを述べたのち、『梵網経』（戒相）の「有犯」を問題にして、つぎのように論ずる。

有レ犯者違二作法受得誓約一、而作二殺盗等一故名二有犯一也。是則破二事相随行一故名レ犯。〈戒必有レ受レ体。若無レ受レ体名二無戒一也。必有二随行一。若無二随行一名二破戒一故也。〉雖レ然、其戒体是中道理。心熏成故、理心不レ尽故、戒体亦不レ尽、名二不失一也。

（〈 〉内は割注、鈴木『仏全』一六・九四b）

梵網戒では、殺・盗などの「十重禁戒」を犯す時は「波羅夷罪」であるので、右にいう「有犯」とはこのような罪を犯すのにほかならず、そのときには戒（戒体）は失われるはずである。右の割注には、戒では必ず戒体を受けねばならず（授戒の作法受得による）、戒体を受得しないのを「無戒」といい、また戒体を受ければ戒相を実行する「随行」を要するが、事相の随行を破ること（有犯）を「破戒」という。しかるに、戒体は「中道の理」であり、この実義によるときに戒体は「不失」であると右には主張する。ここに、「中道理」とは天台教学にいう『法華経』（円教）の「諸法実相の理」にほかならず、天台では「一心三観の中道妙観」によってこれを体得する。したがって、「中道の理」が心に熏成《くんじょう》されて智慧を得る、そのような智慧（理心）からみるとき戒体は不失であるというのである。つまり、先にみた法然源空が「理戒では不失である」と述べたと伝える意味は、このように理解されるわけである。

(三)「一得永不失」の考え方

では、「戒体の不失」（理戒）と有犯破戒（事戒）との関係はどのように理解されるか。そのことを了慧の『義疏見聞』には、巧みな譬喩を用いて次のように述べる。

有二樹根等喩一。受二得此戒一者、如二樹根覆一レ土。依二土縁一根能生二芽等一、芽等如二護レ戒不レ犯、戒善増長一。犯レ戒者如レ切二芽等一、故結レ実遥遠故、成仏不二速成一。雖レ爾戒体不レ失者、如二樹根不一レ失、樹根尚有故、後必生二大小芽茎一。依二芽茎一後必生二花実一。花実即是菩薩及如来也。已上是約二退者一釈二戒体不失一也。（鈴木『仏全』一六・九四b―c）

これによると、戒体は土に覆われた樹木の根に喩えられる。土や水の縁に依って芽が伸びるのは、戒を護ってその善が増長することであり、逆に戒を犯すとき芽を切って結実が遥かに遠くなるごとく、速やかな成仏ができない。けれども、根（戒体）は失われていないので、のちに必ず芽・茎を生じて結実することができる。そして、これは退者（菩提心を後退させる者）についていうもの、と最後に述べるのは注意すべきである。この文のあと『見聞』では、「不退の行者」ならば、つねに中道妙観にあるので「煩悩即菩提、生死即涅槃」の理の上に、つねに戒相も戒体も不失であると述べるのをみる。そこでは、安然の『広釈』に「円戒には犯戒はない」と説くのを問題に挙げて、それは不退の行者についていうもので、初心の行者（退心者）のことではない、と答えている（鈴木『仏全』一六・九四c）。

了慧の『見聞』では、このような「不失」義を述べる前に、「仮色戒体」（色法戒体）について、それは「理実ではなく教門によって」、しかも「初心の行者に事戒を勧める」ためであると主張することも注意を要する（鈴木『仏全』一六・九〇b）。つまり、「妙解妙行」の者ならば、理観をよくして理戒（戒体不失）に立てるからである。ここで、理戒に立つことは事戒を疎かにする意味ではなく、事戒を体現した上での勝れた戒概念をいうのであり、「理観の成じ難い」初心者は先に事戒を学ぶのである。というのも、往生浄土を志す仏道は、理観をよくできない初心者のためであるという機根観によるからであろう。したがって、先にみた法然の「一得永不失は理戒についていう」とする意味も、事戒をないがしろにするものではなく、事戒を堅持した上での理戒の立場であることがわかる。理観にもとづく理戒に達することのできない初心の仏道に事戒を勧めるのが、往生極楽を宗旨とする浄土宗の戒学であるといえよう。

このように、了慧では浄土を願う者は仏道の初心者であるとの自覚の上に事戒を重視し、その立場から『義疏』を注釈する。そしていまひとつ、『見聞』では『義疏』を解釈するのに、『倶舎論』や『瑜伽論』などの性相学を用いる特色がある。このことは、いまの「仮色戒体」や「不失」義でも同様に、『菩薩持地経』をはじめとする性相の経典と章疏（世親『倶舎論』や円暉『倶舎頌疏』・普光『倶舎論記』・法宝『倶舎論疏』、また『瑜伽論』や遁倫『瑜伽論記』など）ばかりでなく、太賢（新羅）の梵網経疏や四分律にも学ぶ戒学を取っている。これも初心の自覚に立つ事戒重視の立場と密接に結びつくものである。円琳には、とくに性相学による面はないが、円琳では証真と俊芿のほかには太賢（八世紀頃　海東新羅）を多く参照しているのをみる。太賢はまた性相学を仏道の基礎にもつので、その点でも了慧の『見聞』には円琳と共通する事戒重視の戒学が認められる。

三　惟賢の『菩薩戒義記補接鈔』にみる戒灌頂家の戒学

(一)　黒谷・法勝寺流の戒学の特質

惟賢《ゆいけん》（一二八九―一三七八）は、黒谷・法勝寺流に属し、『菩薩戒義記補接鈔《ほしょうしょう》』三巻六冊の著を残した（鈴木『仏全』一六）。この学僧は恵鎮（一二八一―一三五六）の弟子であり、恵鎮以前の戒脈はこれを黒谷流という。黒谷流は、興円を指導者として、興円・恵鎮の師弟関係のもとに比叡山に「十二年籠山行」と円戒（円頓戒）を復興し、戒灌頂という特有の法門を確立したことはすでにみたとおりである。恵鎮は、京都の法勝寺を復興して、ここを円頓戒興行の拠点となし、これを惟賢が継いだことから惟賢以後を法勝寺流という（惟賢と兄弟弟子関係の光宗は元応寺流を興した）。惟賢はまた、恵鎮が開創した鎌倉の円頓宝戒寺をも継いで、主要な活動の拠り所としたので、「宝戒寺和上」の名もある。

さて、惟賢の『義記補接鈔』には、その初めに恵鎮が観応三年（一三五二）に書いた短い序文があり、それにはこの書を「両巻秘要抄」とよぶ（両巻とは天台『義記』二巻を指す）。ついで、惟賢自身の序文があり、これは暦応二年（一三三九）に記しているので、これが本書の成立年である。惟賢によれば、恵鎮に『眼智抄』二巻があり（その上巻は恵鎮の「抄」で、下巻はある人の「聞書」とする）、これをもとに師々から承けた口伝をも集めて、この注釈を造ったという。そして、円琳の『鈔』も重視するけれども、円琳の解釈は「円戒の大綱」に適わない所があるので、「当分の相貌」（実義に至らない方便的な意義）を参照するに止めるという（鈴木『仏全』一六・一三三頁）。

惟賢の『補接鈔』では、「示云」とか「仰云」とあるのは恵鎮から受けた解釈を叙述するのであり、また『眼智抄』を引用することも多くあり、ほかに「正和抄」や「秘抄」「肝要抄」ほかの口伝書が出る。なかで、巻下（二冊）の「十重四十八軽戒」釈になると、多くの場合に『眼智抄』に譲るのをみる。『眼智抄』は今日までには見つかっておらず、それは口伝の切り紙を集めた体裁かとも考えられ、惟賢の『義記』注釈は中古天台特有の口伝法門によることがまずひとつの特徴である。

それで、惟賢の戒学上の基本的立場をみておくと、『補接鈔』の初めに総論的な叙述をするなかに、つぎのように述べることは注目すべきである。

今度遇ニ此円頓戒法一、正成ニ即身之仏体一事、難《ト》レ有《リテ》思、所レ談文文句《ハ》、其上《ノ》修行《ノ》重《レバ》、如《ク》ニ他《ノ》物《ノ》一不レ思《ハ》レ之《ヲ》。只己自、本分之戒体戒行《ゾト》可《シ》レ思《フ》レ之《ヲ》。彼定恵《ノ》二門《ハ》修行《ノ》上《ニ》得《ル》レ証《ヲ》也。戒門《ハ》不レ爾、証上修行也。三羯磨時《ノハ》、戒体既心内《ニテ》顕発得《ス》。是則即身成仏義《ノ》、則《チ》無作三身、常住寂光《ノ》依正也。証《ハ》已《ニ》爰《ニ》極《ル》。此上《ニ》所持戒《ノハ》、是証上《ノ》戒相也。尤不レ可ニ聊爾一。（鈴木『仏全』一六・一三四a）

ここには、円頓戒法を直接に即身成仏に結びつけている。つまり、受戒時の戒体発得（三羯磨時）に即身成仏をみるのであり、そのため戒法は覚り（証）の上になされる修行（証上《しょうじょう》の修行）と位置づけ、したがって受戒後に身心に持つ戒は覚りの上に戒相を実践するという性格をもつ。これは、「戒・定・慧」の三学中に戒法を突出させて、これを単刀直入に頓速の成仏に結びつけ、実質上の修行（定・慧を修める）は、証上に為されることを意味する。これの思想的な根拠は、中古天台期のとくに鎌倉時代前後に発達する口伝法門による本覚的思考である。右の文中に「無作三身と常住寂光の依正」と述べるのは、本覚思想の常套句であり、最後に「聊爾《りょうじ》すべからじ」とは疎《おろそ》かにしてはならないきわめて大切なことであると注意する言葉である。

このような思想的立場と密接に関連する戒律観の中心には、「正依法華傍依梵網」の表明がある。すなわち、右の文のすぐ後につぎのように主張するのをみる。

眼智抄云、此疏大意正述《ハル》二天台内証戒《ノヨ》一也。故全《ニク》梵網当分疏《ノト》不レ可二心得一。仍正依法華傍依梵網疏《ト》可二心得一也。

（鈴木『仏全』一六・一二三四ａ）

ここに「正依法華」とは、天台宗の正依経典が『法華経』であるからという意味だけではなく、中古天台に恵心・檀那両流において「爾前・迹門・本門・観心」の四重興廃にまで究めた法華教学の進展を背景にもつ。もっとも、惟賢らでは必ずしも「四重興廃」義をとるものではないが、口伝法門と本覚思想に密接に結びついて発達した法華教学を共通の基盤に、戒法での「正依法華」が主張されている。このことによって、いま『義記』の下に「円戒（円頓戒）の深意」を学ぶ者は「法華直行の菩薩」であると位置づけられ（同前一二三四ｂ）、そこから戒法の即身成仏義が見出されていく。

そして、惟賢に至る黒谷・法勝寺流では、「重授戒灌頂」（戒灌頂）が考案されたのを最大の特色とするなか、天台『義疏』（『義記』）もまた戒灌頂に結びつけて理解され、つぎのように述べるのはとくに注意を要する。

抑受戒灌頂ト云事在レ之処、彼灌頂ハ義記ノ法門也。其旨天台一処御釈ニ勘レ之事也。尤不レ可レ有二聊爾一事也。（同右一六・一二三四c）

ここに、「受戒灌頂」とか「彼灌頂」とよぶのが、戒灌頂のことである。戒灌頂は「重授」とも言われるように、「十二年籠山修行」を終えた者が受ける（初受戒の上に重ねて受ける）「授戒即身成仏の儀則」なのであり、この戒灌頂家ではそのような自らの立場を「戒家」とも呼んでいる。惟賢の『補接鈔』では、「天台大師は事理不二・色心一体・凡聖一如・俗諦常住等、此の如き甚深の法門を立給へる陳・隋独歩の御釈なる義記」とも述べているように（鈴木『仏全』一六・一二三四c）、正しく本覚思想をその中核にもつ戒灌頂に立って、『義記』を解釈するのである。(54)

しかるに、ここで問題なのは、戒灌頂家は天台宗にあって檀那流に属するのであるが、本覚思想に依るからといって、恵心流や檀那の一部にみられたような、乗戒一体（法華一乗の中に梵網戒を埋没させる）の考え方に立って理戒（理観）を重んずるあまりに事戒を軽視する傾向とは違って、むしろ理観をよくする者は事戒を堅固に身に具《そな》えているという意味で事戒を重視することである。すなわち、戒家では「事相事持《じそうじじ》」ということを強調し、惟賢の『補接鈔』でもこの語は頻出する。そこに「事相事持」とは、戒灌頂が即身成仏の秘法を伝授するのに密教と同様の事相を用いることを指すとともに、戒相を事戒として厳しく持《たも》つという意味を含む。このことから、先にみた文中に「証の上の戒相」と述べるのは、かつて最澄の定めた祖式（山家学生式）を復活して「十二年籠山行」を如法に勤め、これを修め終わった一定の「証果」の上に（戒灌頂はこのことを確認する儀則である）、さらに事戒（戒相）を持って菩薩行（利他行）を続けることをいうのであり、それは持戒の面では余流にも増してもっとも厳しいあり方ともいえる。

もうひとつ、戒灌頂家の特色は、法然を経由する黒谷戒系といえども浄土念仏をもたないことである。戒灌頂の先駆思想は、恵尋にこれをみ[55]、そのあと興円がこれを大成するのであるが、恵尋には弥陀念仏思想はみられるも（『円頓戒聞書』）、興円以降の著作と戒灌頂儀には浄土念仏の要素は認められない。したがって、恵鎮や惟賢らでは天台の止観修行（一心三観の理観）に従事するので、先にみた了慧らの浄土念仏者の戒学とは、たとえ事戒を重視することは同じでも、異なった立場があるといえよう。

（二）一心戒蔵の「仮色戒体」義

さてそこで、惟賢の『補接鈔』には「性無作戒体」義に対しては、これにも特有の解釈がある。

一家意、雖レ立二色法戒体ヲ一、異二小乗ノ所談ニ一也。今仮色釈トスル事ハ、師弟相逢テ作法受得スル、此仮諦ノ因縁也。如レ此シテ所ナレバレ得仮色ト云也。其上此仮色ヲバ、常住ノ仮色ト可二意得一也。凡戒体者、法性真如ノ妙理、遮那内証ノ具徳ナルヲ、因縁和合ノ時、修徳ニ発起スル也。此仮色ヲバ天眼ハ可レ見レ之歟。非二肉眼ノ所見一也。又仰云、所詮仮色ト云ハ落居、敬礼常寂光ヒルサナ遍法界諸仏一心戒蔵ノ戒法也。

（鈴木『仏全』一六・一六六b）

ここでは、作法受得を縁（仮諦の因縁）に獲得する「常住の仮色」を戒体とみ、それは毘盧遮那《びるしゃな》仏（梵網戒の教主）の内証に具わる徳が受者の身内に発起《ほっき》したもの（修徳）とする。そこに、仮諦《けたい》とは

「空・仮・中」の三諦のなかの仮諦をいい、仮色《けしき》（事象）を説明する天台的な用語であり、「小乗の談ずる」色法概念（無常法）とは異なる大乗（天台）的な意味をいう。また、修徳とは受戒作法を修めて獲得する仏徳を意味する。そして、右の文にはとくに「一心戒蔵」が戒体を意味する要語となっている。これは、如来蔵（仏性）または真如を戒体として表現する戒家特有の考え方である。右にはこれを「法性真如の妙理」といい、惟賢ではほかに「九識随縁の戒体」あるいは「随縁真如の色体」なども説明する（鈴木『仏全』一六・一六七a）。

戒体である一心戒蔵はまた、つぎのように規定される。

一家戒体ノハ、自レ元於ニ色心未分ノ本法ノ上一ニ、成ニ一心戒蔵ノ法体一ヲ。是レ即チ随縁本妙之真色。故体内不思議ノ色ニシテ、恐クハ非ニ九界凡見ノ分一ニ。唯是レ唯仏与仏ノ所知見也。依レ之ニ、性無作ノ仮色ト釈シテ、性徳本法ノ色ト定タリ。全不レ可レ同ニ他師所立ノ体外ノ色一ニ。

（鈴木『仏全』一六・一六八a）

ここに「体内不思議」とは、「色（物質または肉体）が心と未分化」の位置（本法）にある「仏の内証」であり、衆生では体内深くに内蔵される如来蔵（仏性）にほかならない。これをいまは、戒体として把握する故に、一心戒蔵と呼ぶのであろう。そして、それは「性無作仮色」（『義記』の戒体義の色法戒体としてみるときには「随縁本妙の真色」とよばれる。したがって、そのことは十界の中に如来（仏）を除いて、九界の衆生には見ることのできない（九界の凡見の分に非ざる）、「唯だ仏と仏のみ」が知る智慧（知見）の領域であると右には述べている。このように、幽玄なる思想（本覚的思考）を付与して「色法戒体」を解釈するところに、天台戒家の特色がある。右の文のあと『補接鈔』では、戒体は常住のゆえに「一得永不失」であるとの解釈を進めてゆく。そこでは、心法戒体と色法戒体の意義を論じ、戒家（戒灌頂家）では「色心不二」の立場で戒法は「事相事持」のゆえに色法戒体を正意とすると論釈する（同前一六九ａ）。

（三）「一得永不失」を擁護する解釈上の特色

つぎに、「戒体の興廃」事について、惟賢の『補接鈔』ではいかに解釈するかをみたい。その段では、つぎのように釈すのをみる。

此一段非二一家ノ自義ニ一、皆他師ノ釈ヲ引判スル也。……（中略）……論二興廃一云、又他師ノ義也。其故ハ、若捨二菩提願一、若増上煩悩ナド釈スルモ、一向他師ノ義也。其下ノ三義モ皆ナ他師ノ釈也。一家ハ自レ元於二円戒一者不レ可レ有二廃ノ義一。

仰云、廃者実不レ可レ廃。但善戒経等ノ常ノ説ニ論ズル二興廃ヲ一故ニ准ジ二彼意ニ一非二正意一ニハ。次日示云、上会ノ釈ハ猶無念ナル歟。相ハ犯罪ノ時雖レ廃、於テハレ体ニ者不レ可レ廃ス。相廃スル時、体運々ニ増上ノ義無レ之歟。……（中略）……廃ト云ヲ失トハ不レ可二意得一也。無二増進ノ義一許也。……（中略）……一家ノ意ハ、一得永不失ノ故ニ、相ハ縦雖レ有ト レ犯、体ハ常ニ可レ令二増進一也。法華ノ心ハ明二小善成仏ヲ一、説ク二聞小解浅ノ成仏ヲ一。而是レ皆ナ雖二廃亡スト一、其体熏ジ二真如理性ニ一増長スル故也。微少ノ善根モ、成二大菩提ノ縁ト一者此意也。（鈴木『仏全』一六・一七五ａ―ｂ）

これの初めの文には、天台『義記』の「興廃を論じ」て、「捨菩提願と増上煩悩」の者は戒体を廃失すると述べるのは、天台の自己義ではなく、他師の義であるとする。他師とはつぎの文にも出るように、『善戒経』や『菩薩地持経』（『瑜伽論』）など、性相家（倶舎・唯識宗）が用いる経疏を指す。天台ではこれを、権大乗（半小乗）とみなす。それで、天台の純粋な大乗戒（円戒）には、廃失の意味はないとする。二つ目の文には、『義記』に廃失とは実に廃する意味ではないと述べた上で、破戒の時は戒相は廃失しても戒体は失せず、戒相の廃するときにも戒体は失われるのではなく増上を止めるという意味とする。そして、法華円教による天台（一家）の「一得永不失」の意味を述べて、戒相には有犯でも戒体はつねに増進し続けるとし、『法華経』方便品所説の「小善成仏」を挙げて、わずかな善はすぐ廃亡しても一度なした善は「真如理性」に影響を及ぼし合って（熏じて）体内に増長するという。つまり、ここには一得永不失を強調するのみならず、小善による戒体の増長をも主張する。そのゆえに、次いで惟賢の『補接鈔』では特別に「一得永不失」の一項を設けて、さらにこれを詳しく論ずる。そこでは、初めに先徳の釈を引いて、一得永不失が「円教の実義」であることを、つぎのように述べる。

> 仰云、先徳釈云、四教各有二一得永不失義一文。小乗権教《ノ》戒体者、体外立《ニル》也。故有二退失義一。円教《ノ》実乗《ノ》戒体者、随縁真如《ノ》体内立《ニル》二戒体《ヲ》一、故一得永不失義《ノ》也。（鈴木『仏全』一六・一七五c）

ここでは、一得永不失義は四教（蔵・通・別・円）それぞれにあることを認めた上で、天台（法華円教）のは真実義のゆえに小乗（蔵教）や権大乗（通教・別教）のよりも勝れた意味をもつことを、戒体の「随縁真如」によって説明する。つまり、真如（常住法）に直結させてそれを理解するのである。

このように、戒体に退失義がないとすると、戒家では「事相事持」をモットーとし、事戒（戒相）

を護持することを勧めるので、破戒をしても戒体が退失しないと主張するのは矛盾するかにみえる。このことをつぎに問題として論釈し、それには『瓔珞経』の「有レ犯而不レ失」や、安然『広釈』の「雖二後犯一而戒法不レ失」などの文証を詳しく挙げて、のちつぎのように主張する。

彼御釈、只且以二戒体常住義一、於二戒相一且被レ存二不失一歟。例如二摂相帰性門一、相雖二無常也一、以レ相帰レ性如レ云二常住一。
（鈴木『仏全』一六・一七六c）。

ここで、「御釈」とは安然の『広釈』を指し、それを根拠に戒体のみならず戒相にも不失義をみようとする。つまり、仏教には「摂相帰性」という考え方があって、相（事象）は無常でもこれを性（理性）に帰せしめるときは常住の意味が付与され、この教理を用いて戒相の常住（不失）さえ言わんとするのである。

そして、惟賢の「私案」として、つぎのように論述するのがこの項での結論である。

性徳理性《ノ》戒体、不二受得一者不レ可二増長《ス》一。若一度受《ヌレバ》レ之《ヲ》六即成仏《ス》。縦有二違縁《テ》一雖レ犯レ之《スト》、因果撥無《ノ》義無レ之。退菩提《ノ》心《モ》サスカ不レ起。只戒相破《タル》計也。然者其戒体《ハ》尚修《シ》顕タリツル戒体《ナレバ》、終日可二増長一也。況懺悔滅罪《スレバ》、又所失戒相《ノ》不レ可レ有二其失一、不犯《ト》無二不同一。凡戒体《ハ》天然増進《ノ》性必在レ之。
（鈴木『仏全』一六・一七七b）

ここに、「性徳理性」とは先天的に（または本質的に）具わっているという意味で、戒体は仏性（理性）のように本来具わっているものが作法受得（修顕）によって増長し始め、一度受得すればたとえ違縁に逢って破戒しても遮断（撥無）することはないとする。かくて、戒体は増長するばかりで、もし破戒があったとしても懺悔をすれば滅罪し、一旦失われたかにみえる戒相もけっして失われておらず「不犯」と異なることはない、と右には主張している。

これのあと、惟賢ではこの項の最後に、円琳『鈔』を引用している。すなわち、円琳が用いる「諸師の異説」である法銑・義寂・勝荘・太賢・証真・俊芿の諸説を引いた上で、天台（山家相承）の立場ならばこれらに「依るべからず」として退けている。惟賢の『補接鈔』では円琳の『鈔』をかなり多く引用するけれども、それらは「当分の相」として参照するわけで、円琳『鈔』を土台に中古天台の法華教学を加えて、天台『義記』を解釈するのが惟賢の手法である。

四　仁空『菩薩戒義記聞書』にみる廬山寺流の解釈的特徴

（一）廬山寺流（仁空）戒学の特徴

仁空《にんくう》（実導、一三〇九―八八）の『菩薩戒義記聞書《ききがき》』十三巻（『永徳記』、以下『聞書』）は、永徳元年（一三八一）から至徳二年（一三八五）にかけて、比叡山東塔のおもに浄行院で仁空が講談したのを、「聞書」として記録された天台『義記』の詳細な注釈書である（『天台宗全書』一五）。この学僧は、法然の弟子で浄土宗西山《せいざん》派の祖となった善慧証空《ぜんねしょうくう》（一一七七―一二四七）の法系に属し、『西山上人縁起』という証空のかなり詳しい伝記を著していることで知られる。その戒学は、京都西山《にしやま》の往生院（三鈷寺《さんごじ》）に住持し、また京街の廬山寺《ろざんじ》にも兼務したことから、三鈷寺流または廬山寺流というが、両寺は証空に縁をもって浄土念仏も擁するけれども、元来天台宗に属することに少しく注意を要する。

仁空にみる特色のひとつは、天台的な「四宗兼学」である。その撰述には、浄土教の『観経疏弘深抄《ぐじんしょう》』九巻や、密教の『大日経義釈捜決抄《そうけつしょう》』十二巻などの大著もあり、これらもまた『天台宗全書』に収める（『天全』四、同一〇、同一三所収）。なかで、戒学にはとくに熱心で、『戒珠抄』三巻と『円頓戒暁示鈔《ぎょうじしょう》』二巻、『本源抄』三巻、『戒論視聴略抄《しちょうりゃくしょう》』二巻など、仁空が指導した戒論義の著述が多く残っている（『続天全・円戒2』所収）。いまは、従来から仁空の代表的な戒疏として知られて、天台『義記』に対するきわめて詳しい注釈の『聞書』を主に用いたい。

仁空の『聞書』を読むときには、「当流」と指示するのは自らの廬山寺流の立場を述べる。また、多くはないが法然と善慧証空（祖師）からの相伝、さらに直接に師事した「先師」の示《じ》導康空《どうこうくう》（一二八七―一三四七）に承けた意義を述べることがあるのは注意されてよい。その上に、本書には依用の章疏はすこぶる多数にのぼる。もっとも親しい天台の戒疏には、明曠の『天台菩薩戒疏』（『刪補疏』三巻、『大正』四〇）に多く依拠し、これに安然の『普通広釈』を加え、また天台三大部とそれらの湛然釈、最澄・光定・円仁ら日本天台の円戒章疏にも依る。ついで、梵網戒疏では法蔵や太賢をはじめとする中国と新羅に撰述の幾多の注釈書を、そして南山《なんざん》律宗（四分律）の道宣と元照《がんじょう》の戒疏を引用し、さらに天台『義記』の末疏では趙宋天台の道熙《どうき》・蘊載《うんさい》・与咸《よかん》らのものを参照し、日本の円琳『鈔』ももちろん用いている。

このようなかで、『義記』注釈の先輩である趙宋の三師については、「法然上人は道熙と蘊載の二師の釈を見て義記の本意を得ないとて捨てられた」とし、また「善慧上人は与咸の釈を始めて見てこれを捨てられた」と述べ、仁空ではこれら趙宋天台の末疏を「当流の所用には非ず」となして（『天全』一五・六上）、本書でさかんに引用しながらも批判的に評釈する。ついで、道宣・元照の南山律宗については、戒律に「法・体・行・相」の四科を立てたのは道宣で、元照はその末学にして天台をよく学んだことを評価しながらも、「その義は必ずしも依用すべきとはしないが、祖師善慧上人はその義に準じて四科を用いた」ことを述べ、天台『義記』を解釈するには四科のうち「戒体と戒行」を重視するのが祖師の意であると主張する（『天全』一五・一五下―一六下）。

そこで、仁空（当流）の円戒観に基本的な立場を、惟賢（法勝寺流）との対比でみると、「梵網正依」に立つことである。もっとも、天台を尊重する立場には、「正依法華」はこれをむやみに否定するのではない。ただ、仁空では『梵網経』を解釈するのに、「上下両巻の中の下巻の経」と「一品一巻の菩薩戒経」との二意を分別する。前者（現存の『梵網経』二巻を指す）なら、『梵網経』は華厳部（別教）の結経として「帯方便」（権教）のゆえに『法華経』よりも劣るので、「正依法華」を取る必要がある。けれども、後者（「十重四十八軽戒」を説く巻下のみを指す）なら、「純円一実の法華に意を同じくし、還って法華開顕の至極を専ら此の経（『梵網経』）によって習い極める」ことができるとし、これが「当流の相伝」であると主張する（『天全』一五・二上）。つまり、「一品一巻の経」という意義を強調して、「梵網正依」を取るのであり、ここにまず梵網戒（戒行）を重んずる仁空の事戒堅持の表明がある。

つぎに、戒体と戒行の二科を重視することについて、仁空では天台『義記』二巻を、巻上には「三重玄義」（釈名・出体・料簡）を明かすなかに「戒体の受得」を要点とし、また巻下には「十重四十八軽戒」に指南を与えて、もって「戒体受得の上の戒行」を勧めるのが『義記』の役割であると主張し、このことは再三至る所で強調される（『天全』一五・三四下ほか）。

さらに、仁空では『義記』のなかに「未来生処　離三悪道　浄土受形」（『大正』四〇・五六三b）とあるのに注目して、「此の戒（梵網戒）の利益は安養の得生に落居（結帰）する」と解釈することは特筆されてよい（『天全』一五・四七下）。すなわち、仁空では「法華皆成の本意、開仏知見の所詮は往生極楽にある」というばかりでなく（同前四八頁上）、伝教大師最澄も「専ら一乗妙戒を護持する位には偏に往生極楽の為に念仏し玉うた」といい、「円戒の利益は偏に往生極楽に在り」と主張する（同前四九頁）。このように天台『義記』の注釈のなかに浄土念仏義を持ち込むのは、先の了慧にもみられなかった特色である。

（二）作法受得の「仮色戒体」義

それで、仁空の「性無作仮色」解釈をみると、そこには初めに天台では『法華経』の「諸法実相」の上からは「実相理心」を戒体（心法戒体）とするのが本意であるとしたうえで、いま『義記』に「三重玄義」をもって「仮色」義の色法戒体を取る意味を詳しく論ずる。すなわち、小乗部派と宋朝三師（道煕・頂山・与咸）、それに明曠らの解釈を挙げてそれらを論釈している。しかるのち自己の解釈を述べるなかに、「祖師（善慧証空）からの秘伝」を含むつぎの主張は注目されてよい。

仏《ノ》功徳《ヲ》令《ムル》二受得《セ》一儀式《ヲ》、今菩薩戒《ノ》作法受得《ノ》相《トハ》意得《ル》故《ニ》、更《ニ》行者《ノ》心地《ヲ》為《シ》レ本《ト》、意業《ヲ》為《ス》レ本《ト》趣《ニハ》非《ズシテ》、舎那極仏《ノ》功徳《ヲ》、凡夫事《カニ》所《ヲ》二受取一《ル》「性無作仮色」《トハ》名《クル》也。「無作」《ハ》作法受得《ノ》法体也《ト》云意也。「性」《ノ》字《ハ》此戒《ヲバ》経《ニ》「仏性《ノ》種子」《トモ》説《キ》、或《ハ》「是情是心皆入二仏性戒中一」《トモ》云《テ》、此戒《ヲ》受《ル》時「汝是当成仏 我是已成仏 常作二如レ是信一 戒品已具足」《ト》説《テ》、定《メテ》成仏《スル》身《トハ》定《マル》故《ニ》、此《ノ》戒《ヲ》「仏性《ノ》戒」《ト》名《ル》意《ヲ》以《テ》「性」《ノ》一字《ヲ》置《ク》也。此則「衆生受二仏戒一 即入二諸仏位一」《ト》説上《クニ》「位同二大覚一已 真是諸仏子」《ト》説《クハ》 此意也。五大院《ハ》「円乗戒《ノ》証《ハ》受戒之日即身六即成仏」《ストモ》釈《シ》、受《ト》二此戒一《ヲ》云《ヘバ》即《チ》舎那《ノ》覚位同《ニジト》云上《ハ》、既《ニ》妙覚究竟《ノ》証《ヲモ》極《メタル》歟《トコソ》聞《タレドモ》、事《ニハ》猶是凡位《ノ》初心也。雖《モ》レ然《リト》受《ケ》二仏戒《ヲ》一入《リタル》二仏位《ニ》一シルシニハ「世世不堕悪道八難」等説《トテ》、不《シテ》レ久《カラ》定《メテ》可レ成《ス》二仏果菩提《ヲ》一身成処《トルヲ》「真《ノ》仏子」《トモ》名《ケ》、此《ヲ》「仏性《ノ》戒」《トモ》説《ク》意《ヲ》、「性無作」《トハ》云《ニテ》有《ル》也。「仮色」《ト》云顕《ハス》二因縁生《ノ》義《ヲ》一也。性徳本有《ノ》理《ヲ》、為《ル》二所詮《ト》一諸教《ノ》意《ヲ》異《ニシテ》、修徳修起《ノ》報身《ノ》功徳《ガ》、人法《ノ》両縁依《ニテ》所《ヲ》二作法受得一《スル》「仮」《トハ》云也。又仮《ハ》対《スル》レ真《ニ》語也。舎那報仏《ノ》真《ノ》功徳《ガ》、凡身《ニ》所《ヲ》レ応《ズル》「仮色」《トモ》名《クト》云趣《ヲモ》、祖師《ハ》被《タル》二沙汰《セ》一也。此等《ノ》妙義《ハ》、宋朝《ノ》人師隔《ル》二境界《ヲ》一ノミナラズ、本朝諸方《ノ》学徒《モ》、又更《ニ》不レ可二思寄一《ル》秘伝也。

（「」は引用者、『天全』一五・八〇下―一下）

ここでは、『義記』の「性無作仮色」の語意を、『梵網経』巻下の文（『大正』二四・一〇〇三c、〇〇四a、〇九c）と、安然『広釈』（五大院、『大正』七四・七六四b）を引用して講釈する。仁空では、授戒儀における作法受得を重視するなかに（この点は了慧や惟賢でも同じ）、菩薩戒（梵網戒）の教主である盧舎那仏の究極（仏果）の功徳が授戒儀によって凡夫に事法《じほう》として作法受得されるのを「仮色《けしき》戒体」とみる。そこに、「性無作《しょうむさ》」の「性」とは性徳または仏性のことで、『梵網経』に仏性戒体（仏性種子）を説く意味をいい、この「性徳の理」が「修徳の事法」に作法受得されるものを仮色戒体とする。「修徳」とは、盧舎那仏が永劫の修行を積んで獲得した報身（仏果）の功徳についていうと同時に、凡夫が作法受得によって戒を事法に修めること（事戒）をいい、したがって作法受得の仮色戒体は因縁生起のものとみる。そして、この戒体を受得することは、もはや悪道に堕ちることなく久しからず成仏することが定まるという意味で、経には「衆生受仏戒 即入諸仏位」と説き、安然は「六即成仏」と述べるが、それは道理としてのことで現実（事法）には「凡位の初心」にすぎない、と右には述べる。ここには、性徳（仏性）の意義を認めながらも、惟賢（法勝寺流）のような真如随縁（または本覚思想）にもとづく「事法常住」義を取らず、修得の仮色戒体（色法《しきほう》）をあくまで因縁生の無常法とみる仏教伝統の解釈に従う立場がある。また、安然の「六即成仏」（即身成仏）の考え方を理法としてみる（事法ではない）のは、了慧に共通する立場である。そして、「舎那報身の真実の功徳が仮色戒体として凡身に作法受得される」ことが、祖師（善慧証空）から承けた盧山寺流特有の意義であり、これは趙宋天台にも本朝の学徒にもない「秘伝」であるというわけである。しかも、この文中に「凡身」とは、仁空では「此の地上の一切衆生凡夫痴闇《ぼんぶちあん》の人」、あるいは「末法辺地《まっぽうへんじ》の凡夫痴闇の機」ともいい（『天全』一五・七九下）、このような機の自覚に立つことは『聞書』の至る所で力説される。(56)

(三)「戒体不失」の解釈と浄土念仏との関係

つぎに、天台『義記』の「興廃を論ずる」について、仁空ではつぎのように論述する。すなわち、初めに「菩薩戒が一得永不失であることは世の人の皆な口ずさみする」ことであると、すでに不失義が『瓔珞経』の所説に由来して常識になっている旨を述べ、いま『義記』の文に「菩薩の戒体に廃失が有る」とする義をいかに解釈したらよいか、困惑の口ぶりがみえる。それで、『地持経』と『瑜伽論』には「菩薩の願を捨て、増上の煩悩を起す」二縁による捨戒を説くので、いまはこれを引き移したものとする。したがって、声聞戒には「作法捨と命終捨」による「捨戒」義があるのに対して、菩薩戒では「菩薩願捨と重罪違犯が無ければ、たとい生々世々を経ても廃失の義は有るはずもないことを不失という」と理解し、「菩薩戒とても戒体廃失の義は有る」のであり、『義記』のここ（今釈）では「偏えに廃失義のみを明して不失の義は釈していない」と見るべきであるとする（『天全』一五・九八下）。

ついで、仁空はもっとも問題となる安然の『広釈』をやや詳しく引用して、これを会釈する。それによれば、安然は「理を尽し言を極めて円戒不失の義を釈成している」ので、安然が天台大師の本意に背くはずもなく、とすれば「大師の本意は戒体失なのか不失なのか」難義であるという（『天全』一五・一〇〇下）。

そのようななか、「深く釈義の本意を得る時」として述べるつぎのような解釈が仁空の真意である。

又深《ク》釈義《ノ》本意《ヲ》得《ル》時《ハ》、興廃二義則《ガチ》戒体《ノ》戒行《ノ》二謂《ニテ》有《ル》也。「初菩薩律儀方便求受其体則興《ト》」者、「不起而已起即《ノ》」戒体発起《ノ》意《ヲ》示《シ》、「若捨菩薩願、若増上煩悩犯十重《ト》」者、戒体受得《ノ》上《ノ》戒行《ノ》相《ニ》帰《スルハ》時、機《ニ》随《テ》犯不犯、失不失《ノ》不同モアルヘキ意《ヲ》顕《スニテ》有《ル》也。失《ト》云《ヒ》廃《ト》云《ヒ》、初《ノ》其体則興《ノ》戒体《ガ》廃失《スルニテハ》無《キ》也。

（「」は引用者、『天全』一五・一〇一下）

ここに、「」内は天台『義記』の文であり（『大正』四〇・五六六c）、それを仁空に特有の『義記』観である「戒体発得の上の戒行の相」という考え方を用いて理解する。すなわち、ひとたび興した戒体は廃失することはないが、その後に修める戒行に「犯と不犯、失と不失」があるというのである。

このような解釈に加えて、いま『義記』に説く「二縁による捨戒」の意味を、つぎのように述べるのは仁空の気持ちをよく表している。

止悪修善《ノ》道理有《リトハ》知《リ》ナカラ、悪縁《ニ》索カレテ殺盗等《ノ》重罪違犯《ノ》事《ハ》、凡夫《ノ》上《ニハ》遁《ガレ》難《キ》事《ナルベキ》歟。此《ノ》因果《ノ》道理《ヲ》忘《レテ》、重罪《ヲ》犯《シ》ナカラ見(ママ)是功徳《ノ》念《ヲ》生《ゼン》事《ハ》、尋常《ニモ》有マシキ事也。況《ヤ》此戒《ヲ》受ツレハ、「世々不堕悪道八難」《ト》説《テ》、「離三悪道」《ノ》功用《ヲ》備《タル》程《ノ》人《ノ》、如《キノ》レ此《ノ》猛利《ノ》煩悩《ヲ》現起セシメテ、世間出世《ノ》道理《ニ》背《キ》ハテタル悪念《ヲ》生《ゼン》事《ハ》、フツト有マシキ事《ゾト》、今《ノ》菩薩戒《ノ》宗旨《ニハ》治定《シタル》事《ナル》故《ニ》、今《ノ》二縁捨《ノ》文《ハ》権宗所依《ノ》論説《ヲ》、其儘引《ク》事《ナレバ》、自レ元現文《ノ》上《ニ》不失《ノ》旨趣顕念ナルヘキニ非《ズ》。

（「」は引用者、『天全』一五・一〇二下）

ここには、すでにみた仁空の重んずる『義記』の「離三悪道　浄土受形」の句を混えた解釈を示す。すなわち、凡夫では悪縁によって殺・盗などの重罪を違犯することは遁れがたいことであるとしても、受戒して三悪道を離れる功用を備える程の者が、悪念をもつことは有るまじきことであると警告（治定）するために、二縁捨（捨菩提願と犯十重）による戒体廃失を『義記』には述べるとし、その故に権宗（『地持経』）の論説を引いたまでで、ために文面上には不失の義は明白には顕れていないというのである。

このあと仁空では、宋朝の人師（与咸ら）には不失の義を釈成することはないとし、また南山律宗では心法戒体説であるから仮色戒体（色法）の不失義には関わらないなどと述べる。また、安然は「真如仏性」を戒体とするので不失義を取る（加えて『瓔珞経』をもとに戒行の不失義も取る）が、『梵網経』では仏性戒体を説くとも戒体廃失の意をもつとし、その『梵網経』を採用した山家大師（最澄）では梵網戒を「虚空不動金剛宝戒」とするので戒体亡失義があるとは言いにくいけれどもはっきりしないという。そこで仁空では、権宗（法相宗）と性宗（天台宗）のちがいを述べ、円宗（天台）の妙旨の勝れていることを考えるとき、「戒体廃失の義は一乗円宗の義理に違い、金剛宝戒の玄旨にも背く」とみて、『義記』に「戒体廃失の義を述べる事は有るまじき」ことであると主張している（『天全』一五・一〇五上）。

このような「不失」義については、これのあとに「三重玄義」の「第三料簡章」のなかと（『天全』一五・一一九下以下）、さらに「殺戒」釈でも論じられる（同前二六七頁下以下）。この問題での仁空の論述は慎重であり、たとえば「殺戒」釈では、殺生すれば「波羅夷罪」なので当然に失戒（または捨戒）するけれども、「失戒の後に懺悔すれば戒体は還生し」また「重受（戒を受け直す）すれば、有戒の人となる」などとも述べるが（同二六八頁下）、すでにみたように「戒体は必ず不失で、戒行は廃失もある」というのが仁空の真義である。

さて、「戒体受得の上の戒行」を説くのを、『義記』二巻の趣旨とする仁空の『義記』観において、これを弥陀念仏との関係で論ずるもっとも特色ある考え方を最後にみておきたい。それは、「先師和尚からの秘伝」とするつぎのような主張である。

又先師和尚或時、就二此事《ニ》一有二秘伝《トテ》一竊《ニ》被レ示事《アリ》。今《ノ》菩薩戒《ノ》宗旨《ハ》、戒体受得《ヲ》為二所詮《ト》一事《ハ》勿論也。而《ニ》此戒体《ノ》受得《ノ》位《ハ》、痴闇《ノ》凡夫住二在仏家《ニ》一初也。於二受戒之座《ニ》一即《チ》六即成仏《ノ》義《アル》旨《ヲモ》、五大院《ハ》釈《シ》玉《ヘドモ》、ケニハ事《ニ》已《ニ》分証究竟《ノ》悟《ヲ》極《ムト》云《ニ》非《ズ》。所得戒体《ガ》舎那《ノ》功徳《ナレバ》、誠《ニ》論《ン》二其功用《ヲ》一時、何《ノ》位《ニハ》未《ト》レ入可レ申事《ニハ》非《レドモ》、経《ニ》「汝是当成仏　我是已成仏」《ト》説《カレ》、汝《モ》已成仏《ノ》不《トハ》レ云、「位同大覚已　真是諸仏子」《ト》述《ベ》、未《ダ》仏果《ヲ》究《ムトハ》所レ不レ許也。此戒体受得《ノ》利益《ヲバ》、流通《ノ》経文《ニハ》「世々不堕悪道八難　常生人道天中」《ト》説《キ》、大師《ハ》「離二三悪道一」《ト》釈《シ》玉《ヘリ》。仍《テ》此戒体《ハ》「衆生《ノ》仏性種子」《ト》云《ハレテ》、永《ク》離《レ》二悪趣《ヲ》一、決定《シテ》可二成仏《ス》一身《ト》定《マル》処《マデガ》、戒体受得《ノ》分ニテハアル也。此上《ニテ》還レ機《ニ》、顕密《ノ》仏法《ヲ》修行《シ》、功《ヲ》積《ミ》徳《ヲ》累《ネテ》、定恵《ノ》悟《ヲ》開発センスルソケニハ、行者《ノ》所期ニテハアランスレハ、是《レハ》戒行《ノ》修習《ニ》依《ル》事也。故《ニ》戒体受得《ノ》本意《ハ》、戒行進《ニテ》正《ク》生死《ヲ》離《レ》、仏道《ノ》成《ズルヲ》可レ為二所詮《ニ》一。故《ニ》戒行正宗《ガ》事《ナルハ》、大方《モ》不レ可レ有二子細一上《ニ》、戒体《ハ》舎那《ノ》発起《ニ》身《ヲ》任《セテ》受取《ル》事《ナレバ》、雖レ不レ可レ簡二機差別《ヲ》一、戒行《ハ》機《ノ》修入《ヲ》為レ体故《ニ》、下機《ハ》止悪《モ》修善《モ》速《ニハ》成シカタキニ依《テ》、忽《ニ》生死《ヲ》解脱《スル》事、其期猶遥《カナルニ》似《タリ》。仍《テ》此戒行《ノ》難レ進謂《ヨリ》、弥陀《ノ》願力《ニ》尋入《リテ》一生《ニ》生死《ノ》紲《きずなヲ》切《テ》、彼《ノ》安養不退《ノ》土《ニ》入《テ》、正《ク》仏道成就《ノ》身《トハ》ナルヘキ事《ヲ》思《テ》、戒行正宗《ヲ》取《リ》給《フ》。サレハ上巻《ニ》「離二三悪道浄土受形」《ト》釈《シ》、「離二三悪道」《ハ》戒体受得《ノ》利益、「浄土受形」《ハ》戒行成就《ノ》相也《ト》意得《ル》事也。痴闇《ノ》凡夫《ノ》上《ニハ》、実《ニハ》不《シテ》レ往二生浄土《ニ》一一切《ノ》戒行《ヲ》成《ゼン》事、不レ可二思寄一事歟。此事輙《ク》不レ可レ有二口外二之旨、雖レ蒙二教誡一、事不レ獲レ止《コト》、聊所二申出一也。

（「　」は経文と『義記』文、『天全』一五・二一一上―二上）

ここには、菩薩戒の宗旨は戒体受得にあり、戒体受得こそが痴闇凡夫にとって仏門に入る初めであると言う。これを、安然が『広釈』に「受戒の座に即ち六即成仏する」と述べるのは、けっして受戒の場で仏果を究むという意味ではなく、将来に仏と成ることが定まる意味であると巧みに会釈する。つまり、『義記』に「離三悪道」と説くように、仏性種子によって永く悪趣を離れ成仏が定まるのが戒体受得であるという。そして、戒体受得の上に戒行に進み、生死を離れ仏道を成就する筋道をとるので、そのために梵網の戒相をよく学ぶべきとする。ただし、「舎那の功徳を受け取ってこれを功用とする」こと（戒体受得）は機を簡ばないが、戒行では「止悪修善は下機には速やかに成就し難い」ので、「弥陀の願力に尋ね入って仏道を成就す」べきとし、「彼の安養不退の浄土に入って正しく仏道成就の身と成る」ために戒行を「正宗」とするのである、と仁空は主張する。そして、そのことを『義記』巻上には「離三悪道　浄土受形」と釈し、この前句には「戒体受得の利益」を、後の句には「戒行成就の相」をみて、したがって「痴闇凡夫には往生浄土なくしては一切の戒行を成就しえない」と主張し、これをもって「先師よりの秘伝」とし、「たやすく口外してはいけないと教誡された」と言うのである。これは、『義記』の巻上を注釈し終わり、巻下の「正説」段である「十重四十八軽戒」釈に入る際の論述である。仁空の『聞書』では、『義記』巻下を注釈するのに三分の二を費やしており、なかでも「十重戒」釈を詳しくするので、ために浩瀚な注釈書となっていて、ここにも事戒を重んずる立場が表れている。

五　一得永不失義における理戒と事戒の問題

本節では、黒谷戒系の戒学の特色を、戒体（仮色）義と「一得永不失」の解釈によってみた。中古天台期の戒学は、叡山の黒谷に始まって、浄土宗をも含めた黒谷戒系においてこそ振興した。しかも、一得永不失の戒体義は、天台系統の円頓戒ではもっとも特色ある教理である。すでにみてきたところにより、了慧（鎮西義）・惟賢（法勝寺流）・仁空（廬山寺流）の、三者三流にみる基本的な共通点と相違点をまとめておきたい。

三流の共通点は、いずれも事戒（持戒）を勧めることである。天台系統では、鎌倉前後から南北朝期にかけて、叡空と法然源空に始まる黒谷戒系で戒律復興がなされたことは注意すべきであるが、その戒学振興は事戒にこそある。ここに、事戒または持戒とは、戒を理念（理戒）としてのみ尊重するのではなく、梵網の戒相を具体的事実として学び、仏道の基盤にすえて持たんとすることである。

そのことを了慧では、念仏者は仏道の初心者であるとの自覚において事戒を勧めるのであり、また惟賢では比叡山での十二年籠山修行のなかで事戒が堅持されるのであり、そして仁空では「戒体受得の上に戒行を進める」という考え方から戒相を学ばしめ、そのために『菩薩戒聞書』十三巻中に八巻にもわたって戒相釈を詳しくしているのである。

このような事戒の堅持はまた、天台『義疏』（『義記』）の「仮色戒体」義（心法戒体ではなく色法戒体）を、重視することと密接に結びついている。すなわち、心法戒体ならば理心（心性）を戒体とし、それは普遍的な理念を意味するのに対し、色法戒体ならば身・口の二業に現れ出るものを意味するからである。したがって、授戒儀における戒体発得《かいたいほっとく》（三羯磨《かつま》による戒体発得）を重んじて、その上に戒相（事戒）を学んでこれを修めることを勧めるのは、三者において共通している。

それに、戒体の「一得永不失」義は、これも三者で尊重することは同じである。それは、権宗（小乗戒を基盤とする『地持経』・『瑜伽論』の説く大乗戒や四分律など）に対する、天台円頓戒（純粋な大乗戒）の勝れた意義が「不失」義にあることを共通に認めるからである。したがって、天台『義記』の「戒体の興廃」義（授戒によって戒体が興り、捨戒と破戒によって戒体が失われること）に対しては、すでにみてきたように、不失義の立場から巧みにこれを解釈（会通《えつう》）している。

つぎに、三流における異なりは、事戒について、理観（理戒）の上にこれを重視するか（惟賢）、あるいは理観は困難とみて事戒を取るか（了慧・仁空）にちがいがある。このことは、仏道に浄土念仏を用いるか用いないかの相違によっている。浄土念仏は、末法観のもとに機根が劣り、一心三観などの勝れた理観をなしえない初心者の仏道であるとの自覚によってこれを修める。了慧では、中道理心を戒体とすることは初心の行者にはかなわないので、教門（方便）によって事の戒体（色法戒体）を立て、戒相を学んで分に随って戒を持つとする。また、仁空では四宗兼学のゆえにどの仏道でも持戒を勧めるのであるが、「末法辺地の下機である痴闇凡夫」にとっては一期の（この一生での）戒行は成就しがたいので、浄土でそれを成し遂げるとする。つまり、凡夫の初心に立つことは了慧と同じであり、戒行の成就しがたいことと、浄土念仏を結びつけて論ずることは、了慧よりも明解である。対するに、惟賢では事理一体（不二）の考え方で、理観をよくする者は理戒に即して事戒も堅固でなければならないとする。

また、戒体の「一得永不失」義については、了慧は理・事二戒の相対で、法然からとされる伝承に随って、理戒では不失であるとみる。この場合に理戒は、勝れた理観（中道理心）によって見出される戒概念であり、事戒よりも高い立場を意味するとともに、仮色戒体義では理心の上に設定される「真諦真善の妙色」という大乗義（常住義）によって、これの一得永不失を理解する。しかるに、仁空では戒体は因縁性の色法、つまり無常の事法とみた上で、盧舎那仏（梵網戒の教主）の覚体（報身）の功徳を受者が体内に受け取るものを戒体とし、このような大乗義によって戒体の不失を理解する。そして、仁空では天台『義記』の「戒体の興廃」について、廃失義は声聞戒のことであると示唆しながら、菩薩戒でも十重戒を犯した場合に、戒体は不失でも戒行に失戒と捨戒があることを論じている。これらに対して、惟賢では安然の『普通広釈』に依拠して、戒体のみならず戒相の上にも不失義に迫ろうとしている。というのは、戒灌頂家の「事相事持の戒法」では、戒体と戒相とに事法が一貫し、犯戒があっても戒を回復すれば戒体は増長し続けると主張し、また事理相即または随縁真如という考え方で、戒相も戒体とともに全く廃するということはなく持たれ或いは回復するとみるごとくである。仁空および了慧では、安然の所釈（不失義）は理観に立つもので、事戒には当てはまらないとみるのに対して、惟賢では本覚的な理観に立って安然を理解し、本覚的思考で事戒をみようとする。

つぎに、「一得永不失」の典拠では、『菩薩瓔珞本業経』を淵源として、安然の『普通広釈』がもっとも重要な影響を与えたと考えてよい。不失義は、安然ののちに本覚思想が力を増し、天台の円戒観が理戒を重視して変質したなかで台頭したとみられる。すでにみたように、黒谷系の三師の段階では、不失義はこれをもはや天台円頓戒の常識的な前提として論釈している。なかで、惟賢では『広釈』を積極的に用いて不失義を強調するのに対して、了慧と仁空では戒体不失の意義は認めながら安然の主張にはこれを会通するのに腐心するという違いが伺われる。そのことは、惟賢らの黒谷・法勝寺流では、比叡山天台宗内に留まって、そこに台頭した本覚的思考によって理観（理戒）を重視したからである。これに対し、了慧と仁空では天台円教観による大乗義には立つけれども、本覚思想からはかなり離れた位置にあるからといえる。

ただ、理戒（理観にもとづく戒律観）を重視することは、直ちに事戒を軽視することには結びつかない。事理相即ならば、高い理観に立つほど事戒を持つことも厳しく求められる。惟賢では、「証上の修行」を主張し、「授戒即身成仏」義に立って事戒を持ち菩薩行を続けることを勧めているのは、すでにみたとおりである。その場合、惟賢らの戒灌頂家では、授戒（重授戒灌頂）の前提に「十二年籠山行」が修められることは見逃されてはならない。籠山修行がないままに、理戒のみが偏重され、理と事が乖離するときには、事戒の軽視に陥る堕落の危険があるともいえよう(57)。

ところで、いまひとつ注意したいのは、事戒の軽視は戒律護持の面では堕落傾向といえるが、日本の仏教では必ずしも仏教の堕落とはみなされないことである。鎌倉時代には、理戒（理観）のみならず事戒も困難（または不要）として、念仏（親鸞）や唱題（日蓮）による新たな仏道が興ったことは周知のことである。安然の『普通広釈』によって戒律観が変容した意味は、本覚思想への評価を含めて、鎌倉新仏教の意義を視野に入れてさらに考察される必要があり、これらのことはいまは別の課題として、つぎに論ずることにしたい。

第四節　法然と親鸞における戒律観の変容と独自性

一　親鸞における戒律の問題

親鸞（一一七三―一二六二）の浄土教思想は、「偏依《へんね》善導《ぜんどう》」の念仏一行に帰した法然源空（一一三三―一二一二）の、いわゆる選択《せんじゃく》思想にもとづいているが、法然のすぐれた多くの門弟のなかで、親鸞だけはとくに「三願転入《さんがんてんにゅう》」義など、経典を主体的に解読して仏道の体系をすべて如来の救済原理に集約し、自《じ》力《りき》性を究極にまで否定して全分他力《ぜんぶんたりき》の思想を樹立したことにおいて独自性がある。親鸞における自力性の否定と絶対他力の考え方は、仏教における修行とその基盤となる戒律を否定することにほかならない。そのことは、鎌倉の新仏教の祖師たちのなかで、ことに末法思想にもとづく法滅観と、破戒・無戒の自己内省が、親鸞においてもっとも深く捉えられたことによると考えられる。

それの端的なあらわれは、伝最澄の『末法灯明記』について、法然はじめ栄西・日蓮らもこれを依用しているなかに、親鸞は主著『教行信証』の「化身土《けしんど》巻」（以下「化巻」）で、そのほとんど全文をくわしく引用していることがあげられる。また他方で、法然と親鸞は前半生を天台宗比叡山で修学したのち、ともに山を下り親鸞は法然の他力念仏門にしたがった。ただし、両者間には戒律の側面でかなり重要なちがいがある。法然は人々に授戒をし自らも持戒につとめたことがよく知られており、法然の戒律観は弟子の多くや、のちの門流に大きな影響を残している。それに対し親鸞では、無戒観にもとづく純粋他力の念仏が志向された。このようなことから本節では、末法観のもとでの戒律問題を中心に、親鸞の浄土教形成に背景となった思想状況を少しくあとづけ、法然門下のなかでの親鸞のすぐれて独創的な面をみてみたい。

さてそこで、平安末から鎌倉期にかけて、比叡山天台宗から念仏・禅・法華などの新仏教が輩出した背景に、強い末法的自覚が存したことは周知のとおりである。そして、新仏教の祖師たちが等しく注目したものに、伝最澄の『末法灯明記』がある。もっとも、末法の時機観はけっして一様ではなく、祖師間それぞれに主体的な把握と対応があり、そのために浄土や禅・法華等の異なる宗旨が選びとられた。

『末法灯明記』（以下単に『灯明記』ともいう）は、今日ではすでに偽撰説も多く出ているが(58)、鎌倉の祖師たちには最澄（七六七―八二二）の真撰として受容された。いま同書の内容を略述してみると、そこでは仏法と王法の相互関係が問題意識にすえられ、「正・像・末」三時の年限が論じられたのち、末法では正法が滅尽するので、「ただ言教のみがあって行証はなく」、持戒はもとより破戒すらない無戒の世になるという。で、そのような末法無戒のときには「名字《みょうじ》の比丘《びく》」（戒律等の威儀を欠く名ばかりの僧）のみとなるから、無戒名字の僧をこそ「世の真宝とし福田としなければならない」と主張し、末法中の持戒は「怪異であり市中に虎がいる」ほどに不可能なことゆえ、無戒時には仏は「末俗を済《すく》うために名字僧をほめて世の福田となしたもうた」として、そのことを経典によって引証する。すなわち、『大集経』月蔵分では、「八重の無価」説のほか、「名字の比丘を檀越が供養せば無量の福を得る」と説かれ、また『賢愚経』では「妻を蓄え子を挟《わきは》さむ名字僧を礼敬《らいきょう》すること舎利弗・目連等の如くすべし」と説かれ、さらに『大悲経』には「末世法滅時に酒家に至って非梵行をなすとも、ひとたびも仏名を称《とな》え、ひとたびも信を生ずる者は所作の功徳ついに虚《むな》しからず」と説かれる文などが示される。したがって、末法世では名字僧が世の導師となるゆえ、王法でもって無戒僧を罰してはいけないとの旨を主張している(59)。

このような内容の『灯明記』に対して、鎌倉新仏教の諸師の対応はさまざまである。栄西《ようさい》（一一四一―一二一五）では主著『興禅護国論』巻上に、「伝教大師末法灯明記云」として簡潔な引用をみる。けれども、栄西のそれへの対応はむしろ批判的であり、般若・法華・涅槃等の諸経文をあげて、末世ではかえって戒行が勧められていることを主張し、したがって『灯明記』の「破戒・無戒」説は小乗戒のことをいうもので、大乗菩薩戒（最澄が比叡山に建立した戒律）のことではないと批評する。栄西は入宋後に禅を興したことでよく知られ、戒律については「令法久住《りょうぼうくじゅう》の法」であるとし、「禅宗は戒律を宗となす」との立場をとる。(60)

つぎに法然は、「逆修説法」や「十二問答」のなかに『灯明記』を依用するのが知られている。「逆修説法」では、『観無量寿経』の「九品」段のなか「下品中生」を釈するなかに、「伝教大師末法灯明記云」として数行の引用があるのち、つぎのようにコメントされる。

夫受戒之法中国請二持戒僧十人一証明得戒。於二辺地一請二五人一証明得戒。然近来求二持戒僧一尚難レ得二一人一況五師乎。（『黒谷上人語灯録』巻七）(61)

ここで、「持戒僧十人を請う」とは、小乗戒（二百五十戒）の受戒法であり、したがって「近来に持戒僧を求めても一人も得難し」というのも小乗戒のことになるので、法然でも栄西と同様に、『灯明記』の意味を大乗戒の破戒・無戒とは理解していないことになる。また、法然の「十二問答」の方では、『灯明記』によって、末法中には持戒も破戒もなく「ただ名字の比丘ばかり」であることを記したうえで、もはや持戒と破戒は問題とせずに「かかるひら凡夫のためにおこしたまへる本願なればとて、いそぎいそぎ名号を称すべし」と説いて、念仏一行を勧める一節をみる。(62)法然は、のちにも述べるように黒谷の叡空より受けた梵網事相の戒（大乗戒）を尊重した学僧であり、そのゆえに大乗戒を無用とはみなかったけれども、『灯明記』の記す末法無戒の事実はこれを認めているわけである。

つぎにまた、日蓮（一二二二―八二）では『四信五品鈔』に、「教大師誡二未来一云」として栄西や法然のとほぼ同じ言葉の『灯明記』の引用をみる。しかし、この場合もその直前に「伝教大師云二百五十戒忽捨畢」とあるから、日蓮もまた『灯明記』の末法無戒は大乗戒のこととはしていない[63]。日蓮の末法観では『法華経』を専らに持つことがえらびとられ、そこでは持経（唱題）によっておのずと持戒ははかられるとみるので、大乗戒の破戒と無戒は自己の上に是認するものとはならないのである。

さて、このような諸師の依用態度に比べると、親鸞では『教行信証』化巻に、『灯明記』のほぼ全容が引用されるというのみでなく、親鸞固有の浄土教義を導き出す時機観の重要な典拠となっていることを知る。というのは、化巻〈本〉の後半には親鸞の要義中の随一である「三願転入」が表白され、そのあとに聖道門《しょうどうもん》が末法法滅の時機に適さないことを述べる論証のために道綽《どうしゃく》（五六二―六四五）の『安楽集』にならべて『末法灯明記』が依用されているからである。その場合に、聖道門は天台仏教を含むから、大乗戒と小乗戒の分別はなされることはない。すなわち、三願転入を述べたのち、親鸞はつぎのようにいう。

信知、聖道諸教為二在世正法一而全非二像末法滅之時機一已失レ時乖レ機也。浄土真宗者在世正法像末法滅濁悪群萌斉悲引也。（『大正蔵経』八三・六三二c）[64]

ここに、「聖道諸教」とは親鸞がかつて修めた天台の戒行を含めていることはいうまでもなく、それは正法時にのみ有効で、像・末・法滅の時と機には適さないと断ぜられる。それに対するに、親鸞が三願転入によって到達した「浄土真宗」は、正・像・末と法滅のすべての時代にひとしく群萌を悲引する普遍的教法であると主張される。そして、この主張を裏づけるために、このあととくに聖道門が末法の時機観にふさわしくないことを論証していく。それの次第はつぎのように述べられる。

然拠二正真教意一披二古徳伝説一顕三開聖道浄土真仮一教三誡邪偽異執外教一勘三決如来涅槃之時代一開三示正像末法旨際一。（『大正』八三・六三三a）(65)

ここでは、「聖道と浄土の真・仮を顕開する」のと「邪偽異執の外教を教誡する」ことが課題としてあげられている。後者の「邪偽異執」は、聖道門が用いる神祇・習俗・俗信などを指し、このことは化巻〈末〉においてくわしく引証され、親鸞はそれを教誡して弥陀一仏の純粋他力志向が明らかにされる。それで、聖道門と浄土門の真・仮を明確にするため、「正・像・末法の旨際」がこのあと述べられていく。そこでは、道綽の諸文をあげ、最後に「当今末法是五濁悪世、唯有二浄土一門一可二通入一路」という、法然が『選択本願念仏集』の初めの方に引くのと同じ文でしめくくったのち、親鸞はつぎのように続ける。

爾者穢悪濁世群生不レ知二末代旨際一毀二僧尼威儀一今時道俗思三量己分一。按二三時教一者勘二如来般涅槃時代一当二周第五主穆王五十一年壬申一従二其壬申一至二我元仁元年甲申一二千一百八十三歳也。又依二賢劫経仁王経涅槃等説一已以入二末法一六百八十三歳也。（『大正』八三・六三三b）(66)

『末法灯明記』はこれのあと、最澄撰と明示されて引用される。ここで、元仁元年（一二二四）を仏入滅（穆王《ぼくおう》五十一年）後二一八三年、また末法に入って六八三年とするのは、『灯明記』の「正法五百・像法千年」説を採用したものである。そして、「末代の旨際」と、そこでの「僧尼の威儀」を明かすのが『灯明記』なのであり、それの中心内容が「末法無戒」という時機観にほかならない。右の文で「今時の道俗は己が分を思量せよ」とは、末法世の僧俗一般によびかけているとみてよいが、化巻末の「後序」に親鸞が自らを「非僧非俗」とし[67]、また妻帯していることからも、自己の機をそこに含めているといえる。また、「元仁元年」は、親鸞がこの文を書いた年時を表していると考えられるが、同年の五月に延暦寺大衆より「停止一向専修記」が上奏され、直後の八月に念仏停止が宣下された事件を顧るときには、叡山の大衆によびかけて、その不当を論駁するのにも『灯明記』を依用した意図がみてとれる[68]。いずれにしても、同書が最澄撰であることが大きな意味をもち、親鸞では栄西ら他の諸師とは異なって、自己自身の機を表現するものとしてこの書が受容されているのである。

もっとも、親鸞は自己の無戒観、つまり「非僧非俗」を正当化し擁護するのに『灯明記』を用いたとみるのは正しくない。というのは、『教行信証』信巻には、つぎのような述懐がある。

悲哉愚禿鸞沈二没於愛欲広海一迷二惑於名利太山一不レ喜レ入二定聚之数一不レ快レ近二真証之証一。可レ恥可レ傷矣。（『大正』八三・六〇九c）[69]

これは、『涅槃経』をもとに「難治の三機」を明かす直前の言葉であり、ここのみならず親鸞はつねに「愚禿」と自認するのであり、慚愧の心と深い懺悔にもとづく自己否定を発想としている。つまり、戒律に対する無力のゆえに、親鸞の無戒観は自力としての戒律と修行を否定するのであって、そのことが末法の時機観によって自己自身において深く自覚されたのである。

二　法然源空における持戒の問題

親鸞の末法無戒観に対して、師の法然源空には持戒を尊重した点で、かなり異なった立場がある。法然は専修念仏を指導するなかで、門弟の多くに天台から承けた円頓戒を伝え、また在俗には身分の上下をとわず授戒し、自らは持戒につとめた清僧である。このことは専修念仏と持戒の問題として、今日矛盾として理解されることもあるが、法然自身ではけっして矛盾ではなかったと考えてよい。法然らの念仏は旧仏教側から弾圧を受けたとはいえ、道俗にわたる多くの帰依者があり、法然の持戒は立場のちがいをこえてむしろ尊敬された。

法然と親鸞の戒律への対応の相違には、その共通の背景に当時叡山仏教における円戒観の変容と、それにともなう戒律の衰退があったことが注意される。親鸞では『灯明記』を受容してまったくの自力否定を志向したが、『灯明記』の記す現実は当時の叡山天台のなかにすでに存した。法然は親鸞よりも先に叡山仏教に限界を感じて浄土門に帰していたが、叡山にあるとき西塔黒谷の叡空に修学したことが少しく事情を異にした。叡空は叡山の戒律復興に志した学僧だったからである。

法然は、元久元年（一二〇四）十一月に記した「送山門起請文」に、「叡山黒谷沙門源空」と署名しているから[70]、山を下って念仏勧化についたのちにも、比叡山黒谷との交わりを断っていない。また当時、天台の主要な戒疏に伝最澄の『山家学生式問答』があり、法然とその門下の隆寛や証空はそれを所持していたことが、東寺「三密蔵」写本によって確かめられている[71]。

ところで、『学生式問答』は今日では、最澄撰ではなく、口伝法門の早い時期の偽作とみられている[72]。というのも、同書の特色は天台円頓戒の「正依法華傍依梵網」義と「法華塔中《たっちゅう》相承」を説くことにあり[73]、最澄ではそれらの思想はなかったと考えられるからである。けれども、法然の前後を含めて、同書は長い間最澄撰として尊重されていた。それは最澄創始の円戒が『法華経』の一乗思想を根本理念にすえて、『梵網経』の十重四十八軽戒を事相に用いると解釈すれば、「正依法華傍依梵網」は天台の戒律観としては当然のことといえるからである。法然らもそのような理解をもっていたにちがいない。しかし、その戒律観のもとで法華戒（理戒）が一段と強調されると、梵網戒（事戒）の軽視を招くことになる。そのような傾向を示す典型的な例を、いま『一心金剛戒体秘決』（以下『戒体秘決』）と『一心金剛戒体決』（以下『戒体決』）によってみてみる。両書は思想的に『学生式問答』と関連しており、ともに最澄のものとされるが、かなり極端な戒律観が表明されていて、『学生式問答』以上に最澄の思想を離れる[74]。

それで、『戒体秘決』の方は、「正依法華」義を説き、「法華経の実相理を持つことが円戒を持つことである」とし、法華理戒を強調する。そして、末法観により「末法では貪瞋を断じない凡夫の形を以て衆生を化す」といい、あるいは「末法の衆生は名字の凡師を仏陀となす」などと述べる。また、「一得永不失」義を説いて破戒を容認するような意味を表現するのみでなく、説法教化は時機に応ずべきであるとし、「無戒に宜しきは無戒法を用うべし」とさえ主張している[75]。つぎに、『戒体決』の方は、円戒の「法華塔中相承」を説くことで『学生式問答』と連関がある。そこでは、「破戒を行じて持戒と為す」とか、「末法では悪聚（破戒）を戒とする」などという極端な主張がみられるのに加えて、末法では「無戒の戒」があるとか、「非戒の相伝」などという奇怪な説までをみる。(76)

このような戒律観の変容形態は、口伝法門期の叡山の戒律事情を反映していると考えられ、先にみた『末法灯明記』がこの脈絡のなかでとらえられるときには、戒律観の符合から偽撰説の根拠とさえなる。『灯明記』は法然や親鸞らでは最澄真撰として読まれたわけだが、口伝法門期には破戒や無戒を容認する戒律観が叡山仏教のなかで進められたことは事実である。すなわち、叡山天台宗では平安後期から鎌倉時代にかけ、慧檀両流の口伝法門が台頭し、密教の隆盛を背景に本覚《ほんがく》思想と観心《かんじん》主義が高潮し、そのなかで円戒は法華の理戒《りかい》が強調されるようになり、反面で梵網の事戒《じかい》が後退していったのである。(77)

しかるに、そうした天台の戒法衰退に復興をはかったのが叡空であった。叡空は西塔黒谷の辺地において、最澄以来の梵網事戒を再興せんとの求道を志した。法然はそのような叡空のもとに修学したのである。ただ、法然自身は叡空の戒律復興の後継者とはならず、道綽の末法観の方に強く影響され、善導の念仏門を選びとることになった。とはいえ、叡空より受けた戒はこれを尊重し、自ら持戒につとめ（これには善導が持律の人であったことも要因に加えられてよい）(78)、また念仏門に入ってきた弟子たちに伝戒したのである。法然が伝戒した門弟のうち、信空（黒谷流）と弁長（鎮西流）と証空（西山流）の戒系がとくに後世にまで栄えた。なかでも注目されるのは信空の黒谷流である。この門流ではややのちに黒谷を拠点に、叡山の戒法を十二年籠山行とともに復興させた。それは興円（一二六三―一三一七）と恵鎮（円観、一二八一―一三五六）によるもので、その戒観は「正依法華傍依梵網」にもとづくが、最澄の祖式（山家学生式）にしたがって、梵網事相の戒を修行の根幹にすえた。そしてまた、室町時代には天台僧の真盛（一四四三―一四九五）が黒谷に修学し、黒谷流のもとに念戒双修（持戒念仏）の潮流をつくった。真盛は法然に傾倒して本願念仏によったのであるが、ただし法然のような選択法をとらずに、天台的発想によって「戒《かい》・称《しょう》二門」の宗風を確立した。(79)

ともあれ、このように法然の持戒と伝戒は、後世に重要な関わりをもっていった。そして、弁長の鎮西流と証空の西山流では、法然にしたがって念仏一行を基調とするなかに、法然の受持した円頓戒を宗乗として確立したことは周知のとおりである。

さてそれでは、法然の専修念仏門では戒律はどのように位置づけられていたか。法然の念仏義は、日蓮によって「捨閉閣抛《しゃへいかくほう》」とよばれたように、法然の主著『選択本願念仏集』（以下『選択集』とも）によるとき（建久九年、一一九八年撰述）、選択法による明確な論理構造をもつ。すなわち、末法の時機観によって、『無量寿経』の第十八願（念仏往生の願）にもとづき、往生の業（正定業《しょうじょうごう》）には称名念仏だけをえらびとり、ほかの諸行（聖道門と浄土門中の諸行）はすべて雑行《ぞうぎょう》として廃捨されてよいとする。(80)そこでは、持戒は雑行の一として往生のための業とはならない。そのゆえは、「もし持戒・持律を本願とすれば、破戒・無戒の人は定んで往生の望みを断たれる」からである。(81)

ただ、法然では念仏を助成《じょじょう》する意味で、「同類の助成」と「異類の助成」を認めている。(82)それによれば、持戒などの諸行は念仏を助けるならそれを修めてもよく、もし妨げになるなら捨てる方がよいとする。そして、法然には自らを愚者とする自覚があり、けっして自己を勝れた機根とはみなかったが、戒律ではとくに愚者は愚者ながら一戒でも持てればそれを尊しとしたわけである。法然が持戒につとめた根拠はそこに認められ、そのような法然の生き方は、多くの人々に感銘を与えたと考える。

法然浄土教のもっとも大きな意義は、末法の時機観に立つことにより、持戒を往生の要とはせずに、本願の「称名念仏」だけで凡夫が往生成仏できる道を開いたことである。法然が黒谷で叡空の戒律復興事業の後継者とならずに、山を下りて、念仏を弘通した理由はそこに求められる。しかも、持戒を尊重する心は叡空から学んだことであり、それが法然に終生保たれていたことは、当時の時代感覚において多様な道俗に師と仰がれるゆえんとなった。

三　親鸞浄土教の独創性と普遍性

すでに述べたように、親鸞の時機観としての末法無戒観は、客観的な背景では叡山天台での戒律観の変容と、破戒・無戒の事実上の容認が存し、主体的には『末法灯明記』を自らの機において受容し、自己の戒律に対する無力を自覚したことにある。そこには道綽の末法観の影響を受けた法然と共通する部分はあるとしても、親鸞では徹底した自力否定の考え方を進め、その結果法然とは異なるまったく新しい独創的な浄土教思想が生まれた。すなわち、その基本的なひとつが三願転入による他力《たりき》回向《えこう》の思想である。いわゆる「三願転入」義とは、『教行信証』化巻〈本〉にある、よく知られたつぎのような一節である。

是以愚禿釈鸞仰二論主解義一依二宗師勧化一久出二万行諸善之仮門一永離二双樹林下之往生一回二入善本徳本真門一偏発二難思往生之心一。然今特出二方便真門一転二入選択願海一速離二難思往生心一欲レ遂二難思議往生一。

（『大正』八三・六三二c）(83)

これは、化巻の初めより、四十八願中の第十九願（至心発願の願）によって「要門」の行信を述べ、ついで第二十願（至心回向の願）によって「真門」の行信を述べたのちの結論である。右の文中に「万行諸善の仮門」とは要門を指し、これは『観経』所説の定散二善のことで、自力の諸善を意味するから、この方法による者（邪定聚《じゃじょうじゅ》の機）は往生を成就しがたいゆえに、「双樹林下の往生」とよんで真実の往生ではないことを表現する。つぎに、要門を離れて真門に入るとは、真門は『阿弥陀経』所説の「執持名号」を指し、これを右の文では「善本徳本」と表現し、これは多善根多功徳をねらう自力の念仏を意味するゆえ、この方法による者（不定聚《ふじょうじゅ》の機）は、「難思往生」とよんで、これまた往生の成就しがたいことを表す。かくて、真門から「選択の願海」に転入すれば、「難思議往生」とよぶ真実の往生が遂げられるとし、これは第十八願（至《し》心信楽《しんしんぎょう》の願）によるもので、他力回向の「弘願《ぐがん》」ともよばれ、そのことは「信巻」にくわしく説かれている。この本願（弘願）による者は正しく往生成仏を成就できるから、「正定聚《しょうじょうじゅ》の機」とされるのである。

このように、第十九願（要門）から第二十願（真門）へ、ついで第十八願（弘願）へと進む転入の筋道は、親鸞が愚禿《ぐとく》の内省を深めたときに、他力回向による証道を見出した過程を、四十八願のなかにあとづけたものにほかならない。そして、「他力回向」とは、自力の全分が否定されて、往生成仏を可能にするすべての能力を、阿弥陀如来の回向に集約することを意味する。したがって、そこから親鸞独特の経典に対する主体的解読がほどこされる。すなわち、その主な例をみると弘願を明かす「信巻」のなかで、第十八願の成就文はつぎのように引かれる。

本願成就文。経言。諸有衆生聞二其名号一信心歓喜乃至一念至心回向。願レ生二彼国一即得二往生一住二不退転一。（『大正』八三・六〇一a）[84]

この文は第十八願文とともに、きわめて重要な位置づけをもたされるもので、文中の傍に。。を付した語を親鸞では「至心に回向したまへり」と読む。これは如来回向の力によって衆生が往生せしめられることを表現する。つぎにまた、善導による『観経疏』の「三心」（至誠心・深心・回向発願心）釈は、法然の『選択集』に詳しく引用され重視されるところであり、親鸞もそれを承け信巻と化巻に分けて用いるなか、信巻依用の「至誠心《しじょうしん》」釈において、きわめて特色ある味読を示している。そこでは、「真実心の中に作《な》したまえるを須《もち》いよ」とし、また「内に虚仮《こけ》を懐けり」と読むことにより、真実心（至誠心）は衆生にはなく、如来の心を指すものとみ、したがって衆生の心は虚仮をいだくばかりであるとの意味を表す[85]。さらに、「回向発願心」でも「必ず決定して真実心の中に回向したまえる願を須いよ」と読ませるのは、ここでも回向し発願する能力は衆生にはなく、如来によって回向されて往生成仏が遂げられるとの意味を表す[86]。

このように、衆生の自力が全分に無効であるとして退けられるので、親鸞の念仏義は、法然が「往生業念仏為本」（『選択集』）とするのに対して、「信心為本」と言われるが、そこでの信心もまた衆生の力によって発《おこ》すのでなく、如来回向によるものと解釈されることになる。親鸞の本願他力への信仰は、法然から学ばれたのに相違はないけれども、自らを愚禿とする自己否定の深さは無類のものであり、そこからかえって純粋他力による証道が導き出された。『末法灯明記』に「末法中但有二言教一而無二行証一」と述べられた末法の諦観は、親鸞では『教行信証』の後序に「浄土真宗の証道は今盛んなり」とするごとくに翻され(87)、末法の法滅観はみごとに克服されていることを知る。

ただ、親鸞が非僧非俗の姿をとり、肉食妻帯を公然としたことは、当時の仏教への伝統的期待観念からにわかには受け入れられにくく、警戒もされたと考えられる。事実、親鸞自身の布教は、関東の辺地にとどまっていて、京都や鎌倉ではなされておらず、きわめて目立たない存在であった。しかし、少しく時代をへだてたとき、農民を主力とした圧倒的多数の人々が、親鸞の教えに指標を求めることにより、その思想の普遍性が証明される。親鸞浄土教のもっとも大きな意義は、無戒観にもとづく純粋他力の志向によって、在家仏教としての証道を確立したことである。

註

（1）『続天全・円戒1〈重授戒灌頂典籍〉』一九八九年、『続天全・円戒2〈菩薩戒疏註釈・戒論義〉』二〇〇六年。後者の書は、戒灌頂家の興円と恵鎮による戒疏が二篇と、ほかに園城寺（三井寺）系統の戒疏、および廬山寺流（仁空）の戒論書などを収録している。

（2）花野充道『天台本覚思想と日蓮教学』（二〇一〇年、山喜房仏書林）、同「本覚思想と本迹思想――本覚思想批判に応えて――」（『駒沢短期大学仏教論集』九、二〇〇二年）、大久保良峻『天台教学と本覚思想』（一九九八年、法藏館）、袴谷憲昭『本覚思想批判』（一九八九年、大蔵出版）ほか。

（3）近年、広範囲の資料と文献をもとに、本覚思想と中世の日本仏教をテーマに論じた大著のひとつに、次の書がある。Jacqueline I. Stone, Original Enlightenment and the Transformation of Medieval Japanese Buddhism, University of Hawai i Press, 1999. これの書評は、末木文美士氏（『宗教研究』三三二号、二〇〇二年）と、花野充道氏（『日本仏教綜合研究』創刊号、二〇〇二年）とによるものがある。同書は、主に日蓮の思想と本覚思想との関係に焦点があてられているが、その前提に中古天台期を広く論じており、そのなかで戒灌頂もとりあげ、そこではとくに興円の『円戒十六帖』をもとに論及している（同書一三五―一三七頁、四〇九頁など）。

（4）本書第一部第二章第一節と、および大久保良順「重授戒灌頂の興起」（『天台学報』二二号、一九八〇年）を参照。

（5）前掲註（1）の『続天全』の二書。なお、惟賢の『灌頂記』は、『大正蔵経』の巻七四にすでに収録をみていたが、それには錯脱の箇所があり、『続天全・円戒1』に所収のが良本といえる。この『灌頂記』の初めの方に、光宗が恵鎮から、次いで二十余年をへて惟賢が恵鎮から戒灌頂を受けたことが記されている（『続天全・円戒1』一四〇頁上）。また、光宗の戒疏である『普通広釈見聞』は、『渓嵐拾葉集』のなかに（『大正』七六・八三五―八五〇頁）、そして惟賢の『天台菩薩戒義記補接鈔』（三巻、鈴木『仏全』一六）もすでに知られている。

（6）今日の西教寺で執行されている戒灌頂の内容次第は、色井秀譲『戒灌頂の入門的研究』（一九八九年）のなかに、すでに紹介されている。

（7）興円『円戒十六帖』（『続天全・円戒1』七五―一一五頁）。なお、興円の同書にはいくつかの異本と転写本とが存し、異本の間では編集に異なりがみられる。それら異本間の考察は、色井秀譲前掲書の一九一頁以下（『十六帖口決』解題）を参照。

（8）惟賢『菩薩円頓授戒灌頂記』（『続天全・円戒1』一三九―一六六頁）。

（9）興円『円戒十六帖』第一―三帖（『続天全・円戒1』七六―八四頁）。なお、本節での以下の叙述（拙稿）は、この範囲にもとづくので、細かく典拠を示すのは略する。この範囲外によるときは、その限りではない。

（10）『観心十二部経義』（『続天全・円戒1』三三四―三六四頁）。この書は、天台智顗の著作から諸文を抄出して編集した性格をもつ（大野栄人「天台『観心十二部経義』の研究（上）」『愛知学院大学文学部紀要』一一号、一九八一年）。同書では、初めに十二部経に対する「即空・即仮・即中」の三観を述べ、のち「因縁・約教・本迹・観心」の四釈を施す体裁をもつ。戒灌頂家では恵尋以来、同書の観心釈のなかの、「一体三宝」と「正観・妙観」の箇所（『続天全・円戒1』三五三頁、三五六頁）をとくに重視する（恵尋『一心妙戒鈔』、『続天全・円戒1』二六六頁、二八七頁）。

（11）『頓超秘密綱要』は、天台大師に仮託された偽撰の書である。戒灌頂での「菩薩戒発願文」は、この書の末尾にある文を用いる（『続天全・円戒1』三二九頁）。

（12）中古期の日本天台では、「本門」は「本覚」の意味で理解されることが多い。それは「迹門の始覚」に対する。戒灌頂ではまさにその意味である。十六帖のなかで興円は、「伝授壇は迹門始覚の意、正覚壇は本門本覚の意なり」と述べる（『続天全・円戒1』八九頁）。『法華経』を「本迹二門」で解釈するのは、天台智顗に始まる。それは、『法華経』の後半（本門）では「久遠の本仏」が説かれるのに対し、前半の迹門では本仏から応現（迹）した仏（釈尊）が舎利弗ら声聞を教化することが説かれるとみるのによる。また、「始覚」とは迹仏《しゃくぶつ》（釈尊）が長い間の修行の結果に覚者（仏）となったことをいうのに対して、本覚は本仏が本《もと》から覚者（仏）である意味をいう。そして、始覚では衆生（凡夫）が修行（因）を積んで仏（果）に至ったという意味で、これを「従因至果」とよび、これに対する「従果向因」は、本仏または覚位に登った仏が衆生教化のために応現する（果から因に向かう）のをいう。天台本覚思想では、衆生が仏性を具えていることを拡大解釈して、本覚（本仏）を直接に衆生（凡夫）のなかにみるところに、その特色がある。つまり、修行を積んでの結果ではないのに、もとから仏であるとみる考え方である。

（13）惟賢『菩薩円頓授戒灌頂記』の「正覚壇事」（『続天全・円戒1』一四六頁）。ここで「無作三身」とは、作は「為作《いさ》造作」の意味で、修行を積んで衆生（因）から仏（果）と成る因果関係のものがら（有為《うい》無常法）を表わし、無作《むさ》はその反対に修行の過程を経ない（因果関係を踏まない）で、因果を超えていること（無為《むい》常住法）をいう。また、三身は「法身・報身・応身」とよぶ仏の三つの性格をいう。これを『法華経』の釈迦如来でいえば、本門（如来寿量品）の「久遠の釈迦」は、久遠劫の昔に長時の修行を積んで仏と成ったという意味では「報身《ほうじん》仏」（有為仏）であり、また仏は宇宙の普遍的真理を体現しているという意味では「法身《ほっしん》仏」（無為仏）であり、そして人間の肉体をもって舎利弗らを教化する仏（迹仏）であることでは「応身《おうじん》仏」（有為仏）と呼ばれる。これら三身は釈迦如来の身体がもつ三つの側面であり（これを一身即三身・三身即一身といってもよい）、これが「無作」であるとは、仏は本来的に（理として）三身を具えているとの意味を表す。ただ、天台本覚思想では「無作三身」を、衆生が本覚の仏であるという考え方から、衆生（凡夫）にこれをみるところに特色がある。

（14）興円集注・恵鎮潤色『一向大乗寺興隆篇目集』（『続天全・円戒1』一六七頁、一六八頁）。なお、詳しくは前章第一節を参照。

（15）恵鎮『直往菩薩戒勘文』では、「提婆達多品」の「深達罪福相　遍照於十方」の偈文を掲げたのちに、戒家ではこの文をもって「龍女の即身成仏は戒法の成仏と習う」とし、それは龍女のもつ宝珠を戒体と理解する故であるとする（『続天全・円戒1』三八一頁）。戒灌頂では、その偈文はまた重視されるところである。

(16) 興円記・恵鎮注『即身成仏抄』(『続天全・円戒1』一九一—一九七頁)。なお、この書の内容の詳しくは、前章第二節を参照。
(17) 興円『円戒十六帖』第九帖「明鏡相承事」(『続天全・円戒1』九五—九九頁)。
(18) 最澄『守護国界章』巻上(『伝全』二・二六六頁)。
(19) 興円『菩薩戒義記知見別紙抄』巻中(『続天全・円戒2』三三頁、四六頁)。なお、この書にみる内容と思想の詳しくは、前章第三節を参照。
(20) 興円『戒壇院本尊印相鈔』(『続天全・円戒1』一一七頁)。なお、同書にもとづく「授戒三聖」の印相については、前章第四節を参照。
(21) 恵鎮『直往菩薩戒勘文』(『続天全・円戒1』三七七頁)。なお、同書の詳細は次節を参照。
(22) 仁空『円頓戒暁示鈔』巻下(『続天全・円戒2』四二三—四二六頁)。なお、『暁示鈔』などを用いて、仁空の戒律観を論じた最近の論文には、次のものがある。Paul Groner, Jitsudo Ninku on Ordinations, Nichibunken Japan Review, No.15, 2003, p51-75.　また、仁空の『菩薩戒義記聞書』(『天全』一五)にみる戒律観の基本的特色については、のちの第三節に詳しく論じたい。また、『天全』の拙稿による「新解題」をも参照(『正続天台宗全書・目録解題』二〇〇〇年、春秋社、九九頁以下)。
(23) 安然『普通授菩薩戒広釈』巻上に、「円乗の戒証は受戒の日に即身に六即成仏す」という言葉がある(『大正』七四・七六四b—c)。安然の『広釈』は、仁空もこれを尊重する(本章第三節参照)。
(24) 『法勝寺戒場記』雄盛記一五九七年(『続天全・円戒1』五二頁)。このなか、帝釈寺はこれも横川の麓(別所)に位置し、西教寺の近くにあって、興円が本尊供養をするなど、活動拠点のひとつとされたが(『伝信和尚伝』滅後行事章第三『続天全・史伝2』四二六頁)、今は堂舎はなく衰退した。また、神蔵寺も今日では、跡地だけがある。
(25) 霊空光謙「西教寺中興開山真盛上人伝論」一七一八年(『草堂雑録』四に収録)。

(26)『閻浮受生大幸記』の昌俊による奥書には、つぎのように記す。

于時文正元丙戌無射（九月）四日、天於二相城円頓宝戒寺一書三写之一。去享徳（一四五二—五五）大乱、書籍等悉紛失《ク》。今嗟《アア》仏法之陵夷《スレハ》、不レ顧二鳥跡《ヲ》一。染二禿筆《ヲ》一資《ス》二後世《ニ》一而已。　天台菩薩戒比丘　昌俊

（『続天全・史伝2〈日本天台僧伝類Ⅰ〉』四三七頁上）

(27)同前『続天全・史伝2』四三八頁下。

(28)恵鎮の残した短編のものは、『続天全・円戒1〈重授戒灌頂典籍〉』と、「宝戒寺文書」（『鎌倉市史・史料編』第一）に収録する。また、惟賢の『天台菩薩戒義記補接鈔』三巻（『大日本仏教全書』七一）は、恵鎮が建武四年頃に法勝寺などで講義したものを、惟賢が私見をまじえて記録した性格のものである。

(29)恵尋『一心妙戒鈔』三巻。本書第二章第一節参照。

(30)興円『菩薩戒義記知見別紙抄』三巻。前章第三節参照。

(31)『伝全』一・六二一—七三頁。『大正』七四・五九五a—九七b。

(32)『伝全』一・一四九頁。『大正』七四・六一三b。

(33)『大正』七四・六七二c—七八b。

(34)『大正』七四・七五八c、七六四b。

(35)恵鎮『直往菩薩戒勘文』（『続天全・円戒1』三七七頁上）、『法華玄義』巻三下（『大正』三三・七一七c—八a）。

(36)『続天全・円戒1』三七八頁上。

(37)『続天全・円戒1』三七八頁上—九頁下。

(38)『続天全・円戒1』三七九頁下—三八〇頁下。『法華玄義』巻四下（『大正』三三・七二五a—b）。

(39)『続天全・円戒1』三八一頁上。

(40)『守護国界章』上之中（『伝全』二・二八二頁）、『法華秀句』巻下（『伝全』三・二六三—六六頁）。

(41)『続天全・円戒1』三八一頁下。『妙法蓮華経』五百弟子受記品（『大正』九・二九a）。
(42)『続天全・円戒1』三八二頁上。『妙法蓮華経』見宝塔品（『大正』九・三四b）。
(43)『守護国界章』上之上（『伝全』二・一七一頁）。渋谷亮泰「三種法華論」（『山家学報』一九・二〇・二一号、一九二五年）。
(44) 興円『円戒十六帖』（『続天全・円戒1』一〇三頁下）。
(45)『続天全・円戒1』三八三頁上。『卍続蔵経』二・五・五・四二三右。
(46)『伝全』一・六三四頁。『続天全・円戒1』一一六頁下。
(47)『続天全・円戒1』三八三頁上。
(48) 窪田哲正「戒家と記家の交渉」（『フィロソフィア』七〇号、一九八二年）、野本覚成「成乗坊義源の行跡」（『天台学報』二七号、一九八五年）。
(49)『伝全』四・六四六―四七頁。
(50) 恵鎮は「円戒興行大幸」の初めの方に、「吾山戒法《ノ》伝教大師《ハ》為レ弘二通利物之素懐《ヲ》一……（中略）……覚大師相伝之血脈、雖レ伝二于黒谷門下《ニ》一……」と記している（『続天全・史伝2』四三二頁下）。
(51) ここで諸注釈とは、本稿で扱う円琳を含めた了慧・惟賢・仁空らのを指すが、福田堯頴『天台学概論』（一九五四年）でも、天台の円頓戒を論ずるなかで、一得永不失戒の典拠には『瓔珞経』と安然『広釈』、および恵尋の『円頓戒聞書』を挙げている（同書六三〇―三四頁）。
(52) 元照『四分律刪補随機羯磨疏済縁記』巻一五（『卍続経』一・六四・四二二右上）。また、湛然『止観輔行伝弘決』巻四には、つぎのように述べる。

若有部中還用レ色為二無作戒体一。然大乗中雖下以二心性一而為中戒体上、若発二無作一亦依二身口作戒一而発。雖レ依二身口一体必在レ心。（『大正』四六・二五四b）

(53) 了慧『見聞』では、次のように円琳『鈔』を引く。

抄云。今文云二不起而已一者、若指二実理一不レ可レ論レ起、故応レ無レ色。次云二起即性無作仮色一、若依二教門一論二発起一者、応レ有二仮色一。性者理性従二真理性一起二仮色一也。此対二真諦真善妙色一、以二俗諦色一名二仮色一也。不レ同下有部対二彼塵・大・麁色是実有一、以二無表等不可見色一名中仮色上也。

（鈴木『仏全』一六・九〇a、円琳『鈔』同一四c）

(54) 戒灌頂の思想について詳しくは、この章第一節を参照。そこでは、戒灌頂の奥義書である興円の『円戒十六帖』によって、戒灌頂儀則の特色と本覚思想の関係を論じた。奥義書にはもうひとつ、惟賢の『菩薩円頓授戒灌頂記』がある（『大正』七四、『続天全・円戒1』）。

(55) 恵尋『一心妙戒鈔』三巻（『続天全・円戒1』）。なお、第二章第一節参照。

(56) いま少し仁空の「戒体」義を解釈する特色を述べておくと、仁空では「戒体発得」に「梵網発戒」と「羯磨発戒」を区別する。すなわち、「梵網発戒は三帰発戒」であり、「羯磨発戒は不現前五師の下での羯磨の作法」であるという。前者は「仏・法・僧の三帰」を誓約すれば発戒するというもので、『梵網経』は仏性戒体をとるので、仏性はもともと衆生が具有し、三宝（仏・法・僧）に帰依することを決意するときそれが戒体に発得するの（心法戒体）である。後者は、戒壇での授戒儀において三度の羯磨（作法）によって受得される戒体をいい、『義記』ではいま「羯磨発戒」を「仮色戒体」（色法戒体）をもって明かすとする。仁空では、作法受得の戒体について、「舎那の戒体が戒師の言説に極りて、凡夫の身体に舎那報身の功徳を受取るのが戒体発得の相である」といい、また「此れは仏の功徳では有るが、極果の位に留まっていないで、菩薩も之を伝え凡夫も之を受け、辺地に及んで未来の今時に至るまで師資相伝に作法受得する戒体である」と主張する（『天全』一五・八〇頁下）。そしてまた、『梵網経』の「菩薩戒経偈」について（『大正』二四・一〇〇四a）、これを『義記』では「四戒・三勧」によって解釈するのを（『大正』四〇・五六九c）、仁空では注目する。「四戒」とは、舎那から釈迦へ、釈迦から菩薩へ、菩薩から衆生へと、梵網戒が四段階に相伝されるあり方をいい、また「三勧」とは梵網戒が受持され誦《とな》え勧められて三世に不絶であるのをいう。仁空ではこれを、「四戒三勧の道理に依って、師師相受して末法辺地の凡夫痴闇の機に至るまで受取る処の戒体」が無作仮色の戒体であり（四戒の意味）、また「鈍根障重の機をも隔てず（等しく）発起される舎那の功徳なので、末代辺地の機までも受持し、誦え、勧めよと戒経偈に説くのを三勧と云う」と主張する（同前七九頁下）。

（57）本稿で扱った問題と密接に関連する近年の論考には、次のものがある。○Paul Groner,The fan-wang ching and Monastik Discipline in Japanese Tendai; A Study of Annen's Futsujubosatsukai koshaku, Chinese Buddhist Apocrypha, edited by Robert E.Buswell, Honolulu,1990.（吉村誠・阿純章・佐藤康裕共訳「『梵網経』と日本天台における僧侶の戒行――安然『普通授菩薩戒広釈』の研究――」『アジアの文化と思想』一九九四年）。○P.Groner, Jitsudo Ninku on Ordinations, Nichibunken Japan Review, No.15, 2003. ○P.Groner, Can the Precepts Be Lost? Can the Precepts Be Violated? The Role of the Pusajie Yiji 菩薩戒義記 in Medieval Tendai Discussions of the Precepts.（『天台学報』特別号「国際天台学会論集」二〇〇七年）。○杉江幸彦「浄土宗西山派における圓頓戒の特徴――『永徳記』と『天台菩薩戒義記補接鈔』との比較を中心に――」（『西山学会年報』六、一九九六年）。○若園善聡「『円頓戒』における諸問題」（『西山学会年報』一四、二〇〇四年）。○小山昌純「證空における天台菩薩戒説の受容について」（『仏教学研究』六二・六三合併号、二〇〇七年）。

グローナ教授の三論文の初めのは、最澄時代からみた戒律観の変容を、安然の『広釈』のなかに詳しくあとづけている。つぎのは、国際日本文化研究センター（日文研）に来日研究の間に、実導仁空の戒律観を授戒儀則などを中心に詳しくあとづけ、そこでは仁空のすぐれた戒学の特色を論ずるとともに、戒灌頂への批判なども指摘している。教授は元来最澄研究によって知られる所で、最澄以後の戒律観の変遷では、確かに仁空は梵網正依に立つゆえに、了慧や惟賢よりも最澄の戒律観にもっとも近いといえる。ただ、仁空では浄土念仏に進むことが最澄とは大きく異なった側面をもつことは本稿に明白にしたとおりである。

教授の三つめの論文は、戒体不失と破戒の問題を、安然と円琳、黒谷流（恵尋・興円）、および仁空らについて論じ、よくその特色を摘出している。ただ、黒谷流と仁空について、本節の拙稿で取り上げたのと少し異なる文献によっていることもあり、評価が少し異なっている（仁空に対するのに比べて、黒谷・法勝寺流への評価が相対的に低いようである）。つぎに、杉江氏の論文は、授戒法と戒体義について惟賢と仁空の間を比較してちがいを論じている。ただ、西山流（仁空）と黒谷流（惟賢）とで、前者は事戒中心で実践を重んじ、後者は理戒中心で理論に偏る特色があると結論するのは、本節の拙稿にみたのとは異なる見解であり、黒谷・法勝寺流の「事相事持」の戒法に対して誤解している。なお、同氏は西山浄土宗の有力寺院のなかには法勝寺流と同じ授戒本尊を用いて、戒灌頂も行われた形跡のあることを別に報告されていることは注目されてよい。（杉江幸彦「西山流の円頓戒本尊画像について」『西山学会年報』四、一九九四年）。ついで、若園氏の論文は、西山浄土宗の円頓戒の相承を「一得永不失」などについて論じ、それを仁空にもあとづけている。また、小山氏の論文も証空の戒学について「一得永不失」の特色などに注目して論じている。ただ、両氏のいずれも授戒儀則を中心にし、かつ証空の考え方を中心にみるので、仁空の戒学を天台での発展形態のなかに位置づける本節の拙稿とはかなり視点を異にする。すでに、本節の仁空の箇所で述べたように、仁空の『聞書』には「祖師」（証空）からの相伝を所々に述べることがある。大部な同書のなかにそれらを拾えば、西山浄土宗の祖である証空の戒学は仁空の戒疏から幾分は捉えられる可能性がある。もっとも、「一得永不失」のことでは祖師からの相伝は仁空の『聞書』には記録されていない。これらの先行論文を参照の上に、本節の拙稿では、理戒（理観）と事戒（事観）の問題の上に、理戒を基盤にした事戒観（惟賢）や、事戒と浄土念仏の関係（了慧・仁空）など、これまであまり検討されなかった論点のいくつかを解明できたと考える。

(58)　『末法灯明記』については、近現代に多くの偽撰論が出たなかで、最近に最澄真撰の可能性も吟味されている。朝枝善照「『末法灯明記』偽撰論疑義」（『印度学仏教学研究』二三巻一号、一九七四年）および同

「末法灯明記について」（同二四巻二号、一九七六年）を参照。
(59) 親鸞『教行信証』化身土巻（『大正蔵経』八三・六二三b―五b、『真宗聖教全書・（二）宗祖部』一六八―一七四頁）、『伝教大師全集』第一・四一五―四二六頁。なお、『末法灯明記』は親鸞にほぼ全文の依用があることから、浄土真宗の学僧に多くの講学書がある。最近のでは、浅田正博『存覚上人書写本　末法灯明記講読』（一九九九年）がある。同書には、従来の講読本のリストや、『灯明記』の真偽をめぐる論文などが列挙されているほか、親鸞が『灯明記』の言葉を用いている諸例や、親鸞に影響を及ぼしている箇所が指摘されている。
(60) 栄西『興禅護国論』（『大正』八〇・六c―七a）。
(61) 『漢語灯』七（『大正』八三・一四三c）。
(62) 『和語灯』四（『大正』八三・二二三a―b）。
(63) 日蓮『四信五品鈔』（『大正』八四・二八八b）。
(64) 『真宗聖教全書・（二）宗祖部』（以下『真聖全・宗祖部』）一六六頁。
(65) 『真聖全・宗祖部』一六七頁。
(66) 『真聖全・宗祖部』一六八頁。
(67) 『大正』八三・六四二c、『真聖全・宗祖部』二〇一頁。
(68) 普賢晃寿「親鸞聖人における王法と仏法――「化巻」を中心として――」（『真宗学』七五・七六合併号、一九八七年）。
(69) 『真聖全・宗祖部』八〇頁。
(70) 『黒谷上人語灯録』巻一〇（『漢語灯』一〇、『大正』八三・一六八b）。
(71) 玉山成元「『天台法華宗学生式問答』（東寺本）の史的価値」（『伝教大師研究』一九七三年）。東寺「三密蔵」写本の奥書にはつぎのようにある（玉山論文七四一頁）。

元久三年三月十三日於二長楽寺草庵一以二法然上人本一書写了。有二僻字一以二証本一可二比交一。隆寛。後日以二証空上人本一勘校了。

(72) 辻岡良稔「法華梵網傍正の問題に就て」(『叡山学報』第四輯、一九三一年)、石田瑞麿「『学生式問答』の偽撰について」(『印度学仏教学研究』八巻二号、一九六〇年)。

(73) 『天台法華宗学生式問答』(八巻)の巻四および巻五など(『伝全』一・三六三頁、三七〇頁ほか)。

(74) 『戒体秘決』と『戒体決』の二書は、いつごろから存在していたかは確認できない。前掲註(72)の辻岡論文では、『戒体秘決』→『戒体決』→『学生式問答』の成立順と推定されているが、むしろ『学生式問答』が先であるとの見方も成り立つ。『秘決』と『決』には、『学生式問答』ではまだ表現が明白でない末法観が強くあらわれ、また本覚思想と破戒・無戒の擁護が顕著にみられるからである。

(75) 『一心金剛戒体秘決』二巻(『伝教大師全集』第一・四五〇、四七九、四八一、四八九頁など)。

(76) 『一心金剛戒体決』(『伝教大師全集』第一・五〇一、五一〇、五一六頁など)。

(77) 鎌倉期前後の叡山の戒法衰退と破戒の諸事例などは、恵谷隆戒『円頓戒概論』(一九七八年、一三六頁以下)、石田瑞麿『日本仏教思想研究(一)戒律の研究(上)』(一九八六年、三九〇頁等)にもあとづけられている。

(78) 法然『七箇条起請文』に「善導和尚不三挙レ目視二女人一」(『漢語灯』一〇、『大正』八三・一六七c)と述べて、弟子に戒律尊重を勧めている。

(79) 叡山の戒律復興に従事した興円と恵鎮ら黒谷流の事績は、すでに本書の前節までにくわしく論述したとおりである。また真盛の仏道についての特色は、本書の第三部に論述する。

(80) 法然『選択集』の「(一)二門章」(『真聖全・三経七祖部』九二九頁以下)、「(二)二行章」(同九三四頁以下)や「三選之文」(同九九〇頁)など。『大正』八三・一b以下、同二c、同一九〇など。

(81) 「(三)本願章」(『真聖全・三経七祖部』九四四―五頁、『大正』八三・六a)。

(82)「(四) 三輩章」(『真聖全・三経七祖部』九四九—五〇頁、『大正』八三・七b)。
(83)『真聖全・宗祖部』一六六頁。
(84)『真聖全・宗祖部』四九頁。本願成就文(『無量寿経』巻下、『大正』一二・二七二a)。
(85)『真聖全・宗祖部』五一頁。『大正』八三・六〇一c。
(86)『真聖全・宗祖部』五四頁。『大正』八三・六〇二c。
(87)『真聖全・宗祖部』二〇一頁。『大正』八三・六四二c。

結　語

第一部では、中古天台期の比叡山における戒律と修行の復興、およびその過程で成立した円頓戒《えんどんかい》法の考え方を中心の課題とした。それでいまは、その戒法の特色をまとめておきたい。

すなわち、それらの事業を志し遂行したのは、天台で黒谷流《くろだにりゅう》を形成した学僧たちである。彼等が主張したのは事相事持《じそうじじ》の戒法であり、確立した法門は重授戒灌頂儀《じゅうじゅかいかんじょう》であった。かれらの円頓戒法は、一《いっ》得永不《とくようふ》失《しつ》義に立ち、一心戒蔵《いっしんかいぞう》と呼ぶ事相の戒体義をもとにして戒法の即身成仏《そくしんじょうぶつ》を主張することに大きな特色がある。重授戒灌頂は、受戒即身成仏を戒儀のなかに確立したものであり、そこでの考え方は中古天台期に高調した天台本覚思想を中核にもっている。

天台の黒谷流は、その戒脈（叡空―源空―信空―湛空―恵尋―恵顗―興円―恵鎮）の初めには、源空などの浄土宗祖師を仰ぐけれども、恵尋《えじん》を先駆者として興円《こうえん》と恵鎮《えちん》らによって戒・行の復興が成就したときには、浄土宗との関わりはなく、それは恵鎮のあと惟賢《ゆいけん》の法勝寺流と、光宗《こうしゅう》の元応寺流に天台内の戒系として受け継がれゆくものを指す。したがって、源空のあと浄土宗においても円頓戒は尊重されるが、戒法の内容は念仏を中心に据える浄土宗のそれとは異なって、興円らの確立した円頓戒法と戒灌頂儀は浄土念仏をもたない天台的な法儀であることにまず注意を要する（天台黒谷流の戒脈下に念仏が加わるのは室町時代中期の真盛以後であり、その持戒念仏法は本書では第三部に論ずる）。そして、興円らの黒谷流は、天台の円・密・禅・戒という四宗兼学のなか、戒法を特出させた仏道を構想したので戒家《かいけ》と自称し、また戒灌頂家とも呼ばれる。

中古天台期が始まる鎌倉期前後の比叡山仏教では、念仏・禅・法華などの新仏教が輩出し独立した。他方で、鎌倉時代には旧仏教内に南都律（奈良）や北京律（京都）の戒律復興がなされた。そのようななかに、それらとの影響および呼応関係をもちながら、黒谷流は旧仏教の枠内で「戒《かい》と行《ぎょう》」を面目に叡山仏教の蘇生回復を試みた潮流として位置づけてよい。

それで、興円ら叡山黒谷流の確立した円頓戒法とその仏道は、末法観にもとづいて構想された頓速《とんそく》の成仏法である。円頓戒の円は法華円教の意ではあるが、これにはその時代までに法華教学を深化せしめた天台本覚思想が含まれている。ただ、そこに頓速という単刀直入に成仏を求める考え方は、鎌倉新仏教の祖師たちと共有するものがある。すなわち、末法観により法然と親鸞らは浄土念仏を選択《せんじゃく》して、これに頓速の仏道（往生成仏法）を見出し、また道元《どうげん》は「本証妙修《ほんしょうみょうしゅ》」（修証一等《しゅしょういっとう》）とて只管打《しかんた》坐《ざ》のなかに覚りを見、或いは日蓮《にちれん》は唱題《しょうだい》に法華の即身成仏（名字即《みょうじそく》の成仏）を求めたのに通ずる思考法である。したがって、戒灌頂に集約される黒谷流（のち法勝寺流など）の仏道は、日本仏教の天台における一形態として、鎌倉以降の新仏教と共通の本質をもつ一面がある。

しかるにまた、興円らでは戒法を特化するとはいえ、そこには法華と密教思想の融合形態があり、鎌倉新仏教の祖師たちに特色をみる「一行《いちぎょう》に仏道を集約する選択《せんじゃく》的な考え方」はこれをもたず、四宗兼学の天台的特色を保持していることは見逃してはならない。

黒谷流が主張した「事相事持」の戒法は、すでにみたように「正依法華傍依梵網」の戒律観に立つ。そこに、正依法華《しょうえほっけ》とは『法華経』所説の「一乗《いちじょう》戒・三如来室衣座《さんにょらいむろえざ》戒・身口意誓願四安楽行《しんぐいせいがんしあんらくぎょう》戒・普賢《ふげん》四種《ししゅ》戒」を指し、順に『妙法蓮華経』の方便品・法師品・安楽行品・普賢菩薩勧発品に説くのをいう。これらは、菩薩行の理観（理戒）に属するので、具体的な戒品（事相《じそう》）には『梵網経《ぼんもうきょう》』所説の十重《じゅうじゅう》四十八軽戒《しじゅうはちきょうかい》を学び実践するのを傍依梵網《ぼんえぼんもう》という。これは、伝最澄の『学生式問答《がくしょうしきもんどう》』巻四（『伝全』一・三六三頁）を根拠としたものである。

このように、菩薩の理観修得を究極に置いて梵網の戒相を堅持するのを事相事持といい、興円らはそのような持戒《じかい》の上に十二年籠山修行を遂行したのである。その修行は、かつて最澄が定めた止観業《しかんごう》と遮那業《しゃなごう》であり、興円らの修めた籠山行は『一向大乗寺興隆篇目集』と『一日一夜行事次第』（即身成仏抄）によって、右にすでにみた通りである。そこでは、末法世における「直道《じきどう》の即身成仏」を求めて、「三時の勤行《ごんぎょう》と二時の坐禅《ざぜん》」を軸とし「顕《けん》・密《みつ》を行学する」一日の行法をはじめ、「三齋月六齋《さんさいがつろくさい》日《じつ》」や「結夏安居《けちげあんご》と春秋の頭陀《ずだ》」等の梵網戒を根拠とする行法がみられた。

そのような修行による一定の証果《しょうか》の上に、即身成仏義を授け、それを体得実感せしめるのが重授戒灌頂儀である。これには、成仏という高い理観の覚りを、密教の事相によって表現する方法が用いられ、これをまた事相事儀《じそうじぎ》と呼ぶ。

戒法の（または受戒による）即身成仏は、戒体の一得永不失義とともに、安然の『普通授菩薩戒広釈』をもとに構想された。それらについての考え方は、恵尋の『円頓戒聞書』などにまずみられたのち、興円では一心戒蔵という事相の戒体義によって教理が深められた。一心戒蔵は、天台智顗の『普礼法』文を淵源の根拠に、恵尋が「一心の惣体」と呼んだものを、興円が戒体義に据え直したのである。それればかりでなく、興円では「迹門・本門・観心・一心戒蔵」の四重釈を施し、これは『法華経』にもとづく天台の教・観二門の上に、さらに一心戒蔵を置いて、これを仏道の基盤または根源とする。一心戒蔵は、仏教一般には如来蔵（真如・仏性）と呼ぶものを、真如随縁の考え方を用いて事相の戒体として捉えたのに相違ない。すなわち、それは受戒のとき羯磨《かつま》の瞬間に「真如（理性）が事相に随縁し色法戒体として受者の身内に来入し発得《ほっとく》（納得）する」とみられるもので、これは性得《しょうとく》の真理（性徳）が受戒作法によって事相に修得《しゅとく》された戒体（修徳）であり、しかも一度受ければ成仏に至るまで失われないという意味で一得永不失であり、これが直ちに即身成仏の根拠となると位置づけられる。というのは、戒体には仏果の功徳（真如仏性）が具わっていて、それが修徳によって事相に顕れ出るとみるからである。つまり、ここで事相とは、凡夫に内在する仏の功徳（本覚仏）が、戒体発得と持戒によって現証として顕れ出て来るとみる考え方である。このことから、円頓戒では授戒儀と、そこでの戒体受得が重視される。

しかし、このような事相戒体では、破戒のときそれが失われることが問題となる。これについては、例えば恵尋では「雲間に隠れた名月」によって説明された。すなわち、名月は雲に覆われれば明了を欠くように、破戒すれば戒光は隠れるけれども、発得の戒体（名月）は損せず、懺悔《さんげ》をして本《もと》の如く持戒の意を一念発せば戒光は忽ちに照らして、戒体は本の如く明了となると。そのために恵尋は、事相の戒を持つこと（持戒）を厳しく求めこれを勧めたのである。

さて、重授戒灌頂は興円らにおいては、十二年籠山行の後に授けられる一種の完成法門である。それは外《げ》道場の伝授壇《でんじゅだん》と、内《ない》道場の正覚壇《しょうかくだん》から構成される。初授戒（得度）の後に重ねて授戒壇に登るので、或いは伝授壇の後に重ねて正覚壇に登るから重授と呼ばれる。興円の『円戒十六帖』には、それらの奥義が記されている。伝授壇では十二門戒儀が修せられ、そのなか正授戒《しょうじゅかい》の終わった段階で五《ご》瓶灌頂《びょうかんじょう》が行われるのを特色とする。灌頂は仏位に登る者に授けられる意味をもつが、ここでは戒体発得によって仏位を継承する菩薩であることを教え実感せしめるとする。

そして、つぎの正覚壇では、正しく即身成仏の秘儀が授けられる。それは、『法華経』の二仏並座《にぶつびょうざ》に擬える塔中相承《たっちゅうそうしょう》（唯仏与仏《ゆいぶつよぶつ》）の儀式という。そこではまず、諸法実相の合掌印（六即合掌《ろくそくがっしょう》）によって、六即を尽《つ》くす成仏の意味が語られる。それは、「本覚無作《ほんがくむさ》の成仏」（本覚仏）として説明され、『法華経』の「得入無上道《とくにゅうむじょうどう》　速成就仏身《そくじょうじゅぶつしん》」や、『梵網経』の「衆生受仏戒《しゅじょうじゅぶっかい》　即入諸仏位《そくにゅうしょぶっち》」という教説が、「境智冥合《きょうちみょうごう》の無作三身《むささんじん》」、「理智冥合《りちみょうごう》の常寂光土《じょうじゃっこうど》」、「本地久成《ほんじくじょう》の如来」など、本覚的な幽玄な思想で解説される。本覚仏は、例えば恵尋では中道実相心《ちゅうどうじっそうしん》と表現された高い理観（観心《かんじん》）によって観取される境地のごとくで、正覚壇の後半には「中道王三昧」という実相観（止観）が修せられる。そののち、種々の道具類が授与され、なかで明鏡《みょうきょう》の相承によって「一心三観の己証《こしょう》」が伝授される。ここではまた「法界一輪鏡《ほうかいいちりんきょう》」と呼ぶ一面鏡によって一心戒蔵が説明され、一心三観が一心戒蔵に根拠づけられる。道具類にはまた、仏徳を表す意味が付与され、これらは以後の利他行《りたぎょう》のために用いられるべく、そのために少欲知足に住する持戒がさらに勧められる。

このように、灌頂をもって行われるここでの儀式は、十二年の修行を終えた者に即身成仏儀を授ける「重授の戒壇」である。その意義は、伝授壇での十二門戒儀の中でも説明され、正授戒での五瓶灌頂までは従因至果《じゅういんしか》の修行によって妙覚位（仏位）に登る課程であり、灌頂以後には従果向因《じゅうかこういん》の次第によって利他行《りたぎょう》に向かうものされる。したがって、正覚壇（仏位）に登った者には、のち利他行の持戒が求められるわけである。このことは、恵尋にみたように、法華戒（菩薩戒）が梵網戒（仏戒）よりも勝れているという正依法華傍依梵網の意味に重なる。つまり、法華の菩薩戒は因位（菩薩）に仏果の功徳を具えているから勝れていると解説されたように、重授後の利他行は法華理観に立つ菩薩行（如来行）にほかならず、ここでも戒相は梵網戒が受持されるのである。このことから、黒谷戒家の戒法は、惟賢の『菩薩戒義記補接鈔』にみたように「証《しょう》（覚り）の上の修行（持戒）」という意義をもつ。

重授戒儀（興円『円戒十六帖』）では、いまひとつ強調されることがある。それは、法（円頓戒法）を重んじ、また師（伝戒師）を重んじ、そして妄りに余人に授けないことである。これらは、円頓戒法が「師師相承の即身成仏の妙戒」であるからという理由によるもので、末法の時機観によって本覚的な思考のもと、戒法による頓速の即身成仏を志向するのには、戒の受持について信心を強く持つこと（信心受戒）が求められるのをいう。また、重授法は十二年修行のあとに、師・資間に一対一で交わされる即身成仏儀であるから、「唯授一人」の形態を取ると同時に、信心と持戒と修行のない者には妄りに授けてはいけないことをいう。

興円ののち恵鎮は、戒法の宣布に活躍した。恵鎮らの戒法再興は朝野《ちょうや》の尊崇を獲得し、恵鎮は当時の五天皇に授戒をして五大国師と呼ばれ、とくに建武の新政を握った後醍醐天皇の後援を得て、法勝寺ほかを重建増築して、それらに戒壇を敷設した。すなわち、法勝寺・帝釈寺・神蔵寺・西教寺を山門中の四箇律院とし、また鎌倉・宝戒寺、加賀白山・薬師寺、伊予・等妙寺と筑紫・鎮弘寺を遠国の四箇戒場とした。恵鎮が著した『直往菩薩戒勘文』は、天台の円頓戒法を直往の菩薩戒と呼び、南都と北京《ほくきょう》に中興された戒律よりも勝れた戒法として顕揚した。すなわち、持戒によって菩薩行を進める純大乗の戒法は、成仏に直結する天台の即身成仏法であることをアピールしたのである。

以上の論考では、本覚思想は理戒（法華理観）ばかりを重んじて、事戒（持戒）を軽視するという従来の見方に反省を促し、黒谷戒家の円頓戒および戒灌頂は本覚思想に立ちながら持戒を強く勧めることを明らかにした。また、戒家の事戒では梵網の戒相と同時に、戒体にも事相の考え方を導入して、末法時代での即身成仏義を確立したことをみた。戒家の本覚的思考は、理観には持戒（事相の戒を持つこと）が伴わねばならないとして、事理相即または事理一体の考えの下に、本覚仏の故に持戒を強く求めて菩薩行（如来行）を進める仏道を志向したことにその本質があるといえよう。理と事が乖離して観心の理観ばかりが偏重されて、事相の戒が軽視されることに反対したのである。

安然の『菩薩戒広釈』以後には、天台に本覚思想が台頭するなかで戒律観が変質したことは事実である。最澄に仮託された『天台法華宗学生式問答』や『一心金剛戒体秘決』などをみるとき、そこに戒観念の変容がある。また、破戒と無戒の趨勢を説く『末法灯明記』は、鎌倉新仏教の祖師たちには共通に最澄真撰として認められた。そのようななか、黒谷流戒家では、戒と行を復興して革新を求めたのに対して、新仏教の祖師たちは別の仏道を開拓した。とくに、親鸞と日蓮では、戒律（事戒）を用いない日本的特色の仏教が成立する。そこでは、事戒はこれを困難または不要として放棄されたけれども、けっして堕落とはみられずに、やがて大きな支持を獲得する普遍性をもった仏道として確立し、そのことについては本書では親鸞によって論じてみたのである。

第二部

梵網経「十重四十八軽戒」の戒相解釈研究

第一章　天台『菩薩戒義疏』における五戒の解釈

第一節　天台『義疏』の第一殺戒釈にみる戒相釈の特色

一　はじめに

日本の天台における出家僧が受持する戒律は、伝教大師最澄《さいちょう》（七六七―八二二）が『山家学生式』（四条式）に定めた『梵網経』の「十重四十八軽戒《じゅうじゅうしじゅうはちきょうかい》」である（『大正蔵経』七四・六二五a）。これは、大乗仏教の菩薩僧が持《たも》つ戒という意味で「大僧戒《だいそうかい》」と呼ぶ。最澄では、これがために比叡山に大乗戒壇を建立することを企て、やがてそれは実現し、日本天台が南都仏教から独立し、また中国天台とも異なる独自の地位を築いた。すなわち、具足戒《ぐそくかい》と呼ばれる「二百五十戒」は、これを小乗戒として棄《き》捨《しゃ》し、大乗戒（梵網戒《ぼんもうかい》）だけを単受してこれを持つ方法を確立した。もっとも、最澄では南都仏教との関係を保つために「仮受小戒《けじゅしょうかい》」という形で、具足戒を持ち学ぶことも勧めた。しかし、天台が仏教界で重きをなしてくると、間もなく智証大師円珍《えんちん》（八一四―九一）の頃には「仮受小戒」も否定され、梵網戒だけを受け持つことになる。その後、比叡山に円戒復興を鎌倉時代から南北朝期に遂行した黒谷流でも、純大乗の梵網戒（十重四十八軽戒）のみを受持し学ぶことが、勝れた戒法のゆえんであると確信されたことはいうまでもない。

ところで、天台智顗《ちぎ》（五三八―九七）撰とされる『菩薩戒義疏《ぎしょ》（義記《ぎき》）』二巻（『大正』四〇、以下『義疏』）は、中国における梵網戒疏のもっとも古いものに属する。この疏を嚆矢として、中国では華厳宗の法蔵（六四三―七一二）による『梵網経菩薩戒本疏《ほんしょ》』六巻など、多くの学僧たちによる梵網経疏が作られた。また、天台家では湛然《たんねん》（七一一―八二）の弟子と目される明曠《みょうこう》の『天台菩薩戒疏』三巻（天台『義疏』を刪補《さんぽ》したもの）が著されている。ことに、日本では最澄が梵網戒を大僧戒と定めて以後、天台系統で智顗撰の『義疏』がよく講学されてきた(1)。

天台『義疏』に対する近・現代での研究は、同『義疏』の巻上に論述される「三重玄義」釈、そのなかでもとくに「性無作仮色《しょうむさけしき》」の戒体義を重要問題として、それと関連する所説が究明され、あるいはそこに引用される『大智度論』の「十種戒」をめぐる戒律観などが検討されることが多い。戒体の要義と戒理念については、本書ではすでに第一部のなかに論じたので、ここでは天台『義疏』に『梵網経』の「正説段《しょうせつ》」と位置づけられる「十重四十八軽戒」の戒相釈を研究し、解釈上の特色をみることにしたい。というのも、比叡山天台宗で幾度か戒律と修行の復興が試みられたときには、いつも「持戒《じかい》」を課題とし、戒を理念のみでなく事相《じそう》として受持することが緊要とされ、梵網の戒相が学ばれたからである。その場合、天台『義疏』を指南の書としたことはいうまでもない。

中世以降に、比叡山の天台では少なくとも三回の戒律復興、または戒学の振興をみた。ひとつはすでに第一部でみた叡空に始まり、鎌倉末ないし南北朝期に興円と恵鎮のとき大成をみた黒谷流（のち法勝寺流）の戒法であり、二つには南北朝期の後半期に叡山で戒学を振興した実導仁空《じつどうにんくう》の廬山寺流であり、三つには江戸時代中期に四分律《しぶんりつ》を交えて興起した霊空光謙《れいくうこうけん》らの安楽律である。これらの学僧らはいずれも天台『義疏』の注釈を著している。興円（一二六三―一三一七）の『円頓菩薩戒十重四十八行儀鈔《ぎょうぎしょう》』は、本書の巻末に翻刻の上に詳しくみるので、いま天台『義疏』の戒相釈を理解するのには、仁空（一三〇九―八八）の『菩薩戒義記聞書《ききがき》』（『永徳記』十三巻、『天台宗全書』一五、以下『聞書』）と、霊空（一六五二―一七三九）の『菩薩戒経会疏集註《えしょしゅっちゅう》』（八巻、鈴木財団編『日本大蔵経』三四、以下『集註』）を用いることにしたい。

そこで、仏教の五戒（不殺生《ふせっしょう》・不偸盗《ちゅうとう》・不邪淫《じゃいん》・不妄語《もうご》・不飲酒《おんじゅ》）が、原始仏教以来の戒律の基本に位置することは、周知のとおりである。出家の具足戒《ぐそくかい》（声聞戒《しょうもんかい》）として知られる比丘《びく》の二百五十戒は、もっとも重罪とする波羅夷《はらい》を「婬・盗・殺・妄」の四種に規制する。そして、大乗戒（菩薩戒）として天台家で用いられる『梵網経』の十重四十八軽戒は、十重禁戒《じゅうじゅうきんかい》の前五種を「殺・盗・婬・妄・酒」の順に規制する。

もっとも、具足戒では出家戒のゆえに、「婬《いん》」は邪婬ではなく不婬であり、また「飲酒《おんじゅ》」は波羅夷《はらい》罪《ざい》（教団追放の罰則をもつ）には含められていない。そして、『梵網経』では「飲酒」は四十八軽戒のなかに教え、重罪としては酤酒《こしゅ》（酒を売る）を禁止する点で、「五戒」との違いをもつ。けれども、少なくとも梵網戒の前五種の重戒は、五戒が基準となっていることはいうまでもない。つまり、五戒のそれぞれに菩薩戒としての内容を与えて、十重禁戒《じゅうじゅうきんかい》の前五種に数えたものといえよう。

本章では、梵網菩薩戒の重戒のなかに位置づけられているそれら五種の戒を、天台の『菩薩戒義疏』の巻下に釈述される戒相釈によって理解してみたいと思う。まず、本節では第一殺戒釈を少し詳しくみておくことにする。その場合、中国天台でいまひとつ重要視される明曠の『刪補疏《さんぽしょ》』（『天台菩薩戒疏』三巻、『大正』四〇所収）も参照して、天台における解釈上の特色をみることにしたい。

二　声聞戒に対する大乗戒の意義づけ

『梵網経』所説の「十重禁戒」は、天台『菩薩戒義疏』（以下『義疏』）に記す戒名では、つぎの十箇である。

一殺戒、二盗戒、三婬戒、四妄語戒、五酤酒戒、六説四衆過《せつししゅうか》戒、七自《じ》讃毀《さんき》他《た》戒、八慳惜加毀《けんじゃくかき》戒、
九瞋心不《しんじんふ》受悔《じゅけ》戒、十謗三宝《ぼうさんぼう》戒

このなか、最初の「殺戒《せっかい》」とよぶ十重禁戒の第一は、『梵網経』の戒条ではつぎのように説く[2]。

仏言。仏子、若自殺・教レ人殺・方便・讃歎殺・見レ作随喜・乃至呪殺、殺業・殺法・殺因・殺縁。乃至一切有レ命者不レ得ニ故殺一。是菩薩応下起ニ常住慈悲心・孝順心一、方便救中護一切衆生上。而自恣レ心快レ意殺生者、是菩薩波羅夷罪。

（『大正』二四・一〇〇四b）

（仏言わく。仏子、若し自ら殺し、人に教えて殺さしめ、方便をもって、殺すのを讃歎し、作すのを見て随喜し、乃至呪をもって殺せば、殺の業、殺の法、殺の因、殺の縁あり。乃至、一切の命《いのち》有る者を故《ことさ》らに殺すことを得ざれ。是れ菩薩は応に常住に慈悲心と孝順心を起こし、方便をもて一切の衆生を救護《くご》すべし。而るに、自ら心を恣《ほしい》ままにし、意《こころ》を快よくして殺生《せっしょう》する者は、是れ菩薩の波羅夷罪《はらいざい》なり）

このような「殺戒」の内容に対して、『義疏』では初めに総説的な序述をなし、ついで随文解釈を施す。そこで、総説的な序の前半には、つぎのように述べる。

第一殺戒十重之始。若声聞非梵行在レ初者、人多起レ過故、地繫煩悩重故制レ之。殺雖二性罪一出家人起二此罪一希、亦易二防断一。婬既易レ起制レ之当レ初。大論云「声聞戒消二息人情一多防二起辺一。」所以軽者多起是故重制、重者起希軽罪制レ之。婬欲非二性罪一、殺是性罪、大乗制レ之当レ初也。

（「　」は引用者、『大正』四〇・五七一b）

まずここでは、声聞《しょうもん》戒（具足《ぐそく》戒）の四波羅夷《はらい》罪は、婬《いん》戒（不婬＝梵行《ぼんぎょう》）を最初とするのに比べ、大乗の十重禁には殺戒《せっかい》を第一とするちがいを論ずる。すなわち声聞戒では「婬（非梵行）」はその過《あやまち》を起こすことが多く、しかも欲界地に身を繫《つな》ぐ煩悩として重いので、これを初めに制する。それに比べて「殺」は、それ自体が罪悪であるという意味での性罪《しょうざい》であるが、出家者にはこの罪をおかすのは希《まれ》であり、また防ぎやすい。よって婬は起こし易いのでこれを制して初めとする。このことを『大智度論』では、「声聞戒は人情をはかり（消息し）、起こしやすいことを多く防ぐ」と説くように、婬は軽いが犯しやすい故に重く制し、殺は重いが起こすこと希《まれ》であるゆえ婬よりも軽罪であるごとくにこれを制する。このような声聞戒に対して、梵網戒（大乗）では婬欲《いんよく》は性罪ではなくて遮罪《しゃざい》（禁止されることにより罪となる）であるのに比べ、殺生《せっしょう》は性罪であるゆえにこれを最初に制するのである、と右の文では述べている。

総説的序では、ついで殺生についての声聞戒と大乗戒での意義のちがいを述べる。

今言レ殺断二他命一故、五陰相続有二衆生一、而今断二此相続一故云レ殺也。大経云「遮二未来相続一名レ之為レ殺。」道俗同制如二五戒八戒之類一也。大士以二慈悲一為レ本故須レ断也。七衆菩薩同犯、声聞五衆大同小異。同者同不レ許レ殺。異者略三事。一開遮異、二色心異、三軽重異。開遮異者大士見レ機得レ殺、声聞雖レ見不レ許レ殺。色心異者大士制レ心、声聞制レ色。三軽重異者大士害レ師犯レ逆、声聞非レ逆。又大士重重二於声聞重一也。（「　」は引用者、『大正』四〇・五七一b）

ここでは、殺生の意味と、それについて小乗と大乗との間に「同・異」のあることを述べる。すなわち、「殺」とは他の命を断つことで、これは五陰（色・心）の相続によって衆生が生存しているとの意味から、その相続を断つことにほかならない。このため大経（『大般涅槃経』）には、「未来の相続を遮《さえぎ》るのを殺という」と説く。そして、殺は、出家と在家（道と俗）をとわず同じく制せられ、たとえば五戒（殺・盗・婬・妄・酒）や八斎戒の類でも同様である。とくに菩薩（大士）は慈悲を根本理念にもつので、必ず殺生を断たねばならない。けれども、菩薩では出家・在家の七衆間で殺生罪に軽重などのちがいはないものの、菩薩七衆と声聞五衆（出家）との間には大同小異がある。そのなかに「同」とは、声聞も菩薩も同じく殺生を許されないことである。また「異」には三事がある。㈠開遮《かいしゃ》異とは、菩薩（大士）では場合によって殺生が開《ゆる》される（見レ機得レ殺）に対し、声聞ではいかなる場合も殺生を禁止（遮）される。㈡色心《しきしん》異は、菩薩では意業を重視する（制レ心）に対し、声聞では生命殺害の事実を重視（制レ色）する。㈢軽重異とは、菩薩では師僧を害せば七遮の一として逆罪だが、声聞ではそのことは五逆罪に含まれないちがいをいう。さらにまた、菩薩の重罪（十重禁）は声聞の重罪（四波羅夷）よりも重い、と以上のように右の文には述べられている。

これらの所説のなか、「声聞五衆」とは、仏教では七衆を数えるけれども、声聞戒は出家戒であるため、在家の二衆には適用されないので五衆とする。また、「開遮異」で菩薩がときに殺生を開《ゆる》されるのは、慈悲心による衆生救済のために殺生が許される場合のあることをいう。ついで、「軽重異」で菩薩が師を害するのを逆罪とされるのは、梵網戒の第四十と第四十一軽戒で「七逆人（七遮罪《しちしゃざい》）」が規定されるのを指す。(3)そして、菩薩の重戒が声聞のそれより重いとは、声聞では四種の波羅夷罪を犯せば「比丘の性《しょう》」を失い教団を追放されるのに対し、菩薩では十重禁を犯すとき「菩薩の性（戒体）」が失われるという点ではほぼ同じ比重とみてよいが、声聞では重罪が四法であるのに対し、菩薩では十法を数えるゆえ、より重いとみるのであろう。

三　殺戒（戒相）の随文解釈

つぎに、天台『義疏』では、「殺戒」の随文解釈に入る。それを、読み進めると、つぎのように述べる。

文為㆓三別㆒。先標㆑人謂「若仏子」、第二序㆑事謂㆓中間所㆑列、三結㆑罪名㆓波羅夷㆒。就㆑序㆑事有㆑三。一不応二応三結。就㆓不応中㆒三別。初六句明㆓殺事㆒、次有㆓四句㆒成㆑業、後一句挙㆑軽況㆑重。初六者一自殺謂㆔自害㆓他命㆒。凡三種法、内色外色内外色、並皆犯也。二教㆑他他亦是殺。大論云「口教是殺罪非㆑作㆑瘡。」律部分別甚多条緒「教他遣使」等。三方便殺者即殺前方便、所㆑謂束縛繋等。四讃歎殺亦得㆑罪也。五随喜者奨勧令㆓命断㆒亦犯也。六呪殺謂㆓毘陀羅等㆒、雖㆑仮㆓余縁㆒亦皆同犯。律中明㆓殺十五種㆒、謂優多頭多弦撥毘陀羅等。如㆓律部広明㆒云云。

（「　」は引用者。『大正』四〇・五七一b—c）

ここでは初めに、『梵網経』所説の戒相に科節が設けられる。いまそれを、後にもう少し詳しくされる科段を加え、また先に記した経文（戒相）をも（　）のなかに配当して図示すると、つぎのようになる。

- 一、人を標す（仏子）
- 二、事を序《の》ぶ（若自殺〜快意殺生者）
  - (一) 不応（初六句、次四句、後一句）
    - 初、殺事を明す（若自殺・教人殺・方便・讃歎殺・見作随喜・乃至呪殺）
    - 次、業を成す相（殺業・殺法・殺因・殺縁）
      - ① 是衆生

②　衆生想
　　　③　殺害心
　　　④　命根断
　　後、軽を挙げ重を況す（乃至一切有命者不得故殺）
　㈡　応（三句）
　　初、常住慈悲心（是菩薩応起常住慈悲心）
　　次、孝順心（孝順心）
　　後、方便救護（方便救護一切衆生）
　㈢　不応を結ぶ（而自恣心快意殺生者）
三、罪を結ぶ（是菩薩波羅夷罪）

このなかに、「事を序《の》ぶ」とは殺事の内容を指し、これが所釈の中心となる。それは、「不応・応・結」の三段からなり、初めの「不応」は禁止事項をいい、これは防非止悪（律儀）のことがらである。ついで、「応」は善法として菩薩が積極的になすことがらをいうので、なかに慈悲心が強調されることとあいまって、これら戒相が三聚浄戒（律儀・善法・有情）の理念によって解釈されることがわかる。さらに、不応のなかをまた三段とし、そのなかの「成業の相」を、「是衆生・衆生想」等にくわしく釈述する。このことは、いまの殺戒のみにとどまらず、『義疏』における「十重戒」釈のもっとも大きな特色である。

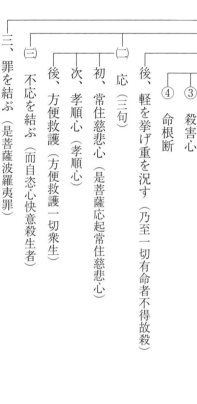

それで、不応の三段のなか、右の文では初段の「殺事を明す」六句が、まず解釈される。経文の六句は、「自殺、教人殺、方便殺、讃歎殺、見作随喜、乃至呪殺」とあるのを指す。これらを右の釈文によれば、㈠自殺とは自ら他の命を害することであり、これには「内色・外色・内外色」の三種法による犯戒があるという。ここではしかし、「三種法」の説明は省かれているので、それらのことはこれを律蔵の『十誦律』によるときよく理解できる。(4) つまり、「内色」は自分の手足など、身体またはその一部分によって害すること、また「外色」とは木・石・刀・箭《や》など物理的道具を用いて殺害することと、そして「内外色」は内（身体）と外（道具）の両方を使って殺す方法をいうのである。

つぎに、㈡教人殺は他に教えて殺させることで、『大智度論』には「口で教えるのは自ら瘡《きず》を作らないが殺罪である」と説かれ、また律部（『十誦律』）ではそのことを分別する戒条は多く、「教他遣使」等と説かれるという。(5)

㈢方便殺とは、縄で縛《しば》るとか、鎖に繋《つな》ぐなど、殺す前に手だて（方便）を構ずることである。㈣讃歎殺は、殺すのを讃《ほ》め歎《たた》えることで、これもまた罪を得るとする。㈤随喜とは他人が殺すのをそばで見ていて奨《けしか》け勧《すす》め、命を断たしめるので、これまた犯戒となる。そして、㈥呪殺とは毘陀羅などをいい、これは直接に殺害するのではなく、別の縁を仮《か》りる方法であるが、殺戒を犯すのにほかならないとする。これらのことは、律のなかに「殺の十五種」が明かされ、「優多・頭多・弦撥・毘陀羅」等と説かれるところで、律部ではそれらが広く明かされている、と右の文では釈している。

こうした解釈のなかで、「律部」とはこれを『十誦律』によってみるとよく理解できる。すなわち、いまの「殺の十五種」も、『十誦律』巻二につぎのように出ている。

亦不レ以二毒薬一為レ殺レ人故。作二憂多一殺、頭多殺、作レ弶、作レ羂、作レ撥、作二毘陀羅一殺、半毘陀羅殺、断命殺、堕胎殺、按腹殺、推著二火中一、推著二水中一、推著二坑中一、若二遣令一レ去就二道中一死、乃至胎中初受二二根身根命根一於レ中起二方便一殺。

（『大正』二三・八c）

この文のあと、『十誦律』ではこれら十五種（憂多殺より以下読点で区切った十五種）のそれぞれをくわしく説明している。そのなかで、「憂多《うた》」とは坑《あな》に落として殺すこと、「頭多殺《ずたせつ》」とは杻縛《ちゅうばく》して馬や象などに蹴《け》り踏《ふ》ませて殺すこと、「弶《きょう》（橛）を作《な》す」とは弓で鳥獣などを捕らえて殺すこと、「羂《けん》（弦《げん》）」とは弓糸《ゆみいと》で縛《しば》って殺すこと、「撥《ばち》」とは樹や柱にくくりつけなぐり殺すことなどをいい、そして「毘陀羅《びだら》」とは死人を起たせて怨みの対象を呪《のろ》い殺す鬼のことであるなど、これらのことがさらに詳細に説かれているのをみる。

四　「殺業の四縁」による注釈

天台『義疏』の戒相釈のなかでは、右にみた科段の不応（律儀）のなか、第二の「成業《じょうごう》の相」がきわめてくわしい。それは殺戒の経文では、「殺業・殺法・殺因・殺縁」の四句を釈するもので、『義疏』ではまずつぎのように説く。

殺業已下三重中第二成レ業之相也。三業成レ殺。自動用者正身業也。教レ他及呪口業造二身業一。心念欲レ殺、鬼神自宣遂者意業造二身業一也。三階於二縁中一造作皆是業義。殺法謂二刀剣坑等一、皆有二法体一故称為レ法。殺因殺縁者親疎二塗。正因二殺心一為レ因、余者助成故為レ縁、親者造二作来果一為レ業。

（『大正』四〇・五七一c）

これによると、成業相の初めの「殺業」は、三業によって殺を成すのをいう。三業のなか、自らの身体を動かし用いるのはまさしく身業である。また、他人に教えたり呪文によるのは、口業によって造る殺業（身業）である。そして、心に殺そうと念じ、鬼神となって自ら宣《の》べ遂《と》げんとするのは、意業によって身業（殺業）を造るのである。これら三業（三階）はたがいに縁となって造作するので、みな殺業の意義をもつとされる。つぎに第二句の「殺法」は、刀・剣・坑・（弓）などの殺す道具（方法）をいい、これらは殺害法として成業の実質（法の体）をになうので法（殺法）という、とする。つぎにまた、第三と第四句の「殺因」「殺縁」は親・疎の二面をいう。なかで、正《まさ》しく殺さんとする心（殺心）に因《よ》るのを殺因といい、それを助ける余他のことが殺縁である。そして、親しき殺因によって果（殺生）を来《もた》らすべく造作するのを殺業という、と右の文では釈している。

このように「殺業」等の四句が解釈されたのち、『義疏』ではさらに「殺業を成ずる」四種義が掲げられ、くわしく論述される。その釈述法は、『義疏』の「十重戒」釈にみるもっとも大きな特色である。それは、つぎのように説かれる。

四者一是衆生、二衆生想、三殺害、四命断。一是衆生者衆生雖レ多大為二三品一。一者上品、謂諸仏聖人父母師僧害則犯レ逆。三果人両解。一云同レ逆、以二声聞害時已是重中之重一故。一云犯レ重。

大経明二三種殺一。殺二三果人一但入二中殺一不レ在二上殺一故知非レ逆。菩薩人以取二解行已上一。大経云「畢定菩薩同二上科一」。今取レ不レ作二二乗一為二畢定位一、或取二七心已上一皆可レ為レ断也。養胎母一云無レ逆、二云犯レ逆、大士之重重二於声聞一也。中品即人天、害心犯レ重。三下品四趣也。両解。一云同レ重、大士防レ殺厳重故。文云「一切有レ命不レ得レ殺」即其証也。二云但犯二軽垢一、在二重戒中一兼制、以レ非二道器一故。文云「有命者」挙レ軽況レ重耳。（「　」は引用者、『大正』四〇・五七一c）

これの初めに出る「是衆生」等の四種義は、十重禁戒の他の条では、たとえば、「妄語戒」をみると、「この戒は五縁を備えて重を成す」として、そこでは「是衆生」ほかの五義となっている。また、その前の「婬戒」では「三または五の因縁を備えて重を成す」と釈している。これらのことから、いまの殺戒での四義はこの戒が重戒となるための四縁、または四種の因縁を釈成せんとするものである。そして、殺戒での「是衆生・衆生想・殺害（殺心）・命断」の四義は、『成実論』にその所釈のモデルをみる。すなわち、同論巻八に「十不善業道」を説く最初の「殺生」について、つぎのように記す。

是人具二足殺罪因縁一、以二四因縁一得二殺生罪一。一有二衆生一、二知二是衆生一、三有二欲レ殺心一、四断二其命一。(6)

ここに、殺罪の四因縁を説くこれらの名目は、『義疏』の殺戒に用いるのと同じである。そして、『義疏』ではこれを基準として、これよりあとの「十重戒」釈においても同様の解釈形態をとる。もっとも、他の禁戒では戒の性格に応じて五縁または六縁であったり、あるいは名目も若干異なったりはする。

それで、右の『義疏』の文では、「殺業の四縁」の第一「是衆生」の解釈文までを引いたので、それを平易にみておきたい。すなわち、「是衆生」とは衆生は多く存するなかでそれらが三品に大別されるのをいう。これは、殺害対象の衆生を三種にみることである。その初めの上品とは諸仏・聖人・父母・師僧をいい、これらを害せば逆罪（五逆・七遮）を犯す。ただ、ここで少し問題があり、声聞四果（聖者）のなか阿羅漢《あらかん》は五逆に含まれるから問題ないとして、あとの三果人（預流・一来・不還）は聖人に含めてよいかどうかである。そこで、これには二解があるという。ひとつは逆罪に同じとみる。これは声聞を害するのを重罪中の重罪とみるからである。もうひとつは重罪を犯すとする解釈である。これは、『大経』（『大般涅槃経』）に「三種殺」を明かすなか、「三果の人を殺すのはただ中殺に属し上殺には入らない」とするゆえに、逆罪ではないとみるのである。つぎに、菩薩の人ではどうかといえば、「解行地以上《げぎょうじ》」(7)の者が上品に属するという。ここに「解行已上」とは、すでに『義疏』巻上に論述されているように、菩薩「五十二位」（十信・十住・十行・十廻向・十地・等覚・妙覚）のなか、十行までの三十心を満たした以後の階位を指すが、右の文では『大経』（『涅槃経』）に「畢定の菩薩は上科に同じ」と説かれるのを用いて、もはや二乗には退位しない「畢定位《ひつじょうい》」の菩薩をいうとする。あるいは菩薩なら「七心以上」を上品と解釈してもよいという。ここで「七心」とは、これも『義疏』巻上にみるように、十住位のなかの「第七不退位」以後を指す（『大正』四〇・五六五a）。

右の文で、上品の殺業としてもうひとつ問題とされているのは、父母に関する「養胎母」のことである。養胎母とは生母のことか養母を指すのか、もうひとつ明白ではないが(8)、これを害するとき、逆罪ではないとする解釈と、逆罪を犯すとみる解釈とがあるとされ、『義疏』の立場としては、菩薩の重罪は声聞のよりも重いとする観点から、これを上品の殺業（逆罪）とみているようである。

つぎに、中品とは人間・天上界の衆生をいい、これらへの害心もまた重罪を犯すとする。そして、第三の下品とは四趣（地獄・餓鬼・畜生・修羅）を対象とする殺害である。これにまた二解がある。一には重罪に同じとみる解釈で、この釈意では菩薩は殺を防ぐこと厳重でなければならないとみるゆえであり、殺戒の経文にも「すべての命あるものを殺してはならない」と説くのがその証文であるという。いまひとつはただ軽垢《きょうく》を犯すのみとみる解釈である。これの釈意では、四趣については重戒のなかに副次的に制（兼制）せられたまでで、この者らは覚りを求める器（道器）ではないゆえに、経文に「命をもつ者」と説くのは軽罪を挙げて重罪になぞらえる（挙軽況重）意味による、とする。

さて、殺業四縁の第一衆生の義は以上のとおりであるが、第二「衆生想」はその具体的所釈を欠く。その叙述はこのテキストにおいていつ頃脱落したか、またもともとなかったのかは不明である。(9)けれども、のちの「妄語戒」釈のなかで、「二衆生想、有当有疑有僻、大略同レ前」とあることから(10)、もと何らかの所釈が存したことは予想され、その場合「衆生想」の意味は、『十誦律』巻五八のつぎのような所説が基準となっていることは確実である。

仏言。人作二人想一殺得二波羅夷一。人作二非人想一殺得二波羅夷一。人中生レ疑殺得二波羅夷一。非人非人想殺得二偸蘭遮一。非人人想殺得二偸蘭遮一。非人中生レ疑殺得二偸蘭遮一。

（『大正』二三・四三五c）(11)

これによれば、殺業の衆生想（人想）とは、①衆生（人）を衆生（人）と想って殺害する、②衆生

（人）を非衆生（人でない）と想って殺害する、③衆生かどうか疑問をもちながら衆生を殺害する、これらは重罪（波羅夷《はらい》）である。つぎに、④非衆生（非人）を非衆生と想って殺す、⑤非衆生を衆生（人）と想って害する、⑥非衆生かどうか疑問をもちながら非衆生を害する、これらは軽罪（偸蘭遮《ちゅうらんじゃ》）とするのである。そして、これを先に記した「当・疑・僻」でみるときは、①と④は「当《とう》」、②と⑤は「僻《ひが》」、③と⑥は「疑《ぎ》」ということになる。このような意味は、殺戒よりのちの「十重禁戒」釈を読むときに、必要な知識となる。

「殺業四縁」のなか、第三の「殺害」は「殺心」とも標示され、つぎのように釈される。

三殺心有レ両。一自身殺心、二教他殺心。自身殺心有レ二。一通心、二隔心。通心者如下漫作二坑檻一漫焼煮上等。通二三性一皆犯。若縁レ此為レ彼、於二彼上一起二害心一皆属二通心一。既自対レ境又命不二復続一、雖二所為不一レ称悉皆正犯。隔心者作レ坑止為レ此無二心在一レ彼、彼死亦犯二彼辺不遂軽垢一。若此路本是此道、衆人行往、今作レ坑止為レ此而彼死亦重。以二此殺具体能通害一。以具二縁心一還属二通心一也。若本斫二東人一誤中二西人一、中西人上都無二殺心一此属二隔心一。（『大正』四〇・五七一c—二a）

ここでは、殺害とは殺害心のことであり、その殺心には二種があるという。一は自分自身で殺そうとする心であり、二は他に教えて殺させようとする心である。そのあと、二の「教他殺心」には解説はなく、一の「自身殺心」に通心と隔心との二種があるとし、これらを説明している。それによると、まず「通心」とは、「漫《みだ》りに坑や穽《わな》（檻）を作り、漫りに焼煮する」などと解説されるので、これは対象を特定せずに殺具を準備して不特定の生命を殺害することをいう。しかも、この通心では善・

悪・無記の三性いずれの心もみな犯罪となるとする。このことは、貪・瞋・癡の三毒心（悪心）によるときはもとより、たとえば三宝供養（善心）のために田畑を耕すときも、そのために土中の虫などを殺生することを犯罪とみるからなのであろう。また、右の釈では、もしA（此）のために殺具を準備したのに、それがためにB（彼）が死んだとき（縁㆑此為㆑彼）、そのことに後悔の念をもたないならB（彼）に対しても害心を起こしたことになるから、これもまた通心に属するという。そして、この場合すでに自らBという対象をもち（既自対㆑境）、そのBが命を落としたのである（又命不㆓復続㆒）から、不本意であったとはいえ（雖㆓所為不㆑称）、まさしく殺害を犯したことにちがいはない、と右の文に通心の事例を解釈しているようである。

つぎに、「隔心」とは、「坑《あな》を作るのは止此《ただこれ》の為《ため》であり、害心は彼《かれ》に対しては無い」と説明されるので、これは特定の者のために殺具を準備することである。この場合、もしそれがために他の者（彼）が死ねば、「不遂の軽垢（本来の目的を達成していないゆえの軽罪）」を犯したことになるという。しかるに、たとえばもし此《こ》の道はもとA（此）が通った道であると知って、そこには衆人が行《ゆ》き往《か》うのに、今坑《あな》を作るのは止《ただ》A（此）のためと思ってしても、それがためにB（彼）が死んだとすれば、重罪となる。つまり、この場合は特定の者（此）のための殺具であっても、その実質は誰にでも共通に害する能力をもつ（体能通害）ので、そこに殺心の縁が満たされることになり、初め隔心であったのがかえって通心となるからである。それに対して、もしもとは東人《ひがしのひと》を斫《き》ろうとしたのを誤って西人《にしのひと》に命中《めいちゅう》したとする場合、命中した西人の上にはまったく殺害心をもたなければ隔心となる（ゆえに重罪ではない）、と右の文には釈されている。このことから、通心であれ隔心であれ、殺害された対象に殺害心をもっていたかどうかを問うのがここでの要点であり、殺害心をもっていたと判断されるとき、禁戒（重罪）としての殺戒を犯したことになるとの釈意を読みとることができる。

さてまたつぎに、殺業四縁の第四「命根断」は、つぎのように説明される。

四命根断有二両時一。一此生二後生。此生有二二句一。一有戒時犯レ重、二無戒時断当二戒去時一結二不遂軽垢一。命断時結レ罪同レ前。声聞臨終時未レ結、声聞捨二具戒一作二五戒等一結也。後生為レ戒自復両種。一自憶、二不自憶。自憶者若任二前勢一、若更加二方便一命断犯レ重。以二前後皆自憶一故。不自憶者若任レ勢死犯レ重。已死時有レ戒故。若加二方便一当知前瘡不レ死。後方便時不レ憶但犯二軽垢一也。而言二命根一者数論別有二非色心一為二命根一。成論及大乗無二別非色非心一為二命根一也。祇取二色心連持相続不レ断為レ命耳。大論亦然、六入六識得二相続生一仮名為レ命。「乃至一切有命」下第三挙レ軽況レ重。

（「　」は引用者、『大正』四〇・五七二ａ）

ここで「命根断」とは、衆生の命根《みょうこん》が断たれること、つまり死ぬことである。これには「此生」と「後生」とが区別されている。この区別は律蔵での典拠は詳かにはできないが、「此生」とは戒を受けて現身に戒体が発得されている位をいう。また、「後生」とは犯罪《はんざい》によって一度戒体を失った後に、懺悔と再受戒によって再び戒体を回復した有戒《うかい》の位をいう。それで、「此生」には二句があるとする。㈠は受戒後の有戒時に命根を断てば、もとより重罪を犯すということである。㈡は戒体を失った後の無戒時に命根を断てば、戒を失う前（戒去時）に戻して罪をさばき（無戒時には犯戒をさばけないので）、その時点では所殺の者はまだ死んでいなかったので、「不遂の軽垢（いまだ遂行されていないゆえの軽罪）」を結ぶとされ、またその人が死ねば（命断時）重罪を結ぶことは前の有戒時と同じにさばかれるとする。そして、これが声聞戒であれは、臨終時に戒を失うとき害された人がまだ死んでいなければ罪を結ばず、また声聞が具足戒を捨てたときには五戒や沙弥戒などにしたがってその罪を結ぶことになるという。

ついで、戒を回復した「後生」でもまた二種が区別される。それは「自憶と不自憶」であり、このことは『十誦律』にその所説のもとが認められる。(12)そのもとの意味では、前の有戒時に殺害せんとしたのを、後の有戒時に記憶している（自憶）のと、していない（不自憶）のとである。それで、右の『義疏』の文では、「自憶」とは前の有戒時に殺さんとして害したのを、失戒時をへだてて再び有戒となったときに、手をかけずとも前の害傷が悪化して（任二前勢一）死んだ場合、あるいは再有戒時にさらに方策を加えて命根を断たせた（更加二方便一命断）場合、いずれも重罪となることをいう。これは後の有戒時に、前の犯罪を自らよく憶《おぼ》えているからである。また、「不自憶」とは、前の有戒時に殺害しようとしたのを後の有戒時に憶えておらず、また再び手を下さないけれども、前に受けた害傷が悪化して死ねば（任レ勢死）重罪となる。これは所殺の者が死ぬ時、殺害者は有戒に復帰しているからである。あるいはもし、後の有戒時には前のことを憶えておらず、再び殺害の方策を加えるとすれば、この事例では前の瘡では死んではおらず、しかも後の再犯時（後方便時）には前の殺害のことを憶えていないので、前の罪はただ軽垢を犯したのみと判断される（後の再犯は重罪）というのである。

このような釈述のあと、右の文では「命根《みょうこん》」の意義を論じて、小乗部派（数論）では「非色非心」

の不相応行法のひとつとして、命根を実法として別立することを述べる。これに対し、『成実論』と大乗では、非色非心の法ではあるが実法とはせず、祇《ただ》色心の五蘊身が一生涯に連《つなが》り持《たも》たれ相続することと不断であるのを命根とするのみである。これは『大智度論』でも同様であり、六根（六入）・六識が相続してゆくのを仮りに命根と名づける、との所説が示されている。

なお、右の文の最後に、「乃至一切有命者不得故殺」との経文が指示されているのは、この文がこれまで所釈の「不応」段を結語するものと解釈され、その意味は「挙軽況重」であるとする。すなわち、生命をもつ者（一切有命者）は人間や非人間とに種々区別でき、また殺生にも軽重があるはずであるが、菩薩戒ではたとえ軽罪に属するとみられる殺生も、重罪に比況されるというのである。

五　三聚浄戒にもとづく解釈的特徴

『義疏』の殺戒釈では、不応に対して「応」以下の段は、比較的簡潔につぎのように解釈する。

「是菩薩」下第二階明レ応有二三句一。一常住二慈悲心一。両解。一云応レ学三常住仏起二慈悲一。二云心恒応三常住二慈悲之地一。二孝順心秉レ戒不レ悩レ他。三方便救護、非二直爾不レ悩乃応二渉レ事救解一。「而恣心」下第三結二不応一故成レ罪。亦三句。一恣心謂二貪心殺一。二快意謂二瞋心殺一。三殺生謂レ挙二殺事一。有二此三一故堕二不如意罪一。

（「　」は引用者、『大正』四〇・五七二a）

ここには、大きくは二段ある。「応」の解釈と、「不応を結ぶ」とする一段である。そこで応とは、不応が禁止されること（律儀）をいうのに対し、菩薩が積極的になすべきこと、つまり三聚浄戒では「摂善法」と「摂衆生」に相当する。経文には、「是菩薩応下起二常住慈悲心・孝順心一、方便救中護一切衆生上」と説くのを、右の文では三句に分けて解釈する。すなわち、一に「常住慈悲心」は二解でよむ。その㈠では、常住の仏が慈悲を起こすのを学ばねばならない、と。ここで慈悲心とは、大乗で説かれる「三縁（衆生縁・法縁・無縁）の慈悲」をその内容とするとみてよい。㈡には心は恒《つね》に慈悲の大地に常住していなければならない、とする。ついで、応の第二は「孝順心」であり、これは戒をかたくまもって（秉《とる》レ戒）、他を悩まさないことである。第三に「方便救護」とは、一切衆生を直爾《ただち》に悩まさないのみならず、事に渉《わた》ってひろく衆生を救い解脱《げだつ》に導くべく努力することであるとする。

そのつぎに、経文で「而自恣心快意殺生者」と説くのは、右の「応」の後の第三に「不応を結んで罪を成ずる」一節とする。これもまた三句に解釈される。一に「恣心」とは貪《とん》心によって殺すこと、二に「快意」とは瞋心によって殺すこと、また三に「殺生」は殺事を挙げるものとする。そして最後に、それら三事のゆえに「不如意罪に堕《お》つ」と、殺生の罪を結んでいる。ここで、不如意罪とは『十誦律』巻一によるとき、つぎの所説を見出す。

波羅夷者名堕二不如一。是罪極悪深重、作二是罪一者不レ名二比丘一非二沙門一非二釈子一失二比丘法一。

（『大正』二三・四b）

これによれば、「不如（不如意）に堕つ」とはその罪が「極悪深重」と説明されるように、地獄に堕ちることにほかならない。

さて本節では、天台『義疏』巻下の「殺戒」釈をややくわしくみてきた。そこでの特色はその折々に述べたとおりで、いまはもはや再説を避けるが、それらの基本的釈述法は殺戒釈のみならず、「十重禁戒」釈を通じていえることであり、またのちの明曠による『刪補疏』にも承けつがれている（このことは次節に改めて述べることにする）。他方で、法蔵の解釈と比べれば、法蔵ではいかにも華厳宗らしい釈述法の特色をもち、そのことは後の章（第三章）でふれることにしたい。少なくとも天台『義疏』では、依用文献と解釈上の背景思想をみるとき、『十誦律』と『成実論』が顕著に認められることはすでにみてきたとおりであり、それらに『大智度論』が加わって、鳩摩羅什所訳の律蔵と論書によっていることがわかる。このことは、法蔵の『疏』が無著・世親らの瑜伽唯識の論書や、中国での四分律研究を背景とした諸律蔵を多く加えて解釈しているのに比べると、天台『義疏』が梵網経疏の最初期に位置することを反映しているといえよう。

第二節　第二重禁から第五重禁戒の解釈的特色

一　明曠の『天台菩薩戒疏』にみる「刪補」の性格

すでに、前節にみたような天台『菩薩戒義疏』（以下『義疏』）の「殺戒」釈に対して、これを明曠の『天台菩薩戒疏』（『刪補疏』、以下明曠『疏』）についてみると、明曠では、「殺人戒」の名のもとに、少し簡略ではあるが、よく似た三段分法によって戒相を解釈している。これも文言を図示によってみると、つぎのようになる（巻上、『大正』四〇・五八七c―八a）。

- 一、悪を止めることを制す（初五句、次四句、後一句）
  - 初、人を標して殺事を列ぬ（若自殺・教人殺・方便讃歎殺・見作随喜・乃至呪殺）
  - 次、殺業を成すを列ぬ（殺業・殺法・殺因・殺縁）
  - 後、軽を挙げ重を況す（乃至一切有命者不得故殺）
- 二、善を行ずることを制す（是菩薩応起常住慈悲心・孝順心・方便救護一切衆生）
- 三、過を挙げ犯を結ぶ（而自恣心快意殺生者、是菩薩波羅夷罪）

ここで、明曠『疏』が「止悪、行善、結犯」の三段に戒相をみることは、先に『義疏』で「不応・応・結」の三科によって三聚浄戒の理念のもとに解釈されたのに相応ずる。また「止悪」を「殺事、成殺業、挙軽況重」の三分にみるのも、『義疏』で「不応」を三節に分けたのを承けるものである。ただ、そのなかで「殺事」を『義疏』では六句とみたのを、明曠では五句とするのは、経文に「方便讃歎殺」と説くのを、「方便殺」と「讃歎殺」に分けてみる（『義疏』）か、これを一事とみる（明曠）かのちがいによるにすぎない。

そして、『義疏』では「殺縁」について、これを「是衆生・衆生想・殺害心・命根断」の四項に詳説されるのをみるのに対し、明曠でもまたそれを承けた理解がみられる。すなわち「殺縁」を明曠では「通縁」と「別縁」に分け、前者（通縁）は諸戒に共通する菩薩の資質をいうとし、また別縁はつぎのように述べられる。

別縁具レ四。一是人、二人想、三有殺心、四命断便犯。欠レ縁結レ軽。（『大正』四〇・五八七c）

これによると、「是人・人想・殺心・命断」の四縁をもって、この戒が重戒であるゆえんとするが、これがなかの「人」を衆生に置きかえれば、『義疏』にいう「是衆生」等の四縁と同じことになる。ただ、明曠ではこれら四縁の一々をくわしく述べないのは、内容を『義疏』の所説にゆずっているとみてよい。

なお、明曠ではこの戒を「殺人戒」とよぶのは、その所釈からみてもけっして殺生を「人を殺す」意味に限定するのではなく、「衆生」を「人」と表現するまでで、「殺生戒」（『義疏』では殺戒）というのに同じと考えてよい。というのも、明曠では、「菩薩は万行に慈悲を本と為し、衆生を視ること猶し父母の如くす」と、その解釈の始めに述べているからである（『大正』四〇・五八七c）。したがって、明曠の『疏』はこれを『天台菩薩戒疏』の「刪補」とよぶように、基本的に天台『義疏』の解釈法を承けて、それを少なく刪ったり補ったりしている性格の疏であることがよくわかるのである。

二　第二盗戒の解釈にみる不与取の意味

天台『義疏』で「盗戒《とうかい》」とよぶ梵網菩薩戒の第二重戒は、経典ではつぎのように説かれる。

若仏子、自盗・教二人盗一・方便盗・呪盗、盗業・盗法・盗因・盗縁。乃至鬼神有主劫賊物、一切財物一針一草不レ得二故盗一。而菩薩応下生二仏性孝順・慈悲心一、常助二一切人一、生レ福生上楽。而反更盗二人財物一者、是菩薩波羅夷罪。

（『大正』二四・一〇〇四b）

（若し仏子、自ら盗み、人に教えて盗ましめ、方便をもって盗み、呪をもって盗めば、盗の業、盗の法、盗の因、盗の縁あり。乃至、鬼神と有主の劫賊物、一切の財物、一針と一草までも故らに盗むことを得ざれ。而も、菩薩は応に仏性の孝順と慈悲の心を生じて、常に一切の人を助け、福を生じ楽を生ぜしむべし。而るを反って、更に人の財物を盗む者は、是れ菩薩の波羅夷罪なり。）

このような戒条の内容に対して、『義疏』では初めに、戒名とした「盗」の意味と、声聞戒とのちがいを述べ、つぎにように記す。

第二盗戒、謂二不レ与取一。灼然不レ与取名レ劫、潜盗不レ与取名レ盗。盗二彼依報一得レ罪。此戒七衆同犯。声聞五衆有レ同有レ異。同者皆不レ応レ盗。異者有レ三。一開遮異、如二見レ機得不得等一。或復謂見レ機盗、以レ無二盗心一。大士為レ物種種運為皆得。声聞自度必依二規矩一。大士不レ畏レ罪、但令二前人有レ益即便為レ之。声聞人仏滅後盗二仏物一軽。菩薩恒重。又本応レ与二他外命一、而反取豈是大士之心耶。

（『大正』四〇・五七二a―b）

これによると、盗（ぬすむ）とは、「与えないのに取る」ことである（このことはすでに「十誦戒本」等の律蔵にもみえ、[13] また明曠はこの意をとってこの戒を「不与取戒」とよぶ）。その場合、灼然《しゃくねん》（あからさま）に取るのを劫《こう》（うばいとる）といい、潜盗（ひそかにぬすむ）にして取るのを盗という。これは人の生活するのに依り所となるもの（依報）を盗むのを罪とする意味である、と右の文には述べている。

またつづいて、この戒は菩薩では七衆（出家在家の成年男女四衆と未成年男女二衆と式叉摩那）間で犯せば同罪であるが、これ（菩薩七衆）と声聞五衆（在家二衆を除く出家五衆）とでは同・異があるとして、盗戒における菩薩戒と声聞戒との間を論じている。すなわち、盗んではいけないという点では同じだが、異なりには三面があるという。ただし、右の文中には⑴開遮異だけをみるが、『義疏』ではすでに「殺戒」において同様の論述をみるので、それによるとき⑵色心異と⑶軽重異とが言葉として脱落または省略されているといえる。それで、「開遮異」とは、菩薩では場合によって（見レ機）は開《ゆる》される時があるが、声聞ではいかなる盗みも禁止（遮）されるというちがいである。もっとも、菩薩（大士）では利他の為に盗むことはあっても、盗心（貪による）をもたず、衆生のため（為レ物）に種々に大悲の活動をする（種種に運為する）ので開《ゆる》され（得）るのである。これに対し、声聞は自己の覚りを求める（自度）ので、必ず規律（規矩《きこ》）を厳密に守らねばならない。菩薩は利他のためなら罪を畏《おそ》れず、目前に救うべき人（前人）があれば、それが利益のため（有レ益）に盗むことがある。（また「色心異」とは菩薩では盗心があるかないかという意業が重視されるのに対し、声聞では盗むという事実（色）が重視されるちがいをいう。）そして、声聞の人では仏滅後に仏の物を盗むのは軽罪であるが、菩薩は恒に重罪であるとする。つまり、これは「軽重異」を述べるもので、仏滅後には仏物《ぶつもつ》（仏陀に布施供養されたもの）の所有者がすでにいないから声聞戒では軽罪とされ、他方の菩薩では仏滅後も仏が恒に現前するかのごとく供養せねばならないので、仏物（仏前に供えられたもの）を取ることは重罪となるのであろう。また、菩薩は布施行により、衆生に飲食衣服等の、外的に命を支える財物（外命）を与えるのが本意であるから、それに反して奪い取るのは菩薩（大士）の心とはいえない、と右の文で述べている。

さて、このように序説的な論述のあと、『義疏』では随文解釈に入り、それの前半はつぎのように記す。

序レ事中有レ三。三中各有レ三。不応有レ三。就二十一句一判レ三也。初六・次四・後一。応中亦三。如レ文。文句同二前殺戒一。不応中三如レ前。「盗業」下第二別明二成業之相一。有二四句一同レ前。運レ手取二他物一離二本処一成二盗業一。業是造作為レ義。重物謂五銭也。律云「大銅銭準二十六小銭一」其中銭有二貴賤一。取二盗処一為レ断。菩薩之重重二声聞一。「二銭已上便重」有人作二此説一者今不二尽用一。取二五銭一為レ断是重、離レ処盗業決在二此時一。

（「　」は引用者、『大正』四〇・五七二b）

ここでは、初めに戒相の科節を示し、ついでそのなかの「不応」の内容を釈す。戒相の文句の切り方は「前の殺戒に同じ」とするので、前戒にみたのと同様に、いまのその科節を、これに経文を配当して図示すると、つぎのようになる。

- 一、人を標す（若仏子）
- 二、事を序ぶ（自盗教人盗～而反更盗人財物者）
  - ㈠不応（初六句、次四句、後一句）
    - 初、盗事を明す（自盗・教人盗・方便盗・呪盗）
    - 次、成業の相を明す（盗業・盗法・盗因・盗縁）
    - 後、軽を挙げ重を況す（乃至鬼神有主劫賊物、一切財物一針一草、不得故盗）
  - ㈡応（三句）
    - 初、仏性孝順心（而菩薩応生仏性孝順）
    - 次、慈悲心（慈悲心）
    - 後、生福生楽（常助一切人、生福生楽）
  - ㈢不応を結ぶ（而反更盗人財物者）
- 三、罪を結ぶ（是菩薩波羅夷罪）

このなかに、「不応」を三節とし、それらに十一句を数え、その初めの「盗事」を六句とするけれども、経文には四句しかないのは、『義疏』では「殺戒」に準じて「讃歎盗・随喜盗」の二句を文外に読むのであろう。

それで、右の『義疏』の文意に、不応のなかの「盗業」について、手を運んで他人の物を取り、もとあった処を離れさせるのが盗業であり、業とは造作することであるという。また、それが重罪となる物は五銭を基準とする（経文では、一切の財物と一針をも盗むのを禁ずるのであるが）。これは律蔵に「大銅銭は十六小銭に準《ひと》しい」と説かれるように、金銭には値打ちの高い低い（貴賤）があり、また盗む場所（盗処）によっても金銭の価値は違うので、それにしたがって断罪される必要があるからである。もっとも、菩薩の重戒（十重戒）は声聞のそれ（四波羅夷罪）より重いという観点から、「二銭以上が重罪である」とする有人の説もあるけれども、いまはそれを用いず、五銭を取るのを重罪とする。また、本来の場所を離れさせるのを盗業（重罪）とするのも、その時点（五銭以上を盗むとき）で決まる、と右の文では注釈しているようである。

ここで「律蔵」とは、これを『十誦律』（羅什訳・六十一巻）によってみるとよく理解できる。すなわち、『十誦律』巻五二には、つぎのように説く。

問、如㆓仏所㆒㆑説。若比丘盗心取㆓他物㆒、乃至五銭若直五銭物、得㆓波羅夷㆒。云何是五銭。答、若一銅銭直十六小銅銭者是。　（『大正』二三・三八〇b）

これによると、五銭もしくは直《あたい》五銭の物を盗むのを波羅夷罪とし、また五銭（一銅銭）は十六小銅銭に等しいとする。同じく『十誦律』の同巻では、つぎのようにも説くのをみる。

問、頗比丘盗㆓三銭㆒得㆓波羅夷㆒耶。答曰、得。若銭貴時是。問、頗比丘盗㆓五銭㆒不㆑犯㆓波羅夷㆒。答、有。若銭賤時是。　（『大正』二三・三八〇b）

これによれば、三銭を盗んでもその価値が貴《たか》い場合は重罪（波羅夷）だが、他方で五銭を盗むもその価値が賤《ひく》いときは波羅夷ではないとする。このような『十誦律』の所説を基準に、『義疏』では右のごとくに盗戒の相を解釈していることがわかる。

つぎに、『義疏』では「応」の三句と、「不応を結ぶ」をつぎのように釈す。

「而菩薩」第二階明レ応也。与レ前大同小異。前明レ応レ学三常住仏行二慈悲一。今言三孝順行二慈悲一也。菩薩応レ学二此等事一故言レ応也。不応者不レ応レ為二偸盗及殺生等事一。此即誡勧二門也。誡勿レ令二殺盗一、勧令レ行レ善。慈悲孝順及学二常住仏行等一、皆是善法、而為二孝順一也。仏性者一切衆生皆有二当果之性一。性是不改為レ義耳。「而反」第三結二不応一也。解二三宝物一如二律説一。

（「　」は引用者、『大正』四〇・五七二b）

ここでは、盗戒において菩薩がなすべき善行（応）は、前の殺戒の場合と大同小異であるとする。すなわち、殺戒（前）では「常住仏が慈悲を行ずるのを菩薩は学まねばならない」としたのに対して、盗戒（今）は「菩薩が孝順心をもて慈悲を行ずる」ことに若干のちがいがあるという。もっとも、そのような小異はともかく、菩薩がそれらのことを学ばねばならないのを「応」といい、それに対し、「不応」は偸盗と殺生などをしてはいけないことである。したがって、それは「誡・勧二門」と言いかえることができ、つまり誡《いまし》めて殺・盗をせしめず、勧《すす》めて善を行わしめるのである。そして、慈悲心と孝順心、および常住の仏行を学ぶのは善法であり、これを経文では「孝順」とする。また、「仏性」とはすべての衆生がみな将来に仏果を得る素質（性）をもつことをいい、「性《しょう》」は不変の真理（不改）を意味する、と右の文では述べている。

かくて、「不応を結ぶ」とする後の一句では、とくに三宝物について「律蔵が説く」のによれと指示する。これは、経文に「人の財物を盗む」と説くなか、三宝（仏・法・僧）の所有する物を盗むのがもっとも重いゆえ、その処置は律蔵にくわしく説かれるのに従うべきことを、とくに注意するものとみえる。

さて、このような解釈のなか、仏性について「性は不改を義となす」と釈されるのが、のちに天台系統で、戒体（仏性）を「一得永不失」と記述して、衆生が悪法をやめ善法をなす根拠とされることにつながってゆくであろう。(14)

また、前の「殺戒」釈においては、「殺縁」を「是衆生」等の四縁によって解釈したのをみたのであるが、十重戒釈を通じて『義疏』のもっとも重要な特色となるそのような所釈は、この盗戒釈にかぎってのみみられない。このことについては、明曠の『刪補疏』ではつぎのような「四縁」をあげている。

別具二四縁一。一盗二有レ主五銭已上之物一。若盗二己物一不レ成レ重也。二有主想、三有二盗心一、四挙レ離二本処一便犯。欠レ縁犯レ軽。（『大正』四〇・五八八a—b）

ここにあげられている四縁のうち、(一)有主（有主物）の縁において「主《ぬし》の有《あ》る五銭以上の物を盗む」のが重罪であるという解釈と、(四)の「離本処」の縁で、もとあった場所から離れしめるのが重罪としての盗業であると理解するのは、すでに右にみた『義疏』の解釈のなかにも存した。けれども(二)有主想と(三)有盗心は明曠では具体的には述べず、また『義疏』の注釈のなかにも相当する内容がみられないので、これらは『義疏』の「殺戒」釈での(二)衆生想と(三)殺害心に準じて理解されてよい。(15)

三　第三婬戒の解釈における婬相の諸種

梵網十重戒の第三は、『義疏』ではこれを「婬戒《いんかい》」とよぶ。その戒相は経文では、つぎのように説かれる。

若仏子、自婬・教二人婬一、乃至一切女人不レ得二故婬一。婬業・婬法・婬因・婬縁。乃至畜生女・諸天鬼神女、及非道行レ婬。而菩薩応下生二孝順心一、救二度一切衆生一、浄法与上レ人。而反更起二一切人婬一、不レ択二畜生乃至母女・姉妹・六親一、行レ婬無二慈悲心一者、是菩薩波羅夷罪。

（『大正』二四・一〇〇四b—c）

（若し仏子、自ら婬し、人に教えて婬せしめ、乃至、一切の女人を故らに婬することを得ざれ。婬の業、婬の法、婬の因、婬の縁あり。乃至、畜生の女、諸天・鬼神の女、及び非道に婬を行ず。而も菩薩は応に孝順の心を生じて、一切の衆生を救度し、浄法を人に与うべし。而るを反って更に一切の人に婬を起さしめ、畜生乃至母女と姉妹と六親を択《えら》ばず、婬を行じて慈悲心無き者は、是れ菩薩の波羅夷罪なり。）

このような戒条に対して、『義疏』の所釈をよむと、その前半ではつぎのように記す。

第三婬戒、名二非梵行一。鄙陋之事故言レ非二浄行一也。七衆同犯、大小乗倶制、而制有二多少一。五衆邪正倶制。二衆但制二邪淫一。与二声聞一同異、大略同レ前。序レ事三階。一不応二応三結。婬事出家人不レ応レ為也。応レ学二仏菩薩浄行一。如二前教門一不レ異。初不応有二三別一。第一三句挙二婬事一、中四

句明レ成レ業、後三句挙レ軽況レ重。文小差互不レ次耳。此戒備二三因縁一成レ重。一是道、二婬心、三事遂。或備レ五。一是衆生、二衆生想等。後三句挙レ劣結レ過。（『大正』四〇・五七二b—c）

ここでは、初めに「婬」の意味を述べ、ついでそれについての大乗と小乗のちがいを略説してのち、戒相に科節を設ける。すなわち、婬とは梵行《ぼんぎょう》に反する（非梵行）ことで、鄙陋《ひろう》（いやしくみにくい）のことであるから、浄行に反する（非浄行）という意味である（これゆえに明曠『疏』では、「非梵行戒」の名を与え、また梵は浄の義で理解される）。そして、この戒を犯す罪は、菩薩の七衆間で差別はなく（同犯）、しかも大乗・小乗ともにこれを規制するものの、規制の仕方には多・少がある。それは、出家の五衆では邪淫と正婬の、つまり性行為のすべてが禁止されるのに対し、在家の二衆では邪淫（夫婦外の性行為）のみが禁止されるというちがいである。さらに、菩薩戒と声聞戒とでは婬について同・異があり、そのことの「大略は前の如し」と、右の文では記している。ここで、「前」とは「殺戒」釈の初め部分を指すと思われ、そこでは声聞戒は婬戒を最初の重戒に規制するのに対し、菩薩戒は殺戒を最初とし、婬戒を第三の重戒に置くちがいが論ぜられるのをみる（『大正』四〇・五七一b）。

ついで、戒相に科節を設けることは、「不応・応・結」の三節を基本とし、それらは「前の教門（殺戒）のごとく」理解せよとする。ただそのなかに、出家人は婬事のすべてをなしてはならないこと（不応）、および「応」では仏菩薩の浄行を学ばねばならないことを注意している。そこでいま、殺戒釈も参照し、経文を配当して、科節を図示してみるとつぎのようになる。

- 一、人を標す（若仏子）
- 二、事を序《の》ぶ（自婬・教人婬～無慈悲心者）
  - (一) 不応（初三句、次四句、後三句）
    - 初、婬事を挙げる（自婬・教人婬・乃至一切女人不得故婬）
    - 次、婬業を成すを明す（婬業・婬法・婬因・婬縁）
    - 後、軽を挙げ重を況す（乃至畜生女・諸天鬼神女・及非道行婬）
  - (二) 応（三句）
    - 初、孝順心（而菩薩応生孝順心）
    - 次、度衆生（救度一切衆生）
    - 後、与浄法（浄法与人）
  - (三) 劣を挙げて過を結ぶ（三句）
    - 初、一切人婬（而反更起一切人婬）
    - 次、不択畜生六親（不択畜生・乃至母女・姉妹・六親）
    - 後、無慈悲心（行婬無慈悲心者）
- 三、罪を結ぶ（是菩薩波羅夷罪）

ここで「不応」のなか、「婬業を成す相」の四句とは、「婬業・婬法・婬因・婬縁」をいう。なかんずく、「婬業」とは婬を行う身・語・意三業のすべてを指し、また「婬法」は婬のために用いる種々な方法手段をいい、そして「婬因と婬縁」については右の文で「是道・婬心・事遂」の三因縁、あるいはこれらに「是衆生・衆生想」を加えて五に数えるとするので、婬が重罪となるゆえんは⑴是衆生、⑵衆生想、⑶是道、⑷婬心、⑸事遂の五因縁によるわけである。これらは、前の殺戒釈での「四縁」に比べると、⑶是道が婬戒釈ではひとつ多く加わるのである。ここに「道」とは、つぎにみる「三道」または「非道」の意味によって理解されてよい。

そこで、『義疏』における「婬戒」釈の後半は、つぎのように述べられる。

自妻非道非処・産後・乳児・妊娠等、大論皆名二邪淫一。優婆塞戒経云「六重以制二邪淫一、戒中復制二非時非処一」似レ如三自妻非時不二正犯レ重。教二人婬一自無二迷染一但犯二軽垢一。或言二菩薩則重一。今釈声聞菩薩同爾、不下与二殺盗一例上也。人畜鬼神男女・黄門二根、但令三三道一皆重。余称歎・摩触・出不浄、皆是此戒方便、悉犯二軽垢一也。「而菩薩」下第二階明レ応也。「而反」下第三結。此中所レ制皆不レ応レ為。為即犯レ罪故結二不応一也。

（「 」は引用者、『大正』四〇・五七二c）

ここでは、戒相（経文）の諸句が注釈される。まず、自分の妻の非道と非処、および産後や乳児のいるとき、また妊娠中などに性行為（婬）をすることは、『大智度論』にもとづきみな邪淫とされる。これは、「婬事」のなかの「自ら婬す」を釈したものである。これについてはまた『優婆塞戒経』が引用され、この経では、「六条の重戒のなかに邪婬を禁止し、その戒の中では非時と非処の婬事を禁止する」けれども、ただ自分の妻と非時（適切を欠く時）に性行為をするのは必ずしも重罪ではない（軽罪）という。

それでここに、「非道・非処」というのは、たとえば『十誦律』巻五七に「婬戒」を説いて、つぎのように記すのが参考になる。

道者小便道・大便道・口道。若令レ入二大便道中一、得二波羅夷一。入二小便道中一得二波羅夷一。入二口道中一得二波羅夷一。（『大正』二三・四二四c）

つまり、婬境について女性では肛門（大便道）と小便道と口の三道、また男性では肛門と口の二処が、右にいう「非道・非処」とみてよい。そして、『大智度論』巻一三には、つぎのような所説をみる。

若自有レ妻受レ戒、有レ娠乳レ児非道、如レ是犯者為二邪婬一。（『大正』二五・一五六c）

さらに、『優婆塞戒経』巻六では、つぎのように説かれているのをみる。

若於二非時・非処・非女・処女・他婦一、若属二自身一、是名二邪婬一。（『大正』二四・一〇六九a）

そこでまた、右の『義疏』の文にもどると、「婬事」の第二句「人に婬せしむ」ことでは、自己に迷妄や染汚の心がなければ軽罪であり、この第三重の婬戒にはあてはまらないとする。ただし、声聞と同様に菩薩でもどんな場合も重罪とみる考え方があり、むしろここの解釈（今釈）は、声聞・菩薩とも同じく重罪とみるべきで、先の殺戒や盗戒の例（菩薩では利他のためならば開《ゆる》される場合があるとした）に与《くみ》しない、とも述べている。

つぎに、「不応」の第三「挙レ軽況レ重」における経文に「畜生女・諸天鬼神女」とあるについて、人間や畜生や鬼神の男・女、および黄門《おうもん》（不能の男）や二根者（男女両性をもつ者）を対象に、三道

（肛門・小便道・口）を婬せしめるのは、みな重罪である。しかるに婬事を称歎したり、摩触（なでさわる）して不浄物を出す事などは、この戒の方便（未遂罪）なので、みな軽垢罪を犯すにすぎない、と右の文には注釈している。

なお、明曠『疏』をみると、戒相（経文）に「畜生ないし母女・姉妹・六親を択《えら》ばず婬を行ずる」と説くなかの、「六親」をくわしく説明している（『大正』四〇・五八八b）。すなわち、六親とは①父の親族（祖父母・姑《しゅうとめ》・叔《おじ》など）、②母の親族、③自分の親族（父母兄弟、父の前妻と子など）、④妻の親族（妻の姉妹など）、⑤男女の親族（息子と娘の配偶者など）、⑥兄弟の親族（嫂《あによめ》など）であり、これら六種の親族に対する婬事は、みな邪淫となるのである。

四　第四妄語戒釈にみる大妄語

梵網戒の第四重は、『義疏』では「妄語《もうご》戒」とよび、経文ではつぎのように説かれる。

若仏子、自妄語・教レ人妄語・方便妄語、妄語業・妄語法・妄語因・妄語縁。乃至不レ見言レ見・見言レ不レ見、身心妄語。而菩薩常生二正語・正見一、亦生二一切衆生正語・正見一。而反更起二一切衆生邪語・邪見・邪業一者、是菩薩波羅夷罪。（『大正』二四・一〇〇四c）

（若し仏子、自ら妄語し、人に教えて妄語せしめ、方便をもって妄語せば、妄語の業、妄語の法、妄語の因、妄語の縁あり。乃至、見ざるに見たと言い、見たるを見ずと言い、身・心に妄語す。而も菩薩は常に正語・正見を生じ、亦た一切衆生に正語・正見を生ぜしむ。而るを反って更に一切衆生に邪語と邪見と邪業を起こす者は、是れ菩薩の波羅夷罪なり。）

このような戒相に対して、天台『義疏』ではまず、その全体についてつぎのように注釈する。

第四妄語戒、妄是不実之名、欺レ凡罔レ聖迴二惑人心一、所以得レ罪。此戒七衆同犯、大小乗倶制。与二声聞一同異、大略同二前殺戒一。序レ事三段。不応中三別。初三句明二妄語等事一、次四句明レ成レ業、後三句挙レ軽況レ重。「自妄語」者言レ得二上法一、「教他」者教説或教レ他自説。「方便妄語」如二蜜塗レ樹衆峰悉来一。此戒備二五縁一成レ重。一是衆生、二衆生想、三欺誑心。四説重具、五前人領解。

（「　」は引用者、『大正』四〇・五七二c）

これによると、妄語戒の妄とは真実ではない（不実）ことの意味で、凡夫を欺《だま》し聖人を罔《あざむ》いて人の心を迴《え》惑《わく》す（まどわす）ることによって罪を得るのをいう。そして、この戒は菩薩の七衆間で区別はなく、犯せば同じ罪を得る。もとより、大乗と小乗でともに妄語を禁止するけれども、菩薩戒は声聞戒との間に同・異のあることは、前の殺戒におけるのと大略おなじであるとする。つまり、菩薩と声聞の両戒間には、先の殺戒釈では「開遮異・色心異・軽重異」の、三つの異なる点があげられている。それらの意味は本節では、すでに盗戒釈のなかでみたとおりである。

ついで右の文では、戒相の科節が略述され、その中心は「序事」での「不応・応・結」の三節、なかんずく「不応」の三項であり、またこの重戒には五縁を数えているから、それらも含めて図示してみると、つぎのようになる。

一、人を標す（若仏子）
二、事を序ぶ（自妄語・教人妄語～邪見・邪業者）
　㈠不応（初三句、次四句、後三句）
　　初、妄語等の事を明かす（自妄語・教人妄語・方便妄語）
　　次、成業を明かす（妄語業・妄語法・妄語因・妄語縁）
　　　①是衆生、②衆生想、③欺誑心
　　　④説重具、⑤前人領解
　　後、軽を挙げ重を況す（乃至不見言見・見言不見・身心妄語）
　㈡応（而菩薩常生正語・正見、亦生一切衆生正語・正見）
　㈢不応を結ぶ（而反更起一切衆生邪語・邪見・邪業者）
三、罪を結ぶ（是菩薩波羅夷罪）

これらの科節のなか、「不応」の初め「妄語等の事」にみる三句について、右の『義疏』の文中には簡略な注釈がある。すなわち、初句の「自ら妄語する」とは、自らうそをついて「上《すぐ》れた法を得た」と言うことである。また、二句目の「教レ他」（教レ人妄語）とは、他人にうそを説かしめること、あるいは自分の説いたうそを他人に吹聴させることである。そして、第三句の「方便妄語」とは「蜜を樹に塗ると衆《おおく》の蜂がたちまちに雲来する」ごとく、たくみな方便を用いて妄語することである、という文意をうかがうことができる。

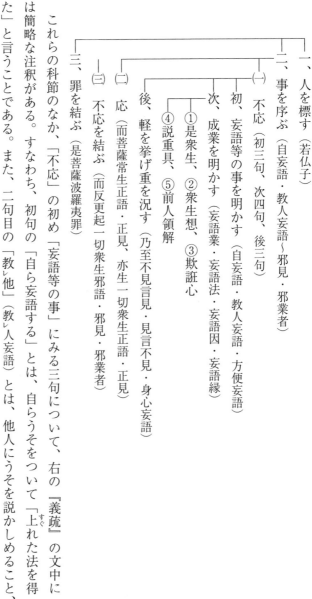

このような注釈のなかで、とくに「上法」とは無漏の聖道、または覚りの法を指し、つまり覚りを得ていないのに覚りを得たとうそをつくことが、この戒にいう妄語のもっとも重要な意味である(16)。このため、明曠『疏』ではこの戒の第一義に、聖道を「いまだ得ていないのに得たといって聖人をあざむき凡夫を誑《だま》す」ことであると注釈し、このゆえをもってこの戒を「大妄語戒」と名づけている（『大正』四〇・五八八c）。したがって、「他にうそを説かしめる」のも、自分が覚りを得たとする妄語を他人に吹聴させることであり、また「蜜を樹に塗る」喩えも、覚りを得たというそによって、人を多く集めることをいうものと理解してよい。

さて、妄語戒に対する『義疏』の解釈では、妄語が重罪となるための「五縁」をあげる。それらは右に揚げた文の最後にみるように、⑴是衆生、⑵衆生想、⑶欺誑心、⑷説重具、⑸前人領解、である。このような所釈形態は、天台『義疏』の「十重禁戒」釈のきわめて重要な特色となっているが、この戒の解釈ではとりわけこれら五縁についての説明がくわしいので、以下に順次それらをみてゆこう。

一是衆生者謂二前三品境一。上品境中向二父母師僧一妄語犯レ重。向二諸仏聖人一両解。一云入二重因一。一云此人不レ惑。又能神力遮二余人一、令レ不レ聞但犯二軽垢一。聖人有二大小一、有二他心智者一、有二不レ得者一、今従二多例一。羅漢及解行已上向説罪軽。降レ此或得二他心一、或不レ得者、例悉同重。向二中品境一天人等同重、正是惑解、防道之限。向二下品境一四趣等、或言二同重一、今釈軽垢。二衆生想、有レ当有レ疑有レ僻、大略同レ前。有言「妄語心通、本向レ此説此不レ聞、而彼聞レ説亦同重。」今釈不レ重、於レ彼無レ心故。

（「　」は引用者、『大正』四〇・五七二c）

ここでは、五縁のうち初めの二縁を釈す。⑴是衆生とは、妄語の相手となる三種（三品境）をいう。上品の境は父母や師僧らを指し、これらに向かって妄語するのは重罪であるが、ただ諸仏と聖人に向かって妄語するのは二つに解釈が分かれ、軽罪との見方もある。というのは、聖者たち（此人）は妄語に惑わされず、また神通力によって妄語の人をうけいれず（遮二余人一）聞こえないようにできるからである。もっとも、聖人といえどもすぐれているのと、おとるものとがあり（有二大小一）、他人の心を読みとる智慧をもつ者（他心智者）とそうでない者とがある。今は多例に従い、声聞では阿羅漢、菩薩では解行地以上の聖者に向かって説くのは、これらの者には妄語は通用しないので罪が軽いとしてよい。けれども、他心智をもつもたないにかかわらず同じく重罪とみる例もある、と上品境について右の文では論じている。

また、中品境は天・人に向かって妄語することで、これも同じく重罪である。人間と天上では、妄語に惑わされ修道が妨げられるからである。これに対し、下品境は、修羅・畜生以下の四趣を指し、これらに向かって妄語するのは重罪という見方もあるが、今は軽垢罪とする（これらの衆生は修道にたえない愚かな存在であるから、下品の者が犯戒の対象となるときは、ほとんどの場合に軽罪と『義疏』では解釈される）。

つぎに、⑵衆生想は「当・疑・僻」の三種を述べ、「概略は前に同じ」とするけれども、そのような所説は見出しがたい。テキストに脱落の文句があると考えられるが、いまは『十誦律』の所説によって理解しておきたい。すなわち、『十誦律』巻五十九の「大妄語戒」釈のなかに、つぎのように説く。

仏言、人中生㆓人想㆒得㆓波羅夷㆒。人中生㆓非人想㆒得㆓波羅夷㆒。人中生㆑疑得㆓波羅夷㆒。非人中生㆓非人想㆒得㆓偸蘭遮㆒。非人中生㆓人想㆒得㆓偸蘭遮㆒。非人中生㆑疑得㆓偸蘭遮㆒。（『大正』二三・四三九b）

これを、「衆生想」として読むとき、人は衆生と同義でよい。つまり、衆生を衆生と想い、その衆生に向かって妄語するのが「当」である。また、衆生を衆生でないと想って妄語するのは「僻」である。そして、衆生かどうか疑問をもちながら衆生に向かって妄語するのは「疑」である。これらはどれも衆生に対する妄語の三通りで、いずれも重罪（波羅夷）である。ついで、非衆生に対する妄語にも「当・僻・疑」の三通りがあり、これらは非衆生への妄語ゆえに偸蘭遮（未遂罪）の軽罪であると、『十誦律』には述べている[17]。

また、右の『義疏』の文では、有る人の解釈として、「A（此）に向かってうそを説いたのにその人には信用されず（不㆑聞）、Bがそれを聞いて（彼聞㆑説）うそにだまされた場合も同じく重罪である」というのをとりあげ、これを否定し、重罪ではないとする。というのは、この場合B（彼）に対しては、もともとうそをつく心はなかったからであるという[18]。

さてつぎに、妄語が重罪となる五縁のうち、(3)欺誑心と(4)説重具について、『義疏』ではつぎのように解説する。

三欺誑心是業主。若避㆑難及増上慢皆不㆑犯。地持云「菩薩味禅名㆓染汚犯㆒。」当㆑知菩薩起㆓増上慢㆒亦軽垢。遣㆑使有㆓両解㆒。一云教㆑他説㆓我是聖人㆒亦重。以㆔士無㆓珪璧㆒談者為㆑価。傍人讃説勝二自道一。教レ他道二是聖一、名利不レ入レ我非レ重也。二云聖法冥密証レ之在レ我。必須自説方重。他説坐軽。四説二重具一謂身証眼見。若説レ得二四果十地八禅神通一。若言レ見二天龍鬼神一悉是重具。若説レ得レ登二性地一、一云既是凡法、罪軽垢。　（「　」は引用者、『大正』四〇・五七二c―三a）

ここで、(3)欺誑《ごおう》心とは、他人を欺誑する（だます）行為の主体（業主）のことで、この項では妄語する主体の心のあり方を問題とする。たとえば、もし災難を避けるためや、思い上がり（覚っていないのに覚りを得たと思う増上慢）による妄語ならば、この戒を犯したことにはならないとする。というのは、危難を回避するのはやむをえない事情であり、また増上慢《ぞうじょうまん》は誤った思い込みによるので、いずれも他人をだますつもりはないからである。そして、『菩薩地持経』が引用されているのは、くわしくは同経巻五のつぎの所説である。

若菩薩見二味禅一、以為二功徳一者、是名為レ犯二衆多犯一。是犯二染汚起一。不犯者為レ断レ彼故、起二欲方便一。　（『大正』三〇・九一五b）

これは菩薩の増上慢を述べるもので、菩薩が禅定に味著して、増上慢を起こすことがあっても大妄語にはならないと説く。すなわち、菩薩では無住処涅槃なのに、禅定（三昧）を功徳としてこれに執着し、救済活動を怠るのを染汚《ぜんま》犯《ぼん》として退けるのであるが、ただこの場合にも誤った考えにとらわれるゆえであって、偽る心はないので増上慢によるときには軽垢罪であるとみるのである。

ついで、右の『義疏』の文中に、「遣使」とは使いを遣《おく》って妄語することで、これに二つの解釈が示される。一には、他人に教えて自分が聖者であると説かしめるのを重罪とする。これは、男（士）

が貴重な玉（珪璧）をもたないのに、談《ものがた》りして価値をもつとみせかけるとき、傍らの人に讃めさせれば、自分が道《い》うよりすぐれた効果をもつのと同じだからである。ただ、他人に自分が賢者であることを道《い》わしめても、名利が自分にもたらされなければ、その妄語は無意味になるから重罪にはならないとされる。また、二には、聖法は自らこれを内心に証《さと》る（冥密証之）ものゆえ、必ず自分でそのことを偽り説くのが重罪であり、他人に説かせるのは坐《つみ》が軽いとする見方もある、という。

(4)説重具とは、重罪となる妄語の内容を問う。すなわち、身に証《さと》ったと偽って、声聞の四果や菩薩の十地、および八禅（色界四禅と四無色定）や神通力を得たと説くこと、また眼のあたり見たと偽って天龍や鬼神を見たと説くのは、みな重罪となる内容（重具）である。これに対し、もし性地（三乗共十地の第二位、つまり内凡の未断惑位）に登ったと説くのは、ある人の解釈では、これは凡夫の法なので罪は軽い（軽垢）とする、という。

さて、重戒としての妄語が成り立つための五縁の最後「前人領解」は、『義疏』ではつぎのように説かれる。

五前人領解、結レ罪時節多少両解。一云随レ人、二云随レ語結。此戒既制二口業一。理応レ随レ語。遠為二妨損一必応レ通レ人。小妄語戒応二随レ人復随一レ語。若増上煩悩犯、則失レ戒者復説但犯二性罪一。若対面不レ解且結二方便一。後追二思前言一忽解者則壊レ軽結レ重。十重皆有二因縁一。今且釈二四重一。余可二例知一。直出為レ言、宣述為レ語。論述有レ所二表明一能詮二理事一名為レ語也。（『大正』四〇・五七三a）

ここで、(5)前人領解とは、妄語を説かれた相手がそれを理解すること、つまりこの項では妄語にだまされたかどうかを犯戒の要件に問うのである。これについて、罪を結ぶ際に校量すべき二つの解釈がある。一は人に随うとする解釈であり、二は語に随うとみる解釈である。妄語戒は口業を制するという意味では、道理としてまず言葉（妄語）に随って罪をはかるべきである。ただ、妄語が遠く多くの人々をも妨げ損《そこ》なうのであれば、言葉だけでなく、それらの人々の面（妄語を領解した人々の量、つまり妄語の影響力）からも罪が校量されねばならない。もっとも、覚りについてのうそ（大妄語）ではない通常の世間的なうそ（小妄語）であれば、言葉自体の罪は少ないので、まずは人（妄語された人の理解度）に随い、ついで語に随って罪が校量される。また、もし煩悩が増上して犯戒し、その結果戒体を失えば、妄語は性罪となり、遮罪としての罪の多少ははかれない。そして、もし対面の相手が妄語を理解しないのであれば、方便（未遂罪）を結ぶだけなので重罪ではない。それがもし、のちに前言を思い出してたちまちに理解し信じたならば、軽罪をくつがえ（壊レ軽）して重罪となる、と右の文では述べられている。

以上のように解釈したのち、右の文では、梵網の十重戒にはいま述べてきたような重戒となるための因縁がみなあるので、これまで四重を解釈したのに例同して、これ以後の重戒でも理解せよ、と記している。そのあとさらに、妄語の「語」を釈して、言と語のちがいは、直ちに言葉を出すのを「言」といい、宣べ説くのが「語」であり、また論述によって理と事をよく明らかにするのが「語」である、とする。

なお、妄語戒でいまみた「前人領解」の縁は、これ以後の十重解釈で、口業に関する戒（説四衆過戒・自讃毀他戒・慳惜加毀戒・瞋心不受悔戒・謗三宝戒）のいずれにも設けられる重要なことがらとなっている。

五　第五酤酒戒釈における大乗戒的特性

梵網十重禁戒における前五戒の第五は、天台『義疏』では（明曠『刪補疏』も、また法蔵『菩薩戒本疏』なども同様に）「酤《こ》酒《しゅ》戒」と名づけられるきわめてユニークな戒である。その戒相は経文にはつぎのように説かれる。

若仏子、自酤酒・教二人酤酒一、酤酒業・酤酒法・酤酒因・酤酒縁。一切酒不レ得レ酤。是酒起レ罪因縁。而菩薩応レ生二一切衆生明達之慧一。而反更生二一切衆生顛倒之心一者、是菩薩波羅夷罪。

（『大正』二四・一〇〇四c）

（若し仏子、自ら酒を酤《う》り、人に教えて酒を酤らしめば、酤酒の業、酤酒の法、酤酒の因、酤酒の縁あり。一切の酒を酤《う》ることを得ざれ。是れ酒は罪を起こす因縁なり。而も菩薩は応に一切の衆生に明達の慧を生ぜしむべし。而るを反って、更に一切衆生に顛倒《てんどう》の心を生ずる者は、是れ菩薩の波羅夷罪なり。）

これに対して『義疏』では、その解釈の前半に総説を述べて、つぎのようにいう。

第五酤酒戒。酤即貨貿之名、酒是所貨之物。所貨乃多種。酒是無明之薬、令二人惛迷一。大士之体与二人智慧一、以二無明薬一飲レ人、非二菩薩行一。大論明三酒有二三十五失一。所以制レ此、為二菩薩十重中

摂一也。七衆同犯。大小乗倶制。大小同異者、同不レ応レ酤。菩薩以レ利レ物故重。声聞止不レ応レ作犯二七聚一、貨売但犯二第三篇一。是販売戒所制。菩薩若在二婬舎一或売レ肉犯二軽垢一。以二招呼引召不一レ能レ如レ酒故也。

（『大正』四〇・五七三a）

これによると、「酤」は貨（うる）貿（あきなう）という意味で、「酒」はあきなわれた物をいい、所貨の酒には多種がある。酒は無明《むみょう》の薬《どく》であり、人を惛《くら》く迷わせる。菩薩（大士）の本質（体）は、人に智慧を与えることであり、無明の薬《どく》を人に飲ませるのは菩薩行ではない。そのため、『大智度論』には「酒に三十五の過失がある」ことを明かすので、菩薩の十重戒の中にもこれを加えて制戒とするのである。この戒は菩薩の七衆間では犯せば同罪である。また、大乗と小乗ともこれを制するとはいえ、その間に同・異があり、酤《う》ってはいけないという点では同じである。しかし、菩薩は衆生（物）を利益する任務をもつので、これを重戒とするのに対し、声聞ではそれほどの重罪ではない。すなわち、声聞戒では酒を作ってはいけないのは第七聚（悪作）であり、貨《あきな》い売《う》るのはただ第三篇（波逸提罪）を犯すのみで、これは販売戒によって規制されるのである。そして、菩薩がもし婬舎に入ったり、あるいは肉を売るのは酤酒に比べれば軽罪である。というのは、害を招呼し（まねき）引召する（みちびく）のは酒に如《し》く（比較できる）ものはないからである、と右の文意に述べている。

このような解釈のなか、所引の『大智度論』には、その巻一三のなかに「酒の三十五失」を説くのがみられる。[19] また、声聞戒では、五篇（波羅夷・僧残《そうざん》・波逸提・提舎尼《だいしゃに》・突吉羅）と七聚（突吉羅《ときら》を悪作《あくさ》と悪説に分け、偸蘭遮を加えて七聚とする）に分類されるなか、たとえば『十誦律』では、「販売戒」

（巻七所説）は尼薩耆波夜提《にさつぎはやだい》（波逸提）法であり、「飲酒戒」（巻一七所説）は波逸提法《はいつだい》（第三篇）で規制されているのをみる。(20)

つぎに、酤酒戒について『義疏』では、解釈の後半につぎのように記す。

文句同レ前。酤者求レ利。「教レ人」者令二人為レ我売一酒亦同重。教レ人自酤罪軽。「酤酒因」下明レ成レ業四句。業者運レ手、法者是酤酒方便法用也。因縁者備レ五也。一是衆生、二衆生想、三希レ利貨貿、四真酒、五授二与前人一。衆生謂二前三境一。上品無二酔乱一者軽。是酔乱者重。中品境謂二人天一、正是所レ制故重。下品四趣、乱レ道義弱、酤与罪軽。衆生想有レ当有レ疑有レ僻同レ前。若隔心亦重、希レ利貨売亦重、以二欲レ得レ多集一故。真酒者謂能酔二乱人一者。薬酒雖二希レ利貨一、不レ乱レ人貨無レ罪。二云待二飲時一随二人数一結レ重。如二小児来沽一、彼竟不レ飲、於レ誰結レ重耶。

（「　」は引用者、『大正』四〇・五七三a—b）

ここでは、戒相に科節を設けることは前に同じとし、文句の若干を説明してのち、「是衆生」等の五縁を述べる。そこで、前戒までにならって、戒相に科節を設けると、つぎのようになる。

- 一、人を標す（若仏子）
- 二、事を序ぶ（自酤酒・教人酤酒～一切衆生顛倒之心者）
  - ㈠　不応（初二句、次四句、後二句）
    - 初、酤酒の事を明かす（自酤酒・教人酤酒）
    - 次、業を成ずる相（酤酒業・酤酒法・酤酒因・酤酒縁）

①是衆生、②衆生想、③希利貨貿
④真　酒、⑤授与前人

後、軽を挙げ重を況す（一切酒不得酤、是酒起罪因縁）

㈡　応（而菩薩応生一切衆生明達之慧）

㈢　不応を結ぶ（而反更生一切衆生顚倒之心者）

三、罪を結ぶ（是菩薩波羅夷罪）

ついで、語句の説明では、酤（酒を売る）は利益《りえき》を求めることである。また、「人に教える」とは、人をして我がために酒を売らしめることであり、これまた同じく重罪である。しかし、人に教えてその人自らのために酒を売らしめるのは罪は軽い。そして、経文の「酤酒因」等の四句は業を成ずることを明かす。そのなかに、酤酒の「業」は手を運《めぐら》すことであり、「法」は酤酒のための器具を用いること（方便法用）である、とする。

このように解釈されたのち、つぎに酤酒戒が重罪となる因縁を五種あげる。すなわち、⑴是衆生、⑵衆生想、⑶希ㇾ利貨貿、⑷真酒、⑸授㆒与前人㆒である。これらについて、⑴是衆生は、酒を売る対象（衆生）の問題であり、前戒までの解釈と同じく三境がある。上品の境（父母、師僧）に対する酤酒は、その相手が酔乱しなければ軽罪だが、酔乱すれば重罪であるという。また、中品の境とは人間・天上の類であるから、酤酒戒は人・天に酒を売るのを正しく規制する意図ゆえ、これらへの酤酒はもとより重罪である。これに比べ、下品境は四趣（修羅・畜生・餓鬼・地獄）を指し、これらに対して酤酒しても道を乱す意味が弱いので罪は軽い、と右の文には述べている。

(2)衆生想は、「当・疑・僻」の三種あること前戒と同じとするので、すでにみた意味を酤酒にあてはめて解釈すればよい。つまり、衆生を衆生と想って（たとえば中品境を中品境と想って）その衆生に対して酒を売るのが「当」であり、これはもとより重罪である。これに比べ、衆生を非衆生を想ってたとえば中品境を下品境とかんちがいしてその衆生に酤酒するのが「僻」であり、また衆生かどうか疑問をもちながら衆生に対して酤酒するのが「疑」である。菩薩戒では酤酒した相手（衆生）に、もと酤酒する意志があったがどうかという意業を重視する点からは「疑・僻」の場合は軽罪となるはずである。しかるに、右の文では、「隔心」のことを述べ、これは特定の人に対する酤酒の心を問うものである。つまり、Aに対して酒を売るつもりが、誤ってBに酤酒した場合、Bに対してはもともと酤酒の心がなかった（隔心）のではあるが、これもまた重罪であるという。

(3)希レ利貨貿（貨売）は、利益《りえき》を希《もと》めて酒を売ることであり、誰に対して売ろうとこれがまさしく重罪である。それは、多くの利を得ようとする煩悩（集）のゆえであるからとする。

(4)真酒とは、薬酒に対する語で、酔乱させる本物の酒のことをいう。すなわち、真酒はよく人を酔乱させるのでこれを売れば重罪である。しかし、薬酒は利益を希《もと》めて貨《う》る場合でも、人を乱さないので、これを貨《あきな》うのに罪はない、という。

最後に(5)授二与前人一とは、「前人」は酤酒する相手、つまり酒を買う人を指し、ここでは酒を前人に与えた（売った）時点で罪を結ぶのかどうかを問う。右の文では「二云」として、酒を買った人が飲む時を待ってその人が酔乱することによって重罪となる、とする。[21] また、小児が来て酒を買っても、小児は飲まないので、その酤酒は重罪にならない、という。

さて本節では、大乗の『梵網経』十重禁戒のなか、原始仏教以来の五戒に相当する前五種の戒を、天台『義疏』の解釈によって理解してきた。具体的な釈述法の特色と内容はすでに述べてきたとおりであるが、最後に基本的な解釈上の特色をかいつまんでまとめておきたい。

そのひとつには、梵網の戒相を読むのに、「不応・応・結」の三段によって理解し、しかも不応は止悪で、応は行善であるから、「摂律儀・摂善法・摂衆生」の三聚浄戒の思想によって、禁戒の戒相を捉えていることがわかる。また、禁戒の菩薩戒としての性格は、これを声聞戒との対比で、主に「開遮異・色心異・軽重異」の観点から説明している。そして、いまひとつ戒相釈では、それぞれの戒が重戒であるゆえんを、「是衆生・衆生想」等の四縁ないし五縁によってくわしく解釈する特色をもっている。しかもそのなかでは、殺戒では「殺害心」、婬戒では「婬心」、あるいは妄語戒では「欺誑心」を数えるように、犯戒の意業を重視する（声聞戒では犯戒の事実を重視する）という解釈意図を示していると同時に、また口業を制する妄語戒では「前人領解」の項目を設けて、妄語の相手方がそれを理解したかどうかを重罪の要件とするなど、禁戒の性格に応じた縁を設けて解釈する方法をとっていることがわかる。

さらにもうひとつ、梵網の禁戒を解釈するのには、『十誦律』『成実論』『大智度論』などの鳩摩羅什（後秦）所訳の律蔵や論書が引用され、あるいは背景思想となっていることが理解され、ほかには曇無讖（北涼）訳の『菩薩地持経』と『優婆塞戒経』の引用をみることから、天台『義疏』はのちの華厳・法蔵（六四三―七一二）の『菩薩戒本疏』などと比べるとき、梵網経疏の最初期に位置する内容をもっていることがわかるのである。

註

（1）『大正蔵経』四〇所収の『菩薩戒義疏』二巻は、「隋智顗説、灌頂記」となっているが、この書は八世紀初めまでの文献に現れていないことから、「本疏が果たして隋末唐初に存在していたかどうかは審らかでない」という見方で、智顗撰に疑問がもたれる向きもある（佐藤哲英『天台大師の研究』百華苑、一九六一年、四一四頁）。けれども、これは現代の学術レベルでの疑問であり、趙宋天台の中国はもとより、日本の近世および近代までの注釈（『義疏』の末註）では、天台智者大師智顗撰は自明のごとく尊重され、まったく疑われていない。いまは、ひとまず従来の注釈者たちの立場を尊重したい。

（2）梵網戒相の文は、『大正蔵経』の脚注を参照し、天台『義疏』の所釈文に合わせ、修正を加えて引用したい。また、天台『義疏』のテキストも、異本が存するとみえ、『卍続蔵経』（一・五九・三）所収のは、『梵網経』との会本になっており、また『国訳一切経・律疏部二』には異本が合わせ用いられている。本研究では、『大正蔵』本を用いる。

（3）『大正』二四・一〇〇八c。第四十軽戒に、「七逆者出二仏身血一、殺レ父殺レ母、殺二和上一、殺二阿闍梨一、破二羯磨転法輪僧一、殺二聖人一。若具二七遮一即現身不レ得レ戒」と説く。

（4）『十誦律』（弗若多羅・鳩摩羅什共訳、六十一巻）巻二につぎの所説をみる（なお、霊空光謙『菩薩戒経会疏集註』巻四、『日蔵』旧版一八・二四二頁上、鈴木財団編三四・二四二頁上参照）。

復有三三種奪二人命一。一者用二内色一、二者用二非内色一、三者用二内非内色一。内色者比丘用レ手打レ他、若足若頭若余身分作二如レ是念一令二彼因テ死。（中略）用二非内色一者若比丘以二木瓦石刀槊弓箭一、若木段白鑞段鉛錫段遙三擲彼人一、作二如レ是念一令二彼因テ死。（中略）用二内非内色一者若比丘以レ手捉二木瓦石刀槊弓箭一、若二木段白鑞段鉛錫段一打レ他、作二如レ是念一令二彼因テ死。（『大正』二三・八b―c）

（5）『十誦律』巻二に、つぎの所説をみる。

比丘有下三種奪二人命一波羅夷上。一者自、二者教、三者遣使。自者自身作二自身一奪二他命一。教者教二語レ他言一捉二是人一繫縛奪レ命。遣使者語二他人一言、汝識二某甲一不、汝捉二是人一繫縛奪レ命。是使三随レ語奪二彼命一時、比丘得二波羅夷一。（『大正』二三・八b）

（6）『成実論』（訶梨跋摩造・鳩摩羅什訳、十六巻）巻八（『大正』三二・三〇四c）。なお、霊空光謙『集註』巻四（『日蔵』旧版一八・二四四頁上、鈴木『日蔵』三四・二四四頁上）。

（7）『大正』四〇・五六四b―c。

（8）「養胎母」を、仁空『聞書』では円琳『菩薩戒義疏鈔』にしたがって、「生母」と解釈し（『天全』一五・二五九―二六〇頁）、光謙『集註』では中国趙宋代の所釈にしたがって「養母」とみるごとくである（『日蔵』旧版一八・二四五頁上）

（9）仁空のときにはすでにその所述を欠き（『聞書』巻下一、『天全』一五・二六二頁下）、また中国・趙宋代の与咸（?―一一六三）のときにも欠いていたことが知られる（『梵網菩薩戒経疏註』巻四、『卍続蔵経』一・五九・三・二七〇左上）。

（10）『大正』四〇・五七二c。

（11）仁空『聞書』巻下（『天全』一五・二六二頁下）、光謙『集註』巻四（『日蔵』旧版一八・二四五頁下）、『国訳一切経・律疏部二』二一一頁など参照。

（12）『十誦律』巻五二に、つぎのような所説がある（『大正』二三・三八一b）。

優波離問レ仏。若比丘以二呪術一変レ身作二畜生形一奪二人命一得二波羅夷一不。答、若自憶三念我是比丘一得二波羅夷一、若不二憶念一偸蘭遮。

(13) 鳩摩羅什訳『十誦比丘波羅提木叉戒本』には、「若比丘、若聚落中若空地、不レ与取、名レ盗レ物。如二不レ与レ物取一故。」という（『大正』二三・四七一a）。

(14) 仁空『菩薩戒義記聞書』巻下二（『天全』一五・二八九頁下）。

(15) 仁空『聞書』巻下二（『天全』一五・二八三頁下）を参照。また、霊空光謙『菩薩戒経会疏集註』巻四では、「一有主物、二有主想、三有盗心、四是重物、五離本処」の五縁をもって、重罪を犯すゆえんとしている（鈴木『日蔵』三四・二五一下）。

(16) 光謙『集註』巻四の注釈に、「上法者律所レ謂過人法、謂三無漏聖道出二過凡法一故也」（鈴木『日蔵』三四・二五四下）という。つまり、上法とは過人法に同じ意味で、過人法は凡夫の法を出過している無漏聖道をいう。そして、『十誦律』巻五九には「大妄語戒」として、「過人法妄語」（覚っていないのに覚ったなどと無漏聖道についてうそをつく）のことがくわしく説かれているのをみる（『大正』二三・四三九a以下）。なおまた、仁空『聞書』巻下二にも同様の理解がある（『天全』一五・三〇四頁上）。

(17) 「衆生想」の「当・疑・僻」については、これ以下の十重戒釈でもほとんど「同前」と述べて省略される。その場合、『義疏』を読むときには、基本的には「当」についてが重罪で、つまり十重戒の所制にあてはまり、「疑」と「僻」においては方便罪（軽罪）として、十重禁戒の所制とはならないと解釈するのが妥当かも知れない。また、衆生想では、その前の「是衆生」でみた三品の境について、「当・疑・僻」による重・軽を分別することも必要である。なお、仁空『聞書』巻下一（『天全』一五・二六三頁上）、同巻下二（同三〇六頁下）を参照。

(18) この事例は、「有言」のなかに「妄語心通」とあるように、「殺戒」釈にみるような通心（不特定多数に向かって妄語する）と隔心（特定の者に向かってうそをつく）の問題として理解されてもよい。すなわち、通心ならAであれBであれ、どちらかが妄語を信じたとき重罪となるが、隔心のときはAに対するつもりがまちがえて、Bに妄語した場合、Bに対してはうそをつく心がなかった（隔心）ゆえ、Bに対する妄語は重罪とはならない、ということである。なお、円琳『菩薩戒義疏鈔』巻下之上（『仏全』七一・九三下―九四上、以下円琳『鈔』）、仁空『聞書』巻下二（『天全』一五・三〇六頁下―三〇七頁上）を参照。

(19)『大智度論』（鳩摩羅什訳、百巻）巻一三にみる「酒の三十五失」は、つぎのようなことがらである（『大正』二五・一五八b）。

(1)財産を失う。　(2)衆病を招く。　(3)闘諍のもとになる。
(4)裸形を恥じない。　(5)醜く悪声する。　(6)智慧を失なう。
(7)物を得ずに失なう。　(8)匿《かく》しごとをあばきたてる。　(9)業《なりわい》を廃して成功しない。
(10)酔って愁《うれ》う。　(11)身体の能力が弱くなる。　(12)身体の色が悪くなる。
(13)父を敬わない。　(14)母を敬わない。　(15)修行者を敬わない。
(16)婆羅門を敬わない。　(17)尊長を敬わない。　(18)仏を敬わない。
(19)法を敬わない。　(20)僧を敬わない。　(21)悪人を仲間にする。
(22)賢善の人を遠去ける。　(23)破戒者となる。　(24)無慚無愧となる。
(25)喜・怒・哀・楽・愛・悪の六情を正しく保てない。　(26)放逸となる。
(27)人に憎悪される。　(28)親しき者に擯棄される。　(29)不善の法を行う。
(30)善法を捨てる。　(31)人に信用されない。　(32)涅槃を遠く離れる。
(33)誑《いつわり》癡《おろか》の行いをする。　(34)地獄に堕ちる。　(35)誑《まどい》駭《みだれる》をまねく。

(20)『十誦律』巻七（『大正』二三・五二a―三b）、同巻一七（同一二〇b―一b）。

(21)『義疏』の文中に、明確な標示はないが、「一云」以下が(5)の「授与前人」の解釈と考えられる。これについて、テキストの文に脱落があると考えられ、たとえばそこに語句を補って、「授与前人、両解、一云随買人、二云待飲時等」とすれば意味がよく分かる。すなわち第五の縁では、前人に酒を授与した（売った）

時点で、買った人に随って罪を結ぶのと、授与したのちそれを飲んだ時点で罪を結ぶという二つの解釈がある。酤酒戒はそれを飲んで酔乱するのを罪悪と見るのであれば、二つ目の解釈が支持されることになる。なお、円琳『鈔』巻下鈔上（『仏全』七一・九六下）、仁空『聞書』巻下二（『天全』一五・三二二頁）、光謙『集註』巻五（鈴木『日蔵』三四・二五九下）参照。

第二章　天台『菩薩戒義疏』にみる「菩薩戒」注解の特色

第一節　第六「説四衆過戒」釈における菩薩戒的性格

一　「説四衆過」の意味

『梵網経』の十重禁戒は、大乗菩薩戒のもっともよく知られた代表的な戒律である。その戒名は、天台智顗（五三八―五九七）撰とされる『菩薩戒義疏《ぎしょ》』（二巻、『大正』四〇、以下『義疏』）の巻下の所釈では、㈠殺戒、㈡盗戒、㈢婬戒、㈣妄語戒、㈤酤酒戒、㈥説四衆過戒、㈦自讃毀他戒、㈧慳惜加毀戒、㈨瞋心不受悔戒、㈩謗三宝戒である。これら十種戒のうち、前五種は原始仏教以来の「五戒」が基準となっていることは言うまでもない（ただし、㈤の酤酒《こしゅ》は飲酒《おんじゅ》ではない菩薩戒としての特色をもつ）。

これに対し、十重戒の後五種は、菩薩戒としての特色をよく示すものといえる。というのは、右の十種のうち、㈦以下の四つの戒は、インドから伝訳の『瑜伽師地論《ゆがしじろん》』菩薩地・戒品（および『菩薩地《じ》持経《じぎょう》』）の、「四重四十三違犯《しじゅうしじゅうさんいほん》」における四重（自讃毀他《じさんきた》・慳財不施《けんざいふせ》・謝不受怨結《しゃふじゅおんけつ》・謗菩薩蔵《ぼうぼさつぞう》）に、相当のものをみるからである。[1] もっとも、㈥の説四衆過戒《せつししゅうかかい》が加えられていることは、『瑜伽論《ゆがろん》』にはない梵網戒の特色を示しているが、これを含めた後五種の重戒は、いずれも菩薩の利他行を妨げることを規制する性格をもつとともに、また共通に対社会的の口業を教誡する内容をもつ。

そこで本節では、梵網の十重禁戒のなかでも、菩薩戒としての性格をより多く表している後五種の戒に対して、天台『義疏』にはどのような解釈をなしているか、その解釈法の特色を、まずは「説四衆過戒」釈によってみてみたい。後五種の重戒の初めに位置する「第六説四衆過戒」釈において、そのあとの四種の重戒に共通する基本的な解釈法の特色がみられると考える。なお、『義疏』の論文解読には、前章と同様に実導仁空《にんくう》『菩薩戒義記聞書《ききがき》』（巻下三、『天全』一五・三三五頁以下）と、霊空光《こう》謙《けん》『菩薩戒経会疏集註《えしょしゅっちょう》』（巻五、鈴木『日蔵』三四・二六〇頁以下）を参照したい。

梵網戒の第六重戒（説四衆過戒）は、『梵網経』ではつぎのような戒相をもって説かれる。

若仏子、自説二出家在家菩薩比丘比丘尼罪過一、教レ人説二罪過一、罪過因・罪過縁・罪過法・罪過業。而菩薩聞三外道悪人及二乗悪人、説二仏法中非法非律一、常生二悲心一、教三化是悪人輩一、令レ生二大乗善信一。而菩薩反更自説二仏法中罪過一者、是菩薩波羅夷罪。（『大正』二四・一〇〇四c）

（若《も》し仏子、自ら出家・在家の菩薩と、比丘・比丘尼の罪過《ざいか》を説き、人に教えて罪過を説かしめば、罪過の因・罪過の縁・罪過の法・罪過の業あり。而も菩薩は、外道の悪人、及び二乗の悪人の、仏法中の非法と非律を説くのを聞くときは、常に悲心を生じ、是の悪人の輩を教化して、大乗の善信を生ぜしむべし。而るを菩薩は反って更に自ら仏法中の罪過を説かば、是れ菩薩の波羅夷罪《はらいざい》なり。）

このような戒律に対して、天台『義疏』ではまず総説的につぎのように解釈する。

第六説四衆過戒。説是談道之名、衆謂ニ同法四衆一、過者七逆十重也。一以レ抑ニ没前人一、二損ニ正法一故得レ罪也。此戒七衆同犯。大小乗倶制、大士掩レ悪揚レ善為レ心故罪重也。上者第二篇、中者第三篇、下者第七聚。声聞法如レ此、与ニ菩薩一有レ異也。文句同レ前。此戒備ニ六縁一成レ重。一是衆生、二衆生想、三有説罪心、四所説罪、五所向人説、六前人領解。（『大正』四〇・五七三b）

ここでは、初めにこの戒を「第六説四衆過戒」と名づけ、その語義を述べる。すなわち、「説」とは談（かたる）道（いう）の意味で、「衆」とは同法（菩薩戒を共有する）の四衆（出家・在家の各男女）を指し、また「過」とは七逆罪と十重禁戒を犯すことである。ここに「七逆」とは、『梵網経』の第四十軽戒および第四十一軽戒に説かれるものを指し[2]、五逆（殺父・殺母・殺聖者・出仏身血・破僧）を少しくわしくした、仏教ではもっとも重い罪をいう。したがって、同法者（菩薩）の七逆と十重を犯した罪過をあばくことを禁ずるのが、この戒の趣旨となる。そして、これが禁じられるのは、一に過《とが》をあばかれた同法の菩薩（前人）が抑圧され没落させ（抑没）られるからであり、また二には大乗菩薩の法（正法）が損《そこな》われるからである、とする。

ついで右の文には、菩薩の七衆（成年の四衆と未成年の三衆）間ではこれを犯せば同罪であるが、大乗（菩薩戒）と小乗（声聞戒）とでは、このことはともに規制されているとはいえ、ちがいがあるとしてそれを述べている。すなわち、菩薩（大士）は悪を掩《や》め善を揚《たか》めるのを心情とするので、これの罪はつねに重い。これに対し声聞の法では、これの罪は三様に分かれ、比較的重い（上）のは第二篇に、また中間のは第三篇に、そして軽い（下）のは第七聚の罪に属するという。ここで「第二篇」等というのは、声聞戒では具足戒（二百五十戒など）が五篇《ごひん》（波羅夷《はらい》・僧残《そうざん》・波逸提《はいつだい》・提舎尼《だいしゃに》・悪作《あくさ》）と七《しち》聚《じゅ》（五篇に偸蘭遮《ちゅうらんじゃ》と悪説《あくせつ》を加う）に分類されるのを指し、たとえば『十誦律《じゅうじゅりつ》』では僧残（第二篇）十三法の中に、第八「無根謗戒」と第九「仮根謗戒」などを説き、また波逸提（第三篇）法のなかに「説《せっ》麁罪《そざい》戒」などを説き、そして他人の過《あやまち》を説くについての種々な軽罪を第七聚（悪説または突吉羅《ときら》）として示しているのをみる。[3] これら声聞法にみる同種の規制はいずれも波羅夷罪ではなく、いま菩薩の説四衆過戒は波羅夷の重罪であることを、右の『義疏』の文には注意しているといえる。

ついでまた、右の文に「文句は前に同じ」とは、戒相を説く経文を理解するのに、前戒までのと同じ科節を用いよという意味である。『義疏』では、十重禁戒の戒相を読むとき、「第一殺戒」釈のなかに示されているように、戒相の全体を「標人・序事・結罪」の三段に、またそのなかの「序事」を「不応・応・結」の三節に分科させて理解する。ここで「不応」とは、菩薩がしてはならないこと、つまり止悪（律儀）のことがらを指し、「応」とは菩薩として積極的になすべきこと、つまり行善の諸事をいうので、梵網の戒相はこれを「三聚浄戒」の理念で理解するのが、『義疏』の釈意である。

いま、「説四衆過戒」の戒相を理解する仕方を、経文を配して図示するとつぎのようになる。

一、人を標す（若仏子）
二、事を序《の》ぶ（自説出家～仏法中罪過者）
　㈠　不応（自説二出家在家菩薩比丘比丘尼罪過一、教レ人説二罪過一、罪過因・

罪過縁・罪過法・罪過業）

㈡　応（而菩薩聞三外道悪人及二乗悪人、説二仏法中非法非律一、常生二悲心一、教二化是悪人輩一、令レ生二大乗善信一）

㈢　不応を結ぶ（而菩薩反更自説二仏法中罪過一者）

三、罪を結ぶ（是菩薩波羅夷罪）

さらに、『義疏』の文に「この戒は六縁を備えば重を成す」とは、この戒を犯すことが重罪となるゆえんを、六種の縁によって明らかにするのをいう。六縁とは、㈠是衆生、㈡衆生想、㈢有説罪心、㈣所説罪、㈤所向人説、㈥前人領解である。そして、これよりのち『義疏』では、これら六縁をそれぞれくわしく解釈するので、それらをみてゆきたい。

二　犯戒の四縁

天台『義疏』の「十重禁戒」釈では、それぞれの戒を犯すことが重罪となる諸縁を、四種ないし六種に詳説するのが主要な特色である。いま、第六重戒の説四衆過戒では六縁を数えるなかで、まず㈠是衆生、㈡衆生想、㈢説罪心の前三縁をみると、つぎのように解説されている。

一是衆生者上中二境、取下有二菩薩戒一者上方重。以レ妨二彼上業一故。無二菩薩戒一止有二声聞戒一、及下境有戒無戒悉犯二軽垢一。此戒兼制以二妨レ業縁一。文云「在家菩薩」即是清信士女。「出家菩薩」是十戒具戒。又言「比丘比丘尼」一云猶是出家菩薩具戒者耳。亦云是声聞僧尼。若説二此人重過一亦犯レ重。此是行法勝者亦損二深法一故。二衆生想有レ当有レ疑有レ僻、大意同レ前。三説レ過者有レ両。一陥没心、欲レ令三前人失二名利等一。二謂治罰心、欲レ令三前人被二繋縛等一。此二心皆是業主、必犯二此戒一。若奨勧心説、及被レ差説レ罪皆不レ犯。　（「　」は引用者、『大正』四〇・五七三b）

ここで、㈠「是衆生」とは「説四衆過」の四衆を指し、これを上中下の三境に分ける。これら三境のことは、すでに十重戒の「第四妄語戒」釈に記されており、上品は父母・師僧を指し、また中品は人・天の類を、そして下品は修羅・畜生以下の四趣をいう。それで、上・中の二境のうち、「菩薩戒をもつ者」の罪過を説けば重罪であるとし、またそのゆえは菩薩のすぐれた行い（上業）を妨げるからであるという。したがって、上・中の境でも「菩薩戒を持たない者」と「止《た》だ声聞戒だけを持つ者」、また下品の境では有戒者も無戒者もともに含めて、これらの者の罪過をあばくことは軽罪を犯すのみであるとする。そして、この戒では菩薩の事業を妨げる縁を兼ねて規制するのがねらいであるという。

ついで、経文の語句を釈して、「在家菩薩」とは清き信仰をもつ男女（在家二衆）をいい、また「出家菩薩」とは十重戒と具足戒とをあわせ持つ二衆のことで、さらに「比丘比丘尼」とはこれに二類があり、ひとつは出家の菩薩で具足戒をもつ者、いまひとつは声聞の僧・尼のことであるとする。そして、もしこれらの人の重い罪過（七逆十重）を説けば、この戒で規制する重罪を犯すことにほかならないとし、そのゆえはこれらの者は行法の勝《すぐ》れた者なので、その罪過をあばくことは深い法（大乗菩薩の法）を損《そこな》うことになるからである、と右の文には述べている。

つぎに㈡の「衆生想」は、右の文では「当・疑・僻」の三種があるとするも、それの「大意は前に同じ」と記すのみである。これについては、『義疏』で「第四妄語戒」釈にも同様の所説をみるけれど、そこでも詳細は記されていない。これは『義疏』の現行テキストに文言の脱落があることによると考えられるが、いまは『十誦律』によって、その巻五九の「大妄語戒」釈中に、つぎのように説かれるのを参考にしたい。

仏言、人中生ニ人想一得ニ波羅夷一。人中生ニ非人想一得ニ波羅夷一。人中生レ疑得ニ波羅夷一。
（『大正』二三・四三九b）

ここでは、「人を人と想って妄語すれば波羅夷《はらい》である」などとする意味であるから、ここでの「人」を「衆生」に置きかえれば「衆生想」となる。そして、いま『義疏』にいう「衆生」とは前の「是衆生」にみた衆生、つまり菩薩の四衆を指し、そこでの意味は「菩薩戒を持つ者（衆生）」の七逆十重をあばくことがこの戒で禁止される、とするものであった。したがって、この戒での「衆生想」とは、菩薩戒を持つ者（衆生）をそれと想ってその過《あやまち》を説くのが「当」であり、また菩薩戒を持つ者（衆生）を持たない（非衆生）と想ってするのが「僻《ひが》」であり、そして菩薩戒を持つ者かどうか疑問をもちながらその過をあばくのが「疑」の場合である。これら三種ではいずれも、菩薩戒を持つ者の罪過をあばくことに相違はないから、この戒で制せられる重罪となり、これらより外の場合では重罪とならないことをいうのである。[4]

またつぎに、㈢説レ過（説レ罪心）とは、菩薩の罪過を説く心のことである。これには二種があるとする。すなわち、一は陥没《かんもつ》（おとしいれほろぼす）心であり、これは罪過を説かれる菩薩（前人）の名誉や利点を失わしめようとする心である。また、二には治罰（ばつをあたえる）心であり、これは罪過をあばかれる人（前人）をして王法の縄にかけさせ（被繋縛）ようとする心をいう。そして、これら二心が罪過をあばく主体（業主）となって、この戒（説四衆過戒）を犯すとする。しかるに、もし菩薩行や善行を奨《はげま》し勧める心でなしたり、およびだれかに差しむけられて罪過を説くのならば、この戒を犯したことにはならない、と右の文では述べられている。

さて、説四衆過戒が重戒であるゆえんの第四の縁は、『義疏』ではつぎのように説かれる。

四所説過謂二七逆十重一。称二犯者名字一在二此戒一正制。若謂二治罰心一在二第四十八破法戒一制。若説二出仏身血破僧一、依二律部本制一向レ僧説二是謗一、僧知二出血等事希一故軽。此正制下向二無戒者一説上応レ得レ重。若重罪作二重名一説是事当義、作二軽名一説是謂レ当失二当義一。但今心重事重悉同犯レ重、此是名僻。若事僻者実軽謂レ重則犯レ重。実重謂レ軽則罪軽。以三其心謂二軽重一故。若作レ書遣レ使、一云同重、二云罪軽。然犯二七逆十重一前人失レ戒、失レ戒後説但犯二軽垢一。

（『大正』四〇・五七三b—c）

この所説を読み解くと、㈣所説過とは、この戒が「四衆（菩薩）の罪過をあばくことを禁ずる」戒であるとされるなか、そこにあばかれる罪過は最初にも述べられていたごとく「七逆十重」であることをいう。ただその場合、この戒で規制されることがらと、他の戒とりわけ「四十八軽戒」中の第十三謗毀戒や第四十八破法戒などとの関係が少しく問題とされる。すなわち、第四十八軽戒では、そこでの『義疏』の解釈に、「他人に向かって菩薩の罪過をあばき、彼をして王法の治罰にかけさせるのを破法」といい、この破法を禁ずるのが第四十八軽戒であるとされる（『大正』四〇・五七九ｃ）。この意味ならば、前項の㈢説過で解釈されたこと（治罰心）と同じことになる。したがって、そのような治罰心の上にさらに、七逆十重を犯した菩薩の名を明らかにして（称二犯者名字一）、その罪過をあばくことを重罪とするのがこの説四衆過戒での制意である、と右の文には述べている。

　また、第十三軽戒は「事実無根なのに悪心によって七逆十重を犯したと言って毀謗《きぼう》する」ことを禁ずるが、そこに他人の「七逆十重」をあばくという点ではこの第六重戒と同じになる。よって右の『義疏』の文では、もし「出仏身血や破僧」などの七逆十重を菩薩が犯したと言ってこれをあばいたとするとき、律部の本制（『十誦律』）によれば、「僧に向かってその誹謗を説く場合には、僧は出仏身血などの七逆を犯すことはきわめて希《まれ》であることを知っていて、そのことを信用しないので、その誹謗は軽罪にすぎない」と説かれているゆえ、[5] いまこの説四衆過戒は「戒を持たない者に向かって」七逆十重の罪過をあばくことを重罪として禁ずるのである、とする。そして、このことは、『義疏』の「第十三謗毀戒」釈のなかにも明説されているのをみる。すなわち、そこでも「菩薩戒を持つ者（同法者）の七逆十重を、事実であれ事実無根であれ、陥没心や治罰心をもって異法の人（菩薩戒を持たない人）に向かってあばく」ことは説四衆過戒の禁ずるところであり、それに対し軽戒である謗毀戒では「有戒無戒を問わず他人の七逆十重の罪過を、陥没心をもって同法の人（菩薩戒を持つ者）に向かって説く」のを禁ずる、と解釈している（『大正』四〇・五七六ａ）。

ついでまた、右の『義疏』の文にもどると、もし重罪（七逆十重を犯すこと）を重罪の名であばけば、ことがらは当をえているが、重罪を軽罪の名で説く（七逆十重よりも軽い罪の名であばく）のは当をえていない（失二当義一）ので、心にも重罪と思い事がらも重罪であるときに、それをあばくことがこの戒（重戒）を犯すことになるという。これに対し、名目が事がらとずれていたり（名僻）、もしくは事がらがずれている（事僻）場合には、実には軽罪なのに重罪と思ってそれをあばけば、この第六重戒を犯したことになり、逆に実には重罪なのに軽罪と思ってそれを説くならその罪は軽い（ゆえに第六重戒を犯したことにはならない）とし、そのゆえは心に重罪と思うか軽罪と思うかによってそれをあばく罪も決まるからである、という。

さらにまた、もし書面で使いを遣り七逆十重の罪過をあばくときには、一には同じく重罪とみる、二にはこれを軽罪とみる、との二通りがあるという。しかるに、七逆十重を犯した当該の人（前人）が、その罪によって戒を失った場合には、戒を失った後にその人の過去の罪過をあばいたとしても、それはただ軽垢罪を犯すのみである（ゆえにこの第六重戒を犯したことにはならない）、と右の文では述べている。

三　口業の戒としての特性

つぎに、説四衆過戒を犯すことが重罪となる六縁について、第五と第六のものは『義疏』ではつぎのように解釈される。

五向人説、謂上中二境無二菩薩戒一向説犯レ重。損レ法深故。為二下境一悉軽。毀損不レ過深一。文云「菩薩聞三外道二乗説二仏法過一、応二慈悲教化一、而反自説」即是向二彼人一説損辱為レ甚。六前人信解、已所レ説口業事遂、拠二此時一結レ罪。結罪多少。一云随レ人、二云随二口業一。

（「　」は引用者、『大正』四〇・五七三c）

ここで、㈤向人説とは、四衆（同法者）の七逆十重の罪過をあばく相手のことである。ここでも上中下の三境が吟味されるが、先にみた「是衆生」での三境が「四衆」のなかを区別するのとは異なって、ここでは四衆の罪過を誰に向かって説くのかを問題とする。このことはすでに前項で、「無戒者に向かって説くのを禁止する」と述べられていた。したがって、ここで「上・中の二境」とは父母（上）や人・天（中）を指すが、これら二境では「菩薩戒を持たない者」に向かって説くのが、この重戒を犯す意味であるという。そのゆえは、仏法（大乗）を損《そこな》うこと深いからである。また、畜生等の下境に向かって説くのは軽罪ゆえに、この戒の制するところではない。というのは、仏法を毀損する過失は深くないからである。そのため、この戒の経文に「菩薩は外道・二乗が仏法の過《とが》を説くのを聞けば、慈悲をもって教化すべし。しかるを反《かえ》って自らその過を説かば」と述べるのは、彼の人（外道や二乗、つまり菩薩戒を持たない人）に向かって説けば、仏法を損《そこな》い辱《かずかし》めること甚《はなはだ》しいということである、と右の文には述べている。

最後に、㈥前人信解（領解）とは、罪過をあばいた結果、その相手がそのことを信じ理解したかどうかを問題とする。すなわち、罪過をあばく口業が遂行されおわったとき、そのことが犯戒として罪を結ぶについて、二つの考え方がある。一には人に随い、二には口業に随うとするものである。このことはすでに『義疏』では、第四重の「妄語戒」釈で述べられていたので（『大正』四〇・五七三a）、それを参照すると、「人に随う」とは罪過を説かれた相手がそのことをよく信解すれば犯戒は成立するが、信用しなければ第六重の犯戒ではなく軽罪である。また、「口業に随う」とは相手が信用するかしないにかかわらず、それ以前に罪過をあばいたことの口業をもって犯戒が成立するとみるのである。もとより、これら二様の解釈は両方あいまって犯戒の罪が校量され、道理としては「口業に随って」犯戒の重罪を得るが、もし罪過を説かれた相手がまったく理解または信用しない（たとえば先の㈣所説過のなかでみた「僧に向かって説く」場合）なら、未遂罪に終わり、軽罪となり、第六重戒の犯罪とはならないとするのである。

さて、本節では、梵網の十重禁戒のなか、第六重の「説四衆過戒」を、菩薩戒の一代表例として、天台『菩薩戒義疏』での解釈上の特色をみた。その結果、天台『義疏』の戒相釈の特色はいくつかあげられるなかで、もっとも重要なのは、「是衆生・衆生想」など[6]、その戒が重戒であることの諸縁をくわしく考証することである。

それで、「説四衆過戒」とは『義疏』の意味では、「菩薩A（仏子）が、菩薩B（同法者）の七逆十重を犯した罪過を、菩薩戒を持たない人C（異法者）に向かって説く」ことを禁ずる重戒である。そして、どのような場合にAはこの戒を犯して重罪を得るかを、この戒では、㈠是衆生、㈡衆生想、㈢説過心、㈣所説過、㈤向人説、㈥前人信解の六縁で校量する。このうち㈠の「衆生」とはBのことであり、これを上中下の三類（三境）に区分し、それに従ってAの犯戒の罪を吟味する。㈡の衆生もまたBの三類を指す。㈢はBの罪過を説くAの心を業主として、そのAの心を陥没心と治罰心とにみる。㈣はAがあばくところの七逆十重（Bの罪過）についての問題点を、第十三軽戒と第四十八軽戒とのちがいによってみる。㈤はAが向かって説く相手であるCについて、このCを三類（三境）に区分し、それらの間でAの罪の軽重をはかる。㈥はAのあばいた罪過をCが信解したかどうかによってAの犯戒の成立をみるのである。このような六縁について、くわしくは論文解読作業によって、本節の右にあとづけたとおりである。

『義疏』の十重戒釈では、各戒条の性格に応じてこのような諸縁の立て方は少しく異なる。第六の説四衆過戒では、㈤所向人と㈥前人領解が設けられるのを特色とする。なかでも「前人領解」の縁は第四の妄語戒と、十重の後五種戒すべてが口業に関する戒であるため共通に設けられるのをみる。

このほか、『義疏』の戒相釈では、この書が梵網戒疏の最初期に位置することを反映して、律蔵では羅什訳の『十誦律』を背景思想に用いていることが、第六重戒釈でもうかがえる。

第二節　梵網戒「後四重禁」の解釈

一　「十重禁戒」の菩薩戒としての意義

『梵網経』の「十重禁戒」は、天台の『菩薩戒義疏』（智顗説・灌頂記、『大正』四〇、以下『義疏』と略称）の戒名では、①殺戒、②盗戒、③婬戒、④妄語戒、⑤酤酒戒、⑥説四衆過戒、⑦自讃毀他戒、⑧慳惜加毀戒、⑨瞋心不受悔戒、⑩謗三宝戒である。これらのうち、後の四重戒は、『菩薩地持経』巻五の「戒品」に説く「四波羅夷法」、または『瑜伽師地論』（以下『瑜伽論』）巻四〇の「菩薩地・戒品」に説く「四種他勝処法」に、ほぼ一致する内容をもつことは、周知のとおりである。(7)

鳩摩羅什訳と伝える『梵網経』（『大正』二四）は、今日ではすでに、中国で五世紀中ごろ前後に成立したと考えられている。『梵網経』所説の十重禁戒は、インドから伝訳の大乗戒経に尋ねるときには、『優婆塞戒経』の六重法と、『菩薩地持経』（以下『地持経』）等の四重法を合わせたものという性格をもつ。『優婆塞戒経』は在家者の戒を説くのに対し、『地持経』や『瑜伽論』では出家にも通じて説き、出家菩薩の場合には声聞戒の「婬・盗・殺・妄」の四重を持つことを前提に、右のような四法を菩薩独自の重戒として規定するのである。『地持経』等の四重は、菩薩が利他を修行するときの、対人または対社会的な側面の制戒であり、まさしく菩薩戒にふさわしい内容をもつ。その意味で、『梵網経』の十重禁戒では、インド伝来の固有に菩薩に属する代表的な重戒を、後四重禁に採用して規定したわけである。

すでに前節までに、十重禁戒のなかの初めの五重と第六説四衆過戒に対する、天台『義疏』の注釈上の特色を論じたので、本節では右のように位置づけることのできる後の四重禁について、天台『義疏』の注解における特色を、菩薩戒という意味に注目しながらみてみたい。

『梵網経』の十重禁戒は、『優婆塞戒経』所説の六重法と、『地持経』等の四重法を合わせた性格をもつ、と右に述べた。もとより、戒相の内容にはそれぞれの間に同異がある。そこで、天台『義疏』を参照して、先行経典との比較のうえに、十重禁戒の特色をみておきたい。

『優婆塞戒経』（七巻、曇無讖訳）では、「受戒品第十四」において五戒（殺生・偸盗・邪淫・妄語・飲酒）を示したのち、優婆塞（在家信者）の「六重・二十八失意罪」を説く(8)。いま、そのなかの六重法が、梵網戒の前六重に正しく対応する。すなわち、『優婆塞戒経』では「優婆塞には六重法有り」として、その初重ではつぎのように説く（『大正』二四・一〇四九a—b、原文は漢文）。

善男子よ、優婆塞《うばそく》は戒を受持し已《おわ》れば、天女の為《ため》と雖《いえど》も乃至、蟻《あり》の子をも悉《ことごと》く殺すべからず。若し戒を受け已《おわ》って、若《も》しは口に教えて殺さしめ、若しは身をもて自《みずか》ら殺さば、是の人は即ち優婆塞戒を失う。「是の人は尚《な》お煖《なん》法を得るあたわず。況や須陀洹《しゅだおん》より阿那含《あなごん》に至るをや。是れ破戒《はかい》優婆塞・臭《しゅう》優婆塞・旃陀羅《せんだら》優婆塞・垢《く》優婆塞・結《けつ》優婆塞と名づく。」是れを初重と名づく。

これは、殺生を初重に制するものであり、文中に「　」を付した部分は、第二重以後の戒相にも定型句としてみられる。それで、第二重以下のは、定型句を中略して読むと、つぎのとおりである。

優婆塞戒《うばそくかい》は身命の為と雖も、乃至一銭をも偸盗《ちゅうとう》することを得ざれ。若し是の戒を破れば、是の人は即ち優婆塞戒を失う。……（中略）……是れを二重と名づく。

優婆塞戒は身命の為と雖も、我れは不浄観より阿那含に至るを得たりと虚説《こせつ》することを得ざれ。若し是の戒を破れば、是の人は即ち優婆塞戒を失う。……（中略）……是れを三重と名づく。

優婆塞戒は身命の為と雖も、邪婬《じゃいん》することを得ざれ。若し是の戒を破れば、是の人は即ち優婆塞戒を失う。……（中略）……是れを四重と名づく。

優婆塞戒は身命の為めと雖も、比丘・比丘尼・優婆塞・優婆夷の所有《あらゆ》る過罪《かざい》を宣説することを得ざれ。若し是の戒を破れば、是の人は即ち優婆塞戒を失う。……（中略）……是れを五重と名づく。

優婆塞戒は身命の為めと雖も、酤酒《こしゅ》することを得ざれ。若し是の戒を破れば、是の人は即ち優婆塞戒を失う。……（中略）……是れを六重と名づく。

このような六重法は、順に「殺戒・盗戒・妄語戒・婬戒・説四衆過戒・酤酒戒」と名づけることができる。なぜなら、梵網戒の前六重と順序は若干違っても、制裁の事柄は一致するからである。このような優婆塞戒に対して、『梵網経』巻下の十重禁戒では、たとえばその第一重はつぎのように説かれる。

仏子よ、若《も》し自《みずか》ら殺《ころ》し、人に教えて殺さしめ、方便をもって殺し、殺すことを讃歎《さんだん》し、作《な》すを見て随喜《ずいき》し、乃至、呪《じゅ》をもって殺さば、殺の因《いん》、殺の縁《えん》、殺の法《ほう》、殺の業《ごう》あり。乃至、一切の命有《いのちあ》る者は、故《ことさら》に殺すことを得《え》ざれ。是れ菩薩は常住《じょうじゅう》の慈悲《じひ》心と孝順《こうじゅん》心を起こし、方便をもって一切の衆生を救護《くご》すべし。しかるに、自ら心を恣《ほしいまま》にして、意《い》を快《こころよ》くして殺生《せっしょう》せば、是れ菩薩の波羅《はら》夷《い》罪なり。（『大正』二四・一〇〇四b）

このような戒相を比べてみると、優婆塞戒の方では禁止事項（止悪）のみを簡潔に規定し、そして定型句によって戒と覚り（証果）との関係を声聞の階位で説き、また破戒者を臭・旃陀羅・垢・結優婆塞などと非難している。これに対し梵網戒の方では、後にもみるように天台『義疏』（および明曠の『刪補疏』）に科段を示して、「不応（止悪）・応（行善）・結」の三段に読むごとく、止悪（律儀《りつぎ》）をやや詳しく説くのみならず、積極的に善を行うべきことと、利他の精神がよく強調されていて、菩薩戒として相応しい内容に富んでいるといえる。また、梵網戒における定型句は「殺の因、殺の縁、殺の法、殺の業」であり、これが盗戒ならば盗の「因・縁・法・業」となるのであり、天台『義疏』では重罪となるゆえんのこれらを注釈することに意を用いている。なお、優婆塞戒は在家者（優婆塞）のために説かれるのに対し、梵網戒は出家にも在家にも通じて説かれていることは留意しておかねばならない。

つぎに、『菩薩地持経』の四波羅夷法をみると、同経巻五所説の「四重四十二違犯《いほん》」を『菩薩戒本』としたものによれば、つぎのように説かれている（曇無讖訳『菩薩戒本』、『大正』二四・一一〇七a）。

若し菩薩は、貪利《とんり》の為の故に、自ら己《おのれ》の徳を歎《たた》え、他人を毀呰《きし》すれば、是れを第一の波羅夷《はらい》処法と名づく。

若し菩薩は、自ら財物《ざいもつ》有るも、性《しょう》として慳惜《けんじゃく》なる故に、貧苦《ひんく》の衆生の依怙《えこ》する所無く、来求《らいぐ》し索《もと》むる者に悲心《ひしん》を起こして求むる所を給施《きゅうせ》せず、法を聞くことを欲するもの有るも、悋惜《りんじゃく》して説かざれば、是れを第二の波羅夷処法と名づく。

若し菩薩は、瞋恚《しんに》をもって麁悪《そあく》の言《ごん》を出して、意《こころ》猶お息《や》まず、復《ま》た手を以て打ち、或いは杖石《じょうしゃく》を加え、残害《ざんがい》・恐怖《くふ》・瞋恨《しんこん》増上し、犯《ぼん》ずる者の悔《け》を求むるに、其の懺《せん》を受けず、恨《こん》を結ぶことを捨てざれば、是れを第三の波羅夷処法と名づく。

若し菩薩は、菩薩蔵を謗《そし》り、相似《そうじ》の法を説き、熾然《しねん》に相似の法を建立し、若しは心に自ら解し、或いは他に従って受くれば、是れを第四の波羅夷処法と名づく。

これらの戒相ではいずれも、菩薩が慈悲心に背くことを制するのであるが、その内容は『優婆塞戒経』の場合と同じように、禁止的事柄（律儀）に終始している。それに対して、梵網戒の方は次項以下にみるように、前六重の戒相と同様、禁止的内容（止悪）ばかりでなく、利他の実現と善法をすすんで行うことを規定し、戒相のなかに三聚浄戒（摂律儀戒・摂善法戒・摂衆生戒）の理念を表現している。また、『地持経』等では右の四つのみを重戒（波羅夷罪）として説くのは、「婬・盗・殺・妄」の重罪は声聞戒に従うからである。これに対し梵網戒では、「殺・盗・婬・妄」を含め、重要な事柄はみな十重のなかに菩薩戒として網羅して説く。すなわち、このような梵網戒相の勝れた性格は、日本において伝教大師最澄が、梵網戒のみをもって大僧戒（出家菩薩が持つ戒律）と定めた根拠となったと考えられる。

二　第七重「自讃毀他戒」釈

梵網戒の第七重は、天台『義疏』の戒名では「自讃毀他《じさんきた》戒」である。(9)『義疏』では『梵網経』の戒相を、「不応・応・結」の三段に読む。明曠の『刪補疏』では、同じ区切り方で「止悪・行善・挙過結犯」という表現に変えている。(10)そこでいま、経文の戒相を、原文を引用して、これを書き下し和訳にしたのを三段に改行して示すと、つぎのとおりである。

若仏子、自讃毀他、亦教㆓人自讃毀他㆒、毀他因・毀他縁・毀他法・毀他業。而菩薩応㆘代㆓一切衆生㆒受㆑加㆓毀辱㆒、悪事自向㆑己、好事与㆗他人㆖。若自揚㆓己徳㆒、隠㆓他人好事㆒、令㆓他人受㆑毀者、是菩薩波羅夷罪。

若し仏子、自讃毀他《じさんきた》し（自らを讃《ほ》め他を毀《そし》り）、亦た人に教えて自讃し毀他せしむれば、毀他《きた》の因、毀他の縁、毀他の法、毀他の業あり（不応・止悪）。

而《しか》るに菩薩は応に、一切の衆生に代わって毀辱《きにく》（けなしはずかしめる）を加えるのを受け、悪事を自ら己《おのれ》に向け、好事《よきこと》を他人に与えるべし（応・行善）。

若し自らに己《おのれ》の徳を揚《あ》げ、他人の好事を隠し、他人に毀りを受けしむれば、是れ菩薩の波羅夷罪《はらいざい》

なり（結・挙過結犯）。　（丸かっこ内は引用者、『梵網経』巻下、『大正』二四・一〇〇四ｃ）

このような戒条に対し、天台『義疏』では簡潔に注釈を施す。すなわち、その前半にはつぎのように述べる（原文は漢文。いまは書き下し和訳して引用する）。

第七重は自讃毀他《じさんきた》戒なり。自讃とは自ら己《おのれ》の功徳を称《たた》え、毀他は他の過悪《かあく》を譏《そし》ることなり。二事を備うる故に重なり。菩薩は直《ただ》しきを他に与え、曲《まが》れるを引いて己に向かわす。何ぞ我れを挙げて（ほめて）、他を毀《そし》る容《べ》けんや。故に罪を得るなり。七衆は同じく犯し、大・小乗に倶《とも》に制す。但し、菩薩は利安（衆生を利益《りやく》し安楽《あんらく》にする）を本と為す故に、讃《さん》・毀《き》の罪は重し。声聞《しょうもん》は物を兼ねざれば、他を毀《そし》ることは第三篇を犯し、自ら讃《ほめ》ることは第七聚を犯す。文句は前に同じ。此の戒は五縁を備うれば重《じゅう》を成す。一には是れ衆生、二には衆生の想、三には讃・毀の心、四には讃・毀の具を説き、五には前人《ぜんにん》の領解《りょうげ》なり。　（『大正』四〇・五七三ｃ）

ここには、この第七重を自讃毀他戒と名づけるその語義を述べ、またこの戒が菩薩戒として声聞戒（部派の戒律）におけるよりも重く制せられる意味を示し、そしてこの戒が重戒となるゆえんとして五縁を挙げる。これによると、自讃と毀他の「二事」を備える故に、重罪であるとする。この点は、たとえば華厳の法蔵の『梵網経菩薩戒本疏』では、『善戒経』などを根拠に、自讃または毀他だけでも重罪であると釈するのと異なる。[11] また、「七衆は同じく犯す」とは、教団に属する出家・在家の男・女および成年・未成年によって分類した七衆の、だれが犯しても重罪であることをいう。そして、小乗部派（声聞戒）でもこの罪を規制するが、声聞（部派の修行者）は衆生を救済する（物を兼ねる）のを任務としないので、声聞戒の「五篇《ひん》七聚《じゅ》」のなかでは、[12] 他人を毀るのは第三篇（波《は》逸提《いつだい》法）に、また自己を讃めることは第七聚（衆学法・突吉羅《ときら》罪）に属する軽罪にすぎないという。このことは、たとえば『十誦律』でみると、「波逸提九十法」（第三篇）のなかの二つ目に「罵《め》戒」が規制され、[13] あるいは「百七衆学《しゅがく》法」（第七聚）のなかに自讃を戒める事柄がいくつか見出されるのをいうのである。

「文句は前に同じ」とは、先に示したように、この戒の経文の読み方を三段に区切るのをいい、その科段の詳細はすでに「第一殺戒」釈と、それ以後の解釈例で示されており、いまはそれらにならえばよい。そして、右の文の最後に、この戒が重戒である（重罪となる）ゆえんの「五縁」の名目が挙げられる。これは、経文に「毀他の因、毀他の縁、毀他の法、毀他の業あり」と説くのを、五縁の構成にかえて注釈するもので、天台『義疏』の十重禁戒釈のもっとも大きな特色である。五つの項目をあげてのち、それらを具体的に述べるのが、右の文に続く注解の後半部分なのである。

すなわち、つぎのように論述される。

一に是れ衆生とは、一に云く、上・中の二境を毀《そし》るのは重を犯し、下を毀《そし》るのは軽を犯す。二に云く、上・中の二境は菩薩戒を有《たも》つ者には方《まさ》に重なり。彼れを悩まし妨《さまた》げること深きが故に。若し無戒のもの及び下境の有戒《うかい》のものには悉く軽なり。悩ませ妨げること浅きが故なり。

二に衆生の想には、当有り、疑有り、僻有り。大意は上に同じ。三に讃め毀る心とは、我を揚げ他を抑え、彼をして悩ましめんと欲するを謂う。若し折伏《しゃくぶく》ならば犯に非ず。自ら讃《ほ》め毀《そし》る心は正しく是れ業の主なり。他に教えるには両解あり。一には同じく重と云い、二には罪は軽いと云う。

四に讃・毀の具を説くとは、此の経には漫《みだ》りに他人に毀辱《きにく》を受けしむと云う。律《りつ》部に依れば「八事有り云々」という。

五に前人《ぜんにん》の領解《りょうげ》とは、彼の人が讃・毀の言を解すれば、語語に随って重を結ぶ。増上《ぞうじょう》に犯し已《おわ》って戒を失う後には、但だ性罪《しょうざい》なり。前の戒は他に向って彼の過《とが》を説くことを制す。止《た》だ八事の中の犯事にして、無戒の人に向かうを以っての故に重なり。

（『大正』四〇・五七三c、改行と「　」は引用者による）

ここで、一の「是れ衆生」とは、自讃し毀他する対象（境）のことで、これが上・中・下に分けられる。上品は聖人・師僧・父母らを指し、中品は人・天の類を、そして下品は畜生・餓鬼・地獄等の衆生である。そのことは、すでに「殺戒」釈の箇所で述べられている。ここでは、二つの解釈をあげる。一には、上品と中品の者に対して自讃し毀他すれば、重罪であり、下品に対したときは軽罪である。二には、上品と中品の菩薩戒を持つ者に対したときだけ重罪であるという。

二の「衆生想」とは、一の衆生（境）について、その当人と想ってなすか、間違えてなすか等を分別して、罪の軽重をはかるものと考えられるが、『義疏』では解説を省いている。(14) 三の「讃め毀る心」は、行為（業）の主体についていう。そのなかで、「折伏」のためなら、つまり邪教や邪見の者を相手に、これを打ち破るためならば、この戒を犯すことにはならないとする。

四の「讃・毀の具」とは、自讃し毀他する方法、やり方である。これについては、律に説く「八事」を指示する。それで、『十誦律』所説の「罵戒」をみると（前掲の註（13）に指示したもの）、そこに「種・技・作・犯・病・相・煩悩・罵」の八事を説くのをみる。これらは順に説明されており、簡略にみるとつぎのごとくである（『大正』二三・六四b）。

①「種」とは、刹利種《せつりしゅ》（クシャトリア階級）の比丘《びく》に向かって（バラモン・商人・奴隷階級出身に対しても同様に）、出家《しゅっけ》受戒してどうなるのか、お前などの種姓には資格はないと譏《そし》ることである。

②「技」とは、クシャトリア出身の比丘に対して、お前は乗馬や弓刀等の技芸を学んでおればよく、出家受戒して何になるかと譏ることである。

③「作」は、クシャトリアの比丘に向かって、お前など出家してどうなるか、乗象馬や弓刀を用い入陣出陣を作しておればよいと譏る。

④「犯」は犯罪を根拠に出家受戒するのをそしる。

⑤「病」は悪疾の病気のゆえに出家受戒できないとそしる。

⑥「相」は障害や醜怪な悪相を理由に出家受戒できないとそしる。

⑦「煩悩」は、貪・瞋・癡など多くの煩悩をもつ者に出家受戒できないとそしる。

⑧「罵」とは他人をそしり悩ます性癖をもつ故に出家受戒の資格なしと譏ることである。

五の「前人の領解」は、自讃し毀他したことを相手が理解したかどうかを問い、理解したのであれば重罪となる。また、犯戒が増上して戒を失う（大乗では戒体を失うこと）のちには、遮罪《しゃ》としてではなく、ただ性《しょう》罪としてその罪は重いという。そして、前の「第六説四衆過戒」とのちがいを述べ、前戒は無戒の者に同僚の過《あやま》ちを説くことを制し、それは先の八事では犯事に相当するのに対し、この戒では菩薩戒を持つ（有戒）者に対して、八事のいずれかにおいて自讃し毀他するのを制するという。

三　第八重「慳惜加毀戒」釈

第八重の戒は、『梵網経』ではつぎのように説かれる。これもまた、天台『義疏』と、明曠の『刪補疏』にしたがって三段に区切って科節を加えて読むことにする。

若し仏子、自ら慳《おし》み、人に教えて慳ましめば、慳《けん》の因、慳の縁、慳の法、慳の業あり（不応・止悪）。

而《しか》も菩薩は、一切の貧窮《ひんぐう》の人が来て乞うを見るとき、前の人の須《もと》むる所に随って、一切を給与すべし（応・行善）。

而るを菩薩は、悪心や瞋《しん》心を以って、乃至、一銭・一針・一草をも施《ほどこ》さず、法を求むる者有りても、為に一句・一偈《げ》・一微塵許《みじんばか》りの法すら説かず、而も反って更に罵辱《めにく》すれば、是れ菩薩の波羅夷罪なり（結・挙過結犯）。（原文は漢文、『大正』二四・一〇〇四c―五a）

この戒相に対して、天台『義疏』では前戒とほぼ同じような形態で注釈する。その前半をあげると、つぎのようにいう（原文は漢文、丸かっこ内は引用者）。

第八慳惜加毀《けんじゃくかき》戒とは、慳惜（おしむこと）は是れ愛悋《あいりん》の名にして、加毀《かき》は是れ身と口をもって辱《はずか》しめを加うることとなり。前人（目の前にいる人）が財を求め、法（教え）を請うるも、悋惜《りんしゃく》して（おしんで）与えず、復た毀辱《きにく》（そしりはずかしめる）を加うれば、頓《ただ》ちに化道（衆生を教化し導くこと）に乖《そむ》く、故に罪を得るなり。此の戒は七衆同じく犯す。大・小は全く共《とも》にせず。菩薩は親《しん》・疎《そ》を簡《えら》ばず、求むる者には皆な施す。与えずに辱しめを加うれば皆な犯す。本誓《ほんぜい》は物《もつ》を兼ねるを以ての故なり。声聞は唯だ弟子に法を教えざれば、第七聚を犯す。財を与えざることは制せず。尼家《にけ》は二歳の内に財・法を与えざれば、第三篇を犯す。二歳の外に与えざれば、第七聚を犯す。加毀は事に随って各結び、合わせても重と為すには非ず。此の戒は五縁を備うれば重を成ず。一には是れ衆生、二には衆生の想、三には慳《けん》・毀《き》の心、四には慳《けん》相を示し、五には前人《ぜんにん》の領解《りょうげ》なり。

（『大正』四〇・五七三c—四a）

ここでは、初めに慳惜と加毀の意味を示したのち、大乗（菩薩）戒と小乗（声聞）戒のちがいが、いっそう強調されている。すなわち、菩薩は衆生を救済する（物を兼ねる）のを本来の誓願にもつため、相手が親しいか親しくないか等に関わりなく（親・疎を簡《えら》ばず）、求める者には皆な施すべきであり、逆に与えずにはずかしめを加えることは重罪である。これに対して小乗（声聞）では、弟子に法を教えないのは衆学法（第七聚）の軽罪にすぎないばかりか、財を与えないことは何ら制せられないという。また、比丘尼戒（尼家）では、式叉摩那《しきしゃまな》（一八歳から二〇歳までの出家女子）には成年に達するまでの二年間、師僧は財と法を与える義務をもつので、それをしないときは波逸提法（第三篇）の罪となり[15]、その二年間の外ならば衆学法（第七聚）の罪となる。そして、小乗では加毀の罪は、事例にしたがってそれぞれ罪に問われるが(16)、たとえ慳惜と加毀の罪を合わせても菩薩のような重罪ではないという。

このような解釈を施したのち、『義疏』では前戒と同じように、重罪となるゆえんの「五縁」をあげる。それらの内容は、右の文に続くつぎのような論述である。

一に是れ衆生とは、上・中の二境には重《じゅう》を犯《おか》し、下境《げきょう》には軽《かろ》きを謂う。

二に衆生の想とは、前の如し。

三に慳《けん》・毀《き》の心とは、悪《にく》み瞋《いか》り、財・法を悋惜《りんじゃく》して、而も打罵《ため》を加うれば是れ犯《ぼん》なり。若し彼れは法を聞き財を得ること宜《よろ》しからず、訶《しか》り辱《はずか》しめらるべきは皆な犯ぜず。自ら慳《お》しみ自ら毀《そし》るは正しく是れ業の主なり。軽垢《きょうく》を犯すは、前人《ぜんにん》の教うるを以て、戒を犯さざるが故なり。

四に慳相《けんそう》を示すとは、或いは隠避《おんぴ》して財・法を与えず、或いは都《す》べて無しと言い、或いは手と杖にて駆斥《くしゃく》し、或いは悪言《あくごん》をもて罵《ののし》りを加える等《ごと》きを、皆な示相と名づく。或いは自身に作することを示し、或いは人をして打罵せしむるは、皆な重なり。若し彼れが使いを遣《つか》わし、財を求め法を請うとき、使いの人《ひと》に対して慳惜《けんじゃく》し、或いは悪言にて呵罵《かめ》するは皆な重にはあらざる応《べ》し。既に対面に非ずして、彼れを損悩《そんのう》するは、軽きが故なり。決定毘尼経に云く、「在家菩薩は応に二施を行なうべし。一には財、二には法なり。出家菩薩は四施を行なう。一には紙、二には墨、三には筆、四には法なり。得忍菩薩は三施を行ず。一には王位、二には妻子、三には頭目皮骨なり」と。当に知るべし、凡夫の菩薩は宜しきに随って施《せ》を恵み、都《す》べて杜絶《とぜつ》するが故には犯《ぼん》なり、と。

五に前人《ぜんにん》の領解《りょうげ》とは、慳惜の相を知り、打罵の言を領納《りょうのう》せば、事《じ》に随い語《ご》に随って、重《じゅう》を結ぶ。此の戒は亦た一例をもって重を結ぶなり。　　（改行と「　」等は引用者、『大正』四〇・五七四a）

ここで、一の「衆生」と、二の「衆生想」については、前戒の解釈にしたがって理解すればよい。三の「慳・毀の心」は、業の主体である意業を述べる。ただここでは、相手の聞法と得財が適切なものでなく、非難されるべきときには犯戒にはならず、また現前の人（前人）の教唆によるときには軽罪であり、この戒を犯したことにはならないという。つまり、自らの意業が主体となるときに、重罪となるわけである。つぎの四に「慳相を示す」では、慳惜と加毀が身業と口業によってなされる様相を挙げる。ただし、使いの者が来て、その使者にこれらをなすのは、直《じか》（対面）にするのではないから、重罪ではないという。そして、『決定毘尼経《けつじょうびにきょう》』を引用して[17]、菩薩は在家であれ出家であれ、それぞれの立場で布施行を専らにすべきことをとくに強調している。最後に五の「前人の領解」とは、相手（前人）が悋惜《りんじゃく》（慳惜）と打罵《ため》（加毀）を被ったのを理解することで、その場合被った身業（事実）や口業（言葉）にしたがって重罪を結ぶとする。さらに、前戒（自讃毀他戒）では、讃・毀の二事によって重罪となると解釈されたが、ここでもまた慳と毀の二事をもって重罪を結ぶことは例同する（一例）という。

四　第九重「瞋心不受悔戒」釈

第九の重戒の『梵網経』での戒相は、つぎのごとくであり、これも『義疏』にしたがって科節を加え、三段に読むことにしたい。

若し仏子、自ら瞋《いか》り、人に教えて瞋らしめば、瞋《しん》の因、瞋の縁、瞋の法、瞋の業あり。（不応・止悪）而《しか》も菩薩は、一切衆生の中に善根《ぜんごん》と無諍《むじょう》の事を生じ、常に悲心《ひしん》を生ずべし。（応・行善）而るを反って更に一切衆生の中に於いて、乃至、非衆生の中に於いて、悪口《あっく》を以って罵辱《めにく》し、加えて手に打つを以ってし、及び刀杖《とうじょう》を以ってしても、意《こころ》は猶《な》お息《や》まず。前の人が悔いを求めても、善言をもって懺謝《せんしゃ》しても、猶《な》お瞋りを解かざれば、是れ菩薩の波羅夷罪なり。（結・挙過結犯）

（『大正』二四・一〇〇五ａ）

これに対する『義疏』の注釈は、前戒の場合と比べて幾分簡略である。全文（原文は漢文）を延べ書きにして読むと、つぎのとおりである。

第九瞋心不受悔《しんじんふじゅけ》戒は、悔謝《けしゃ》（悔《く》い謝《あや》まる）を受けず、接他《せった》の道に乖《そむ》く故に罪を得る。此の戒は七衆同じく犯す。大・小乗は全同ならず、菩薩は本より衆生を接取《せっしゅ》すべきに、瞋《いか》り隔《へだ》てば重を犯す。声聞は自利にして第七聚を犯す。文句は前に同じ。此の戒は五縁を具《そな》うれば重を成ず。一には是れ衆生、二には衆生の想、三には瞋《しん》・隔《きゃく》の心、四には不受の相を示し、五には前人《ぜんにん》の領解《りょうげ》なり。

一に是衆生とは、上・中の境は重く、下境は軽し。二に衆生の想とは、当有り、疑有り、僻有るが等《ごと》きは、上に同じ。三に瞋・隔の心とは、和解《わげ》を欲せざれば重《じゅう》を犯す。彼れは未だ悔《け》を受くに堪《た》えざれば犯さず。四に不受の相を示すとは、或いは関閉断隔《かんぺいだんきゃく》し、口に発して受けざるなり。五に前人《ぜんにん》の領解《りょうげ》とは、彼れの受けざると、身・口に加逼《かひつ》の苦を知れば、身・口の業の多少に随って重を結ぶ。

（『大正』四〇・五七四a—b）

これの前半の文は、前戒の場合と同様に理解すれば容易である。なかに「接他《せった》」とは、「衆生を接取する」ことに同じ意味であり、菩薩の利他《りた》の精神をいい、声聞の自利《じり》に対する。また、「瞋《いか》り隔《へだ》つ」ことも利他に反する意味で、怒ることによって救済すべき衆生を遠く隔てることである。したがって、菩薩は利他の故にこの戒を重戒とし、声聞では利他に関知せず自利に従事する故に相当の罪は第七聚（衆学法・突吉羅《ときら》罪）の軽罪にすぎないという。

つぎに、「五縁」の三に「瞋《しん》・隔《きゃく》の心」とは、業の主体（意業）のことで、衆生に和《なご》み衆生を理解し（和解し）ようとしない心である。しかし、相手の悔《く》い謝《あや》まることが適切でないことを知るときには、犯戒にはならないとする。四の「不受の相を示す」とは、身業によって衆生との間を、せきとめ（関）、とざし（閉）、断絶し（断）、へだてる（隔）ことであり、また口業を発して相手の悔《け》・謝《しゃ》を受けつけないことである。五の「前人の領解」は、悔・謝を受けつけずに、身業と口業によって加えられた苦を、相手（前人）が理解したときに、重罪を結ぶという。つまり、前戒あるいは前々戒でもそうであったように、単に意業（瞋心）のみでなく、打擲《ちょうちゃく》したり罵倒《ばとう》するなど、身体的および言語的な行いが加わることが、重罪の要件であるとみるのである。

五　第十重「謗三宝戒」釈

梵網の第十重戒を、前と同様に三段に読むと、つぎのとおりである。

若し仏子、自ら三宝《さんぼう》を謗《そし》り、人に教えて三宝を謗らしめば、謗《ぼう》の因、謗の縁、謗の法、謗の業あり（不応・止悪）。

而も菩薩は、外道《げどう》及び悪人の、一言にても仏を謗る音声《おんじょう》を見るとき、三百の鉾《ほこ》をもって心《むね》を刺さるるが如くなるべし（応・行善）。

況や口に自ら謗り、信心と孝順心を生ぜざらんをや。而るを反って更に悪人と邪見《じゃけん》の人を助けて謗らしめれば、是れ菩薩の波羅夷罪なり（結・挙過結犯）。（『大正』二四・一〇〇五a）

天台『義疏』によるこれに対する注解は、「邪見」についての論述を加えるのでやや詳しくなっている。そこで三つに区切って、まず初めの方を読むとつぎのようである。

第十の謗三宝戒《ぼうさんぼうかい》は、亦た謗菩薩法とも云い、或いは邪見邪説戒とも云う。謗は是れ乖背《かいはい》（そむくこと）の名なり。絓《かい》（むすぶ）は是れ解（ときほぐす）というがごときは理に称《かな》わず。言に実あるべからずして、異なって解説《げせつ》するは皆な名づけて謗《ぼう》と為すなり。己《おのれ》の宗に乖《そむ》く故に罪を得るなり。七衆は同犯なり。大・小は倶に制す。大士は人を化すを以って任と為し、今《いま》邪説して正しきを断つ故に重を犯す。声聞は此れに異なり、三たび諫《いさ》めても止めざれば第三篇を犯す。文句は前に同じ。此の戒は五縁を備うれば重を成す。一には是れ衆生、二には衆生の想、三には説かんと欲する心、四には正しく吐《と》説《せつ》し、五には前人《ぜんにん》の領解《りょうげ》なり。

（『大正』四〇・五七四b）

ここで、この戒を謗菩薩法ともよぶのは先の『菩薩地持経』に通じ、また邪見邪説戒は十善戒に通ずる呼称である。そして、「謗」の意味は、結ぶことを解くというように、まったく正反対に、真実にそむくことである。つまり、言葉に真実がなく（邪説）、間違った理解（邪見）のうえに説く（邪説）ことで、大乗または仏法（己《おのれ》の宗）にそむくゆえに重罪である。そして、これを声聞戒との違いでいえば、菩薩（大士）は人を教化することが任務なので、邪説の罪は大きい。これに対し声聞戒では、同種の罪は第三篇の軽罪にすぎないという。その事例は、『十誦律』では波逸提罪（第三篇）のなかの五十五番目に、「悪見違《あくけんい》諫《かん》戒」をみる。[18] これは、比丘が邪見を起こして法を説くとき、三たびそれを諫《いさ》めても悪邪見を捨てないのを罪（波逸提罪）とするものである。

つぎに、この戒が重戒であるゆえんの「五縁」に進むと、右に続いてつぎのように論述されている。

一に是衆生とは、上・中の二境を謂う。若しは菩薩、若しは声聞、若しは外道に向かって説けば重を犯す。二に衆生想は、当《とう》有り、疑《ぎ》有り、僻《ひが》有ること上の如し。三に説かんと欲する心とは、意を運び、向かって之を説かんと欲する意を作る。四に正しく説くとは、言を発《おこ》し他に向かって、自ら他に対して説き、若しは他に伝え説かしむるは悉く重なり。五に前人の領解とは、邪言を納受すれば、語語に随って重を結ぶ。若し邪説の経を作る者が、人をして解せしめんと欲せば、彼

の披覧《ひらん》して解《げ》を発す者に随い、語語に随って重なり。（『大正』四〇・五七四b）

これら五縁のなか、三は業の主体を述べ、これは意業である。四では口業を起こす故に重罪を結び、つぎの五では相手（前人）が邪説や邪言を理解したとき、それら邪説・邪言に随って重罪となるとする。

さて、この戒について右のように釈したのち、『義疏』ではとくに「邪見《じゃけん》」について論述し、注釈上の特色をもたせている。すなわち、邪見に多くの種類をあげ、それらの罪の軽重を論ずるのであるが、いまは具文を引用する煩雑さを避け、『義疏』に列挙され説明を施される邪見の種類を簡略にまとめて示してみると、つぎのごとくである。

㈠　上邪見（一切の因果を否定する闡提《せんだい》の類）

㈡　中邪見（因果を否定しないが三宝は外道《げどう》に及ばないと考える）

①法相異《ほっそうい》（三宝は劣るとみる卑小の心）計成《けいじょう》　失戒《しっかい》

②非法相《ひほっそう》（三宝の勝ることを知るも口に劣ると説く）戒善不失《かいぜんふしつ》

㈢　下邪見（三宝は外道に勝ることを知るも大乗を棄て小乗を取る）

㈣　雑邪見

①偏執《へんしゅう》（小乗は仏説ではないとみる者と、大乗の一部を否定する者との二種）

②雑信《ぞうしん》（三宝や大乗を謗らないけれども外道や鬼神にも威力が有ると信ずる者）

③繫念小乗《けねんしょうじょう》（小乗を取ってのちに大乗を修める者）

④思義僻謬《しぎひみょう》（智力が劣るために起こす邪見）

これら「上・中・下・雑」の四種に分ける邪見のなか、「上邪見」は因果の道理を信ずることができずに善根を断っている極悪の類（闡提）であるから、仏法に帰依して受戒するはずもなく、もとよりこの戒の制する対象ではない。つぎの「中邪見」には二類があり、法相異と非法相のうち、後者が正しくこの戒に制する対象であるという。ここで、「法相異」の者は「計成失戒」であるとは、仏教（三宝）が外道に及ばないという誤った考え方（法相《ほっそう》の異計《いけい》）が成就している者は、戒体を失っているということで、この類もまたこの戒所制の対象から除かれる。

これに対し、「非法相《ひほっそう》」の者は心には三宝の勝れているのを知っているので戒体（戒善）は失われていないけれども、口に三宝の劣ることを言うとき、この戒を犯す（重罪を得る）とされる。そして、つぎの「下邪見《げ》」は、仏法を信ずるけれども大乗よりも小乗を勝れていると思うことで、これは『梵網経』では四十八軽戒の中の第八「背大向小戒」に制するという。[19] さらに、「雑邪見《ぞう》」は幾類も数えられるが、それらはみな軽罪に属せしめられている。

このように、邪見にも罪の軽重があり、それらのうちで三宝（仏法）を信じて受戒していながら、口に三宝を譏《そし》ることが、この戒の所制である。そして、大乗と小乗と外道との関わり方によって、罪の軽重がある。ともかく、邪見は十善戒では意業の戒であるのを、十重禁戒の謗三宝戒では口業と結びついて重罪を得るとみるのが、天台『義疏』の解釈といえよう。なお、円琳の『菩薩戒義疏鈔』では、梵網戒所制の対象となる中邪見と下邪見とを、「心念《しんねん》」と「発言《ほつごん》」に分けて、いっそう詳しく解釈を示している。[20]

さて、『梵網経』の十重禁戒では、後の四重禁に『地持経』や『瑜伽論』の四重法が採用され、その場合に慈悲心に背く行為を禁止するのみでなく、菩薩の利他行を積極的に行うことを戒相に盛り込んでいる特色がある。天台『義疏』では、そのような後四重禁を解釈するとき、簡潔ではあるが、これらが菩薩戒として声聞戒（小乗）に比べ、重く制される意味を述べることに意を用いている。それと同時に、どの戒においても、重罪となる「五縁」を論述するのを、解釈上の特色としている。

ところで、これらの四重禁のうち、後の三は十善戒のなかの、貪欲・瞋恚・邪見を誡める意三業の戒とも共通する。天台『義疏』では、とくに第十重の謗三宝戒を邪見戒の類として、邪見を詳しく解釈している。けれども、十善では意業を制する戒であるのを、『義疏』では口業と身業に現れることを禁戒（重罪）の意味として重視するようである。このことは、たとえば華厳の法蔵と対比すると、法蔵では後の四重禁は、(七)自讃毀他戒、(八)故慳《こけん》戒、(九)故瞋《こしん》戒、(十)謗三宝戒と名づけ、なかで(八)と(九)は貪心と瞋心をもっぱら重視するごとき解釈がうかがわれる。[21] これに対し天台『義疏』では、(八)には貪心の上に加毀《かき》（罵辱《めにく》を加えること）を、また(九)には瞋心の上に悔謝《けしゃ》を受けつけない行為を、それぞれ重くみる命名と解釈を施しているといえる。

そのことは、『義疏』の解釈法上の特色である「五縁」の論述のなかにもよく表れている。後の四重禁に対する解釈では、「五縁」の論釈形態はほぼ同じである。つまり、五縁のなか、第三は業主（意業）を、第四ではそれが口と身に現れる相を論じ、そして第五の「前人領解」ではそれら身口の業が前人（相手）に領解（理解）されたときに重罪を結ぶと解釈するのである。

註

（1）『瑜伽師地論』（百巻、唐・玄奘訳）巻四〇「菩薩地・戒品」（『大正』三〇・五一五b—c）。『菩薩地持経』（十巻、北涼・曇無讖訳）巻五「戒品」（『大正』三〇・九一三b）。

（2）『梵網経』の第四十軽戒には、「七逆者出二仏身血一、殺レ父、殺レ母、殺二和上一、殺二阿闍梨一、破二羯磨転法輪僧一、殺二聖人一。若具二七逆一即現身不レ得レ戒」と説かれるのをみる（『大正』二四・一〇〇八c）。

（3）『十誦律』（弗若多羅・鳩摩羅什共訳、六十一巻）巻四に「僧残法」の第八事と第九事を（『大正』二三・二二a—二四b）、また同巻一〇に「波逸提法」の「説麁《せつそ》罪《ざい》戒」を説き（同七二b—七四a）、そしてそれらの所説のなかに「突吉羅」（第七聚）となる場合を説いている。なお、霊空光謙（一六五二—一七三九）『菩薩戒経会疏集註』巻五（鈴木財団『日本大蔵経』三四・二五九下）参照。

（4）円琳（十三世紀前半頃）『菩薩戒義疏鈔』巻下之上（『大日本仏教全書』七一・九三上）、および実導仁空（一三〇九—八八）『菩薩戒義記聞書』巻下二（『天台宗全書』一五・三〇六頁）、同巻下三（同三二一頁）など参照。

（5）ここで「律部の本制」とは、『十誦律』巻五二に、「若謗言下汝悪心出二仏身血一若壊上僧得二偸蘭遮一」（『大正』二三・三八五c）と説くを指すと考えてよい。なお、霊空光謙の『会疏集註』巻五（鈴木『日蔵』三四・二六一下）参照。

（6）この釈述法は、『成実論』（訶梨跋摩造・鳩摩羅什訳、一六巻）巻八にその先行形態をみる（『大正』三二・三〇四c）。なお、先の第一章第一節「第一殺戒」釈をみよ。

（7）『菩薩地持経』巻五（曇無讖訳、『大正』三〇・九一三b）、『瑜伽師地論』巻四〇（玄奘訳、『大正』三〇・五一五b—c）。この両本の関係は、『瑜伽論』「菩薩地」の別行したものが『地持経』（一〇巻）であり、いわば同類の異訳である。そして、両本の「戒品」は、それぞれ抄出されて、『菩薩戒本』としても存し、それらにも四重法の同文をみる（曇無讖訳『菩薩戒本』、『大正』二四・一一〇七a。玄奘訳『菩薩戒本』、『大正』二四・一一一〇b)。さらに、同類の『菩薩善戒経』がある。この『善戒経』には、九巻本と一巻本があり(ともに求那跋摩訳)、これらは合わせて十巻が『地持経』の十巻に相当するもので、戒品が分離して一巻に別行したことにより二本に分かれたとみられる。したがって、一巻本の『善戒経』にも、四重法の異訳をみる(『大正』三〇・一〇一五a)。また、四重法は曇無讖訳で「波羅夷法」といい、この「波羅夷(Pārājika)」は音写語であるのに対し、玄奘ではこれを「他勝処」と意訳した。これは、善法(自)に対して悪法(他)が勝《まさ》る業処(行為)ということで、教団追放のもっとも重い罪を意味する。それで、『善戒経』では「四重法」と訳している。

(8)『優婆塞戒経』巻三(『大正』二四・一〇四九a―一〇五〇b)

(9)智顗説・灌頂記『菩薩戒義疏』巻下(大正四〇・五七三c)。なお、これより以下に第十二重戒までの天台『義疏』の論文を読解するにも、 実導仁空『菩薩戒義記聞書』(『永徳記』十三巻、一三八五年、以下『聞書』)巻下三(『天全』一五・三三五―三六〇頁)と、霊空光謙『菩薩戒経会疏集註』(八巻、一七二四年、以下『集註』)巻五(鈴木『日蔵』三四・二六二―二七二頁)の注釈を参照する。

(10)明曠刪補『天台菩薩戒疏』巻上(『大正』四〇・五八九b)。

(11)法蔵『梵網経菩薩戒本疏』(唐、六巻)巻三(『大正』四〇・六二七c)。

(12)「五篇七聚」は、「二百五十戒」とも言われる具足戒(声聞戒)を、重罪から軽罪に分類するもので、㈠波羅夷、㈡僧残《そうざん》、㈢波逸提、㈣提舎尼《だいしゃに》、㈤突吉羅の順に軽罪となる。これら五篇の第三に偸蘭遮《ちゅうらんじゃ》を加え、また突吉羅から悪説を分離して七聚とする。そして、もっとも軽い突吉羅罪は衆学法ともいう。

(13)『十誦律』(六十一巻、羅什共訳)巻九(『大正』二三・六四a―六五c)。

(14)『義疏』では、「大意は上に同じ」とするも、第一殺戒釈以来、「衆生想」についての具体的な論述は見当たらない。前掲註(9)の仁空『聞書』では、「当・疑・僻」のうち基本的に「当」の場合が重罪であると理解する(巻下一、『天全』一五・二六一頁)。

(15)『十誦律』巻四五（比丘尼律、『大正』二三・三一八a）。
(16)『十誦律』波逸提九十法のなか、第2罵戒・第12嫌罵僧知事戒・第48瞋打比丘戒・第63撃戒などを指す（『国訳一切経〈律部五〉』の『十誦律』目次二一―四頁を参照、また前掲註（9）の光謙『集註』巻五、鈴木『日蔵』三四・二六五頁を参照）。
(17)『決定毘尼経』（『大正』一二・三八b―c）。
(18)『十誦律』巻一五（『大正』二三・一〇六a―b）。
(19)『梵網経』の第八軽戒（『大正』二四・一〇〇五c）。『義疏』巻下の「第八背大向小戒」釈のなかで、このことを再び述べている。（『大正』四〇・五七五b―c）。
(20) 円琳集『菩薩戒義疏鈔』（鎌倉期、六巻）巻下中（『仏全』七一・一〇七―一一三頁）。
(21) 法蔵『梵網経菩薩戒本疏』巻三（『大正』四〇・六二七c―六三三c）。

第三章　天台『菩薩戒義疏』の「四十八軽戒」釈

第一節　天台『義疏』の軽戒に対する注釈形態

一　梵網戒の法蔵『疏』や明曠『疏』との違い

寺院の結界石に、「不許葷酒入山門」（不許酒肉五辛入山門、不許葷辛酒肉入山門）などと書かれるのは、『梵網経』の「十重四十八軽戒」のなかの、第二・三・四軽戒にもとづいていることは、周知のことである。すでに筆者は、前章までに十重禁戒についての天台『菩薩戒義疏』（智顗説・灌頂記、『大正』四〇、以下『義記』）による、解釈上の特色を論じたので、本章では同『義疏』における「四十八軽戒」釈の特色をみることに進みたい。その場合、四十八軽戒の全体を一挙に扱うのは多くにわたるので、いまは右の結界石文でもよく知られている三つの戒を含む、「初め五つの軽戒」についての、天台『義疏』巻下における注釈をみることにより、「四十八軽戒」釈の基本的な特質をうかがうことにしたい(1)。

天台の『菩薩戒義疏』は、梵網戒に対する現存最古の注釈書であり、唐代の華厳・法蔵『梵網経菩薩戒本疏』（六巻、以下法蔵『疏』）における注釈と比較するとき、戒相釈は簡潔をこととする。いま、「四十八軽戒」の注釈についてみれば、『義疏』自身の「十重禁戒」釈に比べても簡潔さをもつ（重戒釈に対する軽戒釈が簡潔なのは法蔵『疏』でも同様である）としても、簡略に注釈を進めるなかにいくつかの特色が認められ、また学解をよくする法蔵に比べて修行を重んずる天台的な性格を読み取ることもできる。

天台『義疏』では、まず戒にそれぞれの名を与えて、それの意味または制意を簡略に示す。そして、犯戒に対する七衆（出家・在家の七衆）間と、大・小乗間におけるちがいを述べ、つぎに科段（経文の戒相を三段に読む）を明示して、そのもとにそれぞれの戒相に応じた注解を適宜に施すという形態をもって、四十八軽戒の注解を順次進めていく。梵網戒の経文には、戒名は付けられていないので、戒条に名をもつことは戒相を学ぶうえにきわめて便宜である。天台『義疏』に施された戒の名は、経の戒相にみる制意の中心を端的にどのように捉えるかを含めて、のちの注釈家によって指針または参考とされたに相違ない。また、注釈が簡潔であることは、四十八軽戒を修学するうえには、実践的な効用のあることが認められてよい。

これに対して、法蔵『疏』の「四十八軽戒」釈では、すべての戒にわたって、八門による解釈を施す。(2) 八門とは、「㈠制意、㈡次第、㈢釈名、㈣具縁、㈤欠縁、㈥軽重、㈦通塞、㈧釈文」である。これらのうち、㈠制意ではその戒が規制する意図を述べ、㈡次第では各軽戒の順序次第の意味を、㈢釈名では戒の名の意味を、㈣具縁では例えば第一軽戒なら「四縁を具えるとき犯罪となる」とするように、その戒が規制する犯罪を結ぶための「諸縁」の数と内容を明かし、㈤欠縁では前の㈣に明かした諸縁（第一軽戒なら四縁）のどれかを欠くときには、小罪ないし中・大罪となることを量《はか》る。ついで、㈥軽重では罪を犯す対象（境《きょう》）に上中下の三品を分け、それらに応じて罪の軽重を測り、㈦通塞では犯罪とはならない事例を挙げ、しかる後に㈧釈文において経文の戒相を釈す。そして、「釈文」の初めには、戒相に対し三段ないし五段の科段を設けて、その理解の仕方を示し、そして語句の意味などを注釈するのである。

つぎに、六祖湛然の門下とみられている明曠《みょうこう》の『天台菩薩戒疏』（以下明曠『疏』）は、「刪補《さんぽ》疏《しょ》」とも言われるように、天台『義疏』の簡略な注釈を削ったり補ったりする注釈上の性格をもつ。いまこれを「四十八軽戒」釈についてみると、法蔵『疏』を参考にしていることが顕著に認められる。そこで、たとえば第一軽戒に対する明曠『疏』の注釈において、初め三分の一ほどの叙述を読むと、つぎのようにいう。

初めは不敬師長戒《ふきょうしちょうかい》なり。菩薩は理として応に謙卑《けんぴ》して一切の有情を敬養《きょうよう》すべし。況んや師長に於いて軽慢《きょうまん》すれば、行に違うこと甚だし。故に制して首《はじ》めに居《お》く。別して四縁を具す。一には是れ師長、二には是れを知り、三には故《ことさ》らに軽慢を起こし、四には身心に敬まわざれば、便《すなわ》ち犯す。文に就いて三と為す。初めに名を標して受くるを勧め、次に「既得」の下には行を示して持たしめ、三に「而菩薩」の下には止と作をもって犯《ほん》を結ぶ。

（巻中、原文は漢文、「　」は引用者、『大正』四〇・五九〇b）

これに対し、法蔵『疏』では対応する注釈部分を抜き出してみると、つぎのようにいう。

軽慢師長戒《きょうまんしちょう》第一。……（中略）……初めに「制意」とは、菩薩は理として応に謙卑《けんぴ》して一切の衆生を敬養《きょうよう》すべし。況んや師長に於いて輙《たやす》く軽慢有れば、行に違うこと甚だし。故に須らく制する也。……（中略）……四に「具縁」とは、四縁を具す。一には是れ師、是れ長、是れ徳人、二には是れ師等なるを知り、三には故《ことさ》らに軽慢を起こし、四には身に敬養せず、故に犯を結ぶ。……（中略）……第八に「釈文」とは、三句有り。初めに戒を受得するを明かし、二に「既得」の下には行を示して持つことを勧め、亦は是れ前には受戒を為し、此れには随行を為す、三に「若不爾」の下には故らに違えば犯を結ぶ。

（巻四、原文は漢文、「　」は引用者、『大正』四〇・六三五a—b）

このように対照させてみると、明曠『疏』では法蔵の「八門」のうちの、「制意」と「具縁」をほぼそのまま取り入れていることがわかる。このことは「四十八軽戒」釈のいずれの戒でも認められる。また、明曠での「文に就いて三と為す」以下は、法蔵では第八「釈文」の部分がそれに対応し、そこでは『梵網経』の戒相の読み方（科段）を三段に捉えることは相似しても、句切り方が異なり、それに従って理解の仕方にもちがいがある。科段の取り方とそれの理解の仕方は、明曠では天台『義疏』に従うのである。(3)

このように、明曠『疏』では法蔵『疏』を参照して、天台『義疏』を「刪補」する「四十八軽戒」

釈の進め方がうかがわれる。

二　第一「不敬師友戒」釈にみる十重禁戒釈との同異

さて、『梵網経』の第一軽戒の戒名は、天台『義疏』では「不敬師友戒」である。初めに経の戒相を書き下し文によってみておくと、つぎのとおりである。

若し仏子、国王の位を受けんと欲する時、転輪王の位を受けんとする時、百官に位を受けんとする時、応に先づ菩薩戒を受けるべし。一切の鬼神は、王身や百官の身を救護し、諸仏も歓喜したもう。既に戒を得已《おわ》らば、孝順心と恭敬心を生ずべし。上座・和上・阿闍梨・大同学・同見・同行の者を見るときは、応に起ちて承迎し、礼拝し問訊《もんじん》すべし。而るを、菩薩は反って憍《きょう》心・慢《まん》心・痴《ち》心を生じ、起ちて承迎し礼拝せず、一々に法の如く供養せざらんや。自ら身を売り、国城・男女・七宝・百物を以ってこれを供給《くきゅう》すべし。若し爾らざれば、軽垢罪《きょうくざい》を犯す。

（『大正』二四・一〇〇五a―b）

この戒に対する天台『義疏』の注釈をみるに、まず初めの三分の一ほどには、つぎのように述べる。

第一不敬師友《ふきょうしゆう》戒。傲《おご》りを長ずべからず。善を進めるのを妨げるが故に制す。七衆は同じく犯す。大・小乗倶に制す。自下の諸戒には皆な三章有り。一には人を標して「若し仏子」と謂う。二には事を序《の》ぶ。中間に列する所を謂う。三には罪名を結び「軽垢」と謂う。事を序ぶ中に就いて、或いは差降ありて同じからず。三階あり、一には受を勧め、二には応を明かし、三には不応を明かすこと、十重と異なること無し。
（原文は漢文、『大正』四〇・五七四c）

これによると、最初に戒名を与え、ついでその名にもとづく制意を簡潔に示す。そして、七衆（出家・在家・未成年の各男女など）間で犯せば同罪であり、またこの戒は大乗と小乗とに共通に規制されることがらであるという。そのあと右の文では、経文の戒相の読み方ないし科段が示される。経の戒条はこれを「三章」にみることは、以下の諸戒でも同じであるとし、そのなかで中間の「事を序ぶ」が戒相の実質内容を指し、これの内容には各戒ごとに違い（差降）があって、この戒では三段（三階）に読むとして、その分科法を記す。そして、分科法を三段にみることは、十重禁戒におけるのと同じであると述べる。そこでいま、その科段を図表にして、これを十重の第一殺戒のと対比してみると、つぎのようになる（丸かっこ内は経文[4]）。

《四十八軽戒》の科段
〈第一軽戒・不敬師友戒〉
- 一、人を標す（若し仏子）
- 二、事を序ぶ
  - ㈠　受を勧む（国王の位を……）
  - ㈡　応を明す（既に戒を得……）
  - ㈢　不応を明す（而るを菩薩……）

《十重禁戒》の科段
〈第一重・殺戒〉
- 一、人を標す（仏子）
- 二、事を序ぶ
  - ㈠　不応（若し自ら殺し……）
  - ㈡　応（是れ菩薩は応に……）
  - ㈢　結（而るを自ら心を……）

「二、罪を結ぶ（波羅夷《はらい》罪）」

「三、罪を結ぶ（軽垢罪《きょうくざい》を犯す）」

ここで、「不応」とは「してはならないこと」（止悪）をいい、また「応」は「なすべきこと」（修善）の意味である。そして、これのあと『義疏』にも述べるように、「不応」と「応」の順序が「十重」と「軽戒」とで逆になるのが基本的なちがいであることに注意を要する。また、『義疏』の注釈では十重禁戒のときには「不応」について、たとえば「殺戒」では重罪となるための四縁（是衆生・衆生想・殺害心・命断）を詳しく釈するのに対し（他の重禁でも三縁ないし六縁をもって釈す）、四十八軽戒ではそのような「不応」への詳しい注釈を施さずに、簡潔でしかも各戒に応じた要点をもってするちがいがある。

つぎに、第一軽戒の「事を序《の》ぶ」の三事のなか、『義疏』では初めの二事を少し詳しくして、それぞれに三事をみる。すなわち、「受を勧む」に三事があり、一に「所勧の人を挙げ」、二に「正しく勧めて受けしめ」、三に「受の利を明す」とする。ついで「応を明かす」にも三事があり、一に「已《すで》に戒善を得るを序べ」、二に「応に孝敬を生ずべく」、三に「所敬の境《きょう》を出す」である。そこで、「序事」の初め「受を勧む」についての注釈を読むと、『義疏』ではつぎのように述べる。

> 前に受（受戒）を勧めることを明かすは是れ戒を結ぶ遠縁《おんねん》なり。凡そ位人を挙げて勧を為すは、恐れること憍奢《きょうしゃ》（たかぶりおごる）と縦誕《しょうたん》（ほしいままにしてでたらめ）に在って、戒行を修めざる故に偏えに王に勧む。法を乗《と》り殺を行ずると雖も、罪有り福有ることは聖《しょう》の説く所の如し。若し戒を受得すれば、非人は防護し、福と善は増多なり。此の階に三の別あり。一には所勧の人を

挙げ、二には正しく勧めて受けしめ、三には受の利を明かす。下には鬼神を悦ばしめ、上には仏法を匡《ただ》す。有る人の言わく、「此の文は総じて受戒を勧むるに属す」と。若し是れ総勧なれば、何ぞ高下を簡《えら》ばんや。偏えに王官に勧めるは、制して恭敬《くぎょう》せしむ。王の憍奢を恐れるが故に、挙げて言を先と為す也。（丸かっこ内および「　」は引用者による、『大正』四〇・五七四c）

ここで、初めの方に「遠縁」とは、この軽戒で先に受戒を勧めるのは、戒を護持するための重要な原因となること（「遠」は深く重いという意味）をいい、つまり受戒が梵網戒を護る前提となるゆえに最初に説かれる重要性をいう。ついで、「位人」は王や百官など官位の為政者をいう。これら為政者には、ときにおごりたかぶる心を起こしやすく、暴政に陥って戒行を修めない傾向をもつのをおそれて、とくに受戒を勧めて仏法の師長を敬まわしめるとする。また、「聖の説く所」とは、『涅槃経』の聖行品に、王が政務（法を秉《と》る）の途上でバラモンを殺した例を説くのを指し、これはやむなく害悪を除くための措置であったことから、右の文中にいう「福有り」の例を指す(5)。そして、「非人は防護し、福と善は増多なり」とは、経文に「一切の鬼神が救護し、諸仏が歓喜する」のをいう。さらに、「有る人」では、この第一軽戒は受戒を勧めることが趣旨であるとする見方を引用し、右の文ではこれを退け、この戒を「不敬師長」と名づけるゆえんを説明している。

つぎに『義疏』では、「応」と「不応」を説明して、つぎのように述べる。

「既得」已下は第二に応を明かす。応に敬事を行ずべき也。亦た三の別有り。一には已に戒の善を得たるを序べ、二には応に孝敬を生ずべく、三には所敬の境を出す。「而菩薩」の下は第三に慢を生ずべからず（不応を明す）。前に応を明かすは、応に謙卑《けんぴ》（自らを低くへりくだること）を行ない、師友を敬譲《きょうじょう》す（うやまいゆずる）べきなり。自下の諸戒に皆な此の意有り。

（丸かっこと「　」は引用者、『大正』四〇・五七五a）

ここでは、「応」の科段のなかに三義を挙げている。なかに「所敬の境」とは、敬われるべき「上座・和上・阿闍梨《あじゃり》」等を指す。また「不応」は、この戒では慢心（傲《おご》る心）が制せられるとする。そして、この戒で「応」が先に来るのは、以下の諸戒にも共通すると述べる。これは、「十重」では「悪をなさない」（不応・止悪）ことが前面に出るのに比べ、「四十八軽戒」では止悪（不応）よりもむしろ「修善」（応）を説くのが主眼であると、天台『義疏』ではみるのである。

第二節　第五軽戒までの戒相釈にみる特色

一　「不許葷酒入山門」の諸戒に対する注釈

第二　「飲酒戒」釈

『梵網経』の第二軽戒は、つぎのような戒相をもつ。いま、天台『菩薩戒義疏』（以下『義記』）に示される科段（「事を序ぶ」の三段）を、かっこに加えて読むことにする。

若し仏子、故《ことさ》らに酒を飲めば、酒の過失を生ずること無量なり。若し、自身の手で酒器を過《わた》して、人に与えて酒を飲ましめば、五百世に手無し。何に況んや、自ら飲むをや（過失を明かす）。一切の人に教えて飲ましめ、及び一切衆生に酒を飲ましむることを得ざれ。況んや自ら酒を飲むをや（不応を制す）。若し故らに自ら飲み、人に教えて飲ましめば、軽垢罪を犯す（非を挙げて過を結ぶ）。（『大正』二四・一〇〇五b）

これについて、『義疏』ではつぎのように注釈する。

第二飲酒《おんじゅ》戒。酒は放逸《ほういつ》の門を開く故に制す。七衆ともに同犯にして、大・小は倶に制す。唯だ咽するのみは軽垢なり。事を序ぶに三階あり。一には過失を明かし、二には不応を制し、三に非を挙げて過を結ぶ。「酒器を過《わた》して人に与える」には二解あり。一に云く、酒を杯《も》った器《うつわ》を執《と》り相《たが》いに勧めしむ。二に云く、止《た》だ空《から》の器を過《わた》して斟酌《しんしゃく》（酒をつぐ）せしむ。下の「況んや」の語を尋ぬれば、後釈の如くなる応し。器を過《わた》して尚《な》お爾《しか》り、況《いわ》んや自ら飲むをや。所以《ゆえ》に戒を結ぶ。五の「五百」有り。一には五百に鹹糟《かんそう》（しおからいかす）地獄に在り、二には五百に沸尿に在り、三には五百に曲蛆虫に在り、四には五百に蠅蚋《ようぜい》（はえ・ぶよ）に在り、五には五百に痴熟無知虫に在り。今の五百は或いは是れ最後なり。人に痴薬を与える故に、痴《ち》熟虫《じゅくちゅう》の中に生まれる也。「教えて得ざれ」は此れ第二に不応を制す。人及び非人に教え、並びに自ら飲むことを皆な制す。「若し故らに」の下は、第三段に非を挙げ、過を結ぶ。自ら作し、他に教えるは悉く同じく軽垢なり。必ず重病には薬を宣べ、及び過患《かげん》（あやまち・わずらい）を為さざれば悉く許す也。未曽有経には、「末利《まり》の飲酒」は此れ機を見て益を為す。恒の例には同じからず。（丸かっこ内は引用者による、『大正』四〇・五七五ａ）

ここでは、経文に「五百世（五百の生死輪廻）に手無し」とあるのを、とくにコメントしている。五種の「五百世」はいずれも飲酒によって堕ちる痴暗の世界をいい、第五の「痴熟無知虫」は手のないムカデのような虫類に生まれることであり、この戒ではこれがよく当てはまるとする。また、「末《ま》利《り》の飲酒」とは『未曽有経』に飲酒を許した例を挙げる。すなわち、末利夫人は斎戒を持つ熱心な仏教信者であるが、波斯匿《はしのく》王が過失を犯した厨人を瞋怒して殺そうとしたとき、怒りを和らげるために王に酒を勧め自らも一緒に飲んで、厨人を殺さずにすんだという話である。(6) このような例をはじめ、右の文では病気のときと、および過ちや患いがなければ、飲酒を許していることは少しく注意されてよい。

第三「食肉戒」釈

つぎの第三軽戒は、次のような経文（戒相）による。ここでも『義疏』の示す科段をかっこに加えて読むことにする。

若し仏子、故《ことさ》らに肉を食し、一切の肉を食するを得ざれ。大慈悲の仏性《ぶっしょう》の種子を断じ、一切衆生は見て而《しか》も捨て去らん（過失を明かす）。是の故に、一切の菩薩は一切衆生の肉を食することを得挙げ過を結ぶ）。

ざれ（不応を制す）。肉を食べれば、無量の罪を得る。若し故らに食べれば、軽垢罪を犯す（非を

（『大正』二四・一〇〇五b）

これを『義疏』では、つぎのように簡潔に注釈する。

第三食肉《じきにく》戒。大慈心を断ずるなり。大士（菩薩）は慈を懐《いだ》くを本と為せば、一切を悉く断ず。声聞《しょうもん》は漸教《ぜんきょう》にして、初めに三種浄肉等を開《ゆる》し、後に亦た皆な断ず。文に云く、「当に現肉を断ずる義を知るべし」と。大経の四相品には、広く三種・九種・十種を明かす也。事を序ぶるに三階あり。一には過失を明かし、二には不応を制し、三には非を挙げて過を結ぶ。若し重病有りて薬を飲み能く治すれば、律に準じて噉《の》むことを得、或いは制せざる応《べ》し。（『大正』四〇・五七五a）

このなかで、「三種の浄肉」とは、「見・聞・疑」つまり殺すのを見ず、また自分のために殺したと聞かず、そしてその疑いがない、という三事を離れた肉類は許されるのを指す。声聞戒では、後にはそれは禁じられたが（漸教にして後に亦た皆な断ず）、大乗戒では直ちに肉食は禁じられるという。また「文に云く」とは、大乗の『涅槃経』四相品にある文を指し、そこでは禁止される肉類の「三種・九種・十種」が説かれている。(7) そしてここでも、病気のときは許されると釈す。

第四「食五辛戒」釈

つぎに、第四軽戒の戒相は次のように説かれる。先と同様に、『義疏』に示す三段の科段を加えて読みたい。

若し仏子、五辛《ごしん》を食するを得ざれ。大蒜《だいさん》・革葱《かくそう》・慈葱《じそう》・蘭葱《らんそう》・興蕖《こうきょ》なり（単に辛いものを食すべからざるを明かす）。是の五種は、一切の食の中に食べることを得ざれ（飲食《おんじき》に雑《まぜ》ることの不応を明かす）。若し故らに食べれば、軽垢罪を犯す（非を挙げて過を結ぶ）。（『大正』二四・一〇〇五b）

このような戒相に対して、『義疏』には、つぎのように釈している。

第四食五《じきご》辛《しん》戒。葷臭《くんしゅう》は法（菩薩の浄法）を妨げるが故に制す。七衆と大・小は前の如し。菩薩は小（小乗）より重きこと、色《しき》を発《おこ》すが故なり。事を序べるに三階あり。一には単に辛《から》きを食すべからざるを明かし、二には飲食に雑ざるも亦た不応なるを明かし、三には非を挙げて過を結ぶ。旧に云く、「五辛とは謂わく、蒜《さん》（ひる）・葱《そう》（ねぎ）興蕖《こうきょ》・韮《きょく》（にら）・薤《かい》（らっきょう）なり」と。此の文は蘭葱《らんそう》を止《や》めて、足して以て五と為す。『兼名苑』に五辛を分別す。大蒜《おおびる》は是れ葫荽《ごすい》、茖葱《かくそう》は是れ薤《かい》（らっきょう）、慈葱は是れ葱（ねぎ）、蘭葱は是れ小蒜（ひる）、興蕖は是れ葸蒺《そくしつ》なり。生熟は皆な臭く、悉く断ず。経に云く、「五辛は能く葷《なまぐさ》く、悉く之を食せず」と。必ず重病有るには餌薬《じやく》をもって断ぜず。「身子の行法」の如く、菩薩は亦た制せざる応し。

（丸かっこ内と「　」等は引用者、『大正』四〇・五七五a—b）

ここで初めの方に「色《しき》を発《おこ》す」とは、精力がついて身体に諸欲が増すことをいい、菩薩は化他のために人に接することが多いから、小乗より重く制せられるとするのであろう。それで、五辛の数え方は、地域の産物が異なることによって様々であり、よって諸説がある。右の文では、『兼名苑《けんみょうおん》』という書によって理解しているが、私たちの近辺にある「にら・にんにく」等の五種を数えてもよいであろう。

また、「経」とは『涅槃経』の聖行品を指す(8)。そして「身子《しんじ》の行法」とは、『毘尼母経《びにもきょう》』に舎利弗《しゃりほつ》（身《しん》子《じ》）が病気になって五辛を許された例をいう(9)。つまり、病気の薬のためには食してもよいとされる。

二　第五「不教悔罪戒」釈にみる犯戒と懺悔

『梵網経』の第五軽戒は、『義疏』の戒名では「不教《ふきょう》悔罪戒《けざい》」といい、経文ではつぎのような戒相をもつ。

若し仏子、一切衆生の八戒・五戒・十戒を犯し、毀禁《ききん》・七逆・八難と一切の犯戒《ほんかい》の罪を見るとき（犯事を出す）、応に教えて懺悔《さんげ》せしむべし（応を明かす）。而るを菩薩は懺悔を教えず、共住《くじゅう》して僧の利養を同じくし、而も共に布薩《ふさつ》し、同一の衆と住し説戒《せっかい》して、而も其の罪を挙げて教えて悔《け》過《か》せしめざれば、軽垢罪を犯す（不応を明かす）。（科段を加えて読む、『大正』二四・一〇〇五b）

これの天台『義疏』での注釈は、その前半につぎのように述べる。

第五不教悔罪《けざい》戒。悪に朋《とも》すれば過《あやま》ちを長ずるを以ての故に制す。出家の二衆は全に犯す。余の三衆及び在家は、未だ僧事の利養有らずと雖も、過（犯戒）を見て悔（懺悔）せしめざれば亦た軽垢を犯す。大・小は同じく制す。事を序べるに三階あり。一には犯事を出し、二には応を明かし、三には不応を明かす。犯事とは八戒・五戒・十戒を犯すを謂う。大・小乗に皆な有り。小乗の八戒は即ち斎法（八斎戒）なり。大乗の八戒は地持の八重を謂う。小乗の五戒は清信の士・女（在家の受戒者）なり。優婆塞経に明かす所なり。小乗は五逆、大乗は七逆なり。七逆は下の文の如し。
（丸かっこ内は引用者、『大正』四〇・五七五ｂ）

ここでは、出家の二衆（比丘・比丘尼）と、未成年の出家（沙弥・沙弥尼・式叉摩那の三衆）および在家（優婆塞・優婆夷）とを区別して、僧事（サンガの実務）に携わるに主となる成年の出家を中心に制せられているとみている。そして「犯事」について、大乗と小乗にそれぞれ「八戒・五戒・十戒」があるとし、大乗では『菩薩地持経』（『菩薩善戒経』も同じ）の八重と、『優婆塞戒経』に説く五戒を挙げる(10)。また、経文に「毀禁（ききん）」とは、大乗ではこの経の十重四十八軽戒を指すのに相違なく、したがって「十戒」は十重禁戒である（小乗には沙弥十戒がある）。さらに、経文に「七逆・八難」という「七逆」は梵網第四十軽戒（下の文）に説く七逆罪を指示するが、「八難」は右にはふれない。これを明曠『刪補疏』（以下明曠『疏』）では、「地獄・餓鬼・畜生・北州・長寿天・世智弁聡・諸根不具・仏前仏後」としている。これら八難は、仏に無縁で仏法を聴くことのできない八種の境界をいうが、それらは果であり、いまこの戒ではそれらの境界（果）に堕ちるに至った因についていう、と明曠は注釈している。すなわち、地獄に堕ちる因は毀戒《きかい》（破戒）であり、餓鬼の因は慳貪であり、畜生の因は無慚《むざん》であるなどとし、これら所犯の因をみるとき懺悔せしむべく教えるとするのである(11)。

つぎに、『義疏』では「応」と「不応」の事をつぎのように釈す。

「応《まさ》に教えて悔《け》せしむ」は第二に応《おう》を明かす。凡そ大・小乗の人は、上の諸罪を犯すとき必ず三根有り。応に須く処《ことわり》を挙げて教えて悔せしむべし。「而るを菩薩は」の下は、三に不応を明かす。

不応に三句有り。一には同じく住すべからず、二には利を同じくすべからず、三には法を同じくすべからず。凡そ上来に制する所は、若しは一往に犯を見て挙げざれば是れ一罪なり。是れ同じく住すべからざる者に、復た黙して与《ため》に同じく住すれば、便ち一罪を加う。利養を同じくすべからざる者に、復た差《ちが》えて施利を与えれば、復た一罪を加う。

（『大正』四〇・五七五b）

このなかで、「三根」とは「見・聞・疑」、つまり人の犯事（犯戒）を見《み》、聞き、疑わしく思うの三段階、または上・中・下の三境をいうと考えられている。(12) また、「処《ことわり》を挙げて」とは、所犯の罪を明示することをいう。そして、経文に「共住《くじゅう》」とあるのは、僧たちが布薩《ふさつ》（戒学を修めること）のために精舎に共《とも》に留まる（住する）ことをいう。『義疏』ではこれを「同じく住す」と表現し、またそのときに檀越から僧（サンガ）に布施を受けるのを「利養」といい、布施された利養は僧たちの間で共有される（利を同じくする）のである。すなわち、そのような「同住・同利」の間がらの者の犯戒を見て、懺悔を教えないならば、同僚の悪をも共有することになるのを、この戒では制するのである。

さて本章では、天台『義疏』の「四十八軽戒」釈を、第五軽戒までによって、やや詳しくあとづけた。そこには、各戒条の名目と制意が簡潔に示されていたので、それらを改めて確認しておくと、つぎの通りである。すなわち、第一軽戒「不敬師友戒」では「傲《おご》りを長ず（増長す）べからず、善を進める（修善）を妨げるが故に制す」といい、また第二軽戒「飲酒戒」は「酒は放逸《ほういつ》の門を開く故に制す」とし、第三軽戒「食肉戒」は「大慈の心を断ずる」故に制すとし、第四軽戒「食五辛戒」は「葷《くん》臭《しゅう》は法（仏菩薩の浄法）を妨げる故に制す」とし、そして第五軽戒「不教悔罪戒」は「悪に朋《とも》すれば過（過失）を長（増長）せしむ故に制す」という。これらの制意は明快であるが、なかで第五軽戒に「悪に朋する」とは、戒律を犯した同朋《どうぼう》に懺悔を教えなければ、悪（犯戒）を共有することになるのをいう。

そして、このように示される「制意」は、これらが菩薩の修行を促進させるために設けられた戒律であるという理解のもとに、『義疏』による戒相の読み方（分科法）に繋がっている。すなわち、十重禁戒では「不応」（止悪・禁止）を面とするに対し、四十八軽戒では「応」（修善）が先にきて、菩薩の積極的になすべきことが中心的に説かれるとみるのである。そのために、『義疏』では第二・三・四軽戒について、「飲酒」「肉食」「葷辛」は病気のときや、あるいは過《あやま》ちがなければ許されるとする釈意を示す。ただし、それらには具体的な諸例を挙げ、律に準ずべきことを述べているので、安易に流れてはいけないこともまたそこには読み取るべきである。

また、天台『義疏』のように注釈が簡潔であることは、四十八にのぼる軽戒の戒相を実践的に学ぶことに益するといえる。中古天台期の叡山に、戒律復興を志して「十二年籠山行」のなかで「安居《あんご》」や「布薩《ふさつ》」を修めた「黒谷流」の興円には、『円頓菩薩戒十重四十八行儀鈔』（一三〇八年、西教寺正教蔵）が残されている。この書は、興円が籠山四年目に著したもので、内容は天台『義疏』と明曠『疏』を抜き出して、簡潔に戒相への理解を与えている。つまり、興円らでは布薩や安居における戒学のみならず、実践の携帯用に天台『義疏』の戒相釈を活用しているといえよう。興円の『円頓菩薩戒十重四十八行儀鈔』は、本研究ではそれを翻刻によって読むことにしたい。そのことによって、中古天台期の黒谷に集まった学僧たちが、どのように梵網戒相を学んだかを知ることができると考える。

註

（1）天台『菩薩戒義疏』巻下（『大正』四〇・五七四c以下）。なお、『義疏』の論文解読においては、前章までと同様に、末註である仁空（廬山寺流）『菩薩戒義記聞書』十三巻（一三八三年、『天全』一五、以下『聞書』）と、霊空（安楽律）『菩薩戒経会疏集註』八巻（一七二四年、鈴木『日蔵』三四、以下『会疏集註』）を参照する。

（2）法蔵『梵網経菩薩戒本疏』巻四（『大正』四〇・六三五a）以下。なお、法蔵『疏』の「十重禁戒」釈ではいずれの戒にも、つぎのような「十門」によって注釈する。すなわち、それを「殺戒第一」によってみると、「㈠制意、㈡次第、㈢釈名、㈣具縁、㈤欠縁、㈥軽重、㈦得報、㈧通塞、㈨対治、㈩釈文」である（同六〇九c）。これらの名目は、十重の各戒相釈のなかでときに順序と表現を異にすることもあるが、「十門」による所釈形態は同じである。

（3）後にもみるように、天台『義疏』では第一軽戒を「勧受・応・不応」の三段に読む。ここに「不応」とする第三段目の戒相のほとんどを、法蔵では前の第二段目に含めて理解するのに対し、明曠では『義疏』に句切り方を同じくして、「止と作をもって犯を結ぶ」と理解する。つまり、経文の戒相の第三段目には、してはならないこと（止、不応）と作すべきことを説いて「犯を結ぶ」、と明曠では理解し、『義疏』に従いながら解釈に若干の補足を加えていることがわかる。

（4）『梵網経』の「十重禁戒」の「第一殺戒」は、次のような戒相である。（『大正』二四・一〇〇四b）

仏子、若し自ら殺し、人に教えて殺さしめ、方便をもって殺すを讃歎し、作すを見て随喜し、乃至呪殺せば、殺の因、殺の縁、殺の法、殺の業あり。乃至一切の命有る者を故らに殺すことを得ざれ。是れ菩薩は応に常住の慈悲心と孝順心を起こして、方便をもて一切衆生を救護すべし。而るを自ら心を恣にして、快よき意をもって殺生する者は、是れ菩薩の波羅夷罪なり。

なお、これに対する天台『義疏』による注釈は、巻下の初めにある（『大正』四〇・五七一b）。

(5) 仁空『聞書』巻下四（『天全』一五・三七三頁下）、光謙『会疏集註』巻六（鈴木『日蔵』三四・二七五上）を参照。

(6) 『未曽有因縁経』（二巻、曇景訳）巻下（『大正』一七・五八五b）。

(7) 南本『涅槃経』巻四（『大正』一二・六二六a）。ここで、三種は三種浄肉をいい、十種とは「人・蛇・象・馬・驢馬・狗・獅子・猪・狐・猴」をいう。なお、仁空『聞書』巻下四（『天全』一五・三八四下）、光謙『会疏集註』巻六（鈴木『日蔵』三四・二七七上）を参照。

(8) 北本『涅槃経』巻一一（『大正』一二・四三二c）。そこに、「五辛能葷悉不食之」と説く同文をみる。

(9) 『毘尼母経』（八巻）巻五には、つぎのように説く一節がある。すなわち、「仏は阿難に告げたまわく。今より已去、病を除いては皆な蒜を食するを得ざれ。一時の中に有りて、舎利弗が風病を得しとき、医は分に処して蒜を服せしめ、即ち往きて仏に白さく。仏の言く、病者は服するを聴す、と。」（『大正』三四・八二六c）という。また、『十誦律』巻三八（『大正』二三・二七五b以下）には、同じように「舎利弗が風病を得たとき、乳中に蒜《さん》を煮《に》て噉《くら》うことを聴《ゆる》された」物語を載せている。

(10) 『菩薩善戒経』（一巻本・求那跋摩訳、『大正』三〇・一〇一五a）、『菩薩地持経』（十巻、曇無讖訳）巻五（『大正』三〇・九一三b）、『優婆塞戒経』（七巻、曇無讖訳）巻三（『大正』二四・一〇四八a）。なお、『地持経』の八重とは、同経所説の「四重」に「婬・盗・殺・妄」を加えたものであり、また『優婆塞戒経』の五戒は同経に「六重」の直前に説かれるものを指す。

(11) 明曠『刪補疏』巻中（『大正』四〇・五九〇c）。八難の初め三は「地獄・餓鬼・畜生」の三悪趣に堕ちることをいい、つぎの「北州」は人間の長寿を求めて三帰五戒を持つことによってそこ（北州）に生まれるのをいい、「長寿天」は天の楽《らく》を求めて、八戒等を持った結果に生まれる境界であり、「世智弁聡」は解《げ》脱《だつ》のためではなく世俗を学んで三業を防護することにより、世俗智ばかりにたけて仏法の正理《しょうり》を得ない境界に陥ることであり、「諸根不具」は有情の身分《しんぶん》を折損し、正法を毀謗《きぼう》した結果に六根等が不能となることであり、そして「仏前仏後」とは大・小の観法を思惟し修習《しゅじゅう》しなかった結果、仏の在《まし》まさない時代に生まれることである、と説明されている。

(12)　仁空『聞書』巻下四（『天全』一五・三九七頁上）。ここで、上根は阿闍世王などの五逆罪の者を指し、中・下根はそれより軽罪をいう。

結　語

第二部では、天台『菩薩戒義疏』を基本テキストに、梵網戒に対する天台的な解釈の特色をみてきた。日本の天台では、唐の湛然による『十二門戒儀』を淵源に、最澄の『授菩薩戒儀』を基準として、「十二門」の次第によって授戒儀を行う。そこでの「正授戒」には三聚浄戒が授けられ、具体的な戒相には『梵網経』の「十重四十八軽戒」を学び受持するものとされる。中古天台期以降の円頓戒法においても、事相の戒は梵網戒を受持することに変わりはない。

それで、すでに述べてきた天台『義疏』にみる梵網の十重四十八軽戒に対する解釈は、その特色をかいつまんで言うと次の如くである。まず、梵網戒の一々を基本的には三聚浄戒（摂律儀戒《しょうりつぎかい》・摂善法戒・摂衆生戒）の観点によって理解する。つまり、止悪（不応）と修善（応）と慈悲心を戒相のなかに読む。その場合、十重禁戒では「不応・応・結」の構成で、禁止される面（不応・律儀戒）を先として理解するのに対して、四十八軽戒釈では「応・不応」の順に、菩薩として積極的になすべきこと（応・善法戒）を前面に解釈する。

つぎに、十重禁戒釈では、その菩薩戒としての特色を、例えば第一殺戒《せっかい》なら声聞戒との慈悲心による差異を、「開遮異《かいしゃい》・色心異・軽重異」の三事によって示すのをみた。また、殺生が重罪（波羅夷罪《はらいざい》）と成るゆえんは、「是衆生・衆生想・殺害《せつがい》・命根断《みょうこんだん》」の四種義によって考量され、このような罪の軽重を量る基準の項目は戒ごとに小異するのをみる。そして、これらの論述では、声聞戒が身業（行為の事実）によって罪を校量するのに対して、菩薩戒は意業を重視するという釈意がみられた。

十重禁戒の第六重「説四衆過戒《せつししゅうかかい》」は、『優婆塞戒経《うばそくかいきょう》』を背景としているが、天台『義疏』では「同法者の犯した七逆と十重の罪過を、異法者に向かって説くことを禁ずる」という理解の下に、特異な解釈を施しているのをみた。つぎの第七重以下の後四重禁は、『菩薩地持《じじ》経』や『瑜伽論《ゆがろん》』菩薩地の「四重法」に相当の禁戒をみるが、梵網戒では禁止（不応）の事柄とともに、菩薩として積極的に為す応《べ》きことをも規定する勝れた性格をみる。これらを、天台『義疏』の解釈では、重罪と成る（成業《じょうごう》）因縁に「前人領解《ぜんにんりょうげ》」が加えられるのは、これらの菩薩戒が口業《くごう》の罪を制する禁戒であること、そして第十重「謗三宝戒」には、邪見邪説戒《じゃけんじゃせつ》の名も与えて邪見の諸種を詳しく論ずるのは、十重戒を十善戒に通ずる意味によって解釈していることが分かる。

またつぎに、四十八軽戒釈では、はじめの第五軽戒までによって天台『義疏』の解釈をみた。軽戒釈では、不応（止悪）よりも応（修善）を前面に理解して、例えば第一軽戒の「不敬師友戒《ふきょうしゆう》」なら「応の三事」を上げるなど、修善を多く勧めるものとする。また、寺院の結界石《けっかいせき》に「不許葷酒入山門《ふこくんしゅにゅうさんもん》」などと書かれる第二飲酒《おんじゅ》・第三食肉《じきにく》・第四五辛《ごしん》戒には、釈尊時代の逸話である「末利夫人《まりぶにん》の飲酒」や

「身子《しんじ》の行法」などを挙げて、利他のためや病気のときには、飲酒・肉食と五辛がそれぞれ許されるとして、これらの戒が軽戒であるゆえんの解釈が施される。そして、第五軽戒の「不教悔罪戒《ふきょうけざいかい》」でも、犯戒《ほんかい》の人に懺悔《さんげ》を教えるなど、菩薩の利他行を促進させる戒であるとの解釈が示される。

ところで、天台の中国における梵網戒疏には、いまひとつ唐代明曠《みょうこう》の『天台菩薩戒疏』があり、これは刪補疏《さんぽしょ》とも呼ばれる。それは、この『疏』が天台『義疏』に随う解釈のなかに、華厳の法蔵などを参照して刪補する性格をもつからである。また、法蔵の『梵網経菩薩戒本疏』は、天台のライバルとして重視されるもので、天台『義疏』をこれと対照する時には、華厳が重厚な解釈で学解に富むのに対し、天台の解釈は簡潔を要とし実践に用いられやすい特色をもつ。戒相釈では、これらについても浮き彫りにできたと考える。

天台『義疏』は、従来の註釈では智顗の真撰として解釈されてきたので、本稿ではその伝統を尊重して、撰述問題はこれをとくに論じなかった。ただ、天台『義疏』の依用し背景となっている文献を探ると、『十誦律』『成実論』『大智度論』など、鳩摩羅什所訳の律蔵と論書であることが分かる。すなわち、内容的には智顗に遡れる古さをもっていることは事実である。

なお、本書の巻末に収録する興円の『円頓菩薩戒十重四十八行儀鈔』（翻刻と解説）では、この書が中世期の十二年籠山中に著されたものであり、とくに事相事持と即身成仏を志向する黒谷流の観点から、梵網戒（十重四十八軽戒）を実践的に理解しようとする特色が認められる。

第三部

中古天台と近世における持戒念仏の思想

第一章　天台僧・真盛の持戒念仏観と思想的意義

第一節　室町期の真盛にみる持戒念仏法と教化の特色

一　はじめに

日本の仏教史において、中古天台とは平安時代末（院政期）以降の、鎌倉時代から次の室町時代を経て、江戸時代にさしかかる頃までの天台史をいう。また、近世は江戸時代を指していう。中古天台では、平安末から鎌倉時代にかけて、比叡山天台宗から念仏・禅・法華などの新仏教が輩出し、他方に天台仏教内には本覚思想を内実に恵心流と檀那流に代表される口伝法門が隆盛したことは周知の通りである。本覚思想と口伝法門は、真言密教や禅仏教にも浸透し共有されながら、日本の伝統文化（花と茶を含む芸術芸能全般）の形成に少なからず影響を及ぼしたことも注意されている(1)。しかし、本覚思想は観心主義を強調し、或いは学解に傾くあまり、戒律と修行を後退させて、いわゆる「教観二門」または修行を重視する天台仏教としては堕落的傾向に陥ったとみられることもある(2)。ただ、中古天台の本覚法門は、鎌倉新仏教の禅（道元）、念仏（親鸞）、法華（日蓮）など、またそれ以降の浄土諸宗にも母体となり共有された思想であり、多面的な見方と評価が必要である。

そうしたなかで、比叡山天台宗のなかにあって、大乗戒（円頓戒）と修行を最澄の祖式（『山家学生式』）に従って復活実践した潮流が存在したことが注目されねばならない。本研究では、そのことを黒谷流（恵尋・興円・恵鎮ら）についてみた。黒谷流では、本覚と口伝の法門を基盤にしながら、特有の思想を形成し戒行を重んじたのである。そこには、円頓戒、一得永不失、一心戒蔵、直往菩薩などという要語概念を樹立し、戒法の即身成仏という単刀直入の仏道が志向されたことを知る。このような頓速の成仏法は、末法思想によって求められたもので、鎌倉新仏教の各祖師たちにおいて、宗旨を異にしても共通する特色といえる。

戒律復興は天台では、近世に属する江戸時代の中期にも、試みられ実現された。慈山妙立と霊空光謙らの安楽律がそれである。その風潮は各宗に影響を与え、真言律・浄土律・法華律という諸宗に戒法が重んじられ興隆するのに益した。江戸時代はまた、仏教の各宗に学問が発達したことも特徴で、霊空光謙などを中心として教学あるいは戒律論争が、交わされたことも特色となっている。

ところで、中古天台には念仏の潮流が台頭したことも注目されてよい。室町時代中期の真盛《しんせい》（一四四三―九五）は、黒谷流（そののち元応寺流と法勝寺流）を承けていたことにより、戦乱の世を背景に持戒念仏法《じかいねんぶつ》を天台に興した。それより以降、天台では戒と念仏が仏道に重きをなしてゆく。江戸時代に安楽律を興した霊空光謙《れいくうこうけん》（一六五二―一七三九）は、晩年には「即心念仏」を提唱したことにより、仏道の柱を戒と念仏にすえた感がある。安楽霊空と、趙宋《ちょうそう》天台の仏教（四明知礼《しめいちれい》の教学）をめぐって大いに論争をかわした園城寺《おんじょうじ》の義瑞でも、その奉ずる仏道は戒と念仏であったといえる。

念仏の思想はまた、天台仏教の重要な側面であり、比叡山横川《よかわ》の恵心僧都《えしんそうず》源信（九四二―一〇一七）が『往生要集』を著して事観《じかん》念仏法を確立したことにより、日本の仏教に浄土各宗が興る重要な役割を担った。けれども、天台宗内では天台智顗《ちぎ》の『摩訶止観』以来の常行三昧《じょうぎょうざんまい》法が理観《りかん》を究極とすることから、念仏法は理観か事観かをめぐって思想の相克と発展がみられる。

それでいまは、中古天台期の天台に戒を堅持して念仏を興した真盛の「持戒念仏」の思想をみることにしたい。真盛の念仏観は、天台僧のゆえに源信の『往生要集』にもとづくけれども、天台に伝統の常行三昧法との関係で、その念仏法は理観と事観のいずれを重視するものかという問題がある。江戸時代の霊空などは、真盛の念仏は理観法が中心であるとみるが、真盛の門流では事観口称《くしょう》を主張する傾向がある。また他方で、円頓戒《えんどんかい》と念仏をともに堅持する宗旨としては、法然とその門流の浄土宗でも同様に認められる。真盛の念仏法が事観口称または善導流の本願念仏によるものと見られるときには、その念仏思想は法然浄土宗とはいかに異なる天台的特色があるかが問題となる。

以下の論考では、中古天台期に黒谷流円戒復興の配下に、念仏を興して持戒念仏の潮流を形成した真盛の念仏観と、またその宗旨を受け継いだ学僧たちの事蹟と教学をみて、そして近世江戸時代に同じく天台内に戒律と念仏を興した安楽霊空らの念仏観との共通性とちがいに注意を払いながら、右に述べた天台念仏の問題を見ていきたい。

二　真盛の伝記資料と新出の文献

室町時代の中期に出た真盛《しんせい》（一四四三—九五）は、天台宗にあって「持戒念仏」によって当時の人心を導いたことで知られる。その仏道は、「無欲清浄《しょうじょう》　専勤《せんごん》念仏」を志向し、比叡山麓坂本《さかもと》の西教寺《さいきょうじ》を拠点に、各地で僧尼に念仏行を指導するのみならず、五戒十善を授けて念仏を勧めるその勧化《かんげ》法は、上下貴賤を問わずさまざまな階層から帰依を受けた。

時は応仁・文明の大乱をはじめ戦乱に明け暮れるようになり、また土一揆なども頻発して、世が荒廃と無秩序の不幸にみまわれるなかで、真盛の持戒念仏法は支配層（守護大名）を厳しく勧誡するとともに、民生にも無慈悲を諫めるなど、人心における倫理の確立と秩序の回復を宗教的に導くという側面をもった。そして、真盛の仏道は源信の『往生要集』を拠り所にして、「六道能化《のうけ》」という性格をもち、やがて真盛をして「地蔵菩薩（六道能化）の化身」であるとの信仰を生んだ。いまは、このような観点から、天台僧真盛による念仏と戒律の考え方の特色を、諸種の階層にわたる教化法を中心にみることにしたい。

ところで、真盛には二つの短い法語（『大正蔵経』七七）のほかには、著作は残されていない。それがごく最近に、真盛の後を継いで西教寺第二世となった盛全《せいぜん》が、文亀四年（一五〇四）に著した一書が見出された。それは仮名交じり文体で、『雲居月双紙《くもいのつき》』の名をもち、近衛家蔵の陽明文庫の古書群から発見されたという。(3)盛全（一四四九—一五〇五）は、真盛の直弟子として親しく教えを受けた学僧であるから、真盛仏法の宗風を知るうえに貴重な史料といえる。

他方、真盛の伝記は、師蛮《しばん》の『本朝高僧伝』巻一八（元禄十五年〈一七〇二〉『仏全』一〇二）や、了智編『緇白《しびゃく》往生伝』巻上（元禄元年、『仏全』一〇七）に略伝を載せるが、根本資料は弟子の真生《しんしょう》が真盛没後の中陰中に著した『真盛上人往生伝記』三巻（以下『往生伝記』）である。ついで、孫弟子にあたる盛俊《せいしゅん》（真盛の直接の勧化も受けている）の『円戒国師絵詞伝』三冊（『真盛上人絵伝記』六軸、一五五六年以前成立、以下『絵詞伝』）がある。ほかに、江戸時代に成立の『西教寺中興真盛上人伝』五巻（『西方尼寺《さいほうにじ》伝』天和年中、一六八一年頃）と、西教寺二十世真際《しんさい》が享保四年（一七一九）に著わした『真盛上人別伝』が、古い資料に考証を重ねて綴られているので信頼できるものとされる。(4)本稿では、伝記資料には真生による『往生伝記』を中心に用いることにしたい。

三　真盛の発心と『往生要集』感得の意味

真盛は、嘉吉三年（一四四三）に伊勢国大仰《おおのき》に誕生し、七歳に川口《かわぐち》光明寺に入り、そこの盛源《せいげん》律師のもとで十四歳に剃髪出家した。十六歳で父の没後に尾張篠木《しのぎ》の密蔵院（談義所）に留学してから、十九歳に比叡山へ登り西塔《さいとう》南谷にて慶秀和尚《けいしゅうわじょう》に師事した。二〇年余にわたり山を出ずに修学を続け、のち四十一歳春に突然黒谷《くろだに》へ隠棲した。そして、四十三歳六月四日に極楽浄土院の伝教大師廟《びょう》に参籠中、『往生要集』を感得したとされる。その後には、文明十八年（一四八六）四十四歳春に坂本の生源寺で『往生要集』を講談したのが好評を得、間もなく西教寺に入り、そこを拠点に念仏教化に邁進する。

真盛の伝記では、西教寺入寺以後一〇年間の化他《けた》活動にはかなり詳しい史実をたどることができるけれども、比叡山修学中のことはほとんどつまびらかにできない。(5) その時期のことを『往生伝記』には、「披覧《シ》大小権実蔵教《ノヲ》、通達《ス》顕密頓漸宗旨《ノニ》。其外尋訪《テ》三院名跡《ノヲ》、口決相承甚多《ダシ》」と（『続天全・史伝2』五〇〇頁下）、専心の修学を簡潔に記す。また、『本朝高僧伝』には、「二十四年不レ出二山頂一、伝承両部密灌三観法門、文明九年（三十五歳）為大乗会講師、任権大僧都」と（『仏全』一〇二・二六五下）、その高い資質を讃える。いまは、黒谷（西塔の別所）に退いて、発心《ほっしん》に至ることにまず注目したい。その転機は、四十歳の末に母の臨終に逢い、そのために下山し故郷に往還したことであると考えられる。『往生伝記』には、その間の事情を次のように語る。

文明十四年壬寅臘月十四日、四十歳《ニ》而離《レ》悲母祐言禅尼《ニ》、弥《（いよいよ）》厭《イトイ》有待《ノ》身《ヲ》、益《（ますます）》恐《ル》無常《ノ》世《ヲ》。時時《ニ》拝《シテ》神明《ノ》社壇《ヲ》偏祈《ニリ》発心《ヲ》、節節詣《ニデテ》仏陀《ノ》霊場《ニ》専願《ラウ》菩提《ヲ》。然《レバ》則、忽爾《タチマチニ》蒙《リ》浄土院《ノ》弥陀《ノ》示現《ヲ》、儼然《トシテ》而預《ル》十禅師権現《ノ》夢想《ニ》。（割注省略）同十五年癸卯四十一歳、逃《ノガレ》身《ヲ》黒谷青龍寺《ニ》、遂《ニ》辞《シ》三千衆徒《ノ》交《マジワリヲ》、徹《シテ》往生要集《ノ》義《ニ》、発《シ》無上菩提心《ノヲ》、励《シ》自行《ヲ》偏《ニ》先《トス》化他《ヲ》。

（巻下、『続天全・史伝2』五〇〇頁下—一頁上）

ここに、悲母との別離を転機に、無常世を強く恐れたとするように、当時の乱世と荒廃の中に無常観が切実さを増し、自己をも含めて農村に住む母のような人々の宗教的救済法を問い直したと考えてよい。その直後に（四十一歳）、黒谷の青龍寺《せいりゅうじ》に逃れて新たな発心のもとに勉学に没頭し、やがて浄土院（伝教大師廟）で瞑想の中に弥陀の示現《じげん》に逢い、『往生要集』の義に徹したわけである。その場合、伝教大師最澄を通して『往生要集』を得たという意味を考える必要がある。ひとつには、かつて最澄の興した菩薩戒（梵網戒）を時代的に再評価することであり、真盛ではそれは「道心《どうしん》門」の表明となる。いまひとつには、黒谷隠棲がかつての法然を慕ったともみられ、また真盛の志すに至る念仏が法然に似た「一向専称《せんしょう》」の本願念仏であるとしても、その拠り所は源信の『往生要集』であるという天台的特色である。

『往生要集』には、「濁世《じょくせ》末代」の仏道に「事観念仏」法（正修《しょうじゅ》念仏）による往生極楽を勧めることは、周知の通りである。そのなかに、観念に堪えない者には「一心称念」或いは「挙声《きょしょう》称名」（極略）を勧めるのをみる（『大正』八四・五六b）。また、「念仏証拠」を示して、『無量寿経』の「弥陀の第十八願」と、『観無量寿経』所説の「極重《ごくじゅう》悪人　無他《むた》方便　唯称《ゆいしょう》弥陀　得生《とくしょう》極楽」などの文を引用するのは（同七七a）、本願称名《しょうみょう》念仏の根拠となる。ことに、そうした念仏法の前提に、「厭離穢土《えんりえど》」「欣求《ごんぐ》浄土《じょうど》」が説かれることは、戦乱の世には現実味を増して、読む者の情操を喚起し、これを育む。というのも、そこにみる六道（厭離穢土）説では、五戒や十重（梵網戒）を犯した者の堕ちる地獄の有り様をとくに詳しく、その因果応報の苦相を赤裸々に描いているからである。真盛がのちに「地蔵菩薩の化身」と信ぜられるのも、その教化法が『往生要集』を用いた法談に勝れ、六道を救済する

（六道能化）という性格を強く印象づけたからに相違ない。そのことを、いちはやく確信するのは、真盛のもとに発心し最も有力な弟子となる盛全にこれをみる。

盛全の伝記は、『緇白往生伝』巻上（鈴木『仏全』六八・二六七頁）に載せるが、これは真盛の『往生伝記』の後尾に「追加」として、大永六年（一五二六）に盛音《せいおん》（?―一五三二、松阪射和《いざわ》蓮生寺）が盛全伝を加えたのにもとづく。盛全は、もと比叡山東塔《とうとう》西谷の住侶で、頼全と名のって広学多聞《たもん》の学僧であったが、恒に酒を好む性癖をもち、真盛とは旧知の間柄で敬意を抱きながらも、先輩にたしなめられるのを避けていた。ところが、ある日の大講筵で大酒に酩酊したとき、地獄に堕ちてゆく恐怖の夢をみ、必死のなか真盛の錫 杖《しゃくじょう》に執りすがって救われたところで目が覚め、直ちに弟子となる。その際に盛全は、「先師の宗風に従わざれば、必ずや三途《さんず》（三悪道）の塵境《じんきょう》に堕《お》ちなん」との思いを強くし、真盛を「地蔵菩薩の化現《けげん》」に違いないことを確信したという（『続天全・史伝2』五一八頁下―九頁上）。

そこでつぎには、『往生要集』感得後の、真盛による化他活動の特色をみてゆきたい。

四　真盛の教化形態にみる倫理的勧誡

真盛の化他（教化）活動は、僧尼をはじめ世俗の諸種の階層に及んだ。その有り様を、『往生伝記』巻下には次のように記している。

或時《ハ》不レ将《ヒカ》二一人《ノ》伴侶《ヲモ》一、自《ラ》帯《シ》二**三衣一鉢**《ノ》袋《ヲ》一遊行《ス》。或時《ハ》引二率《シテ》数輩《ノ》僧尼《ヲ》一、普《ク》勧《メ》二**一向専称**《ノ》行《ヲ》一往還《ス》。縦《タトイ》雖レ為《ト》二天子将軍御前一不レ憚《カラ》、談《ジテ》二仏法質直《ノ》理《ヲ》一、聊《カ》無レ吐《コト》二追従諂曲《テンコクノ》詞《ヲ》一。或《ハ》入《レバ》二守護・国司之室《ニ》一、無レ端演《ベテ》二仁義五常《ノ》旨《ヲ》一、頻《シキリニ》諫《イサメ》二教《ウ》成敗憲法《ノ》道《ヲ》一。総《ジテ》者通《シ》二真言天台両宗《ニ》一、別《シテ》者開《ク》二律家念仏《ノ》二門《ヲ》一。然者……（中略）……外《ニハ》鑒《カガミ》レ機《ヲ》、為《ニ》レ度《ガ》二在家出家《ノ》衆《ヲ》一、厳《シク》示《シ》二**五戒十重**《ノ》制禁《ヲ》一、応《シテハ》レ時《ニ》欲《シテ》レ救《ト》二有縁無縁《ノ》類《タグイヲ》一、偏《ニ》弘《ム》二**三輩九品**《ノ》行因《ヲ》一。就《ニ》二講談之趣《ニ》一、対《シテハ》二俗士《ニ》一者、糺《タダシ》二礼義之道《ヲ》一、教《ウ》二慈悲正直《ノ》旨《ヲ》一。向《テ》二出家《ニ》一者就《ニ》二進退之義《ニ》一、示《ス》二律儀清浄《ノ》法《ヲ》一。故《ニ》嫌《キライ》二在家《ノ》不義《ヲ》一、堅《ク》出家《ノ》不律《ヲ》誡《イマシム》。

（割注省略、ゴチは引用者、『続天全・史伝2』五〇一頁）

ここには、僧尼と在俗者への勧化の基本姿勢が簡潔に述べられている。自らは「三衣《さんね》一鉢《いちはつ》」のみにして質素と無欲をことし、随順の僧尼《そうに》（出家）には「律儀清浄《りつぎしょうじょう》の法」を示して「一向専称《いっこうせんしょう》」を勧め、また在家には「五戒十重《ごかいじゅうじゅう》の制禁」を示して、「三輩九品《さんぱいくほん》の行因《ぎょういん》」（念仏）を弘めるのが、基本のスタイルである。ことに、守護・国司（または俗士《ぞくし》）には、「仁義五常《ごじょう》」と「成敗憲法《せいばい》」を教諫し、「礼義《れいぎ》の道」と「慈悲正直《しょうじき》」を諭すという手法が取られていることに注意したい。仁義五常は「仁《じん》・義《ぎ》・礼《れい》・智《ち》・信《しん》」にて儒教の説く世俗的な道徳倫理を指し、また成敗憲法とは政治や行政に公平と正義の秩序を確立することをいう。そして、俗士（在家）には「有縁《うえん》無縁の類」に属す多くの農民大衆が含まれよう。右の文末に、在家の「不義」と出家の「不律」を嫌《きら》い誡めたとするように、出家には戒・行《ぎょう》（戒律を尊重し念仏行に専念する）を勧める一方、在家には仏法を基盤に世俗に生きる者の倫理道徳と正義を求める対応の違いと特色が認められる。

それで、真盛の教化では僧・俗の広い階層に及んだから、㈠僧尼、㈡宮中《きゅうちゅう》・公家《くげ》、㈢守護・国司、㈣農民大衆の、対機による区分を試みたい。いまは先に㈡と㈢について、右の文中に省略した割注には、天子とは後土御門《ごつちみかど》天皇、また将軍は足利《あしかが》義政、そして守護には河内《かわち》の畠山義就《よしなり》・義豊《よしとよ》父子、丹後の一色義益《いっしきよします》、伊賀の仁木政長《にっきまさなが》、近江の六角高頼《たかより》、越前の朝倉貞景《さだかげ》、摂津の薬師寺元長《もとなが》ら、さらに国司には伊勢の北畠材親《ただちか》ほかの名が列せられている。

真盛による宮中や公家への進講は、『往生伝記』にはつまびらかにしないが、当時の女官や公家らの日記類によって知られるところとなった(6)。それらによると、彼らには『往生要集』や『法華経』提《だい》婆達多品《ばだったほん》を講じた上で、円頓戒と十念を授ける手法を取ることが顕著である。『往生要集』の講説は、最も早くには四十三歳の文明十七年（一四八五）十一月に、比叡山麓（京都側）の岩倉長谷《ながたに》でなされている。これも公家への説法に相違なく、その直後の十二月八日には最初の宮中進講をみ、ついで翌年五月二十七日には第二回の進講があり、このとき上人号《しょうにんごう》を受けたとされる。宮中では天皇家族をはじめ、とくに長橋の局《つぼね》（勾当内侍《こうとうのないし》）に侍《はべ》って『御《お》湯《ゆ》殿上日記《どののうえのにっき》』などを記した女官たちに多く熱心な帰依を受けたごとくである。或いは公家のなかで、『実隆《さねたか》公記』を残した三条西実隆などは、延徳三年（一四九一）三月十五日に西教寺に詣でて真盛から親しく十念を受けるほどに傾倒した者もいる。これらの階層はいわゆる知識階級であるから、経疏の講義に耳を傾け、また円頓戒疏などの書写をしたことも記録されている。真盛に対してはとくに、真盛が布施を自己には受けないほどに「天性無《てんせいむ》欲《よく》の聖《ひじり》」であった（『後法興院記』、『訳註往生伝記』三七九頁などに記す）、その宗教的人格に惹かれたといえる。

『往生伝記』には、後土御門帝の命令（勅筆）により皇太子（春宮親王《とうぐう》）に書かせた明応元年（一四九二）十二月二十七日付けの、真盛の自讃（又は自誡）の「四句偈」を載せる。これは、真盛の教化にみる宗風を端的に表現するものである。

飾テ二毀戒ノ質ヲ一誤テ居シ二持律之職ニ一、入テ二念仏ノ門ニ一猶疎ス二称名之行ヲ一。
所レ期者一 得永不 失之戒、所レ憑者弥 陀兆 載劫之願。

（『続天全・史伝2』五〇二頁上）

そして、いまひとつ注意を引くのは、天皇の第二皇子（二宮《にのみや》）である尊敦《そんとん》親王に出家を勧めていることである。尊敦は青蓮院尊応の弟子となって尊伝と称し、間もなく真盛を慕って弟子の礼をとり尊《そん》盛《せい》と号した。『往生伝記』には（巻下）、「明応二年十二月二十一日遂に御発心あり」と記して、真盛との間の往復書翰を載せている。尊盛では、天皇や周囲から出家を思い留まるよう説得され、肉親の恩愛に悩んで発心修行または道心の退転を嘆き、真盛に指針を求める。対して真盛では、その道心を誉め、釈尊出家の因縁を詳しく述べて、出家こそが高い仏道であると勧める。そして、諸宗（八宗十宗）の得益《とくやく》に言及し、「機法《きほう》相応」の要路は念仏であることを示して、次のように述べている。

念仏ノ意ハ、不ドモレ知ラ南無阿弥陀仏、知レモ共南無阿弥陀仏、唱レバ則チ極楽ニ生レテ、彼ニテ悟ヲ開ク要行也。其ノ上念仏ノ外ニハ真言天台モ無シレ之。

（『続天全・史伝2』五一〇頁上）

これのあと、法然の語を引用したうえで、天台の顕真《けんしん》座主《ざす》と宝地房証真《ほうじぼうしょうしん》や、法相（貞慶《じょうけい》）・華厳（明恵《みょうえ》）・三論など諸宗の勝れた先徳たちは皆な、「本宗を捨てて念仏の門に入り、即身に往生を遂げたもうた」とする。ここには、出家の上の一向専称（戒・行）を最も勝れた仏道であるとみる天台僧真盛の信念が伺われる。

尊盛に対して、真盛の没後には盛全が替わってこれを指導し、のち文亀《ぶんき》四年（一五〇四）に三十三歳で夭逝したとき、これを追悼して著されたのが盛全の『雲居月双紙』二巻なのである。その巻上には、尊盛を偲ぶ和歌「四十八首」などを記し、巻下では真盛の念仏観や勧化法などが綴られている。

つぎに、守護・国司に対しては、これが当時の事実上の支配層であるから、とくに厳しい勧誡による指導がみられる。『往生伝記』には（巻下）、長享《ちょうきょう》二年（一四八八）八月、真盛が信濃《しなの》の善光寺からの帰途に、越前（一乗谷）の朝倉氏（貞景《さだかげ》）を教化したことを記す。そこでは、一門の皆が円頓戒を受け法談に耳を傾けた。説法の際には真盛は、大小の鷹や鷲を放ち鳥籠を焼き、また関役《せきやく》と橋賃《はしちん》を停めることを求めた。さらに貞景の弟（真慶《しんけい》）は、出家して府中（現在越前市）に引接寺《いんじょうじ》を創建し、ついで翌年には奉行《ぶぎょう》（上田則種）らの発願で岡《おか》（現在福井市）の西光寺が開創され、これらは真盛が指導する念仏道場の主要な拠点となった（『続天全・史伝2』五〇二頁下—四頁上）。

『往生伝記』にはまた（巻下）、伊勢国司（守護大名）の北畠材親《ただちか》宛ての書状と、近江の守護六角《ろっかく》高頼に従う武将の河毛盛空《せいくう》入道への書翰をみる。北畠国司への手紙は、材親が文明十八年（一四八六）十二月についで、明応二年（一四九三）八月にも伊勢神宮を攻略し数百余人もが殺戮の犠牲を蒙った時のもので、九月十二日の日付をもつ。そこには、神宮の尊厳を侵す不当と、勢力拡張を無理強いする「欲心」を責め、殺害刃傷《にんじょう》によって無間《むけん》・等活の地獄に堕ちる「因果の道理」を説き、住人や往来の人々のために関《せき》を廃して、撤兵することを強く迫っている。以前に材親には、面前で説法教誡がなされており、いまのこれは安濃津《あのつ》の西来寺《せいらいじ》で別時念仏会中に送られた手紙であることが文面から分かる（『続天全・史伝2』五〇五頁下―八頁上）。そして、このあと材親は間もなく兵を引き揚げたとみられる。

つぎに、盛空入道宛てのは明応二年十一月三日付けであり、門下の入道に対するゆえか長文に及ぶ。ここでも、主君の六角高頼（屋形《やかた》）への勧誡を先とし、八幡大菩薩《はちまん》は弓箭兵杖《きゅうせんひょうじょう》を帯ぶとも不動や閻《えん》魔《ま》と同じで地蔵を本地とし、「心は慈悲深重《じんじゅう》に在《あっ》て善悪理非《ぜんなくりひ》を匡《ただ》す」などと諭し、「理非憲法」（正義と公平の法によらないで非道の政治をする）を誡しめ、「正直憲法」（正しく直《まっす》ぐに憲法に随う行政をする）または「慈悲憲法」を勧める。そして、天台宗をはじめ禅・真言・律・浄土の諸宗の宗旨と現状、およびそれらの適否を論じたのちに、「我等が如き一類を道心門と名づく、世に捨てられて称名す」と、真盛自身の信条を述懐している（『続天全・史伝2』五一六頁上）。さらに、かつて明恵高弁《こうべん》（一一七三―一二三二）が執権泰時《やすとき》に説いた言葉を用いて、「世の乱世の根元は欲を本とし、欲心が一切に変じて禍《わざわい》となるのが天下の大病である」とする。なお、諸宗を論ずるなかで、真言など聖道門《しょうどう》には「三業《さんごう》相応」、西山《せいざん》・鎮西《ちんぜい》ら浄土諸宗では「信行相応《しんぎょう》」が得道の要件であるとし、また律宗の所では「一切の仏法の興盛、往生極楽、即身成仏の源は戒を離れては成《じょう》ぜず」と主張するのは、真盛の宗旨（道心門の念仏）を捉えるうえに注目すべき言葉である。そして、「一向宗、無碍《むげ》光宗《こうしゅう》並びに日蓮の一党の事は沙汰《さた》の限りに非ず」と退けるのは、当時の一向一揆や法華一揆など宗教集団が武器を蓄え戦禍の当事者になることを嫌うゆえであろう。

いまひとつ、武将たちに関連して注目したいのは、例えば朝倉貞景や畠山義就《よしなり》の勧化にみるように、説法の条件に愛蔵の鷹を野に解放させ、放たれた大小の鷹が真盛を慕い飛び来ると、これらにも「十念を授け」ていることである。鷹は武将らが狩猟を競うための愛用であり、真盛では無用の殺生《せっしょう》をやめさせるのを意図する。のみならず、越前府中では総社《そうじゃ》の神馬《じんめ》、伊勢では薪《たきぎ》を負う牛、或いは西教寺周辺日吉《ひよし》大社の猿などが、それぞれ跪《ひざまず》いて「十念を受け」たことが『往生伝記』にいきさつを含めて伝えている（巻下、『続天全・史伝2』五〇二頁下—四頁下）。さらに、それらの記事の前後には、越前の岡《おか》西光寺の近くで（大畔縄手《おおくろなわて》）、戦場の野に無惨に殺された亡霊が真盛の前に現れ出て、修羅道の苦患《くげん》を逃れたいと訴えたときに、これに十念を授けると忽ちに消えたという（『続天全・史伝2』五〇四頁上）。これら動物（畜生）や亡霊を救済する記事は、単なる奇跡譚《たん》というより真盛における六道能化の性格と特性を表現していると見るべきである。

五　別時念仏修行にみる天台的特色

『往生伝記』には、真盛による勧化の大略を述べ、次のように記す。

上人在生之時、或《ハ》発心出家《シテ》持《チ》二円頓戒《ヲ》一、布施《ニハ》不レ受《ケ》二米銭金銀類《ヲモ》一、不レ用二絹綿《ケンメン》紙布等《ヲモ》一。只致《シ》二一期《ノ》間《ノ》罪障懺悔《ヲ》一、堅《ク》護《リ》二持《ツ》**十戒**之旨《ヲ》一。若《シ》犯《サバ》二一戒《ヲモ》一則《チ》押《エテ》而不レ授《ケタマハ》二**十念**《ヲ》一者也。或《ハ》乍《ラ》二白衣一成二弟子《ト》一者、

布施モ大略以テ同ジレ前ニ。懺悔以後致シ二種種ノ**断物**ヲ一。総而〈無レ用二殺生・盗心・邪婬・妄語・飲酒、四足・二足・五辛・木子・博奕等一也〉。不レ持タレ之ヲ者ニハ不レ賜ハ二円頓ノ血脈ヲ一、所持以後一種モ違エバ則チ押ウ二十念ヲ一。別シテ而有ルレ志者ハ〈一期間断二肉食一、或又雖レ有二夫妻一不レ婬、或停三止沽酒一、止二関役一止二橋船賃一、放二一物鷹一、破二借状筆一也〉。上人ノ勧化大凡如レ是。

（巻下、〈 〉内は割注、ゴチは引用者、『続天全・史伝2』五〇二頁）

これによると、真盛の教化では布施を受けず、代わりに「十戒を護持する」ことを約束させ、もし一戒をも犯せば「十念を授け」ない方法を取る。割注にみるように、殺生・妄語など五戒に禁止されていること（そこに四足二足とは獣や鳥を狩猟し食べることを指す）や、非行（博奕等《ばくえき》）をしないことを「断物」（たちもの）といい、また進んでは肉食を断ち、関役《せきやく》・橋賃および船賃を取らないなどの慈悲を実践することを約束させる。これらは、戒律を基準として、世俗的な日常生活に道徳倫理を確立せしめるという性格が強い。

このような断物《たちもの》をさせて念仏を勧めるのが真盛の特色であるが、その念仏指導は僧尼たちを主軸とすることは注意せねばならない。それは、別時念仏《べつじねんぶつ》（不断《ふだん》念仏）という、『往生要集』にもとづく念仏修行によるからである。その行は「四十八日の別時」という形態をとり（四十八は弥陀の本願数にちなむ）、また「一向専称」を志向する。このことは、二つの意義をもつ。ひとつは、「四十八」と「専称」が阿弥陀仏の本願（第十八願）に随う他力の念仏であること、もうひとつは長時の修行を貴ぶ立場である。前者（本願他力）なら法然浄土宗と同じ宗旨となるが、後者（修行）が加わることに天台的特色をもつ。他力本願念仏では、誰もが救済に預かることができ、そのため真盛の別時念仏会には僧尼の周りに多くの農民たちが集って参加し結縁《けちえん》した。真盛では農民たちにも、五戒と十念を授けることは常の教化法であったが、名号を書いて与えることも頻繁であった。そのことを、『往生伝記』には次のように記す。

六字名号書写之事、随テ二人之所望ニ一、大小与ヘレ之ヲ、凡ソ可レ及ブ二十万幅ニ一。布施ニハ念仏毎日三百遍、小名号ニハ百遍也。
（巻下、『続天全・史伝2』五〇二頁下）

ここでも、名号の布施を受ける代わり、毎日幾百返の念仏を唱えることを約束させ、一向専称を勧めるのである。

真盛は明応四年（一四九五）五十三歳の二月末に、伊賀の西蓮寺にて四十八日別時念仏会中《えちゅう》に没したのであるが、『往生伝記』巻上には、真盛が往生した直後に弟子たちによって「報恩の四十八日別時念仏」が修められたことを伝え、それらの寺々の名を挙げて「二百ヵ所に及ぶ」と述べる。加えて、真盛の在世時には、四十八日別時念仏を指導したことは「十四ヵ度」であったと記す。すなわち、西教寺五度、西光寺二度（越前）、西蓮寺二度（伊賀）、西来寺三度、成願寺・延命寺各一度（伊勢）である。ついでまた、「不断念仏の伽藍は十六カ所」であるとして、それらを挙げる。①西教寺（坂本）②引接寺（越前府中）③西光寺（同岡《おか》）④放光寺（同新庄）⑤青蓮寺（同大野《おおの》）⑥蓮光寺（同所）⑦西蓮寺（伊賀長田《ながた》）⑧九品寺（同浅生田《あそだ》）⑨西福寺（同大野木《おおのぎ》）⑩西盛寺（同三田《みた》）⑪西来寺（伊勢安濃《あの》津《つ》）⑫成願寺（同小倭《おやまと》）⑬恵光寺（同作田《さだ》）⑭称名寺（同赤間《あかま》）⑮蓮生寺（同射和《いざわ》）⑯光泉寺（同野田）

である。これらのうち、⑨⑩⑬⑭⑯は尼寺である（巻上、『続天全・史伝2』四八九頁）。真盛の教化には、尼僧が多いのも特徴である。それで、真盛の往生直後に、後を追って道林という僧が入水捨身を遂げたというが、この傾向は真盛の生前中にも顕著に見られ、これにも尼僧が多い。すなわち、延徳四年（一四九二）に妙心・妙珍の両比丘尼が、またその前の長享二年（一四八八）に真能・真然の両比丘尼らが（巻上、『続天全・史伝2』四八三頁上）、さらに真範尼の入水などもよく知られている（巻中、同四九六頁下）。入水して往生を遂げようとするのは、真盛の教化に心酔するあまり、乱世の不幸によって『往生要集』に説く「厭離穢土　欣求浄土」を急ぐ傾向といえるが、真盛では不本意であり、仏道には命を惜しまず専心に称名行に励んで、死後に往生を遂げるよう諭したので、捨身はのち永く止んだという（『続天全・史伝2』四九六頁下）。

また、『往生伝記』には、「長時修行・不断念仏の志趣」を述べている（巻上、『続天全・史伝2』四九〇頁）。そこでは、「念仏三昧を成じ見仏の因縁となす」には、別時の念仏行は一日七日のみならず、長日不断の行業が好ましく、それによって「修行を退転せず、弥陀の本願に乗じて六字の名号を唱え、群類をして往生を遂げしめる」のであるとする。

つづいて『往生伝記』には、別時念仏を修めるときの、真盛による僧尼への教誡を書き留めている。それは、「不断念仏僧尼等当番之次第」といい、七項を挙げる。要約すると、①食事・大小便・掃除・病気等を除いて称名念仏を欠怠しない、②用事は一問一答ですませ世俗の言論と戯笑《けしょう》を交えない、③怠惰に睡眠しない、④眠くなれば外陣《げじん》を経行《きょうぎょう》し星月を見たり冷水で顔を洗うなどし少しの休息に止める、⑤虚《むな》しく信施を食《くら》い睡眠をしない、⑥内陣では参詣人と語らず急用のときには立って手際よくすます、⑦称名は高声《こうしょう》にてはげみ口を閉じない、などという。そして、「右の条々に違背する僧尼は無道心の致す所で、俗塵を離れ練若《れんにゃ》に住するのは一向専称のためである」とする。しかして、「三界の家宅《かたく》と三悪の火坑《かきょう》を眼前足下にみて、歩々《ぶぶ》に無常の近づくことを忘れず、堕落阿鼻《だらくあび》の苦因を免れるべく、往生極楽の素懐を遂げるために、他力の願に乗じて、六字の称名を励むべき」ことを強調する（『続天全・史伝2』四九〇頁下―一頁下）。ここには、『往生要集』に説く長時修行と別時念仏行を模範に、俗塵を離れて一向専称の称名行に励む天台的な修行を勧めていることがみてとれる。

さらに『往生伝記』には、次に「伽藍興立並衆僧法度之事」を記す。それには、①道場建立は信仰発起《ほっき》の仁《ひと》を施主とし公の勧進によらない、②仏供《ぶっく》灯油は無縁の参詣人の財を用いない、③寺領《じりょう》田畑等の寄附は一切受けない、④衆僧の衣食《えじき》は頭陀《ずだ》乞食《こつじき》による、⑤斎飯《さいぼん》は一汁一菜一果による、⑥布施の物は一人だけで受け用いることをしない、⑦病気を除いて非時食《ひじじき》を用いない、⑧食後にも無益の雑談をせず念仏する、⑨睡眠には衣を脱いだり帯を解かない、⑩口論・打擲《ちょうちゃく》すれば両僧とも擯出する、⑪在俗の檀那に給仕しない、という（『続天全・史伝2』四九一頁下―二頁上）。ここには、割注に『往生要集』の引用もあって、無欲に質素な草庵にひたすら念仏行に励むことを教えるのである。

さてここで、盛全の『雲居月双紙』をみると（巻下）、そこでも『往生要集』をもとにして、よく似た僧尼への教誡が綴られている。盛全では、「戒行清浄にして不断念仏せん人は道心者なるべし」と述べて、とくに道心を強調して、「道心と念仏」をセットにした叙述を多くみる。道心について盛全は少し詳しく述べ、それは「自利利他の二」であるとし、三業清浄と四無量心（慈・悲・喜・捨）などを内容としてそれを示している[7]。

そして、盛全が『往生要集』の大意を示して、次のように述べることはとくに注意を要する。

往生要集大意者摂二此文一。大菩提心・護二三業一、深心至誠・常念仏、随レ願決定生二極楽一、況復具二余諸妙行一。護三業者有二四戒行一、所謂〈身手口意〉。身不レ作二淫欲一、常着二三衣鉢一。手不レ作二殺盗一、常持二念珠等一。口不レ説二讃毀一、常唱二仏名号一。意観二無常我一、常願レ生二極楽一[8]。（〈　〉は割注）

この文に続いて、「不断念仏堂の僧尼等行儀事」が列記されており、これらのことは真盛が弟子たちに常に教えたことと理解してよい。そこには、「堅固に五戒をたもちて非時食をたち、一滴もさけのまず」云々等の十七項の行儀誡条をみる。先にみた『往生伝記』のと類似があり、いっそう詳しくなっている。別時（不断）念仏会ごとに随時適応した行儀規則が定められたともいえる。

そこで、右の「大菩提心」以下の二行は、『往生要集』の「助念方法」にみる「惣結要行」の文である（『大正』八四・六六c―七a）。つまり、真盛が黒谷隠棲《いんせい》時に『往生要集』の義に徹したとする要点をこれにみてよい。「護三業」は、右には「四戒」によって示され、それには五戒と梵網戒の十重を内容に含み、また「常念仏」（不断念仏）は真盛では「一向専称」（四十八日別時念仏）の形態をとることはもはや言うまでもない。しかも、四戒は「身手口意」の四業とするなかに、戒と称（念仏）が「大菩提心」（道心）を基盤に融合して示されている。盛全では、「釈迦一代の説法は深広なりといへども止悪と行善との二なり。止悪（戒）は禁忌のごとし。行善（念仏）は服薬のごとし。故に三業の悪障を止め除いて三悪道の苦を逃れ、六字の名号を唱えて九品の蓮台に生ずべし」という旨を述べ[9]、持戒と称名を不可分の関係で示していることが理解できる。したがって、今日の真盛門流（天台真盛宗）において、真盛の「戒と称」の教学は、決して「称（念仏）が主で戒は従」（円戒助業論）とかではなく、戒と称の相即融合（相互包摂）、または一致（戒称不二）であるとみられているのは、右の盛全の言葉によって支持されるものといえよう[10]。

本節では、室町時代の中期から後期への戦乱時に、天台僧の真盛が『往生要集』に依拠して持戒念仏を弘めたその特色を追跡した。そこには、六道能化という性格によって、真盛を「地蔵菩薩の化身」とする信仰を生むゆえんの事績が顕著に認められた[11]。また、濁世の万民を救済する仏道として本願称名念仏法を取ると同時に、戒・行を重んずる天台的特色がみられた。ことに、『往生要集』を法談に用いて「五戒（十重）と十念」を授ける方法は、人心の宗教的情操を育み高めると同時に、世俗での生活倫理や政治倫理を導くのに役割をもった。真盛の教化によって、守護・国司らが厳しい勧誡を受け容れたのをはじめ、階層を超えて帰依を受けたことでそのことが分かる。少なくとも真盛では、乱世荒廃のときに「機法《きほう》相応」にして「信行《しんぎょう》相応」の仏道は持戒念仏法であることを確信したのであり、その宗風は門弟に受け継がれ、独自の教学をもつ門流が形成されることになる。なおまた、真盛が動物（畜生）にも「十念」を授けたことは、弱い立場の衆生に救済をはかる六道能化の見逃せない一面であり、今日のいわゆる「自然と野生」との共生、および「環境倫理」を導く指針ともなりえよう。

第二節　真盛における『往生要集』観の特色

一　真盛に関する新出資料の意義

室町時代の中期から後期にかけて、天台僧であった真盛《しんせい》（一四四三―九五）は、応仁・文明の大乱をへて、世相が権勢を争奪する戦乱と人倫の荒廃にみまわれるなかで、「無欲清浄　専勤念仏」を標榜し、「持戒念仏」をもって仏道と人心を導いた念仏聖である。その拠り所は、かつて比叡山の横川《よかわ》で源信（九四二―一〇一七）の著した『往生要集』であり、真盛は横川の麓に位置する坂本の西教寺《さいきょうじ》を拠点に「不断念仏」に従事し、時に京都や山城、また近江・越前・伊勢・伊賀・河内等畿内に趣き、門弟を指導するとともに、宮中や貴族・守護大名・農民たちから階層を問わず熱心な帰依を受けたことが知られている。そして、『往生要集』をもとにした勧化法のゆえか、のちに門弟や信徒のあいだでは、真盛をして六道を救済する「地蔵菩薩（六道能化）の化身」であるとの信仰を生んだ。

真盛の伝記と事蹟を知るには、弟子の真生《しんしょう》が真盛没後すぐの、明応四年（一四九五）四月に著した『真盛上人往生伝記』三巻（以下『往生伝記』）を根本資料とする。これには、真盛が「往生する」前後のありさまを詳しく綴り、併せて生前の事蹟の主だった事柄を記すとともに、いくつかの貴重な書輸も収録する。つぎに、盛俊《せいしゅん》（―一五五六）による真盛の『絵伝記』六軸（『円戒国師絵詞伝』三冊）が古く、盛俊は真盛の高弟の一人である盛音《せいおん》（―一五三一、伊勢射和・蓮生寺）の弟子で、自らは伊勢山田の善光寺を開基して住持し、ここで『絵伝記』を造ったとみられる。真生と盛俊のを古い資料として、江戸時代にはいくつかの伝記と絵詞伝が編まれている。(12) そして、真盛には短い法語が二つ知られるのみで（『大正蔵経』七七）、著作は残されていない。

このようななかごく最近に、真盛を嗣いで門流の二祖となった盛全《せいぜん》（一四四九―一五〇五）が著した『雲居月双紙《くもいのつきそうし》』と呼ぶ二巻の一書が検出された。(13) これは盛全が亡くなる一年余り前の永正元年（一五〇四）三月十七日に著されており（下巻奥書）、盛全が後継ぎとして真盛から親しく承けた仏道を記すのをみるので、真盛の考え方を知るのに、真生撰の『往生伝記』に次ぐ貴重な文献となる。そこでいま新出の資料をもとに、真盛仏法のもっとも根幹となる『往生要集』観を中心に、真盛の念仏義における問題点とともに、その持戒念仏法の特色をみることにしたい。

真盛が自らの仏道を、『往生要集』にもとづき、また人々の勧化にもこれを用いた事蹟は、すでに真生の『往生伝記』に伝えている。

初居台嶺広学顕密已来、二十余回雖列三千浄侶席、後入黒谷深厭名利以後、一十三歳偏乗六八弘誓船、経行山林尤励自行、往還都鄙専先他益。然則処々談**往生要集**弘**念仏**、十念普受而往生果遂者不知校量。化導誠広前代尚未聞。時々授円頓**妙戒**示持律、一得永不失之血脈相承者不可称計。（ゴチは引用者、『続天全・史伝2』四七七頁下―八頁上）

ここには、叡山で二〇余年間に顕教と密教を修めた後に、名利を厭って黒谷（西塔の別所）に退き、それよりは五十三歳で没するまでの十三年間、弥陀の「四十八願」（六八弘誓《ぐぜい》）にもとづく念仏を自行とし、また都鄙《とひ》に出ては専ら人々にこれを勧めることを先としたという。その場合、『往生要集』を談じて「十念」を授け、また「円頓の妙戒」を授けて持律を勧める形態を取り、あまたの人々が血脈を承け往生を志して帰依したとする。従って、真盛では黒谷に隠棲したことが重要な転機となっており、そのことについて真生はまた次のようにも記す（丸カッコ内とゴチ表示は引用者）。

同（文明）十五年癸卯四十一歳、逃《レ》二身《ヲ》黒谷《ノ》青龍寺《ニ》一、遂《ニ》辞《シ》二三千衆徒《ノ》交《マジワリヲ》一、徹《シテ》二**往生要集**義《ノ》一、発《シ》二無上菩提心《ヲ》一励二自行《ヲ》一、偏《ニ》先《トス》二化他《ヲ》一。無欲清浄《ナルコトハ》恐《ラクハ》勝《レ》二上古賢哲《ニモ》一、**持戒律儀**《ナルコトハ》将《ニ》超《タリ》二歴代名匠《ニモ》一。油鉢《ヲ》不レ傾《ケ》、浮嚢《ノウヲ》無レ疵《キズツクルコト》。或時《ハ》不レ将《ヒカ》二一人伴侶《ヲモ》一、自《ラ》帯《シ》二三衣一鉢袋《ノヲ》一遊行《ス》。或時《ハ》引二率《シテ》数輩僧《ノ》尼《ヲ》一、普《ク》勧《メテ》二**一向専称**行《ノヲ》一往還《ス》。

（『続天全・史伝2』五〇一頁上）

ここには、真盛が四十一歳に黒谷で『往生要集』を感得したことを伝え、以後には「持戒律儀」を堅固とし「無欲清浄」の宗教的人格をもって、「三衣《さんね》一鉢《いちはつ》」という質素な身なりで門弟の僧尼と「一《いっ》向専称《こうせんしょう》の行」に従事したことを、つまり持戒と念仏による両輪の仏道を讃えて述べている。ただ、真盛がどのような『往生要集』観によったかは、真生には具体的に述べるのをみず、また「黒谷」と「一向専修」という要点では、かつての法然源空（一一三三—一二一二）の念仏観が予想されるなか、真盛が黒谷で確信した仏道はいかなる天台的な特色をもつかが問題とされてよい。盛全の『雲居月双紙』には、それらのことについてかなり具体的な知見を得ることができる。

二　二祖盛全撰『雲居月双紙』の性格と内容

『雲居月双紙』を著した盛全は、真盛よりも六歳年下で、真盛中興の西教寺二世を嗣ぎ、師の没後まる一〇年間門流（今日の天台真盛宗）を率いた。その伝記は、詳しくはないが前記『真盛上人往生伝記』の末尾に「追加」として載せられている。これは真盛の門弟では同輩となる盛音が、『往生伝記』を大永六年（一五二六）に書写した折りに書き加えたものであることが、奥書からわかる（『往生伝記』はこのとき書写のが今日に伝わる）。それによると、盛全が真盛の弟子となったのは決して早くはなく、真盛が没する二年前である。盛全はもとは比叡山の学僧（実報坊頼全）であったのが、酒を嗜む習性から、ある日大切な講筵で大酒に酩酊して、夢の中で奈落の底へ堕ちてゆくとき、真盛の錫杖に取りすがって救われ、目覚めて直ちに弟子となったという。その劇的な発心の故に、「爾来《じらい》堅く禁戒を持ち、毎日念仏十万遍」を終生に修めた、と記される事績をもち、また「先師の宗風に従わざれば、必ずや三途の塵境に堕ちなん」との信念のもと、真盛を「地蔵菩薩の化現」と確信して、真盛に従うことは他に抜きん出て、その宗風を一身に任じたごとくである。盛全は真盛が開創し、いち早く越前での念仏勧化の拠点となった岡の西光寺を任され、のち真盛が没したとき西教寺で報恩の「四十八日別時念仏」を門弟らが修めたのには開闢《かいびゃく》の導師を勤め、二祖に推されたのである。

それで、『雲居月双紙』はかつて真盛のとき、幾度かの宮中進講を縁に、後土御門天皇の弟二王子が真盛を慕って弟子となり、尊盛《そんせい》と称したその人が、三十三歳で病没したときに盛全が追悼のために記したものである。真盛没後には、盛全がその指導を引き継いだとみえる。本書は双紙の性格上、二巻とはいえ短編に属し、その名は「雲居の上の月影」という、亡き貴人を偲んだ意味に由来することが、巻下末の奥書からわかる。真盛の宮中進講は、真生撰の『往生伝記』には詳しくないが、今日では女官や貴族らの日記類によってかなりの記事が検出されている。(14)そのようななかで、真盛と尊盛の往復の書翰が『往生伝記』（巻下）には収録されている。それは尊盛が真盛のもとで「出家」を志し、真盛もまたその「道心」を励まして、格別の関係にあったからであることが、手紙の内容から伺われる。

『雲居月双紙』は、巻上では尊盛を偲ぶ文章を綴るのを中心とする。すなわち、初めに世の無常観を述べ、「三業清浄の道心を発し、一行三昧の念仏を唱える」ことの肝要を勧め、尊盛は正しくそれらを修めて「臨終正念に往生極楽の素懐を遂げた」ことを歎ずる。つぎに、尊盛の生前の行学と、黒谷に籠《こも》って以後の真盛による化導を受けたことを記してのち、文亀四年（一五〇四）正月二十七日に尊盛が早世する前後の様子を近侍者の言行を混えてやや詳しく物語りする。そして、尊盛が病中に書写した仏典の諸文と道歌を綴るとともに、盛全が追悼のために造った「いろは四十八首」を載せる。

巻下には、真盛の化導方法である「戒行を持《たも》ち念仏する」意義を中心に述べ、初めと最後には尊盛を偲ぶ文章で括る。なかでは、道心を強調して念仏を勧め、「四無量心、貪瞋の妄念、至誠心《しじょうしん》、他力本願」などを順に述べ、また「本願ぼこり」を強く誡めてのち、『阿弥陀経』と善導、及び『往生要集』の諸文を綴り、そのもとに「止悪（戒）と行善（念仏）」を熱心に説いてこれを勧め、最後に

「不断念仏堂の僧尼等行儀事」十六項目などを記述する。

盛全のこの書は、近衛家伝来の陽明文庫の古書群から発見されたという。尊盛法親王を追悼するという性格の故に、宮中に贈られてのち、出入りの貴族家の書庫に残り、そのため門流内には伝わらなかったと考えてよい。

三　善導流による真盛の「本願念仏」義

盛全の『雲居月双紙』は、かな交じり文の崩し字体で綴られている。そのなかに、仏典の引用は漢文の楷書体による。二十五カ所程をみる引用諸文のなかで、最も多くて印象づけられるのは善導のものであり、ついで『往生要集』に出る文である。[15] まず、善導（六一三―八一）の依用は、真生撰の『往生伝記』にはあまりみないので、盛全の書を特徴づけるひとつである。なかで、とくに注意を引くのは『双紙』巻上の末尾にみる善導の、次のような「四十八字」文である。

若我成仏　十方衆生　称我名号　下至十声　若不生者　不取正覚。
彼仏今現　在世成仏　当知本誓　重願不虚　衆生称念　必得往生。
（若し我れ成仏せんに、十方の衆生が、我《わ》が名号を称うること、下《しも》十声に至らんも、若し生まれずといわば、正覚を取らじ。彼の仏は今現に、世に在りて仏と成れり。当に知るべし、本誓の重願は虚しからずして、衆生は称念すれば、必ず往生を得と。）

（西村冏紹編著『二祖盛全撰　雲居月双紙』六六頁）

これは、『往生礼讃偈』（『大正蔵経』四七・四四七c）に出て、盛全では「いろは四十八首」を記したあとに、「阿弥陀ほとけ四十八願と云うは、南無阿弥陀仏と我《わが》名号を唱えん人を、我国に生まれしめんと誓い給うべし。この故に善導大師は四十八願の心を四十八字につゞめて釈し給へり」との旨を述べて引用される。そして、法然がこの文によって念仏を勧めたことを、次のように続ける。

　法然上人、念仏行者す丶（数珠）をて（手）にとらん時は、此文をとなへて、阿弥陀ほとけにうちむかひ、よろこひをなして、念仏すへしとて也。（西村編著前掲書六八頁）

このあと、盛全による若干の敷衍と解説を加えるなかで、「本願の頼もしきに、唱えらる丶は名号なり」と、また「心を本願にかけて口に怠らず、南無阿弥陀仏と申すべき也」との旨を述べて、巻上の叙述をほぼ終えているのをみる。そして、右の善導の文を、巻下にも盛全は用いる。すなわち、そこでは善導『法事讃』に逆罪謗法の廻心を説く文を引用して、「たとい十悪五逆謗法闡提《ぼうほうせんだい》の人も往生する也」と主張してのち、「他力本願」について述べ、次のように解説するのをみる。

　他力本願と云は、たすけ給へあみた仏と云事也。阿弥陀仏の慈悲は病子をかなしむおや（親）の心よりもふか（深）きが故にたす（助）け給へ……（中略）……念仏申て往生極楽すれば、ほとけの願と行者の願ともろともに成就することわりを、願行具足機法一体の名号なりとな（名）つくるなり。つねに念仏の行者は若我成仏の文を思ひいたして、衆生称念必得往生の願力をたのむへし。（同前一〇二頁）

このなかに、「若我成仏の文」というのが、先にみた『礼讃偈』の文に他ならない。この「四十八字」文は、実は西教寺に所蔵する盛全の肖像画（寿像《じゅぞう》一幅）にも記すのをみるので、盛全がとくに座右にした要文であるかもしれない。少なくとも、右に法然の援用もあることから、真盛が盛全に教えたのは、法然もかつて勧めた善導流の「本願念仏」義に相違ない。つまり、「四十八字」の前半は、いわゆる阿弥陀仏の本願である「第十八願」の意を表現するので、これに随って唱名念仏を勧めるのは、「偏依善導」を標榜した法然の宗旨と同じとなる。

真盛が法然を尊敬し私淑したことは、その「発心」によって黒谷に隠棲したことでも予想されるが、真生の記す『往生伝記』でも明瞭に伺える。すなわち、真盛が亡くなる直前に、伊賀・西蓮寺での「四十八日別時念仏」に門弟が聴いた最後の説法は、「黒谷上人（法然）伝記の大原問答」であったと伝える（巻上、『続天全・史伝2』四八〇頁下）。また、『往生伝記』巻下には真盛が尊盛に宛てたやや長文の手紙を収め、そのなかに法然を用いて次のように教えるのをみる。

真言天台何レノ宗モ六字ノ外ニ無シレ之。如来ノ金言分明也。法然上人曰。聖道門ノ得脱ハ雖モレ然リト、時機相背ケバ不レ可レ有ル二其益一。機法不レバ二相応セ一可シトレ虚シカル　云々。（『続天全・史伝2』五一〇頁下）

ここでは、「機法相応」の仏道に「六字の名号」を唱えることを勧め、このことを真盛自身が法然から学んでいることがわかる。法然と真盛の近似については、盛全も『雲居月双紙』巻上に、真盛の黒谷以後の事績を讃えて、世人の諺に「大道心者いま法然の真盛上人」と言われたと記す（西村編著前掲書二二一頁）。

このように、真盛の念仏観が法然と相《あい》通ずる善導流の本願念仏であることが、盛全の『雲居月双紙』によっていっそう明白になったのであるが、しかし注意を要するのは、真盛では善導と法然に学ぶなかにも、あくまでも源信の『往生要集』を拠り所として、次に述べるような「戒行の重視」という天台的特色をもつことである。このことは盛全でも、右にふれた西教寺所蔵の「寿像」（存命中に描かれた肖像画）の上部に、善導文と一対にして、この画幅を「元応寺の戒和尚」に開眼せしめた旨をとくに記すことからもいえる。元応寺流は、もと南北朝期に比叡山に戒律を復興した黒谷流を承ける「戒家」であり、『往生伝記』には真盛の葬儀に、或いは生前の真盛が布施物を自己に受けずに元応寺へ贈るなど、真盛と元応寺流の密接な関係を知る。

四　真盛の『往生要集』観にみる天台的特色

真生撰の『往生伝記』には、「円頓の化儀《けぎ》を調え妙戒を授与し、往生要集を講じて念仏を弘通《ぐずう》す」という（『続天全・史伝2』四八三頁下）、真盛の教化形態を随所に伝える。盛全の『雲居月双紙』にも、巻上に真盛の黒谷前後の事績を述べるなかに、『往生要集』の位置づけを次のように記すのをみる。

無上道心をおこし、黒谷に籠居して経蔵にいり、なは（縄）をくひ（首）にかけてねふ（眠）りをのそ（除）き、一切経を披閲し給ふ事一千日間也。祖釈迦一代の教法をうかゞひ、弥陀本願の大悲をまな（学）ひ、恵心所作の往生要集を講談し給ふに、道俗男女さかりなるいち（市）のごとく群集するに、あるいは妻子をすて、かみ（髪）をそ（剃）り、あるいは故郷をさ（去）りて出家する僧尼等は幾千万とかす（数）ふるにいとまあらす。

（丸かっこ内は引用者、西村冏紹編著『二祖盛全撰　雲居月双紙』二〇―二一頁）

また、巻下では真盛が遷化のとき西蓮寺で最後の説法は「往生要集の談義」であったと記す（同前八〇頁。しかるに、これを『往生伝記』では、既述のように法然の「大原問答」を講談したとする）。それで、いまは『往生要集』の依用では、『雲居月双紙』の巻下にとくに注目したい。盛全は巻下では、念仏門に「道心をもつ」必要を力説する。このことは、真生撰の『往生伝記』でも、「我等が一類を道心門と名づく」との真盛の言葉をみるのと軌を一にする（『続天全・史伝2』五一六頁上）。

盛全の書では（巻下）、「戒行清浄にして不断念仏せん人は道心者なるべし」と強調し、道心を「慈・悲・喜・捨の四無量心」によって説明し、なかで「捨《しゃ》」が肝要であるとし、それは「貪瞋《とんじん》の妄念心と執着を捨てる」ことに他ならないと、「貪・瞋の二煩悩」について説明する。ついで、念仏のとくに「至誠心《しじょうしん》」（『観経』三心のひとつ）を強調するとともに、「虚仮名聞《こけみょうもん》の本願ぼこり」を誡めることはとくに注意を要する。というのは、盛全が道心や止悪を強く述べるのは、本願に帰する者が罪を造って恥じないのを嫌う主張と結びついていると考えてよいからである。

このような行論ののち、仏典の引用があり、なかでも『往生要集』からの二文は大きな役割を担っていると考えてよい。そのひとつは、次のような「十念」の引用である。

弥勒所問経。不断ニ念仏スル者ハ即チ得二往生ヲ一。当ニ二云何ガ念仏ス一。凡ソ有リ二十念一。何等為スレ十ト。一者於二諸衆生ニ一常ニ生ジ二慈心ヲ一、不レ毀ラ二其行ヲ一。若シ毀ラバ二其行ヲ一終ニ不二往生セ一。二者於二諸衆生ニ一常ニ起シ二悲心ヲ一除ク二残害ノ意ヲ一。三者発シ二護

法《ノ》心《ヲ》二不レ惜《マ》二身命《ヲ》一、於二一切《ノ》法《ニ》一不レ生《ゼ》二誹謗《ヲ》一。四者於二忍辱《ノ》中《ニ》一生《ズ》二決定《ノ》心《ヲ》一。五者深心清浄《ニ》不レ染《マ》二利養《ニ》一。六者発《シ》二一切智《ノ》心《ヲ》一、日々《ニ》常《ニ》念《ジ》無《シ》レ有《ルコト》二廃亡一。七者於二諸衆生《ニ》一起《シ》二尊重《ノ》心《ヲ》一、除《キ》二我慢《ノ》心《ヲ》一謙下《ニ》言説《ス》。八者於二世《ノ》談話《ニ》一不レ生《ゼ》二味着《ヲ》一。九者近《キ》二於覚意《ニ》一、深《ク》起《ス》二種々《ノ》善根《ノ》因縁《ヲ》一。十者正念《ニ》観《ジ》レ仏《ヲ》除二去《ス》諸想《ヲ》一。

（西村編著前掲書一〇六―八頁）

これは、『往生要集』の「弟九往生諸行」のなかにみる（『大正蔵経』八四・七七c―八a）。盛全では、これの前には『阿弥陀経』の「執持名号」の文を初めに置いて、善導の諸文をいくつかを連ねる。それらはいずれも「専称名号」を勧めるもので、そのあとに右の「十念」文を詳しく引用するのは、いささか不調和の感を覚える。というのは、称名念仏を勧める典拠ならば、『無量寿経』の「第十八願」文や『観経』の「十念」文などが適切であり、右のはいわゆる「諸行」を勧めるからである。しかし、これの引用意図は、これを承けて盛全が次のように述べる所によって分かる。

この十念ひろしといえども、慈悲に住して人よき心を嗜み、往生極楽の一大事を願い入れて、さのみ世間の物語をせずして眠りを除き、夜昼怠らず念仏すべしと云事也。およそ釈迦一代の説法深広なりといえども、止悪と行善との二なり。止悪は禁忌のごとし。行善は服薬のごとし。故に三業の悪障をやがて除いて三悪道の苦を逃れ、六字の名号を唱えて九品蓮台に生ずべし。

（漢字を当てはめ、現代かな使いで引用す。西村編著前掲書一一〇頁）

すなわち、盛全では「止悪（戒）と行善（念仏）」を導き出したい意図によっている。ここで、念仏（唱名）のために「止悪」を求めるのは、このあと「念仏の行者に往生を遂げざる者二人あるべし」と論を進め、「念仏を疑う人」と「念仏申すと言って罪を好む者」を邪見の人として誡め、さらに浄土宗の向阿証賢（一二六五―一三四五）の「念仏者の造悪を好む」（本願ぼこり）のを誡める文を引用することでよくわかる。このことは、『往生伝記』では巻下に真盛が「河毛入道」に宛てた手紙のなか、当時の浄土宗を批判して「信行《しんぎょう》相応」に欠けるとして、自らの立場を「道心門」と呼ぶのと関連する（『続天全・史伝2』五一六頁上）。真盛が主張する「信行相応」とは、信心を持つ（本願に帰す）者に必要な「戒と行」の尊重をいい、その意は真盛の仏道では「四十八日別時念仏」という長時の「一向専称の行」を修めたことに表れ、ここに天台的な特色をみる。そしていまひとつ、『雲居月双紙』巻下の後半に、「止悪念仏　安心」との小見出しの下にみる叙述は、一書の要点として注目されてよい。そこでは、「南無阿弥陀仏と唱うれば、八百万劫の罪障を消滅する無上功徳の名号也と雖も、疑う人は往生しがたき事」と書き始めて、「念仏申すと言いて心にまかせて罪を造るは邪見なり」と誡めたのち、『往生要集』の大意を示して次のように主張するのである（西村編著前掲書一一二〇頁、原文は漢文であるが、いまは書き下し文で引用したい）。

往生要集の大意は此の文に摂む。大菩提心をもって、三業を護《まも》り、深心《じんしん》・至誠《しじょう》に、常に念仏すれば、願に随って決定《けつじょう》して極楽に生ず。況や復、余の諸の妙行を具《そな》えるをや。三業を護るとは、四戒行有り。所謂《いわゆる》身・手・口・意なり。身には婬欲《いんにょく》を作さず、常に三衣《さんね》鉢《はち》を着よ。手には殺盗を作さず、常に念珠等を持《たも》て。口には讃毀《さんき》を説かず、常に名号を唱えよ。意には無常《むじょう》・我《が》を観じ、常に極楽に生るることを願え。

ここに、「大菩提心」以下の二行は、『往生要集』の「第五助念方法」の末尾にみる「惣結要行」の文である。源信ではこれをもって「止善（止悪＝護三業）と行善（念仏）」に往生行を要約する（『大正』八四・六六c—七a）。そして、盛全がここに示すことによって、真盛が黒谷で「往生要集の義に徹した」と『往生伝記』に伝える要点は、正しくここにみてとることができよう。この文を承けて盛全では、「護三業」を「四戒行」とする。それらには五戒や梵網戒の十重を含み、同時に「念珠を持ち、名号を唱え、常に極楽を願生する」ことを合致させていることにより、これらを戒（持戒）と称（念仏）の要行としていることがわかる。したがって、右の文には『往生要集』にもとづく真盛の「持戒念仏」法の要点が示されているといえよう。

さらに続けて、盛全では「不断念仏堂の僧尼等行儀事」を最後に詳しく載せることは、真盛仏法の特色を最もよく表現している。それは、「四十八日の別時念仏」を修行するときの僧尼たちの規則である。『往生伝記』巻上には、真盛が「四十八日の別時を十四度」修めたこと、また真盛が興した「不断念仏伽藍十六ヵ寺」を記し、そして「一向専称の長時修行」、つまり「四十八日の別時行」のための「僧尼等当番の次第」七項目などをみる（『続天全・史伝2』四八九頁上—九二頁上）。盛全の記す「僧尼等の行儀」は、五戒と梵網戒（十重四十八軽戒）を基盤としていて、『往生伝記』にみるのと内容が相似し、いっそう詳しくなっている。別時念仏を修めるごとに、事情に応じた規則をもったに相違ない。盛全の『雲居月双紙』に載せる「行儀規則」は次のようになっている[16]（かな交りの原文に分りやすく漢字を当てはめて意訳して引用したい）。

不断念仏堂の僧尼等行儀事
一　堅固に五戒を持ちて非時食を断ち、一滴も酒飲まず。昼夜に帯《おび》解かず。衣を離さず。請い用うるは一菜一菓等なり。初夜より夜半まで、夜半より晨朝まで、晨朝より頭陀《ずだ》を行じ、一時（ひるは）各番の念仏なり。
一　夜仏前へ番の時は眠りを除いて念仏申すべし。又伏所にては一切物語りせず。殊に人の噂を言わず。夜の寝覚めに色欲を思わずして、仏の相好を観念し、手に数珠を離さず。かるが故に不浄の膚をいろわざるが故に、暁に起きるにも手水使わぬなり。
一　一菜一菓なりとも、人の施を受けん時は、毎度に十念あるべし。
一　庫裡にて火にあたり、伏所にて用を弁ずる時も、そのまま心にまかせて念仏無沙汰する事なかれ。油断なく仏前へ詣るべし。たとい当番にあらずとも、細々御堂へ進むべきなり。
一　小事のことに身を苦しみて大事の念仏を怠る事なかれ。又私にも大事と思いよらん事をば、越度（落度）なきように知音の人とよくよく談合すべし。よろずの業《わざ》に俄《にわか》に廃忘する事なかれ。善事にも動転すれば、廃障定心をもて正法と名づく。
一　いつも急ぐべき事は、仏前の掃除、死骸の沐浴、荼毘の弔い、別請《べっしょう》の時の伴となり。
一　檀方へも行人と参会の時、世間の事を問うとても、外返事をして、さのみ世事を語らざれ。それも又、後世を願うといえばとて、けしからぬ様語りなして、何ともして後世菩提心を起こすように、言いなすべし。相談久しければ、念仏薄くなるなり。往生の一大事一両度語るべし。座敷久しくは、余事になぞらえて、罷《まか》りたつべし。
一　物語あらんに、いかに心やすしというとも、当座に無人の毀誉《きよ》する事なかれ。我はさほどと思わねども、人の恨みを受くる事なり。
一　僧尼の嗜みたき事。歳の老たる人をば、さしたる徳なしというとも、軽しむる事なかれ。敬う心を持つべきなり。又歳若き比丘尼・女房・沙弥・小児に対し、さのみ馴れ馴れしき風情見苦しきなり。又食事の物語、燻火の雑音、見苦しきなり。よくよく心得給うべきなり。
一　心やすき中なりというとも、さのみ用をいう事なかれ。老たる人も徳ある人も、衆に交わりては、我が身を軽くとまめに立ちて、人を召し使う事なかれ。又心ある人は、さように嗜む人には用をもきく物なり。我こそふりに見ゆるれば、取育てぬる弟子さえ気にいらず、いわんや余の人は、きらう物なり。
一　頭陀と請用と遠行と他宿には、伴を具うべきなり。一人行くべからず。此れ律儀なり。僧尼の一人歩きせんは、破戒の基なり。故に、かりにも二人同道すべき事なり。
一　寺辺在家、親しき檀那の所にて、細々休息し、用事をさのみ言うべからず。
一　不断念仏堂の僧尼、よその霊仏霊社へ参詣参籠は無益なり。至誠心の行者をば、既に六方の如来守護し給うと説ける。無上功徳の弥陀の名号を軽しめて、他の仏神へ詣るとも、承け悦び給うべからず。ただ、雑行《ぞうぎょう》の人なるべし。
一　僧尼の破戒においては、衆儀をへて談合をいたし、成敗すべし。又僧尼の訴訟を聞いて、やがて是非を判ずる事なかれ。しかるべき仁にも、不足言の多き事あるなり。
一　誤りありと人に扱われん同朋をば、其の人の機嫌のよき時に、余人の聞かぬ所にて教訓すべし。もし承引なきと言いて逆らう事なかれ。他人他所にて譏《そし》る事なかれ。
一　道心者は用事多きが障りなり。良き事も過分をば怪しむべきなり。万《よろず》の事に足らぬ事は後の薬なり。あまりに良き事重ならば、火滅せんとて光増すと云う事と思い慎むべきなり。

真盛の特色は、このような規則の下に修める「四十八日別時念仏会」に最もよく表れている。その日数は、弥陀の本願数にちなむ長期にわたる修行なので、出家（僧尼）を中心に修め、農民達が外護《げご》給仕し結縁《けちえん》する形態をとったに相違ない。その場合の念仏行《ねんぶつぎょう》は、真盛の場合は「一向専称《いっこうせんしょう》」を勧めるので、専ら称名行《しょうみょうぎょう》である。ただ、真盛が準拠した源信の『往生要集』では、「正修念仏《しょうじゅねんぶつ》」としては仏の四十二相を観想《かんそう》する観念《かんねん》の修行が中心であり、本願口称《ほんがんくしょう》（阿弥陀仏の本願とくに第十八願を根拠として口に称《とな》える念仏法をとること）の念仏は片隅に認められていたにすぎない。それでも、大文第四「正修念仏」の「極略《ごくりゃく》」段には、観念に堪えない者のために三想（帰命想《きみょうそう》・引接想《いんじょう》・往生想）による「一心称念《いっしんしょうねん》」が勧められ（『大正』八四・五六b）、また大文第十「問答料簡《もんどうりょうけん》」などに称名（唱名）を勧めることは随所に認められる。或いは、「念仏証拠」として、『無量寿経』の第十八願文や『観無量寿経』の「極重悪人《ごくじゅうあくにん》　無他方便《むたほうべん》　唯称念仏《ゆいしょうねんぶつ》　得生極楽《とくしょうごくらく》」の文が引用され（同前七七a）、さらに「臨終の十念」を十声に唱えることも認めている（同前八三a）。真盛では、黒谷の先輩である法然にも学んだことは疑いないが、天台の学僧としてはあくまでも『往生要集』に準拠して、称名行を念仏方法の中心にすえたのである。というのも、「別時念仏」はまた『往生要集』に勧める念仏修行法だからである。源信では、『摩訶止観《まかしかん》』の「九十日の常行三昧《じょうぎょうざんまい》」を引用するのを（同前六八a）、真盛では「四十八日」というほぼ半数の期間ではあるが、これとても長時にわたる修行に相違ない。『往生要集』の大文第五「助念方法」には「長時《じょうじ》・慇懃《おんごん》・無間《むけん》・無余《むよ》」の四修を勧めることも周知のことであり（同前五七c）、真盛が指導の別時念仏はこれにもとづく実践である。念仏が修行として修められるとき、そこにはおのずと戒を基盤とする規律が必要である。このように、真盛の念仏観では、天台は「行《ぎょう》の仏教」と性格づけられるごとく、『往生要集』にもとづいて「戒と行」を重んずる天台的な特色をもつといえよう。

註

（1）田村芳朗『本覚思想論』（一九九〇年、春秋社。なかでもとくに「日本中世思潮と天台本覚思想」「歌論と本覚思想」「日本的美と仏教」などの諸論文）。
（2）島地大等『天台教学史』（一九七七年、隆文館、四七〇頁ほか）。
（3）恋田知子「陽明文庫蔵「道具類」の紹介（一）『雲居月双紙』翻刻・略解題」（『三田國文』四五号、二〇〇七年）。恋田氏の発見後、西村冏紹編著『西教寺二祖盛全撰　雲居月双紙』（二〇一〇年、西教寺刊）が出版された。
（4）牧野信之助『真盛上人御伝記集』（一九三一年、三秀舍）。『続天台宗全書・史伝2』（「往生伝記」「絵詞伝」および「奇特書」を収録）。『訳註　真盛上人往生伝記』（西教寺刊、一九七二年、以下『訳註　往生伝記』）。本稿では、『往生伝記』の典拠には『続天全』本を用いたい。

（5）真盛一代の年譜は、前掲『訳註　往生伝記』の末尾に載せるのが、今日までの研究をよく反映させている。また、確実な史実を研究のうえに、伝説や信仰を含めて一代を詳しく綴ったものに、色井秀譲『真盛上人――末世の聖・その史実と伝説と信仰――』（一九八二年、中山書房）がある。

（6）これらの記事は、『訳註　真盛上人往生伝記』の巻末に収録されている（同書二六九―四一二頁）。宮中と公家、つまり貴族たちからの熱心な帰依は、真盛にみる特色のひとつである。というのは、同時代の著名な高僧に、一休（一三九四―一四八一）、日親（一四〇七―八八）、蓮如（一四一五―九九）らをみるなか、同種の日記類に出るのはほぼ真盛に限られるからであるという（勝野隆信「真盛上人史料考」『天台学報』八、一九六七年）。

（7）盛全『雲居月双紙』巻下（註（3）恋田前掲論文八七頁）。西村編著註（3）前掲書八八頁以下。

（8）同右（恋田註（3）前掲論文九〇頁）。西村編著註（3）前掲書一二〇頁。

（9）同右（恋田註（3）前掲論文八九頁）。西村編著註（3）前掲書一一〇頁。

（10）色井秀譲編著『天台真盛宗宗学汎論』（一九六一年）六四九―五六頁。満井秀城「真盛の教学と蓮如上人」（浄土真宗本願寺派『蓮師教学研究』三、一九九三年）、同「蓮如教学と浄土戒学」（『宗学院論集』六六、一九九三年）。なお、満井論考では、すでにみた「河毛盛空入道」への書翰に、浄土門では「信行相応」を強調する真盛の念仏思想について、『往生要集』の「物結要行」の文に「信・行」を巧みに配釈して理解している。すなわち、大菩提心（信）と護三業（行）は戒の信行、また深心至誠（信）と常念仏（行）は称（念仏）の信行であり、これらのなか大菩提心（信・道心）と常念仏（行・十念）が戒称二門に亘る信行相応、また護三業（行・持戒）と深心至誠（信・念仏安心）が戒称二門に亘る信行相応という関係で戒称一致であるとみる。

（11）真盛が地蔵菩薩であるとの信仰は、日吉大社参道《さんどう》横（大津市坂本）にある六角堂の「かくれんぼう地蔵（身代わり地蔵）」をはじめ、枚挙にいとまがない。

(12) 真盛の伝記書として信頼性の高いものは、前掲註（4）の牧野信之助『真盛上人御伝記集』に収録されている。なかで、『往生伝記』と『絵詞伝』は、『続天台宗全書・史伝2』に収めるので、いまはこれを典拠に用いる。また、『訳註　真盛上人往生伝記』（一九七二年、西教寺刊）が出版されており、これには史誌類から集輯した真盛の記事も載せ、また巻末には真盛の年譜を典拠を示して載せる。

(13) 註（3）に示した書籍史料。本稿では、西村編著に収録の『雲居月双紙』を用い、典拠をその頁数によって示す。

(14) 註（12）に記した『往生伝記』の「訳註」版にそれらの記事を収録する。

(15) 引用文に関する典拠等の詳しい調査は、向井亮海稿によってなされ、註（3）の西村編著のなかに収録されている。

(16) 西村編著註（3）前掲書一二二―三五頁。なお、この書（西村編著）では写本の写真を収録しており、それとの対照で翻刻が不正確または誤りと思われる箇所は直して引用した。

第二章　真迢の法華円教観にもとづく持戒念仏の思想

第一節　江戸初期・真迢の日蓮宗から天台念仏への回帰とその真意

一　真迢の伝記にみる転宗の理由

西教寺（比叡山麓坂本、天台真盛宗）の第十五世に列せられる真迢《しんちょう》（舜統院、一五九六―一六五九）は、日蓮宗から天台宗に転じたきわめて異色の学僧である。主著には、『破邪顕正記《はじゃけんしょうき》』五巻（鈴木『仏全』六一）のあることがよく知られている。その転宗には、傑出した学僧であったがゆえ、日蓮宗内にかなりのインパクトを与えた。と同時に、事後には天台宗内で浄・戒（念仏と戒行）を双修する事跡の上に、とくに天台の円頓戒と念仏の教学を顕揚し、ひいては比叡山の横川《よかわ》（恵心僧都源信）にゆかりの深い真盛《しんせい》の教学（戒称二門）を明確化するのに寄与したことが注目される。

『破邪顕正記』に対しては、当時の先輩や同学の日蓮宗学僧達から、反論がなされた。真迢側ではまた、『禁断日蓮義』を出して応酬し、さらにそれへの反論も出て論争となった。そして、近代では真沼の転宗とその教学に対する研究と論評は、日蓮宗学の識者から多くなされている。[1]これらのことは、真沼の日蓮宗からの改宗と『破邪顕正記』の存在が、とくに日蓮宗側で無視できない問題であったことを物語る。真沼（改宗前は日沼）の日蓮宗時代における行歴は、日蓮宗内の資料によってもかなり跡づけられ、また真沼の転宗が日蓮宗内にいかなる意味をもったかについて、教学史的反省を含めてすでに明らかにされてきている。

ただ、これらの日蓮宗側での真沼研究は、「脱宗者」に対する批判的姿勢と、当時の日蓮宗がかかえていた問題点を中心とする。それらは貴重で傾聴に値するけれども、しかし真沼の主体的な求道をその意を汲んで跡づけているとは言い難く、また転宗後の天台宗における真沼の役割と業績にまでは及んでいない。

そこでまずここでは、真沼が日蓮宗の大本山（妙蓮寺）の貫首にまで登りながら、なぜ天台宗に転換して道を求めたか、あるいは転宗直後に『破邪顕正記』を著わして日蓮宗を批判したその真意は何であったか、そして真沼の転宗後に志向した教学（戒律と念仏）と、その宗教的確信について、真沼の伝記と、主として『破邪顕正記』をもとに明白にしてみたい。

真沼の伝記は、法道（一七八七―一八三九）の編んだ『真沼上人法語』（『大正蔵経』七七）の、末尾部分にある「真沼上人伝」がもっとも詳しい。[2]この伝記は、『禁断日蓮義』（十巻と付録一巻）の巻二と、『破邪顕正記』巻一などをもとに、真沼自らが述べていることによって綴られている。[3]

真沼（日沼）は、幼きに日蓮宗に入り、日舜（妙蓮寺十三世）について剃髪し、日沼（圓韓）と号した。二十歳に関東へ赴き、当時多くの俊才を育成したことで著名な、日蓮宗の檀林に学んだ。すなわち、下総の法輪寺（飯高《いいだか》檀林）で七年にわたり宗学を研鑽したほか、中村檀林などにも修学している。そして、二十六歳の元和七年（一六二一）四月に上洛し、日源（妙蓮寺十四世）から一宗の真義を半年間に受け、のち再び関東へ戻った。中村に還住したのをはじめ、松崎の檀林、あるいは上総の大沼田と宮谷の檀林に遊学し、さらに三十二歳時には駿河国の光長寺に暫住して『法華玄義』『四教儀』『十不二門』等を講じたという。すでに幼少の時からの修学で、日蓮の書四十巻を暗誦してよく通達し、前半生の講学の間に、講義録をまとめたり、また自らの著述を作り残している。

かくて、寛永九年（一六三二）の三十七歳に至り、京都の大本山・妙蓮寺の貫首（十六世）に迎えられた。しかるに、寛永十一年（一六三四）の三十九歳十月には、翻意して改宗を決意する。すなわち、妙蓮寺の文庫に存した諸宗の章疏を披閲するに及んで、日蓮の宗義に疑問を抱くようになり、八月から十月まで宗祖日蓮の示現を請い、法義の疑念を祈問したところ、ようやく日蓮の忌日逮夜である十月十二日の夜に至って霊験を得、暁に仏の声によって『阿弥陀経』の文を感得したという。それで、翌年の四十歳四月十六日、比叡山横川の龍禅院に登り坐禅念仏し、そのなかで夢告に伝教・慈覚・恵心の慰諭を得たという。ところが、間もなく病気になり、一旦下山して半年余り療養したのち、四十一歳の夏に再び横川に登り法住院に住した。ついで、同年十二月京都の廬山寺で『破邪顕正記』五巻の撰述にかかり、翌寛永十四年（四十二歳）三月に完成して（刊行は寛永十六年）、横川へ戻った。そして、山門の宿老亮算の勧めに従って、同年の冬に西教寺に住職することになった。

すでに改宗時に日迢から伝心に名を変えていたが、西教寺に移ったとき真盛の霊夢を得て、真迢に改名した。西教寺では、弥陀の本願を深く信じて日課称名は六万返に及び、また円頓戒を執行し、念仏弘通数百座を勤めた。四、五年後にその学殖をかわれ、天海の要請で武州・東叡山の講者に招かれて赴いたが、暫くしてそれを辞し坂本に帰った。やがて、西教寺をも退き、醍醐に閑居して極楽寺の廃を興し、不断念仏を始行したが、万治二年（一六五九）に病を得、京都の因幡堂で十一月二日正念に遷化した（六十四歳）。そして、遺命により西教寺に葬られたとされる。

さて、法道記の真迢伝は、転宗を決意する前後の経過をやや詳しく述べるのに意を用いているが、そこに真迢が瞑想による霊験や夢告を得ていることは、真迢の求道における主体的な回心ないし宗教的確信を得た節目として注意されてよい。つまり、後にも述べるとおり、日蓮の「謗法」への疑問、伝統天台への回帰、そして真盛への帰伏という画期が読み取れる。また、真迢が妙蓮寺の貫首になって程なく転宗を決意した理由と、後半生に求めたものは、次のように考えてよい。つまり、妙蓮寺は都会のただ中にあるのに対し、後に身を寄せた横川と西教寺は人里を離れた山の中にあるという違いである。法道が真迢伝の末尾に、「上人モトヨリ幽閑ノ地ヲ好ミ玉フ」と記しているように、真迢は年齢的に、あるいはその頃から病気がちとなった面も考慮に入れてよいが、閑静な場所で心静かに念仏申すことを、自己の宗教的欲求として選んだのである。このことは、天海に関東へ講師に呼ばれたときも、長い滞在を好まずに西教寺に戻っていること、また晩年には人里の疎遠な醍醐に閑居して、不断念仏に従事したことなどをみてもうなずけるのである。それに、妙蓮寺を去ったのは、日蓮宗の

「折伏《しゃくぶく》と諫暁《かんぎょう》」に疑問をもち、ついにそれを嫌ったためである。そのことは、『破邪顕正記』五巻を読むときに判然とする。「摂受《しょうじゅ》と折伏」は日蓮以来の宗是であるとしても、とくに折伏（諫暁）を「謗法」と確信するに至ったとき、転宗を決意したのであろう。大本山の貫首になればいやおうなく、それを実践することが宗徒から求められるからである。(4)

二　真迢の著作と論争の展開

真迢の著作には改宗前と改宗後のがある。まず、転宗前のを掲げると、つぎのようなものが確認できる（成立年代と年齢、および現存の刊本年代を記す）。

『玄籤捃釈《げんせんくんしゃく》』十巻（元和三年〈一六一七〉、二十二歳、寛文九年〈一六六九〉刊本）
『観心《かんじん》異論決』二巻（元和九年〈一六二三〉、二十八歳、明暦二年〈一六五六〉刊本）
『西谷《にしだに》名目鈔』十二巻（寛永四年〈一六二七〉、三十二歳、寛文二年〈一六六二〉刊本）
『天台宗集解《じゅうげ》新鈔』六巻（寛永九年〈一六三二〉、三十七歳、万治三年〈一六六〇〉刊本、寛文二年刊本）
『法華宗略名目《りゃくみょうもく》』（延宝九年〈一六八一〉刊本）

これらの書の成立年代は、法道が「真迢上人伝」の末尾に載せる「撰述目録」の記述による。なかで、『玄籤捃釈』は元和三年の二十二歳に駿河の府中で天台智顗の『法華玄義』と湛然の『玄義釈籤』を講じて、同六年に終えたのを筆記して、十巻にまとめたものという。(5)また、『法華宗略名目』（一巻）

は、法道の記には挙げられていないが、現存する刊本を読むと、前半に「天台の要綱」を、後半には「当家」義と題して「日蓮法華宗の要綱」を叙述しているから、改宗前の著作に相違ない。全体として、真迢の日蓮宗時代における研鑽は、日蓮教学の背景をなす天台学をよくしたことが知られる。もっとも、このことはひとり真迢のみではなく、織田信長の叡山焼き討ちの時に、難を逃れてかなりの天台学僧が日蓮宗に移ったと言われ、当時の日蓮宗の関東檀林はいきおい天台教学が活況を呈した事情があり、それの反映でもある。ただ真迢では、やがて天台宗に改心する基盤となったことは否めず、しかもいかなる天台教学に依拠したかが注意されねばならない。

たとえば、『観心異論決《いろんけつ》』は観心（止観）の理解について、趙宋天台の「山外《さんがい》」義と「雑伝派《ぞうでん》」を支持するやや先輩の日遠《にちおん》（一五七二―一六四二）に対して批判を加え、「山家《さんげ》」派の四明知礼《しめいちれい》を擁護する立場をとっている。(6) 趙宋の「山外」派は華厳思想に傾いて、日本天台の「本覚思想」に親しい側面をもつのに対し、「山家」派は天台の伝統教学を固守する性格をもつ。転宗の時に真迢が、当時の日本天台と、その影響下に日蓮宗でも比重を増していた本覚思想に満足せず、伝教（最澄）・恵心（源信）等の古天台を拠り所とするに至るのは、この書のなかに準備されていたことを知る。

それにしても、右の著作のいずれもが、転宗後に刊本をみることは少しく注意を引く。真迢自身は転宗後に、たとえば『法華宗略名目』を「大邪見謗法の書」であったと後悔しており、廃棄を望んでいる。(7) ともかく、転宗後にも多くの需要があるほどに、真迢が優れた学識を積んでいたことの証左といえよう。

つぎに、転宗直後の四十二歳時（一六三七年）に、『破邪顕正記』五巻を著し、そのあとには次の書がよく知られている（成立年月とその年齢、および収録叢書等を記す）。

『念仏選摧評《せんざいひょう》』（寛永十七年〈一六四〇〉正月、四十五歳、『浄土宗全書』八）

『十宗略記』（承応元年〈一六五二〉八月、五十七歳、鈴木『仏全』二九）

これらの他に、『温故助導集』三巻もある。そして、やや晩年に近く（五十九歳）、『禁断日蓮義』十巻（追加一巻）が著された。これは、『破邪顕正記』に対する日蓮宗からの反論に応えたもので、弟子の真陽が慶安四年（一六五一）に草稿を始め、承応三年（一六五四）十一月に終えたのを、真陽が短命に没したので（一六五六年　三十歳）、真迢が再治して公刊している。

それで、日蓮宗側からの反論書をみると、まず『破邪顕正記』に対しては次のものがある（成立年と収録叢書または刊本の年代を記す）。

日賢（寂静）『諭迷復宗決』、同『別記』（寛永十八年〈一六四一〉、鈴木『仏全』六一）

日領『日蓮本地義』二巻（寛永十九年〈一六四二〉、鈴木『仏全』六一）

日遵（長遠）『諫迷論』十巻（慶安三年〈一六五〇〉刊本）

これら三書に対して、『禁断日蓮義』はいずれにも応答しているなか、内容の詳しさに比例して、日遵の『諫迷論』に多くが費やされている。つぎに、『禁断日蓮義』に対して、再び日蓮宗側から反論が出されたのは次のような書である。

日存（観妙）『金山抄』十六巻（万治三年〈一六六〇〉成立、寛文十二年〈一六七二〉刊本）

日航『摧邪真迢記』五巻（万治三年〈一六六〇〉刊本）
日題『中正論』二十巻（延宝五年〈一六七七〉刊本）

これらはいずれも、真迢の没後であるから、さらなる真迢の反論応酬はかなわず、論争は終結した。

このような日蓮宗からの反論では、日存の外はいずれも当時に形成された不受不施派の学僧であることは、おおいに考慮を要する。日蓮宗では、信長時代の「安土《あづち》宗論」（一五七九年）、秀吉の「千僧供養」問題をへて、江戸初期には「摂受」を重視する考え（受派）が大勢を占めるようになるのに抗して、あくまで「折伏」を貫いて日蓮の伝統を厳しく固持せんとしたのが不受不施派である。従って、不受不施の学僧では日蓮信仰に「忠実」な立場から真迢のいかなる日蓮批判にも反撃し、とくに真迢が「折伏」を「謗法」と断じたことに敏感であったと考えられる。思うに、当時は長期にわたる戦国の動乱と不安の世情から、ようやく平和の安定をもたらした折りに、あくまで折伏と諫暁を貫き、他宗を排撃する態度は、いかにも独善的と誤解されやすく、ために不受不施は間もなく非合法を余儀なくされる。対するに受派では、かつて日蓮の時代が度重なる大地震や干魃等の天災地変と、蒙古襲来の社会的動揺のなかに、諫暁をなしたのとは異なって、長い戦乱から平和を回復した江戸初期の安堵感にある世情に、折伏（諫暁）を強調する不寛容は無用の争いや混乱を招き易いと同時に、真迢の批判したごとき謗法と受け止められがちであることを恐れ、この際は「摂受」の精神を発揮して他宗との共存をはかるのを、時代的要請とみたのである。もっとも、摂受派でも日存が詳しく反論を浴びせているように、真迢の転宗と日蓮批判には不本意なのではあるが、それでもなお日蓮宗に満足できない者が出ることに、むしろ内省と寛容が多くはたらいたゆえ、真沼への反論がいきおい影を潜めたと考えられる。

三　『破邪顕正記』の内容構成と撰述意図

『破邪顕正記』五巻は、全体で六七（六十七）の条目の下に叙述され、各巻の分量はほぼ均等である（巻五は少し多い）が、各条の長短はかなり不均衡である。

巻一は五条からなり、初めに真沼が転宗して、この書を著した理由を述べる（第一条）。のち日蓮教学の批判に入り、まず日蓮が「上行菩薩の化身」であることを否定し（二条）、また『無量義経』の「四十余年未顕真実」、『法華経』方便品の「正直捨方便」と、譬喩品の「不受余経」等の所説を根拠に「爾前の諸教は無得道である」と主張する日蓮義を、「妄説」であると退ける（三・四・五条）。

巻二では、巻一を承け二四条を設けて、日蓮の法華教学をくわしく批判する（六―二九条）。なかで、もっとも長文に及ぶのは第二一条であり、ここでは日蓮が譬喩品所説の「法華経を誹謗する者は無間地獄に堕ちる」を根拠に、諸宗を「謗法堕地獄」と主張するのを批判し、逆にそのように諸教を排撃する日蓮こそが「謗法堕獄」の罪を負うとする。つぎに長いのは第二五条で、ここでは日蓮の法華独一主義が末法の時機によるというのを退け、また日蓮を「逆縁の化道をなす常不軽菩薩」に擬えることに批判を加える。つまり、末法には『法華経』のみでなく諸大乗経が普く流布するのであり、また常不軽は観行深位《かんぎょうじんい》の菩薩であるのに対し、諸宗を誹謗する日蓮は名字浅智《みょうじせんち》の凡僧にすぎないと断罪する。

つぎに巻三以下には、日蓮の諸宗批判を退ける。日蓮に発する「念仏無間・禅天魔・真言亡国・律国賊」の四箇格言は周知のことであるが、この巻ではまず、「念仏無間」義を退けるとともに、真迢自らは慧心流の念仏（『往生要集』）に依ることを詳しく論ずる（三〇—三六条）。

巻四では、日蓮の「真言亡国」義を退け、密教とくに台密の正義を述べる（三七—五四条）。

巻五には、日蓮の「禅天魔」義（五五—六一条）と、「律国賊」義（六二条）、それに「神道排斥」義を批判し（六三条）、そのあと「蒙古襲来」の予言は日蓮が最初ではなく聖徳太子によること（六四条）、また日蓮が諸宗を折伏するのは「宗旨建立の方便」といったものではなく「真の謗法」であると非難し（六五条）、そして日蓮の「霊験」について言及したのち（六六条）、最後に「当世諸人の要行は往生要集にある」ことを述べて終わる（六七条）。

なお、同書には『続補』が存し（鈴木『仏全』六二）、これは二年後の寛永十六年（一六三九）までに作られ、短編の問答形式による。

さて、右にみる巻三以後の「四宗」擁護は、鎌倉時代の日蓮が初めに「法然の浄土念仏」を攻撃し、のち蒙古襲来の危険には「真言祈祷」を排撃の中心とした、その順序を追っているともみれるが、いまは真迢の転宗後の宗旨が「念仏」であることから、その正義を明かすことを初めにしたとみてよい。

つぎに、「密教」に巻四の全部を費やすのは、日本天台では密教の占める比重が大きく、『法華経』と並んで密教を尊重する真迢の見識によるといえる。また、「律」は一条のみの叙述であるが、七条を擁する「禅」よりも分量は多い。

それで、真迢の諸宗擁護は、「円体無殊《えんたいむしゅ》」を論拠とする。これは、『法華経』を最勝の教（円教）とみるのを前提とする。円教には、「約部の義」と「約教の義」が分けられ、「約部」ならば『法華経』を知らない者（権機《ごんき》）には諸教（爾前《にぜん》八教）はみな得道の法とはならないのに対し、「約教」では『法華経』（円教）を通して諸教が見直されるから、法華以前（爾前）に説かれた諸大乗経も『法華経』に等しく（円体無殊、つまり円教としての本質は殊《こと》なることは無く）、みな得道の法となり、したがって四宗（諸宗）はみな覚りを得る法として有効であるという。日蓮は約部のみを正意とするのに対し、約部を踏まえて約教に立つのが天台の正意であり、これが『法華経』の真意であると真迢は主張する（巻二）。そして、四宗のなかで真迢が念仏を最適の法として選ぶのは、「顕密の間には密教を頂上とし、顕教中には法華を最上とし、西方往生の機の前には弥陀念仏を最勝とする」との見方によっている（巻三）。

そこで、真迢が『破邪顕正記』を書いたのは、日蓮の法華独一主義を批判して、自己の選ぶ「浄土念仏」の方が正しい仏法であることを主張するためとみられやすいが、むしろそれは二次的であり、もっとも重要な動機は日蓮の「四宗排撃」を伴う法華教学が「謗法」であることを明らかにするためである。真迢の諸宗擁護の立場では、日蓮の「唱題成仏」義はこれを幾分には尊重する口ぶりがある。けれども、その教学は折伏と諫暁、ひいては他宗を排撃することとセットになっていることが、真迢が日蓮信仰の本質を捨てた理由である。日蓮の「謗法」を強調することは、『破邪顕正記』の始終に一貫した主題となっている。よってこの書で「破邪」とは、日蓮宗が他宗を攻撃する教学を謗法（邪）として退けるのを中心とする。真沼では、諸宗がそれぞれに宗旨の優位を主張することは謗法とはみない。ほかに真沼の『十宗略記』をみるときにも、天台宗と浄土宗の勝れることを立場として、十宗の要綱を記すなかに、日蓮宗のみを「真実謗法の悪人」であると批判している。

つぎに、真沼が日蓮教学に不満を覚えた重要な要因は、当時の日蓮宗に比重を増していた「本覚思想」であろう。というのは、分別功徳品の「一念信解《いちねんしんげ》」位と随喜功徳品の「五十展転《てんでん》随喜」位を、「名字即《みょうじそく》」位の即身成仏とする日蓮義を批判し（巻二）、たびたびこれに論及しているからである。(8) 名字即の成仏は、「戒・行」を軽視する本覚思想の要点となるもので、真沼がやがて真盛に帰伏して念仏行と戒律を重んずる仏法に進むことからもそれはいえる。(9) 真沼は『破邪顕正記』で、「天台・伝教・恵心」とともに宝地坊証真を引用し、それらに依拠して主張を述べるのもその故である。

さらにもうひとつ、真沼は日蓮宗における法華独一主義の「霊験」と、日蓮信仰に反すれば「臨終に悪相をみる」というのを批判する。すなわち、日蓮の諫暁を容れなかった北条重時・時頼・時宗らの最後が不運であったとする見方を、史書『東鑑』（『吾妻鏡』）を引用して正し、また日蓮が嫌った戒律僧の忍性（一二一七—一三〇三）は癩（ハンセン病）で死んだとか、あるいは真沼の少し前に日蓮宗から臨済禅に転じた円耳《えんに》（一五六一—一六二二）の臨終は悪相を帯びたとする日蓮宗の風聞を取り上げ、いずれも戒律を正しく守り、如法正念《しょうねん》に終わっていると反証している（巻一）。さらに、善無畏や円仁が密教を重んじたから臨終が不幸で悪相をみたとする「妄説」を退けている（巻四）。もっとも、真迢は必ずしも「霊験」を否定するのではない。ただ、「仏法の正邪は奇特霊験にはよらない」といい、また「臨終の善悪」は日蓮信仰のいかんに拠るのではなく、宿業の問題などインド以来の仏教的理解によって述べ、「平人の浅智」では量り難いこととする[10]。

さて、本節には、真迢が転宗の動機と、日蓮宗を批判した真意を中心に述べた。次には、真迢の転宗後における「念仏と戒律」の教学を、節を改めてみることにしたい。

第二節　江戸初期における念仏と法華の論争とその特色

一　真迢の「日蓮宗」批判と「四宗」擁護の立場

安土桃山時代から江戸初期にかけての念仏と法華の論争は、天正七年（一五七九）の「安土宗論」と、慶長十三年（一六〇八）の「江戸城の宗論」がよく知られている。しかしこれらは、浄土宗と日蓮宗との間の対立と相克に、政治権力側の宗教政策がからみ、同時に日蓮宗における「不受不施派」の形成とそれへの法難が密接に関わっている。論争を知る史資料の主ないくつかは、『仏全』（『大日本仏教全書』）の「宗論部」（鈴木『仏全』六一）に収録されているが、論点の詳細を知るほどには資料は充分ではなく、また論争の顚末における客観的な真相も把握し難い側面があり、どの史料を重視するかによって見方が分かれることにもなる。(11)

他方、そのような宗派対抗の論争（宗論）があったのとほぼ同じ時代に、日蓮宗から天台宗に転じて念仏を修め、『破邪顕正記』五巻を著して日蓮法華宗を批判し、法華宗学徒と論争を交わした念仏者に真迢《しんちょう》（一五九六―一六五九）がいる。この論争には浄土宗の学僧も真迢に組して加わっており、『正直集《しょうじきしゅう》』（著者名は不明）が残されている。この書は、日蓮宗の日賢《にちけん》（不受不施派）が真迢に反論して著した『諭迷復宗決』（寛永十八年）に対し、浄土宗の念仏義から批判を加えた寛永二十年（一六四三）頃の著作である（これらの書はいずれも鈴木『仏全』六一に収録）。

本節では、江戸初期に顕著な事績を残した天台僧・真迢の念仏思想をみることを主眼とするなか、真迢の残した主著は『破邪顕正記』であるので、日蓮の念仏排斥を批判する内容を通じて真迢の念仏観を読み取ることにしたい。というのも、論争を通じて各宗間の主張の違いをみることにより、真迢の天台的な考え方の特色が明確になると考えるからである。したがっていまは、個人の信仰と学識のうえに著されたこれらの論争書をもとに、江戸初期にみられた「念仏対法華」の論争内容と、争点となった問題を真迢を中心にみることにしたい。その場合、日蓮宗から転じて天台の念仏者となった真迢と、浄土宗学徒との考え方の違いにも少しく留意してみたい。

真迢（日蓮宗時代には日迢）は、幼きより日蓮宗で出家し、飯高や中村などの著名な日蓮宗檀林

（関東）で学業を積み、寛永九年（一六三二年、三十七歳）に京都の大本山・妙蓮寺の貫首に登った。ところが、わずか二年後の三十九歳のとき転機改宗を決意し、翌年春に比叡山の横川に移り、寛永十四年（一六三七、四十二歳）には『破邪顕正記』五巻を著し、同年の冬に比叡山麓の西教寺（現在の天台真盛宗総本山）に住職し、そこの第十五世となった。西教寺では、中興の祖である真盛（一四四三—九五）の宗風に従い、円頓戒を重んじ日課に念仏をこととした。さらに後には、醍醐に閑居して極楽寺の廃を興して、そこで不断念仏を修めて生涯を終えた(12)。

真迢が妙蓮寺を去り、『破邪顕正記』を書いたのは、すでに前節にみたように、日蓮宗時代の関東で研鑽した天台教学を基盤に、日蓮宗の行う「折伏と諌暁」（他宗を排撃すること）が「謗法」であるとの確信に達したためである。そして、天台の念仏者になったのは、転宗後の経歴をみるとき、戒行を重んじて、しかも人里を離れた山中で静かに念仏したいという自らの強い宗教的欲求にもとづくことが察せられる。

そこで、真迢の『破邪顕正記』五巻（以下『破邪記』ともいう）は、前二巻には日蓮宗の「法華教学」を批判し、後三巻には日蓮宗の「四宗排撃」を批判し退けるという構成を取っている。そして、これらを叙述する初めには、真迢が転宗して、この書を著した理由を述べている（巻一・第一条）。それは、「邪宗を捨て正法の行者となる」ためであるが、なかで真迢が次のような旨を述懐していることは少しく注意しておきたい（鈴木『仏全』六一・七一—五頁ａ）。

すなわち、自分（真迢）はかつて日蓮宗の学問のみを積んで、それを至極の宗旨と思っていたが、近年になり「諸宗の章疏」を見た結果、「台密・禅・律・念仏」の各々に倶に利益があり、日蓮の所立は「曲会私情」であることが分かったといい、また法華唱題は「日蓮の功」であるとしても、日蓮には「謗法毀人《ぼうほうきにん》の罪障」あるが故に信ずることができず、したがって前来に自らが日蓮学徒としてなした「謗法」を消すために、「伝教・慈覚・慧心の御義」にまかせて、「法華の正義《しょうぎ》」を明らかにするべくこの書を著したとする。そして、日蓮宗の犯している「謗法毀人」の例として、日蓮宗では日蓮の「奇特霊験」を語って、日蓮の法華信仰に反する者は「臨終に悪相をみる」と誇ることを挙げ、これを反証している。例えば、日蓮在世時の「大敵」であった北条重時・時頼・時宗や忍性（真言律宗）らについて、晩年と臨終が不運で苦痛であったことが伝聞されるのを、『東鑑』（『吾妻鏡』）などの歴史書を引用して、極楽寺重時（一一九八―一二六一）は「一心に念仏し正念に終わっている」こと、また最明寺時頼（一二二七―六三）は「坐禅して即身成仏の瑞相を現して」亡くなっているなどと述べ、或いは忍性《にんしょう》（一二一七―一三〇三）が「癩（ハンセン病）を病んだ」というのを「妄説」と退けている。さらに、真迢の少し先輩で日蓮宗を出て臨済禅に転じた円耳《えんに》（一五六一―一六二一）について、「最後まで酒肉五辛の人を近づけず如法正念に終わっている」と述べて、日蓮宗の悪評に反論する。真迢では、「仏法の邪正は霊験によらず、法門の義理についてよく調べるべきである」と主張し、ことに真迢が日蓮所立に疑問を生じたときのことをも明かして、日蓮像に向かって祈誓したけれども、数ヶ月を経ても終に霊験なく、ゆえに日蓮宗を捨てたという(13)。

ここには、真迢が日蓮宗から天台宗に転じて、この書で「破邪顕正」を著わそうとする基本的考え方が伺われる。それは、日蓮の法華教学が「謗法」（邪法）にほかならないことを、天台の法華教学（正法《しょうぼう》）のもとに明らかにし、その上で日蓮宗の排斥する諸宗（四宗）を擁護することである。その場合、中古天台期の当時にあって真迢が依拠する法華の「正義」とは、「伝教・慈覚・慧心」ら古天台の文献によることをいう。事実、この書で真迢が依用し引用するのは、智顗《ちぎ》・湛然《たんねん》・最澄・源信らを中心とし、これに宝地房証真《しょうしん》を加えるのを顕著にみる。また、この書で真迢が擁護する「諸宗」とは、法然の浄土宗や空海の真言宗を含む場合もあるが、基本的に叡山天台宗が擁する「密・禅・戒・浄」の四宗である。したがって、真迢が転宗後に宗旨とした弥陀念仏は、源信の『往生要集』にもとづく天台の念仏義ということになる。このように、真迢が転宗後を天台に依るのは、日蓮宗時代に天台教学を多く研鑽したことを反映し、また四宗のなかに念仏を選んだことは自らの時機観（末法）と宗教的欲求によるものと考えてよい。

それで、『破邪記』の巻一から巻二にかけて、日蓮宗の法華教学を批判するなかには、日蓮をして「法華の正義に背く」とみる真迢の基本的な考え方を次のように述べる（第二条）[14]。すなわち、

法華には「爾前《にぜん》の成仏」をあげているのに、日蓮は「爾前無得道」といい、また法華には念仏を明かし「弥陀の浄土」をほめるのに、日蓮は念仏を嫌い、また法華には諸の如来を敬うことを説くのに、日蓮は釈尊の外に「大日如来」を崇めるのを謗り、また法華には「衣室座《えしつざ》の三軌」に住し「空《くう》の座」にて諸法を弘通《ぐづう》すべしと説くのに、日蓮は「空無相の禅観」を嫌い、また法華には末法に戒律を持つべしと説くのに、日蓮は「末法は無戒」なりと言って律僧を国賊と罵る。

などという。そして、日蓮を「上行《じょうぎょう》菩薩の化身」とすることを退け、また法華の妙行は「読誦解《どくじゅげ》説《せつ》等の五種」（法師品の五種法師）にわたるゆえ「題目《だいもく》の五字」（日蓮義）に限らないこと、或いは「末法には必ず三類の強敵《ごうてき》」が現れて法華信仰者を迫害する（日蓮の主張）というものではなく、むしろ法華真実の行者は諸の災難には遭わない、などと主張して真迢は日蓮信仰の本質を拒否する。

このようにして、真迢では日蓮が「末法」観の上に立てた法華信仰と、また日蓮宗との間の法華れた日蓮宗の法華教学をことごとく批判してゆくのであるが、巻二の初めには日蓮信仰の上に立てら「円教」観の違いを述べている（第六条）。それによると、『法華経』が円教（真実で完全な教え）であるのには、「約部の義」と「約教の義」が分けられ、「約部」ならば『法華経』を知らない者（権機《ごんき》）には諸教（爾前八教）はみな得道（成仏）の法とはならないのに対し、「約教」では『法華経』（円教）を学んだ上に諸教が見直されるから、法華以前（爾前）に説かれた諸大乗経も、『法華経』に等しく皆な得道の法となり（これを「円体無殊」という）、したがって四宗（諸宗）はみな覚りを得る法として有効であるという。これを日蓮では約部のみを正義とするのに対し、約部を踏まえて約教に立つのが天台の正義であり、これが『法華経』の真意であると真迢は主張する。ここに「円体無殊」という論拠により、真迢では弥陀《みだ》念仏はそれが説かれる浄土三部経（『双観経』『観経』『阿弥陀経』）が「爾前教」であっても、法華に等しく「円教」に属して得道の法であり、かえって末法の時機観に立つときには法華よりも勝れていると主張するに至る。

つぎに巻三以下には、日蓮の「念仏無間・禅天魔・真言亡国・律国賊」という四箇格言に抗して、

「四宗」を擁護する。これを真迢では、念仏（巻三）、密教（巻四）、禅・律（巻五）の順に論述する。これらのなか、念仏に次いで「台密」を擁護するのに詳しいのは、真迢の密教に対する考え方が反映されている。そこ（巻四）では、密教を日蓮が方等部《ほうどう》（権教）の所属とするのを批判するだけでなく、密教には「極重障の罪人《ごくじゅうしょう》」を救う即身成仏の大利益があり、極大乗の中でも「最極《さいごく》の秘密教」であると評価している（第三七条）。真迢では、真言と法華は最澄が止観業と遮那業《しゃなごう》を「鳥の二翼、車の両輪」としたように、どちらを偏執してもいけないのを基本とし（第四〇条）、また円仁が入唐して以後に台密が盛んになって「叡山は謗法の山となった」とする日蓮説を「妄説」として退ける（第五一条）。そして、顕密一致（理同《りどう》）の立場で法華と密教は優劣を単純には比較できないとしながらも、「法華と涅槃は顕教中の醍醐味《だいごみ》である」のに対し、これを密教に望めるときは醍醐味ではなく（第四二条）、むしろ密教は「理同事勝《じしょう》」という面で、或いは「機を摂する」という意味で、「顕教の利益も及ばない極下劣の人、及び一切の重罪造積の悪人には悉く真言を持って即身成仏する不思議神通乗である」と述べて、密教を『法華経』よりも評価していることが分かる（第四三―四五条）。

また巻五では、「禅」については、日蓮宗で「当今の末法は禅門の機ではない」とする主張を退けて、「不立文字《ふりゅうもんじ》」の禅宗を邪法ではないと擁護する。ただし、禅は上根の類には適法でも、下根《げこん》の機には念仏が相応しいと述べている（第五五条）。ついで「律」では、日蓮の「末法不持戒」義を批判して、「末法にも分に随って戒法をまもる」べきことを主張する（第六二条）。そのあと、日蓮宗の「神祇排斥」に対しても詳しく論述し、「善神は天上に去り、あとの社壇には邪神ばかりが入れ替った」とする日蓮の主張を退ける。また、「叡山の如法守護の神」である「三十番神」を日蓮宗が用いるのは、日蓮末弟の「曲会私情《きょくえ》」にもとづくと批判する（第六三条）。このような論述はいずれも、真迢の天台学僧としての立場を表している。

そして、巻五を締めくくるとき、「当世諸人の要行は往生要集にある」ことを述べて、そこに自己の依るべき「要行《ようぎょう》」を示し、これを解説して終わる（第六七条）。これは、真迢の天台「念仏」者としての宗旨を正しく表明するものであるから、項を改めてその念仏についての考え方を、この書の巻三によって見ることにしたい。

二　真迢の『破邪顕正記』にみる浄土念仏思想

『破邪顕正記』の巻三は、第三〇条から三六条にかけて叙述される。いまは真迢自身が掲げている標目をもとに、その要旨と論拠をみてゆきたい(15)。

第三〇「末代円頓行者の所期の浄土は西方安楽世界なる事」（三問答による）では、末法には弥陀「浄土」が最適であると主張し、日蓮の法華「浄土」観を批判する。ここでは、天台の四土（同居・方便・実報・寂光）説を基盤に述べる。すなわち初めに、浄土には都率《とそつ》（弥勒浄土）を四土の前に加えて五種を数えるうち、後の三土は「断惑証真」の聖者が生まれることができる浄土であるから、未だ煩悩を断じていない凡夫は「凡・聖の同居《どうご》する」浄土である西方極楽を欣《ねが》うのを要とする、と主張する。そして、このことを『往生要集』の第三「極楽証拠」（十方と都率に対して極楽の勝れていることを明かす）や、第八「念仏証拠」と第一〇の中の「諸行勝劣」（ともに弥陀念仏の勝れることを明かす）などを主な根拠に論証する。或いは、真迢がそこに引用する経論の多くは、『往生要集』のなかに認められ、またそれらに湛然《たんねん》の「諸教所讃多在弥陀」（『止観弘決《ぐけつ》』巻二）など、天台の記事をいくつか加えて論じている。ただここには、浄土教三祖（曇鸞《どんらん》・道綽《どうしゃく》・善導）らを直接用いていないことが注意できる。

つぎに（第二問答）、日蓮の『守護国家論』を引用して、『法華経』の説処である「霊山《りょうぜん》浄土」を四土の「常寂光土」に直接結びつける日蓮の「娑婆即浄土（寂光）」義を批判する。また、湛然の『法華文句記《もんぐき》』に「不レ須三更指二観経等一」（「薬王品」釈）と説く文の解釈をめぐって、「当世に西方浄土を願《ねが》うのは瓦礫土を楽うに等しい」と理解する日蓮義を退ける。ここで、「娑婆即寂光」はもと天台教学に根拠をもつが、それは「宿習深厚《しゅくじゅうじんこう》の妙解《みょうげ》の人」に当てはまることで、日蓮の「法華唱題」による「但聞名字《たんもんみょうじ》の初心の人」には適わず、事実として南岳や天台の勝れた法華修行者でも西方を願った、と真迢は言う。そして、日蓮による湛然釈の理解を「妄説」とし、『観無量寿経』所説の極楽世界と『法華経』薬王品所説の弥陀浄土とは各別ではなく、同価値であると主張する。

さらに（第三問答）、伝最澄の『法華略秀句』に「爾前《にぜん》・迹門《しゃくもん》・本門の三種弥陀」が説かれるのを引用し、日蓮宗ではこれを爾前（『観経』等）よりも『法華経』の迹門（「化城喩品」所説の弥陀）が勝れ、また迹門よりも本門（「薬王品」所説の弥陀）が真実で勝れていると解釈するのを、真迢は批判する。すなわち、爾前経を「不成仏の権教」とし『法華経』のみを真実と位置づけ、『観経』と『法華』所説の弥陀を各別とみるのは、もと日蓮の『初心成仏抄』に由来する「妄説」であり、『略秀句』はそのことを裏付けるために日蓮の末弟が偽作したものにすぎないと主張する。その理由は、最澄の著作目録になく、また源信や証真ら天台の有力な学僧に引用するのをみず、或いは内容が経典や注釈書に相違し文章も拙劣であるからという。なお、『法華経』の「化城喩品」所説の弥陀とは、大通智勝仏の「十六王子」の一人が昔に『法華経』を履講《りこう》して仏と成り現在に西方の弥陀となって法を説くとされるのを指し、真迢ではこれを浄土三部経に「法蔵菩薩が四十八願を立て十劫《じっこう》に正覚《しょうがく》を成《じょう》じ」て弥陀になったと説かれるのに少しの矛盾はなく、つまり法蔵の前世に法華を履講したことをいうとし、したがって『観経』等に勧める往生成仏のための弥陀念仏法は何ら価値を減じないとみる。また、『法華経』の「薬王品」所説の弥陀とは、如来の滅後五百歳に女人が法華を修行して弥陀の浄土へ往生することを説くのを指し、真迢では同じく『観経』などと異なった「別体の弥陀」ではないことを証真の『法華文句私記』を引用して示している。

第三一「往生の業には有相《うそう》と無相と多種ある事」(三問答による)では、浄土に往生するには弥陀念仏法が最勝であることを論ずる。ここでは、源信の『往生要集』でも、往生浄土の「正因《しょういん》」は「無相の理観」(空観)であるとはするが、しかし「下根《げこん》者」はそれを修行できないために「真言・法華・称名念仏等の有相門」によらねばならない、と真迢は主張する。そして、有相門の諸教間を比較して、「顕密二教の中では密教を頂上とし、また顕教諸大乗の中には法華が最上であるけれども、西方往生の機の前には弥陀念仏が最勝である」といい、さらに「往生の行因には称名念仏が最も親近《しんごん》にして、真言・法華等は疎遠《そおん》であるのは、喩えば刀剣の所用には価値の高い金銀よりも鉄の力用《りきゆう》が勝れるゆえに最要なるのと同じである」と述べる。この場合、念仏が勝れているのは、真迢では「弥陀の本願」の故であるとし、『双観経』（『無量寿経』）の「第十八願」を引用して、しかもこれを善導の解釈によって示し、また『観心略要集』（源信）には「名号《みょうごう》の功徳」が強調されているとしてこれを引用し、これらによって真迢が「本願による称名念仏」を支持していることは注目してよい。ただ、真迢では「弥陀念仏の行が円教の法門である」こと（円体無殊・法体不分《ほったいふぶん》）を力説し、念仏を明かすことを『法華経』（方便品・安楽行品）と『摩訶止観』および湛然の『止観弘決』を中心に跡づけ（明恵高弁の『摧邪輪《ざいじゃりん》』の引用もみる）、あくまでも天台教学のなかに位置づけて論じ、その上で日蓮（『本尊問答抄』『十章抄』）の念仏蔑視の解釈を退け、「滅後末法における法華本門の行者は必定《ひつじょう》して弥陀念仏を申すべき」であると主張する。そして（第二問答）、日蓮の『月水抄』に「法華能開・念仏所開」と主張するのも、法華「開顕」の意味を「曲説」するものと批判し、ここでは天台『観経疏』を援用している。さらに（第三問答）、浄土宗について言及し、浄土宗でも「念仏を無上とし、法華を有上《うじょう》とする」のは、念仏の機根によって説くのであり、密教と法華が諸大乗教中に勝れていることは法然の『選択《せんちゃく》本願念仏集』でも認めていると論じている。

第三二「西方仏別縁異《べつえんに》等の釈義を日蓮は僻解《へきげ》する事」（二問答）では、ここに「西方仏別縁異」とは西方の弥陀は娑婆の衆生には無縁であるとの日蓮義をいい、日蓮（『法華取要抄』）が「天台と妙楽」

の釈を用いて、「当世日本の衆生が弥陀来迎を待つのは、牛の子に馬乳を飲ませる」に等しいと「僻解」するのを真迢は批判し、「弥陀は娑婆に有縁の仏である」ことを主張する。真迢では、「月蓋《がつがい》長者や韋提希《いだいけ》等の如く弥陀の利益に預かる者は多く、況や滅後の衆生は偏えに弥陀仏に頼むべき」とし、ここでは天台『十疑論』、道綽『安楽集』、懐感《えかん》『群疑論』、源信『阿弥陀経略記』等に依って論証している。なかで、『十疑論』と『群疑論』の文は『往生要集』の第三「極楽証拠」に同じ文があるのをみる。つぎに（第二問答）、日蓮（『頼基消息』）が『法華経』譬喩品の「唯我一人能為救護《のういくご》」の文に依り、法華教主の釈迦仏は一切衆生の「主・師・親」（三徳有縁）であるのに対し、弥陀仏にはそれら「三徳」がないと解釈するのを退け、真迢では「弥陀如来は安養浄土の機の前には主・師・親の三徳をもつ」ことを主張する。

第三三「日蓮は無量義経の難易二道を僻解する事」（一問答）では、日蓮宗の法華「易行《いぎょう》」説を批判し、弥陀念仏こそが「真の易行」であることを論ずる。日蓮（『守護国家論』）では、『無量義経』のもとに「難易勝劣の二道」を判じ、また『法華経』所説の「五十展転《てんでん》行」（随喜功徳品）と「一念信《しん》解《げ》の功徳」（分別功徳品）によって、法華信仰の易行が最も勝れており、これに比べると弥陀念仏は「難行中の難行、勝劣の中の極劣《ごくれつ》」であるとし、また『双観経』等の諸経には「五逆・七逆」を許さないのに、法華一乗では「無性常没《むしょうじょうもつ》と定性《じょうしょう》二乗」の類も救われるとし、そのため源信は末代愚機を『法華経』に誘引するためにひとまずは『往生要集』を著したが、四十余年を経た最後には念仏を捨て『一乗要決』を造った、と主張する。これに対し真迢では、龍樹の『十住毘婆沙《びばしゃ》論』の易行品を示して、「弥陀の他力を頼む易行」は「円教直道《じきどう》」の法にほかならないと主張し、他方で法華所説の「一念信解」は天台の「六即位」（理即・名字即・観行即・相似即・分真即・究竟即）では相似即位《そうじそくい》であり、また「五十展転の随喜」は観行即位《かんぎょうそく》に相当し、倶に「無相の理観」を修める高次の行位を意味し、決して易行ではないとする。そして、「常没と闡提《せんだい》の謗法悪人」でも、回心《えしん》し念仏すれば皆な往生でき、これらのことは『往生要集』の第七「念仏利益」や第一〇「問答料簡」の中の「諸行勝劣」等によれとして、諸行の勝劣と易行の問題を詳しく論じている。さらに、源信については、『一乗要決』にも「願生弥陀《がんしょう》」を記すのみでなく、その八年後には『阿弥陀経略記』を著したと述べ、源信が一生始終に念仏し往生の素懐を遂げたことを反証している。

なお、ここでは真迢は、日蓮の「別時意趣」説にもふれている。「別時意趣」説は、経典間の矛盾を解決するために取られるインド以来の論法である。[16]日蓮では、「弥陀念仏は将来に（別時に）真実の教え（法華経）を説くために、その前に（爾前に）それに誘引するために仮に方便の教えとして説かれた」との意味をいう。しかるに、真迢ではそれを、日蓮が『止観弘決』や『法華玄義』の文を「僻解」したものにすぎないと退ける。また、この条に出る『法華経』所説の「一念信解」と「五十展転」の問題は、巻二（第二四条）にも論じられており、日蓮宗ではこれらを「易行」とした上で、法華唱題による「名字即《みょうじそく》の即身成仏」に他ならないとして、その意義を顕揚する。真迢ではすでにみたように、「一念信解」等を「易行」でも「名字即」でもないと反対し、念仏こそが真の易行であると主張する。

第三四「日蓮が悪人女人《にょにん》の念仏往生を許さざるは是れ僻謬《へきみょう》なる事」（四問答）では、「悪人と女人」の「往生と成仏」の問題を論ずる。初め（第一問答）に、日蓮の『浄蓮書』には『双巻経』の「唯除五逆」（第十八願）を根拠に、五逆謗法の者は念仏の機類から除かれると主張するのに対し、真沼では『観経』と『往生要集』によって「五逆謗法の悪人も回心し改悔《かいけ》して至心に念仏すれば往生する」ことを論証する。また（第二問答）、日蓮の『法華題目抄』に女人は法華唱題によらねば往生できないと主張するのに対しては、真沼は『双巻経』の第三十五願（女人成仏の願）と善導の『観念法門』、また『観経』と『往生要集』（第七「念仏利益」）等を用い、「女人も弥陀の本願にもとづき至心に念仏すれば皆《みな》往生できる」と反証する。そして（第三・四問答）、日蓮が『法華文句』の釈を用いて、法華による外には「悪人と女人は成仏できない」とし、或いは日蓮の『一代大意抄』に「龍女の現身成仏」と「提婆の授記」（提婆達多品）を解釈して、「法華経が諸経に超過する」勝れた所説であると主張するのに対しては、真沼は次の二点をもってこれを退ける。すなわち、そのような理解は、一には「爾前の得道」を奪って法華に帰せしめるものであり、二には『無量義経』の「未顕真実」の文によって爾前の成仏を廃する「僻義」にすぎないと。さらに、「爾前の往生成仏を皆な別時意趣」とするのは、全く証拠がなく「新立の己義《こぎ》」であると、真沼は批判する。

第三五「日蓮の念仏無間の所立は大謗法なる事」（一問答）では、日蓮の『下山抄』を詳しく引用して、日蓮が弥陀を蔑視して「念仏無間《むげん》地獄」を主張するのを「謗法」であると非難する。日蓮の主張では、『法華経』に「正直捨㆓方便㆒但説㆓無上道㆒」（方便品）と説くのは、大宝塔（法華経）を建立して後に足代《そくだい》（『弥陀経』等の爾前教）を切り捨てることであるとし、また『法華経』を「軽賤憎嫉《きょうせんぞうしつ》」する者を「其人命終入二阿鼻獄一」（譬喩品）と説くのは、『弥陀経』や念仏に執着する者を指すとする。従って、「寿量品の肝要たる妙法蓮華経の五字」を信ずる者には「釈迦仏は天月の如く、我等は水中の月の如き」であると褒める一方で、『法華経』の観音品に「遊於娑婆世界」と説かれ、観音が法華の行者を守護するために娑婆世界に来るのは、「阿弥陀仏が左右の臣下たる観音と勢至に捨てられた」ことを意味し、さらに阿弥陀仏自身も西方には還らず此の娑婆に『法華経』を守護するために留まり、弥勒の都率天に「四十九院の一院を給わって御座す」などと、日蓮では主張する。

　これに対し真迢では、「正直捨方便」等の経文については、日蓮による法華独一主義の解釈をすでにこの書の巻二に批判したと述べ、ここではとくに「命終入二阿鼻獄一」（譬喩品）の解釈について、『弥陀経』等を信ずる者は決して『法華経』を疑ったり毀謗《きぼう》しないから阿鼻獄には堕ちないと反論する。また、「西方の弥陀が法華の会座《えざ》に来り給う」ことや「弥陀が釈迦の分身である」ことは経論や釈疏にないばかりか、証真の『私記』に評判する如く「往生念仏の法門が真実でないと説かれることはない」とする。そして、観音は「娑婆世界に限らず諸国に遊び給う」のであり、さらに「四十九院」のことは弥陀が西方極楽を捨てることではない、と日蓮の「妄説」を難ずる。しかも、ここでの譬喩品の文は天台智顗の解釈によれば、『法華経』を誹謗する者ばかりではなく、諸大乗を謗る者に亘《わた》るので、かえって日蓮こそが「謗法無間の罪人」であると切り返している。

第三六　「日蓮書に念仏者は臨終に悪相をみるとは是れ妄説なる事」（二問答）では、巻三の最後に浄土宗を擁護する。真迢では初めに、「自分は浄土宗の学者ではなく、念仏の修行も慧心流を汲む」と断りながら、その上で法然の『選択集』や善導らを擁護する。それは、法然らの念仏者には他宗を謗る意図がないのに、日蓮宗だけが他宗を攻撃する「謗法」を犯していることを明白にするためである。それで、日蓮の『念仏無間抄』に浄土宗を破斥して、念仏者の「臨終」のことや『選択集』について述べるのを挙げ、真迢では「曇鸞・道綽《どうしゃく》・善導・懐感《えかん》・法然」ら念仏宗の智者の臨終は少しも悪くないと、『続高僧伝』等の史書を引用して示す。ただし、「末代は信力微弱《しんりきみにゃく》の故に念仏者の中に不往生の人がある」ことを述べ、けれどもそれは「機の咎《とが》」であって念仏が劣るのではないとし、しかも「臨終の善悪によって教法の邪正《じゃしょう》を論ずるのは甚だ浅近《せんごん》の分別である」と主張する。また、『選択集』の「捨閉閣抛《しゃへいかくほう》」について、それは『観経』に「一向専念」と説く「一向」に同じ意味で、念仏の機における一向であり、法華等を謗る意味は含まないとし、従って『選択集』を批判する高弁の『摧邪輪』でさえも、「捨閉閣抛」の意味を「謗法」とは理解していないと評する。

つぎに（第二問答）、日蓮の『下山抄』が引用され、善導は「千中無一」（念仏に依らないとき往生するのは千人に一人もない）と主張したために、「現身に狂人となって楊柳《ようりゅう》に登って投身し顛倒《てんどう》狂死した」と日蓮が酷評するのを挙げる。これを真迢では、善導の『往生礼讃《らいさん》』に「専修は十即十生、雑行は千中無一」と述べて「正雑《しょうぞう》二行」を分けるのは、「念仏の機」について言うのであり、「法華等を持《たも》つ者は千人に一人も成仏しない」ことを言うのではないと反論する。また、善導の臨終相は『続高僧伝』や『仏祖統紀』等にみな称讃されている、と日蓮を逆に非難する。

このように真迢では、日蓮教学の背景をなす「天台教学」を同じく自己の立場としながらも、末法観にもとづく日蓮宗の法華独一主義を拒否し、むしろ日蓮の法華教学を「謗法」であると力説し、自らには末法の時機観の上に弥陀念仏を最勝の法とし、これを主として源信の『往生要集』の下に跡づけようとするのが分かる。ただしそこには、本願（他力）に順ずることが強調され、『無量寿経』（双観経）の「第十八願」にもとづく「称名念仏」を最適の法とし、『往生要集』の事観念仏法を一歩進めた立場が認められる。そのことは、善導や法然に親しい側面となり、ために浄土宗への親近感となって表現されているといえる。

三　日賢の『諭迷復宗決』による真迢への批判

真迢の『破邪顕正記』に対しては、日蓮宗側のとくに不受不施派の学僧から反論書が出された。それには、日賢《にちけん》（寂静）『諭迷復宗決《ゆめいふくしゅうけつ》』と『別記』（ともに寛永十八年〈一六四一〉成立）、日領『日蓮本地義』二巻（寛永十九年）、および日遵『諫迷論』十巻（慶安三年〈一六五〇〉刊本）がある。[17] これらのうち、日賢と日領のは『仏全』に収録されており（鈴木『仏全』六一）、なかでも日賢の『諭迷復宗決』は簡潔なうえに、真迢の念仏思想への批判を多くする特色をもち、しかもこれへの反論に『正直集』があるという関係から、いまは『諭迷復宗決』の念仏批判の論点をみることにしたい。

日賢の二書では、『諭迷復宗決』（以下『諭迷決』ともいう）には、真迢『破邪記』巻一と巻二の日蓮教学批判にみる本質的な部分に反論してのち、後半には真沼の念仏義（同巻三）を批判するという構成をとる。つぎに、同『別記』には『破邪記』五巻の各巻に対して要点的に反論を加える構成をもつなか、『破邪記』巻二までを対象に日蓮宗の法華教学を防衛するのには相対的に詳しい反面で、念仏義に対してはもはや簡単にすませている。

さて、日賢（寂静、一五六九―一六四四）は、日蓮由緒の名刹である中山《なかやま》法華経寺の第十九代に就き、また関東の著名な日蓮宗の学問所である中村檀林の化主（学頭）を勤めた学僧である。従って、真沼にとっては日蓮宗時代の関東で、教えを受けた師または先輩という旧知の関係にある。(18)

しかるに日賢は、文禄四年（一五九五）以降に秀吉の「千僧供養」問題を契機に形成された「不受不施」派の重鎮となったために、寛永七年（一六三〇）のいわゆる「身池対論」に連座して江戸幕府の弾圧を受けた。真沼が転宗後の寛永十四年（一六三七）に『破邪顕正記』を著し、これが二年後に公刊されたのに反論して、右の二書を著したのは流罪先である遠州三河に自らが開創した本源寺においてであった。

そこで、『諭迷復宗決』をみると、序文の後およそ九条に叙述され、それらをいま標目によって概観すると、次の通りである。(19)

㈠偏円権実起尽　㈡四十余年未顕真実　㈢三時弘経
㈣三時弘経之導師　㈤末法法華行者位次　㈥末法法華行者所期浄土
㈦三部経一念十念往生　㈧爾前迹門本門三種弥陀　㈨略秀句真書

これらのうち、㈠の「偏円権実起尽」とは『阿弥陀経』等の爾前教を偏権《へんごん》（偏った仮の教え）とし、『法華経』を円実（完全で真実の教え）とみるのをいい、また「権実起尽《ごんじつ》」とは釈尊の説法順序では権教（爾前教）が初めに起こり、実教（法華経）をもって最後が尽くされるという意味である。そして、蓮祖（日蓮）は「約部」を正意とし、日本国の「謗法」は「約教」を正意とする「円体無殊」の考え方から起こる、と日賢がここで主張するのは、すでにみたように天台教学を共通の知識としながら、真迢とはまったく逆の主張であることが分かる。

㈡では、『無量義経』の「四十余年　未顕真実」や『法華経』の「正直捨方便　但説無上道」などの要文を挙げ、最澄の『法華秀句』と『注無量義経』を引用して、真迢の「円体無殊」に立って弥陀念仏を円教に位置づける理解を誤っていると諭すのであるが、ここでも同じ天台の章疏によって真迢とは全く逆の論証をしていることが分かる。

㈢では、「正・像・末の三時」のなか、末法では『法華経』が盛んに流布することを主張する。これもまた日蓮を祖述するものであるが、真迢では末法には『法華経』のみでなく諸大乗教が流布すると批判して、弥陀念仏を最適の法と主張したことはすでにみた通りである。

そしてつぎの㈣では、三時の弘教《ぐきょう》には「摂受と折伏」の二面があるなか、末法には「折伏」こそが前面に出るので、末法時には「本化《ほんけ》の菩薩」（『法華経』従地涌出品に出る上行菩薩らを指し日蓮はその化身とされる）が導師となり、本化菩薩は折伏の方法で法華を流布せしめる、と日賢が主張することは少しく注目してよい。つまり、このことは当時の日蓮宗のなかで、真迢にきわめて熱心に反論した不受不施派の面目をよく表現している。なぜなら、真迢では「折伏」を「謗法」に他ならないと断じたからである。

つぎの㈤以下の主張は、真迢『破邪記』巻三の念仏についての論議に対応する。まず㈤の「末法法華行者位次《いじ》」では、『法華経』所説の「一念信解」と「五十展転」をもって持経（『法華経』を持《たも》つこと）による「名字即の成仏」とすることは、「時刻相応の所判」であり日蓮の祖意であると強く主張する。なぜなら、末法には「行《ぎょう》（修行）と証《しょう》（覚り）」はなく、「教門（名字《みょうじ》）のみがある」からだとする。そして、真迢に対して、『往生要集』は理観の念仏を本意とするのに、その理観を修めえずに本願を頼み称名念仏を楽《ねが》うというなら、どうして法然の浄土宗に入らないのかと難じ、また「名字即位に持経（唱題）の功を歎《たた》える」日蓮の意を汲まずに法華を謗る過失を招くなら、「絶命の後に苦趣に入る」と警告する。

㈥の「末法法華行者所期《しょご》浄土」では、日蓮宗は『法華経』寿量品に説く「不毀《ふき》の霊山《りょうぜん》」を浄土とし、これを天台の「四土」説をもとに最高の浄土（四土不二《しどふに》の常寂光土）であることを論ずる。また、浄刹に生まれるには、「法力・仏力・信力」の三力を要するなかに、法力は「法華経が最第一」であり、しかも「折伏門に依り身命を惜しまない」とき、三力が具足して仏前（浄土）に生まれると主張する。そして、弥陀の極楽浄土は「同居《どうご》の浄土」であり、そこには「実の報土《ほうど》」という意味はないと真迢の浄土観を厳しく退ける。さらに、「法華に結縁しなければ浄土を見ることはできない」というのが日蓮の祖意であるとし、これらのことを詳しく論じている。

㈦の「三部経一念十念往生」は二段からなり、初めには浄土三部経について「往生実不《じつふ》」を論述し、後には法然の所立について「往生実不」を論じる。前者では三つの過失を挙げ、一には「自国の浄土を捨て他方の浄土を求める過失」、二には「弥陀には権（四十八願）と実（妙法）の願がある」こと、三には「西方に往生できるのは皆な法華経の功力による」ことを論述する。また、後者では法然の「正雑《しょうぞう》二行」について論じ、法然の「捨閉閣抛《しゃへいかくほう》」は「曲会《きょくえ》私情」にすぎないとしてこれを退ける。

㈧と㈨では、「爾前・迹門・本門の三種弥陀」を論ずる。すなわち、爾前の弥陀は「応身《おうじん》・同居浄土」であるのに対し、迹門の弥陀は「勝応身・方便土」であり、そして本門の弥陀は「報身《ほうじん》・実報寂光土」であるという対比優劣を、『略秀句』や『法華経』の文などを詳しく引用して示す。そして、『法華略秀句』を真迢では偽書としたのに反論し、最澄の真撰であることを述べる。すなわち、一に最澄の目録にはなくとも『法華秀句』と広略の関係で異なることなく、二には源信等に引用がなくとも『観心略要集』には近似の文があるとして、それを引用して示す。

さらに、この書の最後には、真迢の日蓮宗への批判の不当なことを三つ挙げる。一には、真迢が日蓮を「謗法堕獄人」と非難するのを挙げ、日蓮が「一宗の大義を成す」のは諸宗の祖師に同じで、これを貴ぶべきこと、二には真迢が宗号を呼ばずに「日蓮党」というのはかつて一宗（日像流）に養われた大恩に背くこと、そして三には真迢が日蓮宗を「小霊験」と貶むのに対して、日蓮宗には「大霊験」のあることを述べる。すなわち、「開山以来諸寺諸山には大霊験」があり、またとくに日蓮が「弘長《こうちょう》の流罪（一二六一年）と文永《ぶんえい》の死罪（一二七一年）には仏神の加護を得て、しかも国主の赦免のあった」ことは誰でも知っているなどという。

つぎに、『諭迷復宗別記』については、いまは『破邪記』巻三への批判だけをみておくと、そこには次のような二条が論じられる（鈴木『仏全』六一・一六六頁）。

㈠往生要集文旨事　㈡他経但記断善不記悪事

㈠では、真迢が『破邪記』巻三の第三三条で、「念仏易行」を『往生要集』の「諸行勝劣」を援用して主張した箇所を取り上げる。ここでは日賢は、法華の「一念信解」が弥陀の「念仏三昧」よりも勝れているとする日蓮の解釈は、『往生要集』の文旨でもあることを論ずる。また㈡では、真迢が『破邪記』の第三四条で、「悪人女人の念仏往生」を証真の『法華文句私記』に依拠して主張するのを取り上げる。日賢では、「提婆と龍女の授記」により『法華経』でのみ「悪人と女人」が救われることは、証真の『私記』によっても支持され、法華が念仏に優れることは明白であると反論する。

日賢のこのような論述では、いずれの場合も専ら法華円教の「約部」義に立つ章疏の解釈に依っていることがわかる。

四　『正直集』の念仏義と日賢を批判する論点

日賢による真迢批判に対して、真迢を援護したのが『正直集《しょうじきしゅう》』である。この書では、著者を明確にせずとも、なかで日賢の「浄土宗に対する妄説」に反論し、また法然を擁護して浄土宗に立つ念仏義を述べていることが読み取れる。したがって、真迢（天台宗）との念仏観の違いにも留意して、この書での論争点を追ってみたい。

『正直集』では、簡潔な序文があるので、まずそれをみておく（原文は漢文）。

> 釈真迢、未だ其の姓を詳にせず。本《もと》日蓮宗の徒にして、後に改宗し台家に帰す。……（中略）……楞厳《りょうごん》（横川《よかわ》）の古風を仰いで一行三昧を修め、乃ち『破邪顕正記』を作り本宗（日蓮宗）の邪を破し、台家の正を顕わし、改宗の来由を述べ、善を尽くし美を尽くす。爰《ここ》に遠州本源寺の寂静（日賢）有り。深く迢公（真迢）の改宗を嫉《にく》み、固く「破邪」の流布を妬《ねた》み、自ら一巻書を作り、『諭迷復宗決』と号す。返対の旨趣は深く自法に著し、問答の所詮は専ら浄土を謗る。……（中略）……是を以て、静子《じょうし》（日賢）を析挫《しゃくざ》し迢公（真迢）を褒揚《ほうよう》し、『諭迷』の「一念十念」等の曲説に就き、略して三五を挙げ自宗の正趣《しょうしゅ》を明かす、故に題して『正直集』と号《なづ》く。
>
> （鈴木『仏全』六一・一四一頁a、「　」と（　）内は引用者による）

ここでの趣旨は明快であるが、なかで「一行三昧」とは比叡山の横川（楞厳）やその麓の西教寺で、真迢が修めた念仏三昧（称名念仏）をいう。また、「正直集」とは日賢の念仏に対する「曲説」を正しく直すとの意図により、そして「自宗の正趣」とは後に明白になる善導と法然源空による念仏（浄土宗）の正義を指すとしてよい。

ついで『正直集』では、日賢『諭迷復宗決』の後半部分に論ずる「浄土念仏」の箇所だけを取り上げ、およそ八つの論点（八条）に叙述される。その論述形態は、「論云」として『諭迷決』に述べる日賢の主張を簡略に表示し、次に「今云」と標して著者の正義を論述する。それで、論点の要旨を対照させて、『正直集』の反論をみてゆく（鈴木『仏全』六一・一四一頁b―一四四頁）。

第一〈諭云〉 浄土家が安養（極楽）を報土とするのは然らず、弥陀の浄土は応化身の同居土である。

〈今云〉「応身・同居」説は天台一家の所談であるが、浄土三師（曇鸞・道綽・善導）の相伝では、弥陀は報身で、安養は報土である。

これは、『諭迷決』の第六「末法法華行者所期浄土」のなかの論述を取り上げたものである（鈴木『仏全』六一・一五五b）。日賢（日蓮宗）ではすでにみたように「霊山浄土」説を取り、法華信者はここで成仏するとし、対するに弥陀浄土は権教のゆえに真実の土（報土）ではなく、そこを願っても成仏できないとする。

これに対して、『正直集』では中国の浄土教三祖の理解により「弥陀報身・安養報土」説を正しいとする。そして、問答が設けられ、『観音授記経』に「弥陀入滅」等の無常説があることに対し、曇鸞の『往生論註』により、また『大乗同性経』を用いて「報身・報土」義を釈成する。ついで問答にて、報土（真実）ならばなぜそこに凡夫（穢身）が得生できるのかという疑問に対して、弥陀の「願力不思議」であると答え、そこに善導を引用している。つまりここでは、五不思議中に仏法は最も不可思議であり、また仏法中には弥陀宝号は殊に不可思議であると主張する。

ここでの論点は、真迢では記述の第三〇条に論ずる問題に対応する。真迢では、弥陀の極楽を「凡聖同居土」とし、そこに往生できることを主に『往生要集』に跡づけた。そこで、源信の『往生要集』をみると、大文第十「問答料簡」の初め「極楽依正」において「弥陀は応身か報身か」が論じられ、そこに『観音授記経』の所説も問題にされている（『大正』八四・七九ａ）。源信では天台は「応身・応土」義であるのに対し、道綽は「報身・報土」義である違いを挙げ、「報土」義の方を「善い解釈」としながらも、「煩わしく分別せずに専ら称念せよ」と結ぶ。真迢では、証真に従って弥陀浄土を「上品（機根の勝れた者）には実報土である」とし、また「観心釈なら四土不二の寂光土という義もありうる」との理解を示すが、天台釈に従って極楽を「同居の浄土」とする。これを『正直集』ではもっと積極的に、浄土三祖に従って「報身・報土」義を主張するのである。

第二〈諭云〉浄土に蓮華化生するのは今生に妙法蓮華の行業を修めた者だけである。恵心僧都も『往生要集』と『観心略要集』を作って理観念仏を説いている。

〈今云〉法華一乗が成仏の直道《じきどう》であるのに対し、念仏は往生の捷径《しょうけい》（ちかみち）である。浄土宗では弥陀の「願と非願」に約して「正雑二行」を立てる。源信も理観に限らず口唱念仏をも勧めている。

ここには、『諭迷決』の同じく第六に出る主張を取り上げる（鈴木『仏全』六一・一五五ａ）。日賢では法華唱題（口唱が理観を含む「浄穢不二の妙観力」となる）によって、霊山浄土に蓮華化生《けしょう》することのみを真実とし、口唱念仏による弥陀浄土への蓮華化生を否定する。これに対し『正直集』では、日蓮宗では「未顕真実」の語を執して諸経を謗るが、「善導一家の所談、空師（源空法然）一代の記録」には妙法（法華経）を厭うことはないとし、浄土宗では仏の願（念仏）と非願（余行）にもとづいて正行《しょうぎょう》（念仏）と雑行《ぞうぎょう》（余行）を分けるという。そして、源信の『往生要集』では念仏を「理観のみでなく口称《くしょう》三昧」も勧めていると同時に、『観経』の「下品下生《げぼんげしょう》」を釈して「極重悪人　無他方便　唯唱弥陀　得生極楽」といい、「無善の凡夫、一生の悪人」でも「十念を具足」すれば往生の大益を得ると述べている、と『正直集』には主張する。

　これは、真迢では先にみた第三一条に「往生の業には念仏が最勝である」ことを論ずるのに対応する。真迢では、『法華経』に法師品の「三説超過」説（『法華経』は釈尊の「已・今・当の三説」に超過して勝れている）と、薬王品の「十喩称歎」説（『法華経』が勝れている一〇種の喩え）があることからも『法華経』の最勝であるのを認めた上で、「西方往生の機にとっては弥陀念仏が最勝である」と主張し、それは「弥陀の本願（第十八願）に順ずるが故に」とした。そして、そこでは善導の解釈とともに、源信『観心略要集』を援用して「弥陀の名号を唱える功徳の莫大である」ことを強調した。ただ、浄土宗（法然『選択集』）もほぼ同じ考え方であることを真迢は述べるが、「正雑二行」説には議論を進めていないことが注意される。

第三〈論云〉 浄土三部経の「一念十念往生」説は未顕真実教の故に真実ではない。

〈今云〉 三部経の所説は宗師（法然）に限らず、天台や妙楽も支持している。法華の得益は下機には普ねからざるに対し、念仏利生は普く上下を兼ねる。

　これは、『論迷決』では第七「三部経の一念十念往生」に、「三部経の往生実不」と「法然所立の往生実不」を論ずるなかの前者を取り上げる。そこでは日賢は、極楽往生に三つの過失を挙げた。それに対し『正直集』では、日賢の主張が天台や妙楽にもない「曲説」であると退け、三部経中に「弥陀の本願を明かし諸仏の証明を挙げる」ことは宗師（法然）に限らず、智顗や湛然でも弥陀の安養浄土を勧めているとする。そして、妙法（法華経）は「十界成仏の異名」であるとも、利根者には得益するが、鈍根無智者には開悟し難いため、「安楽能仁《のうにん》（弥陀）は別異の弘願《ぐがん》を発し、娑婆の化主（釈迦）は易行の要門（念仏法）を開いた」とし、大悲の極地は念仏にあると主張する。

このような論争点を真迢にみると、第三二条に念仏を勧める三部経の弥陀と、法華の修行を勧める『法華経』所説の弥陀が、日蓮の主張するような「別縁」で「各別」のものではない、と主張したことが対応する。日蓮では、三部経の弥陀は爾前教の故に真実ではなく、『法華経』（化城喩品と薬王品）に至ると弥陀は『法華経』によって成仏することを勧めるとしたからである。

第四〈諭云〉法然の「正雑二行」釈は経典に根拠がなく、読誦大乗等を「正行」とするべきである。

〈今云〉法然の私義ではなく善導による。「正雑二行」は弥陀の本願に順じてこれを分ける。「真言・止観」等は妙行だが非本願の故に雑行であり、念仏は弥陀の本願のゆえに「正行」である。また、正行には「難易勝劣」があり、読誦等は「難のゆえに劣である」のに対し、念仏は「易のゆえに勝である」のするのが本願に順ずる理解である。

これは、『諭迷決』に「法然所立の往生実不」を論ずるのに反論する。『正直集』では、「正雑二行」説は善導を承けた法然の正義であることを主張する。これを真迢でみると、第三三条に「易行」を論じて、法華等の大乗経典を読誦する修行よりも、弥陀念仏が「易《やさ》しく勝《すぐ》れている」ことを、『往生要集』によって跡づけていることが対応する。

第五〈論云〉法然の「称名付属」（『選択集』所説）は経典に根拠なく、「捨閉閣抛《しゃへいかくほう》」も法然の己義《こぎ》私情にすぎない。

〈今云〉法然によるそれらの主張も善導の『観経疏』に基づいている。善導が「一向に専ら弥陀の仏号を称《とな》えよ」と説くことは、弥陀の本願に順じており、善導の『疏』はかつての天台の智証（円珍）が将来したのであり、源信もこれを依憑している。

これも先に続いて、『論迷決』の「法然所立」への非難に対する、『正直集』による反論である。「捨閉閣抛」と「正雑二行」については、真迢では『破邪記』巻三の最後に第三六条に述べる。それは、すでにみたように、日蓮の「念仏無間」義が「謗法」であるのに対して、法然と善導の主張が決して「謗法」ではないことを述べ、また「念仏者は臨終に悪相をみる」という日蓮宗の風評に反論して、念仏者を擁護するためであった。

第六〈論云〉『法華経』の「一念信解」と「五十展転」こそは「易行中の易行」である。それは「名字即成仏」である。

〈今云〉「一念信解」（分別功徳品）は見思《けんじ》断惑《だんわく》の相似即であり、「五十展転の随喜功徳」（随喜功徳品）は観行即であり、理即と名字即の凡夫のことではない。修行の難易は 龍樹の『十住毘婆沙論』に、無仏世では「諸仏の名号を唱えるのが易行である」と説くのに依るべきで、また曇鸞はそれを承けて「水陸の譬え」を挙げている。

これも、『諭迷決』で「法然所立」を難ずるなかに、法華信仰こそが「易行中の易行」であると主張したのに反論する。これを真沼では第三三に「難易二道」を論じている。「一念信解」と「五十展転」の理解は天台釈に従って『正直集』でも同じであり、また「念仏易行」を『十住毘婆沙論』によって主張するのも同じであるが、これを真沼では『往生要集』によって跡づけ、『正直集』では曇鸞を出すところが少し違っている。

第七〈諭云〉「爾前・迹門・本門」の三種弥陀には勝劣がある。

〈今云〉爾前と法華の勝劣を論じるのは法華悟入の機類に約すときは可能であるが、『観経』と『法華』は時・機の利益が別である。『法華』は仏乗を説いて上根の智者を度し、『観経』は末法時に下機を済う。

これは、『諭迷決』では第八と九に「三種弥陀」を論じ、法華（本迹二門）が爾前（『阿弥陀経』等の弥陀）よりも格別に勝れ、また本門がなかで最も勝れるとしたのに対す。真沼では第三〇条の後半に論じていることはすでにみた通りである。真沼では天台の法華円教観のもとに法華と爾前に優劣はなく各別でもないことに論証の力点があるが、『正直集』ではさらに一歩を進め、天台と妙楽の解釈に道綽《どうしゃく》を加え、末法には「唯だ浄土の一門のみ」が有効であるとの主張のもと、時機観によって法華と念仏との違いを、難易と得益の差で詳しく論じる。

第八〈諭云〉真沼『破邪顕正記』では日蓮を誤引して「謗法堕獄人」と難ずるが、日蓮の諸文は随宜釈であり一宗の大義が顕わされ貴ばれていること、諸宗の元祖と同じである。

〈今云〉日蓮宗で「真言亡国、禅天魔、念仏無間、律国賊」というのは前代未聞である。諸宗では権・実を論じても他宗を排撃することはしない。いま「黒谷遺誡《ゆいかい》」（法然）をみるときにも、日蓮との間の正・邪は明白である。

これは、『諭迷決』の最後部分に真迢を三項に非難するのに対応する。真迢では、第三五条に日蓮の「念仏無間」義が「大謗法」であることを詳しく論じている。いま『正直集』でも、日蓮の「四箇格言」に対して、それは諸宗が教判を立てて競い、自宗の優越を主張するのとは根本的に相違する「謗法」であると批判する。そして、ここでは浄土宗の他宗への態度を、法然の「黒谷遺誡」によって示している。ここに「遺誡」とは、元久元年（一二〇四）に門弟一八〇人と連署して法然が示した「七ヵ条起請文《きしょうもん》」とも呼ばれる制誡である。そこには、専修念仏者は「真言・止観（天台宗等）を謗ってはいけない」とか、「別行《べつぎょう》の智者に諍論《じょうろん》を挑んではいけない」とか、「別解《べつげ》・別行の人を嫌悪したり嘲笑してはいけない」などの誡めが記されている。

五　念仏と法華の論争にみられた特色

以上によって本節では、日蓮宗の法華信仰から天台宗の念仏者に転じた真迢を中心に、真迢による日蓮宗の法華教学批判と、日蓮宗（不受不施派）の日賢（寂静）による真迢への反論、ついで『正直集』（浄土宗）からの日賢への反論をあとづけ、江戸初期における念仏と法華をめぐる論争の内容と論争点をみた。これら三者の間には、それぞれの依るべく教学に従う主張と、またそれを論証する方法にも違いのあることが知られた。最も基本的なちがいは、真迢と日賢では『法華経』の円教観のなか約部（日賢）と約教（真迢）のどちらを正意とするかで、弥陀念仏に関わる評価と主張がことごとく逆になる。他方、弥陀念仏をともに宗是とする真迢（天台宗）と『正直集』（浄土宗）の間では、真迢は源信の『往生要集』をはじめ天台の章疏をもとに自らの主張と日蓮宗への批判を跡づける特色をもつのに比べ、『正直集』では中国の浄土教三祖（曇鸞・道綽・善導）と法然源空に跡づけ往生浄土と称名念仏を「選択」的に特出させて、日賢（日蓮宗）の法華唱題に対抗する手法をもつ。

このような違いは、真迢の『禁断日蓮義』（十巻と附録一冊）をみると、真迢自身が論じている。この書は、日蓮宗側から『破邪顕正記』を批判して日賢・日領・日遵が出した三書に対して、真迢が弟子の真陽の草稿をもとに反論をまとめて、晩年に近い承安三年（一六五四）に公刊したものである（十巻に一〇三条を設け附録に五ヵ条を追加する）。日賢らの三書に対するのには、分量に比例して日遵の『諫迷論』十巻への反論が多くを占めている（日遵は真迢の関東時代に二ヵ月同学であった）。そのなかに、「日遵は全く天台法華宗の円融念仏を知らざる事」（巻二・第一〇条）があり、なかでまた「天台宗所行の念仏と浄土宗の念仏と不同なる事」と題して、次のように述べる。すなわち、倶に他力本願を頼み唱える六字は同じであるが、安心《あんじん》に異なりがあり、天台の念仏は「唯心の浄土」「自性《じしょう》の弥陀」と達する理観を含むのに対し、浄土宗は善導にしたがって理観をせずに事相をことと し、また天台では念仏の外に諸行を厭わないのに対し、浄土宗は余行《よぎょう》を謗らずといえどもこれを雑行となして但だ正行（称名）を修む、と。そして次に、「日遵が念仏は六重に下劣で法華は十勝というのは皆な偏僻なる事」と題して、次のように論ずる。すなわち、「法華に対して浄土の教門が六重に下劣である」とし、また「法華の題目は念仏に勝れること十義あり」という日遵の主張は、「約部の一辺」に偏ったもので、「約教の辺」では法華と念仏は「義無殊」で「一体」であり、念仏を信ずることは勝劣を論ぜず、但だ本願に順ずるを要とし、また仏・法・僧の三宝の次第を判ずる時は仏宝の功徳を上とする、という。[20]

そして、『禁断日蓮義』では巻一〇の最後近くで（第一〇〇条）、「末法応時の修行は往生要集の念仏にある事」と題してこれを述べ、ついでこの条のなかで「日蓮党が弥陀念仏行を廃して法華唱題義を立てるのは機を失する事」という主張をみる。このことは、『破邪記』でも最後に（巻五・第六七条）に、「当世諸人の要行は往生要集に在る事」と主張して、『往生要集』の第五「助念方法」の「惣結要行」を示すのと同じ趣旨である。ただ、そこに「要行の肝文」として引く文（七句）について、その句切り方が法然（浄土宗）のとは若干異なることは、真迢（天台宗）の念仏観を少しく特徴づけていると考えてよい。すなわち、法然では「大菩提心・護三業・深信・至誠・常・念仏・随願決定生極楽沉復具余諸妙行」の「七法」とするのを（『往生要集略料簡』）、真迢では「大菩提心・護三業・深信・至誠・常念仏・随願決定生極楽・況復具余諸妙行」の「七句」に読む（鈴木『仏全』六一・一三八c）。これは、「専修念仏」の法然と、「余の妙行」をも尊重する真迢の微妙な違いを表現している。もっとも、真迢では最後の句を説明して、「余の諸妙行とは真言・法華等の諸の妙行を具足するのをいうが、これは利智精進の人のわざであり、鈍根の者はこれらの余行を具足しなくとも、念仏の一行のみにて決定往生する。但だ専ら信心が簡要である」と結んでいることは留意を要する。

さて以上において、真迢『破邪顕正記』の「弥陀念仏」義を中心に述べた。真迢は転宗後に比叡山の横川で「念仏三昧」を修めた後に、程なくその麓の西教寺に入り、そこの中興の祖である真盛の宗風を仰ぎ、円頓戒を執行して称名念仏を修める、いわゆる「戒・称二門」の浄戒双修をこととした。真迢が戒律を重んじたことは、存海集の『行者用心集』を書写して終生これを所持し、また自らそれを板本に公刊していることでも分かる。また本節では触れなかったが、真迢の改宗後に『念仏選擢評』（寛永十七年、『浄土宗全書』八）の著作がある。これは、法然源空の『選択本願念仏集』を手厳しく批判した明恵高弁（一一七三―一二三二）の『摧邪輪』に対して、法然の念仏義を弁護したもので、しかも明恵の重視する菩提心の必要性も論じている。つまり、念仏を取りながらも菩提心や戒行を重んずる真迢の立場が、そこには表明されている。このような真迢の「持戒念仏」観については、次節でみることにしたい。

第三節　真迢の持戒念仏観と『行者用心集』

一　真迢の持戒念仏における戒律観

江戸時代の初期に、『破邪顕正記』五巻（『仏全』九七、鈴木『仏全』六一）を著わし、日蓮教学を批判して論争を交わしたことで知られる真迢《しんちょう》（舜統院、一五九六―一六五九）は、日蓮宗の大本山である妙蓮寺（京都）の貫首にあったのが、天台宗に転じて持戒を尊重する念仏者となった学僧である。転宗後には、はじめ比叡山の横川で念仏三昧を修めたのち、ほどなく山麓にある坂本の西教寺《さいきょうじ》（真盛門流の本山）に入り、そこの中興開山である真盛《しんせい》（一四四三―一四九五）の「持戒と念仏」の宗風を慕って第十五世を継ぎ、自らの求道のもとに真盛教学の発揮に貢献した。

真迢は、妙蓮寺において日蓮の法儀に疑問を覚えるようになって、やがて三ヶ月籠った暁に（三十九歳十月）、「仏の御声にて阿弥陀経の不可以少善根福徳因縁得生彼国の文」を感得したという[21]。以後、念仏の道に進むことになるが、このとき浄土宗を訪ねずに、別に知己があったわけでもない横川《よかわ》へ、そして西教寺へ赴いたことは、戒律と修行を重んずる天台的な立場に依ったからである。『破邪顕正記』を著し（四十二歳三月）、そのなかに日蓮宗と決別し念仏を選ぶ自己の考え方を明確にしてのち、同年の冬に西教寺に迎えられた。西教寺では「日課称名六万返を怠らず、円頓戒を執行し、念仏弘通数百座」を勧め、或いはその学識と実績のゆえに天海に請われて武州江戸に講義をもったときにも、「慧心《えしん》的流の念仏を弘める」と同時に「円戒を興行」したという(22)。また、著作では『念仏選摧評』を造り（四十五歳）、これには明恵《みょうえ》高弁が強調した「菩提心」を尊重する立場で、法然《ほうねん》源空の念仏観が論釈されている。そしてとくに、四十五歳時に『行者用心集』を書写して、これを終生に所持したのみでなく、版木に公刊していることは、そこに戒・行を基盤にすえる念仏者の求道をみてとることができる。晩年には真迢は、西教寺を退いて醍醐に閑居し、廃墟の極楽寺を再興して不断念仏を始行したが、ほどなく病を得て六十四歳にて念仏行者としての生涯を終えた。

すでに筆者は、第一節に真迢の転宗の動機とその真意について述べたので、本節では真迢の改宗後の持戒念仏観を、とくに戒律に対する考え方を中心にみておきたい。真迢の戒行重視の立場は、末法の時機観のなかで、一方では日蓮の法華教学と袂を分かち、他方では明恵高弁（菩提心と戒律）を尊重するという形で法然源空の念仏観とも相違のある天台的な念仏への志向がある。そしてそこに、真盛の持戒念仏に共鳴し、それを自らの仏道として天台仏教に貢献した真迢の役割が認められると考える。

それで、真迢の『破邪顕正記』では、巻五（第六二条）にその戒律観がまとまった記述でみられる(23)。それは、日蓮の四宗排斥のなかの「律国賊」義を批判して戒律を論ずる箇所で、そこでは日蓮の「末法不持戒」義を退け、真迢では「末法にも持戒が必要である」ことを強調する。すなわち、第六二条では五問答により、その初め（第一問答）には「日蓮所立の末法不持戒義は経釈に違背する事」と題して、末法にも持戒を緊要とする「教証」をまず掲げる。それらは、『遺教経』、『法華経』安楽行品、『法華文句』、『文句記』、『摩訶止観』、『金剛般若経』、『大般若経』、聖徳太子、最澄『顕戒論』等に依る。『遺教経』には「我が滅後に波羅《はら》提木叉《だいもくしゃ》（戒本）を尊重すべし」等（『大正』一二・一一一〇c）と説かれるのを根拠に、真迢では戒法を持つのは「正・像・末」を選ばないと主張する。ついで、『法華経』の安楽行品には「正しく末法今時の弘経《ぐきょう》の相を説く」として、智顗『法華文句』の「十悩乱」釈（『大正』三四・一二〇a）、また湛然『文句記』の梵網戒を指示する解釈（『大正』三四・三一九b）によって、「四安楽の行人は菩薩戒を持つ」べく、これらを末法持戒の明証とする。そして、『摩訶止観』の修行は安楽行人の観法にほかならず、そこに「持戒清浄」が詳しく説かれるのは（『大正』四六・三六a）、戒法が「三昧現前」のための根本であるからとする。さらに、『金剛般若経』（『大正』八・七四九a）と、『大般若経』の巻六〇〇（『大正』七・一一〇九b）、および『法華文句』の「勧持品」釈にみる『宝雲経』の文（『大正』三四・一一七b）にも、「如来滅後の五百歳」または「末の悪世」に持戒を要すると説くのを掲げる。かくて、日本では聖徳太子が『説法明眼《みょうげん》論』に末法無戒を誡めているとし（これの引用文は巻二、鈴木『仏全』六一・九六bにみる）、とくに伝教大師（最澄）が像法の末に出て叡山に円頓戒壇を立て法華・梵網の大乗戒を弘めたのは専ら末法のためであり、そのことは『顕戒論』に詳しい、と真迢は主張する。

つぎに、『法華経』の解釈をめぐって、日蓮宗の「末法無戒」義を退ける。ひとつには（第二問答）、

『法華経』の分別功徳品に説く「滅後の五品位《ごほん》」について、初心の者（随喜・受持・読誦の初三品をいい六度修行の後二品に対す）を、『法華文句』には「廃事存理」と釈する（『大正』三四・一三八ａ）のを根拠に、日蓮宗では末法時には初心（名字即《みょうじそく》）の行者は戒律（事戒《じかい》）を持つ必要はないと理解する（日蓮『四信五品抄』、『大正』八四・二八八ａ）。これに対し真迢は、『文句』に「廃事存理」とは、円教の初心では「四種三昧」を専らにできずに「正観《しょうかん》を廃退」する意味をいい、戒相（事戒）を無用とすることではないとし、そのことを湛然の『文句記』と宝地房証真の『文句私記』の解釈によって論証せんとする。つまり、湛然と証真ともに、初心の者は菩薩戒を持ち持戒清浄に努《つと》めるべきとする、と。

いまひとつ（第三問答）、『法華経』の宝塔品に「此経難持　若暫持者　是名持戒」（此の経は持《たも》ち難く、若し暫《しばら》くでも持てば、是れを持戒《じかい》と名づく）と説かれるのを根拠に、日蓮宗では『法華経』を受持する外に戒相を持つ必要はないと理解する。これに対し、真迢では法華円頓行者が持つべき戒法には二種（理戒と事戒）があるとし、なかに理戒は法華仏乗の理を持つことで、宝塔品の「持経」はこれを指すにほかならず、また事戒は『梵網経』の「十重四十八軽戒」を持つことであると主張する。そして、末世の法華行者が梵網戒を持つべきことを、先にも引いた湛然『文句記』の「安楽行品」釈の文と、最澄の『学生式問答』を援用して示している。

ついで（第四問答）、『末法灯明記』について、日蓮宗ではこの書にもとづいて「末法無戒」義を立てるのに対し、真迢ではこの書は「末法時には無戒の比丘が多くなるのを見て、在家者にそれらの無戒僧を謗ってはいけない」ことを説くものとする。そうでなければ、最澄の『学生式』や『顕戒論』

に矛盾するのであり、伝教大師は『学生式』に末法時の戒律を立て、「出家は持戒し在家は随分に受戒せよと勧めた」のである、と真迢では主張する。なお、ここで『末法灯明記』は、先の『学生式問答』とともに、今日の学術研究では偽撰説が定説化しつつあるが、真迢では当時の常識に従って最澄の真撰を前提として引用しているのである。

第五問答では、日蓮宗で「本門の戒壇」を立てることに真迢は反対する。日蓮宗では「本門の三大秘法」として「本門の本尊」「本門の戒壇」「本門の題目」を尊重する。それは、『法華経』の迹門(前半)に対して本門(後半)を重視する立場から、戒律にも本・迹を分け、叡山の戒壇は迹門戒によるのに対して、本門戒では法華唱題によって仏道が成就するので、唱題のほかには事戒を必要とはみない日蓮義をいう。真迢では、これを日蓮の『報恩抄』(『大正』八四・二七一b)によって引用し批判する。すなわち、法華仏乗では理戒は迹門と本門とに浅・深を分けてもよいが、事戒は本・迹二門の行者ともにこれを捨ててはならないとし、また叡山の戒壇の外に大乗戒壇はありえず、日蓮の「本門戒壇」は根拠がないと退ける。真迢の主張では、戒壇に大乗(叡山)と小乗(南都)の違いはあるけれども、大乗戒に「権と実」および「迹門と本門」を分つことは経釈に証拠がない、とする。

このように、真迢では「末法にも持戒」を要することを、日蓮宗の『法華経』理解を退けて、主に『法華経』と天台章疏(智顗・湛然・最澄・証真)によって跡づけ主張する。もっとも、真迢は末法には持戒の容易ではないことを認める。右の『末法灯明記』の箇所で、真迢が次のように述べるのは、その仏道の求め方をよく示している。すなわち、「吾等ごときの根鈍障重《しょうじゅう》無戒の者は深く自身を責め、外には持戒の僧をうらやみ、内には弥陀如来の悲願を頼むべし」と。[24] 真迢では、『法華経』や天台章疏（古典）に対して、ことさらに「本覚思想」に偏った解釈はこれを取らずに、また末法時における世間や自己の「無戒」を嘆くけれども、戒法を軽視したり放擲することには強く反対するわけである。この立場は、真迢の質素な念仏聖を志向する宗教的欲求とともに、真盛の仏法（持戒念仏）によく適合し、そのゆえに『破邪顕正記』の撰述後まもなく、真迢は西教寺に入ることになる。

二　『念仏選摧評』にみる菩提心と念仏の考え方

真迢の『念仏選摧評《せんざいひょう》』は、かつて明恵高弁（一一七三―一二三二）が『摧邪輪《ざいじゃりん》』と同『荘厳記《しょうごんき》』を著して、法然源空（一一三三―一二一二）の『選択本願念仏集』を批判したのを、真迢が「会評《えひょう》」するという性格の書である。[25] そこには、源空の念仏義を擁護しながら、高弁をも尊敬する真迢の立場をみると同時に、西教寺（天台律宗）にある真迢の、源空と異なる念仏観もまた認められる。

ここでの問題は、源空の勧める念仏が菩提心を「無用」とし、また戒律と修行（聖道門）を「軽視」するのを、高弁が非難することである。本書の構成は通評と別評から成り、通評では往生浄土のための「菩提心の有無（要否）」について、真迢は源信の『往生要集』の「作願《さがん》門」と、『観無量寿経』の「下品上生《げぼんじょうしょう》」の文をもとに、「菩提心は必要だが凡夫は持てないために浄土に往生して後にそれを発す」と会釈《えしゃく》し、菩提心と往生との関係の問題を融会《ゆうえ》する。そして別評では、高弁が源空に向ける十六難をひとつひとつ会釈する。

初めの五難は菩提心に関するもので（高弁ではこの問題をもっとも重要視する）、真迢では『往生要集』（助念方法「懺悔《さんげ》衆罪」）に、「理と事の懺悔においては一般には理懺《りさん》が勝れていても、機根に順うときは事懺が勝れている」と説くなどを根拠に、末世鈍根の下機にとって阿弥陀仏の「第十八願」を往生のための生因《しょういん》とし、ただ仏号を称《とな》えるのを専らにするときには、菩提心は二次的なもの（助行《じょぎょう》）となるとし、その場合に菩提心は阿弥陀仏の本願の側にあり、所化《しょけ》の衆生はそれに結縁《けちえん》するのみで菩提心を要求されていないと会釈する。けれども、「永く一向に菩提心を厭捨《えんしゃ》するのではない」と、真迢は第五難への会評を結んでいる。

次に、高弁の源空への第六難以下は、源空の念仏義が聖道門（戒律と修行）を軽視するという問題である。まず、法然では「聖道門が群賊に譬えられる」ことについて（『選択集』の「三心」篇、『大正』八三・一一c）、真迢では「群賊とは往生を妨害する聖道門中の邪見悪人（日蓮等）」をいい、「聖道門中の正見人」（高弁ら）を指すのではないと会釈し、源空の「七箇条制誡」を挙げて「念仏者が他宗（聖道門）の人を軽嫌《きょうけん》するのを誡めている」と、源空を弁護する。また源空の「大原問答」を引用して「念仏者でも本願力を誇って好んで罪悪を造ってはいけない」が、かといって「犯罪者は往生できないと決めつけることもできない」と真迢は会釈する。つぎに（第十難以下）、念仏について高弁では称名念仏は観仏と一体のものでなければならないと主張する（源空が称名だけを正行とするのを批判する）のに対して、真迢では仏の色身《しきしん》を観ずる観仏（定善《じょうぜん》）と名号を称える念仏（散善）は区別されてよいとし、或いは源信の『観心略要集』に「名号の功徳は莫大であり、それは大海の一滴（名号）が衆河の水（諸功徳）を含むのに喩えられる[26]」と説くのを示して、阿弥陀仏の本願（第十八願）に基づく「称名専念の一行」を支持し、称名念仏で一宗（浄土宗）を立てることも可とする。また、源空の取捨（選択《せんじゃく》）の義は『観経』の「光明遍照　摂取不捨」の文に反すると高弁が非難するのに対しては、真迢では『双観経』（第十八願）に依れば取捨（選取選捨）義は可能であり、『観経』に勧める観仏中心の念仏は『双観経』では「本願の念仏」（称名）として勧められているとして、源空の側に立って会釈する。そして、源空の「念声是一《ねんしょうぜいち》」義（第十八願の十念を十声とみる）について、高弁では称名（声）は心念（観念）を伴うので念を声だけにみるのを非難するのに対して、真迢では念は観と称とに通ずるけれども、「本願の十念」は称念なので観念とは区別される意味で「念声是一」ということができるが、しかし意業を含む念は声（口業）とは「能・所」義が分かれ（念は等起の意念の故に能発で、声は所発の語音という関係）、そのままイコールではないと会釈し、源空を弁護しながらもそのまま是とはしない違いを論ずる。つまり、真迢では末法の時機観に立つときには源空の称名念仏を支持するけれども、称名だけを選択する（称名を選取し余行を選捨する）のではなく、右に『往生要集』や『観心略要集』を用いているように、戒律や観心修行をも評価する法華円教観による天台的立場を取るのである。

　このように、真迢が源空の意を汲んで高弁の批判に応えるのは、『念仏選擇評』の末尾の問答にも記すように、源空の教えを「濁乱の時節に相応し、罪悪の劣機に契当する」と評価し、真迢自らをその時・機に当てはめるからである（『浄土宗全書』八・六一八頁）。その一方で、真沼は自らを浄土宗の学者ではないとし、高弁を「智者」と崇めている。それは、菩提心や戒行を尊重したい自己の宗教的欲求があるからといえる。このことは、真沼が『行者用心集』を書写して携帯したことに端的に表れている。

三　真沼による『行者用心集』の携帯と戒行重視の特色

『行者用心集』は、室町時代の存海《ぞんかい》が集記したもので、[27] 真沼はこれを四十五歳の寛永十七年（一六四〇）に、湯治中の摂州有馬《ありま》で書写し、真沼の書写本がのちに版木によって公刊されている。そのことは、刊本に刻まれている真沼の奥書によって分かる。刊本は二種類あり、これらは別の版木によってており、真沼没後の翌万治三年（一六六〇）の八月（長谷川版本）と冬（小嶋版本）に相継いで出ている。両刊本ともに同じ内容をもつ二巻の構成であり、ともに真沼による同じ奥書を載せている。『行者用心集』の構成内容は、小嶋版本によって見ると概略つぎのごとくである。巻上は、七〇条（四四帖）から成る。

一―八条は、源信の『十戒卑下心』から八条を抄録する。「㈠衣食住五観事、㈡婬欲対治観事、㈢瞋恚対治観事、㈣愚痴対治観事、㈤無常観念事、㈥六念事、㈦発菩提心三観事、㈧名利等を捨つべき事」である（この書は『十善集』ともよばれ、『恵心僧都全集』五に収録するものはこの『行者用心集』によっている)。九—一四条は、『用心集』の抜書と注記し、「(九)存生間の心使いの事、(一〇)僧と名く事、(一一)智慧の事、(一二)偏執を止める可き事、(一三)死期の念想事、(一四)迷悟事」の六条を出す。一五—二二条は、慈威和尚(恵鎮)の『己心立行抄』と『見聞抄』から、「(一五)止観大意を読む可き事、(一六)無常を心に懸ける可き事」ほかの八条を記す。二三条は「依報の災と正報の苦は但だ内の三毒に依る事」を記し、つぎの二四—三二条は「道者渓嵐抜書」とし、「(二四)道者と無道者を知る事、(二五)得定《とくじょう》の人を知る事、(二六)襖《あを》道心の事、(二七)道者は徳を隠す可き事」などの九条を、光宗の『渓嵐拾葉集』からと思われる書から抄出する。三三—三五条は、『決疑抄』下とする書から「清貧を重んじ、慢心を治療する」などの言葉を三条に出す。三六条は「真言四重禁戒事」として「①正法を捨てるべからず、②菩提心を捨離せず、③正法を慳《おし》むべからず、④一切衆生を利せざること莫かれ」の四重禁と、「①不婬戒、②不飲酒戒、③不説他罪」の三戒を略説する。三七条は、東寺流の明匠知道作『病中用心』(『真言宗安心全書』五)から、「未来の無益を観じて命を惜しむべからざる事」などの五事を抜き書きする。三八—四七条は源空の『金剛宝戒章』から「十重禁戒の説相」と「釈義」および「秘決」の諸誡を一〇条に抜き書きする。四八—六四条は、『行者大要抄』(妙観院経海《きょうかい》または毘沙門堂明禅《みょうぜん》)から「(四八)八精進八懈怠事、(四九)悪人に遇う時の用心の事」ほかの一七条を出す。六五条は「世俗の事を思って意を悩ますべからず」ことを述べ、六六条は「夢窓国師法語」を、六七と六八条は『知心修要記』(時宗教団の僧尼に対する教誡)を抄出し、六九条は「或る人」の語として「身を捨て世を遁れる事」を述べる。七〇条は「諸師持言事」として源信・貞慶・明遍・円仁・顕性・空也・夢窓・恵鎮の寸語を載せる。

つぎに、巻下は四八条（四五帖）から成る。一―一一条は聖徳太子の語として『説法明眼論』などから、「㈠焼香功徳事、㈡供花事、㈢錫杖事」などを出す。一二条は解脱上人（貞慶）の『魔界廻向法語』を載せる。一三と一四条は明恵上人（高弁）の『論』から「慢心の恐るべき事」や「臆病者の十難と勇者の十徳」などを出す。一五―四〇条は『明恵上人伝』の抜き書きであり、一六帖分を費やす。四一条は『大日経疏』などから、また四二条は「龍舒《りゅうじょ》の浄土文」（南宋・王日休選）からそれぞれ短い文を称出する。四三条は『一言芳談抄』の抜き書きであり、五七種の言葉を八帖分に載せる。四四条は『徒然草』の抜き書きであり、一六種の文章を九帖余に載せる。四五条は興円の『一向大乗寺興隆篇目集』から「入寺心持事」を抄出する。四六条は「明恵上人没後の事」を、また四七条は松尾寺の「勝月上人の夢事」を出す。四八条は心源（恵心流）の作という『心要雑話集』より「仏法内の邪見の失」を載せる。

さて、こうした内容のなかに、巻上では比較的に分量の多いのは、源信の『十戒卑下心』（九帖）と源空の『金剛宝戒章』（七帖）と明禅（または経海）の『行者大要抄』（七帖）である。これらを読むとき、十善戒と十重戒などをよく学び貧僧にして念仏する行者の姿をみてとれる。また、恵鎮と光宗は巻下に出る興円とともに、黒谷・法勝寺流の円戒復興の同志であり、真沼の住する西教寺（天台律宗）が法勝寺流の円戒道場であることから、真沼には大いなる親近感がある。(28) 巻下では、明恵高弁の記事が半分近くを占め、真沼では刊本の奥書にも記すようにとくに拠り所とした祖師学僧である。ついで、『一言芳談抄』と『徒然草』の抜き書きが多くを占め、これらには遁世の念仏者の姿をみる。

なかで、『一言芳談抄』は源空とその門下の言葉を主に集めた内容をもち、また『徒然草』の方には著者の兼好に「天台宗の法師」と割註が付されている。ともに世を厭い清貧の仏法を好んだ僧たちの語録である。真迢ではやがて西教寺をも辞して醍醐に閑居して不断念仏に従事して生涯を終えるのは、『行者用心集』にみる遁世の念仏聖に範を取っているといえる。これはかつて真盛が、「我等が如き一類を道心門と名づく、世に捨てられて称名す」と述べた姿を彷彿とさせる。[29]

それで、『行者用心集』（刊本）の巻下にある真迢の奥書をみると、この書は「叡山首楞《しゅりょう》厳院《ごんいん》存海法印の集むる所」であり、「随一の行者軌則」なので、「偏へに道心を堅固にし安楽国に往生せんが為に」書写したという。そして、場所（有馬）と年時（寛永十七年九月）を記してのち、さらに次のように述べている（原文は漢文）。

迢私に云く、此の集の下巻には明恵の伝に解脱上人の夢事を引く。是れ最も行者用心の簡要なり。……（中略）……惣じて明恵上人伝等は説戒門の心なり。きびしく小罪をも禁じて宥恕の義はなし。法然上人の御化道は定・恵に等しき辺なり。結縁を本として強ちに小罪をも制せず。……（中略）……此の二途は時・機に依用あるべし。（後略）

このなかに、「明恵の伝にある解脱上人の夢の事」とは、笠置《かさぎ》の貞慶（一一五五―一二一三）が高弁に語った夢のことで、「破戒無慚の罪に引かれて魔道に入る」のを恐れて「戒門を興行す」べきことを説く物語である。[30]これを真迢は「行者用心の簡要」とし、そしてその上で明恵高弁と法然源空の二師を顕揚する。

この書を集記した存海のことは、室町時代の永正年間（一五〇四―二一）を中心に活動し、右に真迢が記す比叡山の横川のほかに神蔵寺や帝釈寺に住して、諸種の口伝や修行の記録を書写・編纂した求道の学僧として知られる。(31) 比叡山の神蔵寺や帝釈寺は、かつて興円（一二六二―一三一七）や恵鎮（一二八一―一三五六）ら黒谷流戒家が円戒復興に従事した拠点である。『行者用心集』のなかに、興円と恵鎮の語録も入れているのはすでにみた通りである。また、存海は黒谷戒家の重要書である興円の『十六帖口決』を大永二年（一五二二）に書写して法勝寺に寄進している。(32) こうして、『行者用心集』は編者存海とともに、西教寺に住持の真迢とはもともと関わりが深く、真迢の求道に最も適した軌範の書といえる。

真迢が日蓮宗から天台宗への転宗後に、主に西教寺を拠点に円頓戒と慧心流の念仏を弘通《ぐづう》し、明恵高弁と法然源空を尊重する立場をもったのは、真盛に帰服したからにほかならない。高弁と源空を尊敬するのは、すでに真盛の『往生伝記』に真盛の志向として見られる。(33) それで、念仏と戒律について真迢の主張を、晩年近くの『禁断日蓮義』によってみると、その巻一〇（第一〇〇条）に「末法応時の修行は往生要集の念仏に在る事」を論ずる。そこでは、『観経』と天台『十疑論』と『往生要集』とがいずれも、「頑魯《がんろ》の者」や「懈怠《けたい》無戒の者」や「破戒の者」を助ける（無戒でも往生できる）ことを説くとして、「当今末代の衆生は悪心と造罪の間断《けんだん》する時がない」ゆえに、「但だ弥陀如来の他力本願を頼む」を要とするといい、そしてそれは「円融開会《えんにゅうかいえ》の念仏」であると性格づける（七九帖）。(34) つまり、そこでの念仏は法然流に同じ第十八願による「本願念仏」であるが、真迢ではそれを法華円教の立場で捉えるのである。また、戒律については同巻（九一―九四条）に「末法にも随分に戒法を持つべき」ことを論ずる。そこでは「末法は無戒の時であり、人々の多くは戒法の器ではないけれども、それでも持戒の人は多くいて、その人たちこそが正機《しょうき》であるから深く尊敬すべきであり、末代の凡夫では持戒の人に結縁《けちえん》して受戒し、『梵網経』の十重四十八軽戒《じゅうじゅうしじゅうはちきょうかい》の全分の持戒に耐えなくとも、分に随って一戒二戒でも持つべきである」（三一帖以下）、という旨を主張する。(35)

　真迢の持戒を重んずる宗教的欲求は、やがて江戸時代の中期以降に、天台の安楽《あんらく》律をはじめ、真言《しんごん》律・浄土律・西山《せいざん》律・法華律など各宗で、戒律が見直されて興起することに共通の志向を見出す。他方、西教寺を中心とする真盛門流においては、真迢が真盛の教学を明確に「戒《かい》と称《しょう》」によって修め、しかもそこでの念仏（称）を「本願念仏」であると捉えた意義は大きい。それはのち、法道が「本願称名《しょうみょう》念仏」義を一層強くあとづけ、やがて明治初期の真朗の時代に天台宗のなかで教学上の「別派独立」につながってゆく。(36)

第四節　天台の念仏聖・真迢にみる密教観の特色

一　真迢の法華教学と「四宗」観

真迢（舜統院、一五九六―一六五九）は、江戸時代の初期に日蓮宗の法華信仰から転じて天台の念仏聖となった学僧である。もとは日迢と号し、三十七歳で京都にある大本山妙蓮寺の第十六世貫首に登ったほどのエリートであったが、ほどなく日蓮の宗義に疑問をもち始め、三十九歳の八月から三ヶ月日蓮の尊前に祈請してのち、その法義より決別して念仏義を感得し、翌四十歳の春に比叡山の横川を尋ね、坐禅念仏の生活に入った。そして、寛永十四（一六三七）年四十二歳に『破邪顕正記』を著して間もなく、横川麓の西教寺へ移り、真盛門流十五世を嗣ぎ、真迢と名を改めたのである。(37)

真迢は日蓮宗時代には、関東の飯高《いいだか》檀林（下総国《しもうさ》）を中心に、中村（下総国）や宮谷《みやさく》（上総国《かずさ》）等の著名な檀林に学んでいたので、日蓮宗義と天台教義の学識に高く、日蓮宗時代にも幾つかの著作を残した。そして、転宗直後に著した『破邪顕正記』五巻は、天台教学のもとに日蓮（一二二二―八二）の法華信仰を痛烈に批判したことから、日蓮宗内にかなりの衝撃を呼んだ。真迢の日蓮への批判は、「念仏無間・禅天魔・真言亡国・律国賊」とする、いわゆる日蓮の「四箇格言」にみる諸宗排斥を「謗法」と論断し、「折伏」義を悉く退けようとするものであったから、とくに日蓮の宗旨に忠実ならんと志す「不受不施派」の学僧たちから激しい反論をみた。

『破邪顕正記』に対する反論書では、日賢（一五六九―一六四四）の『諭迷復宗決』と同『別記』が最も早く寛永十八年（一六四一）であり、ついで日領（一五七七―一六四八）による『日蓮本地義』二巻がその翌年である。その後、日遵（一五八八―一六五四）が『諫迷論』十巻を慶安三年（一六五〇）に出して詳しい反論を試みた。なかで、日賢（寂静）は日蓮の名跡である中山法華経寺の第十九代を任じ、不受不施派の重鎮的存在にあって、中村檀林の化主（学頭）を務めたとき日沼（真沼）はそこに学んで師弟の間柄にあったのであり、寛永七年（一六三〇）の不受不施事件（身池対論）のあと流罪を被り、真沼への反論書は遠州三河に自ら開創の本源寺で著している。また、日領（守玄）は上総の小西檀林の化主を務め、小湊の誕生寺第十六代を嗣ぎ、不受不施を強く主張したため、日賢と同様に寛永七年の江戸幕府による弾圧を受け、当初は佐渡塚原へ、のち奥州相馬へ流罪を被り、後者にて仏立寺を開創し、この地で反論書を著したとみられる。そして、日遵（長遠）はかつて飯高と中村の檀林に学んだときには、当時の日沼とは先輩または同学の間柄であり、のち下総に寛永元年（一六二四）玉造檀林を創始した有力な学僧である。要職には小湊の誕生寺第十七世（および十九世）と京都の頂妙寺歴代を務め、やはり不受不施を強く信奉したが、盟友が多く流罪に遭うなかにかろうじて難を免れている。

これら不受不施の学僧らを相手に、真沼側では弟子の真陽（一六二七―五六）が草稿を造り真沼が再治して『禁断日蓮義』十巻を明暦二年（一六五六）に公刊し、右の三書に対して応答反論した。なかに、日遵に対して詳しく応答したので、かなり大部となっている。しかるのち、日蓮宗側から再び応酬をみた。すなわち、日存『金山鈔』十六巻が万治三年（一六六〇）に、ついで日航『摧邪真沼記』五巻も同年に、そして日題『中正論』二十巻が延宝四年（一六七六）に著され、それぞれ刊行された。ただ、これら三書は真沼が没してのちであるので、もはや真沼側からのさらなる応酬はない。これらの論争書のなか、先の日遵『諫迷論』と、のちの日存『金山鈔』、および日題『中正論』は詳細をきわめ、浩瀚な述作となっている。いずれの著作においても、論戦の端緒となった真迢の『破邪顕正記』の叙述順序にほぼ沿った反論の構成になっている。

このような論争では、真迢が日蓮教学によく通じて、しかも天台にも造詣が深いのに対し、日蓮宗側では日存を除いては不受不施派に属し、檀林に学業を積んで日蓮教学の先鋒を担う経歴をもつ学僧たちばかりであるから、同じく『法華経』を円教と仰ぐ天台と日蓮両宗の教学の違いを知るには最も好適である。また、日蓮宗の教学史においても、真迢が転宗（脱宗）して交わした論争は、「宗論」に関する画期的な一時期をもたらし、右に掲げた論争書は、真迢側のも含めて今日には『日蓮宗教学全書』三十三巻（宗論部）中に集録されているのをみる。(38)

そこで本節では、真迢が論争のなかで日蓮宗と鋭く対立する天台の「密教」観について、その特色をみる。というのは、真迢では末法観にもとづく日蓮の「唱題成仏」義はこれを否定し、天台教学のなかで凡夫が救済される仏道には念仏とともに密教も有効であるとみているからである。念仏については、筆者はすでに第二節に論じたので、いまは真迢の台密観をみることにしたい。

真迢の『破邪顕正記』五巻は、巻一（第一―五条）には、真迢が転宗してこの書を著すに至った事情を初めに述べ（第一条）、ついで日蓮が末法時における「上行菩薩の化身」であるとの日蓮信仰の本質を否定し（第二条）、のち（第三条以下）「四十余年未顕真実」を論拠に法華独一主義をとる日蓮宗の『法華経』解釈に批判を加える。そして、巻二（第六―二九条）では、天台の五時教判にいう法華（第五時円教）よりも前の諸教（爾前教）について、「爾前無得道」義を主張する日蓮宗の法華教学を詳しく取り上げて批判するのみならず、日蓮の「唱題成仏」義をも退ける。つぎに、真迢では天台の法華円教観ならば「爾前の諸教も成仏法となりうる」（爾前得道）との観点で、巻三（第三〇—三六条）には日蓮の「念仏無間」義を退けて、「浄土念仏の正意」を述べる。また、巻四（第三七—五四条）には日蓮の「真言亡国」義を退けて、「台密（天台密教）の真義」を顕わさんとする。そして、巻五（第五五—六七条）では、日蓮の「禅天魔」と「律国賊」および「神祇排斥」をそれぞれ順に批判する構成をもつ。

そこで、日蓮宗では五時教判をはじめ天台教学を基盤にするのではあるが、法華を最勝の教え（円教）と位置づける法華円教観では、真迢の天台的立場とは鋭く対立する。それは、「約部と約教」の見方を異にするのによる。真迢では、それを次のように論じている。

伝教大師の註釈の中に、或《あるい》は四十余年の諸経を大小偏円をえらばず、悉く惣じてきらう筋あり。是《これ》約部の義也。或《あるい》は円教をば除《のぞ》いて、但前三教をきらう筋あり。是《これ》約教の義也。

（巻二、鈴木『仏全』六一・八三a。ふりがなは引用者）

ここで、約部とは「華厳・阿含・方等・般若・法華涅槃」の五時各部について、第五時の法華涅槃部が円教（真実教）であるのに対して前四時（爾前の四時教）は権教（真実ではない方便の教え）という位置づけをもつのをいう。また、約教は「蔵・通・別・円」の化法四教について、法華円教観に立てば前の三教にもそれぞれ円教の意味（円意）があるとみるのをいう。天台教学の五時と四教（化儀四教を加えれば八教）では、最終最高の『法華経』（円頓教・真実）を学ぶ前の段階はこれを「未入実」

と呼んで、爾前四時または前三教は「偏えに権教」であるとされるのに対し、法華円教を学んで後に爾前教を用いるときはそれらにも円意があると評価され、その場合には五時と四教（または八教）のすべては「円体無殊」であるという。それで、右の文中に「大小偏円」とは、大乗と小乗の諸教（爾前の諸教）が偏えに権教である場合と、法華に通じて円意をもつ場合とを指し、約部ならば爾前教はみな権教の故に「無得道」とみられることを述べる。また、約教について「但前三教」とは、『法華経』の円教意をもたない段階の前三教を指し、法華後に円教意をもって前三教（または前四時教）を用いるときには、いずれの諸教も「得道の法」となると言うのである。日蓮宗では専ら約部義に立つのに対して、約部を踏まえた約教義に立つのが天台の法華円教観であると真迢は述べ、右には最澄によってその天台義を示すが、別の所では宝地坊証真にもとづいて述べている。[39] このような円教観の違いによって、日蓮宗では法華外の諸教と諸宗を「無得道」として排斥するのに対して、天台を任ずる真迢では爾前教は「得道法」と評価され、天台の「四宗兼学」を擁護する。

　それのみでなく、真迢では日蓮の「唱題成仏」義はこれを「妄説」と退けることは、「法華の成仏法」についての見方の相違として注目してよい。すなわち、次のように述べるのをみる。

> 法華の行者の中に、最上根の人は一生の間に観行《かんぎょう》成就し、即身成仏することあり。龍女の如し。是《これ》は仏在世の法華の時も、但《ただ》龍女一人のみなり。二人ともなし。舎利弗・目連等の得道は、生身《しょうじん》得忍にして、即身成仏には非ず。即身成仏と云《いう》は、現生《げんしょう》の内に仏の相好を具足し、成道説法するを云《いう》也。今時の人の及ばざることなり。（中略）成仏得道と云《いう》は、必《かならず》観行成就に依ることなり。

但口《ただ》に任せて題目を唱《とな》るもの成仏すると云《い》ことは、都《すべ》て道理もなし。経論釈疏等にも全く以てなきことなり。（鈴木『仏全』六一・八六c）

真迢では、法華の修行は天台『摩訶止観』に説くような「一心三観」の観行が成就した上に、「即身成仏」を得るとみる。即身成仏は「現生」の成仏であり、これをできるのは最上根の人であり、『法華経』提婆品所説の龍女がその類であるとする。そして、『法華経』の会座で記別される「舎利弗・目連等の得道」は長期修行による幾生をも経た未来世の成仏であって、現身に観行を成就することは容易なことではなく、今時（末法時）の者が唱題によって即身成仏するなどあり得ないと主張するのである。

このことから真迢では、『法華経』の「分別功徳品の一念信解」と「随喜功徳品の五十展転の随喜」位について、これらは深位《じんい》の菩薩が無相の理観を修めて達しうる天台「六即位」の中の「観行即または相似即」の高い位を意味すると主張し、日蓮が『四信五品抄』に述べる「名字即の成仏」との解釈を否定し批判する（第二四条、鈴木『仏全』六一・九三a）。それと同時に真迢では、唱題等によって「凡夫が臨終に成仏する」こともありえないと、日蓮宗を批判する。ただし、「臨終に仏を念じ、経力《きょうりき》を頼むことによって、浄土に生まれることはできる」と主張する（第二〇条、同八七c）。

そして、末法観についても日蓮義に対抗して、「末法には法華経だけが流布するのではなく、諸大乗経が普く流布する」と真迢は主張し、法華外の諸宗を擁護する（第二五条、同九四a以下）。なかで、戒律には末法であってもこれを捨ててはいけないと言い、法華円頓の行者なれば十重四十八軽戒を分相応に持戒すべきとする。或いは禅宗には、これが末法に不相応ということはないと支持しながらも、無相空を観ずる禅（止観）は上根機の仏道とみるごとくである。ついで、真言と念仏には「末法または法滅時に至っても利益がある」と強調することは、真迢の諸宗観のなかでは少しく注目してよい。というのは、巻三以後の諸宗擁護の論釈では、念仏と密教には各一巻を費やしてそれぞれ詳しく論ずるからである。

真迢は『破邪記』の巻三に念仏を論じ、そこに念仏・真言・法華の間を比較して次のように述べる。

凡そ浄土の正因《しょういん》と云《いう》は、無相の理観也。懐感禅師の群疑論等にみえたり。往生要集にも此《この》趣あり。されども下根の人は、無相の理観を修することあたわず。有相《うそう》門より往生するなり。其《その》有相の行と者《は》、真言・法華・称名念仏等也。一往教法の勝劣を論ぜば、真言の功力《くりき》を頂上とす。大日法身の密説なるが故也。次には法華を最勝とす。三説超過の経王なるが故也。称名念仏は爾前の円門なれば、約部の辺にては、法華に及ばずとも申《もうす》べし。是《これ》義門得別の辺也。法体不分《ほったいふぶん》の時は、真言にも法華念仏の徳用《とくゆう》あり。法華にも真言念仏の功能《くうのう》あり。念仏にも真言法華の功徳あり。

（巻三、鈴木『仏全』六一・一〇一c）

ここでは、念仏に無相（理観）と有相（事観）を区別し、下根者は理観をできないので有相門の称名念仏によって往生できるという。有相の法は真言・法華・念仏のいずれにもあり、これらを比較すれば念仏は約部では法華に劣るが、法体不分（約教の円体無殊）のときは真言・法華と等しい功能をもつと論ずる。また、法華の有相法とは読誦・書写等をいい、天台では法華を最勝の教えとするのが法華円教観に他ならない。そして、真言密教が法華よりも勝れる（頂上）とするのは、これが事相法では最上とみるからであろう。

真迢では、法華の修行による成仏は、有相から無相理観に進んで、天台の六即（理・名字・観行・相似・分真・究竟即）を究むるものとみる。また、浄土念仏観では「往生の行因には称名念仏が最も親近《しんごん》である」と言い（鈴木『仏全』六一・一〇二a）、それは阿弥陀如来の本願（第十八願）に順ずるからであるとし、その故に「西方往生の機（下根者）の前には弥陀念仏は最勝である」と主張して（同一〇三b）、真迢自身は天台に転じた後にはこれを宗旨とした。それに加えて、真迢では真言密教は「極重障《ごくじゅうしょう》の罪人を救う功力《くりき》がある」として、その功験を高く評価し、このことを『破邪記』の巻四に詳しく論ずるのである。

二　法華円教観における真言密教の位置づけ

真迢では、『破邪記』の巻四にはまず、「真言密教は方等部に属して法華よりも劣る」と主張する日蓮義を批判する（第三七条、鈴木『仏全』六一・一一一c）。天台の「五時教判」では、方等部は第三時で、法華は第五時の醍醐味である。日蓮では、密教を法華よりも前の爾前教（権教）に位置づけるのは、『法華真言勝劣抄』はじめ諸書にみられ、その根拠には日本天台初期の「唐決」、なかでも「広修決」と「維蠲決《ゆいけんけつ》」が挙げられる。これに対し真迢では、それらの両決については「未だ宗意を究めていない」と退け、別の唐決である「宗頴決《しゅうえいけつ》」と安然《あんねん》の『真言宗教時義』を根拠に、密教は第五時の法華円教に属してそれと同味であるとする。また、日蓮の『真言天台勝劣抄』では、安然の『教時義』を退けて『大日経』には「法開会はあるが人開会《にんかいえ》はない」ので、法華に及ぶべくもないと主張する。これを真迢では、密教は人・法開会をともに具える法華と同味であり、もし方等部であるならば、それは「弾呵《たんか》教」の部類なので法開会もないはずであると逆に批判する。さらに、日蓮の『真言見聞』には、密教の説く戒律は「尽形寿《じんぎょうじゅ》（生命の限り）にこれを持つ」と説かれるから、「密教は小乗の権教である」と主張する。これには真迢では、『大日経』巻六の当該文を示したうえで、「小乗の尽形寿は今生《こんじょう》の限りを意味するが、今のは成仏までを指す」と反論し、『大日経』のは最上の大乗戒に属して小乗ではないと退ける。しかも、ここで真迢では、密教は「圓極の沖微《ちゅうみ》（ふかくてすぐれている）、最妙の上乗」にして、「瑜伽《ゆが》三密曼荼羅の法門は能く極重障の罪人を救う即身成仏の大利益があり、極大乗の中の最極《さいごく》秘密蔵である」と主張することは注目に値する。したがって、「与奪《よだつ》を論ぜば与義には真言密教は第五時に属し開顕一乗の醍醐味であり、奪義には五時八教には属さない極大乗の中の最極秘密教（最上乗）である」と、真迢では主張する。この「与奪」義は、これも安然の『菩提心義』を用いたものである[40]。

ついで、真迢では日蓮の『真言天台勝劣抄』に、「大日経は七重に下劣である」という主張を取り上げて批判を加える（第三八条、鈴木『仏全』六一・一一二c）。日蓮では、『法華経』を最高として『無量義経』『涅槃経』『華厳経』『般若経』『蘇《そ》悉地《しつじ》経』の順に下って『大日経』を最低の七重に劣るとみる。なかで、密教が顕教よりも劣るのは、『蘇悉地経』に「若し成ぜざれば大般若経を転読《てんどく》すべし」との旨を説くので、密教（蘇悉地経）の行法より『般若経』の方が勝れているとするのである。これに対して真迢では、「転読大般若経」の意味は助行《じょぎょう》を示したもので、『法華経』でも「余の深法《じんぽう》」を勧めていることがあるのと同じであり、これをもって劣るとするなら法華が余法に劣ることになる、と逆に批判する。また、『法華経』では法師品に「已今当《いこんとう》の三説に超過する」と説かれ、或いは薬王品に「十喩によって法華を称歎する」ので、日蓮では『法華経』が最高で密教は劣るとするのを、真迢ではそれらは顕教内での校量であり、密教には関わらないので、密教は顕教とは単純には比較できないと主張する。[41]

　真迢の台密擁護の考え方は、日蓮の『法華真言勝劣抄』に真言教には『法華経』のごとき「二乗作仏（記小《きしょう》）と久遠実成（久成《くじょう》）を説かない」と主張するのを、真迢が批判するなかにもよく表れている（第四五条、鈴木『仏全』六一・一一七c）。真迢では、「真言教は本覚法界の大日尊が深位《じんい》の菩薩に対して秘密の奥蔵を説く極理《ごくり》頓絶《とんぜつ》の法門である」と主張して、「記小久成を正意とはしないけれども、記小久成の義は中に含む」として、一行《いちぎょう》の『大日経義釈』や円仁《えんにん》の『金剛頂経疏』を引用して、そのことを示さんとする。のみならず、密教は「顕教では難治《なんじ》の悪人を救う最上乗であり」、また「顕教の利益も及ばない極下劣の人、及び一切の重罪造積の悪人が悉く真言を持って即身成仏する不思議神《じん》通乗《ずうじょう》である」と述べる。そして、『六波羅密（蜜）経』と『金剛頂経』、および他の真言経典の諸文を示して、そこに「悪性《あくしょう》下劣の人すら頓悟涅槃する」と説かれる故に、二乗等が隔てられるはずがないと主張する。ここではまた、「大日如来の善巧力《ぜんぎょうりき》の故に真言に値《あ》う者は此の一生に直に満たし直に証する」ことができ、或いは「見思《けんじ》未断の凡夫が真言を持てば即生《そくしょう》に究竟《くきょう》の果を得る」とも述べ、さらに「当来法滅《ほうめつ》の時節には刀兵《とうびょう》劫末《ごうまつ》の衆生すらなお金剛夜叉《こんごうやしゃ》の善巧《ぜんぎょう》方便に依って菩提心を発し真言の利益を得る」とさえ主張するのをみる（同一一八b）[42]。

ほかに、日蓮の『法華真言勝劣抄』には真言密教に対して「七重の疑難」を挙げるのを、真迢は取り上げて、ここでは七項のひとつひとつに丁寧に反論している（第四七条、鈴木『仏全』六一・一一九b）。なかで、円仁『金剛頂経疏』や一行『大日経義釈』、湛然『金錍《こんぺい》論』および源信『観心略要集』を引用して論じていることは、天台の古文献に依って立とうとする真迢の立場をみてよい。或いは、日蓮の『真言天台勝劣抄』には、「大日法身《ほっしん》の説法は法華の他《た》受用《じゅゆう》身に当たる」として、法身説法を認めないのに対しては、真迢では「自受用身が法界宮にて法身の眷属の為に説いた法を真言教といい、他受用身が華蔵世界で地上の勝者の為に法を説いたのが梵網経（顕教）である」と会釈している（第四八条、同一二〇b）。そして、日蓮の「法身に説法なし」との主張は顕教内ではいえるが、真言教の法身説法は伝教大師の『払惑袖中策《ふつわくしゅうちゅうさく》』にも認めているとして、真迢では密教に独自の価値を認めるのが天台の立場とするわけである[43]。

三　台密の法華に対する「理同事勝」の意義

真迢では、密教は顕教の法華とは単純に比較校量をできないとしながらも、『六波羅蜜経』（六度経）によるとき「顕密相対して優劣を判ずることができる」と論釈する（第四二条、鈴木『仏全』六一・一一五a）。『六波羅蜜経』には「五蔵」説があって、それは「素怛纜《そたらん》（経）・毘奈耶《びなや》（律）・阿毘達磨《あびだつま》（論）・般若波羅蜜多《はんにゃはらみった》・陀羅尼蔵《だらにぞう》」の五蔵であり、これらは「乳・酪・生蘇《しょうそ》・熟蘇・妙醍醐」に喩えられると説く。これを真迢では、初めの三は小乗三蔵で、第四は「華厳・方等・法華・涅槃」など顕教の大乗経、そして第五は真言密教と諸経（法華など）の中の陀羅尼呪であると解釈する。もっとも、この経の判教は空海の『二教論』では真言が最高であることを導くのに用いるものであるが、真迢は安然でも空海を天台の立場から批判しながらも、その解釈を用いているとして、ここでは「五味《ごみ》の喩え」が天台で『涅槃経』によって用いるのと同じであることから、『六度経』では「顕密惣判して五味を立てる」と理解する。(44) 日蓮では、『法華真言勝劣抄』をはじめ諸書に、同経を「未顕真実の権経《ごんきょう》」とし、所説の「五蔵」はすべて法華前のもの（爾前教）と位置づけるので、真迢はいまそれを退けようとするのである。真迢では『涅槃経』と『六度経』の「五味」はそれぞれ、顕教と密教との「所望《しょもう》の不同であり義理は相違しない」といい、「大日法身は本身で、釈迦応身は迹身であり、本来一仏にて本末が殊《こと》なる」という関係であると主張する。

真迢が顕・密を相対するときには、密教が勝れていると理解するのは、法華と台密の「理同事勝《りどうじしょう》」という考え方による。日蓮では、『大日経』等の密教がまだ伝来しない段階の天台智顗と妙楽湛然の法華円教観に立って、そこには密教は位置づけがないことから、日本天台で密教が受容されたことをもって「亡国」とみる。その場合に、伝教最澄では真言に対して法華の優位を護ったのに、慈覚円仁と智証円珍が密教をもたらしてから、比叡山は「謗法の山」となったとし、「理同事勝」義は日蓮ではこれを排斥する。これに対して、真迢では日本天台における密教の受容と発展を擁護するのである。

それで真迢では、「真言の伝持」は入唐による最澄以来の正統に属することを論ずる（第四〇条、鈴木『仏全』六一・一二三b）。すなわち、最澄の『顕戒論』と『学生式』によって、「法華（止観）と真言（遮那）の両業は鳥の両翼、車の両輪である」とする。また、最澄の『依憑集』の序に真言家を破責するのは、弘法空海（真言宗）の『十住心論』と『秘蔵宝鑰《ほうやく》』などに、法華を華厳の劣位とするのを批判したもので、台密では十住心（空海）のような判釈を立てないことを一行の『大日経義釈』をもとに、或いは安然の『真言宗教時義』巻二には「五失」を挙げて十住心を批判することを、真迢はここで論述する。そして、慧心の『観心略要集』に「阿字に三諦《さんだい》義が有り、三密《さんみつ》と天台三観《さんがん》とで顕・密は異なるとも二趣は同じである」との旨を説くのを引用して、「密教の本意は無相の極理にある」という意味で法華と「理同」であると真迢は主張する。[45]

ついで、「即身成仏は唯だ法華に限る」と主張する日蓮義を退けて、真迢では天台での「真言による即身成仏」義も正統であることを述べる（第四一条、同一一四b）。ここでは、安然『教時義』巻三を詳しく、また証真の『文句私記』巻八をも引用し、即身成仏の行法は一つではなく、「法華には円頓観によって速に仏身を成ずる」ことを明かし、他方で密教には「三密行に依って即身成仏する」ことを説くとし、この両方を認める立場は最澄（『払惑袖中策』）でも同じと論ずる。(46)

真迢ではまた、最澄は「理同」を明かすに止まったが、円仁以後に「理同事勝」義が明白になったことを論ずる（第四三条、鈴木『仏全』六一・一一六a）。ここでは、円仁が入唐して元政《げんせい》・法全《はっせん》等から密教の深理を伝受されて、『蘇悉地経疏』と『金剛頂経疏』を撰述したその意義を述べた上で、『蘇悉地経疏』には「秘密教に二種があり、唯理秘密教《ゆいりひみつきょう》（ただ理法のみを説く）は法華経・華厳経等をいい、事理倶密《じりくみつ》教は大日経等の真言密印《みついん》事（事相）を説くのを指す」とし、しかも「三密の教（『大日経』等）は事理兼備にして、災いとして除かざること無く、楽として与えざること無し」と、事相の勝れる意味を真迢は円仁から引用する。つまり、唯理秘密教は顕・密の「理同」をいい、事理倶密教は密教の「事勝」を言うのに相違なく、円仁の『金剛頂経疏』にも同趣旨をみるとしてそれを引用し、真迢ではこのことは「唐朝の相承であり真実の正義である」と主張する。(47) さらに、真迢では「顕密多種の事」を論じ（第四四条、同一一六c）、『法華経』には法師品・寿量品・神力品等に仏の「秘密神通」などを説くので、「秘密」の意味には多種があるけれども、空海『弁顕密二教論』や安然『教時義』等を詳しく読めば、(48) 真言秘密教は『法華』等顕教所説の秘密教に超過する教えであることを知るべきであると論釈する。

ところで、日蓮の諸宗排斥（折伏義）では、三十二歳の宗旨建立後の初めは『立正安国論』にみるように法然の浄土宗を主な論敵とし、のち五十歳の佐渡流罪以降には密教を主に排撃したと言われる（日存『金山鈔』巻一上・一八帖左）。真迢では、そのような日蓮の「余宗排斥」の変遷にも触れている（第五四条、鈴木『仏全』六一・一二二c）。そこでは、日蓮の最初期に属する『戒体即身成仏義』に密教を支持する文言をみるのは、日蓮が宗旨建立の前に天台を学んでいた時期の故であり、法華独一の信仰に帰してよりは『法華真言勝劣抄』などを作って余宗に並べて密教を排斥する立場を取り、とくに佐渡以後には日蓮は真言を破斥するのを本懐としたことを、諸説を挙げて論述する。そのようななかで、真迢が日蓮の真言排斥について最も強調するのは、それが「法華の宗旨を建立するための方便」という性格のものではなく、「謗法邪見」に他ならない不当なものと論断することである。というのも、真迢では真言密教はその事相（事勝）のゆえに、念仏とともに末世の凡愚を益する法と確信するからである。

そのため、真迢では『開目抄』『撰時抄』『報恩抄』『下山抄』『三沢抄』『本尊問答抄』『諫暁八幡抄』等の、佐渡以後に属して「録内書」（真撰）とみられる日蓮の著述も多く引用して、日蓮を批判する。なかで、日蓮の『撰時抄』と『下山抄』に、「円仁は密教の二経の『疏』を造ってのち謗法の故に夢見が悪くなり、程なく疫病で失せた」とか（第四三条）、或いは『報恩抄』等に「善無畏三蔵は頓死し謗法罪に依って無間地獄に堕ちた」とか（第四九条）、また『本尊問答抄』には「承久の乱」について、さらに『諫暁八幡抄』には「源平合戦」について、それぞれ流罪に遭ったり不運な最後を遂げた者たちの「真言亡国の現証」を挙げるのに対して（第五二条）、真迢はひとつひとつ克明に反証を列記して、そのような見方の不当を非難する。そして、そこではかえって「真言密教は災いを除き、国を治めるその霊験は称計できないほどである」と、密教の効験を高く主張している（鈴木『仏全』六一・一二二a）。

真迢による日蓮宗批判では、真言のみならず日蓮の諸宗排斥を謗法であると断罪し、天台のもつ四宗または五宗のいずれもを擁護することに主意がある。しかしそのなかでも、念仏と真言は、末法の凡夫または下根者をもっとも利益すると真迢は確信している。これを日蓮宗側でみると、日蓮の当時に法華信仰を妨げたのは初め法然の念仏義であり、のち蒙古の襲来が現実になるにつれ真言祈祷に頼る風潮と鋭く対立したが故に、「折伏」義によってそれを排斥したものといえる。真迢ではこのような経過に対抗するかのように、その宗教的確信から『破邪顕正記』には、念仏と密教をとくに熱心に擁護しているとみれる。ただ、念仏と真言のうち自己に相応しい仏道としては、真迢は念仏門（往生浄土による成仏法）を採用した。そのためか、密教の即身成仏法は円仁と安然、および証真らをもとに事相では法華に勝れていると論釈しながらも、事相（有相）から理観（無相）に進むその成仏法については真迢では詳しくは論述していないといえよう。

註

（1）　宮崎英修「舜統院真迢の研究」（同『波木井南部氏事跡考（日蓮宗宗史研究一）』、一九五〇年）、執行海秀「江戸初期に於ける日蓮宗の脱宗者とその教学」（『日本仏教学会年報』一五、一九四九年）、望月歓厚「舜統真迢の教学」（同『日蓮宗学説史』第三篇第一三章、一九六八年）、渡辺宝陽「脱宗者の思想」（『講座

日蓮（第三巻）日蓮信仰の歴史』一九七二年）、宮川了暢「舜統院真迢の脱宗前後の動向について」（立正大学『日蓮教学研究所紀要』三一、二〇〇四年）

（2）『大正』七七・二九九a―三〇一a。なお、『真迢上人法語』は、法道が集記した『先徳法語集』二巻（嘉永二年刊、一八四九年）のうち巻上の全部である（同巻下は天台の祖師を中心とした二二人の法語を集めている）。真迢の『法語』は、『破邪顕正記』と『禁断日蓮義』から、主として念仏と戒律についての主張を抄出したものである（なかに「私云」とするのは編者法道の補足による）。また、法道は真盛門流の江戸時代後期における伊勢の学僧で、真迢を顕彰し、真迢を通じて真盛教学を明確化するのに尽力した。

（3）真迢の伝記はほかに、『続日本高僧伝』巻二に「真迢伝」（鈴木『仏全』六四・一五頁）、『浄土宗全書八』（六一九頁）に「賜紫大僧都真迢上人略伝」などをみる。

（4）真迢の妙蓮寺退出について、真迢の先輩であり、関東で真迢を指導したことがあると思われる日賢（一五六九―一六四四）の反論書に、「生得有慢相、内外被妬、既欲擯出」（鈴木『仏全』六一・一四五c）と述べるなどを根拠に、「性格的な慢心のゆえに嫉妬をかい、檀徒に嫌われて排斥された」という理解がある。また、真迢が後に天海に請われて東叡山に講者となったときも、性格的に嫌われて早々に退散したという見方もある（前掲の宮崎英修論文）。いまはそのことに詳しく立ち入ることはできないが、少なくともそのような理解には確証が乏しい。また、「妙蓮寺文書」のなかに、転宗直前および直後と思われる真迢の書簡が四、五通発見され、検討も加えられているが（前掲の宮川了暢論文）、書簡自体のなかに檀徒から排斥されたことを伺うことは困難である。もっとも、転宗の時には同僚や檀徒から慰留され、また転宗を「恩知らず」と非難されたことは真迢自身が書いており（鈴木『仏全』六一・七二b）、それに応えてやむなく『破邪顕正記』を書いたというのである。

（5）『玄籤栝釈』は、年齢が早いゆえに、飯高檀林で師日友より受けた講義を自己の名で出したとの見方がある（宮崎英修論文）。けれども、真迢は三十二歳時に駿河の光長寺でも『法華玄義』等を講じているから、あるいはこの時の講義をまとめたものかもしれない。

(6)　窪田哲正「真迢『山家観心異論決』の観境真妄論」(『日蓮教学研究所紀要』三〇、二〇〇三年)。なお、日遠の趙宋天台との思想関係は単純ではなく、別の問題では知礼を支持し、また真迢でも後に『破邪顕正記』に激しく反論する不受不施の学僧とは観心問題では親しい関係にあり、日蓮宗内の思想傾向はやや複雑である。

(7)　真迢『破邪顕正記続補』(鈴木『仏全』六一・一四〇a)

(8)　真迢では日蓮と日蓮宗を分けて述べることもあるが、ほとんどの場合に日蓮宗の教学は日蓮に原因するとして、それの「妄説」であることを論ずる。真迢は日蓮の書に「録内」と「録外」のあることを述べ、自分が日蓮を述べるときには、真撰に相違ない録内書のみによるとし(鈴木『仏全』六一・一三五c)、『破邪顕正記』では日蓮の五大部をはじめ引用の遺文は多数にのぼる。そのなか、いまの「一念信解」位の問題は、日蓮の『四信五品抄』等を根拠に論ずる(同九三a)。

(9)　このことはひとり真迢のみでなく、真迢とほぼ同時代に転宗した学僧にもいえる。当時、慧雲とそれに従った友尊と了性(一五九二―一六四九)が日蓮宗を出て、真言律の復興に貢献し、また円耳(一五六一―一六二一)が臨済宗へ、そして良澄(一五七一―一六四二)が天台宗(真迢と同じ真盛門流の伊勢西来寺)へ転じたことが知られている。真迢を含めてこれらの学僧に共通なのは、「戒行」を重視したことである。さらに、真迢後の日蓮宗内に、元政(日政、一六二三―一六六八)が法華律を興していることは、真迢らの宗教的欲求が宗内でも求められたゆえんとして特筆される。真迢が戒律を重んじたことは、転宗後に存海集の『行者用心集』を書写し、それを終生所持したことでも分かる。

(10)　また『続補』には、転宗直後から真迢が病気がちになったのは、日蓮宗を捨てたからであるとする非難を取り上げ、真迢はこれを一笑に付し、改宗後には「嘉瑞甚多」であると答えている(鈴木『仏全』六一・一四〇c)。そして、真迢伝について、「真迢は晩年に天海に請われた折り嫌悪されて逃げ帰り、還俗し商売して後、癩（ハンセン病）を再発し面醜にして死んだ」という説がある（日存『金山抄』巻一上・一帖左）。これは、真迢の死後に日蓮宗内で作られた風聞にすぎないが、日蓮宗のそのような体質をこそ真迢は嫌ったのであり、これもまた日蓮に遠因があると真迢はみている。

（11）辻善之助「安土宗論の真相」「慶長十三浄土日蓮宗論について」（『日本仏教史之研究』一九一九年）、林彦明『安土問答の考察――その真相に就て――』（一九三三年）。

（12）真迢の伝記は、『大正蔵経』巻七七所収の『真迢上人法語』の末尾に載せられているのが、もっとも詳しい（『大正』七七・二九九ａ―三〇一ａ）。それは、天台では真迢と同門流（真盛門流）に属する江戸後期の法道（一七八七―一八三九）が記したもので、法道は『破邪顕正記』等に真迢自身が記すところを綴っている。なお、註（2）も参照。

（13）後にも述べる真迢の『禁断日蓮義』巻二には、改宗時に日蓮像の向かって「真迢が祈誓」したこと、および「真迢が改宗時の霊験」について詳しく述べている（第二一条、同書巻二・三二～四二帖）。

（14）鈴木『仏全』六一・七五頁以下。なお、本稿のこの節で『破邪顕正記』の各巻における要旨を述べるときは、条数を記すので、以下には『仏全』の典拠はこれを省く。

（15）『破邪顕正記』巻三（鈴木『仏全』六一・九八ｃ―一一一頁）。本節のこの項では、この巻の叙述を追って要旨を摘出するので、一々の典拠はこれを省く。

（16）「別時意趣」説は、世親の『摂大乗論釈』巻五（玄奘訳、『大正』三一・三四六ｂ）にみるのがよく知られる。それは、本来インドの仏教では三阿僧祇劫の長時にわたる菩薩行の上に仏道が成就されるのに、いま浄土教では発願し念仏（五念門）するだけで往生極楽し、菩提が決定するとされるのは、怠惰な者に仏道を励ますために仮に説かれた教えであるという意味による。つまり、実際に成仏するのは遠い将来（別時）であるのに、誘引のために特別の意趣をもって説かれた教えという意味である。なお、次の論文などがある。向井亮「世親造『浄土論』の背景――「別時意」説との関連から――」（『日本仏教学会年報』四二「仏教における浄土思想」一九七七年）。

(17) これら三者による反論書に対して、真迢側では承応三年（一六五四）に『禁断日蓮義』（十巻と追加一巻）を著して、再度日蓮宗を批判した。それに対してまた日蓮宗からの反論が出された（第一節の二を参照）。すなわち、日存（観妙）『金山抄』十六巻、日航『摧邪真迢記』五巻、日題『中正論』二十巻であるが、これらはもはや真迢の没後である。三書のうち日存のほかはやはり不受不施派の学僧たちであった。

(18) 真迢は日蓮宗時代に、下総国の飯高檀林（法輪寺、千葉県八日市場市）に七年程学業したほか、中村檀林（千葉県香取郡多古町）にも遊歴し、日賢のもとに学んだことがある（宮崎英修「舜統院真迢の研究」、同『波木井南部氏事跡考』一九五〇年）。真迢の『禁断日蓮義』にもそのことに言及するほか、日賢の『諭迷復宗決』の序文をみるときにも旧知の間柄であることを伺わせる。

(19) 日賢『諭迷復宗決』（鈴木『仏全』六一・一四五―一五九頁）。なお、以下の叙述には条目を標示するので、『仏全』の典拠はこれを省略する。

(20) 真陽草稿・真迢再治『禁断日蓮義』巻二・二八～三〇帖。

(21) 「真迢上人伝」（法道集記、『大正』七七・二九九ｃ）。『禁断日蓮義』（刊本）巻二・三八帖左。なお、『禁断日蓮義』（一〇巻と追加一冊）は、真迢の弟子の真陽が草稿を書き真迢（五九歳）が再治して公刊したもので、『破邪顕正記』に対し日蓮宗学徒（日賢・日領・日遵）から反論応酬が出されたのに抗して、『破邪顕正記』の論旨を一層詳しく論述する性格の書である。そのなかに、真迢の日蓮宗時代の行歴や転宗前後の様子を述べることが所々にあり、巻二のここには「真迢が改宗の霊験の事」を述べる。

(22) 「真迢上人伝」（『大正』七七・三〇〇ｃ）。『禁断日蓮義』巻一〇（刊本二五帖左）。『禁断日蓮義』では十巻に一〇三条が設けられ（追加一冊には目録と追加五条）、主として日遵の『諫迷論』十巻に対して多く論駁を加えるなか、巻一〇（第九一―九五条）には後述の『破邪顕正記』巻五にみる戒律についての論旨を詳しくしている。その論述のなかに真迢の転宗後における西教寺や武州での経歴を差し挟めて述べている。

(23)『破邪顕正記』巻五（鈴木『仏全』六一・一二五c—一二九a）。また、『禁断日蓮義』では巻三（第二一条）や巻一〇（第九一条以下）に論じられる。

(24)鈴木『仏全』六一・一二八a—b。『真迢上人法語』（『大正』七七・二八五a）。なお、この『真迢上人法語』は『破邪顕正記』と『禁断日蓮義』のなかから、真迢の主として念仏と戒律についての論及を、伊勢木造《こづくり》・引接寺の法道（一七八七—一八三九）が集記して『先徳法語集』の巻下としたものを指す。それで、『禁断日蓮義』巻一〇にも（刊本一九帖、『大正』七七・二九五a）、真迢は末法の持戒を要としながら、「我等如きの者も持戒堅固の身には非るが故に朝夕是を悲んで弥陀の悲願を頼むなり」と述べている。

(25)『浄土宗全書』八・六〇五—六二〇頁。なお、明恵高弁『摧邪輪』と同『荘厳記』もこの全書の同巻に収録されている。

(26)『観心略要集』の「問答料簡」（『恵心僧都全集』一・三三〇頁）。

(27)渋谷亮泰編『昭和現存天台書籍綜合目録』のなか、「存海部」に『行者用心集』の写本と刊本の諸種が調査されている。

(28)『禁断日蓮義』の巻二（第八条・七帖以下）や巻一〇（第九二条・二二帖以下）などに、真迢は天台律宗の戒法（西教寺における黒谷・法勝寺流の円頓戒法と重授戒灌頂）について述べる（『真迢上人法語』、『大正』七七・二八五c、二九五a—b）。

(29)真生『真盛上人往生伝記』巻下（『続天台宗全書・史伝2』五一六頁下）。

(30)『真迢上人法語』の後分に、法道が『行者用心集』からこれを転載している（『大正』七七・二九七b—八b）。

(31)落合博志「『行者用心集』攷——素材と編纂の背景など——」（『法政大学教養部紀要』八六、一九九三年）。

(32)『続天台宗全書・円戒1〈重授戒灌頂典籍〉』七八頁下。

(33) 真生『真盛上人往生伝記』巻下に載せる真盛の書簡には、浄土念仏が「時機相応」の法であることを法然を引用して示し、また、「末代末世の時代に」高弁が執権泰時を「理非憲法」をもって誡めたことを詳しく述べる記事をみる（『続天台宗全書・史伝2』五一〇頁下、五一六頁下）。

(34) 『真迢上人法語』（『大正』七七・二九七ａ）。

(35) 『真迢上人法語』（『大正』七七・二九六ｂ）。

(36) 真盛の念仏観は、江戸時代の前後を通じて、必ずしも「本願念仏」であると理解されていたわけではない。ことに、天台宗に安楽律を興して宗内外の尊敬を集めた霊空光謙（一六五二―一七三九）は、真盛を戒律堅固の聖僧であると尊崇しながらも、その念仏を観心念仏の類（即心念仏）であると評価した（霊空『草堂雑録』第三、享保十四年〈一七二九〉刊本）。そして、その解釈が真盛門流内外に影響力をもった。けれども、のちに法道が真迢による理解をもとに、「本願念仏」義を明瞭にしたのである。その間の詳細は、第四章の課題としたい。

(37) 法道記「真迢上人伝」（『大正』七七・二九九ａ―三〇一ａ）。

(38) 『破邪顕正記』五巻、日賢『復宗決』と同『別記』、日領『本地義』二巻は、鈴木『仏全』六一に収録されている。これらを含めて、『日蓮宗教学全書』三十三巻（日蓮七百回遠忌記念、一九七五―八一年、法華ジャーナル刊）には、江戸時代の刊本が次のように復刻収録されている。すなわち、同『全書』巻一―巻三に長遠日遵『諫迷論』十巻、同『全書』巻四―巻九に蓮華日題『中正論』二十巻と同『中正論或問』五巻、同『全書』巻一〇中に守玄日領『日蓮本地義』二巻、同『全書』巻二四―巻二七に舜統真迢の『破邪顕正記』五巻と『禁断日蓮義』十二巻、同『全書』巻二八―巻三二に観妙日存『金山鈔』十六巻を収録する。

(39) このことは、『禁断日蓮義』巻四に「約部約教の事」と題して、やや詳しく論じている（一四帖以下）。また、日蓮宗の日賢は、「約部約教の傍正」を論じて、日蓮宗では「約部が正意」であるとし、約教に立つ

「円体無殊」義を退けている（『諭迷復宗決』、鈴木『仏全』六一・一四五a）。

(40) 「広修決」（『卍続蔵経』二・二・五・四〇六右上）、「維蠲決」（同四一六右下）、「宗穎決」（同四二八左上）、安然『真言宗教時義』巻二（『大正』七五・四〇六c）、『大日経』巻六（『大正』一八・三九b）、安然『菩提心義略問答抄』巻三（『大正』七五・五〇八c）。

(41) 『蘇悉地羯羅経』巻下（『大正』一八・六三二c）、『妙法蓮華経』巻四（法師品、『大正』九・三一b）、同経巻六（薬王菩薩品、同五四a―b）。

(42) 一行『大日経義釈』巻一（『卍続蔵経』一・三六・二六六左下）、同巻九（同四〇五左下）、円仁『金剛頂経疏』巻三（『大正』六一・三九b）、『六波羅蜜経』巻一（『大正』八・八六八c）、『金剛頂経』巻下（不空訳、『大正』一八・二二三a）、『真言最勝摂真実経』（『諸仏境界摂真実経』巻下、『大正』一八・二八四b）、『真言最勝観音儀軌』（『観世音菩薩如意摩尼輪陀羅尼念誦法』、『大正』二〇・二〇二b）。

(43) 円仁『金剛頂経疏』巻三（『大正』六一・三九b）、湛然『金剛錍』（『大正』四六・七八二b）。最澄『払惑袖中策』巻下（第七「三仏説法」、『伝全』三・三二一頁）。なお、ここでの『大日経義釈』と『観心略要集』の典拠は註（45）にみるのに同じである。

(44) 般若訳『大乗理趣六波羅蜜多経』巻一（帰依三宝品、『大正』八・八六八b―c）。空海『弁顕密二教論』巻下（『大正』七七・三七八b―九a）、安然『真言宗教時義』巻四（『大正』七五・四四一b）。

(45) 最澄『顕戒論』巻中（『大正』七四・六〇九c）、同『山家学生式』（『大正』七四・六二四a）、同『依憑天台集』（『伝全』三・三四四頁）、空海『十住心論』巻八・九（『大正』七七・三五〇c―九a）、同『秘蔵宝鑰』巻下（『大正』七七・三七一a―c）、一行『大日経義釈』巻三（『卍続蔵』一・三六・二九〇左上）、同巻五（同『続蔵』三三八左下）、安然『真言宗教時義』巻二（『大正』七五・四〇二b）、伝源信『観心略要集』（『恵全』一・三〇七頁）。

(46) 安然『真言宗教時義』巻三（『大正』七五・四二五a―b）、証真『法華文句私記』（『仏全』二二・三〇下）、最澄『払惑袖中策』巻上（『伝全』三・二八四頁）。

(47)　円仁『蘇悉地経疏』巻一（『大正』六一・三九〇c）、同『金剛頂経疏』巻一（『大正』六一・九a、同b―c）、なお、ここでの「秘密教の二種」説は、安然『真言宗教時義』巻四にみるのと字句が近似しており（『大正』七五・四三九a）、真迢ではこれに依るのかも知れない。

(48)　空海『弁顕密二教論』巻下（『大正』七七・三八一a―b）、安然『真言宗教時義』巻四（『大正』七五・四四九b―c）。

第三章　安楽派霊空の「即心念仏」論争と持戒念仏の意義

第一節　即心念仏論争のなかの「真盛念仏」観

一　安楽派霊空の「即心念仏」義

江戸時代には、天台宗に戒律と念仏において新たな画期と発展があった。初期には、真沼《しんちょう》（一五九六―一六五九、西教寺《さいきょうじ》十五世）が日蓮宗から転宗して真盛門流に帰し、『破邪顕正記』五巻（鈴木『仏全』六一、旧『仏全』九七）を著して、日蓮宗の法華教学と論争を交わすとともに、天台律宗の西教寺（比叡山麓坂本）で念仏と円頓戒を弘通した。真沼の残した事績と著述は、天台宗内に「戒律と念仏」の教学（真盛教学）が明確化され確立されるのに貢献した。

そののち江戸の中期には、霊空《れいくう》光謙（一六五二―一七三九）らの安楽律が興り、これは仏教の各宗で戒律が見直され興起するのに大きな影響関係をもった。安楽律は、西教寺（法勝寺流）に継承され伝持される中世期の黒谷流による円戒復興ののちに、近世の天台宗で行われた戒行の刷新である。霊空はまた晩年近くには『即心念仏《そくしんねんぶつ》安心決定談義本』（鈴木『仏全』六一、旧『仏全』九八）を公刊し、そこに表明された天台的な「念仏安心《あんじん》法」は大きな反響を呼び、論争を巻き起こして仏教界にひときわ活況をもたらした。即心念仏は、室町期の真盛（持戒念仏）ののちに、日本の天台宗に現れた念仏思想の一画期といえるものである。

霊空には同門のライバル関係となる性慶《しょうけい》義瑞（一六六七―一七三七）がおり、義瑞は園城寺《おんじょうじ》（三井寺）にあって法明院《ほうみょういん》を律院として中興し、ここがまた戒学振興の拠点となる。そして、霊空と義瑞はともに趙宋《ちょうそう》天台の四明《しめい》知礼（九六〇―一〇二八）の教学を奉じるなか、互いに学解を異にしてさかんに論争を交わし、即心念仏についてもこれが知礼《ちれい》を起点とする念仏法であることから、その解釈の是非をめぐって論争となった。しかもそこには、室町期の天台の念仏者である「真盛の念仏義」についての、両者の大きな相違と対立を含むので、真盛念仏の特色をどのようにみるかを考えるうえでも、大いに興味がもたれる。

「即心念仏」論争は、その端緒は真盛門流に属する大津の善通寺の住職（清堂）が、安楽律院の霊空光謙に、「天台宗の念仏安心」を尋ねたのによる。霊空には論争になる少し前に『西教寺中興真盛上人伝論』という、真盛《しんせい》（一四四三―九五）の戒律護持と念仏法語を評価した論文が存する。天台には「理の念仏」（理観・観心）と「事の念仏」（事観・称名）が分別されるなか、「即心念仏」や「真盛念仏」はどちらを主意とし、また念仏の天台的な特色をどこに求めるかが安心の中心問題となる。

真盛門流では、戒律尊重の立場と、門流の拠点である西教寺が山門内にあって安楽律院に近い（ともに横川の麓）という親近性から、霊空の領解に強く引かれ影響される傾向にあった。しかし、真盛の念仏義をめぐっては霊空的な解釈には釈然としない面もあり、影響と反発が入り交じり、やがて法道（一七八七―一八三九）が現れて、法道は真迢を拠り所に「本願念仏」義を明確にする。

そこで本節では、まず霊空が主張した即心念仏法の内容と特色をみて、ついで天台内における霊空・義瑞間の論争点と、そのなかでの両者による異なった「真盛念仏」観を知ることにより、天台の念仏義における理観と事観の問題をみることにしたい。

霊空光謙は、慈山《じざん》妙立（一六三七―九〇）の高弟であり、安楽律は慈山より興る。慈山は初め禅宗に学んだが、寛文四年（一六六四）の二十八歳のとき坂本に来て、寛文十二年（一六七二）に『瓔珞経』にもとづき「自誓受戒」の方法で具足戒（二百五十戒）を得た。そして、趙宋天台の四明知礼の教学を志し、天台宗の僧となった。霊空は延宝六年（一六七八）の二十七歳のときに慈山に師事し、慈山より梵網戒を受けて律学を志した。慈山とともに修めた戒行は広く尊敬を集め、元禄六年（一六九三）には横川《よかわ》の別所である安楽院（飯室谷《いむろだに》近辺）を与えられ、これを律院として再興した。霊空は師の慈山（没後）を開山に仰ぎ、第二世としてそこに住して多くの門弟を集めたので、安楽律は大いに隆盛した。のち元禄十一年（一六九八）には師の慈山にならって、自らも自誓受戒によって具足戒を得て「比丘《びく》」となった。霊空は天台宗に戒律を復興するとともに、元禄十二年には比叡山に一紀十二年の籠山行《ろうざんぎょう》を復活させ、「浄土院の侍真《じしん》制度」をも定め、さらに師の慈山を承けて四明知礼の天台教学を振興させた。[1]ただ、その戒学は「四分律《しぶんりつ》（二百五十戒）の兼学」であったので、伝教最澄による

「小乗戒（四分律）の棄捨」という祖意に反するとの批判を免れず、霊空の没後に天台宗内にいわゆる「山家・安楽の論争」または「紛争」が起こって、安楽律の特色である「二百五十戒」を学ぶことは、霊空の後には天台宗に定着しなかった(2)。

　霊空の行学の特色は、知礼（趙宋）と智旭《ちぎょく》（明《みん》、一五九九—一六五五）の学説を取り入れた斬新な天台教学を中心として、戒律と念仏にわたる。霊空のもとには、例えば華厳の鳳潭僧濬《ほうたんそうしゅん》（一六五九—一七三八）など、他宗の有力な学僧も学びに来ている。霊空は世寿八十八歳の間に、六四部二〇〇余巻を著したと言われる。なかで、趙宋の四明教学をめぐっては、寺門派（三井寺《みいでら》）の義瑞と「内外境観」の論争を交わし、これには鳳潭をはじめ宗内外の学僧が大いに関心を寄せた。また、戒学では『菩薩戒会疏集註《えしょしゅっちゅう》』八巻（鈴木『日蔵』三四）が、勝れた戒疏であるとの定評がある。そして、真言律宗の宗覚正直（一六三二—一七一二）が慈山の戒体説を批判して『弾妙立破霊芝《れいし》章』を出したのに応えて、霊空は『弾弾妙立《だんみょうりゅう》破霊芝章』を著して戒律論争を呼び起こした。さらに、「即心念仏」をめぐっては、初め天台寺門（義瑞）と浄土宗（殊意癡・敬首・知空）から反論されたのを、霊空が応戦している間に、鳳潭（『念仏往生明導箚《みょうどうさつ》』鈴木『仏全』六一）が加わることにより念仏論争は一挙に拡大する(3)。

　さて、霊空の『即心念仏安心決定《あんじんけつじょう》談義本』は、七十六歳の享保十二年（一七二七）末に口授し、翌年の六月に「補助記」（引用語句の出典を記述する）を添えて公刊された。この書は、「談義本」という通俗風の形態をもち、また著者の信望のゆえに、たちまちに三千部に達するベストセラーになったという。本書の序によると、大津・善通寺の清堂が秋に霊空の庵に来て、「天台宗の即心念仏は末世の要行、往生の直路である旨をかねて承りましたが、充分に会得できていないゆえ、吾等や檀越が念仏の安心決定を得るために書き記してほしい」との旨を懇望されたので、「自分は五、六十年台宗の教観を学び、唯心の浄土への往生を期することは忘れた時がないゆえ、念仏の安心には暗くないと思うから書き記してみましょう」と答え、のち小僧に筆を取らせて書き付けさせ、「七座の談義」としたとする。

それで、七座に述べられる「即心念仏」の要旨を、その天台的な特色と、論争となる諸点に留意して拾うとつぎのごとくである（鈴木『仏全』六一・二三七―五〇頁）。

〈第一座　即心念仏起こりの事〉

末世には、極楽往生を求めて念仏の行を務めるのがよい。念仏には多くの種類があるが、持名念仏が務め易く肝要である。持名にも理持《りじ》と事持《じじ》が分かれるが（智旭『阿弥陀経要解《ようげ》』、『大正』三七・三七一b）、善導や法然のは一向に事の念仏（事持）であるのに対し、天台宗の貴ぶのは即心念仏であり、これを理持ともいう。これは西方十万億土の浄土も弥陀・観音も心の外に有るのではなく、浄土も弥陀も我が心なり（唯心の弥陀・浄土）と知り、念仏申して往生を求めることである。即心念仏は、天台宗第十七代祖師の四明尊者（知礼）の『観経疏妙宗鈔』に由来し（『大正』三七・一九五a）、その根本は『観無量寿経』の「是心作仏　是心是仏」の文にある。これは安楽行品（『法華経』）の「大乗の法」というのに基づく。我ら衆生の心は妄念が起こるとも本質では仏と変わらぬことを是心是仏《ぜしんぜぶつ》といい、我が心と仏は一体であると思って、仏を思い仏の名を唱えれば阿弥陀仏の如き結構な仏になれることを是心作仏《ぜしんさぶつ》という。これは凡夫にも往生を求めるには理観観念または理観観心を勧めるのである。浄土三部経のなか、『観経』には即心念仏を説くが、『無量寿経』と『阿弥陀経』には即心念仏を明かさない。そのために、天台大師も解釈しているように、『観経』では五逆十悪の人でも仏名を称えて重罪を滅し往生できると説き、対するに『無量寿経』には五逆謗法の人を往生から除く（第十八願）のである。即心念仏は、初め合点がゆかなくともたびたび聴けば合点がゆくようになり、また完全な理解を持てなくとも、即心念仏には無量の功徳があることを思って勤めれば、念仏の功徳で過去の罪を滅し悟りの目が開ける。たとい今生《こんじょう》に明らかな円解《えんげ》が開けずとも、往生すれば弥陀・観音の説法を聞いて速やかに諸法実相の円解が忽ちに朗らかに開ける。善導や法然の一向に事の念仏は、往生しても悟りかねてぐずぐずするゆえ、即心念仏で早く悟る人を見てけなるく思うはずである。善導や法然の念仏は大慈大悲の心から末世の劣機に応じて念仏を低く説いたため、仏の本意が薄くなっており、大分水を加えた乳のようなものである。もっとも、外道の教えよりは百千万倍も勝れてはいるが、それに比べて吾が宗の即心念仏は少しも水の混じらぬ乳の如くで仏の本意によく適った念仏であるから、勤むべきは即心念仏である。

〈第二座　即心念仏の四字の義理の事〉

即心念仏は「心に即して仏を念ずる」と読む。即は着き離れないことであり、心は我等が現在にもつ心（妄心《もうじん》）であり、念は想うことで、仏は西方《さいほう》の阿弥陀仏である。念仏は心に思うことを根本とし、口に南無阿弥陀仏と唱えるのも心に思うことから出るので念仏である。即心念仏は、十万億土の極楽も阿弥陀仏も我が心を離れずと知って、往生の願を起こし念仏申すのをいう。即心の即は、我心も阿弥陀仏も法界の理として平等一体であることをいい、これを思いながら念仏申すのが即心念仏である。また、念仏は心に思うのを根本とするが、究極には無念無想であることが極意である。念仏は迷いの心によってするのに相違ないが、『楞伽経《りょうがきょう》』に「楔《くさび》を用いて楔を抜く」の譬えの如く、念仏（迷いの心でする念仏）によって妄想悪念を取り除くのである。法華円頓の意では、修悪《しゅあく》（事）と性悪《しょうあく》（理）の関係を修即性と知れば、数珠を繰り声高に唱名するのも無念の意に背かない。念ぜられる仏は三身具足の弥陀であり、三身は三諦《さんだい》（空・仮・中）観によって、三諦の弥陀を念ずるのは即ち一心三観《いっしんさんがん》に他ならない。この理を諦めるのは上々人ではあるが、この理を知らずともこの理を離れないなら愚痴無智の人が申す念仏も一心三観の即心念仏に相違はない。事の念仏もまた即心念仏を離れないのであるが、但だ事の念仏のみを申す人（浄土宗）はそうは思っていない。「親は子を善くても悪くても常に思うのに、子は悪くなれば親を思わない」のと同じで、天台宗では諸宗の浅い深いどんな修行も一仏乗の立場でみな評価し認める。だから即心念仏は諸宗の親であるから、往生を願う人は浄土宗でも、皆な即心念仏（天台宗）を父とすべきである。

〈第三座　即心念仏の申し様の事〉

即心念仏を申す者は人間の心を失わないことが腰の据えどころである。六道中に人道が勝れているのは、人間には儒家にいう仁義礼智の心があり、仏家では不殺・不盗・不婬・不妄語の四戒を護る心があるのをいう。念仏さえ申せば心は汚くとも悪を造ってもかまわぬというのはよくない。そうした腰の据わりの上に念仏申すのであるが、即心念仏を勤める方法は能力次第によっては異なる。一心三諦や一心三観を平生よくするのは、上々根の人である。我が先師（慈山妙立）が教えたように、「修悪即性悪」の道理によって即心念仏を会得するのであるが、これは心がけ次第では難しくはない。次のように思えばよい。「我が心は法界であり、阿弥陀如来も法界であるから、念ずる我が心も念ぜられる仏も即空法界であり、次に法界の上に想い浮かべられる弥陀と浄土は、想う我が心とともに即仮であり、さらに即仮かつ即空であるのは、その本質が空でもなく仮でもない中道法界のゆえであり、このように一念の念仏に三諦（空・仮・中）は円融《えんにゅう》する」と。また、三諦の理が明らかにならない人でも、「我が心は法界であるから、西方の弥陀は我が心の内の弥陀であり、我れは弥陀の内の衆生である」と、しづのをだまき繰り返し繰り返し思って念仏申せばよい。この念仏の功が積もれば次第に三諦の理が明らかになる。即心念仏の安心決定はこの外にはない。そして、この安心には浅い深いがある。『観経』では「是心作仏　是心是仏」を、「諸仏法界は是れ法界身にして一切衆生の心想の中に入る」とも説く。これは「心・仏・衆生には差別が無い」ことであり、この意を知って念仏申す人は此の界にありながら極楽に往生しており、臨終に息の絶える時が即ち極楽往生の極みである。このことは、天台大師（『浄土十疑論』）も述べている。三諦の理を思うのに疲れたら、極楽往生についてのことをとり混ぜて思えばよい。「念仏の功により一切の罪が滅し、臨終の決定往生《けつじょうおうじょう》を願えば三尊の来迎にあずかり、極楽に生まれれば四色の蓮華が開き、七重行樹《しちじゅうぎょうじゅ》の中を歩けば、此の界の山辺の風景とは百万倍も違って、自ら一心三観の智慧も朗らかならん」と。浄土の色々のことを思うのも一心三観の勤めであると安心《あんじん》するのが即心念仏の安心決定である。

〈第四座　即心念仏は往生無生なる事〉

即心念仏の極楽往生は「往生即無生《むしょう》」である。仏法の至極は法性《ほっしょう》無生であり不生不滅である。『法華経』の方便品に「常自寂滅相」、寿量品に「如来如実知見」と説くのがこの意である。事の念仏を申す人は、曇鸞の『論註』に「彼土是無生界」云々と説くように、此の界では生《しょう》の見を離れることができないので、彼の土へ往生後に生の見を離れる。事の念仏は大乗の行ではあるが、考え方は小乗である。即心念仏の人は此の界で念仏申す時に生の見を離れているので遙かに勝れている。でも「無生の理」は、学問をせぬ愚かな人はどのように合点すべきか。昔の人が「往生を求める人は死ぬと思わず生まれると思うべし」と言ったのは良き示しである。遠い吉野や須磨《すま》へ花見や月見に往くのと同じで、即心念仏の人は臨終の時死ぬとは思わず、八功徳の月見、七重行樹の花見に往く心で大安楽の往生を遂げるのである。確かに死ぬは悲しく生まれるは楽しい。けれど死ねばこそ生まれるのであり、死なないなら生まれることもない。天台宗では、実には死ぬ生れるの道理はなく、死なずして死に、生れずして生れるゆえ、生死《しょうじ》にありながら生死はないという、この安心ならば生死の中にあって大自在であり大安楽である。念仏行者は必ず浄土に生まれるけれども、此の土を死んで彼土へ往き去るのではなく、往生は不生不滅である。譬えば、雁が空を飛べば影が水に浮かぶとき、影は水に浮かべども、水に心なく雁にも心がないように、雁の影が水に映るは極楽往生であり、雁に心なく水に心なきは往生即無生である。このことは何度も聞けば合点ゆくようになり、絶えず修行すれば無生の道理は自然に明らかになる。不生不滅であるから往く楽しみだけ持てばよいとはいえ、即心念仏の人でも往生の時には後に残る人が涙をこぼし、往生の人も涙を浮かべることはある。それは生死にとらわれているのではなく、譬えば娘を嫁がせるとき、目出度いと大喜びしていても、いざ家を出る時は名残惜しく親子で涙をこぼしあうのと同じである。

〈第五座　末世の要行は即心念仏なる事〉

極楽往生を求めて念仏を勤める人は、仏教の大意をよく知らねば安心決定しない。浄土宗の人でも念仏を務める宗旨を習うばかりで、仏教の大意をよく知らずにするなら尊ぶに足らない。仏法は一切衆生を生死輪廻《りんね》から離れて仏にならしめるのが目的である。けれども、六道の生死は出離《しゅつり》するのは容易ではなく、此の界の修行ははかどらない。それが念仏すれば必ず往生し、彼土では修行の障りが取れて風の音、鳥の声までも妙法を述べ自然に深妙《じんみょう》の悟りが開ける。『起信論』には「信心をもって専ら極楽世界阿弥陀仏の真如法身《ほっしん》を念ずべし」と説き、四明尊者はこの文を末世行人が浄土を求めるわけとし、また即心念仏の証拠とした。即心念仏がなぜ末世の要行であるかといえば、仏教は心を観じて心を知る外にはないからである。禅では「即心即仏《そくぶつ》」といい、密教でも「如実知自心《にょじつ》」と説く。即心念仏は仏教の根本にかなっているので、出離生死の道が往生しない先に少しずつ開いてくる。事の念仏は往生しても心観の積み重ねがなければ、浄土にても早速には悟りが開き難い。仏法の修行には事《じ》と理がある。禅宗は理を好み事の行を欠き、浄土宗は事の念仏ばかりで理観を欠く。事・理の二行は鳥の両翼、車の両輪であり、即心念仏は事に即して理を照らし、理に即して事を修するので事・理を満たす。末世の愚痴無智はこの修行をできないのではなく、適切な教えのもとに能く習えばできる。龍女の作仏《さぶつ》は畜生であり、『観経』の韋提希《いだいけ》と五百侍女《じにょ》は女人であり、六祖慧能《えのう》は臼惹《うすひ》きであり、石鞏《しゃっきょう》禅師は猟師であった。千代野という女は美濃の尼寺の仕女で、菜つみ水くんで工夫して終に本心の無相空寂なるを合点したことを歌に詠んでいる。このように志あれば学問なき文盲でも道理はよく悟るものである。天台大師を始め悟りを開いた人でも、皆《みな》念仏申して往生を求めている。事の念仏の浄土宗でも、天台や禅・真言と同じく、志あって宗旨を学べばみな時機相応である。ただ、浄土宗では真実に念仏申す人は少ない。諸宗でも似たり寄ったりのことはある。極楽も弥陀も我が心と知って念仏申し、この理を思うのが即心念仏であり、これは志があれば誰でも勤めることができる時機相応の法であるから、無常の迅速をよく知り「本性《ほんしょう》の弥陀」を頼み「唯心《ゆいしん》の浄土」に生まれることを願うべきである。

〈第六座　即心念仏の功徳利益の事〉

即心念仏は事の念仏より遙かに勝れて功徳利益《りやく》は広大無辺である。無生《むしょう》を観ずる懺悔《さんげ》と、観念理持《りじ》の即心念仏は、三世《さんぜ》の罪科を滅し、浄土の依報《えほう》・正報《しょうぼう》とも微妙《みみょう》不思議に勝れている。四明知礼は「頓教の心観による妙宗は、見る所の浄相が永く他部とは異なる」といい、同じ浄土が念仏の仕方で異なる。「餓鬼は膿血と見、魚は宅路と見、人は清水と見、天は宝地と見る」一質異《いちぜつい》見《けん》のように、事の念仏の浄業も往生はすれど浄土の相は勝れない。事の念仏の人が宝樹・宝地《ほうじ》・宝池等を見るのは、即心念仏の人の見るのが色相荘厳《しょうごん》、微妙清浄であるのと大いに異なる。譬えば田舎の人が京都見物に来て、三条辺りの巡礼宿に泊まるの（事の念仏）と、木屋町辺りの風景のよい座敷の宿に泊まるの（即心念仏）が違う如きである。このことを浄土宗の人が聞けば怒るであろうが、けっして念仏の信心をけなすつもりはなく、即心念仏を奨励するためである。このような比較校量は経論に多くあることで、悪口ではなく福（世俗の幸福）よりも智（覚りの智慧）が勝れることを顕わすためである。『往生要集』にも、『華厳経』の破地獄文「若人欲レ求レ知二三世一切仏一応二当如レ是観一心造二諸如来一」を引用するように、「是心作仏　是心是仏」を知れば、一切の仏法を理解するのと同じで、これを一度聞けば三途《さんず》の苦難を免れる。『法華経』にも「定慧力荘厳　以レ此度二衆生一」と説くように、仏の禅定と智慧の力を讃歎する功徳は大きい。従って、少しずつでも聞き習うべきは大乗の観法であり、急いで精を出すべきは理《り》観事行《かんじぎょう》を一度に双べ勤める即心念仏である。

〈第七座　即心念仏の回向発願の事〉

浄土の修行は信、願、行の三である。信と行はすでに述べたので、最後に回向発願《ほつがん》の相を述べる。なお、信については智旭の『阿弥陀経要解』に、「自己心中の本具《ほんぐ》の極楽に生ずる」のを信ずる等と説くのも見るべきである。行《ぎょう》は即心念仏である。それで、回向《えこう》とは「自を回して他に向かい、因を回して果に向かい、事を回して理に向かう」という意味であり、いま念仏の回向は善導大師の「願以二此功徳一平等施二一切一同発二菩提心一往二生安楽国一」に能く顕れている。この分は浄土宗と同じであるが、天台宗は衆生とて我が心内の衆生と知ってこれに念仏の功徳を施すゆえ衆生縁の慈悲が即ち無縁の慈悲であり、また極楽も唯心の浄土であるから、これらのことを知って善導大師の文を唱えるのが即心念仏の回向である。発願文《ほつがんもん》は自分で作るのがよいが、昔の人のが自分によく適っていれば、それを用いてもよい。善導、慈覚、慈雲遵式《じゅんしき》、雲棲《うんせい》袾宏、藕益《ぐうやく》智旭などのは殊勝の願文である。自分で作る時は四弘《しぐ》誓願の心によく適うようにすべきである。四弘誓願を成就するのは容易ではないので、先ず極楽往生を求めるのであり、普賢菩薩も「命終に面《まのあたり》に阿弥陀仏に見《まみ》え安楽刹に往生し、現前に此の大願を成就せん」と願っている。学問のない愚かな人でも、四弘のあらましは起こせるのであり、平生願い思えば四弘誓願の意に適うようになる。即心念仏の安心は、十万億土の浄土も阿弥陀如来も我が心の法界なれば我が心を出でずと知って念仏申すことである。即心念仏の安心は浅くても暗くても功徳は広大である。即心念仏は名を聞くだけでも大功徳を得る。この談義は他宗に向かっては説いてはいけない。禅宗に聞かせても害はないが、浄土宗は憤りを起こし、即心念仏を誹謗して罪を造らせるからである。浄土宗の事の念仏も往生しないのではなく、天台宗からみれば事の念仏も即心念仏を離れないと知っているゆえ、事の念仏を真実心に申す人には随喜讃歎《さんだん》すべきである。天台宗ならば即心念仏を専らとすべきである。享保十二年臘月下旬、老比丘光謙、謹んで口授しおわる。

以上、霊空光謙の「即心念仏」義を、『談義本』によって平易に要約してみた。そこでは、「観心・理観」を主意とする天台的な特色に「事の念仏」（唱名）を加えて、愚者凡夫にこれを勧め、そのために巧みな比喩を多く用いていることが注目されてよい。

二　論争の経過と園城寺義瑞の霊空批判

性慶義瑞（一六六七―一七三七）は、慈山妙立に菩薩戒を受けて戒学を修め、また四明知礼の天台学を志したので、慈山の弟子として霊空光謙（一六五二―一七三九）とは同門の関係にある。義瑞はもと三井寺園城寺で出家しており、諸方を経歴してのち享保九年（一七二四）園城寺にもどり、法明院を中興して律院とした。山門（霊空）と寺門（義瑞）とで、早くからライバル関係となり、ともに従事した趙宋の天台学について、元禄七年（一六九四）に霊空が知礼の『観経疏妙宗鈔』を講じたのに対し、宝永元年（一七〇四）に義瑞は同『妙宗鈔』と知礼の『十義書』を講じて、霊空の説を批判した(4)。以来、両者は同門の宿敵関係になり、即心念仏についてもいちはやく義瑞が批判の矛先を向けた。

まず、『談義本』が出たその年のうちに（享保十三年）、『即心念仏談義本弁偽《べんぎ》』を公刊して霊空を批判した。それに対し、霊空は翌年初めに『即心念仏安心決定談義本或問《わくもん》』によって応酬し、またそれに抗して義瑞は数ヶ月をおいて、『即心念仏弾妄録《だんもう》』を出して再び批判を加えた。さらに、霊空は翌享保十五年初めに、『即心念仏弾妄録略箴《りゃくしん》』と『即心念仏弾妄録細評《さいひょう》』を撰述して義瑞へ詳しく応戦した（義瑞との論争はこれをもってひとまず終わる）。

これらの著述のなか、義瑞の『弁偽』では、「談曰」と標して霊空『談義本』の文（九文）を挙げ、ついで「弁曰」と記して批判を加える。義瑞は『談義本』の第一・二・三・五座から各二文と、第六座から一文を挙げて、それらを論難している。これに対する霊空の『或問』では、「弁偽に云く」と標して義瑞の文を挙げながら、『弁偽』の始終にわたって逐一反論している（『或問』の初めには浄土宗の殊意痴からの批判への応答も載せている）。ついで、義瑞の『弾妄録』では、「庵主曰」と標して霊空の『或問』の文（二十三文）を挙げ、ついで「弾曰」と記して批判を加えるが、『或問』のほぼ前半への批判で終わっている。そして、霊空の『略箴』では『弾妄録』に対して箇条書きで七十五条に反論し、さらに霊空は『細評』で『弾妄録』の二十三文への論難（弾曰）に細かく反論している。そこで、いまは主に『弁偽』によって、義瑞による批判の骨子と、両者の考え方の違いをみてみたい(5)。

『弁偽』のはじめに義瑞は、霊空の『談義本』が他宗（浄土宗）を貶斥するのを弁駁する人は多くいるが、天台家の祖判に違背するのを世に知らせるのは自分を置いてはなく、また天台宗徒にもそれを知らずに随喜讃歎する人が少なくないので、これを著すとの旨を述べる。そしてまず、『談義本』の第一座「即心念仏の由来」について、「即心念仏」は確かに四明知礼から出た言葉ではあるが、霊空のそれは知礼の意とは似て非なる偽りである、と義瑞は弁じ退ける。すなわち、霊空では理観と称名（事《じ》の口唱念仏）を合わせて即心念仏とするが、『観経』にもとづく知礼のそれは理観のみで口唱《くしょう》を含まないとし、他方で『無量寿経』や『阿弥陀経』による事相口唱の念仏は、知礼の組織した念仏結社（明州延慶院《えんぎょういん》の念仏浄社）によって自己のためにも他人にも知礼は専らこれを勧めた、と義瑞は主張する。ここで、理観とは「唯心の浄土、本性の弥陀」のゆえに、「我が心が即ち弥陀であり、我が心の外に浄土はない」と観じて、天台の一心三観（妙観）を成就することをいい、これの理解は霊空と義瑞とで異なることはない。ただ、理観は智慧利根の人がよくするもので、愚痴無智の輩はこれを修めえず専ら口称によらねばならない、と義瑞ではみる。このような念仏の捉え方は、知礼と同輩の慈雲遵式《じゅんしき》（九六四―一〇三二）にも、また天台祖の智顗（五三八―九七）でも同じで、智顗では『観経疏』で理観を明かし、『十疑論』で事相本願（口称）の念仏を勧めたのであり、その意味で知礼でも理観のみをことととする即心念仏（『観経疏妙宗鈔』）だけを説いたのではなく、それとは別に念仏結社を組織して事の念仏を自己と人々に勧めた、と義瑞は言うのである。

このことから、『観経』の「是心作仏　是心是仏」の文は、即心念仏（理観）の根拠としてはよいが、それをもとに仏名を称えよという霊空の提唱は「妄説の即心念仏」にほかならない、と義瑞は退ける。義瑞では、『観経』のその文は「十六観」の第八像想《ぞうそう》観に出るとも、そこには唱名のことは一言もなく、またその文意による観法（観心）は「十六観」すべてに通じて言えるとも、「十六観」の一部分（第十六「下品観《げぼんかん》」）に示される「仏名を唱える」ことはその箇所のみについてであって、第八観に通じて言えることではない、と主張する。

つぎに、『談義本』の第二座「即心念仏の意味」に対して、義瑞では即心念仏は「約心観仏」ともいい、これは三諦（即空・即仮・即中）の理を学習しよく理解して、そののち仏の身相を対象に瞑想し唯心法界と観ずる妙観法であるから、霊空のように南無阿弥陀仏と念仏申すのを即心念仏とするのは、知礼にはない霊空の「妄料簡《もうりょうけん》」であるとする。また、即心念仏の「念」は「観」と同じで、不思議の一心三観であるから、思わずして思う「無念の観念」であると義瑞はいう。これを霊空では、知礼の即心念仏は観念だけの意味ではなく、念仏は心念と口称に通ずるので、いまは口称を前面にして談じ、約心観仏とは言わず「約心念仏」というべきとする（『或問』、鈴木『仏全』六一・二八二頁）。そして、義瑞は「理持」について、智旭のいう理持は『阿弥陀経』の「執持名号」を釈して、口に名号を唱え、その上で三諦の妙理を観ずることであり、『観経』にもとづく知礼の即心念仏とは観門を異にするゆえ、霊空は智旭と知礼間におけるそれらの意味の不同を理解していないと批判する。さらに、霊空が「愚痴無智の人が申す念仏も、上々人が修める一心三観の即心念仏を離れない」と説くのを義瑞は反対し、即心念仏（理観）に上根と下根を、また浅・深を分かつことは、『観経』にも智顗の『観経疏』にも、ひいては知礼の『妙宗鈔』にもない妄説であると主張し、愚痴無智には事の念仏を勧められても即心念仏は可能ではないとする。

またつぎに、『談義本』の第三座「即心念仏の申し方」に対しては、即心念仏の観じ方とか観念の仕方と言うなら分かるが、唱える（申す）ことは仏身を観ずる知礼の真の即心念仏にはない、と義瑞は批判する。また、「腰の据えようは人の心を失わぬこと」と霊空が説くのには、観解《かんげ》の高い仏者と下職百姓を区別しないなら、理観やら口称やらふらふらした腰の据わらぬ談義で、安心決定するはずもない、と退ける。そして、「三諦の明らかでない人でも我が心の弥陀を思って念仏すればその功が積もって三諦の理が次第に明らかになる」と霊空が説くのには、これも智顗（『摩訶止観』）や湛然（『十不二門』）や知礼（『妙宗鈔』）にはない「妄説」であるとともに、「先に妙行を用いて後に三諦理の妙解《みょうげ》を開く」とする順序は、「天台の綱格である開解《かいげ》・定境《じょうきょう》・用観《ゆうかん》の次第」に背き、「円頓の行人ならば初心の始行より諸法実相を信解《しんげ》し、智慧をもって絶対の真理を観じ照らす妙観を用いねばならない」と義瑞は主張する。すなわち、妙観妙解の即心念仏を、「三諦や唯心の幻を思い浮かべ覚《おぼ》えて念仏申せ」と勧めるのは、京の商人が田舎者に粗悪品（唱名）を極上品（理観）と誑《たぶら》かすに等しい、と義瑞は論難する。

そしてつぎに、『談義本』の第五座「末世の要行は即心念仏である」に対しては、「仏教の大意をよく知る」などとは知礼の『妙宗鈔』には言わないことで、また尼《あま》入道や愚夫愚婦を区別せずに勧めるときは仏教の大意を会得する者は千万人中にも希《まれ》なので、霊空の即心念仏の勧め方は末世にはそぐわない、と義瑞は退ける。さらに、天台の事・理二行について、霊空では「即心念仏に称名（事）と妙観（理）の二行を兼ね備えること鳥の両翼、車の両輪の如し」と説いたのに抗しては、義瑞では念仏に二途《にと》を峻別することを主張する。すなわち、一には即心と唯心ではない事相と本願の口称念仏（但《たん》事《じ》口唱）であり、これは天台（智顗）『十疑論』と延慶《えんぎょう》の浄社（知礼の念仏結社）の勧めるところであり、二には三観を修めて唯心の三諦を観ずる理観の念仏で、これは天台『観経疏』や知礼『妙宗鈔』に明かす念仏（即心念仏）であり、天台宗の「車の両輪」「鳥の両翼」とはこのような事相と理観の二途をいうと。これらによって、智慧聡明な上々根は理観を修めて三徳（恩徳・断徳・智徳）の妙果を証し、愚痴無智の下々根は勧めに従って信を起こし仏名を唱えて九品の蓮台に坐すことができ、よって天台の宗教は万機を利益する、と義瑞はいう。それで、霊空の挙げる「法華の龍女」「観経の韋提希」「六祖慧能・石《しゃっ》鞏《きょう》禅師・橘皇后・千代野」らの例は、いずれも智慧聡明の者たちであり、そのような上根人は衆生が根鈍で五濁《ごじょく》の障《さわ》り重い末世には現れることは希であり、従って即心念仏のような理観の一道ばかりを勧めるのでは天台は愚痴無智の衆生を利益できないことになる、と義瑞は主張する。

さらに、『談義本』の第六座「即心念仏の功徳利益」について、義瑞はこれを第二座の文に関連づけて取り上げている(6)。そこでは、知礼が弘める即心念仏は究竟の仏智を悟る妙観法であり、事相の行が及ぶ所でないゆえに、その功徳利益は無辺広大なのではあるが、霊空のようにそれらしきものを覚えたり思ったりする偽作の即心念仏には何の利益もない、と義瑞は非難する。

以上のように、霊空では即心念仏のなかに事の唱名を含ませて、即心念仏を末世の要行とするのに対して、義瑞では即心念仏（理観）には唱名は含まれず、これとは区別して「但事の唱名」を末世に合には念仏の天台的な特色はいかなる点に求められるかが注目されてよい。

は勧めるべきとする。このような違いと対立は、両者の「真盛念仏」観にも端的に認められ、その場合には念仏の天台的な特色はいかなる点に求められるかが注目されてよい。

三　霊空と義瑞にみる「真盛念仏」観の相違点

霊空と義瑞の論争では、室町期の天台僧であった西教寺真盛（一四四三―九五）の念仏義をめぐって激しく論争する場面がある。それぞれ自己義に引き寄せて、真盛「念仏」義の性格を論ずるのであるが、そのことは義瑞の『弁偽』に言及されてのち、霊空の『或問』、義瑞『弾妄録』、霊空『略箴』の順に応酬がある。ただ、この論争の前に霊空は、六十六歳の享保二年（一七一七）に、『西教寺中興開山真盛上人伝論《でんろん》』と題する短い論文を書いている。(7) いまはそれを先にみておくと、『伝論』の前半には真盛の事績を簡略に讃えて、次のように述べている（原文は漢文）。

西教中興の祖真盛上人は、本邦の仏教中古以来大に衰えること台宗特に甚《はなは》だしく、僧徒皆《みな》闘諍を好み、常に干戈《かんか》を事とせし時、……（中略）……嘗て夢に伝教大師に往生要集を以て自ら利し人を利せよと告げられたまい、遂に戒律を弘めて以て始めを令《お》し、浄土を勧めて以て終りを善《よ》くす。是の故に天龍は供養し、王侯は帰崇し、緇素《しそ》の悦び随うこと、仏世尊の世に出現するが如し。禽獣は馴れ伏して其の称名を受くるに至る。今に至ること二百二十余年、児孫は繁興す。

ここには、天台宗で戒律と仏教が衰えたときに、最澄の夢告によって源信の『往生要集』を感得し、戒律と浄土を勧めて天台仏法を刷新した先輩を、よく讃え慕う志が伺える。そして、これのあと真盛の残した「法語」を評論し、その念仏義を次のように論ずる（丸かっこ内は引用者）。

凡そ其の示す所の浄土の法は専ら愚士《ぐし》庸夫《ようふ》の為にして、理持《りじ》妙観の説有ること無し。其の最も疑う可き者は、飛鳥井《あすかい》公に示す法語にして、恐くは上人の語に非ず。……審《つまびらか》に是れ上人の語ならば、則ち只だ是れ一時応機の談にして、実法の会《え》を作《な》さず。……上人は物を愍《あわれ》む情深く、漸《ぜん》（次第）を以て化《け》さんと欲す。実に万に已《やむ》を得ざる苦心あるのみ。上人は既に智者を宗とし、博《ひろ》く群《ぐん》籍《じゃく》に渉《わた》る。則ち豈に念仏を心性《しんしょう》に拠り、持律を仏制に依ることを欲せざらん。

ここでは、「飛鳥井公への法語」について（『大正』七七・二七九b―c所収「奏進法語」）、これには「理持妙観の説」をみないから上人の語ではないと疑い、もし上人のなら衆生救済のための一時の方便とする。なぜなら、天台智者を宗旨とし、あまたの天台の典籍（群籍）に通じた上人ゆえに、唯心（心性）の念仏を本意とするはずであるとみるからである。

このことは、義瑞との論争になるといっそう明白に、義瑞による評価とは対照的に分かれる。そこで、義瑞の『弁偽』によると、義瑞では当時西教寺に住持して『真盛上人別伝《べつでん》』（享保四年）を著した真際《しんさい》（西教寺第二十世）によって、真盛の事績を引用して述べ、それをもとに真盛の念仏は理観ではなく「事相本願の口称念仏」であることを、霊空への批判を込めて次のように主張する。

真盛上人も亦た理観を専らとはせず、ただ口称事相の念仏を、長日六万遍勤め玉い、なお叡山の浄土院にて夢中の告を蒙り、慧心の先徳の往生要集に依て、自の為にも他の為にも臨終の遺誡までも、称名念仏を専ら勤めよと勧め玉えり。因て本山（西教寺）に於ては不断念仏の道場を設け、即心の旨を明さぬ無量寿経の本願の数に準じて、至る処に四十八夜の念仏会を開き玉うは、皆なこれ本願口称の事の念仏にして、理観の即心念仏には非ず。伝（真際の『別伝』）の中を始終遍く尋るに、即心唯心の観は一処も見えず、三諦三観の行は一句もなければ、真盛上人の勧め玉うは、決して事相本願の口称念仏なること明らかなり。

（鈴木『仏全』六一・二六六頁、丸かっこ内は引用者）

ここに義瑞では、真盛の伝記をもとに「日課六万遍」の自行と「四十八夜念仏会」の化他活動が、「事の念仏」とりわけ「但事口称」によるのに他ならないと主張する。それと同時に源信の『往生要集』もまた「事の念仏」によって理解している。これによると、真盛の念仏義は法然のそれと少しも違いはなく、義瑞自身も念仏の実践は「但事口称」によって修めるもののようである。

これに対して、霊空は『或問』では次のように反論する。

真盛上人は中興開山にてこそあれ、西教寺の開山は慈慧大師なり。真盛上人のことは色々のことども之有るなり。余が著せる西教寺中興開山真盛上人伝論〈草堂雑録第三に載す〉に記すが如し。真盛上人の念仏は随他意《ずいたい》の辺にて、至極《しごく》愚痴の輩には事の念仏を勧め玉う事あるべし。上人の本意、自行《じぎょう》の勤めは、決定して即心念仏なるべし。（鈴木『仏全』六一・二八六頁、〈〉は原文割注）

ここで、「随他意」とは先の『伝論』にもあったように、衆生救済（応機）のために、「至極愚痴」の機根（他意）に随って、実意ではなく方便によって「但事口称の念仏」を勧めることを意味する。

そして、霊空では天台の念仏は最澄・円仁・良源・源信・真盛のいずれもが、理観を主意とする即心念仏の系譜に位置づけられ、他方で但事口称は浄土宗（善導や法然）を指す。このことを霊空は、同じく『或問』で、主に『往生要集』を論じて次のように主張する。

往生要集に事の辺を述べ玉う事は、他宗と同じことなれども、観想、称名の本意は理観、理持なること文にも明かに見えたり。されば、彼集の中に、……往生の要業は法然上人の意と格別に違いて、……「往生之業　念仏為本　其念仏心　必須レ如レ理　故具二深信至誠常念三事一」との玉えり。深心と云うは今家の意は深し。……此の如く理観、理持を貴み玉える往生要集を、事の念仏を正意とするように心得るは、妄料簡の至なり。上に云所の如くなれば、真盛上人は伝教、慈覚、慈慧、慧心の御心を能く知て、即心念仏を弘め玉いしこと決定なるべし。

（鈴木『仏全』六一・二八六―七頁、「　」は引用者）

これに対して、義瑞では『弾妄録』に再び批判を加え、次のように述べる。

伝教、慈覚、慈慧大師の念仏は、……縦《たと》い諸大師各々即心念仏なるにもせよ、真盛上人の自行化他は其即心念仏には非ず。我ただ称名念仏を行ずと、明かに直説《じきせつ》し玉う。慧心の僧都の御心をよく知て、ただ事の称名念仏を弘め玉うこと伝の文昭昭たり。……上人の一代、凡そ示し玉うは専ら偏えに愚士庸人の為の、事の称名念仏にして、終に一言も理持妙観の説なきに、今真盛派の人、事の称名念仏を勧めず、反て心妙観の即心念仏を専ら弘むるならば、正しく逆路伽耶陀《ぎゃくろがやだ》（謀反人）と云ものならん。

（鈴木『仏全』六一・三二四頁、かっこ内は引用者）

これによると義瑞では、最澄・円仁・良源までは理観の念仏によることを認めるも（天台智顗の止観念仏や知礼の即心念仏と同類の理観念仏）、真盛念仏は源信（『往生要集』）に従って「但事の称名」であると主張する。これをまた、霊空では『弾妄録細評』に応酬して、次のように反論する。

真盛上人は伝論に書し通り、信願深く、徳義厚く、博学にて、天台宗なるからは、即心念仏の自行、決定なるべし。因て或問に書し通り、真盛上人の念仏は、随他意の辺にて、至極愚痴の輩らに事の念仏を勧め玉うことあるべし。上人の本意、自行の勧めは決定して即心念仏なるべしと、此方には存するなり。（鈴木『仏全』六一・三三六頁）

すでにみたなかに、霊空と義瑞の真盛念仏観の相違、あるいは『往生要集』観の違いなども明白である。霊空では理観にこそ天台念仏の意義をみるのに対して、義瑞では事の念仏（称名）は智顗以来、天台でも理観（止観・即心念仏）とは別立して凡夫愚人のために勧められているとみる。その場合、真盛念仏が「但事口称」によるとするとき、その天台的な特色（法然流との違い）はどこにあるかが問われる。それでつぎに、このような論争が真盛門流内の教学史に、どのように反映したかをみてみたい。

四　天台念仏における理観と事観の問題

右にみたような即心念仏論争があった時代には、西教寺（真盛門流）ではすでに善通寺の清堂が霊空に教えを請うたように、霊空の理解（即心念仏義）に少なくない影響を被った。霊空が『真盛上人伝論』に引用した「飛鳥井公に示す法語」は、「真盛上人往生安心」（安心法語）と呼ばれ、正保二年（一六四五）に飛鳥井雅章が書写して西教寺に奉納してからよく知られるようになった[8]。そして、しばらくのちにそれの解釈書も著された。すなわち、観智が『念仏風俗通』二巻（寛保二年〈一七四二〉刊本）を著し、また慧覚は『円戒国師法語研心解』（安永七年〈一七七八〉刊本）を著述し、そして忍善が『円戒国師法語直解』（文化七年〈一八一〇〉）を撰述したことが知られている。これらは、いずれも「安心法語」（奏進法語）の解説書であるが、霊空の以後であり、即心念仏義の影響を色濃く受けている。たとえば、観智はつぎのように述べている[9]。

即心念仏の心得様は、吾ら等が頼み奉りて忘れぬ弥陀如来は、我れ等が心内の弥陀にして、我等は弥陀心内の我等なり。是の故に弥陀を具せる我等は、我等を具せる弥陀を頼む故に、いと成り易き感応道交、甚だ往き易き極楽なりと領解するなり。
事の念仏は俗諦事の方なり。即心念仏は真諦理の方なり。真俗二諦は固より相い離れぬものゆえに、俗諦の事の念仏に精誠を策励すれば、真諦の理の念仏にも手の届くものなり。
弥陀の功徳の有り難きことを確かに信知する身は、極重悪人なれども往生する事を疑はぬ故に、名号の功徳が我物《わが》になるなり。

これにみるように、観智では「我れ等が心内の弥陀」などと述べて、即心念仏に立脚して真盛の法語を解説する。ただし、「俗諦の事の念仏」を策励して、易行（散心）の称名を勧め、名号の功徳によって極重悪人も往生することを力説する。その場合、名号は「不思議の三諦（空・仮・中）」であり、「法性の道理」に由来するものだからとみる[10]。

ところで、霊空よりも少し前の江戸初期に、西教寺十五世の真迢（一五九六—一六五九）は、自らの志す念仏義が「本願念仏」（『無量寿経』の第十八願にもとづく）であることを明確にしている[11]。その場合、真迢の念仏義は真盛に習って源信の『往生要集』に拠るとともに、天台の円教観に従うことは注意を要する。すなわち、『法華経』を最高の教え（妙法）とみて、法華開会の意味から浄土教は爾前教ではあっても「得道の法」であると位置づけ、「弥陀の本願（第十八願）に順ずるが故に」、自らの機根に適う法として念仏を選ぶのである。また、真迢では他力本願を頼み六字の唱名に励むとも、天台の念仏は「唯心の浄土、自性の弥陀に達する理観を含む」のに対し、浄土宗は「理観をせずに事相のみをこととする」点で異なり、或いは天台は「念仏の外に余行を往生業と認める」のに対し、浄土宗は「称名だけを正行とする」ことで違っていて、自らは天台教学に従うとし、その念仏義はこれを源信の『往生要集』と天台章疏に拠って跡づける特色をもった。しかも、西教寺におけるその事績は、「道俗に円頓戒を授けて、念仏を勧め」、自らは日課六万返に及ぶ念仏行に従事するという、ほとんど真盛の行跡を模範にこれを踏襲したごとくである。

しかるに、その後の西教寺（真盛門流）では、山門の末寺としての性格を色濃くし、とくに東叡山の指揮下に従う傾向を強め、独自の持戒念仏の行儀を志向することはこれを弱めた感がある。ことに、天台律宗の西教寺で伝授される法勝寺流の「重授戒灌頂」は、江戸時代を通じて尊重され（この法儀には念仏を含まない)、これを魅力として西教寺貫首(戒和尚)は山門より出向して担われることも多かった。このようななかで、天台的な観心念仏の発展形態といえる霊空の即心念仏義に大きな影響力を受けたのも、理由のあることである。霊空の時代(享保年間)に、西教寺第二十世にあった真際(一六七一―一七四〇)は、『真盛上人別伝』や『西教律寺記』を著したことで知られるが、霊空の『真盛上人伝論』に対しては、讃辞の後序を記している。(12)

それが、江戸期の末近くに至って、伊勢の法道(一七八七―一八三九)が真盛念仏の即心念仏的な解釈を排除して、「本願念仏」義を明確にした。法道は、真沼の理解を参考に、『真盛上人往生伝記』にみる祖意と『往生要集』などをよく研究し、『安心摘《ちゃくよう》要抄』や『三法語略解《りゃくげ》』等を著し、本願(弥陀の第十八願)による唱名念仏を顕揚した。(13)ただ、法道では善導と、とくに法然をも多く用いたことから、「円戒助業」論を明確にした(『安心摘要抄』)。このことは、法然の念仏義に傾きすぎて、真盛の「持戒念仏」義の天台的な特色を失うかの危惧をもったため、のちに教学史的反省が加えられることになる。(14)ともかく、法道の努力のもとに、真盛念仏義は天台のなかでの、観心や即心念仏とは異なる独自の本願称名念仏であることが確立し、明治になって西教寺(真盛門流)が、天台のなかで独立の教学をもつ道が開かれたのである。

さて、霊空の即心念仏義と、義瑞による批判、および両者による「真盛念仏」観は、天台の念仏思想の発展と、真盛門流の教学史のうえに、どのように評価されるであろうか。まず、霊空の即心念仏義は、義瑞の批判にもみたように、知礼の「即心念仏」とはいちおう区別して、江戸時代における天台的な念仏思想の新たな発展形態とみたほうがよい。というのは、霊空では知礼（趙宋）に発する「即心念仏」を、智旭（明）による「理持・事持」説の理持と同じものとみてそれを説くからである。霊空自身、即心念仏は知礼の『観経疏妙宗鈔』にもとづき、『無量寿経』と『阿弥陀経』にはこれを明かさず、『観無量寿経』のみに根拠するというのであるが、智旭の「理持」説は『阿弥陀経要解』に『弥陀経』の「執持名号」を解釈するなかで説かれるのであり、両者を結びつけるのは霊空独自の解釈によるというべきである。その場合、霊空では智旭の「理持」説をもとに、天台の観心念仏（一心三観を究極の目的とする）に称名を結びつけて、従来出家者と求道の知識人（上々根）にのみ可能とみられた観心（理観）の類を、凡夫愚人（下々根）にも修めうる念仏法として、即心念仏を提唱したことに重要な功績を認めてよい。霊空では、即心念仏には浅・深があり、末世の愚痴無智の者でも三諦三観の道理を聴いてこれをよく思い念仏（唱名）すれば、即心念仏の大きな功徳にあずかり、やがて円解が開けるとして、下根人や在家にも即心念仏を勧めている。このことは、江戸時代には学問が発達したことを背景に、商工人や農民などの庶民にも識字率が高まり、しかもそれらの読み書きのテキストは多く仏典であることから、仏教の知識はもはや学僧や知識層のみのものではない時代の世相を反映している。

一方、義瑞では知礼にもとづく即心念仏はあくまでも理観であり事行の称名を含まず、しかも知礼ではそれとは別に念仏結社をもち自己にも他人にも称名を勧めたとみる。そして、義瑞自身は知礼教学をよく学びながらも、念仏は理観ではなく往生成仏には称名を専ら勧めたかのごとくである。このことは、主観的には全く知礼を模範とする態度とはいえ、知礼そして義瑞自身にも『観経』を専心に研究して提唱した即心念仏（理観）は単なる学解で終わり、覚りを求めて往生を願う真摯な実践はそれとは結びつきのない称名であるとすれば、いわば教学と実践との分裂になりはしないであろうか。もっとも、義瑞の真盛観は、それを「本願称名念仏」義にみることでは、真盛門流の意をよく代弁する側面をもつ。けれども、法然流の浄土宗の念仏とは異なる、天台的な特色を代弁するには至っていない。義瑞も園城寺にあって律院（法明院）を中興するほどに、戒律と修行を重視したと思われるが、持戒を重んずる天台的な念仏観を、霊空への批判のなかで明確には述べていない。

そこでつぎに、真盛の「持戒念仏」義は、天台にあって「本願念仏」を唱導したことに大きな意義があると言ってよい。それは、時機相応の仏道として天台仏法を万人の救済に向けたことである。そこでの天台的な特色とは、最澄以来の菩薩精神（菩提心）を基盤に、持戒と念仏を融合させた仏道を人々に勧め、そのために源信の『往生要集』を拠り所とすることである。そして、そのことを自己の仏道として追究したのは、江戸初期に日蓮宗から天台へ転じた真迢に認められる。真迢では、天台の円教（法華経）観に立って、念仏を得道の法として選び取る。『往生要集』には、菩提心を重んじて事観ないし称名念仏を勧め（正修念仏）、また念仏は「三心四修」によることを説き（助念方法）、或いは「弥陀の第十八願」を引用し、『観経』の「下々品」をも引用して「極重悪人、唯称念仏」と説く（念仏証拠）など、万人に開かれた念仏修行が示されているのをみる。つまり、これらの箇所を拠り所にして、真盛とそれを承けた真迢らは独自の仏道を構築したと考えてよい。

真盛の事績では、義瑞が指摘したように、「四十八夜の別時念仏」を指導し、日課称名七万返を自ら修め、不断念仏道場を各地に設けたのは、弥陀の本願による唱名念仏を自己にも他にも勧めたのに相違ない。その上に、僧尼には行儀における誡めを厳しく説き、また在家には「五戒十善」を授けたのは、伝教大師最澄の祖意を感得し、室町・戦国時代の人心を導くのに末法ゆえに相応の持戒が緊要であるとみる宗教的確信によると考えられる。そこでの念仏法は、これを理と事でみるときには、事行の唱名念仏を自己に適うものとして選択するけれども、理観はこれを万善（法華経）を尊重する立場で、永久に廃捨するのではなく、往生業（諸行往生）のなかに位置づけて理解するのが、天台的で『往生要集』に従う態度といえよう。(15)

第二節　華厳・鳳潭の『念仏往生明導箚』にみる浄土念仏批判

一　僧濬鳳潭の略伝と『念仏往生明導箚』の述作

江戸時代の中期に華厳宗を復興したことで著名な僧濬鳳潭《そうしゅんほうたん》（一六五九—一七三八）は、享保十五年（一七三〇）に『念仏往生明導箚《みょうどうさつ》』を公刊して、諸宗にわたる学僧たちと念仏論争を展開したことでも知られる。これは、少し前に天台の安楽霊空（一六五二―一七三九）が「即心念仏」論争を起こしたのを承けるものであった。

華厳の鳳潭は、摂津の都難波の生まれであるといい（幼名三太郎）、十六歳で出家し、黄檗《おうばく》に一切経蔵を印刻した瑞竜鉄眼（一六三〇―八二）に師事して、法諱《ほうき》を僧濬、法字を菊潭（後に鳳潭）と名づけられた[16]。鉄眼道光には、父の宗伯が崇敬した縁によるが、すでに長男（雲州）が鉄眼の下で出家していたので、跡継ぎの絶えるのを憂えて父が断固反対したのを、遁走して出家を遂げたという。二十二歳のとき鉄眼の東武への講教に従侍した折りに、師より華厳の再興を喚起されてより、それをめざすことになる。鉄眼の没後、二十六歳より八ヶ年南都七大寺へ遊学し、倶舎・唯識・三論と華厳にわたって研鑽し、京都に帰って後に三十五歳で『倶舎頌疏』を講じたのが講教の初めである。その二年後には、比叡山飯室《いむろ》の安楽院に霊空光謙を訪ね、『法華文句』の講義を聴聞して、『文句抄』五十巻を著している。やがて、元禄十二年（一六九九、四十一歳）に賢首法蔵（六四三―七一二）の『大乗起信論義記』を新彫して頒布し、その注釈である同『幻虎録』五巻を著し、のち四十九歳には『華厳五教章匡真鈔《きょうしんしょう》』十巻を著した。これらはいずれも注目をよび、鳳潭の主著となる。ほかに、倶舎の『光記』や『宝疏』などを印版せしめ、或いは唯識を講義したり、因明・三論・戒律・維摩等の注釈書も造って、著作は多岐にわたるけれども、鳳潭の奉ずるのは中国華厳の祖法蔵の教学であることに相違ない[17]。

鳳潭は、主に京都で活動したなか、五十一歳に洛西に安照寺という臨済禅の寺を草創し、これはのち華厳寺と改めて、享保八年（一七二三）に松室の地に移してより華厳宗を名のったとする。そして、『念仏往生明導箚』は七十一歳にこれを著し、翌年に公刊した。すでに、既知の霊空光謙が享保十三年に『即心念仏安心決定談義本』を出したことによって、園城寺の義瑞との間で、また浄土宗学僧との間で論争が交わされたことに、鳳潭も関心を寄せ、天台の念仏を評破するのみならず、曇鸞と善導の念仏にも批判を加えて退けたので、この時点から鳳潭を中心に念仏論争が展開することになった(18)。

鳳潭の『念仏明導箚』は、巻上では霊空らの「即心念仏」論争を評破したのち、「駁《ばく》観経天台疏及妙宗鈔」と題し、ついで「駁阿弥陀仏十疑論」として、天台『観経疏』（および知礼『観経疏妙宗鈔』）と天台『浄土十疑論』を批判する。巻下には「駁往生論註解」ついで「駁観経玄義分」と題して、前半に曇鸞の『往生論註』を、後半に善導『観経疏』の「玄義分」を批判する。

鳳潭がこの書を著す動機となったのは、天台の「即心念仏」論争である。それで、霊空が提唱した即心念仏は、天台の止観または観心の念仏（一心三観の理観法）に、「事の唱名」を組み合わせる方法である。これの基本的な浄土観は、善導・法然流の「指方立相」ではなく、「本性の弥陀、唯心の浄土」であるが、念仏法に称名を取り入れて、霊空では「末世の愚者凡夫」にもこれを勧めることに特色がある。霊空は天台に安楽律を興すとともに、趙宋の四明知礼（九六〇—一〇二八）や、明の智旭（一五九九—一六五五）の学説を取り入れて、天台教学にも新風を呼んだなかで、その即心念仏法も知礼の『観経疏妙宗鈔』を根拠とし、これに智旭の『阿弥陀経要解』にみる「執持名号」の「理持」説を加えて、天台の念仏法としたものである(19)。しかるに、すでに趙宋天台学ではライバルとなっていた園城寺の性慶義瑞（一六六七—一七三七）が批判を加え、知礼の即心念仏は純粋の理観法であり（即心念仏の名で称名法を採ることに反対する）、知礼ではそれとは別に凡夫のためには念仏結社を造って唱名念仏を勧めたと主張し、義瑞自身もこれに従う立場を取った。霊空に対しては、浄土宗の学僧からも、霊空が法然の念仏（但事口称）を劣るものと論じたために反論が起こり、霊空との間で論争となった。

鳳潭の『念仏往生明導箚』では、初めにこれらの論争に対して、自らの立場で評破を加えている。まず、念仏についての基本的立場を論じて次のように述べる。

妙宗云、故四三昧通名二念仏一、但其観法為レ門不レ同。方等法華兼二誦経一、聖観音兼二数息一、此等三昧歴レ事雖レ異念仏是同、倶顕二於大覚体一故。……（中略）……今験準レ之、此等念仏念二顕仏体一非レ謂二口称一。応レ思般舟三昧雖レ兼二唱名一、為レ顕二覚体一得レ名二念仏一。（鈴木『仏全』六一・四一八b）

ここでは、知礼の『妙宗鈔』を引用して、天台『摩訶止観』の四種三昧では四種の観法は不同であるとも、いずれにも念仏が用いられることは同じで、しかもその念仏法は「仏の覚体を顕し出す」もので、決して「口称」ではないことを、鳳潭は主張する。

つぎに、明の智旭（藕益）が説く「理持」には、これが「口称」の念仏であることに批判を加え、また霊空と義瑞に対しても、互いに即心念仏の見方を異にするとはいえ、ともに称名を採用するのは天台の正しい念仏法ではないと、鳳潭は退けて次のように論ずる。

然如二藕益今往復者一、皆違二背此経一、不レ渉二妙観道一、而讃二但持称名之捷径一。……（中略）……天台荊溪一代摂化、無レ有三一処勧二於但持称名之業一。雖二般舟等唱念倶運一、正在二於観一。此皆即顕二覚体一之念仏、而非二必他願往生之念仏業一。（鈴木『仏全』六一・四一八c）

ここで、「往復者」とは論争にある霊空と義瑞を指し、「此経」とは鳳潭が少し前に引用する『法華経』の「後五百歳如説修行、即往安楽世界」を指す。天台智顗（五三八―九七）と荊溪湛然（七一一―八二）の法華の立場では、「但だ称名のみを持つ」ことを勧めることはなく、天台に採用の般舟三昧は唱名を含むとも、それは正しく観法であって、「覚体を顕す」念仏こそが「妙観道」であると鳳潭は主張し、自らもこれを支持する。従って、「他願往生の念仏業」（善導・法然流の本願唱名念仏法を指す）は、鳳潭では正しい念仏法とはみないで、これを退けるのである。

このような念仏観に立つ鳳潭では、天台の念仏章疏として知られる『観経疏』と『浄土十疑論』をともに批判する。後者の『十疑論』に対しては、これが称名念仏の根拠とされることから、智顗の真撰ではなく偽撰として退ける。鳳潭の論証では、唐代の善導（六一三―八一）を承けた懐感が恐らく天台の名で著したと主張する。

また、天台『観経疏』については、これが「心観為宗」を旨とし、或いは「五重玄義」によって『観無量寿経』を解釈することから、智顗の真撰とみるけれども、華厳を優位とする立場から批判する。すなわち、隋代に成立の天台では、鳩摩羅什等の旧訳によるのに対して、唐代には玄奘などが新訳の経疏をもたらし、そのもとで法相宗ができ、その後に華厳宗が成立しているので、この観点から天台『観経疏』をみる。例えば、経文の語義解釈では「梵語や数量に味《くら》い」と評し、鳳潭では玄奘の

『大唐西域記』や義浄の『南海寄帰内法伝』や慧琳の『一切経音義』などの知識を用いて、解釈の誤りを正している。そして、とくに天親（世親）の『往生論』が用いられることに対して、世親の宗旨が「瑜伽唯識」（法相宗）にあることを天台では理解せず、また『摂大乗論』等にみる無著・世親の「別時意」説を知らないので、浄土念仏に誤った理解をしていることを、鳳潭は厳しく批判する。さらに、天台『観経疏』の注釈である知礼の『妙宗鈔』に対しても、例えば『大乗起信論』が依用されるのを取り上げ、鳳潭では華厳の「五教章」の立場で『起信論』（如来蔵思想）を「終教」とみることから、知礼が円教観を誤っていると非難する。鳳潭では、華厳一乗と法華円教は同価値にみるごとくで、念仏についても華厳と法華では妙観法を同じくすると考えている。なお、鳳潭による天台念仏批判については次節でくわしくみることにしたい。

二　曇鸞の『往生論註』への「易行他力」批判

曇鸞《どんらん》（北魏　四七六―五四二）の『往生論註』二巻（『大正』四〇）は、インドの中期大乗仏教に著名な天親《てんじん》（世親）の『往生論』（『無量寿経優波提舎』菩提流支訳、『大正』二六）を註釈することでよく知られる。しかるに、鳳潭による曇鸞への批判は、曇鸞が世親の真意を得ないとするもので、それは『念仏明導箚』巻下の初めにみる次のような論述に、その基本的な視点がある。

虜僧玄簡大士、産踞二于魏一未レ遇二唐翻之墳典一、故雖三先註二解天親往生論一、而未四曾知三世親宗依二深密瑜伽一。詮三入三地菩薩往二生報土一、凡夫二乗三賢異生菩薩、実不レ能レ生。而口宣下帰二命本願力一往生安楽国上、尅而究レ之。其身終有レ昇二生覩率一親二近慈氏尊一。所期龍華会、皆是自力難行是聖道門。而於レ註二解論一、歩二船於自他力難易道一、皆非二天親師原意一。（鈴木『仏全』六一・四三四b）

ここに、「虜僧」とは曇鸞を貶んだ呼び方で、曇鸞の生存時（北魏）には、のちの唐代に新訳をみる仏典を手にしないので、世親の宗旨が「深密《じんみつ》・瑜伽《ゆが》」に依るのを知らないと、鳳潭は批判する。すなわち、『解深密経』や『瑜伽論』では、菩薩が修行の階梯に十地を昇るなかに、「三地の菩薩」が浄土（報土）に往生でき、凡夫や二乗は実には往生できないので、世親では『往生論』を造って口には本願力や往生安楽国を宣べても、その身は最終的に弥陀浄土ではなく弥勒浄土（慈氏《じし》の覩率《とそつ》天）へ昇ったとする。従って、その修行は自力聖道門であり、曇鸞が註釈する「自・他力によって難・易道を徒歩し乗船する」ことは世親の原意ではない、と鳳潭は主張する。

それで、鳳潭では初めに曇鸞の『論註』冒頭にみる「易行道」について、これを詳しく論難する。曇鸞の解釈を掲げ、それの典拠とされる龍樹の『十住毘婆沙論』（阿《あ》惟越致《ゆいおっち》相品と易行品）を鳳潭は対照させて検証し、易行道をもって「弱怯劣《にゃくきょうれつ》にして大乗心の無い者の為の方便説である」とする龍樹の論文を示して、曇鸞の「私註」を退ける。[20] そして、鳳潭では華厳と法華の円教観から、易行の念仏を次のように論説する。

既云二易行是下劣説此方便一者、不レ出下法華以二方便力一示中三乗教上、華厳以二三乗門一広開二化海印力一故所レ収。則浄土三経四十八願皆是釈迦権説。前自二根本法輪広開化中一而出、後属二醍醐会三

帰一之所開教」。　（鈴木『仏全』六一・四三四c—五a）

ここでは、華厳の根本法輪と、法華の会《え》三《さん》帰《き》一《いち》の立場から、「浄土三経」および「四十八願」（『無量寿経』所説）を、方便の三乗教と位置づける。つまり、「華厳の海印」と「法華醍醐」の一乗から、方便のために三乗に開かれた教えとみるので、易行の念仏（称名）は「釈迦の権《ごん》説」でしかないのである。この文のあと鳳潭は、曇鸞が龍樹と天親双方の正意を得ていないことと、天親が兜《と》率《そつ》天へ昇生したこと、および「弥陀の安楽国には十地の菩薩が三昧力によって住するを得る」ことを改めて論述している。

つぎに鳳潭では、曇鸞が「梵《ぼん》言《ごん》」を正しく理解しないことを論難する。このことは、天台『観経疏』への批判でもみられるのと同じで、天親の『往生論』が魏《ぎ》訳（旧《く》訳《やく》）でもあり、曇鸞が唐代に新訳の知識をもたないからである。すなわち、天親の『論』の最初に「優《う》婆《ば》提《だい》舎《しゃ》願《がん》生《しょう》偈《げ》」を載せるその題号について、曇鸞が優婆提舎を「仏の論議経の名」と註釈するのを鳳潭は退け、それは仏のではなく仏弟子（菩薩）所造の論義書または釈論のことと正す。また、願生偈の「偈」を、曇鸞が「句《く》数《しゅ》（五文字を一句とする）の義」と注釈するのを退け、鳳潭では「伽《か》陀《だ》」または「頌《じゅ》」と同じ意味で、文字数ではなく「四句を一頌とする」ものをいうと正す。ここでは鳳潭は、新訳の「経音義」や、また慈恩基《き》（六三二—八二）の『義林章』と、玄奘訳『瑜伽論』および道倫『瑜伽論記』などを引用して論じている（鈴木『仏全』六一・四三五b—c）[21]。

天親の『論』では、「願生偈」のあと「安楽国に往生し阿弥陀仏に見《まみ》える」ための修行を、「五念門」によって説くことは周知の通りである。それは「礼拝・讃歎・作願・観察・回向」の五門によるが、鳳潭では曇鸞の五念門解釈が悉く誤謬または稚拙であることを論難してゆく。まず、礼拝門と讃嘆門については、これも梵語の知識に関わる。天親の偈の初めに「世尊我一心　帰命尽十方　無碍光如来　願生安楽国」と説くのを、曇鸞では「帰命《きみょう》は礼拝《らいはい》門（身業）で、尽十方《じんじっぽう》等は讃嘆《さんだん》門（口業）である」と註釈する。鳳潭ではこれを、梵語に「曩謨三曼多勃駄喃《なまさまんたぼだなん》」(namaḥ samanta buddhānāṃ) という曩謨（那謨）が帰命（能敬）の義であり、これとは別に敬礼《きょうらい》（稽首《けいしゅ》礼拝）には畔睇《ばんだい》（和南《わなん》 vandana）の語があるゆえ、「帰命即礼拝」は謬りとする。また、「三曼多勃駄喃」は尽十方諸仏の義であり、「梵に阿弭跢婆耶怛他誐跢耶《あみたばやたたがたや》 (amitābhāya tathāgatāya) が無量光如来の義」であることをもって所敬を表し、その深広の徳を讃歎するゆえ、能敬（帰命）と所敬（尽十方等）とで一つの称名讃歎門であるものを、能敬と所敬を分けて礼拝門と讃嘆門とするのは梵語の意味を知らないからである、と鳳潭は批判する（同四三五c）[22]。

これのあと、鳳潭では曇鸞の註釈文を任意に細かく挙げて批判を加える。それらの難意は多くの場合、「穏当でない」とか「読むに忍びない」などと評して、曇鸞の解釈が拙劣であることを論難する。そのようななかで、鳳潭がとくに詳しく論釈するのは、曇鸞『論註』巻下のやや末尾近くで、天親の『論』に作願《さがん》門（入第三門）には「奢摩他《しゃまた》 (śamatha, 寂静《じゃくじょう》三昧）を修む」と説くのを、曇鸞が註釈する箇所である。そこでは、「報土」義と「別時意」説の問題として鳳潭は、曇鸞とそれを承ける道綽《どうしゃく》と善導および懐感《えかん》にまで論難を加える。

すなわち、世親の『論』に「入第三門者、以四一心専念作三願生レ彼修二奢摩他寂静三昧行一。故得レ入二蓮華蔵世界一是名二入第三門一」と説くのを、曇鸞は「為レ修二寂静止一故、一心願レ生二彼国一、是第三功徳相」と註釈する。鳳潭では「此れ復た解し難く、実義を得ず」と曇鸞を退ける。ここでは、天親が「蓮華蔵世界に入る」と述べるのを、曇鸞では「彼の国（西方の弥陀浄土）に生ずる」と解釈するのが問題で、鳳潭では蓮華蔵世界を「華厳の世界」と理解するとみえ、「浄影寺慧遠や天台智顗らでも旧訳に依るために、『梵網経』の舎那華台《しゃなけだい》と華厳の華蔵《けぞう》世界を混同する」と述べてのち、鳳潭は華厳宗法蔵の五教判のもとに、「始・終両教」間で浄土（報土）義に違いのあることを示さんとする。まず、「始教直進《じきしん》教」（唯識思想）では、「他受用《たじゅゆう》の実報《じっぽう》浄土」が説かれ、これは「梵網や対法に説く」として、鳳潭は唯識章疏の慈恩基『義林章』と『摂論』無性釈などを引用して、その内容を示す。それをみると、他受用土は十地の菩薩のための浄土で、その例に『梵網経』の蓮華台や西方仏土が挙げられている。つぎに、「終教」（如来蔵思想）では、鳳潭は「梁《りょう》摂論（『摂論』真諦訳）に依れ」としながらも、今は智儼《ちごん》の『華厳孔目《くもく》章』に依るとしてそれを引用する。それをみると、智儼では「往生業の不同」を述べ、初めに「臨終に善知識に遇い妙法を聴いて宿世の善根を増上し、これを往生の正因と為すことは別時意《べつじい》ではない」との旨を述べ、のち「別時意によって西方に生まれしめ、終極には還来《げんらい》して彼の蓮華蔵世界海に入る」とする。つまり、より後時の実義（始教の後の終教）では、終極には華厳の華蔵海に入るための往生業が説かれるなかに、西方に生まれるのは別時意（方便）として説かれる、と鳳潭は主張したいのである。このことから鳳潭は、ここで別時意の理解についてまず道綽を批判する。道綽は『安楽集』で、無著『摂論』に説く「別時意」を会釈して、『観経』で「臨終に十念成就して往生する」と説くのは、「宿因つまり過去(別時)の善根がそこには隠れていて、臨終の十念とともにそれらが皆成就して往生を得る」ので、『観経』の念仏は方便ではなく実義であると主張し、しかも『観経』の十念成就と『摂論』の別時意は意味がよく通じているとする。これをいま鳳潭は、智儼の説によって別時意でない事柄(宿因つまり宿世の善根)を、道綽は別時意とすると非難する。道綽ののち善導は、別時意説を会釈《えしゃく》して、『摂論』は『観経』の意を得ていないと主張するので、師資(道綽と善導)間で矛盾すると鳳潭は難ずる。善導では、『摂論』には「唯願」を別時意とするが、『観経』には十念を説き、「願と行が具足する」ので往生できると主張し、それを承けて懐感は『群疑論』で、願行具足の故に『観経』は別時意ではないことを「八意」に論証する。鳳潭は善導、ついでとくにここでは懐感を詳しく論難している(鈴木『仏全』六一・四三七c—九a)[23]。

曇鸞の『論註』に対して、鳳潭は最後にその「他力」説を厳しく批判する。『論註』巻下の末尾に曇鸞は「三願的証」を述べ、そこに他力(弥陀の本願力)を説明して、「劣夫が転輪王に従って便乗し虚空を飛び四天下に遊ぶ」という譬えを述べる。これを鳳潭では、それは『大智度論』に依ったものであるが、論意を得ず私意にすぎないと批判し、同『論』とさらに『瑜伽論』および基の『瑜伽論略纂』を詳しく引用し、輪王と眷属が飛行するのは「輪王が福宝の報応」、つまり「善業の所感」であって、他の諸劣夫が便乗するのを他力とするのは「妄誕(でたらめ)も甚だしい」と退けている(同四三九a—b)[24]。

三　善導の『観経疏』に対する「弘願念仏」義への批判

鳳潭の『念仏明導箚』（巻下）では、善導の『観経疏』に対してはその「玄義分」に批判を加える。善導のそれは、初めに自らの「発願回向の偈」（十四行偈）を記してのち、「七門料簡」によって『観経』の玄義を論述する。鳳潭では、初めに偈の全文を掲げ寸評を加えたあと、次のように述べるのは、そこに善導への基本的立場をみる。

判三釈迦教与二弥陀教一、以執二要門弘願之二途一乎。為下何処有中弥陀親所二口説一之教上耶。不レ知下弘願皆由三釈迦託二弥陀徳一、善巧権施之教上而已。（鈴木『仏全』六一・四三九c）

善導では、玄義の初め部分に「娑婆の化主（釈迦）は広く浄土の要門を開き、安楽の能人（弥陀）は別意の弘《ぐ》願《がん》を顕彰す。要門とは『観経』の定散二門であり、弘願は『大経』の説く如く一切善悪の凡夫が阿弥陀仏の大願業力に乗じて往生を得る」との旨を宣揚する[25]。鳳潭による右の言説は、善導教学の要となる「要門と弘願」を批判し、とくに弥陀の四十八願（なかでも第十八願を弘願とする）の称名業による往生安楽国に対して、これを「善巧権施（方便）の教」として真実の教えではないと退けるのである。また、鳳潭の善導批判では、右の文の前後にも「或は専ら『起信』に依って」とか、「或は宗本を略標して」などと論述して、日本の法然門下による末疏である良忠（一一九九―一二八七）の『観経疏伝通記』や、顕意（一二三八―一三〇四）の同『楷定記』などをも指示し、それらを

「末学の妄解」と評して、合わせて非難するのを随所にみる。

そこでいまは、鳳潭が力を入れて論述する問題をみてゆくと、まず称名業の焦点となる「南無阿弥陀仏」の善導釈への批判が注目できる。善導では玄義分「七門」の第二「釈名」に、「南無阿弥陀仏は西国の正音で、南は帰、無は命、阿は無、弥は量、陀は寿、仏は覚にて、故に梵漢相対すれば帰命無量寿覚の義である」と釈する。鳳潭ではこれを、「或云」と顕意などの末疏にも言及して、「梵漢対釈は全く道理無し」と退ける。すなわち、中国でも張天覚・李通玄・南岳慧思・浄影慧遠・天台智顗など、梵語を謬解《みょうげ》する諸例を挙げてのち、梵語には「字相と句義」があると述べ、鳳潭はこれを講釈する。それによると、字相ならば「梵に捨囉《しゃら》弩《だ》を帰、梵に爾《じ》尾《び》擔《だん》を命」と訳し、また「字相は浅略、句義は深秘」にて、「南無」は句義によって理解するという。それで、南無は旧訳で、新訳では「納慕・曩莫」等といい、これの意味を「帰礼または帰命」と訳す。そして、句義としての意味を尋ねて、鳳潭は基の『義林章』の「帰敬《ききょう》章」と、そのあとに智儼『華厳孔目章』の「礼仏儀《らいぶつ》」などを詳しく引用する。基では「敬礼と帰依」の二種差別を七釈によって示しており、これのあと鳳潭は「今時凡俗の称名者が声高に那《な》味《まい》陀《だ》などと唱えるのは皆狂言で不敬甚だしい」と難ずる。また、智儼では身口意三業に礼仏する意義を詳しく述べて、「三乗の諸礼」に対する「一乗の礼」を顕揚するので、鳳潭では「易行道を恃《たの》み仏名を称する輩」に対して、「一乗の礼儀は一念普遍にして法界と等しく、帝釈門に入れば身心とも時を経て、十世隔法異成門と相応することを信ずべし」と、華厳の帝釈門と異成門《いじょうもん》等の十玄門を「円極輪」と讃えて、これを信ぜよと主張する。ついで、「阿弥陀仏」についても、「梵語の正音は阿弭哆勃駄《あみたぼだ》と云い、此を無量光仏と無量寿とに訳す」意味を述べたのち、善導とその末釈（良忠の鎮西義と顕意の西山義）を指して、「指方立相の観門ではその法界身は理法界を意味しない」ことを難じ、また「但信称名を正業と為し、是を古今楷定《ここんかいじょう》の綱要とする釈家では理を談じない」ので、「唯事相の観は蔵通両教にて空相始教の観称の分斉を出ない邪観である」と、理と事を相対して事（事観称名）を退ける（鈴木『仏全』六一・四四〇a―一b）[26]。

つぎに、『観経』の「所被機」について、善導では七門の第五「定散両門を料簡する」の中で、「謗法と無信（信心の無い者）などは受化（教化を受ける）の義なし」と釈す。この意味は、第一の序題釈で「一切善悪凡夫を摂す」と述べ、また善導の『浄土法事讃』でも「五逆十悪と謗法闡提も皆往生す」と主張するので、いかにも自己矛盾するかにみえる。鳳潭では、そのことを良忠等の末学の解釈によって、「廻心と不廻心」或いは「要門と弘願」の違いと会釈するのを挙げて、ともに宗義に違うと退ける。そして、「今は賢首法蔵の所判に依る」として、華厳一乗の立場からその問題を論釈する。すなわち、「楞伽経・宝性論・仏性論等の終教（如来蔵思想）では、謗法や闡提は無量時に依って無性である」と説かれるが、法華や華厳の「一乗円頓教」では「一切の諸苦が救われて、法雨に潤されないものはない」とし、『法華経』『円覚経』『華厳経』などを引用して、「これが真の一乗他力」であると主張する（同四四一c―二a）[27]。

またつぎに、善導に対して鳳潭が最も詳しく論難するのは、「別時意説」の問題である。善導では、七門の第六「経論の相違を和会《わえ》する」なかに、『摂大乗論』の別時意説を会通する。無著の『摂論』

には、「別時意趣謂如二説言一、若誦二多宝如来名一者、便於二無上正等菩提一已得二決定一。又如二説言一、由二発願一便得レ往二生極楽世界一」と説く（玄奘訳巻中、『大正』三〇・一四一a）。これを善導では、二段に分けて会釈する。『摂論』の文の前半には、「多宝仏の名を誦《とな》える」のを別時意趣とする。これは、『摂論』世親釈などをみると、遠い将来（別時）に万行を成就して成仏できるものを、「念仏の一行だけで無上菩提を得る」とするのは、励ましの為の方便説（一行成仏の別時意）と理解しうる。善導では、別時意説を拒否または批判して、念仏一行でも往生できると主張し、そのために『華厳経』に「念仏三昧の一行」を説くこと、および『法華経』に「一称二南無仏一皆已成二仏道一」と説くのを証文に挙げる。これに対し鳳潭では、真諦訳の『摂論』世親釈（梁『摂論』）を引用して、「千の金銭（万行具足して成仏する）と一の金銭（念仏）」の関係の譬えを示し、「無著と世親は、深密・瑜伽を宗とする」と主張し、善導の会釈を退ける。そして、『華厳経』では一行とは言わず、「普門諸仏三昧」または「普照観察一切世界境界無碍」などと説くことを、鳳潭は引用を以て示す。さらに、『法華経』の文には「或云」等と末学の註釈（良忠）をも挙げて、「法華開顕の奥旨を知らず、円頓の妙旨を理解していない」と、善導に並べて論難する。すなわち、法華に「一称南無仏」とは、「昔に方便を設けて示された三乗教の称名一行」をいい、これこそが真に別時意に他ならないと主張する。鳳潭では、法華開顕の妙旨を、化城喩品の「化城と宝所」の関係でも詳しく説明している（鈴木『仏全』六一・四四二c―三c）[28]。

また、『摂論』の文の後半では、「発願だけで往生する」と説くのが別時意（唯願往生の別時意）と理解できる。これを善導では、『観経』には「下品下生に十声の称仏」が説かれ、また『阿弥陀経』には「執持名号」を「誠実の言」と説くので、『観経』等には「唯発願」ではなく「願と行が具足する」ゆえに往生できるとしているとみ、「菩薩の論（摂論）を指南とせずに、仏語（経典）を信ぜよ」と主張する。これに対し鳳潭では、すでに曇鸞の所でみたように、別時意説を容認する道綽と、善導の解釈が矛盾することを、懐感をも合わせてさらに難詰する。そして、鳳潭では『摂論』の本意は『解深密経』や『瑜伽論』と同じで、浄土には「第三地の菩薩が願力に由って生れる」とし、基や道倫による『瑜伽論』の疏を指示して、「第三地で定に依り観を修めて往生を得、異生（凡夫）と二乗は生ずるを得ない」と論釈する。従って、「深密・瑜伽」の経論では浄土三経は別時意になるので、『阿弥陀経』を証明に用いるのは「因明の道理にいう他不極上過である」（対論者の片方が認めないことを論証に用いる過失）と鳳潭は善導を退ける。また、『観経』には「願と行が具足する」という善導の主張に対しては、鳳潭では「意願があれば必ず起行もある」ので、『摂論』には唯願ではなく称名行をも含めて別時意とすると批判する。さらに、「転救」を設けて「瑜伽は自力に約して説くのに対し、浄土三教は他力によって願行具足する」との救釈に対しては、鳳潭は魏訳の『摂論』を示して（仏陀扇多訳、『大正』三一・一〇三b）、「明確に無量寿経を指して別時意を述べている」と応酬する。

ここでは鳳潭は、華厳の五教判の立場から浄土念仏を法相唯識（大乗始教）と同レベルまたはそれより劣るものとみる。したがって、鳳潭では華厳一乗についても述べ、華厳（円教）なら「行と願の具・不具」は問題とならず、「無仏性の者は願・行を片鱗にも持たないけれども、仏日に照らされるとき毒根を断尽することができる」と主張するのである（鈴木『仏全』六一・四四三c―四c）。

鳳潭が最後に問題とするのは、弥陀浄土の「報土」義である。善導では、別時意の次に「二乗種不生の義を会通する」という一節を設け、天親の『往生論』を会釈して「二乗も彼国で大乗に発心する」と論述するとともに、『大乗同性経』や『無量寿経』および『観経』を引用して、「弥陀とその浄土は報仏・報土である」と主張する。鳳潭では、ここでも善導の文を詳しく掲げたのち、「その大要は権執を出ず、若し円の一乗に約せば」と述べて、円教意をもって善導を退ける。それによれば、円教一乗の観法ならば法華に「常在霊鷲山」と説き、荊渓湛然が釈す如く、「直に此の土を観ずれば四土が具足する」、つまり円極の実相を観ずれば此土が直ちに四土具足の浄土であり、この意は華厳でも同じとする。したがって、鳳潭は智儼の『華厳孔目章』を引用し、「一乗義では阿弥陀仏土も四土（法性・事・報・化の土）を成ずる円融不可説の真実仏土または世界海に属する」とし、それを「唯報土」と説くのは「初機を誘引する」ためであり（なぜなら一乗の妙観によらないかぎり、梵天や二乗は報土には生まれ得ないから）、それゆえに『大乗同性経』の説は「三乗の権不了義」（方便の教え）であり、華厳の五教判では「終教」に属すと論釈する。さらに、無著・天親ら「瑜伽唯識の法相宗」の相伝では「唯報土と報化土」の二釈があるとすることを論じ、唯報土ならば「三地の菩薩が生まれることを得、凡夫と二乗は生まれられない」ので、『観経』等が凡夫往生を説くのは密意または別時意説であると『摂論』等には明かされるとする。鳳潭では、法華と華厳の円教一乗観に立って、善導の浄土念仏義を法相唯識の教相にも劣る「不了の権教」と位置づけていることが分かる（鈴木『仏全』六

一、四四四c—五b)[29]。

鳳潭の念仏観では、趙宋の知礼と明の智旭らを含めて、霊空および義瑞らが『浄土十疑論』を根拠に称名法を取り入れる天台の念仏に対しては、これを批判する。けれども、妙観法（理観）を修める天台の本質に対しては、華厳とは変わらないものとしてそれを支持する。対するに、浄土の三部経と称名念仏（但持事観）は別時意（方便説）として、成仏に有効な仏道とは認めない。そのような傾向を反映してか、鳳潭の『念仏往生明導劄』に対しては、天台から反論書をみなかった如くで、他方で浄土諸宗の学僧たちから多く激しい反論が出された。すなわち、浄土宗では義海が『蓮宗禦寇編《ぎょこうへん》』（鈴木『仏全』六二）を、西山派では知空が『指迷顕正訣《けんしょうけつ》』（享保十五年刊本）を、殊意癡が『蓮門却掃篇《きゃくそうへん》』（享保十六年刊本）を著し、真宗では西派の法霖『浄土折衝篇《せっしょうへん》』と、高田派の慧海『連環弁導略《べんどうりゃく》』（ともに『真宗全書』六〇）が出たのに加えて、日蓮宗の日達『顕揚正理論《しょうりろん》』（享保十八年刊本）もある。このように、鳳潭一人に対して各宗の学僧が対論したのは、鳳潭が有力で秀でた学僧であると認識されていたからであろう。

これらに対して、鳳潭もまたそれぞれ丁寧に応酬した。すなわち、対義海に『蓮宗禦寇編雪鵝箋《せつがせん》』、対知空に『指迷顕正決索印《さくいん》』、対殊意癡に『蓮門却掃篇牙旗《げき》』、対法霖に『浄土折衝篇雷斧《らいふ》』、そして対日達に『金剛槌論《こんごうついろん》』を著した。これらはいずれも、享保十六年から同十九年にかけて公刊されており、論難往復はさらにしばらく続いたことが知られている。

第三節　僧濬鳳潭の天台念仏批判の特色

一　天台の即心念仏論争に対する評破

江戸時代に華厳学を復興したことで著名な僧濬鳳潭《ほうたん》（一六五九—一七三八）は、天台にも親しい学僧である。享保八年（一七二三）に京都洛西・松室の地に華厳寺を開創して、主として中国華厳の宗祖法蔵（六四三—七一二）の教学を奉ずるなかで、唯識・倶舎学にも従事した鳳潭は、もとは黄檗に一切経を開版した鉄眼（一六三〇—八二）を師と仰いで華厳を啓発されたほかに、比叡山横川の別所に安楽律を興した霊空光謙（一六五二—一七三九）にも学んだことから、天台学にも造詣をもった[30]。そして、霊空が享保十三年に『即心念仏安心決定談義本』（鈴木『仏全』六一）を公刊してより、園城寺の義瑞との間で「即心念仏」論争が闘われたとき、鳳潭も大きな関心を寄せ、やがて享保十五年に『念仏往生明導箚《ねんぶつおうじょうみょうどうさつ》』二巻を出して、弥陀念仏への自己の考え方を論じた。

鳳潭の『念仏往生明導箚』（鈴木『仏全』六一）は、即心念仏論争を評破するのみならず、天台の念仏義と、善導系の浄土念仏にも批判を加えたので、浄土諸宗の学僧達から多くの反論をよび、念仏論争はこれより鳳潭を中心に展開されることになる。いまは、鳳潭の『明導箚』巻上に主として載せる天台の念仏義および念仏章疏への批判によって、対天台の華厳宗鳳潭による考え方と念仏観の特色をみておきたい。

そこで、天台の即心念仏論争に対して、鳳潭では山門安楽派の霊空と、天台寺門の義瑞をいずれも天台智顗《ちぎ》（五三八―九七）の祖意に反すると批判する。霊空では前掲の『談義本』に、「唯心《ゆいしん》の浄土、本性《ほんしょう》の弥陀」を想い称名念仏して往生を願うのが、天台の「即心念仏」法であるとしてこれを勧めた。即心念仏は、もと趙宋天台の四明知礼（九六〇―一〇二八）が『観経疏妙宗鈔』に示した要語であり（『大正』三七・一九五a）、これを霊空では一心三観の理観に事《じ》の口称《くしょう》念仏を組み合わせたものと捉え、もって但事《たんじ》口称《くしょう》の法然流よりも勝れた念仏法であると主張した。対するに義瑞では、知礼の即心念仏は全くの理観法であって、口称は含まれないと霊空を退け、他方で末世の凡夫のためには但事の称名《しょうみょう》を勧めるが天台および知礼の指導法であると主張した。ここには、天台の『摩訶止観』の修行（理観法）と『浄土十疑論』の主張（口称念仏）とを矛盾なく組み合わせて即心念仏とする霊空と、理観と口称を対機による天台の異なった修行法と区別する義瑞の違いがある。

これらに対して鳳潭では、霊空と義瑞ともに「妙観道」（理観）のみをこととせずに、『浄土十疑論』を容認して「事《じ》の称名」を勧めるのは、『法華経』にも天台義にも背くと両者ともに退ける。鳳潭によれば、『妙宗鈔』に「用二微妙観一、専就二弥陀一顕二真仏体一。雖レ託二彼境一須レ知三依正同居二一心一。心性遍周無二法不一レ造、無二法不一レ具」（『大正』三七・一九五b）と述べる知礼の言葉を支持して、「念仏は仏の体（覚体）を顕し出す観行にほかならない」と主張し、「天台と荊渓の摂化は一処として但事称名の業を勧めることは無く」、「念仏は唱念倶運するとしても正しくは観に在り、他願往生の口唱の業ではない」とする旨を強調する（鈴木『仏全』六一・四一八b—c）。このことからさらに、観行を修めない善導・法然流では決して仏道は成就できないと、浄土念仏を退けることにも主張を進めるのである。

鳳潭は、易行他力の称名を真実の念仏法とは認めず（『観経』等の所説はこれを方便の「別時意」説とみる）、天台の念仏義については『摩訶止観』による「一心三観の法」（常行三昧法）は、これを『法華経』の正しき修行として支持するかのごとくである。したがって、鳳潭では天台に用いられる『浄土十疑論』を、天台の真撰ではないとみて、そのことを詳しく論ずる。他方で、天台『観経疏』に対しては、これを真撰とはみるけれども、これにも批判を加えることは、華厳の立場からの論述として注意されてよい。

二　『念仏往生明導箚』にみる天台『観経疏』批判

鳳潭の『念仏往生明導箚』は、その巻上に霊空らの即心念仏義を評破してのち、天台の『観無量寿経疏』を批判し、ついで『浄土十疑論』を論難する（巻下では曇鸞の『往生論註』と善導の『観経疏』を退ける）。天台『観経疏』に対しては、それの注釈である知礼の同『妙宗鈔』をも合わせて論駁する。また、『十疑論』に対してよりも、『観経疏』への論述に多くの頁数を費やしていることは、天台

（真撰）よりも華厳の優位を主張せんとする表れとみてよい。

それで、天台『観経疏』については初めに、同書にみる「心観為宗」の立場と「五重玄義」の論釈には、鳳潭は「仰ぐ可し」と述べて支持評価する。(31) しかるに、のち『観経疏』の文をほぼ順を追って任意に取り上げ、『妙宗鈔』の注釈をも引用して、ともに論難を加える。その基本姿勢は、天台疏が旧訳の経論に依ることから、唐代にもたらされた慧琳等の経音義疏や玄奘・義浄らの新訳の知識をもたないので、経文と字義の解釈を謬っていること、或いは天台疏が天親（世親）の『往生論』を用いてこれを会釈するとき、玄奘新訳の瑜伽唯識の文献を知らないので、天親の宗旨が唯識法相宗（権教）にあることを判別できていないことを難ずる。また、とくに知礼の『妙宗鈔』に対しては、天台疏が浄影寺慧遠（五二三—九二）の『観経疏』を用いていることを認識せずに、しかも『大乗起信論』を引用するにも円教意を誤っていることを、華厳の立場から主張する。

いま、論点が明確に出ている主な箇所をみてみると、天台疏（『観経疏』）には初めに五重玄義（名・体・宗・用・教）を説き、なかの「釈名」段で六即仏（理・名字・観行・相似・分証・究竟）を述べる内の「相似仏」について、知礼の『妙宗鈔』には『大乗起信論』を引用して、「随分覚と称し、乃至華厳と起信には頓修頓証の菩薩が」云々と解釈するのを、鳳潭は非難する。すなわち、「台人（知礼）では『起信論』が五教中の終教別教に属し、円教の華厳とは教道の位次に天地の差があることを知らない。『起信論』の修証は三大劫を経るのに対して、華厳は学地を経ずに等正覚を成ずる」と、鳳潭は『起信論』と華厳を同価値にみることを批判し、華厳の方が高い立場にあることを主張する（鈴木『仏全』六一・四二二a）[32]。ついで、天台疏では「教相」段に入って、「王舎城」を釈して「天竺では羅閲祇伽羅（ラージャグリハ）と云う」とし、これを『妙宗鈔』には「亦は摩竭提（マガダ）と名づけ、死罪の者を置く寒林がある」などと注釈する。これらに対して鳳潭では、「王舎城には古城と新城があって、台疏では新王舎城の梵名を出しながら、城の起由には古城の事を述べ、また四明の『妙宗鈔』では国名（マガダ）と城名とを混同している」と批判する。ここでは鳳潭は、玄奘（六四五年渡印帰朝）の『大唐西域記』を引用し、また四分律や音義書ほかの経疏を用いて正している（同四二一b—c）[33]。

またついで、「懺悔」の語について天台疏には、「懺摩《せんま》は梵言、悔過《けか》は漢語、彼此並挙する故に懺悔《さんげ》と云う」と釈するのを、鳳潭は批判する。すなわち、それは浄影疏を用いたもので、或いは天台は『金光明疏』では「懺は鑑の義」とも釈するごとく、これは「恒河を釈して恒は常、河は川なり」とする類の誤りであるという。鳳潭はここでは、義浄（六九五年渡印帰朝）の『寄帰伝』を詳しく、また慧琳の『経音義』ほかを引用して、「懺摩は忍（ゆるす）の義で他に謝ることであり、悔は追悔にて自己に罪を陳べることゆえ意味が異なり、また懺は提舎那の旧訳で、これも漢語である」などと論じる（同四二二c）[34]。概して鳳潭では、天台疏が浄影疏を用いるのを問題視し、天台智顗と浄影寺慧遠、さらに趙宋の知礼らにも、梵語と数量（法数）の知識に暗いことを唐代に新訳の仏典をもとに批判するのである。

つぎに、鳳潭では『観経』所説「十六観」の「後三観」について、天台疏の解釈を詳しく批判するのをみる。『観経』では韋提希夫人に往生法を説き、また「中品」段には浄土で「阿羅漢に成る」などと説くのに対し、天親（世親）の『往生論』には「女人及び根欠と二乗種は不生《ふしょう》（往生できない）」と説く。これを天台疏では会釈して「小乗（阿羅漢）も要《かなら》ず終《つい》には大乗心を発《おこ》し、また女人は往生時には浄根離欲と成るので女人でも根欠でもない」と注釈する。鳳潭では、これもまた全く浄影疏に依ると注意した上で、「浄影と天台らは新訳の深密・瑜伽等を知らないので、天親の論意を得ていない」と難ずる。浄影と天台では浄土に麁・妙を分ける（天台では四種浄土を説く）なか、弥陀仏国は「凡・聖同居土《どうごど》」の故に麁土《そど》であり、ここには分段の凡夫も往生できるので二乗と女人も往生するのに対し、妙土（実報土《じっぽうど》）は変易《へんにゃく》の聖人のみが往く浄土であり、天親の『論』では「深密・瑜伽に依って安養土（弥陀国）を第三地菩薩所生の実報土とみるので女人らを不生とする」と、鳳潭は弥陀浄土の見方が天台と天親とで異なることを論じ、後者（天親）の依って立つ法相宗義を示すために、慈恩基（六三二―八二）の『義林章』と『瑜伽論』及び道倫の『瑜伽論記』を詳しく引用する。したがって、天親では第三地の実報土に生まれるために「願力不思議力に乗る」とか、或いは「超世の願を頼み不共《ふぐ》の別願を保守して一向専称の行」を説くことはないと鳳潭は主張し、他方で「指方立相《しほうりっそう》、欣厭《ごんえん》浄穢《じょうえ》」を説く者（別願・専称を説く曇鸞と善導らを指す）は、「十界理具性悪と人一生仏無差」の妙理を明かさず、また「実相十方仏土唯一乗法教一」の妙法にも違背すると断ずる。ここには、法華と華厳の所説を妙理・妙法とみて、天親の『論』を法華・華厳よりも劣る法相宗義に位置づけ、さらにそれよりも劣る「別願・専称」の往生法を、真実の仏法ではないと排斥する鳳潭の立場をみる（鈴木

『仏全』六一・四二五a—c）[35]。

天親の『論』にみる「二乗不生」義については、天台疏ではさらに「決定《けつじょう》は不生だが、退《たい》菩提心は得生《とくしょう》」と釈するのを、『妙宗鈔』には「法華の意を取り会釈した」と弁護する。これを鳳潭はまた厳しく批判し、法華の妙家なら「決定愚法《ぐほう》の声聞は皆な廻心《えしん》する」はずとし、『法華経』の化城喩品に説くごとく、決定種姓は浄土で法華を聞いて廻心し救済されるのであり、天台が「決定不生」を認めるなら法相宗の権《ごん》教義に堕したと言わざるを得ないと難じて、華厳では賢首法蔵が『探玄記』『五教章』『起信論義記』等にそのことを審かにしているとする。つまり、先に権教（法相宗義）では五種姓を立て無種姓と決定声聞は永く仏性無しと説かれるが、後に実教（法華と華厳）では五種姓は皆な仏性の有ることが明かされると鳳潭は主張し、そのことを『法華経』や如来蔵の経論等を多く引用して示している（同四二七a—八a）[36]。

またつぎに、『観経』の「三心」（九品の上品上生段）について、天台疏では『十地経』などを引用して釈するのを、鳳潭では「往生の生因に三心を具えるのは最も至要である」と述べた上で、天台疏が三心のうち至誠心と深心を釈して廻向発願心を述べないのを難じ、ついで『妙宗鈔』に『大乗起信論』を用いるのを詳しく取り上げ厳しく批判する。『起信論』では「発心の三心」（信成就・解行・証）と、「信成就発心」にまた「直心・深心・大悲心」の三心を説くのを、『妙宗鈔』では『観経』の三心と同等に評価してこれらを「円融の三法」と讃える。これを鳳潭では、『観経』に「悪業愚人が三心を具えれば往生する」と説き、また『起信論』には「万劫を経て信心を成就する」と説くことが、どうして「円融」であろうかと難ずる。というのは、賢首法蔵は『起信論』を五教判（小乗教・大乗始教・終教・頓教・円教）のなかに終教と位置づけて円教ではなく、円教（法華と華厳）なら万劫の次第を経ずに頓悟《とんご》するのであり、また智儼（六〇二―六八）の『華厳孔目章』に「往生人の階位」を論ずるのをみれば、「西方浄土は実報処なので悪業の凡愚が三心を具足して往生することはあり得ない」からである。そして、鳳潭は終教と天台・華厳双方の円教における、信心・解行の階位の違いを詳しく論じてのち、天台疏に『十地経』を引くのを改めて検証し、『十地経』とこれを注釈する法蔵の『探玄記』を引用して、そこに説かれるのは「十地の菩薩」のことであって、「華厳なら証発心、起信論なら信発心に在る」ものを混じて同一視し、『観経』を解釈するのは謬りであると、天台疏と『妙宗鈔』をともに退けている（同四二六a―七a）[37]。

三　鳳潭の『浄土十疑論』批判と華厳の立場

『浄土十疑論』について、鳳潭では初めに、趙宋天台の四明知礼や慈雲遵式など台徒の多くが、天台智顗の真撰とするのを「千古の大謬」であると断じ、その書は曇鸞の『往生論註』と善導の『観経疏』に似せて、恐らく千福寺の懐感《えかん》が天台の名を借りて造ったものと主張する。その理由は、『十疑論』が「内観（理観）を善くせず外音（称名）を恃《たの》む」からであり、そのことは『西方要決』と『阿弥陀経通讃』が慈恩基の真撰でないのと同様であるとする。偽作である証拠には、旧本の撰号に「隋国清寺智者大師作」とあり、「章安述」とはしない疑問をも鳳潭は挙げる。つまり、国清寺は「智者（智顗）の居世」には存せず、また「智者大師」と自ら標記するのも不審だからであるという（鈴木『仏全』六一・四二九a―b）。

それで、鳳潭では「十疑」の論釈を順に取り上げ批判する。いまは、主な論難をみると、『十疑論』の「首疑章」では、「往生は自利を専らとし菩薩の利他行に反する」という疑問に対して、浄土願生者は浄土に往生してのち三界に還り来て苦の衆生を救済すると答えるのを、鳳潭ではそこに用いられる『大智度論』の引用趣旨を問題にする。すなわち、『十疑論』では『智度論』を用いて「難行道」のことを述べるのを、鳳潭では『智度論』には難行道の語はないと指摘してその文を検証し、当該の文は「蔵・通」教に属して天台の実義（円教）ではなく、天台ならばもう少し後に出る「以心見仏、以心作仏」等の文を用いて、「心妙観を修めて四種の浄土を観ずる」ことを説くはずであると主張する。さらに、『智度論』を用いる『十疑論』の文を示して、それは道綽の『安楽集』から取ったものであると鳳潭は批判する（同四二九c―三〇a）[38]。

また、「第五疑章」は「凡夫がどうして往生できるか」を問うのに、『十疑論』では「自力と他力」を分別し、或いは『十住毘婆沙論』を引用して「難行道と易行道」の違いを論じる。これに対し鳳潭では、「自・他力と難・易行道」を分別するのは、曇鸞の『論註』と道綽の『安楽集』によるのであり、天台の真撰にはありえないという。なぜなら、『法華経』と『華厳経』には他力を説くことはなく、「円頓の即心成道は学地をへずに等正覚を成じ、畜趣龍女は須臾に頓成し、地獄の天子は三重に成仏する」のが円頓法であるからである。そして鳳潭は、曇鸞が『智度論』によって他力を説明するのを挙げてこれを検証し、そこにあげる例は決して他力ではなく自らの業力によっていると主張し、またたとえ凡夫でも分に随って浄土の麁相をみることができるのは、三昧を修めるゆえであって、決して「超世の願」によるのではないと他力を退ける（同四三〇b—一a）[39]。

ついで、「第七疑章」は「兜率浄土よりも西方浄土が勝れている」のを問う。鳳潭では、『十疑論』に述べることとは、『群疑論』にみる慈恩基の『上生経疏』を挫くための懐感の主張を用いているとして、ここでは懐感の『群疑論』を詳しく引用し、また道綽の『安楽集』も援用して、『十疑論』が天台撰ではなく懐感による偽造であることを論証せんとする。その上で、『往生論』を造った天親（世親）は、無著とともに実には都率に昇生したことを述べ、そのことを伝える玄奘の『西域記』を曇鸞は知らずに、世親の論意を得ない誤った『往生論註』を造ったとし、さらに天台もまた生存中には常に都率を願い臨終には観音来迎によったと鳳潭は主張する（同四三一b—二b）[40]。

またつぎに、「第八疑章」は「臨終の十念で往生できるか」との疑問に対する。ここでの『十疑論』の文は道綽の『安楽集』によるとして、鳳潭はそれを詳しく引用して、道綽の後に『十疑論』が成立していることを示す。しかるに、そこに出る「別時意説」について、道綽とその弟子の善導では別時意の意味が異なることを鳳潭は論じ、『群疑論』を引用して『十疑論』の別時意の理解が善導と同じであるとみて、『十疑論』の偽作は善導のあと、つまり懐感によると示唆する（同四三二b—三b）[41]。

そして最後に、「第十疑章」は「往生するための行業」を問う。鳳潭はここでの『十疑論』の所説は曇鸞の『論註』にみるとして、『論註』を詳しく引用して、その所説は「終教別教の分斉に相当し、円頓の妙旨には渉らない」と主張し、そのゆえに天台のものではなく、それなのに知礼や遵式らが真贋を正さないことは後学を迷わせるものであると難じている（同四二三b—四ａ）[42]。

さて、すでにみてきたように、華厳の鳳潭では天台の観行《かんぎょう》に対して、理観に依るかぎりは本質的には華厳と変わりはないとみる。また、念仏には事観または称名を用いることは、これを覚りへの有効な方法とはみないで、それを取り入れることは天台智顗の祖意に反するとみる。したがって、法華（天台）と華厳の円教観も本質的な部分では同等とみるかのごとくである。ただ、隋代の天台智者では旧訳によってその教学が成立しており、対するに華厳は玄奘等の新訳のもと、瑜伽唯識の法相宗（慈恩基）ののちに、さらに『起信論』等の如来蔵思想も止揚して賢首法蔵の華厳宗が確立した所に天台よりも勝れた立場があるとみるのである。

註

（1）慈山妙立と霊空光謙の伝記は、『続日本高僧伝』の巻一（慈山伝）と巻九（光謙伝）に載せる（鈴木『仏全』六四・六頁、七一頁）。また、妙立伝には霊空の著した『妙立和尚行業記』（元禄三年〈一六九〇〉）があり、霊空伝には高弟の玄門智幽（一六六六—一七五二）が著した『霊空和尚年譜』（延享四年〈一七四七〉）がある。

（2）藤支哲道「山家安楽紛争の中心問題に就て」（『日本仏教学協会年報』一三、一九四一年）、石田瑞麿「安楽律の紛争」（同『日本仏教思想研究2　戒律の研究下』一九八六年、法藏館）ほか参照。

（3）安楽律の戒律論争と、四明教学に関する論争、および即心念仏論争の経過をたどる著作については、上杉文秀『日本天台史』（一九三五年）七二七―二九頁と、七三二―三六頁を参照。また、戒体問題については、小寺文頴「安楽律における戒体論争」（『天台学報』一九、一九七七年）などを参照。

（4）このときの論戦は、「浄土の内外《ないげ》境観」をめぐって、かつて趙宋天台で山家《さんげ》派（知礼）と山外《さんがい》派（智円ら）の論争があったのを背景に、義瑞は霊空を知礼に反すると批判し、霊空は義瑞が知礼の意を得ていないと反論するものであった。両者の著述は、霊空門下の慈観が『弁内外二境弁問詰録《べんもんきつろく》』三巻（宝永二年〈一七〇五〉刊）に合本して収録し、またその後のは霊空に学んだ華厳宗の鳳潭が、『内外境観拾遺指瑕《しげ》返《へん》璧《ぺき》』五巻（正徳六年〈一七一六〉刊）に会本にして公刊した。なお、上杉文秀の前掲註（3）の書七三三頁に両者の詳しい撰述関係を記す。ここでの「内外二境」の問題は、即心念仏における理観（内境）と事の念仏（外境）をめぐる両者の相違につながっている。

（5）義瑞『即心念仏談義本弁偽《べんぎ》』（鈴木『仏全』六一・二六二―七六頁）。なお、以下の論考では義瑞『弁偽』のこの範囲の叙述をほぼ順序に従ってみてゆくので、いちいちの典拠を掲げない。

（6）義瑞『弁偽』（鈴木『仏全』六一・二七一頁）。

（7）霊空『草堂雑録』巻三（一八―二一帖、享保十四年刊本、全四巻）。

（8）のちに「奏進法語」と呼ばれる法語（『大正』七七・二七九b）。この法語は、明治になって真朗（一八三六―一八九二、西教寺三十世）の時以来、言葉遣いが丁重であることから、飛鳥井雅親を通じて後土御門天皇（一四六四―一五〇〇在位）に奏進されたものと理解されている。

（9）観智『念仏風俗通』巻上（刊本二七帖右―左、三九帖右、五二帖左―五三帖右）。なお、観智を含め恵覚や忍善らの法語解釈については、色井秀譲『天台真盛宗学汎論』（一九六一年、百華苑）四九七―五〇三頁も参照されたい。

（10）観智『念仏風俗通』巻上（刊本五三帖左、六六帖左など）。

（11）真迢『破邪顕正記』巻三（鈴木『仏全』六一・一〇一c―一〇二b）。この書の巻三では、真迢は自己の念仏義を詳しく論じ、いまのこの箇所には「往生之業有相無相多種事」（第三一条）を述べる。真迢では「下根の人は無相の理観を修めることができないので、有相門より往生する」とし、『往生要集』の「往生之業念仏為本」を根拠に往生には「称名念仏」を最要とみ、また『観心略要集』（源信）によって「名号の功徳」を力説したうえで、「弥陀如来は正しく念仏を以て往生の本願とし玉う」として、その「第十八願文」を示し、そこに善導の解釈をも援用している。なお、真迢の念仏観および真盛に従う持戒念仏観の詳しくは、前章に論じた通りである。

(12) 西教寺蔵写本『西教寺中興開山真盛上人伝論』（霊空光謙撰、真際後序）。なお、十河泰全「真際上人小攷」（『天台真盛宗学研究紀要』第五号、一九九七年）に、真際の西教寺住持前の事跡が調査されている。これによるとき、真際にあっても東叡山に深く関わる前歴をもち、法勝寺や元応寺流の戒和尚に親密な側面が伺われても、念仏門との関係は希薄にみえる。

(13) 法道の著作は、弟子の法龍が編んだ『称名庵雑記』三巻に収録されている（一九一五年、西教寺刊）。また、『安心摘要抄』と『三法語略解』は別に西教寺蔵版（一九一〇年）が刊行されている。また、法道は『先徳法語集』二巻を編み（嘉永二年〈一八四九〉刊本）、その下巻は「真迢上人法語集」である（『大正蔵』七七所収）。

(14) 色井秀譲「安心摘要抄批判」（一九四七年稿）。

(15) 今日における真盛「持戒念仏」の教学は、前掲の色井秀譲『天台真盛宗宗学汎論』の第四編「戒称二門論」（五七九―六七一頁）に、その水準が著されている。そこでは、中国と日本における浄土教の発展と、天台仏道の展開をふまえて、広い教学史背景から論じられ結論が導き出されているので、いまはここに肝胆を要約することは容易としない。あえて結論的にいえば、法道の示した「円戒助業」論を克服して、真盛念仏の天台的特色を主として「持戒」との融合形態（相即）に求める。すなわち、浄土門では「本願称名念仏」を選択《せんじゃく》し、聖道門では「持戒」（円戒）をもってこれを選択し、菩提心を共通の基盤に、持戒と念仏を「戒・称の二而不二《ににふに》」とする天台要語によって性格づけ理解する。この場合に、「二而不二」とは「選択の上の綜合」という意義をもち、聖道門と浄土門から戒と称を選択して終わるのではなく、選択された戒と称を頂点としてこれに全仏教が包摂綜合され、しかも戒と称も互いに包摂融合の関係にあるとみる。つまり、実践的にそのことをいえば、念仏は必然的に戒行を伴い、戒行は必然的に念仏によって展開されるのが、真盛の「持戒念仏」義の本質とみるのである。

(16) 鳳潭の伝記は、弟子の覚洲鳩（?—一七五六）が記述した『華厳春秋』がある（鎌田茂雄「覚洲鳩の華厳史観」『東洋文化研究所紀要』八六号、一九八一年所収）。それは、華厳宗の歴史を年表で綴ったのちに、鳳潭の年譜を詳しく記している。いまは、これによってみる。

(17) 覚洲鳩が記す華厳宗の年表には、杜順《とじゅん》を初祖とはしないで、その弟子の智儼《ちごん》から中国の華厳宗は始まり、次の賢首《けんじゅ》法蔵によって確立するとみ、また日本では鎌倉時代の凝然を華厳宗に加えず、明恵高弁を重視する特色がある。これは、鳳潭の識見を承けたものと考えてよい。鳳潭では、『念仏明導劄』をみるときにも、法蔵と智儼を重んずることが分かる。なお、鳳潭の代表著作である『幻虎録』と『匡真鈔』の内容を論じたものには、次の論文をみる。結城令聞「華厳鳳潭の研究——特に『起信論幻虎録』を中心として——」、同「鳳潭の華厳・真言両大乗一致の思想について」（ともに『結城令聞著作選集』第二巻、一九九九年所収）。

(18) 鈴木財団編『大日本仏教全書』六一（旧版『仏全』九八）に霊空の『談義本』とそれをめぐる論争書を、また鳳潭の『明導劄』とそれへの反論書のいくつかを集録する。

(19) 霊空光謙『即心念仏安心決定談義本』（鈴木『仏全』六一・一三七c）、四明知礼『観経疏妙宗鈔』巻一（『大正』三七・一九五a）、藕益智旭『阿弥陀経要解』（『大正』三七・三七一b）。

(20) 曇鸞『往生論註』巻上（『大正』四〇・八二六a—b）、龍樹『十住毘婆沙論』巻四—五（『大正』二六・三八a—四一b）。

(21) 基『大乗法苑義林章』巻二「十二分章」(『大正』四五・二七八a、二八一b)、道倫『瑜伽論記』巻二一(『大正』四二・八〇六a)。
(22) 天親『往生論』(『大正』二六・二三〇c、二三一b)、曇鸞『往生論註』巻上(『大正』四〇・八二七a)。
(23) 天親『論』(『大正』二六・二三三a)、曇鸞『論註』巻下(『大正』四〇・八四三b)、基『義林章』巻七「仏土章」(『大正』四五・三七二a)、智儼『華厳孔目章』巻四(『大正』四五・五七七b—c)、道綽『安楽集』巻上(『大正』四七・一〇a—b)、善導『観経疏』巻一(『大正』三七・二五〇a—b)、懐感『釈浄土群疑論』巻二(『大正』四七・三九a—c)。
(24) 曇鸞『論註』巻下(『大正』四〇・八四四a)、『大智度論』巻一〇(『大正』二五・一三〇b)、基『瑜伽論略纂』巻二(『大正』四三・二六c—七a)。
(25) 善導『観経疏』巻一「玄義分」(『大正』三七・二四六b)
(26) 善導『観経疏』(『大正』三七・二四六b—c)、顕意『観経疏楷定記』巻三(『西山全書』六・一三五下)、基『義林章』巻四(『大正』四五・三一六c)、智儼『華厳孔目章』巻一(『大正』四五・五四〇b)。
(27) 善導『観経疏』(『大正』三七・二四七a—b)、善導『浄土法事讃』巻上(『大正』四七・四二六a)、良忠『観経疏伝通記』巻四(『大正』五七・五三九c)。
(28) 善導『観経疏』(『大正』三七・二四九c)、良忠『伝通記』巻五(『大正』五七・五五三c)、真諦訳『摂論』世親釈巻六(『大正』三一・一九四b)。
(29) 善導『観経疏』(『大正』三七・二五〇b)、『大乗同性経』巻下(『大正』一六・六五一b—c)、智儼『孔目章』巻四(『大正』四五・五七六c)。
(30) 鳳潭が霊空の天台学に関心を寄せたことは、正徳六年(一七一六)に『内外境観拾遺指瑕《しげ》返璧《へんぺき》』五巻によって霊空らの論文や論争書を会本に編集し、鳳潭が序文を書いて出版していることでも知られる(上杉文秀『日本天台史』一九三五年、七三三頁)。

(31) 鳳潭『明導箚』（鈴木『仏全』六一・四二〇b）。天台『観経疏』（『大正』三七・一八六c）。
(32) 天台『観経疏』（『大正』三七・一八七a）。知礼『観経疏妙宗鈔』（『大正』三七・二〇三b）。『大乗起信論』（『大正』三二・五七六b）。
(33) 天台『観経疏』（『大正』三七・一八九a）。知礼『妙宗鈔』（同二一四a）。『大唐西域記』巻九（『大正』五一・九二〇c、九二一a、九二三a）。
(34) 天台『観経疏』（『大正』三七・一九一a）。慧遠『観経疏』（『大正』三七・一七七c）。天台『金光明経文句』巻三（『大正』三九・六〇b）。義浄『南海寄帰内法伝』巻二（『大正』五四・二一七c）。慧琳『一切経音義』巻一六（『大正』五四・四〇八b）。
(35) 天台『観経疏』（『大正』三七・一九三b）。『妙宗鈔』（同二二八b）。慧遠『観経疏』（同一八四b）。天親『往生論』（『大正』二六・二三一a）。基『大乗法苑義林章』巻七「仏土章」（『大正』四五・三七一b—c）。『瑜伽論』巻七九（『大正』三〇・七三六c）。『瑜伽論記』巻二一（『大正』四二・七九〇c—一a）。
(36) 天台『観経疏』（『大正』三七・一九四a）。『妙宗鈔』（同二三一c）。
(37) 天台『観経疏』（『大正』三七・一九三c）。『妙宗鈔』（同二三〇a—b）。『大乗起信論』（『大正』三二・五八〇b—c）。『華厳孔目章』巻四「往生義」（『大正』四五・五七七b、五七六c）。『華厳経探玄記』巻一〇（『大正』三五・三〇二b—c）。『六十華厳』巻二三「十地品」（『大正』九・五四四c）。
(38) 『浄土十疑論』（『大正』四七・七七b—c）。『大智度論』巻二九（『大正』二五・二七一a—b、二七六b、二七五c）、道綽『安楽集』巻上（『大正』四七・九a）。
(39) 『十疑論』（『大正』四七・七八c—九b）。『十住毘婆沙論』巻五「易行品」（『大正』二六・四一b）。曇鸞『往生論註』巻上（『大正』四〇・八二六a—b）、同巻下（同八四四a）。道綽『安楽集』巻上（『大正』四七・一二b—c）。『大智度論』巻一〇（『大正』二五・一三〇b）。
(40) 『十疑論』（『大正』四七・七九b—c）。懐感『釈浄土群疑論』巻四（『大正』四七・五三a—四b）。『安楽集』巻上（『大正』四七・九b—c）。基『弥勒上生疏』巻上（『大正』三八・二七七b—八a）。『弥勒上生経』（『大正』一四・四二〇a）。玄奘『大唐西域記』巻五（『大正』五一・八九六b—c）。

(41)『十疑論』（『大正』四七・七九c—八〇b）。『安楽集』巻上（『大正』四七・一〇a—一a）。善導『観経疏』巻一（『大正』三七・二四九c）。『群疑論』巻二（『大正』四七・三八c—九a）。

(42)『十疑論』（『大正』四七・八〇c—一b）。曇鸞『往生論註』巻上（『大正』四〇・八三一c—二a）、巻下（同八四三c—四a）。

第四章　江戸時代後期における天台僧・法道にみる持戒念仏

一　天台念仏における法道の位置と役割

室町期の真盛《しんせい》（一四四三―九五）以降、天台ではその門流が比叡山横川《よかわ》の麓にある真盛中興の西教寺を拠点に、恵心僧都源信（九四二―一〇一七）の『往生要集』にもとづく念仏思想を受け継ぐ主要な担い手となった。天台の念仏には、「理観と事観」の二様の発展があとづけられるなか、真盛の門流は横川の源信が『往生要集』で主張した事観念仏を発展させたといえる。ことに、西教寺では真盛以来、それは「持戒念仏」法としての展開がみられ、江戸時代になると仏教界における学問の深化とあいまって教学的な探求がはかられる。

西教寺では、比叡山の黒谷に始まる法勝寺流（もとは黒谷流）の円頓戒を堅持して、その特色である重授戒灌頂を伝統の法門となして、それはとくに江戸時代には天台宗の内外で尊重せられ、戒灌頂の戒和尚を勤めることは、比叡山天台の学僧の間で要職とされた。したがって、西教寺は黒谷流以来の大乗戒（円頓戒）復興の伝統を保持すると同時に、真盛以後には念仏門を重要な柱にすえ、天台における持戒念仏または「戒（円頓戒）と称（念仏）」を修める拠点となった。

江戸の初期には、真迢《しんちょう》（一五九六―一六五九）が日蓮宗の法華信仰から天台の念仏へ転じ、初めは横川で、間もなく西教寺に入り真盛以後の十五世を継いだ。真迢には『破邪顕正記』五巻ほかの著作があり、それらに天台円教観に従う事相の戒律と念仏の考え方をみる。ことに、末世下根の仏道には無相理観よりも有相行が有効であるとするなか、法華読誦や真言事相にも増して称名念仏が自己の機には最勝であることを、主として『往生要集』によって跡づけている。この学僧は室町期に存海が集記した『行者用心集』を開刻公刊して自ら携帯し、しかも幽閑を好んでやがて西教寺を辞して醍醐の山中に廃寺を興し、極楽寺で不断念仏に従事して、持戒の上に念仏聖としての後半生を送った。

その後、西教寺では二十世の真際《しんさい》（一六七一―一七四〇）が、『真盛別伝』や『西教寺記』などを著して門流を顕彰する傑出した役割をもったが、念仏については際立った主張をみなかった。というのも、同じ頃に横川の麓に位置する近くの安楽谷で、霊空光謙《れいくう》（一六五二―一七三九）らが、戒律（四分律による安楽律）を興すのみでなく、「即心念仏」を提唱して（『即心念仏安心決定談義本』）、一世を風靡したその影響力を強く被ったからである。即心念仏は、「唯心の浄土、本性の弥陀」という理観を核心にもつ考え方であり、真盛門流の大津にある主要寺院の善通寺清堂が霊空の教化を受けたほか、西教寺の真際でも霊空が「真盛の念仏」観を即心念仏によって理解するのに賛意を表明している

（『西教寺中興開山真盛上人伝論』享保三年〈一七一八〉）。そのころ、真盛（円戒国師）の「念仏法語」（奏進法語）もよく知られるようになり、それの解釈書が著されるようになったが、観智の『念仏風俗通』（寛保二年〈一七四二〉）をはじめ、慧覚の『円戒国師法語研心解《けんしんげ》』（安永九年〈一七八〇〉）や忍善の『円戒国師法語直解《じきげ》』（文化七年〈一八一〇〉）など、いずれも「即心念仏」義による解釈であった。

しかるに、やがて伊勢国木造《こづくり》の引接寺《いんじょうじ》に法道（一七八七―一八三九）が出て、その求道のもとに門流内の伊勢や越前の指導的な学僧達との協力を得て、真盛の念仏観は有相事観に属する「本願口称の念仏」であることが明確にされる。伊勢には安濃津に真盛開創の有力寺院である西来寺《せいらいじ》（門流三末頭の二）があり、そこの二十五世真荷《しんが》（―一七六二）に『同行勧化章《どうぎょうかんげ》』（『大正』七七）という法語が残され、また三十一世真阿宗淵《しんなしゅうえん》（一七八六―一八五九）は天台学を修めた著名な学僧であり、或いは松坂の来迎寺に妙有《みょうう》（一七八一―一八五四）があり、さらに越前の府中にも真盛開創の有力寺院（三末頭）に引接寺があって、そこの二十四世真厭《しんえん》（―一八一六）らと、法道は親しく交友したことによって、真盛念仏への教学的確信を深めた。

これらの学僧のうち、真阿宗淵は今日ではその研究もなされていて、識者にはよく知られている。(1)その業績には、『法華経』、悉曇梵語、声明梵唄、故実書誌ほかの多岐にわたるなか、『山家本法華経』を造り開版したことは、とくに注目されてきた。これは、『法華経』の伝教大師最澄にさかのぼるテキストを求めて、全国に伝わる木版本や書写本を徴集し合計七十七本を得て校合し、『法華経考異』

二巻を著して、『法華経』の「山家本」を完成し開版したものである。宗淵は、山家本について『法華経裏書』も著している。『法華経』の読誦行は、比叡山では「法華十講と広学竪義《りゅうぎ》」の論義が重んじられる一方で、天台では天台大師智顗の「大蘇開悟」以来の法華「有相行」の伝統をもって行われてきた。とくに、「法華千部会《せんぶえ》」という『法華経』八巻の読誦行は、西教寺を拠点とする真盛の門流で熱心に従事されてきた。また、悉曇梵語では、『阿叉羅《あさら》帖』五巻は印度・中国・日本の祖師先徳が書き残した梵字等の筆蹟を集めたもので、貴重な蒐集大作としてよく知られる。ほかに、『宝印集』三巻や『梵漢両字法華陀羅尼』等の多くの開版がある。声明梵唄では、天台声明の中心をなす京都大原（大原流）の魚山《ぎょざん》声明を研究して、『魚山叢書』を大成したことが知られる。そして、宗淵では「真阿」の号を名のるのは、梵字の「阿字」に由来をもつとともに、やがて伊勢の西来寺に住持し、持戒念仏の真盛門流に帰したことから「真阿弥陀仏」を意味する号でもある。真阿宗淵は、西来寺に来てからは、すでにそれ以前に西来寺で別時念仏を復興していた法道を讃え、間もなく自らに擬えて「喚阿弥陀仏」（喚阿）の号を法道に贈るのである。

つぎに、妙有（諱《いみな》は義紹、号は荷寮）は、かつて『円戒国師（真盛上人）絵詞伝《えしでん》』三巻を著した盛俊《せいしゅん》（―一五五六）の開基になる山田（伊勢市山田吹上《ふきあげ》）の善光寺に出家し、そこの住持を嗣いでのち、三十七歳の文化十四年（一八一七）より、伊勢松阪の来迎寺（江戸時代の豪商三井《みつい》家の菩提所として知られる天台の名刹）に二十七世を勧めた。その伝記と業績は、宗淵ほど広く知られることはないけれど(2)も、五〇種に及ぶ仏教書の印刻施本と、天保の大飢饉に対する窮民救済施行に顕著な業績をみる。ことに二十三歳のとき、正法律を任じた慈雲尊者飲光《おんこう》（一七一八―一八〇四）の晩年の弟子に参じ、尊者没後にその代表的著作である『十善法語』十三巻を文政七年（一八二四）に、開版施本して世に弘めたことはよく知られる。そこには、自らは持戒念仏の真盛宗徒として戒律を学ぶ面目が伺われる。後にも述べるように、法道は二十七歳の文化十年（一八一三）に、山田の善光寺に盛俊の『円戒国師絵詞伝』を求めてこれを書写し、それによって宗祖真盛の念仏義が善導流の「本願念仏」であることをいよいよ確信するに至るとき、妙有との交友が深められたに相違ない。のちに、天保の大飢饉が起こり、それは天保七年（一八三六）頃をピークに、同八年には大坂に大塩平八郎の乱をみるが、法道は妙有らと協力して窮民への財施（施粥・施薬等）と法施（餓死者廻向）を行じ、また質素倹約を勧めて「悲・敬二田」を修めた。そのことは、法道の著作集である『称名庵雑記』巻一六のなかに収録する書簡「松阪来迎寺妙有上人施行随喜の状」によって知る。

さて、法道には、弟子の法龍（一八一四―七〇）が著し公刊した『法道和尚行状記』三巻と同『拾遺』一巻の詳しい伝記がある。(3) これらによって、法道の求道と説法の内容がよく分かる。法道には、江戸後期における天台の念仏聖の一典型をみるのであり、ここではとくに、法道が祖師真盛の持戒念仏を奉ずるその事績をまずみた上で、真盛の教学が戒行を重んずる「本願念仏」義であることを明確にしたその内容を知ることにしたい。

二　法道の『行状記』と著作

法龍による法道の行状記（全四巻）は、巻頭には同時代に津の西来寺に住した真阿宗淵による賛文（法道肖像）と序文がある。西来寺は、伊勢の門末を束ねる中心寺院であり、法道はその末寺に位置する木造《こつくり》の引接寺の住持を勤めながら、宗淵の支持のもとに西来寺に真盛以来の念仏行（別時念仏）を復興するのに成功を修めた。その功績を讃えられて、法道は「喚阿弥陀仏」を名のることを、「真阿弥陀仏」の称をもつ宗淵から推奨されてより、「喚阿法道」と署名した。このような「阿号」は、法道の「蓮友」つまり同行者たちにもみられるが、法道のは祖師真盛の祖風、つまり「無欲清浄　専勤念仏」または「一向専称」を習うに相応しいものとして宗淵は讃えている。すなわち、法道の肖像画上部に記す賛文には次のようにいう（原文は二句八字を一行とする八行の漢文、丸かっこ内とルビは引用者）。

法道は行隆《ぎょうたかく》、喚阿（喚阿弥陀仏）の念は濃《あつ》し。
遠くは祖風を欽《うやま》い、近くは荷公（真荷）を慕う。
無欲にして屢《つね》に空しくし、余有れば窮を救う。
弁ずれば懸淙《けんそう》にして、雷の蟄虫を驚かすに似たり。
構えて仏宮を造り、群蒙を引摂す。

邦君は賞《ほ》むること洪《ひろ》く、他門には仰ぎ崇《とうと》ばれる。
化導を宗と為し、正念に臨終す。
倶に其の功を讃え、茲に真容を写す。

『行状記』では、宗淵の次に撰者法龍が序文を記し、それには天保十二年（一八四一）七月とするので、法道没後ほぼ二年にこれが成立したことがわかる。そして、各巻の叙述の前には「目録」を連ねており、巻上では五二目にわたり五三帖に、法道の誕生から四十歳頃までの行状を語る。そこには、若き時代の求道により、遠く越前に祖師真盛の伝記（真盛直弟真生《しんしょう》撰の『真盛上人往生伝記』）を見出し、真盛の念仏義にもとづいて自らも天台の念仏行者とならんとする過程をみる。ついで、巻中には二六目あり、五三帖に四十歳代と五十二歳までの、主として教化活動における説法内容をやや詳しく記録する。法道は、自坊の引接寺（伊勢木造《こづくり》）と、津の西来寺を中心の活動域としながら、鈴鹿峠を越えて湖東に蓮友と同行を多く持ち、それらの寺院へ説法に趣き、また多くの書翰を交わしている。なかに、法道が五十歳頃に遭遇した「天保の大飢饉」に対する財法二施の活動も述べている。巻下になると、五五目を五九帖に記すなか、初めより三六目と四七帖までに、天保十年（一八三九）の正月から六月「往生」に至る前後を、日を追って詳しく物語る。とくに、入滅までの半年間における法道の言行の大切な部分を、弟子法龍が鮮明な記憶によって録述する様子が分かる。そののち、「附録・諸人の感夢」を四九目と五六帖までに綴り、これらは法龍や同行者が法道の入滅直後に、夢によって法道から受けた法門を追憶する事柄である。さらに、「追加」として法道が生前に、「国師（真盛）往生伝」の開刻に努力したことなどの、数目を載せて巻下を終わる。

つぎに、『拾遺』には前半と後半があり、「目録」は前半部に属する三二目を掲げ、これらの内容は四一帖までに記される。初めに「師夢の記」と題して、「夢中に円戒国師と相見した事」や「地蔵菩薩を感夢した事」ほか、法道が生前に霊夢として感得した多くの宗教的瑞相を、或いは諸人が法道について得た感夢をも含めて二七目・二四帖までに物語する。のち、「要義問答」など法道が語った念仏についての要義を三〇目・三五帖までに記し、さらに「樗簿《ちょぼ》口連《くれ》」（童蒙のための和讃）と「粉引歌」を載せる。『拾遺』の後半には、『法道和尚詠歌集』を別途三十帖を費やして綴っている。法道の行状では、宗教的感夢と和歌を詠ずることが大いにその個性を発揮している。

またつぎに、法道の著作をみると、生涯にわたる著述と法語および書簡の類を『称名庵雑記』十八巻として、また説法の暇に多くを詠んだという和歌を集めて『称名庵和歌集』六巻を、いずれも法龍が録述編纂している。(4)『雑記』の方は文政十一年（一八二八）より法道没年の天保十年（一八三九）までに記録し、また『和歌集』は天保四年から同十年までに誌し、法道没後の形見のため集録したことが、『行状記』巻中のなかに法龍が記すのをみる。法龍は七歳で法道に弟子入りし、法道が入滅時にはまだ二十六歳にすぎなかったが、法道に随侍して忠実な記録者を演じた。『行状記』を読むとき、法道が語る言葉や説法は臨場感に富んでおり、法龍が常に仕えていたことが分かる。

それで、『称名庵雑記』のなか、比較的長文の構成をもつ著述には次のものがある。すなわち、「天台律宗或問」（巻一）、「宗略・宗略引証」（巻二）、「恵心僧都御法語略解」「真荷上人同行勧化章略解」

（巻一二）、「円戒国師念仏三昧法語略解」（巻一三）、「円戒国師念仏法語略解」（巻一四）などが法道の主著とされてよい。(5) これらのうち、恵心僧都（源信）と円戒国師（真盛）の法語は、合わせて「三法語」とよばれ、法道のときから真盛の念仏観にとって重要な法語とされるに至る。また、真荷（一一七六二）は西来寺二十五世であり、その著した法語である『同行勧化章』（『大正』七七）は、本願念仏義に依っており、右にみた宗淵の賛文中にもあったように、法道がもっとも身近に手本とした著述に相違ない。

三　法道の伝記にみる持戒念仏の事蹟

法道は伊勢国の庵芸《あんぎ》郡（現津市河芸町）中別保《なかべっぽ》村で天明七年（一七八七）十一月に生まれ、五歳に同郡久知野《くちの》村の真福寺で義豊和尚の下に出家し、豊道の名を得た（後に法諱は法道、法字は唯乗とし、また一心院の号をもつ）。十歳の九月に坂本西教寺二十四世真鳳に受戒し、十三歳七月より百余日加行、のち外典漢籍を勉学する。ついで、十七歳春より六年間に菅内《すがうち》村長賢寺（現亀山市）の唯法の下で天台教相を面授相承の上に修学した。また、その間の十八歳四月十二日より六月五日までと、二十歳四月七日より五月二十九日まで、西教寺の教黌で結夏《けつげ》を修めた。そして、二十歳秋には真福寺を継いで住職となり、二十一歳九月に西教寺二十六世真雄より戒灌頂を承けると、師の義豊は間もなく病気になり翌年二月七十七歳で没した。

法道は病中の師僧を手厚く看護し、「看病福田」に関する沢山の経疏を読んでいることを『行状記』には記す。また、唯法の下で湛然の『止観大意』を学んだとき、師に「是の如く修行すれば覚りを得るや」と問うたのに対し、「当今下機《げき》の我等にはかなわない」との答えを得て、「ならばいかにして生死を離れるか」を悩み思惟しはじめ、解脱の要行を求めて発心《ほっしん》した。そこでまず、祖師真盛の行業が念仏にあったことを窺い知り、朝夕念仏を勤修したが疑念は晴れず、安心《あんじん》の正旨を求め道心を増進せしめたという。

文化六年（一八〇九）の二十三歳三月に、法道は一志郡木造《こづくり》村の引接寺へ転住することになり、間もなくある人より越前府中の引接寺で真厭《しんえん》が隠士として専ら念仏を修める由を聞いたので、二十四歳秋にこれを訪れ安心を問う。真厭の安心は、「本願の口称念仏」であると聞き、そのことは祖師真盛の伝記に明白であると教えられた。当時そこに蔵された真盛の『往生伝』は、貸し出し中であったので、その場では国師（真盛）真筆の「身替わり名号」を拝し、後に贈ってもらったところ、「国師の自行化他は偏に弥陀の本願を信じ、口称念仏である」ことを確信し、これより疑念を払拭し念仏相続に邁進する。法道ではまた、求道の過程に摂津の勝尾寺へ浄土宗の徳本行者（一七五六―一八一八）を尋ね、説法を聴聞した上で面談し、大いに道心を増したという。ほかに、同じく浄土宗にあった無能（一六八三―一七一九）の、『行状記』や『遺事』『詠歌和讃集』『念仏験記』などを法道は若きより愛読したという。これらの念仏行者たちに志を同じくしてか、法道は二十六歳になると遁世の意を発し、鈴鹿山を越えて湖西に遊化し、蓮友を求めて法談に歩き始める。間もなく、有信者に草庵（称名庵）を寄進されたので、そこに閑居念仏し住職を弟子の法遵に譲った。その翌年の二十七歳には法道は、盛俊《せいしゅん》（―一五五六）が伊勢山田の善光寺で著して残した真盛の『絵詞伝』を、当寺に求めて拝見し、それによってますます宗祖（真盛）の念仏義が善導流（本願念仏）である確信を深めたようである。

文政二年（一八一九）の三十三歳には、津の西来寺に不断念仏の復興に請われ、四月十九日を初めに毎月の六日と十九日の二回、一〇年間にわたり別時念仏を指導し、高声念仏し高座にて『往生要集』を正依に説法を勤めた。その一〇年を終わる頃に、西来寺の真阿より、法道は喚阿の称を推奨されたのであり、以後も毎月十五日を中心に生涯にたびたび出勤した。他方、木造村では弟子の法遵が早世し、三十六歳三月に再び引接寺の住職に復するに至る。ここでは、本堂を再興するとともに、仏具や経巻・仏像を修補し、在住すること三〇年の間、毎月十一日と二十六日に別時念仏を修め、或いは七日の断食別行や、四十八日の念仏行を修し、その間に名号書写は一万余幅に登ったという。

天保元年（一八三〇）四十四歳頃から、法道は近江の湖東へ懇請されて諸寺院に頻繁に遊化法施する。法化先には、①小谷《こたに》村円林寺、②内野《うちの》村正宝寺、③伴《はん》村智禅院、④今在家《いまざいけ》村引接寺、⑤石塔寺《いしどうじ》村石塔寺、⑥柑子《こうじ》村円通寺、⑦日野《ひの》信楽院、⑧同大聖寺、⑨木流《きながせ》村法蓮寺のほか、⑩石寺《いしでら》村光善寺、⑪松尾村願隆寺、⑫上野村新宮寺、⑬西寺村西教寺、⑭桐原《きりはら》興願寺、⑮豊浦《とようら》東南寺ほかが掲げられる。これらはほとんど天台宗であるが、日野の二ヵ寺は浄土宗で地区の有力寺院である。親しい蓮友では、仏蓮（正宝寺）、尭道（円林寺）、順式（智禅院）、本誓（欣誓庵）ほかの名がよく出て、とくに仏蓮

（申阿）と尭道（頼阿）の両法印とは書翰を含め頻繁に往来している。

そうしたなか、これらの蓮友を伴って、天保四年（一八三三）四十七歳に越前府中の引接寺へ『往生要集』の校合に出向いている。このとき、真厭はすでに没していたが、この寺にはかつて真盛所持と伝う『往生要集』の古写本が存し、法道はそれをもとに克明に書写校合を加えたに相違ない。また、天保四年より全国的な飢饉にみまわれ（天保の大飢饉）、同七年の法道五十歳頃には極限に達する惨状となったので、法道は蓮友たちとも協力して乞食には食事など多くの財施を行じ、またおびただしい餓死者の追善供養などの法施を修し、そして質素倹約を自らと一般にも熱心に進めた。『行状記』には、飢饉の惨状と、法道らの財法二施と質素倹約のありさまをかなり克明に記している。

法道は、四十八歳十月に痔血を下す大病に陥る。それはひとまず回復し、五十一歳春には湖東の諸寺へ遊化し、蓮友や同行たちと再会を悦び合った。しかし、五十二歳春に坂本西教寺（第二十七世真尚大僧都）より法華千部会の説法を請われたのは、病を押して何とか勤めたが、その前後に湖東に寄ってなじみの寺々に法化したのは、これが最後となった。法道は性質多病であったと『行状記』に記されるが、かつて三十五歳七月に風痾にかかったとき、魚を食べることを勧められても堅くそれを拒んだといい、生涯にわたって肉食をしなかったので、体力の消耗を早めたに相違ない。

天保十年（一八三九）になると、三月に前年同様に坂本西教寺の千部会に請われたが、病のために行けず、津の西来寺まで趣いてそこの法華千部会の法施を朔日から九日まで勤めて自坊の引接寺へ帰った。五月になり、十一日にいつもの自坊での別時念仏会を勤め、同十四日にも安濃津の何某の施主によって別時念仏と法座を勤めたのち、同二十六日に引接寺で別時念仏を勤めるに至り、これが最後の説法となった。六月に入り病が重くなり、十一日に危篤状態に、ついに同十三日に五十三歳をもって「正念往生」を遂げたという。そして、十五日葬式は西来寺真阿僧都の導師により、同二十六日に法龍らは別時念仏会を勤めて、本堂の横に五輪の石塔を建立したとする。

四　法道の修めた別時念仏行にみる「本願念仏」義

法道の『行状記』では、その求道と説法において共通のテーマは、「本願口称の念仏」義であるといえよう。巻上に記す若き修業時代の「宗教相承の事」によると、十七歳から六年間に菅内長賢寺の唯法に従って学んだ天台教相の文献は、次の如くである。すなわち、灌頂『天台八教大意』、諦観『天台四教儀』、従義『天台四教儀集解』、蒙潤《むにん》『天台四教儀集註』、『天台円宗四教五時西谷名目』、湛然『止観大意』、同『始終心要』、四明知礼『十義書』、同『観経疏妙宗鈔』、同『十不二門指要鈔』、懐則『仏心印記』、同『浄土境観要門』、妙立慈山『円頓章合記句解』、霊空光謙『台宗綱要』等である。これらによるとき、法道が習った天台学の内容事情を伺い知ることができ、念仏に関することはごく少ない。しかもここで、妙立慈山（一六三七―九〇）と霊空光謙（一六五二―一七三九）は、江戸中期の天台に安楽律を興し、趙宋天台の知礼教学を導入して天台学をリードしたことで知られる。とくに、霊空は、右の荊渓湛然（唐七一一―八二）や四明知礼（趙宋九六〇―一〇二八）ほかの典籍に講録等の注釈書を残しており、その学識は天台学を修める学生に大きな影響力をもった。江戸中期のこの天台僧はまた、念仏でも知礼をモデルに「即心念仏」を提唱し、その念仏観が真盛門流にも導入された。霊空は『西教寺中興開山真盛上人伝論』を著して（『草堂雑録』巻四）、戒律を重んじる先輩として真盛に敬意を表する一方で、念仏では天台僧であるなら理観を重んじる即心念仏に類するに相違ないと論じた。この影響下に、真盛の念仏法語（奏進法語）について、例えば西来寺塔頭の東漸院恵覚が著した『円戒国師法語研心解』など代表的な注釈書は、霊空に批判を加えながらも即心念仏義による解釈を施している。したがって、「本性の弥陀、唯心の浄土」を求めて一心三観の観法と学解を重んじる即心的な念仏観には、真盛門流内では違和感を拭いえず、法道の求道は祖師真盛の正しい念仏義を探究することに向けられたわけである。そして、唯法に学んでのちの法道による求道の概略は、先にみたとおりである。

それで、法道の事業にみる最も大きな功績は、自坊の引接寺（木造）と、津にある中本寺の西来寺で修めた別時念仏行、およびそれを興隆せしめるのに人々を引きつけた説法である。それは、自ら高声に唱名念仏を修め、のち会座の人々に説法する手法を取り、その修行と法施は法道の「自行化他」活動に他ならず、門流の祖師真盛の宗風に従うものである。法道は、真阿宗淵が西来寺に来る前に、そこの徒衆に請われて別時会を復興して盛況をもたらし、宗淵は赴任してよりそれを支持し讃えた。

真盛の『往生伝記』には、真盛が「不断念仏」伽藍を定め、「四十八日の別時念仏」を指導したことを詳しく記している。真盛では、別時念仏を指導する際に、「不断念仏の僧尼等当番の次第」という規則を設けて、「一向専称」を勧めている。(6) 法道は求道の過程で、その『往生伝記』を見い出してより祖師真盛の仏道に従って、自らの「出離生死」の救済法として別時念仏を実践し、多くの蓮友たち、つまり僧侶の同輩と在家の同行を率いたのである。法道が修めた「別時念仏」法は、次のような次第による。

①三礼　②香讃　③歎仏　④発願　⑤開闢文　⑥廻向文　⑦礼拝　⑧臨終要文　⑨四弘誓願

法道の『行状記』巻上には、それぞれに唱える具文と、それらの典拠を記している。なかに、⑤開闢文は「光明遍照　十方世界　念仏衆生　摂取不捨」の『観経』文のことで、この下に真読《しんどく》念仏を幾百返乃至幾千返にわたって唱えるのが一会の中心部分を占め、真読念仏の多少は随意によるという。また、①②③は、趙宋の遵式（九六四―一〇三二）らが用いた天台の勤行式によるもので（『往生浄土懺願儀』等）、のちの⑧⑨は『往生要集』による。そして、④発願は、『六時礼讃』にみる善導のを用い、⑥廻向文ではこれも善導『観経疏』玄義分の「願以此功徳　平等施一切　同発菩提心　往生安楽国」を唱えてのち、「西方極楽の弥陀如来」を初めとする諸仏諸菩薩、および天台の列祖を掲げて誦える。これと同様の念仏勤行式は、『称名庵雑記』にも記録され、その巻一には「師勤行式」と「勤行式本拠抄出」とが、さらに巻一八には「師別時念仏並説法の則」と題して、よく似た内容をいっそう詳しく記している。

つぎに、法道が天台の念仏者として拠り所にしたのは、これもまた真盛に随って源信の『往生要集』である。その場合に、真盛の『往生伝』をもとに、その念仏義は善導流の「本願念仏」であることを強く確信して、その意義を弘めたことに法道の功績がある。そのことは、当時の天台宗内に安楽霊空の「即心念仏」が評判を取ったなかに、真盛の念仏観に対する疑問を晴らした。法道は、「本願による口称の念仏」を肝要とするために、天台僧の円信が永正四年（一五〇七）に著した『往生捷径《しょうけい》集』をも拠り所にすることを勧めた。それで、『行状記』巻下には、法道が往生する二週間前の五月二十九日の記事として、法道の次のような主張を載せている（三七帖左）。

我が一期勧むる所の趣きは、国師の御伝記の意趣をいでず。抑《そもそも》国師の御伝記を熟《つらつら》案じ奉るに、深く弥陀の本願を信じて、口称念仏の一行を相続するにあり。是れを以て『往生要集』を其の意趣に見立て、人をして本願に帰せしめ称名念仏せしむるのみ。扨《さて》其の本願を委しく述べたるものは『往生捷径集』なり。故に予が一代人を勧むる事多くは『捷径集』によるなり。

また、これに続く「往生要集所依の大綱の事」をみると（巻下三八帖右）、「我が一期に勧める所の趣は、頼みを弥陀の本願にかけ、唯だ口称念仏を相続するなり」との信念を語り、そこに『往生要集』のいかなる箇所を重視すべきかを示す。すなわち、「三想念仏、三心釈、物結要行、念仏証拠等」と言う。ここに、「三想念仏」とは『往生要集』の「正修念仏」に「極略」を説いて、「或いは帰命の想に依り、或いは引接の想に依り、或いは往生の想に依り、一心に称念すべし」という、称名念仏によって往生ができる旨の教えを指す。また、「三心釈」は『観経』の三心（至誠心・深心・廻向発願心）の善導釈を指し、『往生要集』では「助念方法」の「修行の相貌」のなかに「四修三心」を説く箇所に出る。そして、「物結要行」は同じく「助念方法」の最後部分に出る「止善と行善」にまとめられる要文（七法）を指す。すなわち、「大菩提心と、三業を護ると、深く信じ、誠を至して、常に仏を念ずるは、願に随って決定して極楽に生ず。況んや復た余の諸の妙行を具するをや」と説く文に相違ない。さらに「念仏証拠」は『往生要集』大文第八に、『無量寿経』の「第十八願」や『観経』の「下々品」の文、および『阿弥陀経』の「執持名号」を説く文などを指す。「念仏証拠」門については法道では、例えば『行状記』巻中に引用する説法をみると、称名念仏を勧める意図によってこれを重視することが分かる。そのほか、説法に引用される要文では『行状記』巻上に、『往生要集』の「作願門」に説く「念仏修善為二業因一、往生極楽為二花報一、証大菩提為二果報一、利益衆生為二本懐一、譬如二世間植レ木開レ花、因レ花結レ菓得レ菓餐受一」という文も重視されているのをみる。

そして、「本願唯称」について、これは祖師真盛（国師）の勧めであるからとして、『法然上人伝』や『大原問答』、或いは法然門流の向阿証賢『三部仮名抄』や隆暁『念仏安心大要抄』なども信用せよと主張している。とくに、法然には真盛も私淑していた旨を法道は述べる。

このような法道の主張は、門流内では先輩である真迢の著述に学んでいることによる。『行状記』巻上には、真迢が真盛の本願念仏義を『往生要集』に依拠して跡づけたこと、また巻中には真迢が念仏を最要とすることを弥陀の「第十八願」文と善導の『往生礼讃』にみる「四十八字文」によって示していること、そして巻下では真迢が戒律を「末法には分に随って一戒二戒でも持つべき」こと、或いは『末法灯明記』（伝最澄）に従って「無戒の僧を謗ってはいけない」と誡めた言説を法道は引用している。それで、法道は生前に、『先徳法語集』二巻を編集していることが留意されてよい。これの巻上は、天台の列祖を中心に浄土念仏に関する法語を集め、また巻下には真迢の著述から「戒律と念仏」に関する主張を抄出し、そして真迢の伝記を綴っているのをみる（『大正』七七）。

法道では、真盛の伝記と真迢の著作を学び、これらの祖師にならって戒律（梵網戒）と修行（別時念仏行）を重んじながら、「一向専称」の念仏聖としての生涯を送った。ただ、真盛に学ばんとする主観的立場から、法然とその門流の著述を多く愛用するとともに、真盛の念仏義について「円戒助業」論を主張したため、門流の後の教学史ではその点は見直されることになる。ともかく、天台のなかで戒行を尊重する本願念仏を顕揚したことは、法道の事績にみる顕著な特色である。法道の努力のもとに、日本天台では「持戒と念仏」を宗旨とする真盛教学がやがて明確化されてゆく。

註

（1）『天台学僧宗淵の研究』（一九五八年、百華苑）。この書は、真阿宗淵の百回忌を記念に、佐藤哲英教授や色井秀譲教授ら天台学研究者が「真阿宗淵上人讃仰会」を組織して、宗淵がかつて住持した西来寺（三重県津市乙部）から論文集として刊行された。また、色井秀譲『真阿宗淵上人と山家本法華経』（一九八〇年、芝金声堂）もある。

（2）青木龍孝「妙有上人――慈雲尊者との関係を中心に――」（慈雲尊者の会『雙龍』六号、一九七三年）。

（3）『法道和尚行状記』は、『拾遺』を除く三巻を『天台真盛宗学研究紀要』七（二〇一二年、西教寺）に翻刻して載せている（翻刻と解説は寺井良宣による）。

（4）『称名庵雑記』十八巻は、大正八年（一九一九）に西教寺から前編三冊と後編三冊の六冊で発刊されている。また、『称名庵和歌集』は、木造の引接寺より昭和時代の住持小泉法吽氏により刊行されているのをみる（一九八八年）。

（5）これらのなか、『安心摘要抄（宗略・宗略引証）』と『三法語略解』は、それぞれ別出して明治四十三年（一九一〇）に西教寺から公刊されている。

（6）『真盛上人往生伝記』巻上（『続天台宗全書・史伝2』四八九―九一頁）

結　語

室町中期の真盛《しんせい》（一四四三—九五）以降、天台の念仏は「戒浄双修の時代」に入ったと言われるが（佐藤哲英『叡山浄土教の研究』）、本書の第三部ではそれを円頓戒を基盤にした持戒念仏法《じかいねんぶつ》と捉え、顕著な事蹟をもった学僧たちによってその考え方を跡づけた。なかでも初めにみる真盛は、天台の黒谷流を承ける元応寺流に密接な関係をもち、一得永不失の円頓戒を基盤に称名念仏を勧めた学僧である。真盛には著作は残されていないので、本書では『続天台宗全書・史伝2』（一九八八年）に収録をみた伝記資料をもとに、また近年に発見された史料（盛全『雲居月双紙《くもいのつきそうし》』一五〇四年撰述）を加えて、従来必ずしも充分には認識されていなかった諸点によって、その持戒念仏法の特色を論述した。すなわち、真盛が四十一歳で黒谷《くろだに》で発心した意味を改めて問い、また真盛が源信の『往生要集』を感得して以後の念仏観と教化法の特色、そして真盛が「地蔵菩薩の化身」であるとの信仰を生む意味などをとくに問題とした。

真盛の持戒念仏法、なかでもその念仏観については、江戸時代に理観か事観（称名）かの問題で議論があった。そこでいま、天台における念仏思想の歴史的な発展の推移を概略でみると、次のように言うことができる。すなわち、おもな要語をもっていえば、止観《しかん》念仏(最澄)・不断《ふだん》念仏(円仁)・事《じ》観《かん》念仏(源信)・観心念仏(源信以後)・本願念仏(真盛)・即心念仏(霊空光謙)という発展の跡である。

これらのなか、初めの止観念仏は、天台智顗《ちぎ》の『摩訶止観』に説く常行三昧法を指す。日本天台を創始した最澄では、籠山修行の止観業にこれが含まれ、この念仏法は「此土入証《しどにっしょう》」を本意とし、一心三観の理観《りかん》を成就するのを目的とする。ついで、円仁は中国の五台山から将来した五会《ごえ》念仏を、常行堂において不断念仏として修せしめた。これは、常行三昧法に音楽的な称名を加えて、七日等の一定の期間を念仏修行に従事するのである。そして、源信(九四二—一〇一七)に至って『往生要集』が著され、事観《じかん》(観想と称名)の念仏法によって、往生極楽《おうじょうごくらく》を目的とする浄土教が確立し、これが日本の仏教で浄土念仏が隆盛するもととなったのは周知の通りである。

ところが、『往生要集』が事観法に終始する念仏を勧めたことから、理観を修めるのが天台の本来の修行であることが顧みられ、やがて『観心略要集』が撰述される。この書は、源信の著述によると伝え信じられてきたけれども、近年の学術研究では源信に仮託されたとの見方も台頭している。この書では、『摩訶止観』の引用が中心を占め、その理観法が採用され強調される。ただ、そこには「阿弥陀」三諦説という文字または名号が観法に用いられ、観心修行の理観によって往生極楽が勧められている。往生極楽や名号を称えることは、『摩訶止観』には勧めてはいないので、『往生要集』後の考え方であることが分かる。また、観心《かんじん》における「心」は、自性清浄《じしょうしょうじょう》の本覚心であると説かれるので、やがて興起する天台本覚思想の先駆的な思考をもっているといえる。

そののち、鎌倉時代に法然や親鸞の浄土教が興ったことは周知の通りで、その念仏法は阿弥陀仏の本願による他力易行を仰ぐ本願称名念仏と呼ばれる考え方であり、理観はもはや難行として退けられる。これらは、『往生要集』をもとにしながら、天台から独立した浄土念仏法である。しかるに、室町時代には天台内にも、本願念仏が興る。つまり、それが真盛の持戒念仏における念仏法と言ってよい。真盛は「一向専称《いっこうせんしょう》」を勧めているので、法然らの善導流による称名念仏を取り入れているに相違ない。真盛では、天台僧としてあくまでも『往生要集』にもとづく立場がみられるが、もともと道綽・善導の浄土教が天台に導入されたのは『往生要集』においてである。したがって、真盛の念仏義では法然の本願念仏といかなる面で異なる天台的な特色があるのか、また真盛では理観法はどのように位置づけられるのかが問題とされてよい。

真盛ののち、江戸時代には安楽律を興した霊空が即心念仏を提唱した。霊空では、戒律を重んじるので、その念仏もまた持戒念仏法の類であるといえる。ただ、そこには理観法を復活させ強調することに特色がある。しかも、霊空では愚痴凡夫にもそれを勧めることから、称名法（事の念仏）を組み合わせるので、そこに観心理観のみに依るのではない時代を反映した発展の形態をみる。この即心念仏法をめぐっては、また理と事の問題で天台の内外に論争を呼んだ。このように、天台の念仏には理観と事観の相克発展、および事の念仏（称名法）を重視してゆく展開の跡が認められる。

さて、真盛の持戒念仏観では、応仁・文明の乱以降の乱世と、戦国時代の始まりという時代背景を捉えることは必須である。その上で、真盛が階層を問わず広く帰依を受けたことは、天台的特色のひとつである。真盛は、「無欲清浄　専勤念仏」を標榜し、その教化においては社会の無秩序と人心の荒廃を導くために、戒律を応用して、とくに支配層を厳しく諫誡した。真盛が階層を問わず支持を得た理由は、天台僧として戒律を護持する無欲清浄の宗教的人格による面が大きい。というのは、宮中や公家の日記類には、真盛が「天性無欲の聖」であることに感歎し、すこぶる信頼を寄せていることが読み取れるからである。また、守護大名などの為政者が、真盛から円頓戒を受け、欲心を諫め慈悲憲法を諭す説法を受け容れたのも、真盛の持戒堅固な宗教人格に帰依したからにほかならない。

真盛の念仏観は、弟子や農民達と修めた「四十八日別時念仏」に最もよく表れている。それは、『往生要集』にもとづいて「長時・慇重《おんじゅう》・無余・無間《むけん》の四修」、なかでも長時修《じょうじしゅ》（長時の修行）を重んじ、また梵網戒を応用した修行規則の下に、「一向専称《いっこうせんしょう》」の念仏三昧を志向する。その念仏修行は、出家を中心に修められ、農民たちは外護の任を担いながら、それに結縁《けちえん》する形を取ったに相違ない。真盛では、別時念仏を不断念仏とも言い換えているのは、念仏を修行（称名業）として勧める意図による。そして、念仏三昧の修行はさらに、見仏《けんぶつ》の理観（般舟三昧《はんじゅざんまい》）に進む性格ももっている。このような念仏修行の形態に、真盛の天台僧としての特色が認められる。

真盛の弟子には尼僧が多く、また宮中でも女官たちが熱心に説法を聴聞しているのは、戦乱の時代に弱い立場の階層に慕われたことを物語る。或いは真盛では、馬・牛・猿・鳥たちにも十念を授け、また戦火の亡霊たちに念仏廻向しているのは、真盛の「六道能化」の性格を表し、『往生要集』をもとにした教化法は、自ずと「地蔵菩薩の化身」という信仰を生んだと考えてよい。

真盛ののち、真沼《しんちょう》（一五九六―一六五九）は、真盛の持戒念仏に帰した有力な学僧である。真沼は、日蓮宗から天台に転じた特異な経歴をもち、従来は日蓮宗側からの批判的な研究論文ばかりをみたので、本書ではこの学僧の転宗の意味と、後の天台における役割を少し詳しくあとづけた。その転宗には、当時の日蓮宗における不受不施派の形成と深く関わっており、真沼が天台に求めたのは、念仏と「戒・行」を重んずる仏道であることを見て取る必要がある。

真沼は、日蓮宗の貫首を辞し、比叡山横川そして真盛中興の西教寺に入って戒と念仏を修めたので、日蓮宗から批判または排撃された。それに対処して、主として不受不施派の学僧たちとの論争という形態で著作を残す。その天台教学は、趙宋の知礼教学を学んだ上に、湛然・源信・証真など、天台の伝統教学と文献主義によっていて、日蓮の法華教学（法華独一主義と四宗排斥）との相違を明晰に論じている。また、その念仏観は法華円教観のもとに『往生要集』によって跡づけられる特色をもつ。そして、念仏のほかに密教の事相にも極重障の鈍根を救済する効能があると論ずる。ただ、真沼自身の仏道では、『行者用心集』をつねに携帯して、明恵高弁の戒律を尊重する立場と法然の念仏門とを融和させ、これら二途が時・機の上に簡要であることを主張し、念仏聖としての後半生を送った。そして、真沼の戒・行への志向は、江戸時代に天台を初め各宗に戒律が中興される先駆けとなった意義も、見逃してはならない。

つぎに、安楽霊空《れいくう》（一六五二—一七三九）は、江戸時代に四分律を取り入れた戒法を中興した上に、即心念仏を提唱した。霊空の時代には、趙宋天台（四明知礼の教学と観法）がよく学ばれ、霊空は園城寺の義瑞との間で、その教・観法について論争を交わした。即心念仏についても義瑞と、念仏の「理と事」をめぐって意見を異にした。すなわち、霊空では理観に事の念仏（称名）を組み合わせた即心念仏にこそ、理と事が兼備すると主張したのに対して、義瑞では四明知礼を根拠とする即心念仏なら、それは純粋に理観のはずであり、事の念仏は別に立てねばならないとした。そして、真盛の念仏義に対しても、霊空は理観を重んじる即心念仏の類であると評価したのに対し、義瑞では純粋に事の念仏であるとみた。当時、真盛門流は山門内にあったため、霊空の影響下に真盛の法語についても理観中心の解釈がなされたのである。

即心念仏論争には、華厳の鳳潭僧濬《ほうたんそうしゅん》（一六五九—一七三八）が『念仏往生明導剳』を著して加わった。鳳潭は、華厳の立場から天台念仏の本質は理観であるとの確信をもち、事の念仏を用いるのを批判した。鳳潭に対しては、事の念仏に依る浄土各宗から反論が続出し、理と事をめぐる念仏論争は大きな拡がりをもって展開した。

江戸時代の後期に出た法道（一七八七—一八三九）は、真盛の持戒念仏法を修め、真盛の念仏観が「本願念仏の唯称法」であることを明確にした。当時の真盛門流には伊勢に真阿宗淵や、荷寮妙有らの有力な学僧があり、法道はこれらとの交友のなかで仏道を修めた。法道は『往生要集』と、真盛および真迢を拠り所にして、別時念仏を熱心に修め、戒・行を重んずる仏道（持戒念仏）によったことに顕著な事蹟をみる。

ことに、真盛を奉ずる「戒と称」の仏道において、先に見た真迢では、『往生要集』の第五「助念方法」末尾の「惣結要行」の文に、真盛の戒（止善）と念仏（行善）の典拠をみた。法道では、それに加えて、『往生要集』の第四「正修念仏」の「極略」に説く「三想念仏」を称名念仏の典拠に、また「作願門」に「仏を念じ善を修めるを業因と為し、極楽に往生するを花報と為し、大菩提を証するを果報と為し、衆生を利益するを本懐と為す」と説かれるのを要文として掲げている。菩提心を説く作願門のこの文は、往生極楽を目的とする念仏修行の本質は、利他行にあることを言うものであり、天保七年（一八三六）の大飢饉のとき、法道が妙有や宗淵らと協力して粥の炊き出しなど施行に熱心に従事したことは、持戒念仏者としての顕著な事蹟を表すものといえよう。ただ、法道の念仏観は真盛門流内に支持を得たけれども、円戒助業論を主張するなど、法然の念仏義に傾きすぎた面もあり、後の門流内には反省が加えられることもある。

さて、これまでにみてきたように、天台では戒法における「理と事」の問題は、念仏でも同様に修法と思想に発展をみる基準となってきた。本書では、戒律と念仏について「理と事」をめぐって日本天台の思想が相克展開するなか、とくに理から事（事戒と事観）へ進む歴史的展開をあとづけたのである。

《翻刻資料》

興円『円頓菩薩戒十重四十八行儀鈔』の翻刻と和訳

第一節　興円『円頓菩薩戒十重四十八行儀鈔』の翻刻

凡　例

一、漢字は原則として正字を用い、略字・異体字は正字に改め、また通用の旧漢字を用いた。固有名詞は俗字・異体字を使用した場合がある。

二、送りがなとルビは原典（写本）のままを記し、返り点は原典を尊重しながらも表記の統一をはかるために補い、読点（、）句点（。）と中点（・）も適宜に付けた。

三、引用典籍と文字には『　』と「　」をつけて範囲を示した。

四、翻刻者による注記（傍注と本文中とも）は（丸カッコ）を付した。

五、第二節の解説の後の和訳（書き下し文）には当用漢字を用い、また梵網経の戒相を補っている。

(表題)圓頓菩薩戒十重四十八行儀鈔（比叡山黑谷 興圓集記）

圓頓菩薩戒十重四十八行儀抄

問。八萬法藏中、修二何法一速可二成佛一耶。

答。三世諸佛、同受二持戒法一成二正覺一。爰以、梵網經云。「(巻下、大正藏二四、一〇〇三下)本盧舍佛心地中、初發心中、常所レ誦一戒、光明金剛寶戒、是一切佛本源、一切菩薩本源、佛性種子」文。又云。「(大正藏二四、一〇〇四上)是時千百億、還至二本道場一、各坐二菩提樹一、誦二我本師戒、十重四十八一、乃至微塵菩薩衆、由レ是成二正覺一」文。諸佛菩薩佛性種子《ト》者戒法是也。若離二戒法一修二佛道一云者《ハ》此《ノ》魔眷屬也。非二佛弟子《ニ》一。依レ之、梵網云。「(大正藏二四、一〇〇四中)佛告二諸佛子一言。有二十重波羅提木叉一。若受二菩薩戒一不レ誦二此戒一者、非二是菩薩一非二佛種子一。我亦如レ是誦。一切菩薩已學、一切菩薩當學、一切菩薩今學」文。涅槃云。「(明曠疏、大正藏四〇、五八二上)若持二是經一而不レ持レ戒、名二魔眷屬一。非二我弟子一。我亦不レ聽レ受二持是經一」文。又月燈三昧經云。「(明曠疏、大正藏四〇、五八二上)雖レ有二色族及多聞一、若無戒者猶《シ》二禽獸一、雖下處二卑下一少中聞見上、能持レ戒名二勝士一」文。案《ルニ》二此等《ノ》經文《ヲ》一、三世《ノ》諸佛誦レ戒成レ佛。設雖レ修二佛道一、不レ受二持戒《ヲ》一者名二魔《ノ》眷屬《ト》一、非二佛弟子《ニ》一。速欲レ得二成佛一者可レ護二戒法《ヲ》一。爰以、梵網經云。「(大正藏二四、一〇〇四上)一切有レ心者、皆應レ攝二佛戒一、衆生受二佛戒一、卽入二諸佛位一、位同二大覺一已、眞是諸佛子」文。明《ニ》知《ヌ》、卽身成佛之無《シ》レ如《コト》二持戒《ニ》一。可レ信、々々(可信)、不レ可レ疑。云云

第一殺戒

義記云。「第一殺戒、(大正藏四〇、五七一中)殺是性罪、大乘制レ之當レ初也。大慈(士)以二慈悲一爲レ本故須レ斷也」文。

某云。明曠《ハ》名二殺人戒一(大正藏四〇・五八七下)立レ名。意《ハ》大乘《ノ》菩薩《ハ》以《テ》二慈悲《ヲ》一爲レ本《ト》、故人畜同制レ之。而《トモ》於二所殺《ノ》之境一、有二輕重一、故以《テ》レ殺二畜生一、爲二輕垢罪《ト》一、以レ殺レ人《ヲ》爲二波羅夷罪《ト》一也。義記中《ニハ》、於二第一殺戒一有二兩釋一。一以レ殺レ人、爲二波羅夷罪《ト》一。如《シ》二太賢師等《ノ》一。二以レ殺レ畜爲二輕垢罪《ト》一。明曠《ハ》依二後釋一故、名二殺人戒一。義記意以《モテ》二後釋一爲レ本。故《ニ》近來《ハ》十重《ノ》時《ハ》授二不殺人戒一也。意《ハ》人道六道《ノ》中《ニハ》爲《ルコト》二道器《ト》一、强《コワキカ》故《ニ》以レ人爲レ重《ト》。此《ノ》以《テノ》二重法《ヲ》一故《ニ》、爾者殺畜罪《ヲハ》第十四放火燒山戒《ニ》攝在《スル》也。

第二不與取戒

義記云。「不與取戒第二。(大正藏四〇、五七二上、第二盜戒)灼然《トシテ》不レ與取名レ劫《ト》。潛匿《シテ》不レ與取名レ盜。盜二彼依報一得レ罪。此戒七衆同犯。」文

某云。於レ盜有二輕重一。以《テ》二四錢以下物一爲二輕垢一、以二五文以上一爲レ重《ト》。偸盜約《ハ》二隱取一、不與取通《ハ》二隱顯《ニ》一。隱顯共《ニ》不レ可レ取《ル》二人財《ヲ》一故、名二不與取《ト》一也。但與二偸盜一不與取、諸所《ノ》異義、新舊《ノ》兩釋差別也。今約二不與取《ニ》一可レ護《ル》也。依レ之、明曠云。「第二不與取戒、(大正藏四〇、五八八上)非理侵奪《シテ》失レ命《ヲ》損《ルコト》レ道《ヲ》、莫レ不レ因レ茲《ニ》故《ニ》次《ニ》制《スル》也。」文

第三婬戒

義記云。「第三婬戒、(大正藏四〇、五七二中)名二非梵行一。鄙陋《ヒル》之《ノ》事《ナルカ》故《ニ》、言二非淨行《ト》一也。七衆同犯、大小(〔乘〕)俱制《ス》。而制有二多少一。五衆邪正俱《ニ》制《ス》。二衆但制二邪婬《ヲ》一。」文

某云。在家菩薩制二不邪婬一。不レ婬二他夫他妻《ヲ》一也。出家菩薩《ハ》一向、不レ婬二女人三處、口道大小便道一也。

於レ男《ニ》二處、口道大便道也。自磨《ラ》レ根漏《ス》レ精等《ヲ》、非二波羅夷一、可レ屬《ス》二輕垢《ニ》一。繋二縛《シ》人心《ヲ》一、流二浪生死一、無レ不レ因二婬戒《ニ》一、故《ニ》制爲二波羅夷《ト》一。依レ之、明曠云。「第三非梵行戒。(大正藏四〇、五八八中)大論云、婬欲雖《ハ》レ不レ惱二衆生《ヲ》一、心々繋縛《スト》、私情逸蕩《シテ》、因果輪廻《ス》。漂《ヘウ》二溺《ス》愛河《ニ》一。流二轉《スルコト》五道《ニ》一、莫レ不レ由レ此《レニ》。故《ニ》制レ重。」文

第四不妄語戒

義記云。「第四不妄語戒。(大正藏四〇、五七二下、第四妄語戒)妄是不實之名。欺《アサムキ》レ凡《ヲ》罔《アナツル》レ聖《ヲ》、迴二惑《ス》人心一、所以得レ罪。此戒七衆同犯、大小乘倶制。」

某云。於二世間《ニ》一、見不レ見等云《ヲハ》、名二小妄語《ト》一、非二大妄語《ニ》一。未レ得二佛法一得等云《テ》、誑二世間《ノ》人《ヲ》一、招二名利《ヲ》一入(ママ)身此名二大妄語一。以《テ》二大妄語一、爲二波羅夷《ト》一。小妄語《ハ》可二輕垢罪《ナル》一也。非二波羅夷《ノ》所制一。依レ之、明曠云。「第四大妄語戒、(大正藏四〇、五八八下)未レ得謂レ得《ト》、罔《アナツル》レ聖誑レ凡。惑二動《シテ》時《ノ》俗《ヲ》一、狂《マケテ》招《ク》二名利《ヲ》一、故得二重罪《ヲ》一。」文

第五酤酒戒

義記云。「第五酤酒戒。(大正藏四〇、五七三上)酤《ハ》貨貿之名。酒是所貨《ノ》之物。所貨乃多種《アリ》。酒是無明之藥、令《シム》二人《ヲ》惛迷《セ》一。大士之躰與《フヘシ》二人智惠《ヲ》一。以二無明《ノ》藥《ヲ》一飲レ人《ニ》、非二菩薩行《ニ》一。」

某云。菩薩行人《ハ》可レ與レ藥《ヲ》、不レ可レ與二醉藥《ヲ》一。而酒《ハ》是《レ》起罪《ノ》之本、放逸之門也。何與レ他失《ニ》二智惠《ヲ》一、令二放逸《ニシテ》損レ他《ヲ》、失重故《ニ》制レ之。依レ之、明曠云。「第五酤酒戒。(大正藏四〇、五八九上)酤是貨賣之名、酒是昏醉之藥《ナリ》。酒有《ニ》二三十六失一。放逸之門故制レ重」文 此意也。但爲レ治二重病《ヲ》一、或酤《ハ》或買《ハ》非《ス》二制限《ニ》一。優婆離爲二病比丘一、與レ酒治レ病、說レ法令レ得レ果故也。

第六說四衆過戒

義記云。「說四衆過戒。(大正藏四〇、五七三中)說《ハ》是談道之名。四衆《ハ》謂同法《ノ》四衆。過者《ト》七逆十重也。一以抑《ヨク》《ヲサヘ》㆓没前人㆒《ヲ》、二損㆓正法㆒《ヲ》故得㆑罪也。」文

某云。不㆑說㆓大乘四衆明德之過㆒也。有㆓利他之德㆒、於㆓四衆明德之人㆒、或犯㆓七逆㆒、或犯㆓十重㆒說《テ》、障㆓彼利他行㆒、故制㆑之。菩薩《ハ》揚《アケテ》㆓他德㆒《ヲ》、掩《ヲヲヒ》㆑過《ヲ》可㆑助㆓利他之行㆒《ヲ》。何說㆑過《ヲ》、失㆓前人《ノ》信心㆒《ヲ》。故制爲㆓波羅夷㆒《ト》。依㆑之、明曠云。「第六說四衆名德犯過戒。(大正藏四〇、五八九上)菩薩《ノ》運懷《クハイハ》、弘㆓護三寶㆒《シ》、掩㆑惡《ヲ》揚㆑善《ヲ》。何容《ヘケム》㆔說㆑過《テ》塵《ヲ》㆓黷《トクス》信心㆒《ヲ》、乖《クカ》㆓利他行㆒《ノ》、故制㆓重犯㆒。」文

第七自讃毀他戒

義記云。「自讃毀他戒。(大正藏四〇、五七三下)自讃者《ト》自《ラ》稱《ス》㆓己《カ》功能㆒《ヲ》。毀他者譏《ソシル》㆓他《ノ》過惡㆒《ヲ》。備㆓二事㆒《ヲ》故重《シ》。菩薩《ハ》推《ユツリ》㆓直《ヲ》於他㆒《ニ》、引《テ》㆑曲《ヲ》向《フ》㆑己《ニ》。何容《ケン》㆓擧㆑我《ヲ》毀㆑他《ヲ》、故得㆑罪。」文

某云。菩薩以《テ》㆓利他㆒《ヲ》爲㆑本《ト》、己身《ヲ》爲㆑次《ニ》。而爲《ニ》㆓名聞利養㆒《ノ》、讃㆓己功能㆒《ヲ》、毀㆓他人㆒、乖《ソムク》㆓菩薩行㆒《ニ》、故制㆑之。依㆑之、明曠云。「第七自讃毀他戒。(大正藏四〇、五八九中)自讃㆓己功能㆒、抑《ヲサウ》㆓他《ノ》盛德㆒。損㆑物之甚《シ》。故制《ニ》㆓重罪㆒《ニ》。」文

第八慳惜加毀戒

義記云。「第八慳惜加毀戒。(大正藏四〇、五七三下)慳惜《ハ》是愛悋之名。加毀是身口《ヲモツテ》加㆑辱《ヲ》。前人求㆑財請《スルニ》㆑法《ヲ》、慳悋《シテ》不㆑與、復加㆓毀辱㆒《ヲ》、頓《チニ》乖《ク》㆓化道㆒、故得㆑罪《ヲ》。」文

某云。前人或《ハ》求㆑財《ヲ》、或求㆑法惜《テ》不㆑與、反《テ》加㆓罵辱㆒者、犯㆓波羅夷㆒《ヲ》。依㆑之、明曠云《ク》。「第八故慳加毀戒。(大正藏四〇、五八九中)菩薩《ノ》接生《ハ》施《ヲ》爲《ス》㆓萬行之首《ハシメ》㆒。豈更鄙悋《シ》、加《マスマス》復毀辱《ンヤ》。故制㆓重罪㆒。」文 但前人聞㆑法與㆑財《ルニ》不㆑宜《ラ》慳惜加毀《ルニ》不㆓

犯重《ナラ》一。依レ之、義記云。「(大正藏四〇、五七四上)若彼不レ宜二聞レ法得一レ財《ヲ》、宜《ク》レ見二呵辱《セ》一皆不レ犯」文此意也。

第九瞋心不受悔戒

義記云。「第九瞋心不受悔戒(大正藏四〇、五七四上)。不レ受二悔喩《ヲ》(ママ)一、乖二接他之道《ニ》一、故得レ罪《ヲ》。」文

某云。菩薩以二慈悲忍辱一爲レ本《ト》。而懷《ヒテ》二瞋毒《ヲ》一損二慈悲《ヲ》一。復非レ起《ノミニ》二瞋恚《ヲ》一、不レ受二懺謝《ヲ》一、故制レ之《ヲ》。一單雖レ起二瞋恚《ヲ》一、受《レハ》二懺謝《ヲ》一、持《ニシテ》非レ犯。今戒意、以《テ》レ不レ受《ケ》二懺謝《ヲ》一爲二犯重《ト》一也。釋義分明也。不レ及二斷簡《ニ》一。明曠、不受懺謝戒名《トクル》此意也。菩薩盡《ハ》二未來際《ヲ》一、可レ利二益衆生《ヲ》一。而今生《ノ》微恨《ハ》、當來《ノ》爲二大怨《ト》一。非レ起《スノミニ》二瞋恚《ヲ》一、不レ受二懺謝《ヲ》一哉。依レ之、明曠云。「第九瞋心不受懺謝戒(大正藏四〇、五八九下)。夫爲《シテハ》二菩薩《ヲ》一忍辱爲レ懷。而反《ニテ》瞋毒蘊二積《シテ》內心《ヲ》一、傷レ慈《ヲ》損《ス》レ道《ヲ》。劫《ヌスム》二功德《ヲ》一賊無レ過《タルハ》二瞋恚《ニ》一。今生《ニ》微恨《ハ》、當《ニ》爲二大《ナル》怨《ト》一、故《ニ》制二重罪。」文

第十謗三寶戒

義記云。「第十謗三寶戒(大正藏四〇、五七四中)、亦云二謗菩薩法戒一。或云二邪見邪說戒《ト》一。謗是乖背之名、乖二己宗《ニ》一故《ニ》得レ罪。」文

某云。菩薩於《テ》二三寶《ニ》一者、可レ成二歸依渴仰之《ノ》思《ヲ》一。不レ可レ成二乖背之思《ヲ》一。而反三寶不《ト》レ如《シカ》二外道《ニ》一思《テ》、謗二三寶《ヲ》一犯レ重也。心歸二三寶《ニ》一、口不レ謗二三寶《ヲ》一、此持《ヲ》云《ト》也。

十重禁戒、行相如レ此。云云

次四十八輕戒

第一不輕(ママ)師友戒

義記云。「第一不敬師友戒(大正藏四〇、五七四下)。傲《ヲコテ》不レ可レ長《ス》。妨《カ》二於進《コトヲ》一レ善故制《ス》。」文

某云。此戒意《ハ》以《テ》二憍慢《ノ》心《ヲ》一、蔑《アナツルコトヲ》二師匠同行《ヲ》一誡《ル》也。菩薩可レ重レ師《ヲ》、反以《テ》二慢心《ヲ》一蔑《レハ》、不レ可レ生二善根《ヲ》一也。

相《ヒ》二遇《フ》師友《ニ》一時《ハ》、以二敬心《ヲ》一可二問訊《ス》一。依レ之、明曠云。「初不敬師長戒。（大正藏四〇、五九〇中）菩薩理《ハ》應《シ》下謙卑《シテ》、敬中養《ス》一切《ノ》有情《ヲ》上。況於二師長《ニ》一輕慢《センヤ》。違《コト》レ行《ニ》甚《シ》。故制居レ首《メニ》。」文

第二不飲酒戒

義記云。「第二不飲酒戒。（大正藏四〇、五七五上、第二飲酒戒）酒是放逸門《ノ》《ナルカ》故制。」文

某云。酒《ハ》是起罪本《ノ》、放逸門故、不レ可レ飲レ之。依レ之、明曠云。「第二不飲酒戒。（大正藏四〇、五九〇中）酒《ハ》是惛狂之藥《ナリ》。重過由レ此生《ス》故制。」文 但爲レ治二重病《ヲ》一許レ之。或和レ藥、或不レ和レ藥、兩種共可レ許《ス》。息災《ニシテ》爲二榮樂一飲レ之《ヲ》者、得二三十五失《ヲ》一。如二大論明《スカ》一。（大正藏二五、一五八中）爲レ治レ病許レ之、如二分別功德論《ノ》一。彼論云《ニク》。「祇園在二比丘一、（大正藏二五、四六下）病經二六年一。優婆離往《テ》問二所須《ヲ》一。答二唯思《フ》酒語曰、待《テ》レ問二世尊《ニ》一、遂《ツイニ》往問。佛言三戒法所制法除二病苦一者、優婆離索《コイテ》レ酒《ヲ》、令レ飲平復《ス》。重爲說レ法、得二羅漢果《ヲ》一。佛讚二優婆離《ヲ》一使《シム》二病《ヲ》差《イヤサ》一。又使レ得レ道。」文

第三食肉戒

義記云。「第三食肉戒。（大正藏四〇、五七五上）斷二大慈《ヲ》一。大士《ノ》懷レ慈《ヲ》爲レ本《ト》、一切悉斷。」文

某云。爲レ味二食之一者、一切悉可レ斷二一切肉食《ヲ》一。背《カ》二大悲《ノ》行《ニ》一故也。依レ之、明曠云。「第三食肉戒。（大正藏四〇、五九〇中）菩薩理《ハ》應《シ》二忘《レテ》レ身《ヲ》濟《フ》レ物《ヲ》一。何《ソ》容《ケンヤ》三反《テ》食《ス》二衆生《ノ》身分《ヲ》一。故制レ罪也。」文 但治二重病一者非二制限《ノ》《ニ》一。義記云。「若有二重病一、（大正藏四〇、五七五上）飲レ藥能治《セハ》、准レ律得レ噉《コトヲ》」者此意也。

第四食五辛戒

義記云。「第四食五辛戒。（大正藏四〇、五七五上）薰（葷）臭妨レ法故制。」文

某云。菩薩身器《ハ》清淨《ニシテ》、常以《テ》二名香等《ヲ》一、可レ供二三寶一。而反食二薰（葷）臭《ノ》五辛《ヲ》一故、諸賢聖遠去《ル》、故不レ可レ食レ之《ヲ》。

爰以《テ》、明曠云。「(大正藏四〇、五九〇下)第四食五辛戒。菩薩《ノ》所居《ハ》身口香潔《ナリ》。反食《ハ》二薫(葷)穢一《ヲ》、賢聖遠《ル》レ之《ニ》。是故制レ犯。」文 五辛者《ト》諸家釋不同《ニシテ》、不二一准《ナラ》一。且依二義記竝《ニ》明曠《ノ》疏《ニ》一者、一《ニハ》大蒜《サム》《シホヒル》、二革葱《カクソウ》《ニラ》、三韮葱《キウソウ》《キ》、四蘭葱《ランソウ》《カサツキ》、五興渠《ナリ》。蘭葱《ト》者、明曠《ニハ》蘭葱・小蒜・野蒜《ト》等、興渠者五辛共爲《ニ》二療治《センカ》一許レ之。記云。「(大正藏四〇、五七五上)必有二重病一、藥餌《ニクラウニハ》不レ斷《セ》。如二身子《ノ》行法《ノ》一。菩薩亦《モ》應レ不《ル》レ制也。」毘尼母論云。「(大正藏二四、八二六下)舍利弗因二風疾一、醫食服レ蒜佛聽。」文

第五不教悔罪戒

義記云。「(大正藏四〇、五七五中)不教悔罪戒。以朋《トモナヘハ》レ惡長《ル》レ過故制。」文 某云。此戒極難《テ》レ護《リ》戒也。末代無道心《ニシテ》、擧二所犯《ヲ》一者、可レ有二過失一。若擧二所犯一、反有《テラ》二過失一者、無二左右一、不レ可レ擧二所犯《ヲ》一。追可《テシ》二方便治擯《ス》一。亦唯知《テ》二所犯《ヲ》一、治擯不レ叶、同住《シテ》無レ益、速可《ニ》レ去《ル》二住處《ヲ》一。若同住《シテラ》有二巨益一者、持《ニシテ》非レ犯。知《テ》レ擧二所犯一、可レ令二懺悔一。無二慈悲一不二懺悔一者、犯二輕垢罪一。

第六不供給請法戒

義記云。「(大正藏四〇、五七五中)第六不供給請法戒、喪《ス》《ウシナフ》二染《ル》レ神《ニ》之益《ヲ》一故制。」文 某云。有二同宗知法僧《ノ》一、來二寺中《ニ》一時《ニハ》、入レ心致《ニ》二隨分供給《ヲ》一、可レ聞《キカシム》レ法《ヲ》。若以《テ》二憍慢嗔心《ヲ》一、不二供給請法一犯二輕垢一。但無二嗔心患惱之心一、有二染心分一者持《ニシテ》非レ犯。雖レ有《ト》レ志、無レ力《シテ》可(不カ)レ及二供給一非二制限一。隨分志有《ラハ》持非レ犯。(ママ)文

第七懈怠不聽法戒

義記云。「(大正藏四〇、五七五中)第七懈怠不聽法戒、制意與レ前同。」文

某云。此戒意《ノハ》、入レ心聞《ケト》二佛法《ヲ》一誡《ル》也。次上戒《ノハ》、同宗知法人寺中《ニ》來《ラハ》、供給請法《セヨト》誡《ル》也。次此戒《ハ》他所《ニ》説法處有《ハ》、行《テ》聽《ケト》誡《ル》也。雖レ無二懈怠心《ノ》一、當レ住二寺中《ニ》一、依《テ》二勤行脩學寺用作務等《ニ》一、不《ハ》レ往非《ス》二犯戒一。徒住《ニシテ》以二懈怠《ノ》心《ヲ》一、往不レ聞犯二輕垢一也。

第八背大向小戒

義記云。「（大正藏四〇、五七五中）第八背大向小戒、乖レ大故制。」文

某云。此戒二諦三寶戒、四種邪見中、邪見方便罪也。上文云。「（大正藏四〇、五七四中）下品邪見、不《レトモ》レ言三二寶不レ及二外道一、但於《テ》レ中《ニテ》棄レ大取レ小《ヲ》、心中《ニ》謂《フ》二二乘《ハ》勝《レ》大乘《ハ》不レ及。若計《シ》未《レハ》レ成《セ》犯二輕垢一。下自有《リ》二背大向小一。」文

第九不看病戒

義記云。「（大正藏四〇、五七五下）第九不看病戒、乖レ慈故制。」文

某云。此戒有《ハラ》二慈悲心一者、自然《ニ》持レ之、無《ケレハ》二慈悲心一、難《キ》二持戒一也。而《トモ》隨レ分隨レ力、可二看病《ス》一也。「（大正藏四〇、五七五下）若不レ及レ力、起二慈念心一不レ犯」文 此意也。

第十畜殺具戒

記云。「（大正藏四〇、五七五下）第十畜殺具戒、以レ傷レ慈故制。」文

某云。此戒意《ノ》、不レ可レ畜二一切《ノ》刀杖等《ヲ》一。刀杖《ハ》損二害《スル》衆生一故、背《ク》二慈悲心《ニ》一。若不《スシテ》レ爾《ラ》畜非レ犯。十八道具《ニ》有二刀子一。故無レ益者、一切不レ可レ畜《ナリ》。

第十一國使戒

記云。「（大正藏四〇、五七五下）夫爲《テ》二敵國《ノ》使命《ト》一、必覘《テム》《ウカカウ》二候《コウシ》盈虛《ヲ》一、矯-誑《イツハル》策-略《シヤクリヤク》《ハケミ》、邀《ケウ》《モトメ》レ合《ンコトヲ》二戰陣《ヲ》一、情《ニ》存《ス》二勝負《ヲ》一。以《テ》乖《ヲ》二本慈《ヲ》一、文云《ヘリ》二

國賊一《ト》。」文

某云。菩薩乖二慈悲一故、爲二勝負合戰一國使《ヲハ》不レ爲也。爲二殺害《ノ》根本一、故制レ之。但除二利養思《ヲ》一、爲二和融一不レ苦《カラ》、非二制限一。依レ之、記云。「爲二利惡心一（大正藏四〇、五七五下）《トイハ》、簡二除《ス》和融《ヲ》一。」文

第十二販賣戒

記云。「第十二販賣戒（大正藏四〇、五七六上）。希《ネカヒ》レ利《ヲ》損《ス》レ物、乖《ク》レ慈故制。」文

某云。爲レ利奴婢・六畜・棺材木等不レ可レ販二賣之一也。若非二利養一、爲レ他有レ益者、且可レ許レ之。菩薩《ノ》利他意樂、不二一准一故也。若無レ益者不レ可レ許レ之。云云

第十三謗毀戒

記云。「第十三謗毀戒（大正藏四〇、五七六上）。陷二沒前人一、傷レ慈故制。」文

某云。此戒意《ハ》、無《ク》レ言《コト》二境上下《ノ》、有戒・無戒《ヲ》一、向二同法人一、無事・有事共《ニ》、毀謗《スレハ》犯二輕垢《ヲ》一。向二異法《ノ》人一、謗レ之《ヲ》者犯レ重也。毀謗者《ト》犯二七逆・十重等《ヲ》一云也。

第十四放火焼山戒

記云。「第十四放火焼山戒（大正藏四〇、五七六上、放火焼戒）。傷二損有識一故制。」文

某云。此戒意《ノ》、依レ放二火山林一、一切蟲類及人宅・田木・鬼神・官物等《マテモ》焼失故《ニ》、山林・廣野《ニ》不レ放レ火、持非レ犯也。

第十五僻教戒

記云。「第十五僻教戒（大正藏四〇、五七六上）。使三人失二正道一故制。」文

某云。此戒意《ハ》、以二悪心・嗔心一、教二二乘・外道等經律等《ヲ》一、令レ墮二二乘・外道之有一故制也。若以《テ》二慈悲心《ヲ》一、見レ機爲二方便一、敎レ之持《ニシテ》非レ犯《ニ》。依レ之、記云。「見レ機益レ物不レ犯。」（大正藏四〇、五七六中）文 此意也。

第十六爲利倒說戒。

記云。「第十六爲利倒說戒。（大正藏四〇、五七六中）乖二訓授之道一故制。」文

某云。此戒意爲二利養一、爲二非器一授二深法《ヲ》一、爲二機量一祕二法門一、爲レ利違二佛敎《ニ》一、爲二檀那一說レ戒者制レ之。爲二自身利養一、或亂二他人《ヲ》一、違《ス》二菩薩行一故制《ス》。若以《テ》二慈悲《ヲ》一授レ之、以二智力《ヲ》一爲レ他不レ可レ授レ戒《ヲ》故也。聖智窮レ玄、鑒レ機得達人、許レ授レ戒者、末代不レ可レ有二戒師一。只以二慈悲一授レ之無レ失也。

第十七恃勢乞求戒

記云。「第十七恃勢乞求戒者、（大正藏四〇、五七六中）惱レ他故制。」文

某云。住二名聞利養《ニ》一、恃二威勢《ヲ》一、乞三求他財物一、惱レ他故犯二輕垢《ヲ》一。或敎レ他、爲レ我不二心行一、方物《ヲ》乞取《ル》、犯二此戒《ヲ》一也。

第十八無解作師戒

記云。「第十八無解作師戒。（大正藏四〇、五七六中）無レ解强授《テハ》有二誤レ人《ヲ》失一故制。」文

某云。具二四能・五德一、可レ成二戒師《ト》一。而不レ解二一句《ノ》一偈《ノ》戒律因緣《ヲ》一、詐解《シテ》云レ授レ他、誤レ人故犯二輕垢一也。但設《ヒ》不《トモ》レ具二四能・五德《ヲ》一、住《シテ》二慈悲心《ニ》一、隨レ分如レ形《ノ》、戒相《ヲモ》存《ノ》知分有《ラハ》可レ授也。案《ルニ》二經文《ヲ》一、「不レ解二一句一偈《ノ》戒律因緣一、詐言二能解一者、卽爲自欺誑、亦欺三誑他二。」（梵網経、大正藏二四、一〇〇六中）文 有二隨分解《ノ》一者、可レ授見《タリ》。捨レ囊取レ珠《ヲ》譬思レ之《ヲ》。云云

第十九兩舌戒

記云。「第十九兩舌戒（大正藏四〇、五七六中）。遘《コウ》㆓扇《シテ》彼此《ヲ》㆒、乖㆓和合㆒故制。」文

某云。此戒《ハ》可㆓兩舌《ヲ》持《ス》㆒相也。兩舌彼此《ハ》鬪諍源《ノ》也。菩薩可㆑令㆓彼此和合㆒。而反、令㆓鬪諍㆒故、不㆑可㆓兩舌㆒者也。

第二十不行放救戒

記云。「第二十不行放救戒（大正藏四〇、五七六下）。見㆑危不㆑濟、乖㆑慈故制。」文

某云。此戒意《ハ》、人倫・畜生、一切有㆑生者、見㆑危《ヲ》可㆓方便救護㆒。不㆑可㆑撰㆓親疎㆒。不㆑爾、乖㆓慈悲門㆒故也。菩薩行㆓慈悲㆒爲㆑本。記「何容《ンヤ》㆓見㆑危不《ル》㆑濟（義記、大正藏四〇、五七六下）。大士《ハ》見㆑危、致㆑命故也。」文 此意也。但不㆑及㆑力、非㆓制限㆒。且住《シテ》㆓慈心《ニ》㆒、隨㆑分可㆑護也。云云

第二十一瞋打報仇戒

記云。「第二十一嗔（瞋）打報仇戒（大正藏四〇、五七六下）。既傷㆓慈忍㆒、方復結㆑怨故制。」文

某云。此戒意、以㆑嗔（瞋）《ヲ》報《シ》㆑嗔（瞋）《ヲ》、以㆑打報㆑打、乖㆓菩薩《ノ》忍慈《ニ》㆒故制《ル》也。設殺《トモ》㆓父母兄弟《ヲ》㆒、不㆑可㆑報。今生《ノ》微怨《ハ》、生々《ノ》怨《ルカ》故《ニ》、繼罵詈打擲《トモ》、不㆑可㆑加㆑報者也。

第二十二憍慢不請法戒

記云。「憍慢不請法戒（大正藏四〇、五七六下）。慢如㆓高山《ノ》㆒、法水不㆑住、有㆑乖㆓傳化之益㆒故制。」文

某云。此戒意《ハ》、自高貴・福貴・聰明・多智《ルカ》故、以《テ》㆓憍慢《ノ》心《ヲ》㆒、請㆓知法・年少・卑門・貧窮《ノ》僧㆒、不㆑聞㆑法《ヲ》、乖㆓傳化之益㆒、故制㆑之也。菩薩誤卑賤・貧窮《トモ》、於㆓有㆑所㆑解人《ニ》㆒者、不㆑可㆑恥㆓可問《ヲ》㆒也。云云

第二十三憍慢僻説戒

記云。(大正藏四〇、五七七上)「第二十三憍慢僻説戒。乖二教訓之道一故制。」文

某云。此戒意、以二慈悲《ヲ》一利レ他為レ本《ト》故、正直《ニ》教レ人《ヲ》、可レ令レ解二經律《ヲ》一。而反、以二輕心・慢心・惡心《ヲ》一、新學《ノ》菩薩來《テ》、尋二問佛法《ヲ》一不レ答、迷二惑人一故制レ之。若無二惡心一、隨《テ》二機《ノ》堪不《ニ》一、用二方便一説者、非レ犯《ニ》也。

第二十四習學非佛戒

記云。(大正藏四〇、五七七上、不習學佛戒)「第二十四習學非佛戒。不《シテ》レ務《メ》レ所レ務《ヲハ》、務《レハ》レ所レ不レ應レ學《ス》者、乖《ク》二出要之道《ニ》一故制。」文

某云。此戒意《ハ》、小乘・外道俗典等《ヲ》、不レ可レ學レ之《ヲ》。大乘菩薩《ハ》、學《シテ》二大乘《ノ》三學《ヲ》一、可二自利・利他《ス》一。小乘・外道《ノ》法《ハ》、障《ル》二大乘《ノ》菩薩心《ヲ》一毒藥也。仍不レ可レ學レ之。但為レ益《カ》レ彼《ヲ》學《セハ》非レ犯《ニ》。依レ之、記云。(大正藏四〇、五七七上)「習レ小助レ大不レ犯。為レ伏二外道《ヲ》一、讀二其經書《ヲ》一者亦不レ犯。菩薩若撥二無二乘《ヲ》一、亦名為レ犯《ト》。若學《シテ》二二乘《ノ》法《ヲ》一、為レ欲下引二化二乘《ヲ》一、令《ント》レ入中大乘《ニ》上、不レ犯《ニ》也。」文

第二十五不善和衆戒

記云。(大正藏四〇、五七七上)「夫為二衆主一、必使下事《ヲ》會二衆心《ニ》一、方能傳二益《シ》後生《コウセイヲ》一、彼我獲上レ利。而反、起二闘亂一、用《テ》無二節用《レハ》一(目)、自損損レ他故制。」文

某云。此戒意《ハ》、為二坊主・長老一、領レ衆人、守二護寺中常住《ノ》三寶物一、如二戒律《ノ》一。向二衆中《ニ》一、可レ用而用、會二衆心一止二闘亂一、自他共可二得益《ス》一。而反、不レ向二衆中一、亂《シク》不レ用而用《レハ》、設雖レ非二自用一、犯二輕垢一也。雖二自用一、無二盜心一故、犯二輕垢一。以《テ》二盜心一故、不レ白レ衆《ニ》己用、及三寶物、互用犯レ重《ヲ》也。依レ之、明曠云。(大正藏四〇、五九四上)「由《ル》レ無二法《ノ》訓《ル》一レ衆《ヲ》、乃令《ルヲ》二自他《ヲ》、不用而用一、名為二無度《ト》一。自無《レハ》二盜心一、但結二輕垢《ヲ》一。若其潤《シ》レ己、及三

寶混和《セハ》、亦同《シ》二聲聞《ノ》互用《ニ》得《ルニ》一レ重《ヲ》。」文　但不レ白レ衆爲レ僧用、應理可二用而用一。助二僧衆一無二鬪亂一者、必非レ犯。莊二嚴師一不レ由二偸心一、亦不レ已但爲レ僧而不レ白レ僧、是輕《ニシテ》非レ重《ニ》者、此常律儀也。但菩薩利レ他事廣、故《ニ》可レ隨レ時。但爲レ僧不用分犯レ輕。但可レ由レ事。云云

第二十六獨受利養戒

記云。（大正藏四〇、五七七中）「第二十六獨受利養戒。僧次請レ僧、不レ問二客舊《ヲ》一、等《ク》皆分。而舊人獨受、不二以分一レ客《ニ》、乖二施主心一、貪故制。」文

某云。此戒意《ハ》、菩薩以二慈悲《ヲ》一、檀那《ノ》施《ヲ》不レ簡二客舊《ヲ》一、平等《ニ》可レ受也。而反《テ》、隔二客僧《ヲ》一者、犯二輕垢一。檀那《ハ》請二衆僧一、私《ニ》隔二客僧《ヲ》一、失二檀那平等《ノ》福田《ヲ》一、犯二輕垢一。若檀那隔二客僧《ヲ》一者、敎化《シテ》平等《ニ》可レ施。依二敎訓《ニ》一可レ施知《ステ》不二敎訓一者、犯二輕垢一。知レ不レ應二敎訓一、機嫌惡《クハ》不レ可二敎訓《ス》一、非レ犯也。

第二十七受別請戒

記云。（大正藏四〇、五七七中）「第二十七受別請戒。各受二別請一、則施主不レ請二十方《ノ》僧一、使《メ》三施主《ヲ》失《ハ》二平等心功德《ヲ》一、十方僧失二常利施一故制。」文

某云。此戒意《ハ》、菩薩不レ可レ受二別請《ヲ》一。乖二大悲利施一、故犯二輕垢《ヲ》一。依レ之、記云。（大正藏四〇、五七七中）「凡齋會利施、悉《ク》斷《セヨ》二別請《ヲ》一。」文　但見レ機《ヲ》有レ益可レ受レ之。是以記云。「若請《セハ》二受戒說法《ヲ》一、（大正藏四〇、五七七中）見レ機《ヲ》或《ハ》比智《ヲ》、知《ラハ》下此人無《シテハ》レ我、則不レ營中功德《ヲ》下、如レ此等《ハ》不レ制。」文

第二十八別請僧戒

記云。（大正藏四〇、五七七下）「別請僧戒。當レ知、是心則爲二狹劣一、失二平等心一。」文

某云。此戒意、菩薩以《テ》二平等心《ノヲ》一、可二普請《ス》一。普請《ハ》以二心廣一故、得レ福無邊也。別請《ハ》善根不淨《ニシテ》、得二功德一微少也。別自《リハ》レ請二衆多僧《ノヲ》一、請二一人《ノ》僧次一、其福無量也。不レ云二人數多少《ヲ》一、僧次請別請《ハ》二一人一、非レ犯レ戒。

記「一食《ノ》處《ニ》、莫レ問二人數多少《ヲ》一、止請《タヽ》二一《リノ》僧次《ヲ》一、便不レ犯《ナラ》。」（大正藏四〇、五七七下）文 此意也。

第二十九邪命自活戒

記云。「邪命自活戒。（大正藏四〇、五七七下）大論云、貪心《ヲモテ》發二身口《ヲ》一、名爲二邪命《ト》一。文列二七事一、例同者皆犯、乖二淨命一也。」文

某云。此戒意《ハ》、住二利養心《ノニ》一、無二惠悲一、邪命自活《スレハ》、乖二利他一故、犯二輕垢一也。此戒所制、七種七事者、一販二賣女色一、二自手作レ食、三相二吉凶一、四呪術、五工巧、六調二醫方一、七和二合毒藥一殺レ人等也。出家・衆生・檀那、信施同淨食也。

第三十不敬好時戒

記云。「第三十不敬好時戒。（大正藏四〇、五七八上）三齋六齋、竝是鬼神得レ力之日《ナリ》。此日宜レ脩レ善《ヲ》。福過二餘日一、而今於二好時《ニ》一、虧慢《スレハ》更《ニ》犯《ス》。隨二所犯事《ノニ》一、隨レ篇《ニ》結レ罪。此時此日、不レ應レ不レ知加二一戒一。」文

某云。此戒意《ハ》、於《テ》二三齋月・（ママ）三齋日《ニ》一、別可二修レ善《ヲ》、讀誦・坐禪等《ヲ》一。而於二齋月齋日《ニ》一、及二破戒一不レ修二善根一者、犯二輕垢一也。但破戒時《ノハ》、隨二所犯罪《ノ》一、結篇不同《ナリ》。非二今意一。但出家菩薩《ノハ》、不レ論二時節《ヲ》一、盡壽持齋《スル》故《ニ》、可レ修二舌根等《ヲ》一也。在家菩薩《ハ》、於二齋月齋日《ニ》一、可二持齋《ス》一、餘月日《ヲハ》不レ制レ之。於二持齋《ニ》一三品。一盡壽持齋、此《ハ》可二出家菩薩一。二三齋月・六齋日。三於二三齋月一、白月十五日持齋《ス》。此二品、在家菩薩《ノ》可レ制也。齋月齋日《ノ》持齋、雖レ通二出家《ニ》一、機嫌惡故、出家菩薩《ノハ》、以二盡壽持齋《ヲ》一、可レ爲レ本《ト》。

第三十一不行救贖戒

記云。「不行救贖戒。(大正藏四〇、五七八上)見㆑有㆑賣《ヲ》㆓佛菩薩像㆒、可㆓救贖㆒。損辱之甚、非㆓大士《ノ》行《ニ》㆒。應㆓隨㆑力救贖《ス》㆒。不《シカラサレ》者犯㆑罪故制。」文

某云。菩薩見㆑賣㆓佛菩薩經論、發心菩薩比丘・比丘尼等《ヲ》㆒、隨㆑力可㆓救贖㆒。不㆑爾者犯㆓輕垢㆒也。若有㆓惠悲心㆒、雖㆑有㆓方便救護之思㆒、不㆑及㆑力也(ママ)。隨㆑力可㆓救贖㆒。無㆓惠悲心㆒、乍㆑見無㆓救贖《ノ》之思㆒、不㆑贖者犯㆓輕垢㆒也。

第三十二損害衆生戒

記云。「損害衆生戒。(大正藏四〇、五七八上)此有㆓六事㆒。遠防㆓損害㆒、乖㆑慈故制。」文

某云。此戒意《ノ》、菩薩以㆓慈悲㆒、可㆑利㆓衆生《ヲ》㆒。不㆑可㆑損㆓害衆生《ヲ》㆒、故販㆓賣《シ》殺具《ヲ》㆒、畜㆓輕秤・小斗㆒、因㆓官形勢《ヲ》㆒求㆓取人財物《ヲ》㆒、害心《ヲモテ》繫縛《シ》、破《リ》㆓成功《ヲ》㆒、長㆓養猫狸猪狗《ヲ》㆒。此等《ノ》六事《ハ》、損㆓害《スル》衆生《ヲ》㆒道理有《ルカ》故《ニ》、不㆑可㆑犯㆑之。乖㆓慈悲㆒故也。

第三十三邪業覺觀戒

記云。「凡所㆓運爲《スル》㆒、(大正藏四〇、五七八中)皆非㆓正業《ニ》㆒、思想・覺觀、有㆑亂《ルコト》㆓心道《ヲ》㆒故制。」文

某云。此戒意、思㆓惟《テ》正道《ヲ》㆒、觀㆓見經論等《ヲ》㆒、可㆑利㆓衆生《ヲ》㆒。而反、以㆓邪念㆒無益、見㆓鬪諍等事《ヲ》㆒、爲㆓自娛㆒聽㆓管弦㆒、自作㆓勝負事《ヲ》㆒遊戲《スル》。此等皆亂《ル》㆓正道㆒、障㆓自利利他㆒故、犯㆓輕垢㆒也。於㆓所制㆒、有㆓兩事・八事・六事㆒、經文分明《ナリ》。可㆑見。云云

第三十四暫念小乘戒

記云。「(大正藏四〇、五七八中)第三十四暫念小乘戒。乖二本所レ習故制。」文

某云。此戒意、一向非レ捨二大乘一。且小乘《ハ》易行、修二小乘《ノ》三學《ヲ》一、斷レ結以後利二衆生一思《フ》。此等《ハ》且雖二念退《リト》一、以レ此爲二根本《ト》一。退二大乘戒《ノ》利益一、故犯二輕垢《ヲ》一。依レ之、記云。「(大正藏四〇、五七八中)此戒所制、不レ欲レ背レ大、正《ク》言二小乘易行一、且欲二斷レ結、然後化一レ生《ヲ》」文 此意也。

第三十五不發願戒

記云。「(大正藏四〇、五七八中)不發願戒。菩薩常應レ願二求勝事《ヲ》一。緣《レハ》二心善境一、將來因レ此剋遂《ス》。若不レ發レ願《ヲ》、求レ善之心、難レ遂《ケ》故制。」文

某云。大乘菩薩《ハ》、必先可レ發二此願《ヲ》一。發二此願一、萬行萬善、自然具足《シテ》、成二佛道《ヲ》一、併此願力也。願體有レ十。記云。「(大正藏四〇、五七八中)願體有二十事一。一願孝父母・師僧、二願得好師、三願得勝友・同學、四《ニ》願敎我大乘律、五願解十發趣《十住》、六願解十長養《十行》、七願解十金剛《十回向》、八願解十地、九願如法修行、十願堅持佛法。」文 但發二四弘《ヲ》一、十願滿足《スル》也。

第三十六不發誓戒

記云。「(大正藏四〇、五七八中)不發誓戒。誓《ハ》是必固之心、願中之勇列意《ナリ》。始行心弱《シ》、宜《ク》須《ク》二防持《ス》一。若不二發心作意《セ》一、亦生二違犯《ヲ》一故制。」文

某云。此戒意、惣《シテ》雖《トモ》レ發二十願《ヲ》一、別勇猛不二要誓一者、所求願速疾難レ成故制《シテ》、願《ノ》上《ニ》要誓《シテ》、爲レ成レ願《ヲ》也。

此後固《ク》發二四弘願《ヲ》一、不二退失一可二具足一也。

第三十七冒難遊行戒

記云。（大正藏四〇、五七八下）「第三十七冒難遊行戒《トイハ》、始行《ノ》菩薩《ハ》、業多《ク》不レ定。且《ク》人身難レ得《コト》、堪《タリ》レ爲二道器一。不《シテ》レ愼《マ》遊行《スルハ》、致《ス》レ有《コトヲ》二夭逝一。在《テ》レ危《ニ》生《レハ》レ念、所レ喪事重《シ》。以レ不レ愼故制。」文

某云。此戒意、春秋《ニ》乞食《シ》、遊行化レ物《ヲ》。冬夏坐禪《シテ》、可レ進レ道。於二此閒一、有二諸妨難一處、不レ可二遊行教化《ス》一。於二難所一遊行《レハ》、遇二中夭危難《ヨウ》《ニ》一。身心共《ニ》勞《シテ》、破二損《ス》道《ヲ》一故、不レ可レ遊二行難處《ニ》一。遊行《ノ》時《ハ》、可レ具二足十八種《ノ》道具等《ヲ》一。只此戒《ハ》、不レ遊二行難處《ニ》一者、持《ニシテ》非レ犯《ニ》也。故云《ニ》二冒難遊行戒一也。

第三十八尊卑次序戒

記云。（大正藏四〇、五七八下）「第三十八尊卑次序戒、乖亂失レ儀故制。」文

某云。此戒以《テ》二受戒《ノ》前後《ヲ》一可レ坐《ス》。不レ可レ亂二臘次《ヲ》一。不レ可レ云二耆年・高貴《ヲ》一。以《テ》二法臘《ヲ》一可レ坐《ス》。若不レ爾者、犯二輕垢《ヲ》一也。若大小乘《ノ》僧集《ノ》時《ハ》、大乘菩薩《ハ》一歲《ナリトモ》、小乘百歲《ノ》比丘僧《ノ》上《ニ》可レ坐《ス》也。若小乘僧成レ謗者、順二一國方《ニ》一可レ坐《ス》。若無レ益者、不レ可二交衆同座《ス》一。

第三十九不修福惠戒

記云。（大正藏四〇、五七八下）「不修福惠戒《トイハ》、福惠《ノ》二《ノ》莊嚴《ハ》、如《シ》二鳥《ノ》二《ノ》翼《ノ》一。不レ可レ不レ修。乖《クカ》二出要之道《ニ》一故制。」文

某云。此戒《ノ》意、菩薩僧《ハ》修《シテ》二福惠《ノ》二一、可レ攝《ス》二衆生《ヲ》一。修レ福者、修二造堂塔・僧坊一切《ノ》行道處一也。修レ惠者、講二說《シテ》大乘經律《ヲ》一、利二衆生《ヲ》一、令レ遠二離三毒・七難等《ヲ》一也。住二利養《ニ》一、不レ修レ福《ヲ》、任《テ》二福惠《ニ》一、不レ修レ惠《ヲ》、犯二輕垢罪《ヲ》一。若雖レ有レ志、不レ及レ力非レ犯。依レ之、記云。「凡此等《ノ》流類、（大正藏四〇、五七九上）悉《ク》應二建立《ス》一。力若不レ及者非レ犯《ニ》。」文

第四十簡擇受戒戒

記云。「簡擇受戒戒(大正藏四〇、五七九上)。有《テ》レ心樂《ネカハハ》レ受《ヲ》、悉皆應《ク》レ與。若嗔《シ》(瞋)惡簡(揀)棄《スレハ》、乖《ク》二於勸獎《ニ》一故制。」文

某云。此戒意《ハ》、有《テ》二受戒志一尋來者、悉可《ク》レ授レ之。以《テ》二瞋惡心《ノヲ》一、簡二擇《シテ》受者《ヲ》一不レ授、乖《クカ》二弘誓一故《ニ》、犯二輕垢《ヲ》一也。問。第八重與《ノ》二此戒一差別歟。答。第八重《ハ》依レ慳レ法《ニ》、加《ル》レ毀故犯レ重《ヲ》也。今戒《ハ》非レ慳レ法《ニ》、只惡《ニクミ》二隔受者《ヲ》一禁斷《スル》也。其《ノ》意遙《ニ》異、輕重差別也。若以レ慳レ法、隔《テ》二受者《ヲ》一加毀《セハ》、可レ犯レ重《ヲ》也。

第四十一爲利作師戒

記云。「四十一爲利作師戒(大正藏四〇、五七九上)《トイハ》、內無《クシテ》二實解一、外爲《ニ》二名利《ノ》一、輒爾强爲《ニテセハ》、有《リ》二誤レ人之失一故制。」文

某云。此戒意、爲二名聞利養一、不レ解二十重四十八等《ノ》持犯《ノ》相《ヲ》一故《ニ》、詐云《テ》レ解《ト》授《クレハ》レ戒《ヲ》、犯二輕垢一也。不レ解二戒相《ヲ》一故《ニ》、或非《ハルヲ》レ持《ニ》云《ヒ》レ持《ト》、或非《ハルヲ》レ犯《ニ》云レ犯《ト》、故有《ニ》二誤人《ノ》失《カ》一。仍不レ可レ授レ戒《ヲ》也。但住二利他《ノ》心《ニ》一、以《テ》二慈悲心《ヲ》一、雖レ非《ト》二一切明律《ニ》一、任《ニ》二經文一爲二利他一授レ之者、隨レ分戒師可レ許レ之。一切明律《ニシテ》、適時《ニ》示二持犯《ヲ》一無レ違レ機、上聖所レ爲也。極下凡夫僧戒師《ハ》、非二利養《ニ》一以《テ》二慈悲《ヲ》一、爲二利他一授《ハ》、可レ不レ犯。云云

第四十二爲惡人說戒戒

記云。「爲惡人說戒戒(大正藏四〇、五七九上)《ハ》、凡未《ソタ》レ受二菩薩戒《ヲ》一者《ヲ》、皆曰《ナフ》二惡人《ト》一。若預《カネテ》爲說《カハ》、後受《ニルニ》不レ能二慇重《スルコト》一故制。」文 某云。爲二利養一、爲二未受戒人一、祕藏輒《ク》不レ可レ說二此戒一。此爲二欣慕《ノ》一、非レ慳レ法《ニ》。若輒爾說レ之、無二欣慕一故、後受レ戒不レ生二信心《ヲ》一、故《ニ》制レ之。但先聞《テキ》可レ生レ信《ヲ》機《ニハ》、先說レ戒《ヲ》授非レ犯也。

第四十三無慚受施戒

記云。「第四十三無慚受施戒(大正藏四〇、五七九中)《イハ》、當分《ニ》犯《スレハ》、自《ラ》結レ罪《ヲ》。不《シテ》レ思二慙愧《ヲ》一、而冒《ヲカシ》《ムサホル》二當利施《ヲ》一、無《シ》レ愧《ルコト》故制。」文

某云。此戒意《ハ》、破戒《ニシテ》成二他《ノ》福田《ト》一故制レ之也。意《ハ》勸《ル》二持戒《ヲ》一。明曠《ニ》名《ル》二故毀禁法戒《ト》一(大正藏四〇、六〇〇上)、此意也。

第四十四供養經典戒。

記云。「第四十四供養經典戒(大正藏四〇、五七九中)《トイハ》、三寶《ハ》皆《ナ》應二供養《ス》一。若《シ》不《レ》レ修《セ》者、乖《ク》二於謹敬之心《ニ》一故制。」文

某云。此戒意《ハ》、於二(「不)法花(華)梵網等《ノ》大乘經律《ニ》一、可二受持・讀誦・書寫・供養《ス》一。若不レ爾者、犯二輕垢罪《ヲ》一也。常《ニ》此經《ヲ》受持・讀誦・書寫・供養《スル》、此《ヲ》名二持犯(ママ)《ト》一也。法花(華)《ノ》「若暫持者(大正藏九、三四中)、是名二持戒一」同事也。五種法師、十種供養等、此意也。

第四十五不化衆生戒

記云。「不化衆生戒(大正藏四〇、五七九中)《イハ》、菩薩《ノ》發心《ハ》爲レ物《ナリノ》。見《テハ》二有識之類《ヲ》一、應《シ》三須《ク》教化《シテ》令レ得二悟解《ヲ》一。若《シ》不レ能《ハ》、有《リ》レ乖《コト》二大士之行一故制。」文

某云。此戒意《ハ》、菩薩《ハ》大悲《ヲ》爲レ本《ト》、故起二慈悲《ヲ》一、每《ニ》二到《ル》處一教レ人《ヲ》、可レ令二受戒一。若見《ハ》二畜生等《ヲ》一、發《セト》二菩提心一、心念口言《スヘシ》。只發《ヘシ》二衆生無邊誓願度《ノ》願《ヲ》一。自然持相《シテ》無レ犯也。依レ之經云。「若不レ發下教二化衆生一心上者(梵網経、大正藏二四、一〇〇九中)、犯二輕垢罪一」文 此意也。

第四十六說法不如戒。

記云。「第四十六說法不如戒(大正藏四〇、五七九中)(「法)、前人不《ルニ》二如法《ナラ》一、强《テ》爲《ニ》解說《スレハ》、彼此有二慢レ法之失一故制。」文 止《タタ》訓《ルニ》二一句一偈《ヲ》一、不二如法《ナラ》一亦犯。

某云。此戒意《ハ》、不レ具二足威儀《ヲ》一、率時《ニ》不レ可レ說レ戒也。不レ具二威儀一、率爾《ニ》說レ之者、人慢レ法《ヲ》、不レ可レ生レ信、佛法破滅源《ノナリ》。不如法說《ニ》、輕垢《ヲ》制也。不如法者《ト》、或白衣說レ法、乍二率爾一說レ法、或頭覆《ハ》捉《トル》二杖等一、

或《ハ》法師《ハ》坐《シ》、聽衆《ハ》坐二高處《ニ》一等、皆不如法《ノ》類也。可レ見二義記《ヲ》一。云云

第四十七非法制限戒

記云。「第四十七非法制限戒（大正藏四〇、五七九下）。戒(ママ)既《ニ》見《テハ》二善事《ヲ》一、法《トシテ》應《シ》二隨喜《ス》一。而今制網障閡《スル》、乖《ク》レ善《ニ》之義《アリ》故制。」一 文

某云。此戒《ノ》意、三寶流‐二布《セハ》世間《ニ》一、見《テ》可二隨喜《ス》一。反《テ》成《ス》二障礙《ヲ》一、非二佛子《ニ》一、故犯二輕垢一也。只不レ礙三他《ノ》造二佛事《ヲ》一、侵二出家發心《ヲ》一、持《ニシテ》非レ犯《ニ》。

第四十八破法戒

記云。「第四十八破法戒（大正藏四〇、五七九下）。內衆《ニ》有《ラハ》レ過《カ》、依《テ》二內法《ニ》一治問《スヘシ》。乃《チ》向《テ》二白衣《ノ》外人一、說《テ》レ罪《ヲ》令《シテ》二彼《ヲ》王法《ヲモテ》治罰《セ》一、鄙‐二辱清化一、故名二破法《ト》一。乖二護法之心《ニ》一故《ニ》制。」一 文

某云。此戒《ハ》意、爲二名聞利養《ノ》一、出家於《テ》二國王・大臣・文武百官、一切檀那《ノ》前《ニ》一、妄《リニ》說二七佛《ノ》戒法《ヲ》一。順《シテ》二檀那・國王・大臣等《ノ》心《ニ》一、横《ニ》說二佛法《ヲ》一。佛弟子、作二繫《ケ》縛《ノ》事《ヲ》一、自滅二佛法一也。佛法《ヲハ》天魔緣二外道一、非《ス》レ破《ニ》レ之《ヲ》。佛弟子、爲二名聞利養《ノ》一、諂《ヘツラテ》二國王大臣、一切《ノ》檀越《ヲ》一、妄《リニ》語《テ》誤《テ》二佛法《ノ》義《ヲ》一、皆自滅《スル》也。譬《ハ》如三獅子《ノ》身中《ノ》蟲《ノ》、自食《ルカ》二獅子《ノ》肉《ヲ》一。故《ニ》此戒《ハ》、爲二名聞利養一、横《ニ》談《シ》二佛法《ヲ》一、不レ說二破法《ノ》因緣《ヲ》一者、持《シテ》非レ犯《ニ》也。云云

圓頓菩薩戒十重四十八行儀鈔

御奧書云。

德治三年（一三〇八）七月一日始草‐二案之一。同十二日草了。爲下興‐二行大乘戒一報中四恩上、於叡山黑谷願不退坊集‐二記之一。爲二未受戒一不レ見レ之。云云

佛子興圓 四十六、臈三十。

于時延慶三年（一三一〇）庚戌十一月二十二日、於同山東塔東谷神藏寺、爲校讀書寫了。諱宗枕（ママ）天臺（ママ）光宗記之。

元德二年（一三三〇）七月二十四日、於大谷寺彼御本書寫了。同二十七日一校了。天臺求法沙門運海記之。

長祿四年（一四六〇）庚辰五月十六日、爲㆓弘法利生㆒以㆓敬心㆒書寫之了。　圓戒苾蒭（比丘）良惠。

慈威和尚戒儀ノ御入句

夫遇㆓如來之伊王㆒、服㆓實相不死之法藥㆒、開㆓己心之伏藏㆒、得㆓金剛寶戒之明珠㆒。然則戒光照㆑身、豈迷㆓生死之長夜㆒乎。法藥貯心定持㆓金石之壽福㆒。依㆓受戒出家之功德㆒、故師資之芳契無㆑朽、同生㆓一佛之淨土㆒、共證㆓無生忍㆒。願以㆓此功德㆒云云。


（追記奥書）右此抄者洛陽於妙覺寺求之畢。

慶安二（一六四九）己丑年十一月日。　觀音寺舜興藏。

第二節　解説と和訳

本書（興円集記『円頓菩薩戒十重四十八行儀鈔』）は、中古天台期の比叡山に、戒律復興を成就した伝信和尚興円《こうえん》（一二六三―一三一七）の、天台（智顗《ちぎ》）『菩薩戒義記』巻下に対する注釈書である。かつて観音寺舜興が所蔵した正教蔵《しょうきょうぞう》（現在は西教寺蔵）に存する写本をここに翻刻した。対校本は今のところ見つかっていない。本写本は、末尾の奥書にみるように、興円が集記したのを、弟子の光宗《こうしゅう》が書写して所持し、それが雲海をへて、良恵（興円から一五〇年後）の書写したのが伝わったものである。したがって、本書写本の扉の題字の下に「光宗」の名があり、表紙の題字の横端に「良恵」とあって、それらはいずれも所持者を記している。

本書は『義記』の注釈とはいえ、大乗戒を説く『梵網経』の「十重四十八軽戒」に対して、ひとつひとつに明確な理解を与えるため『義記』の文を抄出して、これに解説を加えたものである。いわば簡明を要とし、学解よりも『義記』巻下を指南に梵網戒を実践的に学習することを意図している。というのも、この書は比叡山（西塔黒谷願不退坊）における、「十二年籠山修行」のなかで造られていることが留意されるからである。また、興円による『義記』巻上への注釈は、『菩薩戒義記知見別紙抄』三巻が別に存する（『続天台宗全書・円戒2』所収）。

興円は、比叡山の黒谷（西塔の別所）を拠点に、円戒（天台宗の大乗戒）を復興する運動に従事した指導者であり、その腹心の弟子には慈威和尚恵鎮《えちん》（円観、一二八一―一三五六）があり、またそれに続いて光宗（道光、一二七六―一三五〇）ほかの同志がいる。これらの学僧たちが再興を志した円戒（円頓戒）は、活動した本拠の名により「黒谷流」と呼ばれる。黒谷をはじめに、のちには神蔵寺（東塔の別所）、さらに帝釈寺（横川《よかわ》の別所）にも及んで活動した。興円には、『伝信和尚伝』という伝記があり、これは奥書などから弟子（光宗）が記したと考えられている。また、恵鎮にも『閻浮受生大幸記』（慈威和尚伝）という自叙伝とみられる伝記がある（いずれも『続天台宗全書・史伝2』に収録）。これらの伝記によって、黒谷流の事績を知ることができる。

興円は、四十二歳の嘉元二年（一三〇四）に天台宗比叡山の戒法（円戒）を再興することを発起し、翌年の一〇月より伝教大師最澄の祖式（『山家学生式』）に従って、黒谷の願不退房（坊）において「十二年籠山行」を始めた。恵鎮ははじめ随身であったのが、翌年（二十六歳）に籠山行をともにし、ついで二年後には光宗が加わり、さらに順観や通円などが同行となったという。興円はこれらを指導する立場から、籠山行中に数篇の著作をなし、本書（『十重四十八行儀鈔《ぎょうぎしょう》』）は、奥書から徳治三年（一三〇八）七月（籠山四年目）に著されたことを知る。また、既述の『知見別紙抄』は、前年の徳治二年に記述（草案）している。ほかに、徳治三年八月に『戒壇院本尊印相抄』、延慶二年（一三〇九）二月に『一向大乗寺興隆篇目集』、延慶三年四月に『興円起請文』、および正和二年（一三一三）から同五年にかけ『円戒十六帖』を記し残している（いずれも『続天台宗全書・円戒1（重授戒灌頂典籍）』に収録）。

天台智顗（五三八―九七）の撰述とされる『菩薩戒義記』二巻（『大正蔵経』巻四〇所収）では、大乗戒経である『梵網経』を注釈するのに、その巻上には「三重玄義」を論じ、巻下では「十重四十八軽戒」の戒相を注釈する。これを興円は、『菩薩戒義記知見別紙抄』三巻によって、「三重玄義」のとくに「戒体」義について特色ある理解を提示している。すなわち、そこでは興円らが籠山修行の上に案出した「重授戒灌頂」の、中核となる思想（一心戒蔵）を述べている（なお、この書の内容と特色については、本書の第一部第三章第三節を、また興円らの籠山修行の内容については、同第三章第二節を参照）。

対するに、『円頓菩薩戒十重四十八行儀鈔』は、『梵網経』の戒相を理解するための書である。本書では、十重四十八軽戒それぞれについて、『義記』が与える戒名を出し、ついでそれらの名のゆえんである「制意」を引用して、のち「某云」としてそれへの理解を簡潔に述べる体裁をもつ。そして、そこに明曠《みょうこう》の『天台菩薩戒疏《かいしょ》』の解釈も適宜に加えられている。明曠は、湛然《たんねん》（七一一―八二）の弟子と考えられている唐代の天台僧であり、その『疏』（『大正蔵経』巻四〇所収）は「刪補疏《さんぽしょ》」と呼ばれるように、『義記』を補う性格をもつゆえに、天台では『義記』に次ぐ必須の戒疏である。梵網戒への注釈では、『義記』自体が簡潔な性格をもつのに加え、本書（行儀鈔）には「戒名」とその「制意」だけを主に用いるのは、籠山修行のなかで実践の上にそれぞれの戒を暗記し身につけることを意図しているといえる。

ただ、本書のなかには、『梵網経』の戒相は記されていないので、別帖に所持したと考えられる。

『梵網経』にはそれぞれの「戒名」は付けられていないので、『義記』が与える戒名と制意は、戒相を身につけるにはとても有益である。興円による本書のねらいは、まさにここにあるといってよい。そして、「某《それがし》云く」としてコメントを加えることにより、戒相と『義記』の文に平明な理解を与えている。けれども、戒相とくに「四十八軽戒」のそれぞれは、本書に解説される範囲をこえて、大乗の菩薩が修行するのに基準とすべき、さらに多く種々の内容を含んでいる。したがって、興円は他の著述、例えば『一向大乗寺興隆篇目集《へんもくしゅう》』の「菩薩大僧戒篇」等では、自らの護るべき「僧制」（安居《あんご》・持《じ》斎《さい》・十八物《もつ》等）を、「四十八軽戒」にもとづいて定めている（本書の第一部第三章第一節を参照）。

　本書を体得した上には、『梵網経』の戒相によく熟達するため、『義記』と明曠『疏』はいっそう詳しく学ばれたに相違ない。というのも、黒谷流では天台『義記』に対する末註は、他にも存するからである。すなわち、興円のもとに籠山を満行し、後に法勝寺《ほっしょうじ》住持となった恵鎮は、梵網戒と『義記』をよく講義したようで、その一部として『菩薩戒疏聞書《ききがき》』が発見されている（『続天全・円戒2』所収）。また、恵鎮の後を継いで法勝寺和尚となった惟賢《ゆいけん》（一二八九―一三七八）は、『天台菩薩戒義記補接鈔《ほしょうしょう》』三巻を著している（『大日本仏教全書』七一、鈴木財団編の同『全書』一六に収録）。惟賢のこの書は、恵鎮から受けた講義をもとに著述されている。したがって、黒谷流（恵鎮ののち惟賢の法勝寺流と光宗の元応寺流に分かれる）では、梵網戒と『義記』はよく修学されたといえる。

　そこで、本書の内容については、和訳（書き下し文）をもってこれを読むことにしたい。その場合、「十重四十八軽戒」の各戒相を戒名の次に、『大正蔵経』二四に所収の『梵網経』の文を和訳する形で加えることにする（『大正蔵経』の文は落丁があったり叙述に不統一があるので、脚注を参照しながら趣意を取る）。そうすれば、次の「『義記』に云く」と始まる註釈が分かりやすいからである。また、原文に用いられている漢字はできるだけ残して、当て字や略字は「正字」に直し、旧漢字は当用漢字に改めて表記する。そして、訓点や送りがなは原本（良恵の写本）に必ずしも従わず読みやすくし、さらに用語の現代語による意味や典拠を（丸カッコ）内に補うことにする。

なお、本書の特色に言及した研究論文には、つぎのものをみる。

○窪田哲正「興円の『円頓菩薩戒十重四十八行儀鈔』について」（『印度学仏教学研究』三三―一、一九八四年）。
○Paul Groner, The role of the Pusajie Yiji（菩薩戒義記）in medieval Tendai discussion of the precepts. *Journal of Tendai Buddhist Studies*（天台学報特別号）. 2007.

円頓菩薩戒十重四十八行儀抄

問う。八万の法蔵の中には、何なる法を修め、速かに成仏す可きや。

答う。三世の諸仏は、同じく戒法を受持し、正覚《しょうがく》を成ぜり。爰《ここ》を以て、『梵網経《ぼんもうきょう》』に云く。「本《もと》盧《る》舎《しゃ》仏《ぶつ》の心地の中に、初発心《しょほっしん》の中に、常に誦《じゅ》する所の一戒は光明《こうみょう》と金剛の宝戒にして、是れ一切仏の本源、一切の菩薩の本源なる、仏性《ぶっしょう》の種子なり」と（文、『大正』二四・一〇〇三c）。又た云く。「是の時に千百億は、還りて本《もと》の道場に至り、各おの菩提樹に坐し、我が本師の戒なる十重四十八を誦《じゅ》したまえり。（乃至）微塵《みじん》の菩薩衆は、是れに由り正覚を成ぜり」と（文、同一〇〇四a）。諸仏と菩薩の仏性種子とは、戒法是れ也。若し戒法を離れて仏道を修むと云わば、此れは魔の眷属《けんぞく》也。仏弟子に非ず。之に依り、『梵網』に云く。「仏は諸の仏子に告げて言く、十重の波羅提木叉《はらだいもくしゃ》有り。若し菩薩戒を受けるも、此の戒を誦せざる者は、是れ菩薩に非ず、仏の種子にも非ず。我れ亦た是の如く誦す。一切の菩薩は已に学び、一切の菩薩は当に学び、一切の菩薩は今学ぶ」と（文、同一〇〇四b）。『涅槃《ねはん》』に云く。「若し是の経を持《たも》つとも、而も戒を持たざれば、魔の眷属と名づけ、我が弟子に非ず。我れも亦た是の経を受持することを聴《ゆる》さず」と（文、明曠『天台菩薩戒疏』、『大正』四〇・五八二a）。又た『月灯三昧経《がっとうざんまいきょう》』に云く。「色族及び多聞有りと雖も、若し無戒ならば猶し禽獣《きんじゅう》のごとし。卑下に処し聞見少なしと雖も、能く戒を持てば、勝士と名づく」と（文、明曠同『疏』、同五八二a）。此れ等の経文を案ずるに、三世の諸仏は戒を誦して仏と成りたもう。設《たと》い仏道を修むと雖も、戒を受持せざる者は、魔の眷属と名づけ、仏の弟子に非ず。速かに仏と成ることを得んと欲する者は、戒法を護る可し。爰を以て、『梵網経』に云く。「一切の心有る者は、皆な応に仏の戒を摂むべし。衆生は仏戒を受くれば、即ち諸仏の位に入り、位は大覚に同じくし已《おわ》れば、真に是れ諸仏の子なり」と（文、『大正』二四・一〇〇四a）。明かに知る、即身成仏は之れ持戒に如《し》くこと無しと。信ず可《べ》し、信ず可し。疑う可からず。云々。

第一殺戒（殺さない）

仏子、若《も》し自ら殺し、人を教えて殺さしめ、方便をもって（殺し）、殺すことを讃歎し、作すを見て随喜し、乃至呪殺すれば、殺の因、殺の縁、殺の法、殺の業あり。乃至、一切の命有る者を、故《ことさら》に殺すことを得ざれ。是れ菩薩は応に常住の慈悲の心、孝順の心を起して、方便して一切衆生を救護《くご》すべし。而るを反って自ら恣《ほしい》ままなる心をもって、快き意にて殺生せば是れ菩薩の波羅夷罪《はらいざい》なり。（『梵網経』巻下、大正二四・一〇〇四b）

『義記《ぎき》』に云く。「第一殺戒《せっかい》。殺は是れ性罪《しょうざい》にして、大乗には之を制すること当に初めなるべし。大士（菩薩）は慈悲を以て本と為す故に須く断ずるべきなり」（文、『大正』四〇・五七一b）。

某《それがし》云く。明曠《みょうこう》は殺人戒《せつにんかい》と名づけて名を立つ（『大正』四〇・五八七c）。意《こころ》は、大乗の菩薩は慈悲を以て本と為す。故に人と畜とに同じく之を制す。而れども所殺の境（対象）に於いて、軽・重有り。故に、畜生《ちくしょう》を殺すを以て、軽垢罪《きょうくざい》と為す。人を殺すを以て波羅夷罪《はらいざい》と為す也。『義記』の中には、第一殺戒に於いて両釈有り。一には人を殺すを以て波羅夷罪と為す。太賢師等の如し。二には畜を殺すを以て軽垢罪と為す。明曠は、後の釈に依るが故に、殺人戒と名づく。『義記』の意も、後の釈を以て本と為す。故に、近来は十重の時は不殺人戒を授くるなり。意は、人道は六道の中には道器と為ること、強《こわ》きが故に人を以て重と為す。此の重法を以ての故に、爾らば殺畜《せっちく》罪をば第十四放火焼山戒に摂在する也。

第二不与取戒（与えられないものを取らない）

若《も》し仏子、自ら盗み、人に教えて盗ましめ、方便して盗めば、盗の因、盗の縁、盗の法、盗の業あり。呪して盗み、乃至鬼神・有主・劫賊の物、一切の財物の、一針一草をも故《ことさ》らに盗むことを得ざれ。而るに菩薩は応に仏性もて孝順と慈悲の心を生じて、常に一切の人を助け、福を生じ楽を生ぜしむべし。而るに反って更に人の財物を盗まば、是れ菩薩の波羅夷罪なり。

『義記』に云く。「不与取戒《ふよしゅかい》第二。灼然《しゃくねん》として（あからさまに）与えざるを取るを劫《こう》と名づく。潜《ひそ》かに匿《かく》れて不与取《ふよしゅ》するのを盗と名づく。彼の依報《えほう》を盗めば罪を得る。此の戒は七衆同じく犯す。」（文、『大正』四〇・五七二a）

某云く。盗に於いて軽・重有り。四銭以下の物を以て軽垢《きょうく》と為し、五文以上を以て重と為す。偸盗《ちゅうとう》は隠取に約し、不与取は隠・顕に通ず。隠に（隠れて取る）も顕に（あらわに取る）も、共に人の財を取る可《べ》からざる故に、不与取と名づく也。但だ偸盗と不与取とは、諸所の異義、新旧の両釈に差別ある也。今は不与取に約して護る可き也。之に依り、明曠云く。「第二不与取戒は、非理に侵奪して命を失い、道を損すること、茲《これ》に因《よ》らざる莫《な》し。故に次に制する也。」（文、『大正』四〇・五八八a）

第三婬戒（淫らな性行為をしない）

若《も》し仏子、自ら婬し、人に教えて婬せしめ、乃至一切の女人に故らに婬することを得ざれ。婬の因、婬の縁、婬の法、婬の業あり。乃至畜生の女、諸天・鬼神の女、及び非道に婬を行ぜんや。而も菩薩は応に孝順の心を生じて一切の衆生を救度《くど》し、浄法を人に与うべし。而るに反って更に一切の人に婬を起こし、畜生、乃至母女、姉妹、六親を択《えら》ばず、婬を行じて慈悲心無きは、是れ菩薩の波羅夷罪なり。

『義記』に云く。「第三婬戒《いんかい》は、非梵行《ひぼんぎょう》と名づく。鄙陋《ひる》（いやしくみにくい）の事なるが故に、非浄行と言う也。七衆は同犯にして、大・小は倶に制す。而も制するに多少有り。五衆（出家）には邪・正（邪婬と正婬）を倶に制す。二衆（在家）には但だ邪淫を制す。」（文、『大正』四〇・五七二b）

某云く。在家菩薩には不邪淫を制す。他夫・他妻を婬《いん》せざる也。出家菩薩は一向に女人の三処、口道と大・小便道を婬せざる也。男に於いては二処、口道と大便道也。自ら根を磨《こす》り、精を漏らす等は、波羅夷に非ず、軽垢に属す可し。人心を繫縛《けばく》し、生死《しょうじ》に流浪するは、婬戒に因《よ》らざること無し。故に、制して波羅夷《はらい》と為す。之に依り、明曠云く。「第三非梵行戒。大論に云く、婬欲は衆生を悩まさずと雖も、心々を繫縛す、と。私情は逸蕩《いっとう》（きままにおぼれる）して、因果は輪廻し、愛河に漂溺《ひょうでき》す。五道に流《る》転《てん》すること此れに由らざること莫し。故に重を制す。」（文、『大正』四〇・五八八b）

第四不妄語戒（うそをつかない）

若《も》し仏子、自ら妄語し、人に教えて妄語せしめ、方便して妄語せば、妄語の因、妄語の縁、妄語の法、妄語の業あり。乃至、見ざるを見たりと言い、見たるを見ずと云い、身心に妄語す。而も菩薩は常に正語・正見を生じ、亦た一切の衆生に正語・正見を生ぜしむ。而るに反って更に一切衆生の邪語・邪見・邪業を起さしめば、是れ菩薩の波羅夷罪なり。

『**義記**』に云く。「第四不《ふ》妄語《もうご》戒。妄は是れ不実の名、凡を欺《あざ》むき聖を罔《あな》つり、人・心を廻惑《えわく》する。所以《ゆえ》に罪を得る。此の戒は七衆同犯にして、大・小乗は倶《とも》に制す。」（文、『大正』四〇・五七二c）

某云く。世間に於いて、見ざるを見る等と云うを小妄語と名づけ、大妄語には非ず。未だ仏法を得ざるに得る等と云いて世間の人を誑《たぶら》かし、名利《みょうり》を招くは此れを大妄語と名づく。大妄語を以って波羅《はら》夷《い》と為す。小妄語は軽垢罪《きょうくざい》なる可き也。波羅夷の所制には非ず。之に依り、明曠云く。「第四大妄語戒は、未だ得ざるを得ると謂い、聖を罔《あな》つり凡を誑《たぶら》かす。時の俗を惑動《わくどう》して狂《ま》げて名利を招く、故に重罪を得る。」（文、『大正』四〇・五八八c）

第五酤酒戒（酒を売らない）

若《も》し仏子、自ら酒を酤《う》り、人に教えて酒を酤《う》らしめば、酤酒《こしゅ》の因、酤酒の縁、酤酒の法、酤酒の業あり。一切の酒を酤ることを得ざれ。是れ酒は罪を起こす因縁なり。而も菩薩は応に一切の衆生に明達《みょうたつ》の慧《え》を生ぜしむべし。而るに反って更に一切衆生に顛倒《てんどう》の心を生ぜしめば、是れ菩薩の波羅夷罪なり。

『**義記**』に云く。「第五酤酒戒《こしゅかい》。酤は貨貿《かも》（売りあきなう）の名なり。酒は是れ所貨の物なり。所貨は乃ち多種あり。酒は是れ無明《むみょう》の薬にして、人をして惛迷《こんめい》せしむ。大士（菩薩）の体は人に智恵を与うべし。無明の薬を以て人に飲ますは菩薩の行に非ず。」（『大正』四〇・五七三a）

某云く。菩薩行は人に薬を与える可く、酔薬を与う可からず。而して酒は是れ罪を起こす本《もと》にして放逸《ほういつ》の門なり。何ぞ他に与えて智恵を失わしめ、放逸にして他を損ぜしめんや。重を失う故に、之を制す。之に依り、明曠云く。「第五酤酒戒。酤は是れ貨売の名なり。酒は是れ昏酔の薬なり。酒に三十六失有り。放逸の門の故に重を制す」とは（文、『大正』四〇・五八九a）、此の意なり。但だ、重病を治す為に、或いは酤《さけをう》り、或いは買うことは制限に非ず。優婆離《うばり》は病の比丘の為に、酒を与え病を治し、法を説き果を得しめたるが故なり。

第六説四衆過戒（同法の四衆の七逆と十重の罪を暴かない）

若《も》し仏子、自ら出家・在家の菩薩、比丘・比丘尼の罪過を説き、人に教えて罪過を説かしめば、罪過の因、罪過の縁、罪過の法、罪過の業あり。而も菩薩は外道の悪人、及び二乗の悪人の、仏法中の非法・非律を説くを聞けば、常に悲心を生じ、是の悪人の輩を教化して、大乗の善信を生ぜしむ。而るに菩薩は反って更に、自ら仏法中の罪過を説かば、是れ菩薩の波羅夷罪なり。

『**義記**』に云く。「説四衆過戒《せつししゅうかかい》。説は是れ談道（語り言う）の名なり。四衆とは同法（大乗の菩薩の四衆（出家と在家）を謂う。過とは七逆と十重なり。一には以て前人（現前の人）を抑没《よくもつ》し（抑圧し没落させる）、二には正法を損する故に、罪を得る也。」（文、『大正』四〇・五七三b）

某云く。大乗の四衆の明徳なひとの過《とが》を説かざるなり。利他の徳有りて、四衆に於いて明徳の人の、或いは七逆を犯し、或いは十重を犯すとも、これを説かば彼れの利他行を障げる故に之を制す。菩薩は他の徳を揚げて過《あやまち》を掩《おお》い、利他の行を助ける可し。何ぞ過を説いて、前人の信心を失わしめんや。

故に制して波羅夷と為す。之に依り、明曠云く。「第六説四衆名徳犯過戒《せつししゅうみょうとくぼんか》。菩薩の運懐は三宝を弘く護り、悪を掩い善を揚ぐ。何ぞ過を説いて信心を塵黷《じんとく》す（きたなくけがす）容《べ》けんや。利他の行に乖《そむ》く故に重犯を制す。」（文、『大正』四〇・五八九a）

第七自讃毀他戒（自己をほめ他人をそしることを制す）

若《も》し仏子、自らを讃《ほ》めて他を毀《そし》り、亦た人に教えて自讃毀他《じさんきた》せしめば、毀他の因、毀他の縁、毀他の法、毀他の業あり。而も菩薩は、応に一切の衆生に代りて毀辱《きにく》を加うるを受け、悪事を自ら己《おのれ》に向け、好事を他人に与うべし。若し自ら己《おの》が徳を揚げ、他人の好事を隠し、他人をして毀《そしり》を受けしめば、是れ菩薩の波羅夷罪なり。

『義記』に云く。「自讃毀他《じさんきた》戒。自讃《じさん》とは自ら己《おのれ》の功能を称《ほ》め、毀他《きた》は他の過悪《かあく》を譏《そし》る。二事を備うる故に重し。菩薩は直《ただしき》を他に推《ゆず》り、曲《まが》れるを引いて己《おのれ》に向かわしむ。何ぞ我れを挙げ、他を毀《そし》る容《べ》けんや。故に罪を得る。」（文、『大正』四〇・五七二c）

某云く。菩薩は利他《りた》を以て本と為し、己身《こしん》を次と為す。而るに、名聞利養の為に、己の功能を讃《ほ》め、他人を毀《そし》れば、菩薩行に乖く。故に之を制す。之に依り、明曠云く。「第七自讃毀他戒は、自ら己の功能を讃め、他の盛徳を抑《おさ》える。物を損ずること甚し。故に重罪に制す。」（文、大正四〇・五八九b）

第八慳惜加毀戒（ものおしみして他人をそしることを制す）

若し仏子、自ら慳《おし》み、人に教えて慳ましめば、慳《けん》の因、慳の縁、慳の法、慳の業あり。而も菩薩は、一切の貧窮《びんぐう》の人の来《きた》り乞《こ》うを見ては、前《さき》の人の須《もと》むる所に随って一切を給与す。而るに菩薩は、悪心と瞋心を以って、乃至一銭・一針・一草をも施さず、法を求むる者有らんに、為に一句・一偈・一微塵許りの法をも説かず、而も反って更に罵辱《めにく》せば、是れ菩薩の波羅夷罪なり。

『義記』に云く。「第八慳惜加毀《けんじゃくかき》戒。慳惜《けんじゃく》は是れ愛悋《あいりん》（いとしみおしむ）の名なり。加毀《かき》は是れ身・口を以て、辱《はずかしめ》を加える。前人が財を求め、法を請うに、慳悋《けんりん》して与えず、復た毀辱《きにく》（そしりはずかしめる）を加えれば、頓《ただ》ちに化道に乖く、故に罪を得る。」（文、『大正』四〇・五七三c～四a）

某云く。前人（現前の人）の或いは財を求め、或いは法を求むるを、惜しんで与えず、反って罵辱《めにく》を加える者は、波羅夷《はらい》を犯す。之に依り、明曠云く。「第八故慳加毀戒。菩薩の接生（衆生を接《みちび》く）は施《ほどこ》しを万行の首《はじめ》と為す。豈に更に鄙悋《ひりん》（いやしくおしむ）し、加えて復た毀辱《きにく》せんや。故に重罪に制す。」（文、『大正』四〇・五八九b）但だ、前人が法を聞き、財を与えるに宜《よろ》しからず（適切でなく）、慳惜し加毀するには、重を犯ぜず。之に依り、『義記』に云く。「若し彼れ、法を聞き財を得るのに宜しからず、呵辱せらる宜《べ》きは皆な犯ぜず」とは（文、『大正』四〇・五七四a）、此の意なり。

第九瞋心不受悔戒（いかって他を受け入れないのを制す）

若し仏子、自ら瞋《いか》り、人に教えて瞋らしめば、瞋《しん》の因、瞋の縁、瞋の法、瞋の業あり。而も菩薩は応に一切衆生の中に善根無諍《じょう》の事を生じ、常に悲心を生ずべし。而るに反って更に一切衆生の中に於て、乃至非衆生の中に於て、悪口を以て罵辱《めにく》し、加うるに手打及び刀杖を以ってし、意《こころ》猶お息《や》まず。前の人が悔《くい》を求め善言懺謝《さんしゃ》するに、猶お瞋りを解かざれば是れ菩薩の波羅夷罪なり。

『義記』に云く。「第九瞋心不受悔戒《しんしんふじゅけ》。悔喩《けゆ》（悔謝《けしゃ》、くいてあやまることば）を受けざれば、接他（他人

と接《まじ》わる）の道に乖《そむ》く故に罪を得る。」（文、『大正』四〇・五七四ａ）

某云く。菩薩は慈悲と忍辱《にんにく》を以て本と為す。而るを、瞋毒《しんどく》を懐いて慈悲を損し、復た瞋恚《しんに》を起こすのみに非ず、懺謝《さんしゃ》（くいあやまる）をも受けず、故に之を制す。一単（ひとたび）瞋恚を起こすと雖も、懺謝を受くれば、持にして犯に非ず。今の戒の意は、懺謝を受けざるを以て犯重と為す也。釈義は分明なり。断簡に及ばず。明曠の「不受懺謝戒」と名づくるは此の意なり。菩薩は未来際を尽くして衆生を利益す可し。而るに今生《こんじょう》の微恨《みこん》は当来の大怨《だいおん》と為る。瞋恚を起こすのみに非ず、懺謝を受けざるかな。之に依り、明曠云く。「第九瞋心不受懺謝戒。夫れ菩薩と為っては忍辱を懐《むね》と為す。而るに反って、瞋毒を内心に薀《うん》積して、慈を傷つけ道を損す。功徳を劫《ぬす》む賊は瞋恚に過たるは無し。今生に微恨は当に大怨と為るべし。故に重罪を制す。」（文、『大正』四〇・五八九ｃ）

第十謗三宝戒（仏・法・僧の三宝をそしらない）

若し仏子、自ら三宝を謗《そし》り、人に教えて三宝を謗らしめば、謗《ぼう》の因、謗の縁、謗の法、謗の業あり。而も菩薩は外道及び悪人の、一言にも仏を謗る音声を見ては、三百の鉾《ほこ》に心を刺されるが如くなるべし。況んや口に自ら謗りて信心と孝順心を生ぜざらんをや。而るに反って更に、悪人と邪見の人を助けて謗らしめば、是れ菩薩の波羅夷罪なり。

『**義記**』に云く。「第十謗三宝《ぼうさんぼう》戒は、亦た謗菩薩法戒とも云う。或いは邪見邪説戒と云う。謗は是れ乖背の名にして、己《おのれ》の宗に乖く故に罪を得る。」（文、『大正』四〇・五七四ｂ）

某云く。菩薩は三宝に於いて、帰依渇仰の思いを成す可し。乖背の思いを成す可からず。而るに反って、三宝は外道《げどう》に如《し》かずと思って、三宝を謗れば重を犯す也。心は三宝に帰し、口は三宝を謗らず、此れを持と云う也。

十重禁戒の行相は此の如し。云云

次には**四十八軽戒**なり。

第一不軽師友戒（受戒の師や同僚を軽《かろ》んぜず敬う）

若《も》し仏子、国王の位を受けんと欲する時、転輪王の位を受くる時、百官に位を受くる時には、応に先《ま》ず菩薩戒を受くべし。一切の鬼神は王の身、百官の身を救護《くご》し、諸仏は歓喜したもう。既に戒を得已《おわ》れば、孝順心と恭敬《くぎょう》心を生ずべし。上座・和尚・阿闍梨《あじゃり》・大徳・同学・同見・同行《どうぎょう》の者を見ては、応に起って承迎《しょうぎょう》し、礼拝し問訊《もんじん》すべし。而るに菩薩、反って憍心・慢心・癡心を生じて、起ちて承迎・礼拝せず、一一に如法に供養せず。自ら身を売り、国城・男女・七宝百物を以て之を供給《くきゅう》すべし。若し爾《し》からずんば軽垢罪《きょうくざい》を犯す。（『梵網経』巻下、大正二四・一〇〇五a～b）

『**義記**』に云く。「第一不敬師友《ふきょうしゆう》戒は、傲《おご》りを長《ま》す可からず。善に進むことを妨げるが故に制す。」（文、大正四〇・五七四c）

某云く。此の戒の意は、憍慢《きょうまん》（おごりたかぶる）の心を以て、師匠や同行《どうぎょう》を蔑《あな》どることを誡《いましめ》る也。菩薩は師を重んず可《べ》きを、反って慢心を以て蔑どれば、善根を生ず可からざる也。師・友に相い遇う時は、敬いの心を以って問訊《もんじん》す可し。之に依り、明曠《みょうこう》云く。「初めに不敬師長戒には、菩薩は理として応に謙卑して、一切の有情を敬養《きょうよう》すべし。況や師長に於いて軽慢《きょうまん》せんをや。行に違うこと甚しき故

に、制して首《はじ》めに居《お》く。」（文、大正四〇・五九〇ｂ）

第二不飲酒戒（酒を飲まない）

若し仏子、故《ことさ》らに酒を飲めば、酒の過失を生ずること無量なり。若し自身の手で酒の器を過《わ》たし、人に与えて酒を飲ましむる者は、五百世に手無し。何に況んや自ら飲むをや。一切の人に教えて飲ましめ、及び一切の衆生に酒を飲ましむることを得ざれ。況んや自ら酒を飲むをや。若し故らに自らも飲み、人に教えて飲ましめば、軽垢罪を犯す。

『**義記**』に云く。「第二不《ふ》飲酒《おんじゅ》戒。酒は是れ放逸《ほういつ》の門なる故に制す。」（文、大正四〇・五七五ａ）

某云く。酒は是れ罪を起こす本にして、放逸の門なるが故に之を飲む可からず。之に依り、明曠云く。「第二の不飲酒戒には、酒は是れ惛狂《こんきょう》（おろかにくるう）の薬なり。重き過ちは此れに由り生ず、故に制す。」（文、大正四〇・五九〇ｂ）但し重病を治す為には之を許す。或いは和薬（なごむくすり）、或いは不和薬あれども、両種共に許す可し。息災にして、栄楽の為に之を飲む者は、三十五失を得る。

『大論』に明かすが如し（『大智度論』巻一三、大正二五・一五八ｂ）。病を治す為には之を許す。『分別功徳論』の如し。彼の『論』に云く。「祇《ぎ》園《おん》に比《び》丘《く》在りて、病い六年を経る。優《う》婆《ば》離《り》は往きて、所須を問えば、唯だ酒を思うと答え、語りて曰く。世尊に問うを待ちて、遂に往きて問えば、仏は戒法に制する所の法には病苦を除くと言えり。優婆離は酒を索《もと》めて飲ましめば平復せり。重ねて為に法を説き、羅《ら》漢《かん》果《か》を得しむ。仏は優婆離を讃《ほ》め、病を差《いや》さしめ、又た道を得しむという。」（『分別功徳論』巻四、大正二五・四六ｃ）

第三食肉戒（肉食をしない）

若し仏子、故らに肉を食せんや、一切の肉を食することを得ざれ。大慈悲の仏性の種子を断ち、一切衆生は見て而も捨て去る。是の故に、一切の菩薩は一切衆生の肉を食することを得ざれ。肉を食すれば無量の罪を得。若し故らに食すれば軽垢罪を犯す。

『**義記**』に云く。「第三食肉《じきにく》戒は、大慈を断ず。大士は慈を懐くを本と為せば、一切悉く断ず。」（文、大正四〇・五七五ａ）

某云く。味食する為なれば、一切に悉く一切の肉食を断ず可し。大悲の行に背くが故也。之に依り、明曠云く。「第三の食肉戒には、菩薩は理として身（自己）を忘れても物（衆生）を済う応《べ》し。何ぞ反って衆生の身分《しんぶん》を食す容《べ》けんや。故に罪を制する也。」（文、大正四〇・五九〇ｂ）但し、重病を治すには制の限りに非ず。『義記』に云く。「若し重病有りて、薬を飲み能く治せば、律に准ずるに噉《くら》うことを得る」とは（大正四〇・五七五ａ）、此の意也。

第四食五辛戒（葷《くさ》くて辛《から》いものを食べない）

若しは仏子、五辛を食することを得ざれ。大蒜《だいさん》・革葱《かくそう》・慈葱《じそう》・蘭葱《らんそう》・興渠《こうきょ》なり。是の五辛は一切の食の中に、食することを得ざれ。若し故らに食せば軽垢罪を犯す。

『**義記**』に云く。「第四食五辛《じきごしん》戒。薫《くん》（葷）の臭いは法（浄法）を妨げる故に制す。」（文、大正四〇・五七五ａ）

某云く。菩薩は身器清浄にして、常に名香等を以って三宝に供う可し。而るに反って薫臭《くんしゅう》の五辛を食する故に、諸の賢聖は遠く去る。故に之を食す可からず。爰を以って、明曠云く。「第四の食五辛戒には、菩薩の所居は身口香潔なり。反って薫穢を食らわば、賢聖は之を遠《とおざか》る。是の故に犯を制す。」（文、大正四〇・五九〇c）五辛とは、諸家の釈は不同にして一准ならず。且く『義記』並びに明曠の『疏』に依れば、一には大蒜《さん》（しほひる）、二には革葱《かくそう》（にら）、三には韮葱《きゅうそう》（にらねぎ）、四には蘭葱《らんそう》（かさつき）、五には興渠《こうきょ》なり。蘭葱とは、明曠には「蘭葱は小蒜・野蒜（のびる）等なり」と。興渠は五辛と共に療治せんが為には之を許す。『記』に云く。「必ず重病有りて、薬に餌《くら》うには断ぜず。身子の行法の如し。菩薩も亦た応に制せざる也。」（大正四〇・五七五a～b）『毘尼母論』に云く。「舎利弗は風疾に因《よ》り、医食して蒜（にんにく）を服するを、仏は聴《ゆる》したもう。」（『毘尼母経』巻五、大正二四・八二六c）

第五不教悔罪戒（罪を犯した者に懺悔することを教える）

若し仏子、一切衆生の八戒・五戒・十戒を犯し、禁を毀《やぶ》り、七逆・八難・一切の犯戒の罪を見れば、応に教えて懺悔《さんげ》せしむべし。而るに菩薩、教えて懺悔せしめず、共に住して、僧の利養を同じくし、而も共に布薩し、同一の衆と住し説戒して其の罪を挙げ、教えて悔過《けか》せしめざれば、軽垢罪を犯す。

『義記』に云く。「不教悔《ふきょうけ》罪《ざい》戒は、以って悪を朋《とも》なえば（犯罪の悪をともにすれば）過《とが》を長ずる故に制す。」（文、大正四〇・五七五b）

某云く。此の戒は極めて護り難き戒也。末代は無道心にして、所犯を挙げれば、過失有る可し。若し所犯を挙げて、反って過失（弊害）有らば、左右無く、所犯を挙げる可からず。追って方便もて治《じ》擯《ひん》す（あやまちをなおししりぞける）可し。亦た唯だ所犯を知って、治擯すること叶《かな》わず、同住（犯罪の者と同じ処に住む）して益無ければ、速かに住処を去る可し。若し、同住して巨益《こやく》有らば、持にして犯に非ず。所犯を挙げるを知って、懺悔せしむ可し。慈悲無く懺悔せざれば、軽垢罪を犯す。

第六不供給請法戒（客僧をもてなして説法してもらう）

若《も》しは仏子、大乗の法師、大乗の同学、同見・同行の、僧房・舎宅・城邑に来入し、若しは百里・千里より来るを見れば、即ち起ちて来るを迎え、去るを送り礼拝供養すべし。日日の三時に供養し、日食《にちじき》には三両の金と、百味の飲食と、牀座・医薬をもって法師に供事《くじ》し、一切の須《もち》うる所を尽く之に給与《きゅうよ》すべし。常に法師を請《しょう》じて、三時に法を説かしめ、日日の三時に礼拝し、瞋心《しんじん》と患悩《げんのう》の心を生ぜざれ。法の為に身を滅すとも、法を請《こ》いて懈《おこた》らざれ。若し爾らずんば軽垢罪を犯す。

『義記』に云く。「第六不供給請法《ふくきゅうしょうぼう》戒。神に染まる（たましいを養う）の益を喪《うしな》うが故に制す。」（文、大正四〇・五七五b）

某云く。同宗知法（宗旨を同じくして法をよく知る）の僧有りて、寺中に来る時には、心を入れて随分の供給（もてなし）を致し、法を聞く可し。若し、憍慢《きょうまん》・瞋心《しんじん》（おごりといかりの心）を以って、供給《くきゅう》・請法《しょうぼう》せざれば、軽垢を犯す。但し、瞋心と患悩の心無く、染心の分有る者は、持《じ》にして犯《ほん》に非ず。志有りと雖も、力無くして供給に及ぶ可からざるは、制限に非ず。随分の（自分の能力に応じた）志有らば、持にして犯に非ず。

第七懈怠不聴法戒（なまけずに法を聴聞する）

若しは仏子、一切の処に毘尼《びに》経律《きょうりつ》を講ずること有らん。大宅舎の中に講法の処あらん。是れ新学の菩薩は、応に経律の巻を持して、法師の所に至り、聴受諮問《しもん》すべし。若し山林樹下、僧地房中、一切の説法の処には悉く至りて聴受すべし。若し彼に至りて聴受せざれば、軽垢罪を犯す。

『義記』に云く。「第七懈怠不聴法《けだいふちょうぼう》戒。制意は前に同じ。」（文、大正四〇・五七五b）

某云く。此の戒の意は、心を入れて仏法を聞けと誡《いまし》むる也。次上の戒は、同宗知法の人が寺中に来るときには、供給《くきゅう》し請法《しょうぼう》（よくもてなして法を請《こ》う）せよと誡むる也。次に此の戒は、他所に説法の処有らば、行きて聴けと誡むる也。懈怠《けだい》（なまける）の心無しと雖も、当に寺中に住すべく、勤行・修学・寺用作務等に依って往かざれば、犯戒には非ず。徒《いたず》らに住して、懈怠《けだい》の心を以って、往きて聞かざれば、軽垢を犯す也。

第八背大向小戒（大乗に背いて小乗を学んではいけない）

若しは仏子、心に大乗常住の経律に背いて、仏説に非ずと言い、而も二乗声聞《しょうもん》・外道《げどう》の、悪見の一切の禁戒と、邪見の経律を受持せば、軽垢罪を犯す。

『義記』に云く。「第八背大向小《はいだいこうしょう》戒《かい》は、大に乖く故に制す。」（文、大正四〇・五七五b～c）

某云く。此の戒は、二諦・三宝戒・四種邪見（上・中・下・雑の四邪見）の中には、邪見の方便罪也。上の文（第十重戒の文）に云く。「下品邪見とは、三宝は外道に及ばずとは言わざれども、但だ中に於いて大を棄《す》てて小を取り、心中に二乗は勝れ大乗は及ばずと謂《おも》う。若し計（誤った考え）が未だ成（成就）ぜざれば、軽垢を犯す。下（第八軽戒）に自ら背大向小有り。」（文、大正四〇・五七四b）

第九不看病戒（慈悲心をもってよく看病する）

若しは仏子、一切の疾病の人を見ては、常に応に供養すること仏の如くにして、異ること無かるべし。八福田の中には、看病福田は第一の福田なり。若し父母・師僧・弟子の、疾病と、諸根の不具と、百種の病苦に悩むときは、皆な供養して差《い》えしむべし。而るに菩薩、悪心と瞋恨を以って、僧房の中、城邑・曠野・山林・道路の中に至り、病を見ず救わざれば垢軽罪を犯す。

『義記』に云く。「第九不看病《ふかんびょう》戒は、慈に乖く故に制す。」（文、大正四〇・五七五c）

某云く。此の戒には、慈悲心有る者は自然に之を持ち、慈悲心無ければ戒を持ち難き也。而れども、分に随い力に随い、看病す可き也。「若し力及ばずとも、慈念心を起こせば犯さず」とは（文、大正四〇・五七五c）、此の意也。

第十畜殺具戒（殺生の道具を蓄えない）

若《も》しは仏子、一切の刀杖《とうじょう》・弓箭《きゅうせん》・鉾《む》斧《ふ》・闘戦《とうせん》の具《ぐ》を畜《たくわ》うることを得ざれ。及び悪網羅《もうら》、殺生の器を一切畜《たくわ》えることを得ざれ。而も菩薩は乃至父母を殺さるとも、尚お報を加えざれ。況んや一切衆生を殺さんをや。若し故らに一切の刀杖を畜えば、軽垢罪を犯す。

『記』に云く。「第十畜殺具《ちくせつぐ》戒は、慈を傷つけるを以っての故に制す。」（文、大正四〇・五七五c）

某云く。此の戒の意は、一切の刀杖《とうじょう》等を畜《たく》わえる可からず。刀杖は衆生を損害する故に、慈悲心に背《そむ》く。若し、爾らずして畜わえるは犯に非ず。十八道具（菩薩が持つことを許される十八種物）に刀子《とうず》有り。故に、益無き者は一切畜わえる可からざるなり。

第十一国使戒（国の使命を承けて軍中に加わらない）

仏子、利養と悪心の為の故に国の使命《しみょう》を通じ、軍陣合会《ごうえ》し、師を興《おこ》して相伐《あいう》ち、無量の衆生を殺すことを得ざれ。而も菩薩は軍中に入りて往来することを得ず。況んや故らに国賊と作《な》らんをや。若し故らに作さば、軽垢罪を犯す。

『**記**』に云く。「（国使戒は）夫れ、敵国の使命と為って必ず盈虚《えいこ》（盛んなる様子と衰えるさま）を覘《てん》候《こう》し（うかがう）、矯誑《きょうおう》し（いつわりだまし）、策略し、戦陣に邀《むか》え合わせ、情《こころ》に勝ち負けを存《おも》う。本の慈に乖《そむ》くを以って、文に国賊と云えり。」（文、大正四〇・五七五c）

某云く。菩薩は、慈悲に乖く故に、勝負合戦の為に、国使をば為さざる也。殺害の根本と為る故に、之を制す。但し、利養の思いを除き、和融（なかよくとけあう）の為に苦ならざれば、制限に非ず。之に依り、『記』に云く。「利悪心（利益と悪心）の為ならば和融を簡除《けんじょ》す（疎外する）。」（文、大正四〇・五七五c）

第十二販売戒（利益を求めて奴隷・家畜・棺桶材等を販売しない）

若《も》しは仏子、故らに良人・奴婢・六畜を販売《ぼんまい》し、棺材・板木・死を盛るの具を市易《しやく》すること、尚お自ら作すべからず。況んや人に教えて作さしむをや。若し故らに作さば、軽垢罪《きょうくざい》を犯す。

『**記**』に云く。「第十二販売戒《ぼんまいかい》は、利を希《ねが》い物を損すれば、慈に乖く故に制す。」（文、大正四〇・五七六a）

某云く。利の為に、奴婢《ぬひ》（奴隷）・六畜（家畜）・棺材木等を販売す可《べ》からざる也。若し利養に非ずして、他の為に益有らば、且く之を許す可し。菩薩の利他の意楽《いぎょう》は一准ならざるが故也。若し益無きは、之を許す可からず。

第十三謗毀戒（同法者に向って他人の七逆・十重の罪を暴かない）

若しは仏子、悪心を以ての故に、事無きに他の良人・善人・法師・師僧・国王・貴人を謗《そし》り、七逆十重を犯《おか》せりと言わん。父母・兄弟・六親の中に於ては、応に孝順心と、慈悲心を生ずべし。而るに反って更に逆害を加えて、不如意処に堕せしめば軽垢罪を犯す。

『記』に云く。「第十三謗毀《ぼうき》戒は、前人（現前の人）を陥没す（陥れ没落させ）れば、慈を傷つける故に制す。」（文、大正四〇・五七六ａ）

某云く。此の戒の意は、境《きょう》（対象）の上・下と、有戒・無戒を言うこと無く、同法の人（菩薩戒を受けている人）に向かって、無事・有事（根拠の有ることと無いこと）共に毀謗すれば、軽垢を犯す。異法の人（菩薩戒を受けていない人）に向かい之を謗れば、重（第六説四衆過戒）を犯す也。毀謗《きぼう》とは、七逆・十重等を犯せしと云うこと也。

第十四放火焼山戒（山林原野に火を放ってはいけない）

若しは仏子、悪心を以っての故に、大火を放ちて山林曠野を焼くこと、四月より乃《いま》し九月に至る。火を放ち、若しは他人の家、屋宅・城邑・僧房・田木、及び鬼神・官物を焼かん。一切の有主物《うしゅもつ》を故らに焼くことを得ざれ。若し故らに焼かば軽垢罪を犯す。

『記』に云く。「第十四放火焼山《ほうかしょうざん》戒は、有識（衆生）を傷損する故に制す。」（文、大正四〇・五七六ａ）

某云く。此の戒の意は、山林を放火するに依り、一切の虫類及び人宅・田木・鬼神・官物等までも、焼失するが故なり。山林・広野に放火せざるは、持にして犯に非ざる也。

第十五僻教戒（小乗や外道を人に教えてはいけない）

若しは仏子、仏弟子より外道悪人、六親、一切の善知識に及ぶまで、応に一一に教えて大乗の経律を受持せしむべし。応に教えて義理を解せしめ、菩提心・十発趣心　十長養心　十金剛心を発し、三十心の中に於て、一一に其の次第と法用を解せしむべし。而るを菩薩、悪心と瞋心を以って横《よこしま》に二乗声聞の経律、外道邪見の論等を教えれば、軽垢罪を犯す。

『**記**』に云く。「第十五僻教《びゃくきょう》戒は、人をして正道を失わしむ故に制す。」（文、大正四〇・五七六a）

某云く。此の戒の意は、悪心と嗔心を以って、二乗・外道等の経律等を教え、二乗・外道の有に堕せしむ故に制す。若し、慈悲心を以って、機を見て方便の為に之を教えるは、持にして犯に非ず。之に依り、『記』に云く。「機を見て物（衆生）を益するは犯ぜず」とは（文、大正四〇・五七六b）、此の意なり。

第十六為利倒説戒（自己利益の為に誤った法を説かない）

若《も》しは仏子、応に好心をもて先ず大乗威儀《いぎ》の経律を学び、広く義味を開解すべし。後の新学の菩薩が、百里・千里より来りて大乗の経律を求むること有るを見ては、応に如法に為に一切の苦行《くぎょう》を説き、若しは身を焼き、臂《ひじ》を焼き、指を焼かしむべし。若し身・臂・指を焼いて諸仏を供養せざれば、出家の菩薩に非ず。乃至餓えたる虎・狼・獅子、一切の餓鬼にも、悉く身肉手足を捨てて之を供養すべし。

後一一に次第に為に正法を説き、心を開き意を解せしめよ。而るに菩薩は、利養の為の故に答うべきを答えず、経律の文字を倒《さかさま》に説いて前無く後なく、三宝を謗《そし》りて説かば軽垢罪《きょうくざい》を犯す。

『**記**』に云く。「第十六為利《いり》倒説《とうせつ》戒は、訓授（おしえさずける）の道に乖《そむ》く故に制す。」（文、大正四〇・五七六b）

某云く。此の戒の意は、利養の為に、非器（器でない者）の為に深法（高深な教え）を授け、機量（機の熟している者）の為に法門を秘し、利の為に仏教に違い、檀那の為に戒を説く者には、之を制す。自身の利養の為に、或いは他人を乱せば、菩薩行に違う故に制す。若しは、慈悲を以って之を授くるも、智力を以って他の為には戒を授く可からざるが故也。聖智の玄を窮《きわ》め、機を鑒《かんが》みるに得達せる人には戒を授けるを許すとも、末代には戒師有る可からず。只だ慈悲を以って之を授けば失無き也。

第十七恃勢乞求戒（権勢をたのんで他人の財物を求めない）

若しは仏子、自ら飲食《おんじき》・銭財・利養・名誉の為の故に、国王・王子・大臣・百官に親近《しんごん》して、恃《たの》んで形勢《ぎょうせい》を作し、乞索《こっさく》・打拍《ちょうはく》・牽挽《けんめん》して、横《よこしま》に銭物を取り、一切に利を求むるを名づけて悪求《あくぐ》・多求と為す。他人に教えて求めしめ、都《す》べて慈心無く、孝順心無くば、軽垢罪を犯す。

『**記**』に云く。「第十七恃《じ》勢乞求《せいこつぐ》戒は、他を悩ます故に制す。」（文、大正四〇・五七六b）

某云く。名聞利養《みょうもんりよう》に住し、威勢を恃《たの》んで、他の財物を乞《こ》い求めるは、他を悩ます故に軽垢を犯す。或いは、他に教えて、我が為に心行せず、方《まさ》に物を乞取するは、此の戒を犯す也。

第十八無解作師戒（戒の正しい理解なければ戒師にはならない）

若しは仏子、戒を学び誦《とな》える者は日夜六時に菩薩戒を持《たも》ちて、其の義理と仏性《ぶっしょう》の性《しょう》を解すべし。而るに菩薩は、一句・一偈と及び戒律の因縁を解せずして、詐《いつわ》って能く解すと言わば、即ち自ら欺誑《ごおう》し、亦た他人を欺誑すと為す。一一に一切の法を解せずして、而も他人の為に師と作りて戒を授けば、軽垢罪を犯す。

『**記**』に云く。「第十八無解作師《むげさし》戒は、解《げ》無く強《しい》て授けば、人を誤る失有る故に制す。」（文、大正四〇・五七六b）

某云く。四能と五徳《ごとく》（持戒・十臘・解律蔵・通禅思・慧蔵窮玄の「戒師五徳」、大正四〇・五六八a）を具して、戒師と成る可し。而るに、一句一偈の戒律の因縁を解せず、詐解《さげ》して他に授くと云うは、人を誤る故に、軽垢を犯す也。但し、四能《しのう》（同法菩薩・已発大願・有智有力・弁了開解の「授戒四能」、安然『広釈』大正七四・七六一c）と五徳を具せずとも、慈悲心に住して分に随い、形の如く戒相をも存知の分有らば、授く可き也。『経』の文を案ずるに、「一句一偈の戒律の因縁を解せず、詐《いつわ》りて能く解せりと言わば、即ち為に自ら欺誑《ごおう》し、他を欺誑す。」（文、大正二四・一〇〇六b）随分の解有る者は授く可しと見たり。嚢《ふくろ》を捨て珠を取る譬え、之を思え。

第十九両舌戒（二枚舌を使い和合の人を仲違いさせてはいけない）

若しは仏子、悪心を以ての故に、持戒の比丘が手に香炉を捉《と》り菩薩行を行ずるのを見て、而《しか》も両頭《りょうず》を闘い構えしめて、賢人を謗欺《ぼうご》し、悪として造らざる無し。若し故らに作らば、軽垢罪を犯す。

『**記**』に云く。「第十九両舌《りょうぜつ》戒は、彼れと此れを遘扇《こうせん》す（相《あ》いかまえさせてあおる）れば、和合に乖

く故に制す。」（文、大正四〇・五七六b）

某云く。此の戒は両舌を持つ可き相也。両舌は彼・此を闘諍せしむる源也。菩薩は彼・此をして和合せしむ可し。而るを反って、闘諍《とうじょう》せしめる故に、両舌す可からざる者也。

第二十不行放救戒（放生を行い生命あるものを救護する）

若しは仏子、慈心を以ての故に放生《ほうじょう》の業を行ずべし。一切の男子は是れ我が父、一切の女人は是れ我が母なり。我れ生生《しょうしょう》に之に従って生を受けざるということ無し。故に六道の衆生は皆な是れ我が父母なり。而《しか》るを殺して而《しか》も食《くら》うは、即ち我が父母を殺し、亦た我が故身をも殺すなり。一切の地・水は是れ我が先身、一切の火・風は是れ我が本体なり。故に常に放生を行じ、生生に生を受けるを常住の法となし、人に教えて放生せしめよ。若し世人が畜生を殺すを見る時は、応に方便して救護《くご》し、其の苦難を解き、常に教化して菩薩戒を講説して、衆生を救度《くど》すべし。若し父母・兄弟が死亡の日には、応に法師を請じて菩薩戒経を講ぜしめて、福をもて亡者を資《たす》け、諸仏を見ることを得て、人・天上に生ぜしむべし。若し爾《しか》らずんば、軽垢罪を犯す。

『記』に云く。「第二十不行放救戒《ふぎょうほうぐ》は、危きを見て済《すく》わざれば、慈に乖く故に制す。」（文、大正四〇・五七六c）

某云く。此の戒の意は、人倫・畜生と、一切の生有る者の危を見れば、方便もて救護《くご》す可し。親・疎を撰ぶ可からず。爾らざれば、慈悲の門に乖くが故也。菩薩は、慈悲を行ずるを本と為す。『記』に「何ぞ危きを見て済わざる容《べ》けんや。大士は危を見て、命を致すが故也。」とは（文、大正四〇・五七六c)、此の意也。但し、力及ばざれば、制する限りには非ず。且だ慈悲に住して、分に随って護る可き也。

第二十一瞋打報仇戒(嗔と打をもって報復してはいけない)

仏子、瞋《いかり》を以て瞋に報《むく》い、打《だ》を以て打に報ゆることを得ざれ。若し父母《ぶも》・兄弟・六親を殺さるとも報を加うることを得ざれ。若し国主が、他人の為に殺さるも亦た報を加うることを得ざれ。生を殺して生に報ゆれば孝道に順せず。尚お奴婢《ぬひ》を畜えて打拍《ちょうはく》・罵辱《めにく》せざれ。日日に三業を起して口の罪無量なり。況んや故《ことさ》らに七逆の罪を作らんをや。而るに出家の菩薩は、慈無く讎《あだ》に報い、乃至六親の中に故らに報ゆれば、軽垢罪を犯す。

『**記**』に云く。「第二十一瞋打報仇《しんだほうぐ》戒は、既に慈忍(慈悲と忍辱《にんにく》)を傷つけ、方《まさ》に復た怨《うらみ》を結ぶ故に制す。」(文、大正四〇・五七六c)

某云く。此の戒の意は、瞋《しん》を以て瞋を報じ、打を以て打に報うるは、菩薩の忍慈に乖《そむ》く故に制する也。設《たと》い、父母・兄弟を殺さるるとも、報ずる可からず。今生《こんじょう》の微怨《みおん》(わずかなうらみ)は、生々の(幾世代にもわたる)怨となるが故に、継《たと》え罵詈《めり》し打擲《ちょうちゃく》されるとも、報を加える可からざる者也。

第二十二憍慢不請法戒(慢心をもって法を聴かないのを制す)

若《も》しは仏子、初めて出家して、未だ解《げ》する所有《あ》らざるに、而も自ら聡明有智《うち》を恃《たの》み、或いは高貴・年宿を恃み、或いは大姓《だいしょう》・高門・大解・大福・饒財《にょうざい》・七宝を恃み、此れを以て憍慢《きょうまん》して、而も先学の法師に経律を諮受《しじゅ》せず。其の法師は或いは小姓・年少・卑門・貧窮《びんぐ》・諸根不具なりとも、而も実に徳有りて一切の経律を尽《ことごと》く解す。而も新学の菩薩は、法師の種姓《しゅしょう》を観ることを得ざれ。而るに来りて法師に第一義諦を諮受せざれば、軽垢罪を犯す。

『記』に云く。「憍慢不請法《きょうまんふしょうぼう》戒。慢は高山の如く、法水に住せず、伝化の益に乖くこと有る故に制す。」（文、大正四〇・五七六c）

某云く。此の戒の意は、自ら高貴・福貴・聡明・多智なるが故に、憍慢の心を以て、法をよく知るも年少・卑門・貧窮なるゆえの僧を請《まね》いて、法を聞かざれば、伝化（法を伝え教化する）の益に乖く故に、之を制する也。菩薩は誤って、卑賤・貧窮するとも、解する所有る人に於いては、問う可きを恥じる可からざる也。

第二十三憍慢僻説戒（慢心で経律をゆがめて説くのを制する）

若しは仏子、仏の滅度の後、好心を以て菩薩戒を受けんと欲する時、仏・菩薩の形像の前に於て自ら誓って戒を受けよ。当に七日をもて仏前に懺悔《さんげ》し、好相を見ることを得れば、便ち戒を得る。若し好相を得ざれば、応に二七・三七日乃至一年にも要《かなら》ず好相を得べし。好相を得已《おわ》れば、便《すなわ》ち仏・菩薩の形像の前に受戒することを得よ。若し好相を得ざれば、仏像の前に受戒すると雖も、得戒せず。若し現前に先に菩薩戒を受けし法師の前にして受戒する時は、要ずしも好相を見ることを須《もち》いず。何を以ての故に。此の法師は、師師相《あい》授くるを以ての故に好相を須いず。是を以て、法師の前にして戒を受ければ即ち得戒す。重心を生ずるを以ての故に、便ち得戒す。若《も》し千里の内に、能く戒を授くる師無ければ、仏・菩薩の形像の前にして受戒することを得るも、而も要《かなら》ず好相を見よ。若し法師、自ら経律と大乗の学戒を解せるに倚りて、国王・太子・百官の与《ため》に以て善友と為り、而も新学の菩薩来りて、若しは経の義、律の義を問わんに、軽心《きょうしん》・悪心・慢心を以て一一に好《よ》く答えざれば、軽垢罪を犯す。

『記』に云く。「第二十三憍慢僻説《きょうまんびゃくせつ》戒は、教訓（おしえさとす）の道に乖く故に制す。」（文、大正四〇・五七七a）

某云く。此の戒の意は、慈悲を以って他を利するを本と為す故に、正直に人を教えて、経・律を解せしむ可し。而るを反って、軽心（軽蔑心）・慢心・悪心を以て、新学の菩薩が来て仏法を尋問するのに答えざれば、人を迷惑する（まよいまどわす）故に、之を制す。若し悪心無く、機の堪不（能力に堪《た》えると堪えないと）に随って、方便を用いて説く者は、犯に非ざる也。

第二十四習学非仏戒（大乗を捨て二乗や俗典を学ぶのを制す）

若しは仏子、仏の経律と、大乗の正法《しょうぼう》・正見・正性・正法身有らんに、而も勤学《ごんがく》し修習《しゅじゅう》すること能《あた》わず。而も七宝を捨てて、反《かえ》って邪見の二乗・外道・俗典・阿毘曇《あびどん》・雑論・書記を学べば、是れ仏性を断じ道を障《さ》えるの因縁にして、菩薩の道を行ずるに非ず。若し故《ことさ》らに作さば、軽垢罪を犯す。

『記』に云く。「第二十四習学非仏《じゅうがくひぶつ》戒（不習学仏《ふじゅうがくぶつ》戒）は、務める所をば務めず、学ぶ応《べ》からざる所を務むれば、出要の道に乖《そむ》く故に制す。」（文、大正四〇・五七七a）

某云く。此の戒の意は、小乗・外道の俗典等は之《これ》を学ぶ可《べ》からず。大乗の菩薩は、大乗の三学を学び、自利・利他す可し。小乗と外道の法は、大乗の菩薩の心を障げる毒薬也。仍って、之を学ぶ可からず。但し、彼を益するが為に学ぶのは、犯には非ず。之に依って、『記』に云く。「小を習うも大を助けるには犯ぜず。外道を伏せんが為に、其の経書を読む者も、亦た犯ぜず。菩薩は若し二乗を撥無《ほつむ》（排斥）すれば、亦た名づけて犯と為す。若し二乗の法を学んで、二乗を引化し大乗に入らしめんと欲せんが為なれば、犯ぜざる也。」（文、大正四〇・五七七a）

第二十五不善和衆戒（衆の主は衆を和合させ三宝物を私有しない）

若しは仏子、仏の滅後に、説法の主と為り、僧房の主、教化の主、坐禅の主、行来の主と為らんに、応に慈心を生じて善《よ》く闘訟《とうしょう》を和《わ》し、善く三宝物《さんぼうもつ》を守るべし。度無く用いて自己の有《う》の如くすること莫かれ。而るに反って、衆を乱して闘諍《とうじょう》せしめ、心を恣《ほしいまま》にして三宝物を用いば、軽垢罪を犯す。

『記』に云く。「（不善和衆《ふぜんわしゅう》戒は）夫れ、衆《ひとびと》の主と為らば、必ず事をして衆心に会し、方に能く後生《こうせい》（後に生まれるもの）を伝益し、彼・我に利を獲しめよ。而るを反って、闘乱を起こし、用いて節《せつ》用（目《もく》）無ければ、自ら損し、他を損する故に制す。」（文、大正四〇・五七七a）

某云く。此の戒の意には、坊主・長老と為って衆人を領《あずか》り、寺中の常住の三宝物を守護することは、戒律の如くすべし。衆中に向かい、用う可きを用い、衆心を会して闘乱を止め、自・他共に得益す可し。而るを反って、衆中に向かわず、乱して用いざるを用うれば、設い自ら用いるに非ずと雖も、軽垢を犯す也。自ら用うと雖も、盗心無きが故には軽垢を犯す。盗心を以ての故に、衆に白《い》わずに己《おのれ》に用い、及び三宝物を互用《ごゆう》する（他に転用する）は、重（第二重盗戒）を犯す也。之に依り、明曠云く。「法として衆に訓《おし》えること無きに由り、乃《すなわ》ち自・他をして不用《ふゆう》にして用ならしむ（用うべきでないことに用いる)を、名づけて無度(節度のないこと)と為す。自ら盗心無ければ、但だ軽垢を結ぶ。若し、其れ己を潤し、及び三宝混和せば、亦た声聞の互用にして、重を得るに同じ。」(文、大正四〇・五九四a)但し、衆に白《い》わず、僧の為に用うるは、応に理として用にして用なる可し。僧衆を助けて闘乱無ければ、必ずしも犯には非ず。師を荘厳し、偸心《ちゅうしん》に由らず、亦た己《おのれ》のためならず、但だ僧の為にして而も僧に白わざるは、是れ軽(軽垢)にして重(重罪)には非ざれば、此れ常の律儀也。但だ、菩薩は他を利する事広き故に、時に随う可し。但し、僧の為に用いざる分には軽を犯す。但し、事に由る可し。

第二十六独受利養戒(檀那の布施を独り受けない)

若《も》しは仏子、先に僧房の中に在りて住し、後に客菩薩の比丘が、僧房・舎宅・城邑と、国王の舎宅の中、乃至夏坐《げざ》安居《あんご》の処、及び大会《だいえ》の中に来入するを見るときは、先住の僧が応に来るのを迎え、去るを送り、飲食《おんじき》供養し、房舎・臥具・縄床を事事に給与すべし。若し物無くば、応に自身を売り、及び男女を以て供給《くきゅう》し、所須《しょしゅ》悉く以て之を与うべし。若し檀越《だんのつ》来りて衆僧を請《しょう》すること有らば、客僧にも利養の分有れば、僧房の主は、応に次第に客僧を差《つかわ》して請を受けしむべし。而るに先住の僧が独り請を受けて、客僧を差わさざれば、僧房の主は無量の罪を得、畜生と異ること無し。沙門に非ず、釈種の性《しょう》に非ず。若し故らに作さば、軽垢罪《きょうくざい》を犯す。

『**記**』に云く。「第二十六独受利《どくじゅり》養《よう》戒。僧次《そうじ》に(先輩・後輩の順に)僧を請《こ》うは客・旧を問わず、等しく皆な分にせよ。而るを、旧人(先輩僧)が独り受けて以って客(新来の僧)に分かたざれば、施

主の心に乖き、貪《むさぼ》る故に制す。」（文、大正四〇・五七七b）

某云く。此の戒の意には、菩薩は慈悲を以て檀那《だんな》の施を、客・旧を簡《えら》ばず、平等に受く可き也。而るを反って、客僧を隔てる者は軽垢を犯す。檀那は衆僧を請《こ》うとき、私に客僧を隔てば、檀那の平等の福田を失い、軽垢を犯す。若し、檀那にして客僧を隔てる者あらば、教化して平等に施さしむ可し。教訓に依り施す可きことを知るにて、教訓せざれば軽垢を犯す。教訓す応《べ》からざるを知って、機嫌《きげん》悪く（そしりきらわれ）教訓す可からざれば、犯には非ざる也。

第二十七受別請戒（個別の招待を受けない）

若しは仏子、一切に別請《べっしょう》を受けては利養を己《おのれ》に入れることを得ざれ。而も此の利養は十方僧に属す。而るを別して請《しょう》を受ければ、即ち十方僧の物を取りて己に入れるなり。八福田の中に、諸仏・聖人、一一の師僧、父母・病人の物を自己に用いるが故に、軽垢罪を犯す。

『記』に云く。「第二十七受別請《じゅべつしょう》戒。各おの別請を受くれば、則ち施主は十方の僧を請《こ》わずして、施主をして平等心の功徳を失わしめ、十方の僧には常の利施を失わしむ故に制す。」（文、大正四〇・五七七b）

某云く。此の戒の意には、菩薩は別請（個別の招待）を受く可からず。大悲の利施に乖く故に、軽垢を犯す。之に依り、『記』に云く。「凡そ齋会《さいえ》の利施には悉く別請を断ぜよ。」（文）但し、機を見て益有れば、之を受く可し。是れを以って、『記』に云く。「若し、受戒と説法を請われれば、機を見て或いは比智をもて、此の人は我れ無くしては、則ち功徳を営まずと知るときは、此の如き等は制せ

ず。」（文、大正四〇・五七七b）

第二十八別請僧戒（個別の招待は僧次《そうじ》によってなす）

若しは仏子、出家の菩薩、在家の菩薩、及び一切の檀越有りて、僧の福田を請い、願を求める時は、応に僧房に入りて知事の人に問うべし。今、次第に請わんと欲すれば、即ち十方の賢聖僧《けんじょうそう》を得る。而るに世人は別に五百の羅漢・菩薩僧を請うは、僧次の一凡夫僧に如《し》かず。若し別に僧を請えば是れ外道の法なり。七仏に別請の法無く、孝道に順ぜず。若し故《ことさ》らに僧を別請すれば軽垢罪を犯す。

『記』に云く。「別請僧戒《べっしょうそう》。当に知るべし、是（請《まね》く僧を私に選別すること）の心は則ち狭劣と為り、平等心を失うと。」（文、大正四〇・五七七c）

某云く。此の戒の意には、菩薩は平等の心を以て、普く請《こ》う可し。普く請《しょう》するは、心広きを以っての故に、福を得ること無辺也。別請は善根不浄にして、功徳を得ること微少《みしょう》也。別に衆多の僧を請う（別請《べっしょう》する）自《よ》りは、一人を僧次に請うとき、其の福は無量也。人数の多少を云わず、僧次に（僧の法臘の順序に従って）請うときは一人を別請するとも、犯戒には非ず。『記』に「一食の処に、人数の多少を問うこと莫《な》く、止《た》だ一《ひと》りの僧次を請えば、便ち犯さず」とは（文、大正四〇・五七七c）、此の意也。

第二十九邪命自活戒（邪《よこしま》な方法で生活してはいけない）

若しは仏子、悪心を以ての故に、利養の為の故に、男女《なんにょ》の色《しき》を販売《ぼんまい》し、自らの手で食《じき》を作り、自ら磨《す》り、自ら舂《うすつ》き、男女を占相し、夢の吉凶に是れ男、是れ女と解し、呪術し工巧《くぎょう》し、鷹の方法を調え、百種の毒薬、千種の毒薬、蛇毒・生金銀毒・蠱毒《こどく》を和合せば、都《すべ》て慈心無し。若し故らに作さば、軽垢罪を犯す。

『**記**』に云く。「邪命《じゃみょう》自活《じかつ》戒。大論に云く、貪心《とんしん》をもって身・口を発《おこ》すを、名づけて邪命と為すと。文（『梵網経』の文）には七事を列し、例同する者は皆な犯にして、浄命（清き生活）に乖く也。」（文、大正四〇・五七七c）

某云く。此の戒の意は、利養の心に住して、恵悲《えひ》（智慧と慈悲）無く、邪命自活すれば、利他に乖く、故に軽垢を犯す也。此の戒に制する所の七種七事は、一に女色を販売し、二に自らの手で食を作り、三に吉兆を相《み》て、四に呪術し、五に工巧《くぎょう》し（絵画彫刻をよくする）、六に医の方（医術）を調べ、七に毒薬を和合して人を殺す等也。出家・衆生・檀那の信施は同じく浄き食也。

第三十不敬好時戒（修行するのに好ましい斎日をよく守る）

若《も》しは仏子、悪心を以ての故に、自身に三宝を謗り、詐《いつわ》りて親附《しんぷ》を現ず。口には便《すなわ》ち空《くう》を説いて、行《ぎょう》は有《う》の中に在り。白衣の為に男女を通致して、交会婬色《きょうえいんしき》し、縛著せしめて、六斎日と、年の三長斎月に於て、殺生・劫盗・破斎・犯戒を作さば、軽垢罪を犯す。

『**記**』に云く。「第三十不敬好時《ふきょうこうじ》戒。三斎（三長斎月）と六斎（六斎日）は並びに是れ鬼神が力を得る日なり。此の日には宜しく善を修せよ。福は余日に過ぐるとも、而も今の好時（三長斎月と六斎日）に於いて虧慢《きまん》（かけおこたる）すれば、更に犯す。所犯の事に随い、篇に随って罪を結ぶ。此の時、此の日を知らざる応《べ》からざれば（斎月と斎日を知らないことがあってはいけないために）、この一戒を加

う。」（文、大正四〇・五七八ａ）

某云く。此の戒の意は、三齋月（正・五・九月）と三斎日（六斎日）に於いて、別に善を修め読誦・坐禅等をなす可し。而るを斎月と斎日に於いて、破戒に及び、善根を修めざる者は、軽垢を犯す也。但し、破戒の時は、所犯の罪に随って結ぶ篇は不同にして、今の意に非ず。但だ、出家の菩薩は時節を論ぜず、尽寿《じんじゅ》（生涯）に持斎する故に、舌根等を修む可き也。在家菩薩は、斎月と斎日に於いて持斎す可く、余の月日には之を制せず。持斎に於いて、三品あり。一には尽寿に持斎す。此れは出家菩薩なる可し。二には三斎月と六斎日（毎月の八・一四・一五・二三・二九・三〇日）なり。三には三斎月に於いて白月十五日（ひと月の前半）に持斎す。此の二品は、在家の菩薩に制す可き也。斎月と斎日の持斎は、出家に通ずと雖も、機嫌は悪き（時機をきらうことはよくない）故に、出家の菩薩は尽寿に持斎するを以って本と為す可し。

第三十一不行救贖戒（仏像や経典が売られるときは買い取る）

仏子、仏滅度の後、悪世の中に於て、若し外道と一切の悪人・劫賊が、仏・菩薩・父母の形像を売り、経律を販売《ぼんまい》し、比丘・比丘尼を販売し、亦た発心の菩薩道人を売り、或いは官使と為り、一切の人に与えて奴婢と作すを見れば、而も菩薩は是の事を見已《おわ》りて、応に慈悲心を生じて方便救護《くご》し、処々に教化して物を取り、仏・菩薩の形像及び比丘・比丘尼、発心の菩薩、一切の経律を贖《あがな》うべし。若し贖わずんば、軽垢罪を犯す。

『記』に云く。「第三十一不行救贖《ふぎょうぐしょく》戒。仏・菩薩の像を売るもの有るを見るときは、救贖す（すくいあがなう）可し。損辱（そこないはずかしめる）の甚しきは、大士（菩薩）の行に非ず。応に力に随って救贖すべし。不《いな》なれば（しからざれば）、罪を犯す故に制す。」（文、大正四〇・五七八a）

某云く。菩薩は仏・菩薩の経論と、発心の菩薩と比丘・比丘尼等を売るのを見るとき、力に随って救贖す可し。爾らざれば、軽垢を犯す也。若し、恵と悲心有りて、方便救護《くご》の思い有りと雖も、力及ばざれば、力に随って救贖す可し。恵と悲心無く、見ながらに救贖の思い無く、贖わざれば軽垢を犯す也。

第三十二損害衆生戒（衆生を損害する道具をもってはいけない）

若《も》しは仏子、刀杖《とうじょう》・弓箭《きゅうせん》を畜《たくわ》え、軽秤《きょうじょう》・小斗《しょうと》を販売《ぼんまい》し、官の形勢に因りて人の財物を取り、害心をもって繋縛《けばく》し、成功を破壊し、猫・狸・猪・狗を長養することを得ざれ。若し故らに作さば、軽垢罪を犯す。

『**記**』に云く。「損害衆生《そんがいしゅじょう》戒。此れに六事有り。遠く損害を防ぎ、慈に乖く故に制す。」（文、大正四〇・五七八a）

某云く。此の戒の意には、菩薩は慈悲を以て、衆生を利す可し。衆生を損害す可からざるが故に。①殺具を販売し、②軽秤《きょうじょう》（分銅を軽くした秤《はかり》）・小斗《しょうと》（容量を小さくした斗《ます》）を畜え、③官の形勢に因《よ》って求めて人の財物を取り、④害心をもて繋縛《けばく》し、⑤成功を破り、⑥猫・狸・猪・狗《いぬ》を長養す。此れ等の六事は衆生を損害する道理有るが故に、之を犯す可からず。慈悲に乖くが故也。

第三十三邪業覚観戒（囲碁・闘戯・音楽等の娯楽をしない）

若《も》しは仏子、悪心を以ての故に一切の男女等の闘い、軍陣の兵将・劫賊等の闘いを観、亦た吹貝《すいばい》・鼓角《くかく》・琴瑟《きんしつ》・箏笛《しょうてき》・箜篌《くご》・歌叫・伎楽の声を聴くことを得ざれ。樗蒲《ちょぼ》・囲碁《いご》・波羅賽戯《はらさいぎ》・弾碁《だんご》・六《ろく》博《はく》・柏毱《はくきく》・擲石投壺《ちゃくしゃくとうこ》・八道行城、爪鏡《そうきょう》・蓍草《きそう》・楊枝《ようじ》・鉢盂《はつう》・髑髏《どくろ》をもって、而も卜筮《ぼくぜい》を作すことを得ざれ。盗賊の使命を作すことを得ざれ。一一に作すことを得ざれ。若し故らに作さば、軽垢罪を犯す。

『記』に云く。「（邪業覚観戒《じゃごうかくかん》には）凡そ運為する所は、皆な正業に非ず、思想と覚観は心道を乱すこと有るが故に制す。」（文、大正四〇・五七八b）

某云く。此の戒の意は、正道を思惟して、経論等を観見し、衆生を利す可し。而るを反って、邪念を以て、無益に闘諍等の事を見て自らの娯《たの》しみと為し、管弦を聴き、自ら勝負事を作して遊戯する。此れ等は皆な正道を乱し、自利・利他を障げる故に、軽垢を犯す也。所制に於いて、両事（男女《なんにょ》等闘・軍賊《ぐんぞく》相闘を観る）と、八事（吹貝《すいばい》・鼓角《くかく》・琴瑟《きんしつ》・箏笛《しょうてき》・箜篌《くご》・歌叫《かきょう》・伎楽《ぎがく》等の自娯と、樗蒲《ちょぼ》・囲碁《いご》・賽戯《さいぎ》・弾碁《だんご》・六博《すごろく》等の雑戯の八事）と、六事（爪鏡《そうきょう》・髑髏《どくろ》等の卜筮《ぼくぜい》六事）と有り。経文は分明なり。見る可し。

第三十四暫念小乗戒（暫くも小乗を念じてはいけない）

若しは仏子、禁戒を護持し、行住坐臥、日夜六時に是の戒を読誦すること、猶し金剛の如く、浮嚢《ふのう》を帯持して大海を渡らんと欲するが如く、草繫比丘《そうけびく》の如くせよ。常に大乗の善信を生じて、自ら我《われ》は是れ未成《みじょう》の仏、諸仏は是れ已成《いじょう》の仏なりと知り、菩提心を発《おこ》して念念に心を去らしめざれ。若し一念にも、二乗・外道の心を起さば、軽垢罪を犯す。

『記』に云く。「第三十四暫念小乗《ざんねんしょうじょう》戒は、本《もと》の習いし所に乖く故に制す。」（文、大正四〇・五七八b）

某云く。此の戒の意は、一向に大乗を捨てるには非ずして、且《しばら》く小乗は行じ易く、小乗の三学を修め、結《けつ》（煩悩）を断じて以後に衆生を利せんと思う。此れ等は、且《しばら》く念は退くと雖も、此れを以て根本と為せば、大乗戒の利益を退く故に、軽垢を犯す。之に依り、『記』に云く。「此の戒の所制は、大に背かんと欲せずして、正しく小乗は行じ易いと言い、且く結を断じて、然る後に生（衆生）を化（教化）せんと欲す」とは（文、大正四〇・五七八b）、此の意也。

第三十五不発願戒（誓願を起こさねばならない）

若しは仏子、常に応に一切の願を発《おこ》して、父母・師僧・三宝に孝順し、好師・同学・善友・知識を得て、常に我れに大乗の経律を教え、十発趣・十長養・十金剛・十地に、我れをして開解せしめ、如法に修行し、堅く仏戒を持たんと願うべし。寧《むし》ろ身命を捨つるとも念々に心を去らしめざれ。若し一切の菩薩は、是の願を発さざれば、軽垢罪を犯す。

『記』に云く。「不発願《ふほつがん》戒。菩薩は常に応に勝事を願求すべし。心を善境に縁ずれば、将来此れに因《よ》り剋遂《こくすい》す（なしとげる）。若し願を発《おこ》さざれば、善を求める心は、遂げ難き故に制す。」（文、大正四〇・五七八b）

某云く。大乗の菩薩は必ず、先に此の願を発す可し。此の願を発せば、万行・万善は自然に具足して、仏道を成ずること、併に此の願の力也。願の体に十有り。『記』に云く。「願の体に十事有り。一には父母・師僧に孝なるを願う。二には好ましき師を得ることを願う。三には勝友・同学を得ることを願う。四には我れに大乗律を教えることを願う。五には十発趣（十住）を解せんと願う。六には十長養（十行）を解せんと願う。七には十金剛（十回向）を解せんことを願う。八には十地を解せんことを願う。九には如法に修行せんと願う。十には堅く仏法を持つことを願う。」（文、大正四〇・五七八b）。但し、四弘（四弘誓願）を発せば、十願は満足する也。

第三十六不発誓戒（先の誓願の上にさらに誓いを立てる）

若《も》しは仏子、十大願を発し已《おわ》って、仏の禁戒を持ちて是の願を作して言うべし、①「寧ろ此の身を以て熾然《しねん》なる猛火の、大坑・刀山に投ずとも、終に三世の諸仏の経律を毀犯《きぼん》して、一切の女人と不浄の行を作さじ」と。②復た是の願を作すべし。「寧ろ熱鉄の羅網《らもう》を以て、千重に周匝して身に纏《まと》うとも、終に破戒の身を以て信心檀越の一切の衣服《えぶく》を受けじ」と。③復た是の願を作すべし。「寧ろ此の口を以て、熱き鉄丸及び大流《だいる》の猛火を呑んで百千劫を経るとも、終に破戒の口を以て、信心檀越の百味の飲食《おんじき》を食せじ」と。④復た是の願を作すべし。「寧ろ此の身を以て、大なる猛火の羅網と、熱鉄の地上に臥すとも、終に破戒の身を以て、信心檀越の百種の床座を受けじ」と。⑤復た是の願を作すべし。「寧ろ此の身を以て、三百の鉾《ほこ》を受けて刺され、一劫・二劫を経るとも、終に破戒の身を以て、信心檀越の百味の医薬を受けじ」と。⑥復た是の願を作すべし。「寧ろ此の身を以て、熱《あつ》き鉄鑊《てつくわ》に投じて百千劫を経るとも、終に破戒の身を以て、信心檀越の千種の房舎・屋宅・園林・田地を受けじ」と。⑦復た是の願を作すべし。「寧ろ鉄槌を以て、此の身を打ち砕き、頭より足に至るまで微塵《みじん》の如くならしむるとも、終に破戒の身を以て、信心檀越の恭敬・礼拝を受けじ」と。⑧復た是の願を作すべし。「寧ろ百千の熱鉄の刀鉾《とうむ》を以て、其の両目を挑《えぐ》るとも、終に破戒の心を以て、他の好色を視ず」と。⑨復た是の願を作すべし。「寧ろ百千の鉄錐を以て、耳根を劉刺して一劫・二劫を経るとも、終に破戒の心を以て、好しき音声を聴かず」と。⑩復た是の願を作すべし。「寧ろ百千の刃刀《にんとう》を以て、其の鼻を割去するとも、終に破戒の心を以て、諸香を貪《むさぼ》り嗅《か》がず」と。⑪復た是の願を作すべし。「寧ろ百千の刃刀を以て、其の舌を割断すとも、終に破戒の心を以て、人の百味の浄食を食せじ」と。⑫復た是の願を作すべし。「寧ろ利《するど》き斧を以て、其の身を斬り斫《き》るとも、終に破戒の心を以て、好触《こうそく》を貪著《とんじゃく》せじ」と。⑬復た是の願を作すべし。「願くば一切の衆生に悉く成仏を得しめん」と。而《しか》るに菩薩は、若し是の願を発さざれば、軽垢罪を犯す（①〜⑬の番号とかぎかっこは引用者が私に付した）。

『**記**』に云く。「不発誓《ふほっせい》戒。誓いは是れ必固の（決意のかたい）心にして、願の中の勇烈（いさましくはげしい）の意《こころ》なり。始行の心弱ければ、宜しく須く防持すべし。若し、発心《ほっしん》し作為《さい》せざれば、亦た違犯を生ず、故に制す。」（文、大正四〇・五七八b）

某云く。此の戒の意は、惣じて十願を発すと雖も、別に勇猛《ゆうみょう》に要誓せざれば、所求の願は速疾に成じ難き故に、制して願の上に要誓して為に願を成ずる也。此の後に固く四弘願を発せば、退失せず、具足す可き也。

第三十七冒難遊行戒（春秋に遊行するとき危難処に近づかない）

若しは仏子、常に応に二時に頭陀《ずだ》し、冬夏に坐禅し、結夏《けちげ》安居《あんご》すべし。常に楊枝《ようじ》・澡豆《そうず》・三衣《さんね》・瓶《びょう》・鉢《はち》・坐具・錫杖《しゃくじょう》・香炉・漉水嚢《ろくすいのう》・手巾《しゅきん》・刀子《とうず》・火燧《かすい》・鑷子《にょうし》・縄牀《じょうしょう》・経・律・仏像・菩薩の形像を用いよ。而も菩薩は、頭陀を行ずる時、及び遊方の時、百里千里に行来せんに、此の十八種の物を常に其の身に随うべし。頭陀は正月十五日より三月十五日に至り、八月十五日より十月十五日に至る。是の二時の中に、此の十八種物《しゅもつ》を、常に其の身に随えること、鳥の二翼の如くすべし。若し布薩《ふさつ》の日には、新学の菩薩は、半月半月に常に布薩して、十重四十八軽戒を誦《とな》うべし。時に、諸仏菩薩の形像の前に於て、一人布薩すれば即ち一人で誦え、若し二人・三人乃至百千人なりとも、亦た一人で誦えよ。誦者は高坐に、聴者は下座せよ。各おのに九条・七条・五条の袈裟《けさ》を披《き》るべし。結夏安居には一一に法の如くせよ。若し頭陀の時は、難処に入ること莫かれ。若しは国難・悪王、土地の高下、草木の深邃、師子虎狼、水火風難及び劫賊、道路の毒蛇など、一切の難処に悉く入ることを得ざれ。若し頭陀行道し、乃至夏坐安居するには、是の諸の難処には悉く入ることを得ざれ。若し故らに入らば軽垢罪を犯す。

『記』に云く。「第三十七冒難遊行《ぼうなんゆぎょう》戒というは、始行の菩薩は業多く定まらず。且《しばら》く、人身得ること難く、道器と為るに堪《た》えたれども、慎《つつ》しまずして遊行《ゆぎょう》すれば、夭逝《ようせい》有るに致る。危うきに在って念を生ずれば、喪《うしな》う所の事は重し。慎しまざるを以ての故に制す。」（文、大正四〇・五七八c）

某云く。此の戒の意は、春・秋に乞食《こつじき》し遊行《ゆぎょう》し、物《もつ》（衆生）を化《け》（教化）す。冬・夏に坐禅して、道（仏道）を進む可し。此の間に於いて、諸の妨難有る処に、遊行し教化す可からず。難所に於いて遊行すれば、中夭《ちゅうよう》の（思いがけない）危難に遇う。身心共に労《わずら》わしく道を破損する故に、難処に遊行す可からず。遊行の時は、十八種（三衣《さんね》・鉢《はち》・坐具《ざぐ》・漉水嚢《ろくすいのう》・錫杖《しゃくじょう》・楊枝《ようじ》・澡豆《そうず》・瓶《びょう》・香爐《こうろ》・手巾《しゅきん》・刀《とう》子《ず》・火燧《かすい》・鑷子《ちょうし》・縄床《じょうしょう》・経・律・仏像・菩薩形像）の、道具等を具足す可し。只だ、此の戒は難処に遊行せざる者には、持にして犯に非ざる也。故に、冒難遊行戒と云う也。

第三十八尊卑次序戒（座次は法臘の順序による）

若《も》しは仏子、応に法の如く次第に坐すべし。先に受戒せし者は前に在りて坐し、後に受戒する者は後に在りて坐すべし。老少と、比丘・比丘尼と、貴人《きにん》・国王・王子、乃至黄門《おうもん》・奴婢《ぬひ》を問わず、皆な応に先に受戒の者は前に在りて坐し、後に受戒の者は次第にして坐すべし。外道・癡人《ちにん》の如くする莫《な》かれ。若しは老、若しは少、前無く後無く、坐するに次第無きは、兵奴《ひょうぬ》の法なり。我が仏法の中には、先の者は先に坐し、後の者は後に坐すべし。而るに菩薩は、次第に坐せざれば、軽垢罪を犯す。

『記』に云く。「第三十八に（乖《かい》）尊卑次序《そんぴじじょ》戒は、乖乱すれば儀を失う故に制す。」（文、大正四〇・五七八c）

某云く。此の戒は、受戒の前後を以て座る可し。臘次《ろうじ》（法臘の順序）を乱す可からず。耆年《ぎねん》（老年）と高貴を云う可からず。法臘《ほうろう》を以て座る可し。若し爾らざれば、軽垢を犯す也。若し、大・小乗の僧の集まる時は、大乗菩薩は一歳なりとも、小乗百歳の比丘僧の上に座す可き也。若し、小乗僧が謗を成せば、一国方に順じて座す可し。若し益無ければ、衆に交《まじわ》って同座す可からず。

第三十九不修福恵戒（仏塔を造り経律を講説せねばならない）

若しは仏子、常に応に一切の衆生を教化し、僧房を建立し、山林・園田に仏塔を立作《りゅうき》すべし。冬夏《とうげ》の安居《あんご》、坐禅の処所、一切の行道の処に、皆な応に之を立つべし。而も菩薩は、応に一切衆生の為に、大乗の経律を講説すべし。若し疾病・国難・賊難と、父母・兄弟・和上・阿闍梨の亡滅《もうめつ》の日、及び三七日、乃至七七日にも、亦た大乗の経律を読誦《どくじゅ》し講説す応《べ》し。斎会して福を求め、行来して治生《ちしょう》し、大火に焼かれ、大水に漂わされ、黒風に船舫を吹かれ、江河・大海・羅刹《らせつ》の難にも亦た此の経律を読誦し講説す応し。乃至、一切の罪報、三報・七逆・八難、杻械枷鎖《ちゅうかいかさ》に其の身を繋縛《けばく》され、婬多く、瞋多く、愚癡多く、疾病多きにも皆な此の経律を読誦し講説すべし。而るに新学の菩薩は、若し爾らずんば、軽垢罪を犯す。

『記』に云く。「不修福恵《ふしゅふくえ》戒というは、福・恵の二の荘厳は、鳥の二翼の如し。修めざる可からず。出要の道に乖くが故に制す。」（文、大正四〇・五七八c）

某云く。此の戒の意には、菩薩僧は福・恵の二を修めて、衆生を摂す可し。福を修めるとは、堂塔・僧坊の一切の行道処を修造する也。恵を修めるとは、大乗の経律を講説して、衆生を利し、三毒・七難等を遠離せしむる也。利養に住して福を修めず、福恵に任せて恵を修めざれば、軽垢罪を犯す。若し、志有りと雖も、力及ばざれば、犯に非ず。之に依り、『記』に云く。「凡そ此れ等の流類は、悉く建立す応し。力若し及ばざれば犯に非ず。」（文、大正四〇・五七九a）

第四十簡択受戒戒（求める者には差別なく平等に授戒する）

仏子、人の与《ため》に戒を受けしむる時は、一切の国王・王子・大臣・百官、比丘・比丘尼・信男・信女、婬男・婬女、十八梵天・六欲天子、無根・二根・黄門・奴婢、一切の鬼神を簡択《けんちゃく》することを得ざれ。尽《ことごと》く戒を受けることを得しめよ。応に教えて身に著《つ》ける所の袈裟は、皆な壊色《えじき》にして道と相応せしむべし。皆な染めて青・黄・赤・黒・紫色ならしめ、一切の染衣《ぜんね》、乃至臥具も尽く以て壊色とせよ。身に著《き》る所の衣も、一切に色を染めよ。若し一切の国土の中に、国人の著る所の衣服には、比丘は皆な其の俗服と異り有らしむべし。若し戒を受けんと欲する時は、師は応に問うて言うべし。「汝は現身に七逆罪を作さざるや」と。菩薩の法師は、七逆の人の与《ため》に現身に戒を受けしむることを得ざれ。七逆とは、出仏身血・殺父・殺母・殺和尚・殺阿闍梨・破羯磨転法輪僧・殺聖人なり。若し七逆を具せば、即ち現身に戒を得ず。余の一切の人は、尽く戒を受くることを得。出家の人は法として、国王に向って礼拝せず、父母に向って礼拝せず、六親を敬《きょう》せず、鬼神を礼せざれ。但だ法師の語を解《げ》して、百里千里より来りて法を求むる者有らんに、而るに菩薩の法師は、悪心を以て而も即ち一切衆生に戒を与授《よじゅ》せざれば、軽垢罪を犯す。

『記』に云く。「簡択受戒《けんじゃくじゅかい》戒は、心有りて受を楽《ねが》わば悉く与う応《べ》し。若し瞋《いか》り悪《にく》んで簡《えら》び棄てれば、勧奨に乖く故に制す。」（文、大正四〇・五七九ａ）

某云く。此の戒の意は、受戒の志有って、尋ね来る者には、悉く之を授く可し。瞋り悪《にく》む心を以って、受者を簡択《けんちゃく》して（えらびわけて）授けざれば、弘誓《ぐぜい》に乖く故に、軽垢を犯す也。問う。第八の重は此の戒と差別あるや。答う。第八重は法を慳《おし》むに依り、毀《そし》りを加える故に重を犯す也。今の戒は法を慳むに非ず。只だ、受者を悪《にく》み隔てて禁断する也。其の意は遥かに異なり、軽・重の差別ある也。若し法を慳むを以て、受者を隔てて加毀《かき》せば、重を犯す可き也。

第四十一為利作師戒（名声と利己のために戒師とならない）

若《も》しは仏子、人を教化して信心を起さしむる時、菩薩は他人の与《ため》に教誡の法師と作らば、戒を受けんと欲する人を見て、応に教えて二師を請わしむべし。和上と阿闍梨なり。二師応に問うて言うべし。「汝は七遮罪有りや否や」と。若し現身に七遮有らば、師は与《ため》に戒を受けしむべからず。七遮無ければ受けることを得る。若し十戒を犯すこと有る者には、教えて懺悔せしむ応し。仏・菩薩の形像の前に在りて、日夜六時に十重四十八軽戒を誦えて、若し三世の千仏を礼するに到れば、好相を見ることを得せしめよ。若しは一七日、二・三七日、乃至一年に要《かなら》ず好相を見るべし。好相とは、仏来りて摩頂し、光を見、華を見る種々の異相にして、便ち罪を滅することを得る。若し好相無ければ、懺《さん》すと雖も益無し。是の人は現身に亦た戒を得ず。而も増《かさね》て戒を受くることを得る。若し四十八軽戒を犯せば、対首懺《たいしゅさん》して、罪滅す。七遮には同じからず。而も教誡の師は是の法の中に於て、一一に好く解せしむべし。若し大乗の経律の、若しは軽、若しは重の、是非の相を解せず、第一義諦を解せず。習種性・長養性・不可壊性・道種性・正性の、其の中の多少、観行の出入、十禅支、一切の行法に、一一に此の法の中の意を得ず。而るに菩薩は利養の為の故に、名聞の為の故に、悪求多求し、弟子を貪利して、而も詐りて一切の経律を解すと現《よそお》う。供養の為の故に、是れ自ら欺詐《ぎさ》し、亦た他人を欺詐するなり。故らに人の与《ため》に戒を授けば、軽垢罪《きょうくざい》を犯す。

『記』に云く。「第四十一為利作師戒《いりさし》というは、内に実解《じつげ》無くして、外に名利《みょうり》（名声と利益）の為に輒爾《ちょうに》に（たやすく）強て為せば、人を誤るの失有る故に制す。」（文、大正四〇・五七九ａ）

某云く。此の戒の意は、名聞と利養の為に、十重四十八等の持犯の相を解せざるも、詐って解せりと云って戒を授くれば、軽垢を犯す也。戒相を解せざる故に、或いは持に非ざるを持と云い、或いは犯に非ざるを犯と云う、故に人を誤る失有り。仍《よ》って戒を授く可からざる也。但し、利他の心に住し、慈悲の心を以て、一切明律には非ずと雖も、経文に任せて利他の為に之を授けるは、分に随う戒師にて之を許す可し。一切明律にして（戒律にことごとく明るく）適時に持犯を示し、機に違うこと無きは、上聖の為す所也。極下の凡夫僧の戒師が、利養に非ず、慈悲を以って利他の為に授くは、犯にあらざる可し。

第四十二為悪人説戒戒（外道や悪人のためには戒を説かない）

若しは仏子、利養の為の故に、未だ菩薩戒を受けざる者の前に、若しは外道・悪人の前に於いて、此の千仏の大戒を説くことを得ざれ。邪見の人の前にても、亦た説くことを得ざれ。国王を除く余の一切にも、説くことを得ざれ。是の悪人の輩は仏戒を受けざれば、名づけて畜生と為す。生生に三宝を見ず。木石《もくしゃく》の、心無きが如し。名づけて外道・邪見の人の輩と為す。木頭《もくず》と異なること無し。而るに菩薩は、是の悪人の前に於て、七仏の教戒を説かば、軽垢罪を犯す。

『**記**』に云く。「為悪人説戒戒《いあくにんせつかいかい》は、凡そ未だ菩薩戒を受けざる者を、皆な悪人と曰う。若し、預《あらか》じめ（前もって）為に説かば、後に受くるとき慇重《おんじゅう》する（うやうやしくおもんじる）こと能わざる故に制す。」（文、大正四〇・五七九ａ）

某云く。利養の為に、未だ戒を受けざる人の為には秘蔵し、輙《たやす》く此の戒を説く可からず。此れは欣《ごん》慕《ぼ》（ねがいもとめさせる）の為にして、法を慳《おし》むに非ず。若し輙爾《ちょうに》に之を説かば、欣慕無き故に後にて授けるも、犯に非ざる也。

戒を受くるも、信心を生ぜず、故に之を制す。但し、先に聞いて信を生ず可き機には、先に戒を説いて授けるも、犯に非ざる也。

第四十三無慚受施戒（戒を受けた者は慚愧なく破ってはいけない）

若しは仏子、信心をもて出家して、仏の正戒を受け、故らに心を起して聖戒を毀犯《きぼん》せば、一切の檀越の供養を受けることを得ざれ。亦た国王の地の上を行くことを得ざれ。国王の水を飲むことを得ざれ。五千の大鬼は、常に其の前を遮ぎり、鬼は大賊なりと言う。若し房舎・城邑の宅中に入れば、鬼は復た常に其の脚迹《あしあと》を掃う。一切の世人は、罵《ののし》りて、仏法の中の賊と言う。一切衆生は限に見ることを欲せず。犯戒の人は畜生と異なること無く、木頭と異なること無し。若し正戒を毀《やぶ》れば、軽垢罪を犯す。

『**記**』に云く。「第四十三無慚受施戒《むざんじゅせ》は、当分に犯ずれば、自ら罪を結ぶ。慚愧を思わずして、而も当の利施を冒《おか》しむさぼって、愧《は》じること無き故に制す。」（文、大正四〇・五七九b）

某云く。此の戒の意は、破戒にして他の福田と成る故に之《これ》を制する也。意は持戒を勧める。明曠に（大正四〇・六〇〇a）、「故毀《こき》禁法戒」と名づけるは、此の意也。

第四十四供養経典戒（大乗経律を読誦・書写し供養する）

若《も》しは仏子、常に応に一心に大乗の経律を受持し読誦すべし。皮を剝《は》いで紙と為し、血を刺して墨と為し、髄を以て水と為し、骨を折りて筆と為して仏戒を書写すべし。木皮・穀紙・絹素・竹帛にも亦た悉く書きて持つ応し。常に七宝無価の香華、一切の雑宝を以て箱嚢と為し、経律の巻を盛るべし。

若し如法に供養せざれば、軽垢罪を犯す。

『記』に云く。「第四十四（不《ふ》）供養経《くようきょう》典《てん》戒というは、三宝は皆な供養す応し。若し修せざれば、謹敬の心に乖く、故に制す。」（文、大正四〇・五七九ｂ）

某云く。此の戒の意は、法華・梵網等の大乗経律に於いて、受持・読誦・書写・供養す可し。若し爾らざれば、軽垢罪を犯す也。常に此の経を受持・読誦・書写・供養する、此れを持犯（持戒）と名づく也。法華（宝塔品）の「若しは暫くも持てば、是れ持戒と名づく」に同じ事也（大正九・三四ｂ）。五種法師と十種供養等は、此の意也。

第四十五不化衆生戒（畜生等の一切衆生を教化する）

若《も》しは仏子、常に大悲心を起し、若し一切の城邑・舎宅に入りて、一切の衆生を見ては、応に唱えて言うべし。「汝等衆生は尽く三帰・十戒を受くべし」と。若し牛馬《ごめ》猪羊《ちょよう》、一切の畜生を見ては、応に心に念じ口に言うべし。「汝は是れ畜生なり、菩提心を発すべし」と。而も菩薩は、一切の処、山林川野に入っても、皆《み》な一切の衆生をして菩提心を発さしむべし。是れ菩薩にして、若し衆生を教化せざれば、軽垢罪を犯す。

『記』に云く。「不《ふ》化衆生《けしゅじょう》戒というは、菩薩の発心《ほっしん》は物（衆生）の為なり。有識（こころをもつもの）の類を見ては、応に須く教化して、悟解《ごげ》を得しむべし。若し能わざれば、大士（菩薩）の行に乖くこと有り、故に制す。」（文、大正四〇・五七九ｂ）

某云く。此の戒の意には、菩薩は大悲を本と為す故に慈悲を起こし、毎《つね》に到る処に人を教え、受戒せしむ可し。若し畜生等を見れば、菩提心を発せと心に念じ、口に言うべし。只だ衆生無辺誓願度の願を発すべし。自然持相にして犯無き也。之に依り、経に云く。「若し、衆生を教化する心を発さざれば、軽垢罪を犯す」とは（大正二四・一〇〇九b）、此の意也。

第四十六説法不如戒（如法に威儀を整えて説法する）

若しは仏子、常に教化を行じて大悲心を起すべし。檀越・貴人の家と、一切の衆中に入れば、立ちて白衣《びゃくえ》の為に説法することを得ざれ。応に白衣の衆の前にては、高座の上に坐すべし。法師の比丘は、地に立ちて四衆の為に説法することを得ざれ。若し説法の時は、法師は高座にして香華をもて供養し、四衆の聴者は下座にして、父母に孝順し、師教に敬順するが如くし、事火《じか》の婆羅門の如くせよ。其の説法の者、若し如法ならざれば、軽垢罪を犯す。

『**記**』に云く。「第四十六説法不如《せっぽうふにょ》（法《ほう》）戒は、前人が如法ならざるに、強て為に解説すれば、彼・此に法を慢《あなど》るの失有る故に制す。」（文、大正四〇・五七九b）止《た》だ一句一偈を訓《おし》えるに、如法ならざるも亦た犯なり。

某云く。此の戒の意は、威儀を具足せざるに、率時《そつじ》（すぐさま）に戒を説く可からざる也。威儀を具えざるに率爾《そつに》（あわただしくそのまま）に之を説かば、人は法を慢《あなど》り、信を生ず可からず、仏法破滅の源なり。不如法に説くを軽垢に制する也。不如法とは、或いは白衣《びゃくえ》（在家者）に法を説くに率爾のままに法を説く、或いは頭を覆い杖等を捉《と》る、或いは法師は坐し、聴衆が高処に坐る等、皆な不如法の類也。『義記』を見る可し。

第四十七非法制限戒（世俗の立法によって三宝を制限しない）

若しは仏子、皆な信心を以て仏戒を受くる者、若し国王・太子・百官・四部の弟子なりとも、自ら高貴を侍《たの》んで仏法の戒律を破滅し、明かに制法を作って我が四部の弟子を制し、出家・行道することを聴《ゆる》さず、亦《また》復形像・仏塔・経律を造立することを聴さざれば、三宝を破るの罪なり。而るに故《ことさ》らに破法を作さば、軽垢罪を犯す。

『記』に云く。「第四十七非法制限戒《ひほうせいげん》とは、既に善事を見ては、法として随喜す応し。而るに今、制《せい》網障閡《もうしょうげ》（おさえさまたげる）すれば、善に乖くの義あり、故に制す。」（文、大正四〇・五七九c）

某云く。此の戒の意は、三宝が世間に流布せば、見て随喜す可し。反って障碍を成すは、仏子に非ず、故に軽垢を犯す也。只だ他が仏事を造るを礙げず、出家の発心を侵すは、持にして犯には非ず。

第四十八破法戒（佛戒を護持して破法をなさない）

若《も》しは仏子、好心を以て出家して、而も名聞利養《みょうもんりよう》の為に、国王・百官の前に於いて、七仏の戒を説かば、横《よこざま》に比丘・比丘尼の菩薩弟子の与《ため》に繋縛《けばく》の事を作すこと、師子身中の虫の、自ら師子の肉を食《くら》うが如し。外道と天魔の能く破するに非ず。若し仏戒を受ければ、応に仏戒を護ること一子を念《おも》うが如く、父母に事《つか》える如くにすべし。而も菩薩は、外道・悪人の、悪言を以て仏戒を謗《そし》る声を聞く時は、三百の鉾《ほこ》が心《むね》を刺し、千刀《せんとう》・万杖《まんじょう》もて其の身を打拍《だはく》するが如く、等しくして異り有ること無し。寧ろ自ら地獄に入りて百劫を経るとも、而も一たび悪言をもて仏戒を破する声を聞くことを用いざれ。而るを況んや自ら仏戒を破らんをや。人に破法の因縁を教え、亦た孝順の心無く、若し故らに作さば、軽垢罪を犯す。

『記』に云く。「第四十八破法《はほう》戒は、内衆（教団内の四衆）に過有《とが》らば、内法に依って治問《じもん》す（罪を問い治す）べし。乃ち、白衣《びゃくえ》の外人《げにん》（教団外の在家者）に向かって、罪を説いて彼をして王法をもって治罰《じばつ》せしむれば、清化を鄙辱《ひにく》す（いやしくけがす）、故に破法と名づく。護法の心に乖く故に制す。」（文、大正四〇・五七九c）

某云く。此の戒の意には、名聞利養《みょうもんりよう》の為に、出家が国王・大臣・文武百官と、一切の檀那の前に於いて、妄りに七仏の戒法を説き、檀那・国王・大臣等の心に順じて、横ざまに仏法を説かば、仏弟子として繫縛《けばく》の事を作して、自ら仏法を滅する也。仏法をば天魔が外道を縁じて、之を破するに非ず。仏弟子は、名聞利養の為に、国王・大臣と、一切の檀越《だんのつ》に諂《へつら》って、妄りに語って仏法の義を誤れば、皆な自ら滅する也。譬えば獅子の身中の虫が自ら獅子の肉を食するが如し。故に、此の戒は、名聞利養の為に、横ざまに仏法を談ずるも、破法の因縁を説かざる者は、持《じ》にして犯《ほん》に非ざる也。

円頓菩薩戒十重四十八行儀鈔

御奥書に云く。

徳治三年（一三〇八）七月一日、始めて之《これ》を草案す。同十二日に草を了《おわ》る。大乗戒を興行《こうぎょう》し、四恩に報いんが為に、叡山の黒谷《くろだに》・願不退坊に於いて、之を集記《じゅうき》す。未だ受戒せざるものの為には、之を見せざるべし。云々

仏子興円《こうえん》四十六（歳）、臈《ろう》三十（歳）。

時に延慶三年庚戌（一三一〇）十一月二十二日、同山の東塔・東谷・神蔵寺に於いて、校読せんが為に書写し了る。

天台光宗、之を記す。

元徳二年（一三三〇）七月二十四日、大谷寺に於いて彼の御本を書写し了る。同二十七日に一校し了る。

天台の求法沙門、運海が之を記す。

長禄四年庚辰（一四六〇）五月十六日、法を弘め生を利せんが為に、敬いの心を以て、之を書写し了る。

円戒比丘、良恵。

慈威和尚戒儀ノ御入句

夫れ如来の伊王に遇い、実相不死の法薬を服し、己心《こしん》の伏蔵を開き、金剛宝戒の明珠を得ん。然れば則ち、戒光は身を照らし、豈に生死の長夜に迷わんや。法薬の貯《たくわ》えをもって、心は定めて金石の寿福を持《たも》つ。受戒と出家の功徳に依るが故に、師・資の芳《かんば》しき契りは朽ちること無く、同じく一仏の浄土に生まれて、共に無生忍《むしょうにん》を証せん。願わくは此の功徳を以て、云々。

（追記奥書）　右の此の抄は、洛陽の妙覚寺に於いて之を求め畢《おわ》る。

慶安二巳丑（一六四九）年十一月日。観音寺舜興蔵。

あとがき

本書のなかで究明を試みた主要なひとつは、天台の円頓戒法の一典型である重授戒灌頂の内容とその思想教理である。戒灌頂は元来、唯授一人の秘密法門であり、荘厳な道場と、幽玄な教理が雰囲気的には知られても、儀則の内容は明らかにされず、また文献も公にされない性格をもった。それが、『続天台宗全書』刊行の企画のなかで、「円戒1」として、「重授戒灌頂典籍」が収録されることとなったのである。このことは、天台の碩学でもあられた色井《しきい》秀譲氏（一九〇五―九〇）が編集企画当時に、戒灌頂が執行されている唯一の本山である西教寺（大津市坂本）の貫首であり伝戒師であったことから、もはや学術的には公開されるべきことを決断されたのによる。文献の翻刻作業には、筆者も仏教の勉強を志した若い頃ではあったが、指導を受けながら少しだけ加わらせていただいた。古文書の文字は難しく、またその内容の教理が難解であったことが思い出される。宗乗の研究所で色井猊下の指導を仰いでいたとき、資料文書が公になったのだから、ぜひこれの研究を手がけるようにと促された。けれども、天台の口伝法門と本覚思想の言葉と言い回しには独特のものがあるように思えて、理解し把握することは容易ではなかった。それを、根気よくがまんして進めていると、少しずつ納得できる部分ができ、解読を拡げることができた。そして、戒灌頂を理解するには、その前提となっている恵尋・興円・恵鎮らの戒律復興と十二年籠山修行を知ることが不可欠であることも分かった。

またつぎに、室町中期の真盛の持戒念仏法については、色井秀讓氏が伝記と浄土念仏思想を中心に、従来いくつもの成果を発表しておられる。それらをふまえて、近年見出された資料（盛全『雲居月双紙』）を加えて、さらに江戸時代の真迢、霊空光謙（即心念仏）、法道にまで目を伸ばして、天台の持戒念仏を跡づけてみた。不十分であることは言うまでもないが、色井秀讓猊下の学恩に感謝し、それに少しでも報いることができたのなら幸いである。

本書の内容は、これまで天台学会や叡山学会などに発表した論文を集めて綴ったものである。ひとつひとつの論文は独立しているので、それらを綴れば論述に不要な繰り返しができる。なるべく、それらを調整し、またつながりにくい所は文章を補って筋を付けたつもりである。或いは、そのような作業が充分でない箇所があることは否めない。初出論文を示すと、つぎの通りである。

第一部

第一章　総　説「比叡山黒谷における戒律復興とその思想」（『印度学仏教学研究』四八巻二号、二〇〇〇年）

第二章　第一節「求道房恵尋の「一心妙戒」の思想」（『天台学報』三九号、一九九七年）

第二節「比叡山黒谷の恵尋『円頓戒聞書』にみる思想的特質」(『叡山学院研究紀要』三二号、二〇一〇年)
第三章
第一節「黒谷流による叡山戒法復興の思想——興円の『一向大乗寺興隆篇目集』を中心として——」(西村冏紹勧学古稀記念論集『西教寺真盛と日本天台の思想』一九九七年)
第二節「中古天台期の叡山(黒谷)における籠山修行」(『叡山学院研究紀要』二〇号、一九九七年)
第三節「伝信和尚興円(戒家)の円戒思想——『菩薩戒義記知見別紙抄』を中心として——」(龍谷大学短期大学部編『仏教と福祉の研究』一九九二年)
第四節「叡山戒法復興期(黒谷流)における戒壇院と授戒本尊の思想」(『天台学報』四一号、一九九九年)
第四章
第一節「戒灌頂と本覚思想」(『深草教学』二四号、二〇〇七年)
第二節「戒家(恵鎮)の「直往菩薩戒」の思想」(『叡山学院研究紀要』一八号、一九九五年)
第三節 新稿
第四節「親鸞浄土教形成の思想史的背景」(『真宗研究』四六輯、二〇〇二年)

第二部

第一章
第一節「天台『菩薩戒義疏』における戒相釈の特色」(『叡山学院研究紀要』二五号、二〇〇三年)

第二章
第二節「天台『菩薩戒義疏』にみる五戒の解釈」(『深草教学』二三号、二〇〇四年)

第一節「天台『菩薩戒義疏』にみる「十重禁戒」釈の特色――「説四衆過戒」釈を中心として――」(『天台学報』四五号、二〇〇三年)

第二節「天台『菩薩戒義疏』における「菩薩戒」注解の特色――十重禁戒の後四重禁を中心として――」(『叡山学院研究紀要』二九号、二〇〇七年)。

第三章
「天台『菩薩戒義疏』の「四十八軽戒」釈――第五軽戒までを中心として――」(『叡山学院研究紀要』三〇号、二〇〇八年)

第三部

第一章
第一節「真盛の持戒念仏観と倫理の問題」(『天台学報』五一号、二〇一〇年)

第二節「室町期の天台僧・真盛にみる『往生要集』観の特色――真盛に関する新出資料を中心として――」(『印度学仏教学研究』五九巻一号、二〇一〇年)

第二章
第一節「真迢『破邪顕正記』の日蓮宗批判とその真意」(『天台学報』四九号、二〇〇七年)

第二節「江戸初期における念仏と法華をめぐる論争の特色――真迢の『破邪顕正記』をめぐる論争を中心に――」(『深草教学』二五号、二〇〇八年)、

第三節「真迢の持戒念仏観と『行者用心集』」(『天台学報』五〇号、二〇〇八年)

第四節「江戸初期における天台の念仏聖・真迢にみる密教観の特色――日蓮宗学僧との論争のなかでの台密観――」(『叡山学院研究紀要』三三号、二〇一一年)

第三章　第一節「即心念仏論争のなかの「真盛上人」観――安楽派霊空と園城寺義瑞の論争を中心として――」(『天台真盛宗学研究紀要』六号、二〇〇九年)
第二節「華厳・鳳潭の『念仏往生明導箚』にみる浄土念仏批判の特色」(『印度哲学仏教学』二五号、二〇一〇年)
第三節「華厳・鳳潭の天台念仏批判の特色――『念仏往生明導箚』を中心に――」(『天台学報』五二号、二〇一〇年)
第四章「江戸時代における天台の念仏聖・法道にみる事績の特色――真盛門流における教学上の転換を役割として――」(『天台学報』五三号、二〇一一年)
翻刻資料「円頓菩薩戒十重四十八行儀鈔(興円集記)」(『天台真盛宗学研究紀要』六号、二〇〇九年)

なお、本書に英文目次を載せるに当たっては、かつて『成唯識論』をともに学び研究して以来親交のある山部能宜氏(早稲田大学教授)に、校正指導をいただいた。また、米国ヴァージニア大学のポール・グローナー教授には、天台の戒律研究を通じてご厚誼を受けてきたことに感謝申し上げたい。右に黒谷戒家の研究では、窪田哲正氏が先輩であり、本書でもたびたび引用言及させていただいた。右に掲げた発表論文の後には、大正大学の若い研究者である木内堯大氏や秋田晃瑞氏らが、発表と論文を出しておられる。中古天台の研究では、主に日蓮を中心に花野充道氏(法華仏教研究会主宰)が精力的に進めておられる。これらの方々とのこれまでのご交誼に感謝しながら、これからもご指導を仰ぎたいと思っている。

二〇一六（平成二十八）年二月二九日

著者　寺井　良宣

唐代天台法華思想の研究　荊渓湛然における天台法華経疏の注釈をめぐる諸問題　松森秀幸　一〇、〇〇〇円

最澄の思想と天台密教　大久保良峻　八、〇〇〇円

比叡山仏教の研究　武　覚超　八、〇〇〇円

比叡山諸堂史の研究　武　覚超　九、〇〇〇円

問答と論争の仏教　宗教的コミュニケーションの射程　井上善幸・M・レップ編　三、五〇〇円

天台学探尋　日本の文化・思想の核心を探る　大久保良峻編　三、六〇〇円

仏教の声の技　悟りの身体性　大内　典　三、五〇〇円

寺井　良宣（てらい　りょうせん）

昭和24年（1949）福井県生まれ。昭和46年立命館大学法学部卒業。昭和56年龍谷大学大学院文学研究科（仏教学）入学。昭和63年龍谷大学大学院博士後期課程単位取得。平成元年（1989）より龍谷大学短期大学部、同文学部、相愛大学文学部、種智院大学、叡山学院の非常勤講師を務む。龍谷大学文学部特任教授（平成12年4月～15年3月）。

現在、叡山学院教授、天台真盛宗勧学、西来寺住職（三重県津市乙部）、博士（文学）。

天台《てんだい》円頓戒《えんどんかい》思想《しそう》の成立《せいりつ》と展開《てんかい》

二〇一六年五月三一日　初版第一刷発行

著　者　寺井良宣

発行者　西村明高

発行所　株式会社　法藏館

京都市下京区正面通烏丸東入

郵便番号　六〇〇-八一五三

電話　〇七五-三四三-〇〇三〇（編集）

〇七五-三四三-五六五六（営業）

印刷・製本　中村印刷株式会社

ISBN978-4-8318-7387-3 C3015

索引
（50音順）

あ行

か　　行

さ　行

た　行

な　行

は　行

ま　行

や　行

ら　行

Formation and Evolution of Theories of the Perfect and Sudden Precepts by Japanese Tendai Monks

By

Ryōsen Terai

HŌZŌKAN Kyōto 2016

TABLE OF CONTENTS